〈2판〉

도덕과 교재 연구 및 지도법

정창우 · 김혜진 · 김하연
이인태 · 오유진 · 이혜진
공저

교육과학사

2판 머리말

이 책은 교·사대 윤리교육과에 재직 중인 정창우(서울대), 김혜진(인천대), 김하연(춘천교대), 이인태(공주교대) 교수와 중등학교 도덕 교사로 재직 중인 오유진, 이혜진 선생님이 머리를 맞대고 함께 고민한 결과물이다. 대표집필자인 정창우 교수가 2007년에 『도덕과 교수·학습방법 및 평가』라는 책을 몇 명의 교사들과 공동으로 출간한 바 있지만, 출간 시기가 너무 오래되어 이후의 학문적 동향과 연구 성과를 반영하기 위해 2020년에 이 책을 펴내게 되었다. 그 후, 2022 개정 교육과정이 고시되었고, (국제바칼로레아 과정의 도입 및 확산으로 인해) 논술형 평가의 중요성이 점증하면서 초판에 대한 수정·보완의 필요성이 대두되었으며, 이로 인해 이번 개정판이 새롭게 출간되었다.

이 책은 총 10개의 장으로 구성되어 있다. 제1장에서는 도덕과가 하나의 독립 교과로서 존속되어야 하는 이유를 밝히고자 하였다. 이 책의 독자들(대부분 예비 및 현직 도덕 교사이거나 전국 교·사대 윤리교육과에 소속된 학자)에게 제1장은 도덕과에 대한 관심과 애착을 한층 높이고 교과 정체성을 확립하는 데 도움을 줄 것이다.

제2장에서는 국가 수준의 공식 교육과정에서 도덕과 교육의 역사, 특히 부분·수시 개정 방식이 적용된 2007, 2009, 2015, 2022 개정 도덕과 교육과정을 심도 있

게 다루었다. 도덕과 교육과정은 도덕교육 실천을 위한 총체적인 청사진이자 설계도에 해당하므로, 도덕교육에 대한 전문성을 높이기 위해서는 이를 깊이 이해하고 적용할 수 있는 능력이 필수적으로 요구된다.

제3장에서는 도덕과 교사란 누구인가에 대해 심층적으로 다루었다. 교사는 학생들에게 생생히 살아 있는 존재이어야 한다고 역설한 부버, 레비나스, 오천석 등을 중심으로 도덕 교사론을 구성하였다. "훌륭한 가르침은 교사의 정체성과 성실성에서 나온다."는 파커 파머(Parker J. Palmer)의 주장을 통해 알 수 있듯이, 도덕 교사도 자신이 어떤 존재이어야 하는지에 대한 정체성 확립이 반드시 요구된다.

제4장에서는 도덕교육을 위해 유용한 대표적인 수업 모형들을 제시하였다. 저자들은 도덕적 딜레마 토론 모형, 역할놀이 모형, 가치분석 모형, 가치갈등 모형, 가치명료화 모형 등 이미 익숙한 수업 모형 외에도, 콘스탄츠 딜레마 토론 모형, 내러티브 수업 모형, 논쟁수업 모형, 프로젝트 학습 모형, 협동 학습 모형 등 최근 국내외에서 강조되고 있는 수업 모형들을 추가하였다.

제5장에서는 도덕과에서 유용한 수업 전략과 수업 개발 사례를 제시하였다. 특히 도덕 교실을 민주적이고 배려적인 공간으로 만들기 위한 전략, 레스트(James Rest)의 '4구성요소 모형'에 기반한 발문 전략, 학생들이 각종 편견과 편향성에서 벗어날 수 있도록 돕기 위한 '에포케' 발문 전략, 제4장에 이미 소개된 대표적인 수업 모형 외에도 도덕과 수업에서 유용하게 활용할 수 있는 수업 방법 개발 사례 등을 제시함으로써, 예비 및 현직 교사들의 수업 전문성 향상에 기여할 수 있도록 구성하였다.

제6장에서는 도덕과 교수 · 학습 지도안 작성 요령과 도덕과 수업 시연 및 수업 분석 등을 위한 지침과 방법을 제시하였다. 교사는 기본적으로 수업을 통해 성장하고 변화할 수 있는 존재이어야 하므로, 제6장은 도덕 교사에게 요구되는 수업 전문성의 핵심을 다루는 장에 해당한다. 제7장에서는 교과용 도서에 대한 이해와 활용 방법, 교과서 분석을 위한 방법, 도덕과 교수 · 학습 자료 설계 및 활용 방법 등을 다룬다. 제8장과 9장, 10장에서는 도덕과 수행평가와 논술 활용의 방향과 방법에 대해 다룬다.

이 책의 저자들은 도덕교육 실천에 관련된 이론과 실제를 체계적이고 내실 있게 구성하고자 하였으며, 특히 기존 책에서는 찾아보기 힘든 '도덕과 교사론, 수업 전략 및 수업 개발, 수업 시연 및 수업 분석, 교재 연구, 논술 활용' 등을 새롭게 포함하여 교과교육론 교재의 내용 범위를 확장하였다. 이 책이 도덕과 예비 및 현직 교사들의 수업 및 평가 전문성 향상에 실질적으로 기여하고, 교과교육학 분야에서 도덕 교과의 위상을 제고하는 데 보탬이 되기를 기대한다.

2025년 1월 저자들을 대표해서

정 창 우

차례

제1장

도덕과는 왜 필요한가?

도덕과가 정식 교과로 채택된 것은 제3차 교육과정이 시작된 1973년이었으며, 1970년대 후반부터 1980년대까지 도덕과는 '독립 교과' 및 '수위 교과'로서 확고한 위상을 차지하는 것처럼 보였다(정창우, 2013: 17-18).[1)] 하지만 1990년대 이후 타 교과에 비해 교과의 역사가 상대적으로 짧은 도덕과의 여정은 그야말로 험난했다. 1992년에 고시된 제6차 교육과정과 1997년에 고시된 제7차 교육과정의 총론 개발 과정에서 도덕과는 교과 폐지의 위기를 힘들게 넘겨야 했다.[2)] 비록 교과의 존폐가 걸린 심각한 상황은 아니었지만, 2007 개정 교육과정을 거치면서 철학계의 도전과 자극을 통해 교과의 정체성에 대한 성찰을 근본적으로 하게 되었고, 2009 개정 교육과정에서는 '창의적 체험활동을 통한 인성교육 활성화 방안'과 '집중이수제' 및 '교과(군)별 20% 범위 내에서 시수를 증감 운영할 수 있도록 한 조치'로 인해 도덕과의 위상과 실질적 역할은 축소될 수밖에 없었다. 또한 2015 개정 교육과정에서 고등학교 '사회과'에 신설된 공통 교과목인 '통합사회'는 도덕과와 사회과 간 교과 통합의 가능성을 현실화시킬 수 있는 하나의 구실을 제공하게 되었다.

이러한 역사적 부침의 과정을 거치면서 교과 정체성에 대한 명료화와 독립 교과로서의 필요성에 대한 정당화는 이제 도덕과의 존속과 발전을 위한 필수 선결과제가 되어 버렸다. 이런 문제의식에서 출발하여 필자는 『도덕과 교육의 이론과 쟁점』(2013)에서 이미 교과의 정체성과 교과의 가치에 대한 정당화 차원의 논의를 본격적으로 시도한 바 있기 때문에, 이 글에서는 '교과의 필요성에 대한 근거'에 초점을 맞추어 이에 대한 보다 심층적인 논의를 전개하고자 한다.

우선 도덕과가 독립 교과로 개설되어야 하는 이유에 대해 정창우(정창우 외, 2013: 13-19; 정창우, 2013: 20-21)는 ① '가르침에 있어서의 도덕성'(morality of teaching: 가르침의 과정에서 학생들을 배려하고 공정하게 대하는 것 등을 포함하여 흔히 교사윤리, 교직윤리로 불리는 것들을 준수하는 차원), '공동체의 도덕성(morality of

1) 1977년 서울대학교 대학원 석사과정에 '국민윤리전공'을 처음으로 설치하고 난 후, 1980년대에는 전국의 국립 교 · 사대에 '국민윤리교육과'(학부 및 대학원)를 설치하여 도덕과를 담당할 교사를 양성하였으며, 모든 대학에서 교양 국민윤리를 필수로 이수하게 했다.

2) 보다 자세한 내용은 정세구(1998), p. 4. 정세구(2005), pp. 7-36 참조.

communities: 교실 공동체를 안정적 · 지지적, 배려적 · 민주적 공간으로 만드는 차원)', '도덕성에 대한 가르침(teaching of morality: 도덕 발달을 직접 겨냥해서 학생들의 도덕성 발달을 촉진시키는 차원)' 중 앞의 두 차원을 위해서는 모든 교사 및 모든 교과의 협조가 필요하지만, 적어도 '도덕성에 대한 가르침'을 위해서는 이 자체를 목적으로 두는 개별 교과가 필요하다는 점, ② 독립 교과적 접근이 결여된 상태에서의 통합적 접근은 비현실적이라는 점(Clive Beck의 지적), ③ 국제교육성취도평가협의회(International Association for the Evaluation of Educational Achievement: IEA)에서 실시한 '시민교육에 관한 24개국 비교연구'의 결과를 통해 알 수 있듯이 '모든 사람은 어느 누구도 아닌 것'과 마찬가지로, 시민(윤리)교육의 주제들이 모든 교사에 의해 논의된다고 한다면 그 책임은 교사 어느 누구에게도 없다는 점, ④ 싱가포르, 중국, 일본, 말레이시아, 우리나라 등과 같이 독립 교과 형태로 도덕교육을 실시하는 형태, 미국과 같이 모든 교과(교실)와 공동체적 접근을 통해 인성교육(character education)을 실시하는 형태 등 도덕교육의 방식은 국가별로 다양한데, 이와 같이 도덕교육의 방식이 다양성을 띠는 이유는 각 국가마다 자신들이 처한 정치 · 경제 · 사회 · 문화 · 교육적 특성을 고려하여 도덕교육의 방식을 결정한다는 데에 있으므로, 미국이나 대만과 같은 일부 선진국의 사례를 통해 도덕교육이 독립교과 형태로 개설될 필요가 없다는 주장은 도덕교육 방식의 다양성에 대한 이해 부족에서 기인한 것이라는 점, ⑤ 기본적으로 내성적인(introspective) 경험과 통찰, 정의적인 차원의 학습을 자체 목적으로 삼는 교과목의 개설이 필요하다는 점(한국교육학회의 기존 입장), ⑥『동몽선습』,『명심보감』,『소학』, 또는『내훈(內訓)』등을 교과서로 삼으면서 인간교육을 실시한 전통을 계승하여 갑오교육개혁 때 '수신(修身)'이라는 교과목이 모든 학교에서 강설되었던 바와 같이, 인간 형성 혹은 인간성 함양이라는 우리의 교육 전통을 통해 볼 때 교과를 통해 인격 형성을 도모하는 것은 지극히 당연하다는 점 등을 제시한 바 있다.

이러한 다양한 이유들 중 특히 우리가 주목해서 봐야 할 것은 ①, ④, ⑥이다. 우선 ①의 측면에서 필자는 '가르침에 있어서의 도덕성', '공동체의 도덕성', '도덕성에 대한 가르침' 중 앞의 두 차원을 위해서는 모든 교사 및 모든 교과의 협조가 필요하지만, '도덕성에 대한 가르침'을 위해서는 이 자체를 목적으로 두는 개별 교과가 필요하다고 주장하였다. 이러한 입장은 나바에즈와 랩슬리가 "도덕적 인성을 가르치

는 것: 교사교육을 위한 두 가지 대안"(Narvaez & Lapsley, 2008: 156-172)이라는 논문에서 주장한 바에 의해 뒷받침될 수 있다. 나바에즈와 랩슬리는 복잡하고 다양한 도덕 문제들이 점증하고 있는 상황에서 인성 및 도덕교육의 필요성과 중요성에 대해서는 누구나 인식하고 있지만, 인성 및 도덕교육을 위한 접근법에 대해서는 다양한 의견이 제시되고 있으며 논의가 더 필요하다고 말한다. 그러면서 이들은 도덕적 인성 함양을 위해서 교사들을 어떻게 준비시킬 것인가와 관련하여 '최소주의 접근'(minimalist approach)과 '최대주의 접근'(maximalist approach)이라는 두 가지 선택지를 제시하였다. 하지만 여기서 교사교육이라는 목적성을 생략한 후, 도덕적 인성 함양을 위한 두 가지 접근, 즉 최대주의와 최소주의 접근으로 논의를 단순화시키더라도 사실상 별 문제가 없다.

우선 도덕적 인성 함양을 위한 최소주의 접근이란 교사가 잘 가르치다보면 인성도 함께 길러지게 된다는 것을 의미한다. 사회정서학습(social and emotional learning)에서 강조하는 사회정서역량을 길러주기 위해 노력하고, 학교의 풍토 혹은 분위기를 배려적, 민주적으로 조성하다보면 구성원들의 인성이나 도덕성도 자연스럽게 향상된다는 것이다. 교사가 특별한 전문성, 즉 자신만의 특별한 교육과정 및 교수 전략을 갖추어야 할 필요는 없으며, 단지 잘 가르치는 것을 통해서 인성 및 도덕교육이 가능하다는 견해에 해당한다. 특히, 학생에 대한 교사의 높은 기대수준, 지지적이고 우호적인 교실 분위기 속에서 학생들은 인성이나 도덕성을 보다 원활하게 형성해 나간다고 본다. 이러한 입장은 다원주의 시대에 국가 혹은 시도 교육청, 학교가 핵심 가치를 설정하여 이를 함양시킨다는 것에는 한계가 있다는 시각과도 연결되어 있다. 나바에즈와 랩슬리는 누구의 가치를 가르쳐야 하는가에 대한 합의가 쉽지 않은 상황에서 이런 접근법은 충분히 설득력을 얻을 수 있다고 말한다.

다른 한편으로, 도덕적 인성 함양을 위한 최대주의 접근에 따르면, 가정과 학교를 둘러싼 환경이 점차 더 비교육적인 환경으로 변화되고 있는 상황에서 최소주의적 접근에는 명확한 한계가 있다. 다시 말해, 최소주의 접근은 인성 및 도덕교육을 위한 필요조건일 수는 있지만, 충분조건은 아니라는 것이다. 이보다는 도덕교육을 위한 체계적인 큰 그림을 그리고, 이를 적극적으로, 의도적으로 적용해야 나가야 한다는 입장이다. 나바에즈와 랩슬리는 강조점을 최대주의 쪽에 두면서, 학생들을 '윤리적 기술(ethical skills)을 가진 도덕 전문가'로 만들기 위해서는 교사들도 도덕

전문가가 되어야 하며, 학생들의 도덕적 전문성 향상을 위해 교사 및 학교가 보다 체계적인 노력을 기울여야 한다고 주장한다. 다시 말해 이들은 보다 적극적이고 명시적인 교사의 개입을 강조하며, 통합적 윤리교육(IEE) 모델을 제안한다. 이 모델에서는 앞서 언급하였던 지지적인 교실 분위기를 형성하는 것에서 더 나아가, 도덕적 전문성 향상을 위해 도제식으로 접근하는 것과 자기조절(self-regulation) 능력을 기르는 것, 나아가 학생이 속한 공동체와의 결속을 강화하는 것까지를 포함하는 교수 방법 등을 제안한다. 교사의 역할은 지지적인 분위기를 조성하는 것에 그쳐서는 안 되며, 레스트(J. Rest)가 제안한 도덕성의 네 가지 구성요소(도덕적 민감성, 도덕적 판단, 도덕적 동기화, 도덕적 품성)를 바탕으로 학생들을 '도덕적 전문가'로 길러내야 한다는 것이다. 또한 교사는 비계 전략을 통해 학생들에게 자기조절 기술을 가르쳐야 하며, 도덕적 행동으로 나아갈 수 있는 가능성을 높이기 위해 공동체와의 연계를 강화할 수 있도록 돕는 것까지를 담당해야 한다고 언급한다.

이와 같이 나바에즈와 랩슬리가 사용한 최소주의와 최대주의 접근 개념들을 필자가 제시한 '가르침에 있어서의 도덕성', '공동체의 도덕성', '도덕성에 대한 가르침' 개념과 연결시켜 보면, 이들은 '가르침에 있어서의 도덕성'과 '공동체의 도덕성' 수준에 머물러서는 안 되고, '도덕성에 대한 가르침'으로 나아가야 한다는 입장을 견지하고 있다. 물론 이들이 최소주의적 접근에서 강조한 것(교사와 학생 모두가 지지적이라고 느낄 수 있는 교실 분위기를 형성하는 것, 즉 공동체의 도덕성 차원)조차 현실에서 구현하는 것은 결코 쉬운 일이 아닐 것이다. 즉 다양한 요인들에 의해 수업 분위기는 저해될 수 있기 때문에, 이런 조건을 충족시키는 것조차 결코 쉽지 않을 것이다. 하지만 앎과 삶의 일치를 지향하는 인성 및 도덕교육 영역에서는 최소주의적 접근만으로 충분하지 않다. 보다 체계적이고 전문화된 '최대주의적 접근'을 통해 학생들의 도덕성 발달을 촉진시켜야 하고, 이를 위해 도덕 발달 관련 전문성을 가진 교사들이 학생들의 발달 특성 및 흥미를 고려하면서, 그리고 가용한 모든 자원들을 활용하면서 보다 정교하고 의도적인 기법을 적용할 수 있어야 한다. 요컨대, 지금 우리나라에서 채택하고 있는 독립 교과 접근(체계적인 도덕교사 양성+도덕교과 교사 선발+도덕교과 교사에 의한 효과적인 지도)은 나바에즈와 랩슬리의 '최대주의적 접근'에 상응하는 것이며, 다른 나라에 모범이 될 수 있는 사례로 평가받을 수 있다.

다음으로, ④의 이유에 주목해서 보자면, 도덕교육은 전통 문화적인 관점이나 종교적 기반, 국제관계, 그리고 각 나라가 지향하는 이념과 발전 전략 등에 의해 영향을 받는다(박장호, 2013: 207). 이로 인해 오늘날 세계 각국은 자국의 문화적, 종교적, 정치 · 사회적 배경에 따라 다양하고 독특한 방식으로 도덕교육을 실시하고 있다. 예를 들어, 종교교육, 공민 혹은 시민교육 등을 통해 도덕교육을 실시하기도 하고, 도덕교육을 위한 정규 교과를 편성하여 운영하기도 한다. 아래 〈표 1-1〉에 제시된 바와 같이, 한국, 일본, 말레이시아 등의 국가들은 '도덕교육'을 위한 독립 교과 혹은 전문 교과를 개설하여 초 · 중등학교 학생들의 도덕적 성장을 지향하고 있다. 이렇게 볼 때 일부 선진국의 사례를 통해 도덕교육이 독립교과 형태로 개설될 필요가 없다는 주장은 도덕교육 방식의 다양성에 대한 이해 부족에서 기인한 것이라는 점이 분명해진다.

표 1-1 도덕교육 관련 정규 교과를 편성 · 운영하고 있는 대표적인 국가

교과목 명칭	국가
도덕(교육)	한국, 일본, 말레이시아
인성 및 시민교육 (Character and Citizenship Education)[3)]	싱가포르
도덕 및 사회교육 (Moral and Social Education)	룩셈부르크
품성과 생활 / 품성과 사회 / 사상과 품덕	중국
종교와 도덕교육 (Religious and Moral Education)	스코틀랜드
종교 / 윤리 (Religion / Ethics)	핀란드, 폴란드, 독일
종교와 윤리 (Religion and Ethics)	노르웨이, 터키, 크로아티아
윤리와 공민교육 (Ethic and Civic Education)	스페인
윤리와 기독교 입문 (Ethics and Introduction to Christianity)	라트비아
공민과 애국교육 및 윤리 (Civic and Patriotic Education and Ethics)	슬로베니아

3) 싱가포르에서는 2014년에 '인성 및 시민교육'(Character and Citizenship Education; CCE) 과목이 개설되어 싱가포르 학교 교육과정에서 중핵 교과로 기능하고 있다. 이 과목의 성격 혹은 목적은 "바람직한 인성을 갖춘 좋은 싱가포르 시민"을 기르는 데 있다. 즉 불확실한 미래를 견뎌낼 수 있는 도덕적 의지, 싱가포르의 발전과 동료 시민(싱가포르인)의 행복 증진에 기여할 수 있는 강한 책임감을 지닌 시민을 길러내는 데 있다. 여기에는 인간과 사회를 도덕적 가치 지향의 측면에서 이해하고, 공동선에 대한 관심 속에서 책임 있게 행위할 수 있는 의도와 동기를 지니며, 그렇게 행동 혹은 참여할 수 있는 의지와 성향을 지닌 시민을 길러내겠다는 비전이 반영되어 있다(정창우, 2019: 105).

끝으로, ⑥에서 강조된 바와 같이, 인간 형성 혹은 인간성 함양을 중시해 온 우리의 교육적 전통을 바탕으로 도덕적 영혼을 일깨우고 도덕적 자기완성을 추구하기 위해서는 '체계적이고 의도적인 교육적 실천'이 '교과 교육과정'을 통해 이루어져야 하며, 이를 제대로 담당할 수 있는 유일한 교과가 바로 도덕과라는 점을 우리 모두 분명히 인식해야 한다. 이러한 인식의 과정에서 인성이나 도덕성의 변화는 인간의 내면 깊숙한 곳으로부터의 변화이고 자신의 삶 전체에 대한 통찰을 필요로 하기 때문에 고도의 전문성을 필요로 한다는 점까지 고려한다면, 독립 교과로서 도덕과의 중요성에 대한 긍정적 인식은 훨씬 더 강화될 수 있을 것이다.

참고문헌

Narvaez, D., & Lapsley, D. K. (2008), Teaching moral character: Two alternatives for teacher educators, Teacher Educator, 43(2), 156-172.

박장호(2013), "도덕과 비교론", 『도덕윤리과교육학 개론』, 경기: 교육과학사.

정세구(1998), "도덕 · 윤리 교과교육학 정립을 위한 접근법", 『도덕 · 윤리 교과교육학 개론』, 서울: 교육과학사.

정세구(2005), "초 · 중 · 고등학교 도덕 · 윤리 교과의 수호 및 존속의 역정", 『도덕 · 윤리과 교육의 발전 방향과 과제』, 서울: 교육과학사.

정창우 외(2007), 『도덕과 교수 · 학습방법 및 평가』, 경기: 인간사랑.

정창우(2013), 『도덕과교육의 이론과 쟁점』, 서울: 도서출판 울력.

정창우(2019), 『21세기 인성교육 프레임』, 경기: 교육과학사.

제2장

도덕과 교육과정의 이해*

1. 도덕과 교육과정의 개념 및 역사적 변천
2. 최근 도덕과 교육과정의 이해

*본 장은 교수요목기부터 2022 개정 교육과정기까지 고시된 국가 수준의 교육과정(총론, 총론 해설, 도덕과 교육과정)에서 특히 중등 도덕과와 관련된 특징적인 내용을 중심으로 구성하였으며, 2015 개정 및 2022 개정 도덕과 교육과정의 경우, 성격/목표/내용체계/교수 · 학습 방법 및 평가 방향 등을 대부분 수록하였음을 밝혀 둔다.

도덕과 교육을 이해하는 것은 도덕과 교육과정을 이해하는 것으로부터 시작된다. 왜냐하면 도덕 수업에서 다루는 도덕교육의 목표와 내용들이 도덕과 교육과정의 성격, 목표, 내용, 방법들을 기반으로 구성되기 때문이다. 따라서 본 장에서는 크게 두 가지 차원으로 도덕과 교육과정을 살펴보고자 한다. 먼저, 1절에서는 교과로서의 공식적 도덕과 교육이 도입되기 이전 시기인 교수요목기부터 2차 교육과정 시기까지와, 독립교과로서 신설된 이후 주기적·전면적 개정방식이 적용되었던 3차부터 7차 교육과정까지의 변화과정을 살펴본다. 다음으로 2절에서는 부분 수시 개정 방식이 적용된 2007, 2009, 2015, 2022 개정 도덕과 교육과정의 변화를 구체적으로 살펴봄으로써, 최근 도덕과 교육의 방향과 흐름에 대해 알아보고자 한다.

1. 도덕과 교육과정의 개념 및 역사적 변천

교수요목기
- 광복이후교육
- 사회생활과의 공민교육
- 인륜, 도덕교육

➡

1차
- 사회생활과의 공민교육
- 도의교육

➡

2차
- 반공·도덕생활
- 예절생활
  개인생활
  사회생활
  국가생활

➡

3차
- '도덕' 교과 신설
- 도덕교육의 체계화·조직화
- 예절교육
  개인생활
  사회생활
  국가생활
  반공생활

➡

4차
- 생활영역별 목표진술
- 개인생활
  사회생활
  국가생활
  반공생활
- 생활원리주제 중심내용전개
- 평가방향제시

➡

5차
- 도덕과교육의 성격 구체화
- 교과목표와 학년 목표의 세분화
- 개인생활
  가정·이웃생활
  시민생활
  국가생활
  통일·안보생활

➡

6차
- 바람직한 인간상
  통일교육
  환경교육
  진로교육
- 개인생활
  가정·이웃·학교생활
  사회생활
  국가·민족생활
- 탐구식토의기법

➡

7차
- 국민공통교육과정(도덕)
- 고교선택중심 교육과정(시민윤리, 윤리와 사상, 전통윤리)
- 인성교육, 민주시민교육, 통일대비/국가안보교육을 다루는 핵심교과
- 개인생활
  가정·이웃·학교생활
  사회생활
  국가·민족생활
- 주제별 탐구식 토의기법
- 실천·체험중심 지도방법

도덕과 교육과정은 교사를 통한 도덕교육을 실행하는 데 필수적인 성격과 목표, 내용, 교수 · 학습 방법, 평가 등에 관한 종합적인 계획이자 체계적인 접근을 의미하며, 학교에서 도덕 수업을 설계 및 실행할 때 가장 중요한 준거 역할을 하는 것이다. 도덕과 교육과정 속에는 도덕과의 성격, 목표, 내용, 교수 · 학습 및 평가 방법 등이 총체적으로 제시되어 있기 때문에, 도덕과 교육과정의 역사적 변천을 이해하기 위해서는 우선 이러한 교육과정 구성요소별로 그 특징을 파악해 볼 필요가 있다.

1) 교수요목기(1945-1954)

우리나라에서 국가 수준의 공식적 도덕교육은 1945년 광복 이후부터 실시되었다고 볼 수 있다. 광복 이후 미군정은 현재 국가 교육과정에 해당하는 교육방침을 규정하고 그 내용들을 제정하였다. 이때, 도덕교육은 교수요목집 중학교 '사회생활과'의 '공민' 안에 포함되어 주당 2시간씩 시행되었다. 공민의 교수요목은 1-6학년까지로 구성되어 있으며, 1-3학년까지는 공동생활, 정치생활, 경제생활 및 그 밖의 사회생활 전반에 대한 것을 내용으로 다루고, 4-6학년은 사회생활을 정치적 · 경제적 · 도덕적 · 사회적인 면으로 나누어 보다 깊이 이해할 수 있는 내용들을 포함시켰다. 또한 모든 교수 활동에 있어서 인륜(人倫), 도덕(道德)을 학생들이 체득 · 실천하여 원만한 인격을 갖추도록 교육해야 함을 명시하였다(문교부, 1948).

2) 제1차 교육과정기(1954-1963)

제1차 교육과정기의 도덕교육은 교수요목기와 마찬가지로 '사회생활과'의 '공민' 안에 포함되어 주당 1시간씩 시행되었다. 특히 '민주 국가 사회의 공민으로서 올바른 인간관계를 유지 · 발전시키는 생활 태도를 개발시킴으로써 유능하고 충성된 대한민국 국민을 길러내는 것'을 교육의 목적으로 삼고 있다. 1956년에는 '도의 교육의 당면 목표'를 발표하였는데 ① 관후 고결(寬厚高潔)한 인격도야, ② 애국 애족의 사상 고취, ③ 협동심과 책임감의 양성, ④ 근로 역행(勤勞力行)의 정신 양양이다. 이러한 목표를 달성하기 위해 정치 · 경제 · 사회 · 문화의 면을 중심으로 교육한다고 밝혔으나, 주로 '민주 국가 국민으로서 알아야 할 기본적인 사항'에만 국한되어

교육되었다. 도덕교육 역시 당시 상황에서 올바른 인간관계를 유지, 발전시키는 기능과 태도를 기르는 데 필요한 '도의 교육' 활동 차원에서 강조 · 실시되었다(문교부, 1955; 교육인적자원부, 2007).

3) 제2차 교육과정기(1963-1973)

제2차 교육과정기에서의 도덕교육은 사회과 안에 포함하지 않고, 반공 · 도덕생활의 한 영역으로 설정되었다. 반공 · 도덕생활의 교육 목표는 주로 '사회생활에 적응하는 능력과 태도를 기르는 것'과 '사회 구성원으로서 올바른 인간관계를 통한 민주적 도의 질서를 발전시키고, 사회생활을 건전하게 영위하는 기능을 기르는 것'이었다. 학년 목표나 학생들에게 다루는 교육 내용은 구체적으로 제시하지 않았지만, 반공 · 도덕생활 교육을 위한 지도 내용을 '예절생활, 개인생활, 사회생활, 국가생활'의 4개 생활 영역으로 구성되었다. 또한 반공 · 도덕 생활을 교육할 때, 지도상의 유의점을 안내하여 일관성 있게 지도할 수 있는 계획 수립과 학생들의 능동적 참여 및 실천 교육을 강조하였다(문교부, 1963).

4) 제3차 교육과정기(1973-1981)

제3차 교육과정에서 도덕과는 종래의 반공 · 도덕생활을 교과활동에 포함시키고 그 명칭을 '도덕'으로 변경하였다. 이때, 도덕은 주당 2시간씩 지도하였으며, 지도 내용은 반드시 평가하도록 하였다. 제3차 교육과정의 기본 방침은 '국민적 자질의 함양과 인간교육의 강화'에 중점을 두었으며, 이에 발맞추어 도덕교육 체계화 및 조직화를 강조하였다. 이를 위해 중학교의 도덕과 신설의 의의를 ① 도덕교육의 체계화, ② 국민 교육 헌장 이념(창조의 힘과 개척의 정신[개인윤리], 협동정신[사회 도덕 윤리], 국민정신[국민윤리])의 구현, ③ 평화적 자주 통일을 위한 반공교육으로 밝혔다. 더불어 각 학년별 목표와 지도내용을 예절교육, 개인생활, 사회생활, 국가생활, 반공생활의 5개 생활 영역으로 구분하여 제시하였다(문교부, 1973).

5) 제4차 교육과정기(1981-1987)

제4차 교육과정에서 도덕과는 도덕성의 발달 이론에 기초하여 교과 목표를 진술하고, 학년별 목표를 생활 경험의 확대 원리를 바탕으로 하여 생활 영역별로 제시하였다. 또한 각 내용 체제는 도덕 생활의 여러 문제들을 다룰 수 있도록 주제별로 구성하였다. 개정된 내용을 보다 구체적으로 살펴보면 ① 생활 영역의 재조정(5개 → 4개, 개인생활, 사회생활, 국가생활, 반공생활), ② 목표 진술의 체계성 유지(교과 목표와 영역별 목표 함께 제시), ③ 내용 전개 방법의 변화(덕목 중심 전개방식 → 생활 원리 주제 중심), ④ 평가 방향의 제시(지도상 유의점 → 지도 및 평가 상의 유의점) 등이다. 이러한 도덕교육의 방향에 따라 교과 목표를 "일상생활에 필요한 도덕적 원리를 스스로 깨달아 실천하며, 국가 발전과 조국 통일에 이바지할 수 있는 능력과 태도를 기른다."라고 제시하였다. 또한 각 학년 목표를 세분화하여 명시하고, 각 학년별 지도 내용을 개인생활, 사회생활, 국가생활, 평화통일로 나누어 제시하였다. 이전 교육과정에서 예절생활 영역은 개인생활 안으로 흡수되었고, 반공생활은 평화통일로 바뀌었다(문교부, 1981; 고대혁 외, 2014: 223).

6) 제5차 교육과정기(1987-1992)

제5차 교육과정에서 도덕과는 초·중등학교에서의 도덕과 교육의 성격·교과 목표·학년 목표와 내용을 이전 교육과정보다 구체적으로 기술하였다. 교과목표는 "인간의 삶에서 발생되는 도덕적 문제를 바람직하고 합리적으로 판단하는 능력을 기르며, 도덕적 원리의 의미를 이해하고 이를 실천하여 자율적인 인격을 형성하게 하고, 나아가 국가 발전과 조국 통일에 이바지하게 한다."라고 명시되었다. 그리고 학년 목표와 내용은 개인 생활, 가정·이웃 생활, 시민 생활, 국가 생활, 통일·안보 생활의 5개의 영역으로 나누어 제시되었다. 개인 생활에서는 '인간의 삶과 도덕 그리고 삶의 의미', 가정·이웃 생활에서는 '가족 간의 윤리와 공동체 생활', 시민 생활에서는 '시민 사회의 윤리와 민주 시민의 자세', 국가 생활에서는 '국민의 권리와 의무 및 문화적 주체성 확립', 통일·안보 생활에서는 '국토 분단의 현실과 통일을 위한 자세' 등을 중점적으로 다루었다(문교부, 1987).

7) 제6차 교육과정기(1992-1997)

제6차 교육과정에서 도덕과는 성격에서 "학생들이 자신을 이해하고 사회 규범과 생활 예절을 익히며, 도덕적 판단 능력을 길러 한국인으로서 바람직한 삶을 살아가는 데 도움을 주기 위한 교과"라고 명시하였다. 또한 '도덕'이 갖는 의미를 정의하고, 교과 활동에서의 학습된 도덕의 역할을 "학생들이 선악과 정오를 판단하는 바탕이 되고, 이와 관련된 사태에 직면할 때에는 행동을 결정하는 기준이 되며, 생활 방식의 틀로서 역할을 담당하게 된다."라고 구체적으로 밝혔다. 이와 더불어 "지적인 면과 함께 인간의 신념, 가치관, 태도 및 행동 성향과 같은 정의적인 영역을 강조", "바람직한 인간상과 '통일교육'과 '환경교육', '진로교육'과도 밀접한 관련을 가지며, 학생들이 전인적 인격을 형성할 수 있도록 지도"한다는 측면에서 다른 교과와 구별되는 점이 있음을 적시하였다.

교과목표는 총괄목표와 4개의 하위목표로 나뉘어 제시되었다. 총괄목표는 "한국인으로서 가치 있는 삶을 살아가는 데 필요한 도덕규범과 예절을 파악하게 하고, 일상생활 속에서 부딪히는 도덕적 문제를 바람직하고 합리적으로 해결할 수 있는 판단 능력을 기르게 하며, 삶의 이상과 원리를 체계화하여 실천할 수 있는 도덕적 성향을 형성하게 한다."는 것으로 설정되었다. 그리고 하위목표로는 다음과 같이 4가지가 제시되었다. 가) 인간의 삶에서 도덕이 필요함을 알고, 도덕적 판단력과 가치 선택 능력을 키우며, 인격 도야에 힘써 바람직한 삶을 영위할 수 있게 한다, 나) 가정 · 이웃 · 학교생활에서 요구되는 도덕규범과 예절을 이해하고, 이러한 생활 속에서 등장하는 문제 사태들을 서로 비교함으로써 바르게 살아갈 수 있는 생활태도와 실천 의지를 가지게 한다, 다) 전통 도덕과 시민 윤리의 특성을 인식하고, 현대사회에서 발생하는 도덕 문제를 합리적이고 바람직하게 해결할 수 있는 능력을 길러, 민주 시민으로서 떳떳하게 살아갈 수 있게 한다, 라) 국가, 민족, 문화를 사랑하고, 국토와 민족 분단의 현실 및 남북한의 통일 과제를 올바로 인식하여, 통일을 이룩하는 데 필요한 공동체 의식과 통일 국가의 실현 의지를 가지게 한다.

내용 체계에서의 영역은 개인생활, 가정 · 이웃 · 학교생활, 사회생활, 국가 · 민족 생활의 4영역으로 구성되었다. 5차와 비교하여 하나의 영역이 줄어들었는데, 5차의 통일 · 안보 생활이 6차의 국가 · 민족 생활로 통합되었기 때문이다. 또한 각 영역별로 학생들이 학습해야 할 주제들을 학년별로 제시하였으며, 이를 바탕으로 학년별 지도 내용을 구체적으로 안내하였다. 더불어 지도 방법과 평가를 구체적으로 안내하고 있는데, 지도 방법에서는 '도덕적 지식(인지적 영역)과 더불어 도덕적 가치와 태도, 행동 성향과 같은 정의적 영역도 중점적으로 교육', '탐구식 토의기법 활용', '도덕적 생활 원리의 체계화를 통한 당면한 문제 사태에 대한 합리적 판단력과 실천의지 함양 교육', '학생들의 자발적인 가치 탐구 및 흥미 유발할 수 있는 다양한 학습 보조 자료 개발' 등을 제안하였다. 평가에서는 '인지적 영역의 평가뿐만 아니라 도덕적 가치와 태도, 실천 의지와 행동 성향 등을 포함한 평가', '면담, 상호 평가, 자기 평가와 같은 다양한 평가 방법의 활용' 등을 제시하였다(교육부, 1992).

8) 제7차 교육과정기(1997-2007)

제7차 교육과정에서 도덕과는 다른 교과와 마찬가지로 총론(교육과정 일반)의 특징 및 요구사항을 반영하여 교과 교육과정을 개정하였다. 제7차 교육과정의 특징은 ① 국민 공통 기본 교육과정(1-10학년까지 교과, 재량 활동, 특별 활동) 체제의 편성, ② 고등학교 선택 중심 교육과정(고등학교 2-3학년 교과, 특별활동)의 도입, ③ 수준별 교육과정의 도입, ④ 학교 재량 활동 시간의 신설 및 확대 운영, ⑤ 학교, 교사, 지역 사회를 중심으로 한 교육과정 편성 및 운영 등을 들 수 있다(교육부, 1997).

이러한 총론의 개정 변화에 따라 도덕과에서는 국민 공통 기본 교과로 '도덕'을 설정하고, 고등학교 선택 중심 교과의 경우 일반 선택 과목은 '시민윤리', 심화 선택 과목은 '윤리와 사상'과 '전통 윤리'로 구성하였다. 또한 교육과정 구성체제를 성격, 목표, 내용 체계, 교수·학습 방법, 평가로 나누어 제시하였다. 먼저 도덕과의 성격에서는 "학생들로 하여금 자신을 이해하고, 일상생활에 필요한 규범과 예절을 익히며, 국가·민족 구성원으로서, 그리고 세계 사회의 일원으로서의 역할과 책임을 파악하게 하여 한국인, 나아가 세계 시민으로서의 바람직한 삶을 살아가는 데 도움을 주기 위한 교과이다.", "'도덕'은 새 교육 과정 개정의 기본 방향으로 가장 강조되고 있는 인성 교육과 민주 시민 교육, 그리고 국가적인 차원에서 중시되고 있는 통일 대비 교육과 국가 안보 교육을 핵심 영역으로 다루고 있는 핵심 교과이다."라고 명시되었다. 이와 더불어 도덕교육을 위한 학제적(學際的, interdisciplinary) 접근을 시도한다는 점이 강조되었다.

도덕과의 목표는 "한국인으로서 바람직한 삶을 살아가는 데 필요한 기본 생활 습관과 예절 및 도덕규범을 익히고, 일상생활 속에서 부딪치는 도덕적 문제를 바람직하고 합리적으로 해결할 수 있는 판단 능력을 기르며, 올바른 시민 의식과 국가·민족의식, 그리고 세계 평화와 인류 공영 의식을 함양하고, 삶의 이상과 원리를 체계화하여 실천할 수 있는 도덕적 성향을 기른다."로 설정되었다.

내용 체계는 개인생활, 가정·이웃·학교생활, 사회생활, 국가·민족생활의 4영역으로 구성되었으며, 각 영역별로 주요 가치·덕목을 다음과 같이 제시하였다. ① 개인생활: 생명존중, 성실, 정직, 자주, 절제, ② 가정·이웃·학교생활: 경애, 효도, 예절, 협동, 애교·애향, ③ 사회생활: 준법, 타인 배려, 환경 보호, 정의, 공동체의식, ④ 국가·민족생활: 국가애, 민족애, 안보 의식, 평화통일.

도덕과 교수·학습 방법으로는 '주제별 탐구식 토의기법'의 활용, '학생들의 지적, 도덕적 발달 수준에 부합되는 지도 방법 학년별 고려 지도', '감화 및 설득 방법, 탐구식 지도 방법, 실천·체험중심의 지도 방법'의 활용, '학생들의 자기 주도적 탐구 활동을 위한 방법들의 활용' 등이 강조되었다. 또한 평가에서는 '도덕성의 인지적, 정의적, 행동적 측면을 모두 고려한 통합적 평가', '학생들의 학습 과정과 결과를 종합적으로 평가', '학생들의 계속적인 도덕적 성장과 도덕과 교수·학습의 개선을 지향하는 성장과 개선으로서의 평가' 등이 강조되었다(교육부, 1997).

2. 최근 도덕과 교육과정의 이해

구분	2007 개정 교육과정	2009 개정 교육과정	2015 개정 교육과정	2022 개정 교육과정
과목 체계	• 국민 공통 기본 교육과정(3-10학년)「도덕」 • 고등학교(2, 3학년) 선택과정「현대 생활과 윤리」,「윤리와 사상」,「전통윤리」	• 공통 교육과정(3-9학년)「도덕」 • 선택교육과정 「생활과 윤리」,「윤리와 사상」	• 공통 교육과정(3-9학년)「도덕」 • 선택교육과정 「생활과 윤리」,「윤리와 사상」(일반선택) 「고전과 윤리」(진로선택)	• 공통 교육과정(3-9학년)「도덕」 • 선택 중심 교육과정 「현대사회와 윤리」(일반 선택 과목) 「윤리와 사상」,「인문학과 윤리」(진로 선택 과목) 「윤리문제 탐구」(융합 선택 과목)

체제	1. 성격 2. 목표 3. 내용 가. 내용 체제 나. 학년별 내용 4. 교수 · 학습 방법 5. 평가	1. 성격 2. 목표 3. 내용 가. 내용 체제 나. 학년군(학교급)별 성취기준 4. 교수 · 학습 방법 5. 평가	1. 성격 2. 목표 3. 내용 가. 내용 체제 나. 성취기준 4. 교수 · 학습 방법 5. 평가	1. 성격 및 목표 2. 내용체계 및 성취기준 3. 교수 · 학습 및 평가
성격	• 자신의 바람직한 삶과 우리 사회와 세계 발전에 기여할 수 있도록 도와주기 위한 교과 • 자율적이고 통합적인 인격 형성 강조 • 윤리학적 접근을 중심으로 여러 학문적 접근 활용	• 개인의 바람직한 가치관 확립과 나아가 우리 사회와 세계의 발전에 기여할 수 있도록 도와주는 교과 • 자율적이고 통합적인 인격 형성 강조 • 윤리학적 접근을 중심으로 여러 학문적 접근 활용 • 인성 교육의 핵심 교과이며 주관교과	• 학교 인성교육의 핵심교과 • 성실 · 배려 · 정의 · 책임이라는 4개의 핵심 가치를 내면화함으로써 인성의 기본 요소를 갖추게 함과 동시에 도덕적인 삶을 자율적으로 이끌어 갈 수 있는 자율성과 책임성을 길러주고자 하는 실천적 성격의 교과 • 자기 존중 및 관리 능력, 도덕적 사고 능력, 도덕적 대인 관계 능력, 도덕적 정서 능력, 도덕적 공동체 의식, 윤리적 성찰 및 실천 성향 함양 강조 • 윤리학적 접근을 중심으로 하되, 다루는 주제의 성격에 따라 도덕심리학, 정치철학 등 여러 학문의 접근을 학제적으로 활용	• 도덕 교과는 학생들이 도덕성을 함양하도록 함으로써 보다 나은 삶과 사회를 지향하게 하는데 도움을 주기 위한 교과 • 도덕 교과는 바람직한 인성(人性)을 함양하기 위한 핵심 교과임과 동시에, 시민의 도덕성과 역량을 길러주기 위한 학교 시민교육의 주요 교과
목표	• 교과목표(총괄목표와 하위 영역별 목표)와 학교급별 목표로 구분 진술 • 목표를 학습자 위주로 진술 • 인지 · 정의 · 행동적 영역을 포괄하는 통합적 접근 중시	• 교과목표(총괄목표와 하위 영역별 목표)와 학교급별 목표로 구분 진술	• 교과목표(총괄목표와 하위 영역별 목표)와 학교급별 목표로 구분 진술	• 도덕성 함양을 통한 도덕적인 인간의 지향 • 도덕 교과의 목표는 개인적 도덕성과 사회구조적 도덕성 사이의 유기적 연관성을 토대로 삼아, 성실, 배려, 정의, 책임의 핵심 가치를 체득하여 도덕적 지식과 실천의 과정을 연계시킬 수 있는 도덕적인 인간을 바탕으로 정의로운 사회를 만들고자 하는 의지와 역량을 갖춘 시민을 육성

내용영역	• 도덕적 주체를 중심으로 가치 관계 확장에 따라 4개 영역으로 구분	• 도덕적 주체를 중심으로 가치 관계 확장에 따라 4개 영역으로 구분 • 전체지향 가치(존중, 책임, 정의, 배려)와 영역별 가치	• 각 학년 모두 4개 영역을 다루되, 주제를 다양화하여 중복을 피함 • 인성관련 핵심 가치 설정 (성실, 배려, 정의, 책임)	• 가치 관계 확장에 따라 4개 영역으로 구분(자신, 타인, 사회 및 공동체, 자연과의 관계) • 핵심 가치 설정(성실, 배려, 정의, 책임)
내용체계	• 각 학년 모두 4개 영역을 다루되, 주제를 다양화하여 중복을 피함	• 각 학년 모두 4개 영역을 다루되, 주제를 다양화하여 중복을 피함	• 각 학년 모두 4개 영역을 다루되, 주제를 다양화하여 중복을 피함	• 각 학년 모두 4개 영역을 다루되, 핵심아이디어와 3개의 범주에 따라 주제 구성
내용구성	• 도덕적 주제 중심의 구성 • 학생들의 도덕적 사고력 함양과 가치 판단 능력 신장에 중점을 두는 내용 구성 • 성취기준형 내용 진술	• 학습의 위계를 고려하여 '일반수준(가~라)'과 '심화수준으로 나누어 내용구성 • 성취기준형 내용 진술	• 중학교 1-3학년군의 통합적 형태의 내용 구성 • 핵심가치, 일반화된 지식, 기능에 기초한 내용 체계 개선	• 각 학년 모두 4개 영역을 다루되 각 영역마다 핵심 아이디어와 지식 · 이해, 과정 · 기능, 가치 · 태도의 세 범주에 따라 내용 체계 구성 • 성취기준형 내용 진술
교수학습방법	• 통합적 교수 · 학습 방법의 중요성 강조 • 학생들의 지적 · 도덕적 발달 수준에 부합하는 지도 방법(학년별 고려) • 학생들의 자기 주도적인 학습 강조 • 다양한 학습 자료의 개발과 교사 상호 간의 공유 강조	• 통합적 교수 · 학습 방법의 중요성 강조 • 학생들의 지적 · 도덕적 발달 수준에 부합하는 지도 방법(학년별 고려) • 가정, 지역 공동체와 연계하여 학생들의 도덕적 실천 강화 및 도덕과 교육의 실효성 제고	• 학습자의 수업참여 활성화 및 다양한 과제 탐구와 체험과 실천을 통한 도덕적 역량 신장 • 영역 및 내용 요소별 성취기준을 고려한 다양한 교수 · 학습 방법의 활용 • 프로젝트 접근 방식 • 개인차를 고려한 교수 · 학습의 효율적 운영 • 학습자의 인성 발달을 위한 교수 · 학습의 효율적 운용 • 수업 개선을 위한 교수 · 학습 점검	• 내용 체계에 제시되어있는 지식 · 이해, 과정 · 기능, 가치 · 태도를 고려하고, 학생의 발달 수준과 학습 환경에 적합하게 교육과정을 재구성하여 성취기준의 도달을 지향 • 핵심 아이디어에 대한 이해를 바탕으로 일상에서 직면하는 도덕 현상을 탐구, 도덕적 가치와 덕목 등에 비추어 자신의 삶을 윤리적으로 성찰, 이러한 도덕적 탐구와 윤리적 성찰을 일상의 도덕적 실천과 유기적으로 통합하는 과정을 구현하는 교수 · 학습의 과정을 구성 • 학습자 주도성을 살려 능동적인 학습 참여를 장려, 일상에서 경험하는 도덕 문제를 학습 소재로 활용, 삶과 도덕 수업의 연계성을 높임으로써 학생의 자율적 역량을 기르는 교수 · 학습의 과정을 구성

				• 최신의 디지털 학습 환경 기술을 학생 수준에 맞게 활용, 온·오프라인 교육 환경을 구축하여 개별화된 학습 경험을 제공
평가	• 도덕성의 인지적·정의적·행동적 측면에 대한 통합적 평가 강조 • 수행 평가 이론을 적극적으로 수용 • 목표에 맞게 다양한 평가 방법과 기법 활용 강조 • 평가를 수업 개선과 학생 이해 및 학생의 도덕적 성장 촉진하기 위한 자료로 활용할 것을 적극 권장 • 학생들의 학습 과정과 결과를 모두 평가	• 도덕성의 인지적·정의적·행동적 측면에 대한 통합적 평가 강조 • 다양한 평가 방법과 기법 및 도구를 활용한 평가 • 학교급 및 학년 특성에 적합한 평가 요소 고려하여 평가 • 평가를 수업 개선과 학생 이해 및 학생의 도덕적 성장 촉진하기 위한 자료로 활용할 것을 적극 권장 • 학생들의 학습 과정과 결과를 모두 평가	• 도덕과의 교과 역량과 기능 도덕적 탐구 및 성찰과 실천 평가 • 도덕성의 인지적·정의적·행동적 측면에 대한 통합적 평가 강조 • 학생의 학습과정과 결과를 다양한 방법을 활용하여 도덕성과 인성을 종합적으로 평가 • 평가를 수업 개선과 학생 이해 및 학생의 도덕적 성장 촉진하기 위한 자료로 활용	• 성취기준을 평가의 준거로 설정, 교수·학습의 결과로 나타나는 학생의 도덕성 변화를 평가 • 도덕과의 목표, 핵심 아이디어, 지식·이해, 과정·기능, 가치·태도에서 지향하는 바를 종합적이고 체계적으로 평가 • 학습의 결과뿐만 아니라 학습의 과정을 평가할 수 있는 수행평가 방법을 활용 • 평가의 과정 및 결과를 분석하여 교수·학습 과정, 평가 방법을 개선하고, 학생의 도덕적 성장을 위한 맞춤형 피드백 제공

1) 2007 개정 교육과정기(2007-2009)

2007 개정 도덕과 교육과정은 전면 개정방식이 아닌 부분 수시 개정의 특징을 갖는다. 즉, 제7차 교육과정의 기본 편제를 유지하면서 도덕과 교육의 개선과 질 제고를 목표로 개정되었다. 특히 '미래 사회에서 요구되는 학생들의 특성을 반영한 도덕과 교육과정의 개정', '현장 교사의 의견 수렴에 중점을 둔 도덕과 교육과정의 개정', '도덕과 교육과정 연구 공동체 구성을 통한 참여식 교육과정 개발'에 초점을 맞추어 개정이 진행되었다.

도덕과 교육과정 개정의 방향은 첫째, '도덕과 교육의 정체성 확립', '사회 변화에 부응하는 새로운 도덕적 가치와 쟁점 강조', '도덕적 탐구의 강화', '도덕과 교육의 학교급별 특성 부각'을 중심으로 이루어졌다. 둘째, 도덕과 교육의 성격은 '한국적인 맥락에 근거한 보편 윤리의 추구', '도덕과 교육의 핵심 내용으로서의 도덕적 덕목 및 규범의 재천명', '윤리학적 접근을 중심으로 연관된 여러 학문의 접근 방법 활용'으로 구성되었다. 셋째, 도덕과 교육의 목표는 '도덕적 문제에 대한 반성적 성찰 강조', '학교급별 목표의 위계성 부각'의 두 가지 차원에서 진행되었다. 넷째, 도덕과 교육의 내용은 '가치 관계 확장을 중심'으로 하는 내용 영역을 설정하였다. 이는 기존의 '생활 영역 확대의 원리에 따른 내용 조직 방식'이 아동들로 하여금 상위 및 하위 수준의 다른 공동체들 간의 역동적인 상호 관계를 파악할 수 없다는 점 때문이었다. 또한 생활 영역별 내용 조직은 내용의 중복, 현시점에서의 도덕적 문제들을 포괄할 수 없는 틀, 도덕적 쟁점에 대한 다면적 접근의 한계를 지닌다. 이러한 이유로 내용 영역 설정의 틀은 '도덕적 주체를 중심으로 하는 가치 관계의 확장'으로 구성되었다. 4개의 영역은 "도덕적 주체로서의 나(도덕적 가치가 주체적 기반으로서 도덕적 자아가 확립되는 영역)", "우리 · 타인 · 사회와의 관계(도덕적 자아와 우리/타인/사회와의 관계에서 간인격적(間人格的, inter-personal) 가치가 추구되는 영역)", "국가 · 민족 · 지구 공동체와의 관계(도덕적 자아와 국가 · 민족 · 지구 공동체와의 관계에서 역사적, 사회적 정의의 가치가 추구되는 영역)", "자연 · 초월적인 존재와의 관계(도덕적 자아와 자연 · 초월적인 존재와의 관계에서 도덕적 가치의 고양이 추구되는 영역)"이다. 영역 I 에서는 도덕적 주체인 '나'를 중심으로 도덕의 개념, 삶의 목적, 도덕적 자율성 등의 문제를 다룸으로써 개인의 도덕적 성장의 출발점이자 기반이 되게 하는 내용으로 구성하였고, 영역 II 에서는 도덕적 주체와 가깝고 먼 타인, '우리'라는 가까운 공동체 및 시민 사회의 제반 인간관계에서 생겨나는 도덕적 문제들과 그 안에서 실현되는 도덕적 가치를 다루었다. 영역 III 에서는 국가 · 민족 · 지구 공동체에서 발생하는 도덕적인 문제들을 다루고, 이를 위한 바람직한 태도를 기를 수 있도록 내용이 구성되었으며, IV 영역에서는 도덕적 주체와 자연 및 초월적 존재와의 가치문제를 다루어 인간 관계적 도덕의 한계를 넘어 자연 · 종교 등과 같은 가치 차원의 주제들도 다룰 수 있도록 구성하고 있다.

또한 도덕과 교육 내용 구성에 있어서 초등학교는 '덕목 중심', 중등학교는 '주제 중심'의 구성이라는 큰 방향성을 두고 학교급별/학년별 내용을 선정하였다. 이때, 성취 기준형 방식에 따라 내용들을 도덕적 능력(ability)과 기술(skills)이 함께 진술되도록 하였다. 또한 총 18개의 주요 가치 · 덕목을 설정하고, 이와 관련한 내용 들을 영역에 따라 제시하였는데, 설정된 가치 · 덕목은 영역 구분 없이 전체영역에 적용되도록 하였다.

도덕과 교수 · 학습 방법으로는 도덕과 교육이 목적하는 바에 따라 도덕성의 인지적, 정의적, 행동적 요소들을 통합적으로 발달시킬 수 있는 방법으로 학년별로 고려하여 목표와 내용에 맞게 강의법, 문답법, 토의 · 토론법, 논술법, 시청각 매체 활용법, ICT 활용법, 협동 학습 방법, 프로젝트 학습 방법, 역할놀이 방법, 실천 · 체험 학습법 등 다양한 방법들을 활용하도록 안내하고 있다.

도덕과 평가에서는 학생의 도덕성 발달과 인격함양에 도움이 되도록 하기 위해 평가가 학생의 도덕적 판단 능력과 실천 의지를 판정하는 자료로서의 의미뿐만 아니라, 궁극적으로는 학생의 도덕성 발달과 인격함양을 촉진하는 데 도움이 되어야 함을 밝히고 있다. 또한 도덕성의 인지적, 정의적, 행동적 측면 모두에 대한 통합적 평가를 추구해야 하며, 초등학교와 중학교 저학년에서는 덕목 및 도덕규범의 이해, 도덕적 문제해결, 도덕적 정서 및 도덕적 실천 등의 요소를 고려하여 평가해야 함을 안내하고 있다. 특히 중학교 고학년 및 고등학교의 경우, 특히 인지적 측면에서는 도덕적 개념 및 원리의 이해, 문제 파악 및 인식, 탐구 설계 및 수행, 자료 분석 및 해석, 결론 도출 및 평가, 가치 판단 및 의사 결정 등의 요소를 고려한 평가가 이루어져야 함을 명시하고 있다. 또한 평가 방법으로는 목표에 맞게 포트폴리오(portfolio), 토론 및 발표에 대한 평가, 학생 상호평가 등 다양한 평가 방법을 활용하여 도덕성의 다양한 측면이 종합적으로 평가되도록 해야 하며 학생들의 학습 과정과 결과를 모두 평가해야 한다는 점이 강조되었다(교육과학기술부, 2008).

2) 2009 개정 교육과정기(2009-2015)

2009 개정 교육과정은 초 · 중등학교 교육과정의 미래 적합성을 제고하기 위해 고시된 것이다. 미래형 교육과정의 주된 핵심은 ① 교육과정 적합성 제고, ② 교육과정의 적정화, ③ 교육과정의 다양화, ④ 교육과정의 자율화, ⑤ 교육과정의 책무성 강화이다. 이전 교육과정(2007 개정)과의 차이점으로는 첫째, 국민 공통 기본교육과정을 중학교 3학년까지로 하향 조정하고, 고등학교 3년간의 교육과정을 선택 교육과정으로 확대, 둘째, 교육과정의 편제를 교과와 교과 외 활동으로 이원화하여 체계적인 교과학습뿐만 아니라 더욱 풍부한 교과 외 활동(범교과적 학습, 봉사활동, 프로젝트 활동 등)의 기회 부여, 셋째, 교과 영역 편제에서는 학기당 이수 과목 수를

축소하고, 교과 간에 소통과 통합지도를 할 수 있도록 확대하는 것이었다. 이때, 총론 개정의 방향이 먼저 제시되고 이후 2011년 교과별 교육과정이 발표되었다(교육과학기술부, 2009).

도덕과는 2011 개정 도덕과 교육과정 고시 후에 프로젝트형 인성교육 강화를 위해 부분적인 수정을 거쳐 2012 개정 도덕과 교육과정을 다시 고시하게 되었는데, 2011 개정을 중심으로 핵심 내용을 제시하면 다음과 같다. 먼저, 성격에서 "도덕 교과는 인간의 삶에 필요한 도덕규범과 예절을 익히고, 인간과 사회, 자연 · 초월적 존재와의 관계 속에서 올바른 도덕적 책임과 의무를 이해하며, 다양한 도덕 문제에 대한 민감성과 사고력 및 판단력을 향상시키고 도덕적 앎을 실천으로 연결할 수 있는 실천 동기 및 능력을 함양하여, 개인의 바람직한 가치관 확립과 나아가 우리 사회와 세계의 발전에 기여할 수 있도록 도와주는 교과이다.", "도덕과는 인간의 삶에서 발생하는 다양한 도덕 문제를 체계적으로 다루며, 인성교육의 핵심 교과이며 주관 교과가 된다."고 밝히고 있다. 또한 2011 개정 도덕과 교육과정에서는 2009 개정 교육과정 총론에서 강조한 '창의 · 인성교육'을 도덕과 교육과정에 반영하고, '학년군' 개념과 '내용 적정화'에 근거하여 내용을 재구성하며, '공통교육과정 기간의 단축' 및 '고교 선택과목 이수단위 조정'에 따라 내용체계를 재구조화하는 데 역점을 두고 있다.

다음으로 2011 개정 도덕과 교육과정에서 제시한 도덕과의 목표는 "자신과 우리 · 타인, 사회 · 국가 · 지구공동체, 자연 · 초월적 존재와의 관계에 대한 올바른 이해를 바탕으로 인간의 삶에 필요한 도덕규범과 예절을 익히며, 삶의 다양한 영역에서 발생하는 도덕 문제에 대한 민감성을 기르고 도덕적 사고력과 판단력, 도덕적 정서, 실천 의지 및 능력을 함양하여 자율적이고 통합적인 인격을 형성한다."이다. 이러한 목표 아래 학교급별 목표를 구체화하여 제시하고 있는데, 중학교 단계에서의 목표는 "도덕적 가치 · 덕목에 대한 이해를 심화하고, 현대 사회의 여러 가지 도덕 문제에 대한 민감성과 도덕적 판단력, 그리고 실천 의지를 함양하여 합리적이고 바람직한 삶을 영위할 수 있는 도덕적 능력과 태도를 지닌다."라고 명시하고 있다.

또한 도덕과 교육 내용 구성에 있어서 이전 교육과정과 마찬가지로 주요 가치 · 덕목을 설정하고, 이와 관련되는 지도 내용을 선정하였다. 특이할만한 것은 제시하고 있는 18개의 주요 가치 · 덕목을 전체지향과 영역별 지향으로 나누었다는 점이다. '존중, 책임, 정의, 배려'의 전체지향 가치는 영역, 학년, 주제와 관계없이 적용되고, 각 영역별로 자율, 성실, 예절, 협동, 공익 등 영역별 가치를 제시하면서 이와 관계된 주제들을 구분하여 제시하고 있다. 더불어 성취기준은 학년군(학교급)별, 영역별, 학습내용별로 나누어 제시하고 있다.

도덕과 교수·학습 방법으로는 이전 교육과정과 마찬가지로 학생들의 인지적·도덕적 발달 수준 및 목표와 내용 등을 고려하여 그에 적합한 다양한 교수·학습 방법을 선택·적용하도록 안내하고 있으며, 학생들이 도덕 수업에서 다루는 내용들과 삶에서 경험하는 도덕 문제를 상호 관련지어 학습할 수 있도록 지도해야 함을 안내하고 있다. 또한 학습의 결과로서 도달해야 할 수준을 나타내는 성취기준 달성을 위해 효과적인 교수·학습 방법을 활용하도록 권장하고 있다.

도덕과 평가에서는 다양한 평가 방법과 기법 및 도구를 적절히 활용하여 객관적이고 신뢰성 있는 평가를 실시하고, 평가 내용과 방법이 교육 내용과 일치하도록 유의할 것을 안내하고 있다. 또한 학교 급이나 학년 특성에 적합한 평가 요소를 고려하여 평가할 것을 권장하고 있다. 중학교의 경우 저학년에서는 주로 도덕적 덕목 및 규범의 이해, 도덕적 문제 해결, 도덕적 정서 및 도덕적 실천 등의 요소를 고려하여 평가하고, 고학년에서는 도덕적 개념 및 원리의 이해, 문제 파악 및 인식, 탐구 설계 및 수행, 자료 분석 및 해석, 결론 도출 및 평가, 가치 판단 및 의사 결정 등의 요소를 고려해 평가할 것을 안내하고 있다(교육과학기술부, 2011).

3) 2015 개정 교육과정기(2015-2022)

2015 개정 교육과정의 중요한 개정 배경 중 하나는 '창의 융합형 인재' 양성에 대한 국가·사회적 요구로 시작되었다는 점이다. 2015 개정 교육과정의 비전은 '미래 사회가 요구하는 창의 융합형 인재 양성'과 '학습 경험의 질 개선을 통한 행복한 학습의 구현'으로 요약된다. 이러한 비전에 따라 2015 개정 교육과정은 다음과 같은 6가지 차원에서 구체적인 개정의 방향을 제시하였다. 첫째, 인문·사회·과학기술에 대한 기초 소양 교육을 강화한다. 둘째, 학생의 '꿈과 끼'를 키울 수 있는 학생 중심의 교육과정을 개발한다. 셋째, 미래 사회가 요구하는 핵심역량 함양이 가능한 교육과정을 마련한다. 넷째, 학습량을 적정화한다. 다섯째, 교육 내용, 교수·학습,

평가가 일관성 있게 이루어지도록 한다. 여섯째, 학교 현장의 요구를 반영하고 현행 교육과정의 문제점을 개선한다. 이러한 6가지 개정 방향에 근거하여, 중학교 교육과정은 교과군 및 학년군 설정, 교과(군)별 20% 범위 내 시수 증감 허용, 교과 집중 이수 및 학기당 이수 교과목 수 축소, 선택 과목 및 진로 교육 활성화 등 2009 개정 중학교 교육과정의 기본 체제를 유지하면서 2016년부터 전면 시행되고 있는 자유학기제 운영의 근거 마련, 창의적 체험활동의 개선, 소프트웨어(SW)교육 강화 등에 중점을 두고 개정되었다(교육부, 2017). 이러한 총론의 취지를 반영하여 도덕과에서는 개정 교육과정에 '교과 역량'의 제시, 핵심 개념과 원리 중심의 학습 내용 적정화, 교수 · 학습 및 평가 방향 개선 등을 고려하였다.

2015 개정 도덕과 교육과정의 주요 개정 방향은 다음과 같다. 첫째, '인성교육의 중심교과로서의 위상'에 대한 강조이다. 2015 개정 교육과정은 '인성을 갖춘 창의 융합형 인재 양성'을 목표로 삼고 있다. 이러한 목표에 발맞춰 도덕과는 "바람직한 인성의 핵심인 도덕성 발달뿐만 아니라, 학생들의 정서적 · 사회적 건강을 제고함으로써 인성교육의 핵심교과로서의 역할"을 수행하고, 더 나아가 "인문학적 사유와 성찰을 바탕으로 삶의 의미를 탐색하도록 함으로써 타 교과 및 학교생활 전반을 통한 인성교육을 통합하는 역할을 담당하는 학교 인성교육의 주관교과로서의 성격"을 제시하였다. 더불어 "도덕적 인간과 정의로운 시민을 이상적 인간상"으로 제안하고 있다. 둘째, '도덕함'이라는 개념 제시이다. 2015 개정 도덕과 교육과정에서 정의내리고 있는 도덕함은 "인간다운 삶을 위해 추구해야 하는 궁극적인 도리로서의 도(道)와 그것을 삶 속에서 구현하는 과정에서 요청되는 총체적 능력으로서의 덕(德)을 스스로의 삶 속에서 인식하고 실천하고자 하는 역동적인 과정"을 가리키는 개념이다. 이 개념에서 강조하는 '함(doing)'은 자신을 둘러싼 도덕 현상과 규범 및 원리를 탐구하고 내면적으로 성찰하는 과정으로서의 함과 이를 구체적으로 실천하는 과정으로서의 함을 포함한다. 셋째, "도덕적인 인간과 정의로운 시민이라는 두 인간성 사이의 연계성 강화"이다. 도덕과는 도덕적인 인간 육성에 중점을 둔 인성교육적 측면과 더불어 정의로운 시민을 지향하는 민주시민교육의 성격도 일부 포괄하고 있다(차승한 외, 2016: 279-281; 교육부, 2015).

이러한 개정 방향을 반영하여 2015 개정 중학교 도덕 교육과정은 다음과 같은 특징을 갖는다. 첫째, 총론의 핵심역량에 기반하여 도덕과의 교과 역량을 구현하였다. 이는 도덕과 교육과정 성격에서 확인할 수 있는데, 자신을 존중하고 사랑하는 토대 위에서 자주적인 삶을 살고 자신의 욕구나 감정을 조절하며 이겨낼 수 있는 "자기 존중 및 관리 능력", 일상의 문제를 도덕적으로 인식하고 도덕적 판단 및 추론의 탐구 과정을 거쳐 타당한 근거를 가지고 옳고 그름을 분별할 수 있는 "도덕적 사고 능력", 의사소통 과정에서 타인의 도덕적 요구 인식 및 수용과 이상적인 의사소통 공동체를 지향하면서 타인과 더불어 살아갈 수 있는 "도덕적 대인 관계 능력", 도덕성을 전제로 자신 및 타인의 감정을 인식하고 배려할 수 있는 "도덕적 정서 능력", 도덕규범과 정서 및 유대감을 근간으로 자신이 속한 다양한 공동체의 구성원으로서의 소속감을 갖고 살아갈 수 있는 "도덕적 공동체 의식", 일상 세계에서 자신의 삶을 윤리적으로 성찰하는 토대 위에서 도덕적 가치와 규범을 지속적으로 실천할 수 있는 "윤리적 성찰 및 실천 성향"으로 제시되고 있다(교육부, 2015).

둘째, 중학교 내용체계 구성에 있어서 일반수준과 심화수준을 통합했다. 2009 개정 교육과정에서 기존 학년별 체제에서 학년군 체제로 전환되는 과정에 '일반수준'과 '심화수준'이 설정되었지만 설정 근거 및 구분에 대한 기준이 명확하지 않은 문제점이 지속적으로 지적되었고, 2015 개정 중학교 도덕과 교육과정에서는 이 구분된 개념을 삭제하고 통합적 형태로 제시하였다.

셋째, 핵심가치, 일반화된 지식, 기능에 기초하여 내용 체계가 개선되었다. 먼저 "'핵심가치'란, 도덕과 학습에 필요한 개념들의 체계 혹은 개념지도에서 가장 상위에 위치한 개념으로 도덕과 학습 후 학생들에게 지속적으로 영향을 미치는 필수적이고 보편적인 개념을 의미한다." 다음으로 "'일반화된 지식'이란, 영역별 핵심개념 및 내용 요소에 담긴 개념들 간의 관련성을 드러내는 진술문"을 말한다. 이는 학습 이후에도 도덕적 행동의 근거나 지침으로 행위자에게 지속적으로 영향을 주는 "지속적인 이해(enduring understanding)"와 같다. 마지막으로 "'기능(가치와 태도 포함)'이란, 도덕적인 문제해결과 도덕적 실천을 위해 실질적으로 요구되는 다양한 도덕적 능력(기능)과 가치 · 태도를 의미"하며, 영역별로 도덕과의 교과 역량을 구체화한 것이다.

넷째, 중학교 자유학기제의 도입에 따라 기존 배당시간(단위)의 80%수준으로 성취기준 수(30개 → 23개)를 조정하고, 전체 내용의 20%(하위 내용요소 92개 → 69개)를 감축하였다.

다섯째, 성취기준 진술 방식을 개선하였다. 성취기준은 도덕과를 통해 성취해야 할 핵심가치 및 내용지식과 기능을 결합하여 진술하였다. 이는 도덕과의 목표와 일관되는 수행 기대, 즉 최종적으로 학생들이 나타내야 할 능력(도달점 행동)으로 표현하고자 하였으며, 이러한 '도달점 행동'이 드러나도록 대부분 '-할 수 있다.'의 형식으로 진술하였다(차승한 외, 2016: 283; 교육부, 2015).

이러한 특징에 따라 2015 개정 도덕과 교육과정의 성격, 목표, 내용체계, 교수·학습방향, 평가방향을 구체적으로 살펴보면 다음과 같다.

(1) 성격

도덕과는 학교 인성교육의 핵심 교과이다. 도덕적인 인간과 정의로운 시민이라는 중첩된 인간상을 지향점으로 삼아 21세기 한국인으로서 갖추고 있어야 할 인성의 기본 요소인 핵심 가치를 확고하게 내면화하고, 학생의 경험 세계에서 출발하여 자신을 둘러싼 현상을 탐구하고 내면의 도덕성을 성찰함과 동시에 스스로의 삶 속에서 실천하는 과정을 추구하는 '도덕함'의 시간과 공간을 제공하는 교과이다. …(중략)… 도덕과는 성실·배려·정의·책임이라는 네 개의 핵심 가치를 내면화함으로써 인성의 기본 요소를 갖추게 함과 동시에 도덕적인 삶을 자율적으로 이끌어 갈 수 있는 자율성과 책임성을 길러주고자 하는 실천적 성격의 교과이다.…(중략)… 도덕과는 학교가 인성교육의 중심축 역할을 해내야 한다는 시대적 요청을 적극적으로 수용하여 바람직한 인성의 핵심인 도덕성 발달뿐만 아니라, 학생들의 정서적·사회적 건강을 제고함으로써 인성교육의 핵심 교과로서의 역할을 수행한다. 나아가 인문학적 사유와 성찰을 바탕으로 삶의 의미를 탐색하도록 함으로써 타 교과 및 학교생활 전반을 통한 인성교육을 통합하는 역할을 수행한다. 나아가 인문학적 사유와 성찰을 바탕으로 삶의 의미를 탐색하도록 함으로써 타 교과 및 학교생활 전반을 통한 인성 교육을 통합하는 역할을 담당하는 학교 인성교육의 주관 교과로서의 성격을 갖는다. …(이후생략)

(2) 목표

가. 총괄목표

도덕과는 기본적으로 성실, 배려, 정의, 책임 등 21세기 한국인으로서 갖추고 있어야 하는 인성의 기본 요소를 핵심가치로 설정하여 내면화하는 것을 일차적 목표로 삼는다. 이를 토대로 자신의 삶의 의미를 자율적으로 찾아갈 수 있는 도덕적 탐구 및 윤리적 성찰, 실천 과정으로 이어지는 도덕함의 능력을 길러 도덕적인 인간과 정의로운 시민으로 살아갈 수 있도록 돕는 것을 목표로 한다.

나. 학교 급별 목표

중학교 단계에서는 초등학교 도덕과에서 형성된 가치 · 덕목 및 규범에 대한 이해와 도덕적 기능 및 실천 능력을 심화하여 현대 사회의 다양한 도덕 문제에 대한 탐구와 삶의 이야기에 대한 성찰을 바탕으로 도덕적 정체성을 구성하며, 배려적인 인간관계와 정의로운 공동체 및 자연과의 조화로운 관계를 구현하기 위해 적극적으로 참여하고 실천하는 덕성과 역량을 기른다.

(3) 내용 체계(중학교 도덕)

영역	핵심 가치	일반화된 지식	내용 요소	기능 (*표시는 공통기능)
자신과의 관계	성실	인간다운 삶을 살아가는 데 핵심적인 역할을 하는 도덕을 공부함으로써 진정한 행복을 추구하고, 바람직한 자아정체성을 형성해야 한다.	• 왜 도덕적으로 살아야 하는가? (도덕적인 삶) • 도덕적으로 행동하기 위해 필요한 것은 무엇인가? (도덕적 행동) • 나는 어떤 사람이 되고자 하는가? (자아정체성) • 삶의 목적은 무엇인가? (삶의 목적) • 행복을 위해 어떻게 살아야 하는가? (행복한 삶)	• 도덕적 정체성 정립 능력 – 도덕적 자기 인식 · 존중 · 조절하기 – 본받기(모델링) • 도덕적 보건 능력 – 회복탄력성 키우기 – 건강한 마음가꾸기 • 고차적 사고 능력* – 비판적 사고하기 – 창의적 사고하기 – 배려적 사고하기 – 도덕적 근거와 이유 제시하기

타인과의 관계	배려	가정 · 이웃 · 학교 및 온라인 공간에서 바람직한 인간관계를 형성하기 위해서는 상대방을 존중하고 배려하는 태도가 필요하고, 갈등이 발생하는 경우 합리적인 의사소통을 통해 평화적으로 해결해야 한다.	• 가정에서의 갈등을 어떻게 해결할 것인가? (가정윤리) • 참된 우정이란 무엇인가? (우정) • 성(性)의 도덕적 의미는 무엇인가?(성윤리) • 이웃에 대한 바람직한 자세는 무엇인가? (이웃생활) • 정보화 시대에 우리는 어떻게 소통해야 하는가? (정보통신윤리) • 평화적 갈등 해결은 어떻게 가능한가? (평화적 갈등 해결) • 폭력의 문제를 어떻게 대할 것인가? (폭력의 문제)	• 도덕적 대인관계 형성능력 – 다른 사람의 관점 채택하기 – 도덕적 갈등 해결하기 • 도덕적 의사소통 능력 – 공감 및 경청하기 – 다양한 방식으로 의사소통하기 • 도덕적 정서 능력* – 도덕적 정서 이해 · 표현 · 조절하기 • 해악금지 능력* – 행위 결과를 상상하기 – 책임감 있게 행동하기
사회 · 공동체와의 관계	정의	인간의 존엄성과 문화의 다양성을 보편 도덕에 근거하여 보장하고, 한 국가공동체의 도덕적 시민으로 사회 정의 및 평화통일 실현에 기여하며, 세계 시민으로서 지구 공동체의 도덕 문제 해결을 위해 노력해야 한다.	• 인권의 도덕적 의미는 무엇인가? (인간존중) • 다문화 사회에서 발생하는 갈등을 어떻게 해결할 것인가? (문화 다양성) • 세계 시민으로서 도덕적 과제는 무엇인가? (세계 시민 윤리) • 국가 구성원으로서 바람직한 자세는 무엇인가? (도덕적 시민) • 정의란 무엇인가? (사회 정의) • 북한을 어떻게 이해하고 바라볼 것인가? (북한 이해) • 우리에게 통일의 의미는 무엇인가? (통일윤리의식)	• 다문화 · 공동체 · 세계 시민윤리의식 형성능력 – 다양성에 반응하기 – 사회적 편견 통제하기 – 공동체의 일원되기 – 보편적 관점 채택하기 • 통일윤리의식 형성능력 – 균형 있는 북한관 정립하기 – 미래지향적 통일관 정립하기

자연 · 초월과의 관계	책임	환경친화적 삶과 과학 기술의 윤리적 사용을 통해 지속 가능한 미래를 지향하고, 윤리적 성찰을 통해 삶과 죽음의 의미와 마음의 평화를 추구해야 한다.	• 자연과 인간의 바람직한 관계는 무엇인가? (자연관) • 과학 기술과 도덕의 관계는 무엇인가? (과학과 윤리) • 삶과 죽음의 의미는 무엇인가? (삶의 소중함) • 마음의 평화는 어떻게 이룰 수 있을까? (마음의 평화)	• 생명 감수성 고양 능력 – 생명 친화적 관점 채택하기 – 생명 친화적 실천기술 익히기 • 전일적 사고 능력 – 생태 지속가능성 추구하기 – 평정심 추구하기 • 실존적 자각 능력* – 도덕적 이야기 구성하기 – 삶의 의미 구성하기 • 실천성향 및 의지* – 실천 방법 탐구하기 – 실천 방법 제시하기 – 실천 의지 함양하기

(4) 교수 · 학습 방향

가. 교수 · 학습 활동은 학습자의 수업 참여를 활성화하고 다양한 과제 탐구 및 체험과 실천을 통해 도덕적 역량이 신장될 수 있도록 운영한다.

나. 교육과정에서 제시된 '영역 및 내용 요소별 성취기준'을 고려하여 다양한 방법으로 교수 · 학습을 전개하되, 특히 다음 사항에 유의한다.

① 학습자가 능동적으로 교수 · 학습에 참여할 수 있도록 학습 목표와 학습 내용을 안내하고, 학습자의 수준에 적합한 과제를 제시하여 이를 창의적으로 해결하도록 한다.

② 학습 목표가 효과적으로 이루어지기 위해서 교수 활동과 학습 활동이 유기적으로 연결되도록 한다.

③ 단순한 학습 내용의 암기를 지양하고 실제 삶의 문제들과 연관하여 학습하도록 지도한다.

④ 학습 내용과 관련하여 다양한 참여와 체험 학습의 기회를 갖도록 지도한다.

⑤ 학습자에게 자신의 학습 활동에 대한 자기 점검 기회를 제공하여 윤리적 성찰이 가능한 학습 태도를 형성하게 한다.

다. 학생들의 인지적 · 도덕적 발달 수준 및 목표와 내용 등을 고려하여 그에 적합한 다양한 교수 · 학습을 활용하되, 특히 다음 사항에 유의한다.

① 학생들의 발달 특성, 수업에서 도달하고자 하는 목표와 학습 내용, 수업 상황, 물리적 환경, 멀티미디어 기기, 학습자료, 영상자료 등 교수 · 학습에 영향을 미치는 변인들을 고려하여 교수 · 학습 방법을 적용한다.

② 학습자의 적극적인 참여와 내적 동기 유발을 위해 각종 예화, 그림, 영화, 멀티미디어 자료 등을 활용하고, 자료를 활용한 학생들의 탐구 능력을 기르도록 한다.

③ 학습 내용에 따라 개념 학습, 주제 학습, 탐구 학습, 토론 학습, 논술 학습, 협동 학습, 봉사 학습, 역할놀이 학습, 정보 통신 기술 활용 학습, 문제 중심 학습 등 다양한 교수 · 학습 모형을 활용하고, 발표, 실천 · 체험 등 다양한 참여 활동을 연계하여 지도한다.

라. 프로젝트 접근을 실시할 경우, 도덕과에서 활용할 수 있는 다양한 교수 · 학습 방법과 접목하여 활용한다.

① 학교와 학습이 삶에서 갖는 의미를 강조하고, 학습자의 능동적 참여와 몰입 촉진, 공동체 정신과 민주시민 자질과 기능 습득, 자아실현과 의미 있는 삶의 추구를 중시하는 프로젝트형 접근을 학습 목표 및 내용을 고려하여 적절히 활용한다.

② 교사는 학생들이 자기 주도적으로 도덕적 탐구에 참여하도록 한다. 이러한 참여적 활동을 통해 도덕적으로 의미를 구성하고 반성적 자기 성찰을 할 수 있도록 지도한다.

마. 개인차를 고려한 교수 · 학습을 효율적으로 운용하기 위해서는 다음 사항에 유의한다.

① 수업시간 중에 학습자의 반응에 따른 적절한 피드백을 제공하여 학습 목표에 도달할 수 있도록 한다.

② 학습자가 자율적으로 자신의 능력을 파악하고 이를 보충 또는 심화할 수 있는 학습 과제를 적절히 제시함으로써 학습 효과를 증대시키도록 한다.

③ 차시 수업의 학습 목표와 관련된 학습 과제를 적절히 제시함으로써 선수 학습 정도에 따른 개인차를 줄여 수업의 효율성을 높이도록 한다.

④ 학습 목표를 효과적으로 달성하기 위해 개인차를 고려한 소집단을 구성하고, 협력적인 상호작용을 통해 교수・학습을 전개하도록 한다.

바. 학습자의 인성 발달을 위한 교수・학습을 효율적으로 운용하기 위해서는 다음 사항에 유의한다.

① 학습 목표와 내용에 맞게 수업을 창의적으로 계획하고 실행하였는지 점검한다.

② 학습자의 수준과 조건, 학습 상황 등을 고려하여 교수・학습 과정을 전개하였는지 점검한다.

③ 학습자의 평가 결과를 바탕으로 교수・학습 내용, 교수・학습 방법, 교수・학습 자료 등을 점검한다.

④ 수행평가 등을 활용한 학습 방법을 구안하고, 평가 결과가 교수・학습 활동에 피드백 될 수 있도록 한다.

(5) 평가방향

가. 도덕과 평가는 좁게는 도덕과의 교과 역량과 기능이나 도덕적 탐구 및 성찰과 실천을 함의하는 도덕함을 진단하고, 넓게는 도덕성과 인성을 평가하여 학생들의 지속적인 도덕적 성장을 촉진하고, 궁극적으로 도덕적 인간과 정의로운 시민을 육성하는 데 그 목적이 있다.

나. 도덕성의 인지적, 정의적, 행동적 측면에 대한 통합적 평가를 실시한다. 단순히 학습 내용에 대한 지식과 이해 정도를 재는 것이 아니라 학습 내용에 대한 가치화・조직화・인격화가 어느 정도 이루어졌는지, 학습 내용과 관련된 도덕적 사고 능력은 어느 정도 향상되었는지를 통합적으로 평가해야 한다.

다. 수행평가는 학생의 학습 과정과 결과를 종합적으로 평가하는 데 유용하다. 도덕과 교사는 교수・학습 방법과 평가를 포괄하는 다양한 수행평가 방법을 활용해야 한다. 선택형과 서술형, 논술형을 포함한 지필 평가, 자기 보고, 구술 평가, 토론 과정 및 발표에 대한 관찰 평가, 학생 상호 평가, 면접법 포트폴리오 등 다양한 방법을 활용하여 도덕성과 인성을 종합적으로 평가하도록 한다.

라. 도덕과 평가 결과는 학생들의 도덕성 발달을 도모하고 교수・학습을 개선하

는 데 필요한 자료로 활용할 수 있도록 한다. 다시 말해 평가 결과는 수업 목표의 성취 여부를 파악하고, 이에 근거하여 교육 목표와 내용, 방법과 교수·학습 계획 등 전반적인 교육활동을 개선하고, 교사의 자기평가와 자율 장학에 쓰일 수 있으며, 궁극적으로 학생들의 인격적 성장을 돕는 자료로 활용할 수 있다.

4) 2022 개정 교육과정기(2022~)

2022 개정 도덕과 교육과정의 개정 주요 사항은 크게 3가지이다. 첫째, 2022 개정 도덕과 교육과정에서는 총론에서 제시하고 있는 인간상인 '포용성과 창의성을 갖춘 주도적인 사람'을 가치와 도덕의 차원에서 뒷받침하는 것을 목적으로 삼는다. 포용성과 주도성은 도덕과 교육과정이 목표로 하는 '도덕적인 인간'이 지니고 있을 것으로 기대하는 도덕성의 핵심적인 요소들이며, 창의성은 도덕적 상상력의 함양을 통해 기여할 수 있는 부분이다. 둘째, 핵심 아이디어를 도입하였다. 핵심 아이디어는 영역을 아우르면서 해당 영역의 학습을 통해 일반화할 수 있는 내용을 핵심적으로 진술한 것을 의미한다. 이는 해당 영역 학습의 초점을 부여하여 깊이 있는 학습을 가능하게 하는 토대가 된다. 셋째, 내용 체계의 세 범주를 도입하였다. 우선 '지식·이해'는 교과(목) 학년(군)별로 해당 영역에서 알고 이해해야 하는 내용으로 질문형으로 제시하고 있다. '과정·기능'은 교과 고유의 사고 및 탐구 과정 또는 기능과 관련된 것으로 단순한 윤리적, 도덕적 지식 전수를 지양하며, 탐구와 성찰의 과정을 구체화하는 것을 의미한다. '가치·태도'는 교과 활동을 통해 기를 수 있는 고유의 가치와 태도를 말하며, 가치탐구와 수양의 과정을 강조한다.

또한 2022 개정 도덕과 교육과정은 2015 개정과 비교해 볼 때, ① 가치 관계 확장법의 영역 명칭 수정(자연·초월과의 관계 → 자연과의 관계), ② 도덕적 인간과 정의로운 시민의 관계 재설정(중첩된 인간상 → 도덕적 인간의 외연 확장), ③ '도덕함'의 위상 변화('도덕함' 개념의 최초 설정 → 명시적 표현 삭제, 도덕적 지식과 실천의 과정을 연계하는 탐구, 성찰, 실천의 순환 관계 제시)가 주요 개정 내용에 해당한다. 이러한 특징에 따른 2022 개정 도덕과 교육과정의 성격, 목표, 내용 체계, 교수·학습, 평가의 구체적인 개정 내용은 아래와 같다.

(1) 성격

도덕 교과는 학생들이 도덕성을 함양하도록 함으로써 보다 나은 삶과 사회를 지향하게 하는데 도움을 주기 위한 교과이다. 도덕성은 사회 규범으로서 도덕과 각 개인의 내면에서 작동하는 도덕성 사이의 긴장과 갈등, 조화의 과정과 결과로 구체화된다. 따라서 도덕성 함양을 위해서는 도덕 현상에 관한 탐구와 내면의 도덕성에 관한 성찰, 일상의 실천이라는 도덕적 지식과 실천의 연계 과정이 지니는 세 구성 요소가 교육과정의 주요 내용으로 포함되어야 한다. 이때 도덕적 지식과 실천의 연계 과정은 인간으로서 지향해야 하는 가치로서의 도(道)와 그 도에 이르고자 하는 실천 역량으로서 덕(德)을 기반으로 삼아, 도덕적 탐구와 윤리적 성찰, 일상의 실천이 몸과 마음에 새겨져 도덕적 행동으로 연결될 수 있는 가능성을 높이고자 하는 과정을 지칭하는 개념이기도 하다.

우리 학교 상황 속에서 도덕 교과는 특히 인성교육과 시민교육에서 중요한 역할을 감당해주어야 한다는 요청을 받고 있다. 도덕 교과는 바람직한 인성(人性)을 함양하기 위한 핵심 교과임과 동시에, 시민의 도덕성과 역량을 길러주기 위한 학교 시민교육의 주요 교과 중 하나라는 위상과 역할을 부여받고 있다. 시민사회에서 개인의 바람직한 인성은 시민으로서 갖추고 있어야 할 도덕성과 기본 역량의 토대이고 시민의 역량 또한 도덕성을 기반으로 삼아 정치·경제적 역량 등으로 확장될 수 있기 때문에, 도덕 교과는 타 교과와의 긴밀한 연계와 협조를 전제로 시민교육을 담당하는 주요 교과로서 교과통합적 기능도 수행한다.

이런 필요에 부응하기 위하여 도덕과는 '도덕적인 인간'을 토대로 그가 살아가야 할 '정의로운 사회'를 연속적인 지향점으로 설정하고자 한다. 도덕적인 인간은 개인적인 삶의 영역에서 도덕성을 핵심 지향으로 삼는 인간이고, 그 도덕적 인간의 시민사회적 외연(外延)은 자연스럽게 정의로운 시민으로 확장된다. 이러한 교육적 인간상을 통해 도덕 교과는 학교 시민교육의 주요 교과 중 하나로서의 성격을 보다 적극적으로 천명할 수 있게 될 뿐만 아니라, 인성교육과 시민교육 사이의 접점을 적극적으로 모색하는 교과로서의 성격도 지닐 수 있게 된다.

(2) 목표

도덕 교과의 목표는 도덕성 함양을 통한 도덕적인 인간의 지향이다. 이 목표는 동시에 도덕적인 인간이 함께 살아가야 하는 사회를 보다 정의로운 사회로 만들고자 하는 지향을 포함한다. 도덕성은 각각 개인적 도덕성과 사회구조적 도덕성으로 나뉠 수 있고, 이 두 유형의 도덕성은 서로 긴밀한 영향을 주고받으면서 한 개인과 사회적 삶의 양상에 지대한 영향을 미친다. 따라서 도덕 교과의 목표는 이러한 두 도덕성 사이의 유기적 연관성을 토대로 삼아, 성실, 배려, 정의, 책임의 핵심 가치를 체득하여 도덕적 지식과 실천의 과정을 연계시킬 수 있는 도덕적인 인간을 바탕으로 정의로운 사회를 만들고자 하는 의지와 역량을 갖춘 시민을 육성하는 것이다.

도덕과는 또한 인간의 삶에 내재해 있는 도덕적 차원에 관한 인식을 출발점으로 삼아 타자와의 관계를 통해서만 가능한 삶의 속성에 관한 인식 및 수용, 그 타자들을 대하는 도덕적 태도와 실천 역량을 길러주는 것을 목표로 삼는다. 이러한 목표 추구를 통해 도덕과는 자신을 사고와 행위의 주체로 인식하는 바탕 위에서 비판적이면서도 도덕적인 판단을 할 수 있게 하고, 건전한 도덕적 정서를 토대로 협력적이고 공감적인 의사소통을 가능하게 할 것이다. 그리고 우리 사회를 보다 건강한 도덕공동체로 작동하게 하는 데 기여할 수 있다.

도덕과는 교사와 학생이 도덕 수업이라는 시・공간을 통해 사회적 차원의 도덕 현상에 관한 탐구와 자기 내면의 도덕성에 관한 성찰, 일상의 실천이라는 세 요소로 구성되는 도덕적 지식과 실천의 연계 과정을 공유함으로써 일상 속 실천과 성찰의 연결고리를 확보하는 것을 목표로 한다. 이는 도덕적 지식의 비판적 이해와 수용, 도덕적 사고와 정서 기능의 습득, 도덕적 가치・태도의 함양 등과 같은 구체적이고 연속적인 과정의 공유를 통해 가능하다.

가. 자신과의 관계에서는 스스로에 대한 정당한 인식과 도덕적 초월 가능성에 관한 성찰을 바탕으로, 자율적인 도덕 판단 능력과 균형 잡힌 도덕적 정서, 일상의 실천 역량을 함양한다.

나. 타인과의 관계에서는 사회 규범으로 존재하는 도덕을 탐구하고, 그 도덕과 내면의 도덕성 사이의 관계를 성찰하여 일상의 실천으로 연결시키는 역량을 함양한다.

다. 사회 및 공동체와의 관계에서는 민주시민으로서 필요한 비판적 사고와 배려를 토대로, 민주적 가치・덕목과 규범을 내면화하여 실천할 수 있는 역량을 함양한다.

라. 자연과의 관계에서는 기후위기로 상징되는 현재의 관계 맺기 방식에 관한 비판적 성찰을 토대로, 바람직한 자연관 모색 등을 통해 인간과 자연 간의 새로운 관계를 설정하여 생태학적으로 지속가능한 삶을 실천할 수 있는 역량을 기른다.

(3) 내용 체계-중학교 도덕

가. 자신과의 관계

핵심 아이디어	• 성실은 도덕적 가치와 덕목을 일관되게 추구하도록 하여 도덕적 삶으로 이끈다. • 자아에 대한 탐구와 성찰은 자신을 존중하는 마음을 기르는 도덕 공부의 기초이다.
범주	학년군
	중학교
지식·이해	• 나는 어떤 사람이고, 어떻게 살아야 할까? • 어떤 사람이 도덕적인 사람일까? • 행복이란 무엇일까?
	• 옳고 그름을 어떻게 분별할 수 있을까? • 삶과 죽음의 의미는 무엇일까? • 마음의 평화를 어떻게 이룰 수 있을까? • 직업적 삶에서 어떤 윤리가 필요할까?
과정·기능	• 자아를 탐색하고 도덕적 앎을 자아와 통합하기 • 도덕적 인격이 갖추어야 할 특성 파악하기 • 행복의 의미를 검토하고 삶의 목적과 행복의 관계 규정하기
	• 윤리이론을 도덕 문제에 적용하여 도덕 판단 도출하기 • 삶의 유한함이 갖는 의미를 탐색하고 삶의 의미 구성하기 • 고통의 원인을 성찰하고, 마음의 평화를 얻는 방법 모색하기 • 진로를 설계하고 직업윤리의 필요성 정당화하기
가치·태도	• 내면에 주의를 기울이는 태도 • 도덕적 인격의 특성을 내면화하는 자세 • 자신의 행복을 소중히 여기는 자세
	• 도덕 판단과 행동을 일치시키는 태도 • 삶의 의미에 관심을 갖는 자세 • 건강한 마음을 가꾸는 자세 • 직업적 양심을 키워가는 자세

나. 타인과의 관계

핵심 아이디어	• 배려는 타인에 대한 관심과 공감을 기반으로 타인의 삶을 개선한다. • 차이의 존중은 갈등을 평화적으로 해결하고 타인과 더불어 사는 삶으로 이끈다.
범주	학년군
	중학교
지식·이해	• 가정의 모습은 어떠해야 할까? • 우정이 소중한 이유는 무엇일까? • 가상공간에서 타인을 어떻게 대해야 할까?
	• 타인과의 관계는 왜 중요할까? • 관계 속에서 발생하는 갈등 · 폭력을 어떻게 해결할까? • 성(性)의 도덕적 의미는 무엇일까?
과정·기능	• 가정의 의미를 파악하고 가족 간에 민주적으로 소통하기 • 우정의 의미와 가치에 관해 성찰하기 • 가상공간과 현실의 연속성/불연속성을 분별하고, 가상공간에서 바람직한 관계 모색하기
	• 관계적 존재의 의미를 고찰하고 타인과 공감하며 소통하기 • 갈등 · 폭력의 원인을 분석하여 평화적 해결 방안 도출하기 • 성윤리를 탐구하고 성에 대한 편견의 문제점 분석하기
가치·태도	• 가족 간에 서로 공감하며 감사하는 태도 • 친구를 인격적으로 존중하는 태도 • 가상공간에서 타인을 존중하는 자세
	• 타인의 마음에 주의를 기울이는 태도 • 열린 마음으로 갈등 · 폭력 해결에 참여하는 자세 • 성에 대한 편견을 극복하는 자세

다. 사회 · 공동체와의 관계

핵심 아이디어	• 사회 정의는 시민의 인간다운 삶을 보장하는 도덕공동체의 토대가 된다. • 세계시민은 인류의 문제를 이해하고 공감하여 인류 번영과 세계 평화에 기여한다.
범주	학년군
	중학교
지식 · 이해	• 인권은 보편적 가치일까? • 다양한 문화 · 종교는 어떻게 공존할 수 있을까? • 통일은 어떤 의미와 가치가 있을까?
	• 정의로운 사회는 어떤 모습일까? • 국가와 시민의 바람직한 관계는 무엇 일까? • 세계시민으로서 우리는 무엇을 할 수 있을까? • 과학기술 시대의 윤리적 쟁점은 무엇 일까?
과정 · 기능	• 인권의 도덕적 정당화 근거 추론하기 • 타문화 · 타종교에 대한 편향을 분석 하고 공존을 위한 조건 탐구하기 • 분단의 문제점을 분석하고 보편 가치에 근거하여 통일의 의미 탐색하기
	• 정의가 실현되는 사회를 상상하고 정의의 원칙을 탐구하기 • 국가의 역할, 시민의 권리와 의무에 관해 추론하기 • 지구적 차원의 문제로 도덕적 사고와 정서 확장하기 • 과학기술과 관련된 윤리적 쟁점을 분석하고 대안 추론하기
가치 · 태도	• 인간의 존엄함을 존중하는 태도 • 차이와 다양성을 존중하는 자세 • 평화 감수성을 길러 미래지향적인 통일을 추구하는 자세
	• 정의를 존중하는 태도 • 사회 문제에 관심을 갖고 참여하는 자세 • 인류의 고통에 공감하는 태도 • 과학기술 활용에 대한 책임 있는 태도

라. 자연과의 관계

핵심 아이디어	• 자연에 대한 윤리적 책임은 자연의 본래 가치에 관한 이해를 높여 생태전환을 이끈다. • 자연을 아끼고 생명을 소중히 여기는 마음은 환경 위기의 극복을 돕는다.
범주	학년군
	중학교
지식 · 이해	• 도덕적 고려의 대상은 어디까지 일까?
	• 자연을 어떻게 바라보며 관계를 맺어야 할까?
과정 · 기능	• 도덕적 고려의 범위를 인간 이외의 생명체로 확장하고 정당화하기
	• 인간과 자연의 관계에 대한 여러 입장을 비교 · 평가하고, 환경 위기에 대한 윤리적 책임 도출하기
가치 · 태도	• 도덕적 고려의 대상을 확장하는 태도
	• 자연과 공존하는 태도

(4) 교수 · 학습

가. 교수 · 학습의 방향

① 교수 · 학습은 내용 체계에 제시되어있는 지식 · 이해, 과정 · 기능, 가치 · 태도를 고려하고, 학생의 발달 수준과 학습 환경에 적합하게 교육과정을 재구성하여 성취기준의 도달을 지향한다.

② 핵심 아이디어에 대한 이해를 바탕으로 일상에서 직면하는 도덕 현상을 탐구하고, 도덕적 가치와 덕목 등에 비추어 자신의 삶을 윤리적으로 성찰하며, 이러한 도덕적 탐구와 윤리적 성찰을 일상의 도덕적 실천과 유기적으로 통합하는 과정을 구현하는 교수 · 학습의 과정을 구성한다.

③ 전인적인 도덕적 인격의 형성을 위해 도덕성의 인지적, 정의적, 행동적 요소를 골고루 갖춘 통합적 접근을 지향하고, 도덕적 인격 함양에 필요한 가치 · 덕목의 기본적 이해와 습득, 발달 단계에 적합한 도덕적 사고 및 탐구 능력 함양에 초점을 둔다.

④ 학습자 주도성을 살려 능동적인 학습 참여를 장려하고, 일상에서 경험하는 도덕 문제를 학습 소재로 활용하여 삶과 도덕 수업의 연계성을 높임으로써 학

생의 자율적 역량을 기르는 교수 · 학습의 과정을 구성한다.

⑤ 최신의 디지털 학습 환경 기술을 학생 수준에 맞게 활용하여 교사-학생, 학생-학생 간 쌍방향 교수 · 학습의 기회를 확대하고, 온오프라인 교육 환경을 구축하여 개별화된 학습 경험을 제공한다.

⑥ 자기 장학, 동료 장학과 더불어 수업에 대한 학생의 반응과 평가를 폭넓게 수집하고 분석하여 교수 · 학습의 내용과 방법을 개선한다.

나. 교수 · 학습 방법

① 지식 · 이해 범주를 위해서는 도덕적 지식을 터득하고 설명하며 적용하도록 하고, 과정 · 기능 범주를 위해서는 도덕적 탐구과정을 활성화하고 자신의 내면을 성찰해 볼 수 있는 방법을 활용하며, 가치 · 태도 범주를 위해서는 도덕적 가치와 덕목을 내면화하고 실천할 수 있는 교수 · 학습 방법을 활용할 수 있다.

② 학습 내용, 학생의 발달 수준, 삶의 맥락 등을 종합적으로 고려하여 개념학습, 주제학습, 탐구학습, 토의 · 토론학습, 논술학습, 협동학습, 역할놀이학습, 프로젝트학습, 봉사학습, 사회정서학습, 내러티브학습 등 다양한 교수 · 학습 모형 및 방법을 활용할 수 있다.

③ 역할교환, 관점 채택 등을 통해 서로의 생각과 감정을 이해하고 공감하며 민주적으로 소통하는 허용적인 학습 분위기를 조성하여 학생들이 교수 · 학습 과정에 자기주도적으로 참여할 수 있도록 한다.

④ 실생활과 관련된 도덕 이야기, 문학 및 예술 작품, 영화, 교육연극, 도덕적 딜레마 등을 활용하여 다양한 도덕 문제를 탐색하고 도덕적 해결책을 찾아가는 개인 및 모둠 활동을 통해 도덕적 사고 능력 및 문제 해결 능력을 기른다.

⑤ 학생들이 도덕적 문제 상황에 직면하여 적절한 도덕적 감정을 경험하고, 타인의 감정에 공감하며 배려를 실천할 수 있도록 교수 · 학습 과정을 구성하여 도덕적 민감성과 도덕적 정서 능력의 신장을 도모한다.

(5) 평가

가. 평가의 방향

① 성취기준을 평가의 준거로 설정하고, 교수 · 학습의 결과로 나타나는 학생의 도덕성 변화를 평가한다. 도덕과의 목표, 핵심 아이디어, 지식 · 이해, 과정 · 기능, 가치 · 태도에서 지향하는 바를 종합적이고 체계적으로 평가한다.

② 단편적인 지식 중심의 평가를 지양하고 도덕적 지식과 실천의 요소들을 통합적으로 평가한다. 이 과정에서 도덕적 지식과 이해, 도덕적 사고 및 정서 기능, 도덕적 가치와 태도의 내면화 정도를 다양한 평가 방법을 활용하여 평가한다.

③ 일상에서 직면하는 도덕 문제를 해결할 수 있는 도덕적 문제 해결 능력을 평가한다. 이를 위해 도덕 판단의 기준과 이유를 찾는 비판적 사고, 다양한 도덕적 대안들을 찾는 창의적 사고, 타인의 감정과 필요에 주의를 기울이는 배려적 사고, 공동체를 존중하며 타인과 협력할 수 있는 공동체적 사고, 도덕적 가치와 덕목을 준거로 삶을 윤리적으로 반성하는 성찰적 사고 등을 평가한다.

④ 학습의 결과뿐만 아니라 학습의 과정을 평가할 수 있는 수행평가 방법을 활용한다. 수행평가의 기준은 성취기준 도달 여부를 측정할 수 있는 것이어야 하고, 교사와 교사, 교사와 학생 사이의 소통을 통해 평가기준의 상호주관성을 확보하기 위해 노력한다.

⑤ 교육공동체는 교사의 평가 전문성을 신뢰하고 존중하는 학교 문화를 구축하고, 이를 위한 제도적 차원의 노력을 기울여야 한다. 이를 토대로 교사는 평가 전문성을 바탕으로 학생의 발달 수준과 학교 현장의 다양성, 특수성을 고려하여 질적 평가를 수행함으로써 학생들의 도덕적 성장을 촉진한다.

⑥ 평가의 과정 및 결과를 분석하여 교수 · 학습 과정, 평가 방법을 개선하고, 학생의 도덕적 성장을 위한 맞춤형 피드백을 제공한다.

⑦ 초등학교 도덕과 평가는 담임교사가 중심이 되어 범교과 활동이나 바른생활과 등 인접 교과와 연계하여 통합적으로 평가함으로써, 학생의 도덕성 형성 수준을 보다 균형 있고 종합적인 관점에서 확인하고, 도덕적 성장을 자극하고 돕는 방향으로 이루어지도록 한다.

나. 평가 방법

① 선택형, 서술형, 논술형을 포함하는 지필평가와 프로젝트 평가, 포트폴리오 평가, 관찰 평가, 구술 평가 등 다양한 수행평가 방법을 활용하여 학생에게 일어난 변화와 성장을 평가한다.

② 논술 평가를 통해 문제 상황을 도덕 문제로 인식하고 분석하는 능력, 자신의 도덕적 판단을 정당화하고 합리적인 해결 방안을 도출할 수 있는 도덕적 사고 능력, 자신의 도덕적 주장을 합리적으로 표현할 수 있는 도덕적 글쓰기 능력 등을 평가한다.

③ 도덕적 딜레마와 윤리적 쟁점에 대한 토론과정의 관찰을 통해 자신의 도덕적 주장을 합리적으로 정당화하고 상대방의 도덕적 주장에 대해 반론을 제기하며 소통할 수 있는 도덕적 의사소통 능력과 토론을 준비하는 자세, 상대방에 대한 존중, 토론 규칙 준수, 토론에 대한 반성 등의 도덕적 태도를 종합하여 평가한다.

④ 프로젝트 평가를 통해 도덕적 문제를 인식하고 분석하는 능력, 문제 해결을 위한 동료들과의 협업 능력, 활동 결과에 대한 발표 능력 등을 교사 평가, 동료 평가, 자기 평가 등의 방법을 활용하여 종합적으로 평가한다.

⑤ 포트폴리오 평가를 통해 일정 기간 수행한 학습 과정과 도덕적 수행의 결과들을 누적하여 학생의 도덕적 성장을 평가한다. 학생들이 다양한 수행과제들을 스스로 작성하고, 관리하고, 점검하는 과정을 관찰함으로써 도덕적 지식과 실천의 연계 과정을 종합적으로 평가한다.

⑥ 온오프라인 연계 수업으로의 전환을 고려하여 온라인 프로젝트 평가, 사회 관계망 서비스(SNS) 프로그램을 활용한 화상 구술 평가, 수업 중 실시간 피드백이 가능한 형성평가 프로그램을 활용한 평가 등 온라인 공간에서 이용할 수 있는 다양한 평가 방법과 도구를 개발하여 활용한다.

⑦ 자신의 도덕적 이야기를 구성하고 공유하는 과정을 통해 삶 속에서 자신이 소중히 여기는 도덕적 가치와 덕목을 명료화하고, 도덕적 가치와 덕목이 일상의 도덕적 실천으로 이어져 도덕적 습관으로 정착할 수 있도록 실천지향적인 교수 · 학습 과정을 구성한다.

참고문헌

고대혁 외(2014),『도덕교육의 체계적 이해』, 경기: 양서원.
교육부(1992),『중학교 교육과정』, 교육부 고시 제1992-11호.
교육부(1997),『중학교 교육과정』, 교육부 고시 제1997-15호.
교육인적자원부(2007),『중학교 도덕과 해설서』, 교육인적자원부.
교육과학기술부(2008),『중학교 교육과정 해설(II)』, 교육과학기술부.
교육과학기술부(2009),『중학교 교육과정 해설』, 교육과학기술부 고시 제2009-41호.
교육과학기술부(2011),『도덕과 교육과정』, 교육과학기술부 고시 제2011-361호.
교육부(2017),『2015 개정 교육과정 총론 해설』, 교육부.
교육부(2015),『도덕과 교육과정』, 교육부 고시 제2015-74호.
교육부(2022),『도덕과 교육과정』, 교육부 고시 제2022-33호 [별책 6].
문교부(1948),『교수요목집』, 조선교학도서주식회사.
문교부(1955),『중학교 교과과정』, 문교부령 제35호.
문교부(1963),『중학교 교과과정』, 문교부령 제120호.
문교부(1973),『중학교 교육과정』, 문교부령 제325호.
문교부(1973),『중학교 교육과정 해설서』, 문교부.
문교부(1981),『중학교 교육과정』, 문교부 제424호.
문교부(1987),『중학교 도덕과 교육과정 해설』, 문교부 고시 제87-7호.
차승한 외(2016), "2015 개정 중학교 도덕과의 기능 구현을 위한 교수 · 학습 방법 및 평가 방향",『도덕윤리과교육』 52호, 한국도덕윤리과교육학회, 275-301.

제3장

도덕과 교사론: '살아있음'의 도덕교육을 위한 도덕교사의 역할*

1. '살아있음'으로서의 도덕교육의 의미: 인문학적 접근 개관
2. '살아있음'으로서의 도덕교육의 의미: 생물학 이론과의 해석학적 소통
3. '살아있음'으로서의 도덕교육을 위한 도덕교사의 역할
4. '살아있음'으로서의 도덕교육의 실천 사례

*본 장은 "오유진, 정창우(2019), 「'살아있음의 도덕교육' 실천을 위한 도덕교사의 역할」, 『윤리교육연구』, 제 54집, pp. 119-144"의 내용을 수정 · 보완한 것임을 밝혀 둔다.

무관심과 단절, 소통 불능으로 점철된 무채색의 도덕교육 현장과 대비되는, 창발(emergence)[1)]과 변화(transformation)[2)]가 역동적으로 일어나는 '살아있음'으로서의 도덕교육 현장은 어떤 모습일까. '살아있음'은 곧 '생명'을 의미한다. 건강한 생명체가 다른 생명체 및 주위 환경과 상호작용하는 가운데 역동적인 생(生)의 에너지를 분출하는 '생명 현상'이 교육 장면에서 연출될 때, 이것이 곧 '살아있음'의 도덕교육이 될 것이다. 그렇다면 생명력이 깃든 교육적 상호작용의 핵심 기제는 무엇일까. 그리고 이를 연출할 책임자(producer) 혹은 향도자(leader)이자, 생명을 빚어내는 공동창조자(co-creator)로서 도덕 교사의 역할은 무엇인가.

1. '살아있음'으로서의 도덕교육의 의미: 인문학적 접근 개관

1) 부버(M. Buber), '만남의 교육'

신학, 철학, 정치학, 교육학 등에 걸쳐 두루 연구되어 온 부버의 사상은 무척 다면적이고, 따라서 그의 사상 역시 다양한 학문적 칭호를 획득해 왔다(M. Buber, 우정길 역, 2014: 150). 이 중 도덕과 교사론에 관한 부버의 통찰은 '대화 철학', '대화 교육학', '만남의 교육' 등의 표현에 잘 드러난다. 특히 그는 인성교육(좁게는 도덕교육)을 위해 교사는 '생생히 살아 있는 사람'이어야 한다고 말한다. 부버에 의하면 이

---

1) 창발(創發, emergence)은 새로운 것이 일시적인 과정, 창조가 성장이나 진화로서 일시적이 아닌 것으로 고찰되는 것을 말하고, 사물이 아닌 성질이 그 어느 구성 부분에 의해서도 가지고 있지 못한 것을 말한다. 한편 본고가 주목하는 생명 현상에서의 창발성은 모든 복잡계가 보여주는 특성이다. 가령 흰개미들은 집을 지을 만한 지능이 없지만, 그 집합체는 역할이 다른 개미들의 상호작용을 통해 거대한 탑을 세운다. 복잡계(complex system)에서 하위수준(구성요소)에는 없는 특성이 상위수준(전체구조)에서 창발하는 것은 자기 조직화 능력 때문이다. 자기 조직화에는 분명 위대한 힘과 창조적 에너지가 있지만 그 힘과 에너지가 지능과 같은 능력을 발휘하려면 특정한 형태를 향해 변해가야 한다. S. Johnson, 김한영 역(2004), 『이머전스』 참고

2) 일반적으로 교육심리학에서 변화(transformation)란, 물리적 결과가 아니라 한 상태에서 다른 상태로의 변화하는 '과정(process)'에 초점을 맞추는 개인의 발달적 능력을 의미한다. 한국교육심리학회(2000), 『교육심리학 용어사전』 참고

'살아있음'이 빛을 발할 때는 영향을 미치고자 하는 의도에 대해 교육자가 전혀 생각하지 않을 때이며, 이 순간 교육자는 가장 강렬하고 순수하게 옆 사람들에게 영향을 미치게 된다. 그렇다면 교사가 자신의 '의도'에 대해 전혀 생각하지 않으면서도 역설적으로 인성의 각인(刻印)에 가장 큰 힘을 발휘할 수 있게 되는 교육 활동은 어떤 것일까. 나(교사)의 입장을 우위에 두고 일방적으로 학생을 저울질하고 평가하는 '나-그것'의 비인격적 관계로부터, 참된 만남은 이뤄질 수 없다. 부버는 오직 두 현존 간의 책임 있는 교우(交友) 및 차원 높은 관심을 수반하는 '나-너'의 인격적 관계를 회복하는 데서 막혀버린 실존 간 소통의 벽이 비로소 뚫리게 될 것(M. Buber, 표재명 역, 2001: 192-215)이라 말한다.

2) 레비나스(E. Levinas), '타자의 얼굴', '만남과 대화'

레비나스가 볼 때, 나와 타자는 '만남과 대화'라는 접촉을 통해 감성적으로 연결될 때만이 비로소 사회적 · 윤리적으로 온전해질 수 있는 존재이다. 따라서 그는 '나'로부터가 아닌, 타자와의 관계, 타자 중심성으로부터 출발하도록 사유의 전환을 촉구한다(김연숙, 2001: 8). 한편 레비나스의 타자 윤리학을 바탕으로 김연숙은 '타자의 타자성이 보존되는 교실'로 거듭날 것을 제안한다(김연숙, 2004: 139-168). 이러한 교실에서 도덕 교사는 교사에 대한 학생의 외재성, 학생 스스로에 대한 내면성, 고유성을 인정하며 학생 한 명 한 명을 저마다 고유성을 가진 '얼굴'로서 대면한다. 이러한 참된 관계 맺음은 '얼굴'의 요청과 호소에 응답하는 책임성을 갖는 것이며, 이는 타자와의 근접성과 연대성을 형성시킨다. 반면에 학생과의 윤리적 소통이나 대화를 자신에게로 코드를 맞추게 하는 것 또는 자기에게로 일치시키고 동화시키고 합의시키는 데서 찾는다면, 이것은 학생과의 참된 관계 맺음, 살아있는 만남이라고 볼 수 없다.

3) 오천석, '스승'

오천석의 『스승』에 나타난 참된 교사는 무지(無知)를 아는 자이다(오천석, 1988: 17-86). 그뿐만 아니라, 그는 이 사실[無知]을 솔직히 시인한다. 그는 지식의 영원한 탐구자인 동시에 그것[無知]을 세상에 알려 부끄러워하지 않는다. 그의 마음은 알려는 호기심으로 충일되어 있고, 질문으로 가득하다. 이러한 '스승'은 겸허한 자세로 지혜와 진리를 사랑하는 자, 곧 철학자에 다름 아니다. 아울러 진리에 자신의 삶을 일치시키려는 '끝이 없는 구도의 과정'에 있는 사람[求道者]이다. 그러나 그 과정에서 확보된 자신의 지적 · 도덕적 권위를 완성된 것으로 가정하거나 학생들에게 일방적으로 전달하려 하지 않는다. 무지를 자각하는 겸손한 교사는 '자기 중심성'으로부터 철저히 벗어나 구도의 길에서 만난 학생들과 도반(道伴)이 되어 인생과 세상을 이롭게 하고 행복하게 하는 진리와 지혜를 공동 탐구하고 공동 창조하며 부단히 앞으로 나아간다.

2. '살아있음'으로서의 도덕교육의 의미: 생물학 이론과의 해석학적 소통

부버, 김연숙, 오천석이 각자 삶에서 통찰하고 체득한 참된 교사의 의미와 함께, 최신 생물학 이론이 말하는 생명현상의 핵심 기제 역시 '살아있음'으로서의 교육을 구상하고 고민하는 도덕 교사와 예비 도덕 교사들에게 유의미한 통찰을 제공한다. '같은 하늘'을 '다른 곳에서' 바라보는 상황처럼, 인문학적 지혜와 생물학적 통찰의 핵심에는 본질적으로 유사한 공통분모가 함유되어 있다.

> **부버** 교사의 권력의지는 격정과 격동에 휩싸이게 되고, 이 위임의 힘이 붕괴되기 시작하면, (……) 권력의지는 사나워지기 시작합니다. (……) 소용돌이치는 학생을 마주해, 정지된 원자처럼 말입니다. (M. Buber, 앞의 책: 27-28)
>
> **레비나스, 김연숙** 어떤 교사는 학생과 더불어 말을 나누면서도 그 또는 그의 지식이나 생각을 이미 안다고 단정하여, (……) 타자로서의 그의 말을 듣지 않는다. 레비나스는 이런 만남이나 이 같은 방식의 대화법을 자신의 생각에로의 동의나 설득을 목적으로 하는 '레토릭'이라 부른다. (김연숙, 앞의 논문: 162)
>
> **오천석** 교육이라는 직업에 종사하고 있는 교사 중에도 이러한 기계와 같은 일을 하는 사람이 있다. 외부로부터 주어진 교과서에 근거한 교안을 짜서, 옮겨 다니며 지

> 식을 전달한다. 거기에서는 인간성도 감정도 찾기 어렵다. 냉랭한 수업이 계속될 뿐이다. (오천석, 앞의 책: 97)

'권력의지'를 통해, 마치 '정지된 원자'처럼 학생 위에 군림하는 교사(Buber), 일방적으로 닫아 버린 '레토릭'으로 학생을 향해 일방적으로 '독백'하는 교사(Levinas), 온기 없이 기계적인 수업을 반복하는 교사(오천석)는 공통적으로 소외, 단절, 고립, 폐쇄, 일방적 관계맺음의 폭력성으로 표상된 '죽음의 교육'을 향해 가는 도덕교사상을 묘사한다. 그렇다면 다음은 어떠한가.

> **부버** (진리에 대한 다른 실제 관계를 아는 것은) '중립성'이 아니라 '연대성'이고, 생기 있는 '서로 위해 있음'이며, 상호성이자 생생한 상호작용입니다. 그리고 연결체들 사이의 경계를 지워 버리는 것이 아닌 (……) 이 모순 뭉치는 (……) 서로의 통일성의 재생을 통해서만 맞서 극복될 수 있습니다. 이는 한 가지 형태인 것의 정적 통일성이 아니라, 다양한 것들의 거대한 역동적 통일성입니다. 그 속에서 다양성은 인성의 통일성이 되어갑니다. (M. Buber, 앞의 책: 56, 87-88)
>
> **레비나스, 김연숙** 내면성을 통하여 분리되어진 자아들은 (……) 타자를 열망한다. (다른 자아에로의) 초월은 존재와는 다른 것에로의 이행, 본질 너머에로의 이행, 존재보다 선한 것에로의 이행의 의미를 가진다. (김연숙, 2001) 서로서로를 높이로 대하는 대면적 교실공동체에서 교사와 학생, 학생과 학생사이는 상호주관적 비대칭성(l'asymétrie de l'interpersonnel)의 관계라 할 수 있다. (김연숙, 앞의 논문: 116)
>
> **오천석** 제자에 대한 사랑이 없는 학교는 정서적으로 죽은 학교다. (……) 이 '사랑'이라는 다리를 통하여 오감이 없으면 두 마음을 교통하는 길이 끊기고 만다. 이 통로를 거쳐서만 한 인격이 다른 인격에 부딪칠 수 있고, 마음의 공감이 일어날 수 있는 것이다. (오천석, 앞의 책: 55)

본질적으로 단절된 개체일 수 없는 존재들(교사와 학생) 간의 관계가 빚어내는 연대성, 생생한 상호작용을 통한 생기 있는 '서로를 위해 있음', 즉 경험된 공동성 속에서 함께하는 관계 맺기야말로 부버가 말하는 '살아있는' 교육적 경험의 실제 모습이다. 개체의 '다름'은 공동체적 삶을 통해 역동적 통일성으로 조화를 이루어가며, 이는 도덕교육에서 도덕성의 향상이라는 형성적(formative) 힘의 근원이 된다. 이

과정에서 구성원 간 모순과 대립 및 갈등은 자연스레 극복되며 이질성은 다양성으로 승화되고, 바람직한 방향으로 수렴하는 '인성의 하나 됨'이 비로소 출현할 수 있게 된다.

한편 레비나스에 의하면 나(교사)를 바라보는 타자(학생)의 시선, 얼굴의 나타남[顯現]은 곧 교사에게 응답의 의무를 부과하는 것이며, 교사는 이러한 윤리적 명령에 따르고자 비로소 학생의 얼굴을 마주 대하여 대화를 개시한다. 진정한 만남은 타자에로의 열망, 초월, 이행을 촉발하며 타자의 외재성과 무한성 및 의미 형성을 경험하도록 도우며 인성의 변화를 촉진한다. 반면 타자의 타자성이 제거된 채 자기 주장만으로 나타난 접촉은 새로움, 주어진 현상에 대한 자아의 개방성을 설명해주지 못한다. 이처럼 레비나스에게 있어 인간 간의 사회적 관계는 '타자의 절대적 타자성'과 '자아의 분명한 수동성' 사이의 직접적 관계이다(김연숙, 앞의 책: 43).

이처럼 부버, 레비나스, 오천석은 모두 만남과 대화라는 단어로 대유(代喩)되는 교사-학생 간 직접적인 접촉을 통한 정서적 연결성[사랑]에 주목하고 있다. 오천석은 특히, 서로 다른 두 인격 간 공감과 변화의 전제조건이 교사의 학생을 향한 사랑이라고 역설하는데, 이는 앞서 레비나스가 강조하는 '상호주관적 비대칭성'의 의미 맥락과 근본적으로 맞닿아 있다. 결국 교사와 학생은 서로 얼굴을 마주 대하는 관계성을 통해 서로 연결되며 이 과정에서 교사와 학생 모두에게 전 인격적인 차원의 진정한 배움과 실존적 깨달음, 즉 창발(emergence)과 변화(transformation)가 나타나게 된다.

> **부버** 아직 선보인 적 없는 천 가지 얼굴로, 아직 된 적 없는, 그러나 될 준비가 되어 있는 천 가지 영혼들, 창조적 사건이라 할 만한, 떠오르는 새로움, 저 근원적 잠재력. 써도 써도 고갈되지 않고 넘쳐흐르는 이 가능성이 바로 "어린이 [학생]"라는 실재입니다. 매번 하나뿐인 바로 이 현상, 이 낳음과 태어남 이상의 반복되는, (……). (M. Buber, 앞의 책: 7)
>
> **레비나스, 김연숙** 자아와 자아들 간의 분리, 나와 너의 분리, 자아와 타자의 분리는 윤리적 관계형성의 근본이다. (……) 섣부른 동화나 통합이 근본적으로 불가능함을 보여주기 때문이다. 분리된 존재에 있어서 밖으로 난 문은 동시에 열고 닫을 수 있어야 한다. (김연숙, 앞의 책: 93)

> **오천석** 어떤 사람은 말을 통하여 다른 사람의 마음을 자극함으로써 혹은 지친 자를 격려하고 실망한 자를 받들어 줌으로써 창조한다. 교사는 그 자신의 인격의 창조자일 뿐만 아니라, 그가 맡고 있는 젊은 생명의 창조를 돕는 자다. 지식을 가르침으로써 그의 경험을 창조하고, 그에게 진리를 배워줌으로써 예지를 창조하며, 그로 하여금 착함과 아름다움을 감사케 함으로써 고상한 정서 생활을 창조할 수 있다. (오천석, 앞의 책: 83-84)

'살아있음'의 도덕교육은 근본적으로 인간을 고정된 특정 원인에 의해 전적으로 결정되는 존재가 아닌, 무한한 변화 가능성을 가진 존재로 바라본다. 세계적으로 진리성을 인정받고 존숭되어온 동서고금의 주요 윤리 사상 및 종교들 역시 한 목소리로 교육에 의한 인성(人性)의 변화 가능성을 강조하고 있다. 한편 이는 현대 신경생물학의 위대한 발견인 인간 두뇌의 신경 가소성(neuro-plasticity)[3] 및 후천적 환경에 의해 선천적 DNA의 발현이 달라지는 양상에 주목하는 후성유전학(Epigenetics)의 강조점과도 원활히 소통된다. 위 부버의 강연에서처럼, 도덕성의 변화 가능성을 인정하는 도덕 교사가 학생에 대한 여하한 편견들을 극복하고 대화에 임할 때 학생의 인성은 말랑말랑한 형태로 유연화되며, 비로소 긍정적 변화를 실현할 준비 태세를 갖추게 된다. 한편, 위에서 김연숙이 강조하는 '분리'는 생명체를 구성하는 단위로서 '세포막'에 비유될 수 있다.[4] '분리'된 존재인 학생을 향해 교사는 학생을 향한 자신의 말과 행동을 통해 영향을 미치고, 이는 인품과 예지의 변화를 낳게 된다.

이제 창발과 변화가 역동적으로 일어나는 '살아있음'의 현장으로서의 도덕 교실을 색다른 각도에서 재조명하기 위하여, 생물학의 렌즈에 본격적으로 접안(接眼)하려고 한다. 21세기 이후 생명현상에 대한 새로운 연구 패러다임으로 자리 잡은 '복잡계 과학'과 '시스템 생물학'에서 발견한 생명 현상의 고유한 메커니즘은 무엇인가. 다음(우희종, 2009: 47-85)을 보자.

---

3) 인간의 두뇌가 경험에 의해 변화되는 능력을 말한다.

4) 이에 관한 상세한 설명은 다음에 이어지게 될 것이다. 세포막을 통한 경계 지음은 환경과의 적극적 상호작용을 위한 '작동적 폐쇄'에 다름 아니다.

가 무기물질과 구분되는 생명체의 대표적 속성은 다양성의 근간이 되는 '개체 고유성(individuality)'과 '개방성(openness)'이다. 이 두 특성은 내부에서 발아되기에 분리되어 생각될 수 없고 서로 연관되어 있다. (……) 중요한 것은 생명체의 보다 근본적 특징인 '창발' 현상에 의한 개체고유성이야 말로 철저히 주위와의 열려있음 덕분에 가능하다는 점이다. 결국 생명현상이란 끊임없는 변화 속에서 전체이면서 부분이고 부분이면서 전체인 상태를 유지하는 창발적 현상이라고 말할 수 있다. 이에 모든 생명체는 더 이상 고립되어 소외되거나 단절된 존재가 아니다.

나 현존으로서의 존재 역시 '관계'일 뿐이다. 매순간 주위와의 상호작용을 통해 진화 과정에 참여하는 생명체와 그 진화 과정은 관계론적이고 이에 대한 통합적 시각을 제시하는 복잡계 과학을 통해 제대로 이해될 수 있다. 복잡계 과학은 많은 요소들의 상호작용을 연구하며, 요소 간 상호작용에 의한 자기조직화를 통해 창발적 체계를 구성하고 진화가 가능해지는 비선형 구조를 다룬다. (……) 이러한 연구의 등장은 생명체가 여러 구성물질의 단순한 선형적 반응 경로를 취하는 것이 아니라, 서로 소통하며 그물망 구조를 지니고 있음을 의미한다. 특히 시스템 생물학은 복잡계적 형태인 생명현상과 더불어 각각의 생명체가 주위 환경 속에서 밀접한 관계를 맺으며 살아가는 생태계가 지닌 관계성이야말로 생명의 모습이다.

한편 인지과학의 체화론(발제주의자 접근, enactivism)의 토대가 된 생화학 이론으로서 마투라나(H. Maturana)와 바렐라(F. Varela)의 '오토-포이에시스(auto-poiesis, 자기 생성)' 역시 생명 현상이 갖는 핵심적 특징을 잘 보여준다(Matthew Mackenzie, 2013: 202).

다 타율적 조직은 외인(外因)적으로 조절되며 입력-출력(input-output)의 시스템으로 완전히 모형화 될 수 있다. 반대로, 자율적인 조직은 무엇보다도 '내생(內生)적인, 자기 조직화와 자기 조절의 역동'의 관점에서 이해될 수 있고, 일상적인 감각에서의 입력과 출력을 갖지 않는다. 생화학에서, 마투라나와 바렐라는 이러한 유형의 자율성을 'auto-poiesis(자기-생성, self-production)'라고 부른다. (……) 이것은 시스템의 '작동적 폐쇄(operational closure)'이다. 예를 들어, 세포의 수준에서, 생화학적인 반응의 자기 조직적인 과정은 '세포막'을 생산하게 되는데, 이것은 교대로 그것을 창조하는 과정을 제한한다. 이러한 고리의 완성은 그것이 속한 환경에서 그 자신의 경계

> 를 유지하는 구별되는 생물학적 독립체를 구성하게 된다. (……) 게다가 자율적 조직은 언제나 그들의 환경에 짝 지워 진다. 에반 톰슨이 설명했듯, "각자의 행동이 상대방 행동의 기능에 해당될 때, 두 개 이상의 시스템이 결부된다." 두 시스템(유기체와 환경)이 반복적인 상호작용의 역사를 발달시킬 때, 그들 사이에 '구조적인 합치'를 이끌어내며, 우리는 '구조적 결합'을 갖게 된다.

'작동적 폐쇄를 통한 경계 지음'으로서 세포막(cell membrane)의 형성은 결코 최종적인 고립과 폐쇄 및 경직화를 향한 닫혀있음, 곧 '죽음'을 향해있지 않다. 오히려 세포 단위의 조직망은 자율적인 자기 조직화 과정에서 외부 환경과의 상호작용, 궁극적으로는 변화와 창발을 위한 '적극적 생산 과정'을 위해 존재한다. 생명체(미시적으로는 세포)가 자신의 경계를 유지하면서 환경과 상호작용하는 가운데 양자는 서로를 변화 · 생성시키는 창발의 역사를 만들어 내게 된다. 아울러 이러한 '구조적인 합치'가 이뤄질 때, 생명 현상의 본질인 끊임없는 창발과 변화가 나타난다. (앞서 살펴보았듯) 부버가 말한 고유한 인격체로서의 '나와 너'의 만남, 레비나스가 강조하는 타자로서의 학생과 함께하는 소통과 연대의 관계 맺음에서 '살아있음의 도덕교육 현장'은 생생하게 포착될 수 있다. 아울러 이는 시스템 생물학과 생화학이 발견한 생명체의 대표 속성으로 '개체 고유성(individuality)'과 '개방성(openness)'으로부터 출현하는 '자기생성(auto-poiesis)'의 창발 과정과 동일 혹은 유사한 메커니즘을 보여준다.

생명 현상에서 '개체 고유성'의 파괴는 생명현상의 중단, 곧 '죽음'을 의미한다. 아울러 다채로운 환경으로의 열려있음을 의미하는 '개방성'의 파괴 역시 생명현상의 중단, 곧 '죽음'을 의미하게 된다. 도덕교육(넓게는 인성교육)에 있어서 이는 무엇을 뜻하는가? 학생의 타자성과 고유성, 개별성을 인정하지 않고 교사가 자기중심적으로 위계 구도를 형성하거나, 학생을 자기 안에 가두고 일방적인 힘을 행사하려고 할 때, 교육에서 창발과 변화, 즉 생(生)은 중단될 수밖에 없다. 교사는 학생의 타자성을 인정하고 그의 창발을 위한 다양한 환경 요소들 가운데 하나, 특히 유의미한 창발을 형성시킬 '선하고 좋은' 환경으로 자신을 온전히 개방해 줄 수 있어야 한다. 이 과정에서 교사가 학생의 요청에 진지하게 응답하는 것은 양자 간 창발적 상호작용의 과정의 면면(面面)을 나타낸다. 이런 약동하는 생(生)의 창발 과정에서 교육은 고정됨, 폐쇄성, 경직성, 고립과 단절을 의미하는 '죽음으로서의 교육'으로부터 비로소 멀어질 수 있게 될 것이다.

3. '살아있음'으로서의 도덕교육을 위한 도덕교사의 역할

1) 타자, 인격으로서 학생관 및 교사-학생 간 신뢰 관계

> **부버** 즉 여기, 인성교육의 영역, 전체성 교육의 영역에서는 학생으로의 입구가 단 하나밖에 없다는 인식입니다. 그리고 이는 곧 학생의 신뢰입니다. 믿음직하지 않은 세계에 놀라고 실망한 청소년들에게, 신뢰는 인간적 진리라는 것, (……). 신뢰의 영역에서는 교육됨에 대한 저항 대신 독특한 사건이 발생합니다. 즉 교육자를 한 사람으로 받아들이게 됩니다. (M. Buber, 앞의 책: 68)
>
> **레비나스, 김연숙** 얼굴로서 등장하는 학생은 어떤 경우에도 교환되거나 대신 될 수 없는 고유성을 인정받게 되며, (……). 개개의 학생은 (……) 자신의 고유성으로 존중받는 존엄한 인간으로, 어떤 경우에도 평균을 깎아 먹는 자 내지는 전체에 피해를 주는 자 일 수 없다. (김연숙, 앞의 논문: 160)
>
> **오천석** 어린이(학생)가 잘못을 저질렀을 때 비관하는 얼굴이 아니다. 바른 길을 가도록 격려하는 얼굴이다. 여기 얼굴이 밝고 맑으며, 자애와 이해와 동정과 관용과 인내와 정열로써 어린이의 생명을 키우며 미소를 짓고 있는 자가 있으니, 그의 이름은 교사다. (오천석, 앞의 책: 66-67)

세 사람의 공통된 목소리를 통해 알 수 있듯, 교육적 상호작용의 과정이자 결과로서 교사와 학생 간의 신뢰 형성은 모든 유의미한 교육적 변화(앎과 인성의 발달과 긍정적인 방향으로의 변화)를 일으키는 발화점이 된다. 학생에 대한 교사의 신뢰만이 아이를 변화시킬 수 있기에, 학생이 내재적 정신의 힘을 '문득 깨닫는' 이른바 '사유의 각성'이 일어날 때까지 교사는 믿음으로 보조해야 한다(송순재 외, 2002: 191-193).

이처럼 두 현존 간의 상호 신뢰는 서로의 인성을 바람직한 방향으로 변화시킬 수 있는 강력한 동기화적 에너지를 내포한다는 점에서 모든 교육 활동의 대전제가 되어야 한다. 여기서 신뢰의 형성이 교사가 '자기중심성'으로부터 벗어나, 겸손한 자세로 학생을 하나의 현존[인격, 타자]으로 맞이하는 인간성 회복의 순간으로부터 비롯된다는 점은 무척 인상 깊다.

2) 교사-학생 관계에서 건강한 경계 설정과 개방성, 연결성, 유연성의 회복

부버 강제의 대척점은 자유가 아니라 '연결되어 있음'입니다. (……) 교육에 있어서 자유란 '연결될 수 있음'을 의미합니다. (M. Buber, 앞의 책: 22)

레비나스, 김연숙 학생과 교사와의 관계는 각자의 타자성에 근거를 두며 서로의 고유성을 존중해 주는 이원성의 관계이자 얼굴과 얼굴로 만나는 축약 불가능한 관계(le face à face, relation irréductible)여야 한다. (김연숙, 앞의 논문: 161)

오천석 교사의 마음은 열려 있는 문이다. 남의 것이라 하여 무턱대고 배척하는 문이 아니요, 이질적인 것이라 하여 덮어놓고 들어오기를 거절하는 문이 아니다. (……) 그렇다고 교사는 제자의 페이스에 말려들지 않는다. 피교육자의 경험, 흥미, 관심사, 능력 등을 충분히 참작한다고 하면서도 교사는 언제까지나 안내자로서의 책임을 져야 한다. (오천석, 앞의 책: 61-79)

생물체계와 마찬가지로 그 자체가 하나의 홀리스틱한 생명성을 전제로 하는 교육체계는, 생명은 엔트로피를 역행하면서 비대칭적 균형성을 스스로 창조해낸다(한승희, 2019: 5). 창조적 생명현상으로서의 교육 작용에서 '개체성'은 교사-학생 간 건강한 경계 및 거리 설정을 나타낸다. 이를 김연숙은 타자의 고유성 존중으로, 오천석은 '제자의 페이스에 무조건적으로 말려들지 않음'으로 표현하고 있다. 한편 이러한 건강한 분리와 경계 설정은 결코 고립과 소외를 향해 있지 않다. 개체성을 바탕으로 서로를 개방하는 가운데 유연한 연결성을 회복할 때 '따로 또 같이'의 협응 혹은 구조적 합치, 곧 교육적 변화가 일어날 수 있다. 이것은 앞서, '교육에서 강제의 반대는 연결되어 있음'이라고 말한 부버의 말이 갖는 의미이기도 하다.

3) 자기중심성의 극복: 수용과 비(非) 에로스적 관계

> **부버** 교사가 처음으로 교실에 들어섭니다. 이때 그는 의자에 쪼그리고 앉아 있는 아이들, 이리저리 뒤엉켜 있는 아이들, 불량한 아이들과 양호한 아이들, 동물 같은 얼굴들, 무작위로 섞여 있는 아이들을 봅니다. 시선, 교육자의 시선은 이들 모두를 받아들입니다. (……) 에로스는 선택, 즉 기호에서 비롯되는 선택입니다. 교육은 이런 것이 아닙니다. 저는 이러한 비(非) 에로스적 상황에서 현대 교육자의 위대함을 봅니다. (M. Buber, 앞의 책: 29)
>
> **레비나스, 김연숙** 학교교실에서는 나와 생각이 다르고 행동이 다르고 생김새가 다른 애, 가난하고 누추하고 헐벗은 애, 가까이 하기에 너무나 꺼려지는 이질적인 아이, 이런 모든 아이들을 동일하게 혹은 획일적으로 대해야 한다는 도덕적 책임감에 대한 저항으로 나타날 것이다. 레비나스는 잘 질서 잡힌 정의는 타자와 더불어 시작된다고 주장한다. (김연숙, 앞의 논문: 156)
>
> **오천석** 이 많은 길 중에서 교사는 고달픈 길을 간다. 수많은 개구쟁이들과 하루 종일 싸워야 하는 길이다. 그들에게 지혜를 주기 위하여 무지와 교전(交戰)하여야 하는 길이다. (오천석, 앞의 책: 85)

'교사가 학생을 사랑함'의 의미는 '이끌림(attractiveness)'에 의한 선호나 특정 학생들에 대한 편애를 의미하는 것이 아니다. 이끌리지 않더라도, 때로는 밀쳐내고 싶은 저항감이 드는 학생에 대해서조차도 그들 모두를 있는 그대로 따뜻하고 포용력 있게 '수용(acceptance)'하는, 비(非) 에로스적 사랑이, 살아있음을 추구하는 도덕 교사가 좇아야 할 진정한 사랑이다. 이러한 사랑은 따라서 '탈 자기중심적'이다. 이러한 사랑의 자연스러운 귀결로 교사는 학생에게 자기 위주의 위계적 수렴을 강요하지 않는다.

4) '얼굴'로 다가오는 요청[명령]에의 응답, 의무와 책임

> **부버** 젊은 교사는 이 얼굴에게 말을 겁니다. 그런데 이 질문에는 아주 익숙하지만은 않은 어떤 것이 분명히 들어 있었습니다. 이 학생은 대답하는 것이 아니라 이야기를 합니다. 그 와중에 그의 얼굴이 변합니다. 이제는 아까처럼 그렇게 무질서한 얼굴

이 아닙니다. 그리고 교실이 조용해졌습니다. (……) 교육자는 위대한 성격의 그림, 즉 삶과 세계를 향해 더 이상 무응답으로 일관하지 않고 그가 마주치는 본질적인 모든 것에 대해 책임을 지는 위대한 성격의 모습을 학생들에게서 생겨나도록 할 수 있습니다. (M. Buber, 앞의 책: 81-87)

레비나스, 김연숙 타자와 함께하는 감성의 도덕교육은 사랑의 감상적 만족이 아니라 도덕적 절박성의 엄격함을 요구한다. 사랑의 지혜(La sagesse de l'amour)는 나와 친하게 관련된 사람의 범주를 넘어서는 제삼자에 대한 응답의 책임성에 대한 요청으로 나타난다. (김연숙, 앞의 논문: 157-158)

오천석 그(교사)의 귀는 젊은이의 도움을 호소하는 소리 없는 소리를 들으며, 세상의 요란한 꽹과리 소리를 듣지 않는다. 외부로부터의 명령이나 지시의 소리를 듣기 전에 어린이의 요청의 소리를 듣고, 그의 도움을 부르는 소리를 듣는다. (오천석, 앞의 책: 69)

생생히 살아있는 도덕 교사는 자신의 모든 감각을 동원하여 학생의 '얼굴'과 '목소리'가 보내는 도움 요청의 신호를 적극적으로 포착하고, 그 속에 내재된 요청을 '윤리적 명령'으로 받아들인다. 아울러 그는 다른 모든 외부적 지시나 명령보다 아이들이 주는 메시지에 더욱 집중력을 발휘하여 책임감을 갖고 응답하고자 한다. 이것이야말로 학생 인성(도덕성)의 본질적 변화를 가져오는 교사의 헌신(commitment)이다.

5) 전인격적 만남, 그리고 대화

부버 교육적 관계는 순전히 대화적 관계입니다. 교사가 어린이를 진정으로 품는다면, 저 아래에 잠자던 대화의 논리가, 한 사람의 다른 한 사람에 대한 끊임없이 잠재적인 상호성이 촉진되고 지속되는 것입니다. 그러면 이 둘 사이의 실재는 상호성이 됩니다. (M. Buber, 앞의 책: 36-38)

레비나스, 김연숙 얼굴이 삭제되었기에 단지 성적으로만 말할 뿐, 학생들은 어떤 요청도 호소도 표출해 내지 못한다. 약자를 대하는 섬세한 배려보다는 차별과 무관심에 떨어지면서 이들은 점점 놀림의 대상, 무시의 대상, 왕따의 대상이 되어 버린다. 이제 우리는 질식해가는 우리의 교실공동체를 타자와 얼굴로서 만나는 대면적(le face à face) 교실공동체로 변화시키는 방법을 모색해야 할 것이다. (김연숙, 앞의 책: 159-160)

오천석 인간은 부르면 대답하는 존재다. 진정한 교육은 성(誠)과 열(熱)에서 이루어진다. 교육은 혼과 혼의 대화요, 인격과 인격의 부딪침이요, 정성과 정성의 호응이요, 정열과 정열의 만남이다. (오천석, 앞의 책: 34)

성적에 의한 한 줄 세우기 등 비인격적 서열화는 학생의 얼굴을 삭제시키고 소통을 위한 숨통을 끊어놓는 등 교실을 삭막한 공간으로 전락시키고 말 것이다. 반면 학생의 요청에 대한 교사의 책임 있는 응답은 두 사람 사이의 전인격적인 만남과 대화의 장(場)을 예비한다. 대화를 통한 살아있음으로서의 상호성은 지속적인 실재성을 낳고, 인격과 인격의 부딪침을 통해 바람직한 방향으로의 인성 변화를 기약한다.

무한 고립지대에 갇혀있는 인간의 뇌가 타자와 '소통'하며 의미를 공유할 수 있게 되며, 하나의 세포에서 시작한 생명체는 다세포생명체를 거쳐 사회적 군집에 이르는 거대한 생태계를 형성하는 가운데 놀라운 정도의 협응(coordination) 현상을 일으키는 것처럼(한숭희, 앞의 책: 93-94), 교육에서 교사와 학생의 '전인격적 만남'과 '소통'은 상호 간의 인격에 깊은 울림을 주는 '공감적 변연계 공명(empathetic limbic resonance)'을 일으키게 될 것이다. 변연계 공명이란, 두 포유류가 서로의 내면 상태에 맞추어 가게 되는 상호 교환과 내부적 적응의 조화능력을 발달시키는 과정이다(T. Lewis, A, Fari & R. Lanno, 2000). 만남과 대화, 대면적 접촉과 소통이 낳는 정서적 공명은 연쇄적으로 학생들의 바람직한 도덕적 직관(moral intuition) 형성을 촉진하는 생태적 환경[5]으로 교실과 학교의 토양을 질적으로 변화시키게 될 것이다. 주지하듯, 배려적이고 지지적인 교실 및 학교 분위기는 사회적이고 정서적인 연대를 강화하며 긍정적인 대인관계 경험을 증진하는 동시에 인격 형성을 위한 필요 최소한의 기반을 제공(E. Schaps, V. Battistich & D. Solomon, 1997; D. Narvaez & D. Lapsely, 2008: 157 재인용)하게 되기 때문이다.

5) 이는 앞서 김연숙이 제안한 '대면적 교실 공동체'의 모습과 지극히 유사할 것이다.

6) 겸손, 지혜와 진리를 공동 탐구하는 구도자

> **레비나스, 김연숙** 참된 진리는 외재성, 생생한 경험, 다름, 초월, 타자성을 함유하는 것(……), 참된 철학은 낯선 것에로의 여행인 것으로, 자아중심성에 의한 지식의 정복이 아니라 외재적 진리와의 교제이다. (김연숙, 앞의 책: 134)
>
> **오천석** 그(소크라테스)는 자신의 생각을 권위의 힘을 빌려 주입하려 하지 않았고, 자기의 사상을 고집하지 않았다. 진리의 바람이 부는 대로 따르리라고 그는 마음의 문을 열고 있었다. (중략) 겸허는 진리로 통하는 길이다. (오천석, 앞의 책: 40-41, 59)

고인 물은 썩기 마련이다. 도덕 교사의 가르침은 교사 자신의 부단한 배움을 전제로 할 때 생생히 살아있는 지식, 진화하는 진리, 현명하고 명료한 지혜가 될 수 있다. 그런데 참된 진리와 지혜를 향한 교사의 탐구 열정과 부단한 배움은 자신의 무지(無知)에 대한 겸허한 인정을 필요로 한다. 아울러 교사의 진실한 겸손과 탐구에의 열정은 학생들에게 고스란히 전이된다. 진리를 향한 사제 간의 수평적인 대화는 박제된 지식에 초월과 계시(Levinas)의 생생한 영혼을 불어넣는다. 특히 교직생활 이후 맞이하게 되는 다양한 역경과 혼란스러운 상황들에 유연하게 대처하고 극복하며, 위기를 오히려 기회로 전환시키는 데 반드시 필요한 것이 교사의 회복 탄력성(resilience)이다. 카멜레온이 주변 환경에 맞추어 자신의 색깔을 변화시키듯, 다양한 변동과 혼란 상황에서 소진(burn-out)되지 않고, 유연하게 적응하기 위해서는 교사들에게는 '평생에 걸친 배움의 자세(lifelong learning posture)'가 필요하다. 이는 자신의 현재 관점과 관행에 기꺼이 도전하는 모험을 즐기는 평생 학습자가 됨(B. L. Bobek, 2002: 202-204)을 의미한다. 평생 학습자는 자신의 무지를 아는 겸손한 자세를 견지함을 당연히 전제한다.

7) 도덕교사로서 전문성 발휘를 통한 실질적 권위 구축

> **부버** 학생과의 갈등이 교사에게는 최상의 시험대입니다. (……) 교사는 한순간이라도 궤변을 이용한 모의전을 하려고 해서는 안 됩니다. 그는 진리를 쟁취하기 위한 진검승부를 해야 합니다. 그러나 이기게 되면, 진 사람을 도와서 패배를 견뎌 내도

록 해야 합니다. 그리고 학생이 아집의 영혼을 이겨내지 못한다면, 교사는 사랑의 단어를 찾아내서 학생으로 하여금 그 어려운 상황을 벗어날 수 있도록 해야 합니다. (M. Buber, 앞의 책: 70-71)

오천석 미국의 한 저명한 외과의사에게 어떤 친구가 그가 어떻게 하여 의사가 되었느냐고 물었을 때, 그는 이렇게 대답하였다. 내가 고등학교에 다닐 무렵에 나는 처치하기 곤란할 정도로 난폭한 문제아였다. (……) 선생이 우연히 내 손을 보고, "네 손은 참으로 훌륭하고 민감해 보인다. 그 손으로 너는 값있는 일을 할 수 있을 것이다." 라고 하였다. 이 한 마디 말은 내 귀에 낭랑하게 울려오는 나팔소리와 같았다. 나는 학교를 졸업하고 외과 의사가 되기로 결심하였다. 그 선생의 마지막 말은 나에게 하나의 도전이었고 내가 곤경에 빠져 있을 때마다 내 머리에 되살아났다. 이것이 내가 외과의사가 된 동기요, 나를 쓸모 있는 사람으로 만든 원인이다. (오천석, 앞의 책: 71)

탈권위주의의 시대에 도덕 교사는 명목적이고 형식적인 권위(formal authority)에 의존한 소극적 교육 활동으로 일관해서는 안 될 것이다(이은상 · 김준구 · 오유진, 2019: 1042). 교직을 선택한 출발이 다름 아닌 '(학생들의 삶에 변화를 주고자 하는) 도덕인 동기'라는 점(M. N. Sanger & R. D. Osguthorpe, 2013), 그리고 학생에 대해 알고 잘 가르쳐야 하며 그들의 요구와 심사를 파악하기 위해서는 필연적으로 제각각의 인성을 가지고 있는 학생들과 긍정적인 관계를 형성하고 유지해야 좋은 교사가 될 수 있다는 점(D. Carr, 2010)을 종합하면, '인성(도덕)교육 전문성'은 도덕교사가 '실질적 권위'(R. S. Peters, 1973)[6]를 확보하고자 할 때 필수적 기반이 된다(정창우, 앞의 논문: 214 재인용). 더군다나 여타의 인지 중심적 교과와 달리 전인성의 변화를 도모해야 하는 도덕(인성)교육 전문성의 확보는 평생에 걸친 간단치 않은 노력과 부단한 인내를 필요로 한다. 위 부버의 글에서처럼, 도덕교사는 학생과의 갈등 상황에서 현명한 비계설정(scaffolding)을 통한 포용력 있으면서도 냉철한 '진리를 향한 진검승부'를 펼칠 수 있어야 한다. 오천석의 글에서처럼, 교사의 말 한마디, 눈길 한

6) R. S. Peters는 교사의 교육적 권위를 세 가지 형태로 나누었다. 형식적 권위(formal authority), 전문지식의 권위(an authority), 직위상의 권위(in authority)가 바로 그것이다. 이 중 이 글이 주목하는 바람직한 형태의 교사 권위는 '전문 지식의 권위'이다. 이는 지식의 형식에 대한 진지함, 즉 교과에 대한 지식뿐만 아니라 교과에 대한 열정까지 포함하는 의미이며 교사는 영원한 권위자가 아니라 잠정적 권위자임을 강조하고 있다.

번, 손길 하나가 한 사람의 인생을 송두리째 바꿀 정도로 측량할 수 없을 만큼 강력한 힘을 발휘할 수 있다는 점을 염두에 두고 무한 책임성을 갖고 교육 활동에 임해야 할 것이다.

4. '살아있음'으로서의 도덕교육의 실천 사례

'코끼리가 진흙을 빠져나오듯, 너 자신을 빠져나오라.'는 법구경의 문구는 '살아있음'으로의 도덕교육을 지향하는 교사가 유념해야 할 금언(金言)이다. 자기중심성에서 벗어나 학생과의 교육적 만남을 통해 나누는 대화와 소통(M. Buber), 그리고 초월(E. Levinas & 김연숙), 진리에의 길(오천석)이 곧 딱딱하게 굳어지고 말라버린 껍데기와 같은 죽은 몸의 모습이 아닌, 생생히 살아있는 관계성을 가져오게 된다. 이는 교육 현장을 생명 에너지의 약동과 창발의 과정(process of emerging)으로 채우게 하며 이것이 곧 참된 도덕교육의 모습이 될 수 있다. 살아있음, 이것은 교육 활동이 곧 생명체가 주변 환경과의 연결성, 관계성을 맺는 상호작용의 과정을 통해 자신의 생명 에너지를 무한하게 발산해 나아가는 메커니즘과 유사하다는 근원적 통찰을 우리에게 제시해 준다.

○○중학교 모 교사는 학교 현장에서 각자 하나의 소중한 '우주'인 많은 학생들을 만난다. 특히 극한의 고통 속에서 강한 요청의 눈빛을 보내는 학생들을 마주할 때, 더욱 가중된 관심을 갖고 그들의 삶에 참여하려고 한다. 지난해, 개별학습반 아이(장애인)를 늘 먼저 나서서 돌보고 챙기던 마음씨 고운 학생이 5월 이후로 확연히 표정이 어두워지고, 말이 없어졌다. 어느 날은 수건으로 손목을 감싸고 있는 것을 발견하고서 수업이 끝나고 조용히 아이와 함께 마음속 이야기를 나누었다. 학생은 최근 몇 주간 우울증이 극심해져서 환청이 나타났고, 위험한 행동을 실행에 옮기고 있었다. 이 교사는 이를 알게 된 즉시 담임교사 및 위 클래스와 연계하여 학생이 전문적인 치료를 받을 수 있도록 안내하고 수시로 안부를 확인하며 심리적 안정을 취할 수 있도록 도왔다.

다행히도, 그 학생은 몇 달간 혹독한 시간을 보내며 마음의 아픔을 잘 극복하고 점차로 예전의 밝은 모습을 되찾았다. 그리고 올해 민주적 리더로서 학교를 따뜻한 공동체로 이끌고 있다. 어느 날 수줍게 찾아와 건넨 편지 속에는 극심한 고통 속에서, 이 세상에 자기 혼자만 서럽게 버려진 것이 아니라는 느낌을 준 데 대한 고마움이 담겨 있었다. 이런 순간마다 이 교사는 교사로서 무한한 감사와 교사로서 존재하는 이유, 살아있음의 느낌을 만끽하게 된다. 김연숙이 강조하듯, 학생들의 결핍은 그 결핍으로 말미암아 더욱더 큰 배려를 요청하는 높이의 차원을 보여주는 것으로 이해되어야 한다. 결핍과 요청을 적극적으로 발견하고 의미 있는 상호작용을 나누려는 교사의 의지와 의식은 곧 '살아있음의 도덕교육'을 가능하게 할 것이다.

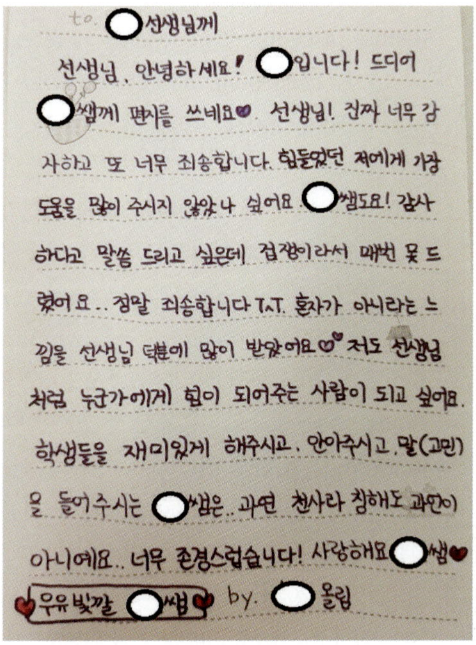

참고문헌

김연숙(2001),『타자윤리학』, 고양: 인간사랑.

김연숙(2004), "타자와 함께 하는 감성의 도덕교육",『도덕교육연구』, 15집 2호, 한국도덕교육학회, 139-168.

박지현 · 강충열(2011), "Peters의 교육적 권위의 실제", 『초등교육학 연구』, 제18권 1호, 87-105.

송순재 · 고병헌 · 황덕영(2002), 『영혼의 성장과 자유를 위한 교사론』, 서울: 내일을 여는 책.

오천석(1988), 『스승』, 서울: 부영사.

우희종(2009), "진화론적 시각과 불교의 연기적 관점의 만남", 『종교문화연구』, 13, 47-85.

이은상 · 김준구 · 오유진(2019), "학교 내 실천가이자 연구자로서 교사 프로젝트 사례 연구", 『학습자 중심 교과교육연구』, 제19권 8호, 1037-1063.

정창우(2016), "인성교육의 체화적 접근과 실천방향", 『The SNU Journal of Education Research』, 제25권 1호, 197-221.

표재명(1998), 『키에르케고르어 연구』, 서울: 지성의 샘.

한숭희(2019), 『교육이 창조한 세계』, 파주: 교육과학사.

Berthof, A.(1987), "The teacher as researcher", D. Goswami, P. Stilman, eds., *Reclaiming the classroom: Teacher research as an agency for change* (NJ: Boynton/Cok).

Bobek, B. L.(2002), "Teacher resiliency: A key to career longevity", *The Clearing House*, Vol. 75(4), 202-204.

Buber, M., 우정길 역(2014), 『교육 강연집』, 서울: 지식을 만드는 지식.

Buber, M., 표재명 역(2001), 『나와 너』, 서울: 문예출판사.

Carr, D.(2010), *Personal and professional values in teaching. International research handbook on values education and student wellbeing,* New York: Springer.

Gould, S. J., 김동광 역(2004), 『생명, 그 경이로움에 대하여』, 서울: 경문사.

Gould, S. J., 홍욱희 · 홍동선 역(2009), 『다윈 이후』, 서울: 사이언스 북스.

Johnson, S., 김한영 역(2004), 『이머전스』, 서울: 김영사.

Lewis, T., A. Fari & Lanno, R.(2000), *A general theory of love,* Random House.

Mackenzie, M.(2003), "Enacting selves, Enacting worlds", *Philosophy East & West*, 63(2), 201-202.

Maturana, H. R., & Varela, F. J.(1980), *Autopoiesis and Cognition: The Realization of the Living,* Dordrecht and Boston: D. Reidel.

Narvaez, D., & Lapsely, D.(2008), "Teaching moral character: two alternatives for teacher education", *The teacher education*, 43(2), 156-172.

Navarez-La Tore, A., & Rolan-Dow, R.(2000), "Teacher research as professional development". D. J. McIntyre, D. M. Byrd, eds., *Research on effective models for teacher education』 Thousand Oaks*, CA: Corwin Press.

Peters, R. S.(1973), *Authority responsibility and education*, London: Alen.

Peters, R. S., 이홍우 · 조영태 역(1980), 『윤리학과 교육』, 서울: 교육과학사.

Sanger, M. N., & Osguthorpe, R. D.(2013), *The moral work of teaching and teacher education: Preparing and supporting practitioners*, New York: Teachers College

Press.

Schaps, E., Battistich, V., & Solomon, D.(1997), "School as a caring community: A key to character education", A. Molnar, et. al., eds, *The construction of children's character* (Chicago: University of Chicago Pre), 127-139.

Sole, R. V. & Jordi, B.(2006), *self-organization in complex ecosystems* Princeton: Princeton University Press.

Thompson, E.(1996), "The Mindful Body: Embodiment and Cognitive Science", A. M. O'Donovan-Anderson, et. al., eds, *In The Incorporated Self: Interdisciplinary Perspectives on Embodiment*, Lanham, MD: Rowman and Littlefield.

Thompson, E.(2007), *Mind in Life*, Cambridge, MA: Harvard University Press.

Varela, F. J., Thompson, E. & Rosch, E.(1992), *The Embodied Mind: Cognitive Science and Human Experience*, Cambridge, MA: MIT Press.

제4장

도덕과 수업 모형의 이론 및 실제

제1절 도덕적 딜레마 토론 모형 1: 콜버그 딜레마 토론 모형[1)]

1. 개념 및 이론적 배경

콜버그(L. Kohlberg)는 현대 도덕 교육의 이론과 실천에 지배적인 영향력을 발휘한 20세기 후반의 인물이다. 그동안 그의 이론은 새로운 이론들의 이론적 토대가 되거나 반박 논리를 펼치는 출발점이 되어왔다. 도덕 교육의 측면에서 콜버그는 아동의 발달이 교육의 목적이며 또 목적일 수밖에 없다고 주장하였다. 또한 그는 아동들이 천성적으로 철학자이기 때문에 옳고 그름, 선과 악에 대한 근본적인 철학적 질문을 제기하는 도덕적 딜레마 토론에 참여할 수 있다고 생각하였다. 그리고 도덕적 딜레마 토론은 아동의 도덕적 추론 발달을 촉진시킨다고 가정하였다.

1960년대 말, 교실 내의 토론이 도덕 발달 단계의 상향 이동에 도움이 된다는 블래트(M. Blatt)의 연구는 콜버그로 하여금 자신의 주된 관심을 도덕 발달에서 도덕 교육적인 문제로 향하게 하는 계기가 되었다. 특히 학생들의 현재 발달 단계(예컨대 3단계)보다 하나 더 높은 단계(4단계)에서 해결책을 논의하게 함(+1 전략)으로써 한 단계 높은 수준의 사고를 획득할 수 있다는 '블래트 효과'(Blatt effect)는 도덕적 딜레마 토론이 교육적 처치가 될 수 있음을 보여주었다. '+1 전략'은 아동들의 사고에 인지적 비평형, 즉 해결하기 어려운 도덕적 딜레마를 제시함으로써 인지적 갈등을 가져온 후, 토론을 통해 제안된 보다 합리적이고 가역적이며(reversible) 보편화 가능한 정당화 근거를 토대로 상위의 단계에서 평형화시키고자 하는 교육적 시도이다.

도덕적 딜레마 토론의 핵심은 딜레마에 대하여 학생들이 내린 판단의 내용, 즉 '어떤 선택을 했는가' 보다는 학생들이 그러한 판단을 내리게 된 도덕적인 이유, 즉 '왜 그러한 선택을 했는가'에 있다. 따라서 교사는 토론이 진행되는 동안 자신의 주장을 개진하고 동료 학생들의 주장에 반대 의견을 제시하면서 보다 높은 수준의 정당화 근거를 발견하도록 고무시켜주는 촉진자의 역할을 수행해야 한다. 다시 말해

1) 이 부분은 『도덕과 교수 · 학습방법 및 평가』(정창우 외, 2009)의 제2장 2절 '콜버그 딜레마 토론 모형'의 내용을 수정 · 보완한 것이다.

서 이 수업을 이끌어가는 교사는 본질적으로 소크라테스적인, 즉 끈기 있게 경청하는 자세, 수용적이면서 동시에 비판적인 자세, 끝없이 의문을 갖는 자세를 견지해야 한다.

요컨대 콜버그 딜레마 토론 모형의 특징은 학생들에게 인지적 비평형을 유발시키는 논쟁적인 도덕적 딜레마의 활용, 서로 다른 도덕 발달 단계에 있는 학생들이 자신의 주장과 근거를 자유롭게 이야기하는 집단 토론, 개방적이고 지적인 도전감을 불러일으킬 수 있는 소크라테스적 탐구 방법(Socratic inquiry)으로 정리할 수 있다.

2. 도덕과 수업에서 활용상의 의의와 유용성

도덕과 교육에서 딜레마 토론 모형은 도덕과 교과 역량 중 옳고 그름을 판단하고 그 정당화 근거를 밝히는 '도덕적 사고 능력'을 길러주는 데 주로 활용할 수 있으며, 특히 다음과 같은 유용성을 갖는다.

첫째, 인습이후 수준의 사고를 지향한다는 점에서 보편화 가능한 도덕적 원리에 부합하는 방식으로 행위의 방향을 결정하고 판단할 수 있는 도덕적 추론 능력, 혹은 도덕적 판단 능력을 신장시킬 수 있다.

둘째, 사회적 쟁점에 해당하는 도덕적 문제에 대해 토론하는 과정에서 향후 자신이 지향해야할 바, 삶의 기반과 정향을 주체적으로 확보할 수 있다. 즉 학생들은 교사에 의해 수동적으로 도덕규범 혹은 가치·덕목을 전수받는 것이 아니라 숙고적·반성적 사고의 과정을 거침으로써 자신의 삶의 준거를 도덕적 관점에서 스스로 정립하게 된다.

셋째, 타인의 의견을 경청하고 존중하면서 자신의 주장을 개진해나가는 활동을 통해 '민주시민적 자질'을 획득할 수 있다. 토론자들 간의 건설적인 상호작용과 문제해결의 경험은 다양한 가치가 공존하는 다원화된 민주주의 사회에서 '타인존중' 및 '참여적 의사결정 능력'을 포함한 민주시민으로서 갖추어야 할 자질을 향상시킬 수 있는 중요한 기회를 제공한다.

3. 모형의 구조

원래 라이머(J. Reimer)와 동료들이 개발한 이 모형은 도덕적 논의에 참여시키는 '도덕적 토론의 도입'과 도덕적 추론 단계의 구조적 변화를 유도하는 '도덕적 토론의 심화'라는 두 단계로 되어있으나, 여기에서는 '도덕적 문제 사태 제시'를 추가하여 3단계로 설명하였다.

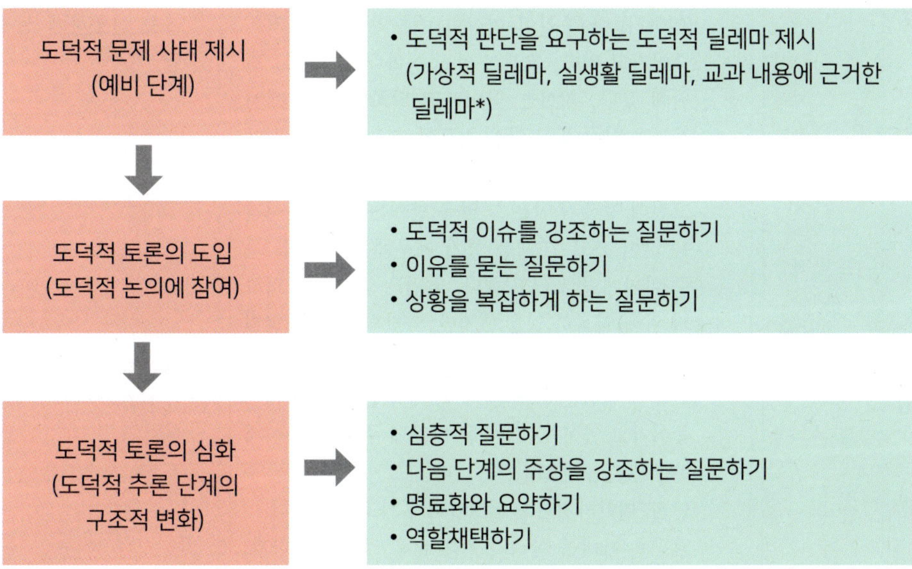

* 특정 교과의 특정 내용에 근거한 딜레마. 예컨대 역사과의 경우, "이성계의 위화도 회군 결정은 도덕적으로 정당화될 수 있는가?"에 관한 딜레마가 교과 내용에 근거한 딜레마에 해당된다.

4. 모형 활용의 실제

<table>
<tr><th colspan="2">단계</th><th>교수 · 학습 활동 내용</th><th>자료 및 유의점</th></tr>
<tr><td rowspan="2">도입</td><td>도덕적 문제 사태 제시</td><td>► 도덕적 판단을 요구하는 도덕적 딜레마 제시: 연령과 발달 수준에 적합한, 정서적 부담을 주지 않는, 해결하기 쉽지 않은 딜레마 선정
- 교사: 지금부터 한 남편의 이야기를 들려드리겠습니다.
(이야기) 한 부인이 이상한 종류의 암으로 거의 죽어가고 있다. 그래서 남편은 아내를 데리고 병원에 갔다. 의사는 암이라고 말하면서, 집에서 가까운 약국에 그 암을 치료할 수 있는 약이 있다고 했다.
그런데 약국 주인은 그 약을 만드는 데 돈과 시간을 많이 쓰고, 고생을 했기 때문에 그 약값을 아주 비싸게 받으려고 했다. 남편은 약값을 준비하기 위해 열심히 일을 했지만, 약값의 반밖에 벌지 못했다.
그래서 남편은 그 약국에 가서 주인에게 "아내가 죽어가고 있어요. 그 약을 반값에 주세요. 나머지 반값은 다음에 드리겠습니다"라고 애원했지만, 주인은 "미안하지만 안되겠습니다"라고 거절했다.
남편은 아내를 살리기 위해 많은 걱정을 하다가, 약을 몰래 훔치는 수밖에 없다고 생각하기 시작했다(문용린, 2011: 152).
- 교사: 이 남편은 자신의 선택을 행동으로 옮기기 전 무엇을 해야 할까요?
- 학생: 올바른 선택인지 판단해야 합니다.
- 교사: 맞습니다. 그럼 이 상황에서 무엇이 올바른 선택인지 도덕적으로 판단해봅시다.</td><td>► 교과 내용에 근거한 딜레마는 물론, 가상적 딜레마, 실생활 딜레마 중 차시 수업에 가장 적절한 딜레마를 신중하게 선정함.</td></tr>
<tr><td>학습 목표</td><td>► 도덕적으로 행동하기 위한 도덕적 추론의 과정과 비판적 사고의 역할을 이해하고, 도덕적 문제 상황에서 올바르게 판단할 수 있다.</td><td></td></tr>
<tr><td></td><td>도덕적 토론의 도입</td><td>► 도덕적 이슈를 강조하는 질문하기: 도덕적 딜레마를 이해하고 있는지 확인하고, 자신의 도덕적 입장을 분명히 취하도록 하는 질문하기
- 교사: 이 딜레마에서 등장하는 인물은 누구인가요?</td><td>► 딜레마 속 등장인물, 인물들이 처한 입장, 핵심적인 사건, 주인공의 고민 등을 확인</td></tr>
</table>

전개		– 학생: 남편, 아내, 약사입니다. – 교사: 아내는 현재 어떤 상태인가요? – 학생: 암으로 죽어가고 있습니다. – 교사: 약사의 입장은 어떠한가요? – 학생: 약을 만드는 데 매우 많은 돈과 시간이 들었기 때문에 비싼 값에 팔려고 합니다. – 교사: 남편은 무엇을 고민하고 있나요? – 학생: 약을 훔칠지 말지 고민하고 있습니다. – 교사: 남편은 어떤 결정을 해야 할까요? 어떤 선택이 최선일까요?	할 수 있는 발문을 준비함.
		► **이유를 묻는 질문하기**: 자신의 도덕적 입장을 지지하는 이유를 설명할 것을 요구하기 – 교사: 왜 그러한 결정을 해야 하지요? 그 이유는 무엇인가요? 왜 그 선택이 최선이라고 생각하나요?	► 자신의 입장과 함께, 그 근거에 대하여 분명하게 말하도록 유도함.
		► **상황을 복잡하게 하는 질문하기**: 처음의 딜레마 상황에 새로운 정보나 상황을 추가하여 인지적 갈등을 더욱 심화시키기 – 교사: 아내가 그 약을 훔쳐달라고 간절히 부탁을 한다면, (혹은 절대 훔치지 말라고 부탁한다면) 여러분의 결정은 달라지나요?	► 문제 해결과 관련된 복잡한 상황을 보다 구체적으로 밝힘.
	도덕적 토론의 심화	► **심층적 질문하기**: 동일한 이슈를 여러 측면에서 상세하고 심층적으로 탐색하도록 안내하기 ① **명료화를 위한 질문: 학생들이 사용하는 말의 의미가 애매모호하거나 발언 내용 뒤에 숨겨져 있는 이유들을 분명하게 전달하지 못할 때, 이를 분명하게 하기 위한 질문** – 학생: 만약 약을 훔친다면(혹은 훔치지 않는다면) 심각한 문제가 발생할 수 있습니다. – 교사: 구체적으로 어떤 문제가 발생한다는 말인가요? ② **특정 이슈에 대한 질문: 주어진 도덕적 문제 사태와 관련된 하나의 도덕적 이슈를 탐구하도록 묻는 질문. 특정 도덕적 이슈에 대한 학생 자신의 신념 기반에 대해 충분하게 탐색하도록 유도하는 질문** – 교사: 여러분은 가족이 아닌 낯선 사람에 대해서도 그런 의무감을 느끼나요?(3단계) – 교사: 여러분은 왜 법적 권위에 복종할 책임이 있다고 생각하나요?(4단계)	► 토론 과정을 주의 깊게 지켜보다가 적절한 시기에 필요한 질문을 활용함.

전개	도덕적 토론의 심화	③ 이슈 간의 관계 탐색: 두 가지 도덕적 이슈 사이에 갈등이 발생했을 때, 그것을 해결하도록 자극하기 위한 질문. 갈등을 유발하고 있는 이슈들 가운데 어느 것이 더 도덕적으로 중요한 것인지를 선택하고, 그 이유를 정교하게 만들어 볼 수 있도록 유도하는 질문 – 교사: 가족에 대한 의무보다 법을 지키는 것이 더 중요하다고 생각하나요? 그러한 생각은 어떻게 정당화될 수 있나요?(3단계와 4단계의 갈등 상황 시) ④ 역할 교환 탐색: 학생들로 하여금 지금까지 자신들이 취했던 관점에서 벗어나 딜레마 속의 다른 사람의 입장을 취해보도록 요구하는 질문 – 교사: 만약 여러분이 약사(혹은 부인)라면 지금 여러분이 가진 생각과 결정에 흔쾌히 동의할 수 있나요? ⑤ 보편적 결과 탐색: 학생들로 하여금 자신이 선택한 내용을 모든 사람들이 따르도록 보편적으로 적용한다면, 어떤 일이 일어날 것인가에 대하여 심사숙고해 볼 것을 요구하는 질문 – 교사: 만약 모든 사람들이 여러분의 선택처럼 자신의 상황에 따라 법을 어긴다면 어떤 일이 생기게 될까요?	
		► **다음 단계의 주장을 강조하는 질문하기**: '+1 전략', 현재의 추론단계보다 한 단계 더 높은 단계에서 논의하기 – 교사: 지금까지 약을 훔쳐야만 하는가에 대해서 착한 남편, 좋은 남편의 관점에서 생각해보았습니다. 이제 이 문제를 좀 다른 시각에서 살펴볼까요? 법은 남의 재산을 함부로 훔치는 것을 금하고 있는데, 왜 그런 법이 제정되었을까요? 법의 관점에서 남편의 결정에 대하여 생각해볼까요?	► 토론의 과정에서 학생들이 논의하고 있는 내용을 토대로 추론의 단계를 확인한 후, 그 단계보다 한 단계 높은 단계로 논의를 유도함.
		► **명료화 및 요약하기**: 토론의 내용을 요약해줌으로써 논의하고자 하는 문제의 본질에서 벗어나지 않도록 유도하기 – 교사: 지금까지 여러분은 좋은 남편의 입장과 법의 입장에서 이 문제를 생각해보았습니다. 하나는 좋은 남편이 되기 위해 아내가 원하는 것, 아내를 위해 할 수 있는 것을 고려해야 한다는 것이고, 다른 하나는 법은 어떤 상황에서도 존중되어야 한다는 것입니다.	► 토론 과정을 주의 깊게 지켜보다가 비슷한 논의가 반복될 때 정리함.

		▶ **역할채택하기**: 학생들이 자기중심성으로부터 벗어나 타인의 생각과 관점, 사고, 느낌, 권리 등을 다양하게 고려하기 – 교사: 만약 이 딜레마에 등장하는 인물이 자신과 여러분의 어머니라면 어떤 결정을 하시겠습니까? 선택이 달라질 수 있나요?	
정리	내용 정리 및 평가	– 교사: 여러분은 이 활동을 통해 무엇을 배웠나요? – 학생 1: 문제를 도덕적으로 해결하기 위해서는 다양한 관점에서 비판적으로 따져봐야 한다는 것을 배웠습니다. – 학생 2: 법은 개인의 상황에 따라 함부로 위반해서는 안 되는 것이며, 일반적으로 존중되어야 한다는 것을 배웠습니다.	▶ 학생들이 토론하는 모습을 평가하거나, 혹은 토론의 내용을 서술하도록 하는 과제를 부여한 후 평가함.
	차시 예고	▶ 다음 시간에 학습할 내용을 안내한다.	

5. 활용상의 유의점과 교사의 역할

콜버그 딜레마 토론 모형은 많은 장점을 가지고 있지만, 도덕적 판단과 추론이라는 도덕성의 인지적인 측면을 주로 강조하고 있어 도덕적 정서나 의지, 일반화된 행동 경향 등 그 외의 측면을 발달시키는 데는 한계가 있다. 그 밖에도 이 모형을 도덕 수업에 적용할 때에는 다음과 같은 점들에 유의해야 한다.

첫째, 교사는 학생들의 발달 수준에 적합하고 지적인 도전감을 불러일으킬 수 있는 도덕적 딜레마를 활용해야 한다. 일반적으로 교사는 학년이 올라갈수록 해결하기 쉽지 않고 다양한 견해들이 복잡하게 얽혀있는 딜레마를 활용하는 것이 바람직하다. 실제로 너무 쉬운 딜레마는 토론을 유발시키는 데 실패할 수 있다. 따라서 교사는 뻔한 결론이나 문제해결 방법을 찾을 수 있는 문제가 아니라 도전적이고 깊은 사고를 요구하는 도덕적 딜레마를 발굴하기 위해 노력해야 한다. 이때 딜레마가 개인의 경험과 직접적으로 관련이 있지는 않은지, 연령에 적합한지, 지나친 정서적 부담감을 줄 가능성은 없는지 등에 대해 신중하게 검토해야 한다.

둘째, 교사는 상대주의의 발생 가능성을 유의해야 한다. 딜레마 토론은 개방적이고 가치갈등 문제에 대한 상이한 주장들을 허용하기 때문에 학생들의 도덕적 추론 결과가 상대주의로 귀결될 위험성을 안고 있다. 딜레마 상황에서 어떤 것을 최선의 방안이라고 믿는 학생들과 그에 반대하는 학생들이 더 이상 토론하고자 하지도 않고 서로의 추론에 대해 간섭하지도 않는다면, 이는 이미 상대주의에 빠지게 된 것이나 다를 바 없다. 이에 교사는 도덕적 딜레마를 바라보는 다양한 관점들이 있다는 것을 인식시키되, 동료들의 의견을 경청하고 유사한 사례를 찾아보며 성인들의 의견을 구하는 등 문제를 보다 합리적이고 바람직한 방향으로 해결할 수 있도록 유도해야 한다.

셋째, 교사는 교화와 권위주의 발생 가능성을 배제해야 한다. 비록 딜레마 토론이 학생 중심의 개방성과 창의성을 존중하는 수업을 지향한다고 할지라도, 교사가 콜버그가 제시한 각 단계의 내용을 중심으로 토론을 이끌어갈 가능성은 여전히 남게 된다. 만약 각 단계의 내용(예: 4단계)이 수업의 내용(예: 규칙과 법을 지키는 행동은 옳다)이 된다면, 교사는 이미 교화를 하고 있는 것이나 다를 바가 없다. 뿐만 아니라 교사는 매우 제한된 질문만을 함으로써 자신이 이미 내린 결론의 방향으로 학생들의 사고를 이끌어가기도 한다. 이를 피하기 위해 교사는 학생들이 자신의 견해를 자유롭게 말하고, 제시된 다양한 견해 중 보다 합리적이고 타당한 근거를 스스로 채택할 수 있도록 수업을 이끌어가야 한다.

끝으로 수업 시간을 융통성 있게 운영할 필요가 있다. 도덕적 딜레마를 제시하고 토론의 도입 단계와 심화 단계에서 요구하는 활동들을 체계적으로 실시하기 위해서는 많은 시간이 필요하다. 하지만 이러한 활동들이 분절된 형태로 활용된다면 토론에 대한 참여 동기(motivation) 문제, 이전 활동 내용에 대한 기억 재생 문제, 토론 내용의 중복 문제 등이 발생하게 되어 토론의 효율성이 저하될 수 있다. 이러한 문제를 피하기 위해 2시간 연차시 수업을 실시해보는 것도 하나의 방법이 될 수 있다.

참고문헌

문용린(2011), 『한국인의 도덕성 발달 진단-한국판 도덕판단력 검사의 개정 및 재표준화-』, 경기: 집문당

정창우 외(2009), 『도덕과 교수 · 학습방법 및 평가』, 경기: 인간사랑.

제2절 도덕적 딜레마 토론 모형 2: 콘스탄츠 딜레마 토론 모형

1. 개념 및 이론적 배경

콘스탄츠 딜레마 토론 모형(Konstanz Method of Dilemma Discussion: KMDD)은 독일의 도덕 심리학자인 린트(G. Lind)에 의해 개발되었다. 콜버그(L. Kohlberg)와 마찬가지로 린트 역시 도덕적 행동은 도덕적 이상이나 원리들에 의해 인도되어야 하며, 도덕적으로 성숙한 사람의 행동은 발달된 추론 능력을 통해 정보를 제공받아야 한다고 생각했다. 또한 그는 도덕적 행동에서 인지와 정서는 분리될 수 없지만 구별되는 측면이 있다고 보았다. 여기서 정서적 측면은 도덕적 이상이나 원리들에 대한 개인의 선호(혹은 태도)를 의미하며, 린트는 이를 '도덕적 지향'(moral orientation)이라 명명하였다. 그리고 인지적 측면은 이러한 이상과 원리에 근거하여 일관되게 추론하고 행동하는 능력을 의미하며, 린트는 이를 '도덕적 역량'(moral competence)이라고 불렀다. 이 두 측면을 도덕성의 이중측면 모델(Dual-Aspect model)이라고 한다(박병기 외 역, 2013: 319-327).

린트의 이론은 비록 어떤 개인이 자신의 입장을 정당화하기 위해 가장 고상해 보이는 높은 수준의 판단 근거(예: 고통에서 벗어나도록 도와주는 것은 모든 사람들의 가장 중요한 의무이다.)를 활용한다 해도, 상대방이 제시한 동일한 논리의 근거(예: 생명을 보호하는 것은 모든 사람들의 가장 중요한 의무이다.)를 일방적으로 거부한다면 그 사람의 도덕성을 높다고 보기 어렵다는 점을 전제한다. 예컨대 안락사를 반대하는 사람이 안락사와 관련된 딜레마를 접한 후, 안락사를 반대하는 데 활용된(콜버그의 단계를 대표하는) 모든 원리들을 수용하고 안락사를 찬성하는 데 활용된 모든 원리를 거부한다면 그 사람의 도덕성은 낮다고 말할 수 있다. 왜냐하면 그 사람은 단지 자신의 입장을 견고하게 만들기 위해 여러 원리들을 이용했기 때문이다. 반면에 찬성 측과 반대 측의 입장을 지지하는 다양한 원리들의 수준을 평가하여 각각의 수용 여부를 일관성 있게 결정한 사람은 도덕성이 높다고 볼 수 있다(박균열 · 정창우 역, 2017: 120-123).

즉 린트에게 있어 도덕성이란 찬성과 반대 입장의 토대가 되는 도덕 원리의 수용

여부에 대한 일관성, 즉 낮은 단계에 대해서는 낮게 지향하고 높은 단계에 대해서는 높게 지향하는 판단 경향이 직면한 도덕적 문제 사태의 찬성과 반대 입장에 일관되게 적용되는 것, 다시 말해서 도덕적 판단의 질적 수준이 담보되는 일관성을 의미한다(이인태 · 박균열, 2019: 5). 그리고 이러한 논의를 토대로 도덕성의 이중측면, 즉 '도덕적 지향'과 '도덕적 역량'을 모두 키워주기 위해 개발된 딜레마 토론 방식의 교수 · 학습 모형이 바로 콘스탄츠 딜레마 토론 모형이다.

2. 도덕과 수업에서 활용상의 의의와 유용성

콘스탄츠 딜레마 토론 모형의 가장 큰 특징은 수업의 시작 단계에서부터 찬성 · 반대 양측의 입장을 분리하여 토론을 촉발시킨다는 점이다. 왜냐하면 이 모형은 도덕적 딜레마에 대한 의견 일치보다는 도덕적 원리 혹은 단계에 의해 결정되는 찬성 또는 반대 입장에 대한 평가에 중점을 두기 때문이다. 이러한 특징은 도덕과 교수 · 학습과 평가 활동의 방법적인 측면에서 볼 때, 다음과 같은 몇 가지 유용성을 가지고 있다.

첫째, 보다 높은 수준의 도덕 원리를 탐색하고 지향하도록 유도한다. 이 수업 모형은 전체 토론 전에 같은 입장을 채택한 동료 학습자들끼리 모여 논의하는 활동을 통해 자신들의 입장을 정당화할 수 있는 가장 높은 수준의 판단 근거를 탐색하도록 유도한다. 그 후 전체 토론을 통해 자신의 결정과 정당화 근거를 논리적으로 전개하고, 더 나아가 자신의 입장과 정반대인 상대방이 제시하는 가장 높은 수준의 정당화 근거를 확인하도록 한다. 이러한 활동은 학생들로 하여금 자신이 알고 있던 도덕 원리보다 더 높은 수준의 도덕 원리를 이해하고 지향하도록 한다.

둘째, 도덕 원리 혹은 판단의 근거를 일관되게 수용 및 거부하는 능력을 키워준다. 이 수업 모형은 전체 토론이 모두 종료된 후, 딜레마 상황 속 주인공의 결정에 대해 찬성하는 입장과 반대하는 입장을 바꿔서 채택해보도록 구조화되어 있다. 이러한 활동은 자신의 입장을 지지하는 도덕 원리 혹은 추론 단계를 상반되는 입장에도 일관되게 적용해보도록 훈련시킨다. 즉 이 모형은 상대방이 제시한 근거 중 가장 설득력 있고 매력적인 근거들을 의도적으로 검토 및 평가하고 수용 여부를 결정하도록 함으로써 도덕적 추론의 일관성을 높여주고자 한다(이인태 · 박균열, 2019: 8).

3. 모형의 구조

콘스탄츠 딜레마 토론 모형은 아래와 같은 9개의 단계로 구성되며, 총 90분 동안 진행된다. 린트는 이 모형을 구성하는 각각의 단계가 '지지'(문제와 과업을 명료하게 설정하기, 같은 생각을 가진 사람들과 토론할 수 있도록 허락하기, 모든 사람이 볼 수 있도록 주장 적기, 칭찬하기, 정교하게 도움주기 등)와 '도전'(어려운 결정을 이해하고 판단하기, 공개적으로 입장 취하기, 공개적으로 투표하기, 경청하기, 자신의 감정과 의견을 타인에게 이해시키기 등)의 활동을 번갈아가면서 제공하기 때문에, 학습을 위한 개인의 흥분 수준을 최적화시킨다고 말한다(박균열 · 정창우 역, 2017: 188-189).

단계	내용
도덕적 문제 사태 제시 ↓	• 도덕적 판단을 요구하는 도덕적 딜레마 제시 반현실적인(semi-realistic), 결정하기 쉽지 않은, 하지만 분명한 결정으로 끝나는 도덕적 딜레마 제시
개인별 숙고 ↓	• 딜레마 속 주인공의 입장에 공감 • 주인공의 결정에 대한 개인별 숙고 및 자신의 입장 결정
딜레마 명료화 ↓	• 딜레마의 주요 내용 확인 (등장인물, 주인공이 고민하고 있는 문제, 주인공의 결정 확인)
첫 번째 투표 ↓	• 찬성과 반대 입장에 대한 투표 • 같은 입장을 가진 사람들끼리 모이기
첫 번째 소그룹 활동 ↓	• 3~4명으로 구성된 소그룹 구성 • 주장을 정당화하기 위한 근거 모으기

단계	내용
전체 토론	• 두 가지 토론 규칙 설명 규칙1: 어떤 말이라도 제시할 수 있음. 하지만 의견을 말한 사람에 대한 비난 금지 규칙2: 탁구경기 방식, 양측이 번갈아 가면서 주장하기 • 학급 전체 찬반 토론
두 번째 소그룹 활동	• 다시 3~4명으로 구성된 소그룹 구성 • 가장 설득력 있는 상대의 근거 선정 및 평가
최종 투표	• 개인별 혹은 소그룹별로 가장 마음에 드는 상대의 근거 보고 • 주인공의 결정에 대한 최종 투표
정리 및 성찰	• 변화된 자신의 입장, 정당화 근거 정리 • 수업 마무리

4. 모형 활용의 실제

단계		교수 · 학습 활동 내용	자료 및 유의점
도입	도덕적 문제 사태 제시	▶ **도덕적 판단을 요구하는 도덕적 딜레마 제시** – 교사: 지금부터 한 소년의 이야기를 들려드리겠습니다. (이야기) '강희'는 5학년 학생이다. 강희네 가족은 12년 동안 애완견을 정성껏 키우고 있다. 어느 날부터인가 애완견은 시름시름 앓기 시작했다. 걱정이 된 강희는 애완견을 동물 병원에 데리고 갔다. 여러 가지 검사를 하던 의사 선생님은 강희를 안타까운 눈으로 바라보면서 이렇게 말했다. "애완견이 위암에 걸렸구나. 굉장히 고통스러울 거야. 수술을 할 수 있지만, 아마 6개월 이상 살기는 어려울 것 같구나. 만약 수술을 하면 수술	▶ 반현실적인, 결정하기 쉽지 않은, 하지만 분명한 결정으로 끝나는 도덕적 딜레마를 제시함.

		비와 치료비도 만만치 않게 들어갈 텐데… 고통을 줄여주기 위해 안락사를 시키는 방법도 있기는 하단다. 집에 가서 고민해보고 어떻게 할지 결정 하렴" 그날 밤, 한참을 고민하던 강희는 결국 애완견을 안락사 시키기로 결정했다. – 교사: 여러분은 주인공의 결정에 찬성하시나요? 반대하시나요? – 학생: 찬성(반대)합니다. – 교사: 그럼 지금부터 주인공의 결정에 왜 찬성하거나 반대하는지 토론하는 시간을 갖도록 하겠습니다.	
	학습 목표	▶ **도덕적 갈등 상황에서 생명존중의 가치를 토대로 올바르게 판단할 수 있다.**	
전개	개인별 숙고	▶ **딜레마 속 주인공의 입장에 공감** – 교사: 여러분은 주인공이 이 결정을 내리는데 얼마나 고민스러웠을 것이라고 생각하나요? – 학생 1: 많이 고민스러웠을 것 같습니다. – 학생 2: 12년이나 함께 지냈기 때문에 결정을 내리기 쉽지 않았을 것 같습니다. ▶ **주인공의 결정에 대한 개인별 숙고 및 자신의 입장 결정** – 교사: 여러분은 주인공의 결정에 찬성하나요? 반대하나요? 그 이유는 무엇인가요? – 교사: 나중에 주인공의 결정에 대하여 토론할 시간을 드리겠습니다. 우선 여러분의 생각을 정리해보세요.	▶ 메모할 시간을 부여함. ▶ 다른 참여자들을 방해하지 않도록 주의시킴. ▶ 나중에 토론할 시간이 있다고 반드시 알림.
	딜레마 명료화	▶ **딜레마의 주요 내용 확인** – 교사: 다 정리했으면, 이 딜레마에 대해 함께 살펴봅시다. – 교사: 딜레마에 등장하는 인물은 누구인가요? – 학생: 강희, 애완견, 의사 선생님입니다. – 교사: 주인공은 무엇을 고민하고 있나요? – 학생: 애완견을 안락사 시킬지 말지 고민하고 있습니다. – 교사: 그래서 주인공은 어떤 결정을 내렸나요? – 학생: 안락사를 시키기로 결정하였습니다.	▶ 딜레마와 관련된 모든 고려 사항들이 언급될 수 있도록 유도함.
	첫 번째 투표	▶ **찬성과 반대 입장에 대한 투표** – 교사: 여러분은 주인공의 결정에 찬성하나요? 반대하나요?	▶ 모든 학생들이 투표에 참여하도록 독려함.

	– 교사 : 고민스럽나요? 하지만 우리는 실제로 항상 어떤 결정을 해야 합니다. 주인공의 결정에 찬성하는 사람 손? 반대하는 사람 손? ► **같은 입장을 가진 사람들끼리 모이기** – 교사: 그럼 지금부터 같은 생각을 가진 사람들끼리 모이도록 하겠습니다. – 교사: 우선 책상을 가운데를 바라보게 돌리세요. – 교사: 찬성하는 사람은 오른쪽, 반대하는 사람은 왼쪽 책상에 앉으세요.	► 만약 투표를 거부할 경우 다른 역할을 부여함. (예: 판서와 기록) ► 투표 결과를 스크린 혹은 칠판에 기록함. (찬성 0명, 반대 0명)
첫 번째 소그룹 활동	► **3～4명으로 구성된 소그룹으로 구성** – 교사: 주변에 있는 사람 3～4명과 모여 모둠을 만들어봅시다. ► **주장을 정당화하기 위한 근거 모으기** – 교사: 모둠을 모두 만들었나요? 그럼 지금부터 상대편을 설득시키기 위한 다양한 근거들을 모아봅시다. – 교사: 찬성하는 사람들은 왜 주인공의 결정이 옳은지, 반대하는 사람은 왜 주인공의 결정이 옳지 않은지 '최소 3개 이상'의 근거를 마련해보세요. – 교사: 자신이 생각한 근거를 친구들과 공유하고, 가장 설득력 있다고 생각하는 근거를 선택해보세요.	► 소그룹은 3명 미만이거나 4명을 초과하지 않도록 주의함. ► 필요하다면 다른 그룹으로 옮길 수 있는 기회 제공함. ► 타이머를 사용하여 시간을 안배할 수 있도록 함.
전체 토론	► **두 가지 토론 규칙 설명** – 교사: 지금부터 전체 토론을 진행하도록 하겠습니다. – 교사: 전체 토론을 진행하기에 앞서, 토론 규칙에 대해 말씀드리겠습니다. ① 무슨 말을 해도 좋지만, 의견을 말하는 사람을 비판하면 안 됩니다. ② 마지막에 말한 사람이 손을 든 상대편에서 답변자를 고릅니다. ► **학급 전체의 찬반 토론** – 교사: 그럼 주인공의 결정에 대한 찬반 토론을 진행하겠습니다. 찬성 측에서 말하고 싶은 분은 손을 들어주세요.	► 규칙 위반 시, 즉각 개입함. ► 비슷한 논리의 근거가 반복될 때 토론을 종료함. ► 스크린 혹은 칠판에 토론 내용을 반드시 기록함.
두 번째 소그룹 활동	► **다시 3～4명으로 구성된 소그룹 형성** – 교사: 이제 토론이 끝났습니다. 그럼 다시 모둠을 만들어 봅시다. ► **가장 설득력이 있는 상대의 근거 선정 및 평가** – 교사: 토론은 상대방을 이기기 위해 하는 것이 아	► 부정적인 평가들이 나오면 부드럽게 개입함. ("이제 상대편에 대해 긍정적으로 말해야 합니다")

		닙니다. 가장 좋은 선택을 하기 위해 의견을 나누는 것입니다. 이를 위해 상대방의 의견도 꼼꼼히 따져봐야 합니다. – 교사: 칠판에 기록된 내용을 보면서, 상대편의 근거 중 가장 설득력이 있고, 기꺼이 받아들일 수 있는 근거를 2개 선택해봅시다.	▶타이머를 사용하여 시간을 안배할 수 있도록 함.
	최종 투표	▶ **개인별 혹은 소그룹별로 가장 마음에 드는 상대의 근거 보고** – 교사: 모두 선택해보았나요? 그럼 상대편이 제시한 근거 중 어떤 근거가 가장 설득력 있었는지 모둠별로 발표해보도록 하겠습니다. ▶ **주인공의 결정에 대한 최종 투표** – 교사: 그럼 다시 한번 주인공의 결정에 대한 찬반 투표를 진행하겠습니다. 꼭 명심하세요. 토론은 상대방을 이기기 위해 하는 것이 아닙니다. 가장 좋은 선택을 하기 위해 의견을 나누는 것입니다. – 교사: 주인공의 결정에 찬성하는 사람 손? 반대하는 사람 손?	▶투표 결과를 스크린 혹은 칠판에 기록함. (찬성 0명, 반대 0명)
정리	정리 및 성찰	▶ **변화된 자신의 입장, 정당화 근거 정리** – 교사: 이제 모든 활동이 끝났습니다. 토론 후, 여러분의 입장은 바뀌었나요? 아니면 그대로 인가요? – 교사: 토론 후, '자신의 입장'과 '상대방의 입장' 중 기꺼이 받아들일 만한 근거를 각각 1개씩 선택하고, 그 근거를 토대로 주인공에 대한 자신의 생각을 정리해봅시다. ▶ **수업 마무리** – 교사: 오늘 다룬 주제는 토론할만한 가치가 있었나요? 이 수업을 통해 무엇을 배웠나요? – 교사: 앞으로 결정하기 어려운 문제에 직면했을 때, 여러 사람들의 의견을 경청하고 상대방이 제시하는 근거가 충분히 설득력이 있다면 기꺼이 받아들이도록 노력합시다.	▶다양한 응답이 나올 수 있도록 수용적인 분위기를 조성함. ▶'개인별 정리 및 성찰'결과는 회수하여 평가 자료로 활용함.
	차시 예고	▶다음 시간에 학습할 내용을 안내한다.	

5. 활용상의 유의점

콘스탄츠 딜레마 토론 모형은 콜버그 딜레마 토론 모형과 함께, 도덕과 교과 역량 중 '도덕적 사고 능력'을 키워주는 데 유용하게 활용될 수 있다. 이 모형을 도덕 수업에 활용할 때에는 아래와 같은 몇 가지 사항에 유의해야 한다.

첫째, 콘스탄츠 딜레마 토론 모형이 그 효과를 온전히 발휘하기 위해서는 앞서 제시한 9단계를 충실히 따라야한다. 여러 연구들은 이 모형의 일부 단계를 생략할 경우, 학생들의 도덕적 판단 능력을 유의하게 상승시키지 못한다는 점을 보고하고 있다. 따라서 교사는 단위 수업 시간(40분, 45분, 50분)에 맞게 각 단계별로 활동 시간을 조정하거나 혹은 연 차시(80분, 90분, 100분)로 수업을 진행하여 어떤 단계도 생략되지 않도록 수업을 재구성할 필요가 있다(이인태 · 박균열, 2019: 8).

둘째, 딜레마를 활용한 모든 형태의 도덕 수업에서는 도덕적 추론을 자극하는 도덕적 딜레마를 얼마나 잘 만드느냐가 최대의 관건이다(박균열, 2016: 72). 따라서 교사는 도덕 수업을 통해 다루고자 하는 핵심 가치 및 내용 요소와의 관련성과 함께, 아래의 「딜레마 제작 원칙」을 꼼꼼히 따져가면서 좋은 도덕적 딜레마를 제작 및 발굴하기 위해 노력해야 한다(마르티나 라이니케 · 박균열, 2019: 111).

「딜레마 제작 원칙」

1. 짧은 이야기 구도를 갖고 있는가? (A4용지 1/4페이지 정도)
2. 문어체보다는 구어체를 사용했는가? 때때로 불완전한 문장으로 끝냈는가?
3. 이야기에는 주인공이 반드시 한 사람만인가?
4. 주인공은 반드시 먼저 등장해야 하고, 다른 인물들은 "그 또는 그녀"로 표기해서 구분이 쉽도록 했는가?
5. 만약 보조역할을 할 사람이 필요하다면 집단의 대명사(선생님, 엄마 등)로 표기했는가?
6. 주인공의 눈으로 이야기를 만들었는가? 이야기를 듣는 사람보다 주인공은 더 많은 것을 알고 있는가?
7. 결론은 주인공의 최종적인 결정으로 끝냈는가?
8. 그 결정은 불가피했으며, 모종의 압력에 의해 주인공은 최종적인 결정을 하게 되었는가?

9. 그러한 주인공의 결정에 대항할만한 다른 마땅한 이유가 있는가?
10. 딜레마 속에서 비윤리적 결정(technical solution, non moral solution)은 폐기될 수 있는가?
11. 이야기는 심리학적으로 실제적이어야 하며, 듣는 사람들에게 감성적인 호소력을 불러일으킬 수도 있는가?
12. 상식을 벗어나거나 극단적인 사례가 사용되지 않고 있는가?

※ 위의 12가지 질문에 대해 모두 'YES'라고 답할 수 있어야 교육적이면서도 도덕적인 딜레마가 될 수 있다.

셋째, 콘스탄츠 딜레마 토론 모형은 찬 · 반 양론의 형식을 띠고 있어 학습자들로 하여금 토론을 대결 구도로 인식하게 할 수 있고, 따라서 상대방의 의견을 경청하기 보다는 자신의 주장을 강요하고 상대방을 설득시키는 것에만 관심을 갖도록 할 수 있다. 하지만 이 모형의 종국적인 목적은 상대방이 제시하는 도덕적이고 합리적인 근거를 기꺼이 받아들이게 하는 데 있다. 따라서 토론의 진행 과정에서 "토론은 상대방을 이기기 위해서 하는 것이 아닙니다. 가장 좋은 선택을 위해 의견을 나누는 것입니다"라는 점을 반복적으로 강조할 필요가 있다.

마지막으로 콘스탄츠 딜레마 토론 모형은 1~2회의 교육적 처치만으로도 학생들의 도덕적 판단 능력을 유의미하게 상승시키는 것으로 알려져 있다. 하지만 이 모형이 활용된 수업에 지속적으로 참여하지 않을 경우, 학생들의 판단 능력은 유지되지 않으며, 오히려 감소하기도 한다. 따라서 교사들은 도덕적 사고 능력을 목표로 하는 차시에 이 모형을 정기적으로, 지속적으로 활용할 필요가 있다(이인태 · 박균열, 2019: 22).

참고문헌

마르티나 라이니케 · 박균열(2019), 『KMDD 교수학습법 청소년의 도덕 역량 키우기』, 서울: 솔과학.

박균열(2016), “중등 도덕과에서 도덕적 딜레마를 활용한 통일교육 교수학습방법”, 『통일정책연구』 제25권 2호, 통일연구원, 51-88.

이인태 · 박균열(2019), “도덕적 사고 능력 향상을 위한 교수학습방법 및 평가 도구로서 KMDD와 MCT의 활용 가능성에 대한 연구”, 『도덕윤리과교육』 제65호, 한국도덕윤리과교육학회, 1-33.

Lind, G.(2008), “The Meaning & Measure of Moral Judgement Competence: A Dual Aspect Model”, in Willis, W. & Daniel, J, F.(eds), *Contemporary Philosophical and Psychological perspectives on Moral Development and Education*, Hampton press. 박병기 외 역(2013), 『도덕철학과 도덕심리학』, 경기: 인간사랑.

Lind, G.(2016), *How to Teach Morality*, 박균열 · 정창우 역(2017), 『도덕적 민주적 역량 어떻게 기를 것인가』, 서울: 양서각.

제3절 역할놀이 모형

1. 개념 및 이론적 배경

도덕적인 인간 및 정의로운 시민을 지향하는 도덕과 교육의 궁극적인 목표는 도덕 수업 시간에 배운 내용을 실제 생활에서도 실천하게끔 하는 데 있다. 예컨대 도덕 수업 시간에 '평화적 갈등 해결'에 대하여 배운 학생들은 수업이 종료된 이후에도 일상생활에서 발생하는 다양한 갈등 상황에 직면했을 때 평화적으로 해결할 수 있어야 한다. 하지만 이는 단순히 갈등의 유형과 원인, 평화적 갈등 해결의 중요성 등을 아는 것만으로는 부족하며, 구체적인 상황 속에서 어떤 방식으로 갈등을 평화적으로 해결해야 하는지 연습해보는 기회를 통해 이루어질 수 있다.

이를 위해 도덕과 수업에서 자주 쓰이는 방법 중의 하나가 바로 역할놀이(role-playing) 모형이다. 역할놀이 모형은 학생들이 실제로 있을 법한 상황에서 자신이 옳다고 생각하는 행동을 직접 연습해 보는 수업 방식을 말한다. 역할놀이 모형은 특정 상황에서 학생 스스로가 직접 행동해봄으로써 도덕적 문제의 상황맥락적 의미를 좀 더 구체적으로 이해하고, 타인이 보이는 반응을 통해 자신이 행한 행동의 적절성을 평가하며, 다양한 역할을 번갈아가면서 채택해봄으로써 타인의 입장을 경험해보도록 구조화되어 있다.

최근 여러 도덕 심리학 이론들은 다양한 상황 속에서 빈번하게 발생하는 도덕적 문제를 보다 효과적 · 효율적으로 완수하기 위해서는 문제해결능력이나 대인관계능력 등과 관련된 실행 기술들(implementation skills)이 필요하다는 점을 강조한다. 왜냐하면 비록 도덕적인 의도를 가지고 특정 행동을 한다고 할지라도 행위 의도와는 관계없이 그러한 행동이 효과적이거나 효율적이지 않을 수 있기 때문이다. 예컨대 서로의 요구가 상충하는 상황에서 사안을 공정한 방식으로 처리하기 위해 '제비뽑기'나 '가위바위보'로 한쪽의 요구만을 결정하는 방식을 우리는 문제를 효과적으로 해결했다고 말하지 않는다. 또한 너무 많은 시간을 할애하여 문제 해결을 위한 최적의 시기를 놓친 경우 효율적으로 행동했다고 볼 수 없다.

문제 상황을 효과적이고 효율적으로 다룰 수 있는 기술을 시의적절하게 활용할 수 있는 사람은 그렇지 못한 사람에 비해 자신의 도덕적 선택을 행동으로 보다 잘 이행할 것이라 기대할 수 있다. 하지만 이러한 기술들은 단순히 특정 과제를 수행하기 위해 알아야 할 단편적인 지식이라기보다는 선언적(declarative: 무엇을), 절차적(procedural: 어떻게), 조건적(conditional: 언제, 얼마나) 지식을 의미한다. 그리고 이러한 기술들은 잘 구조화된 환경 속에서 집중적으로 연습하고, 일상생활에 실제로 적용해봄으로써 획득된다. 따라서 도덕과 교육에서는 특정한 상황을 해결하기 위해 필요한 기술들을 가르치고, 유사한 상황에 직면했을 때 그러한 기술들을 자동적으로 활성화시켜 활용할 수 있도록 반복 연습하여 숙달시킬 필요가 있다(Bebeau, 1993: 322; Lapsley & Hill, 2008: 325-326; Narvaez & Bock, 2014: 140-158; You & Bebeau, 2013: 8-13; 정창우, 2012: 351). 이러한 측면에서 볼 때, 역할놀이 모형은 다양한 도덕적 문제 상황 속에서 타인의 입장을 고려하면서 소통하고 문제를 해결해보는 경험을 제공하면서 실행 기술을 익히고 자신감과 효능감을 키워주는 데 도움을 준다.

2. 도덕과 수업에서 활용상의 의의와 유용성

역할놀이 모형은 도덕적인 행동을 실제로 해보고, 도덕적 문제 상황을 건설적으로 해결하는 데 요구되는 기술을 연습시키고자 하는 도덕 수업이라면 어떤 영역의 주제라도 적용 가능하며, 특히 아래와 같은 유용성을 갖는다.

첫째, 역할놀이 모형은 도덕적 행동을 산출하는 주요 심리학적 구인 중 하나로 알려져 있는 도덕적 실행력(moral implementation)을 키워주는 데 유용하다. 도덕적 실행력과 관련된 연구들은 어떤 사람이 도덕적으로 민감하고 잘 판단하며 다른 가치들보다 도덕적 가치를 우선적으로 고려할 수 있다하더라도, 문제 해결 과정에서 자기 효능감(self-efficacy)이 결여되어 쉽게 포기하거나 혹은 자신을 통제하지 못하여 쉽게 산만해진다면 결국 도덕적 행동으로 나아가지 못할 것이라고 말한다. 뿐만 아니라 문제를 해결하기 위해 필요한 실행 기술을 가지고 있지 못하거나 이 기술을 시의적절하게 활용하지 못하는 사람 역시 도덕적 문제를 다루는 데 실패할 수 있음을 보여준다.

치과대학 학생들의 도덕적 실행력을 향상시키기 위하여 비보(M. Bebeau)가 구안한 프로그램을 살펴보면, 학습자들은 의료 현장에서 접할 수 있는 복잡한 상황들(예컨대 치료기준을 충족시키지 못한 동료와 의견을 나누는 경우 등)을 부여받은 후 그 상황 속에 담겨있는 문제를 해결하기 위하여 ① 당면한 상황을 정확히 해석하고, ② 문제해결전략을 활용하여 계획을 세운 후, ③ 수립한 계획의 이행을 위하여 동료들과 의사소통하는 활동을 하게 된다. 이와 같이 실제로 직면할 수 있는 유사한 상황에서 이 상황을 건설적으로 해결하는 데 요구되는 기술을 직접 연습해보는 활동들은 치과대학 학생들의 문제해결능력 및 자기 효능감 등을 유의미하게 상승시키는 데 기여하였다(Bebeau, 2002: 287). 요컨대 역할놀이 모형은 도덕적 문제 상황(예컨대 친구와 제한된 자원을 나누기 위해 의사소통하는 경우 등)을 해결하기 위해 필요한 기술(예: 협상하기 등)들을 직접 연습해볼 수 있는 기회를 제공함으로써 그 기술을 익히고 직면한 문제를 충분히 통제하고 해결할 수 있다고 믿는 자기 효능감을 높여줄 수 있다.

둘째, 역할놀이 모형은 타인이 처한 상황, 필요와 요구를 이해하고 공감하는 도덕적 민감성(moral sensitivity)을 발달시키는 데 활용될 수 있다. 존슨(M. Johnson)에 따르면 도덕적인 인간이 되기 위한 일차적 과제는 도덕 법칙을 이해하고 적용하는 방식을 배우는 일이라기보다는, 타인의 입장을 이해할 수 있는 감정이입적 상상력과 행위 가능성에 대한 상상적 조망을 계발하는 것이다. 존슨은 만약 우리에게 타인의 경험이나 느낌, 계획, 희망 등을 상상할 수 있는 능력이 없다면 누군가를 목적 자체로 대우한다는 것이 무엇을 의미하는지 어떤 구체적인 방식으로도 알 수 없다고 말한다. 뿐만 아니라 주어진 상황에서 다양한 행위 가능성을 상상적으로 식별하고 주어진 행위가 초래할 수 있는 잠재적인 도움과 해악을 조망하는 능력이 없다면 어떤 사람도 적절하게 반성적인 차원에서 도덕적일 수 없다고 주장한다(Johnson, 1993: 395-404).

역할놀이 모형을 통해 학생들은 도덕적 문제 상황에서 내가 할 수 있는 행동들을 고민하고 실제로 실행해볼 뿐만 아니라, 상대방이 나의 행동에 어떻게 반응하는지를 직접 확인해볼 수 있다. 또한 역할교환의 기회를 통해 나의 행동이 타인에게 어떤 영향을 미치는지, 나의 행동에 대해 타인은 어떻게 생각하고 어떤 감정을 느끼는지 경험해볼 수도 있다. 이렇게 실제로 각각 다른 역할을 맡아 실행해보는 것은 타인에 대한 태도의 변화에 큰 영향을 미친다. 즉 학생들은 역할놀이를 통해 고정되어 있지 않은 다양한 반응과 상호작용 과정을 경험하면서 상황을 해석하고 타인의 입장을 면밀히 고려하는 도덕적 민감성을 기를 수 있다.

3. 모형의 구조

역할놀이의 절차와 단계를 구조화한 대표적인 모형으로는 8단계로 구성된 샤프텔 부부(F. Shaftel & G. Shaftel)의 모형과 6단계로 구성된 뱅크(A. Bank) 등의 모형이 있다. 두 모형은 단계의 개수에 차이가 있기는 하지만 전체적인 활동 내용은 매우 유사하다(서강식, 1995: 244-255). 여기에서는 샤프텔 부부의 모형을 중심으로 단계별 활동 내용을 정리하였다.

단계	활동 내용
역할놀이 준비	• 문제 상황 제시 - 교사가 준비한 문제 상황 혹은 학생들이 제안한 문제 상황 - 결론이 제시되지 않은 개방적 상황 - 문제 해결의 필요성 부각 및 역할놀이 분위기 조성
↓ 역할놀이 참가자 선정	• 역할놀이에 등장하는 인물 검토 • 역할놀이에 참여할 참가자 선정
↓ 무대 설치	• 역할놀이에 필요한 간단한 소품 준비 - 좌석 배치, 간단한 배경 그림, 이름표 부착 등
↓ 참여적 관찰자로서의 청중의 준비	• 주의집중 및 경청의 자세 강조 • 평가를 위한 기준 안내(도덕적 기준, 유용성, 실효성 등)
↓ 역할놀이 시연	• 자신의 의도를 언어적, 비언어적 표현 모두를 사용하여 자유롭게 연기하도록 격려
↓	

단계	내용
토론 및 평가	• 참가자의 소감 발표 - 특정 상황에서 왜 그런 행동을 했는지 의도에 대하여 발표 • 관찰자의 소감 발표 - 참가자의 행동에 대한 평가 결과와 자신의 견해, 더 좋은 행동 유형 및 대안 발표
재연	• 역할교환, 토론 내용을 토대로 재연 및 행동의 정교화 - 비판과 대안을 제시한 관찰자들을 중심으로 재연
경험의 공유와 일반화	• 역할놀이를 통해 발견된 도덕적 행동 유형 정리

4. 모형 활용의 실제

단계		교수 · 학습 활동 내용	자료 및 유의점
도입	역할놀이 준비	▶ 문제 상황 제시 - 교사: 지금부터 여러분에게 하나의 이야기를 들려주겠습니다. (이야기) 오늘은 미술 수행평가가 있는 날이다. 선생님께서는 1~2교시 동안 협동작품을 만들어서 제출하라고 말씀하셨다. 그런데 작품을 만들기도 전에 우리 모둠에서는 작은 말다툼이 벌어졌다. "어떤 작품을 만들지 먼저 이야기를 나누어야 할 거 아냐? 그런데 미술 교과서만 보고 있으면 어떡해?" 강희가 예원이에게 쏘아붙이듯 말하였다. 그러자 예원이도 지지 않고 대꾸하였다. "정해진 시간 안에 미술 작품을 완성하려면, 참고 작품들을 먼저 봐야할 것 아냐? 안 그래?" 그러자 모둠 친구들도 강희 편과 예원이 편으로 나뉘어 말다툼을 하기 시작했다. ▶ 문제 해결의 필요성 부각 - 교사: 어떤 상황인가요? - 학생: 강희와 예원이의 입장이 달라 갈등하고 있는 상황입니다.	▶ 상충된 입장과 이면의 이해관계가 잘 나타난 갈등 상황을 제시하되, 결론이 제시되지 않은 개방적 시나리오를 준비함.

		– 교사: 이 문제를 어떻게 해결해야 할까요? – 학생: 양쪽 모두에게 도움이 되는 방식으로 해결해야 합니다. – 교사: 맞습니다. 그러기 위해서는 갈등을 평화적으로 해결하기 위한 구체적인 방법을 알고 실천할 수 있어야 합니다. – 교사: 지금부터 이 상황을 여러분들이 직접 해결해보고, 갈등을 평화적으로 해결하기 위한 방법을 찾아봅시다.	
	학습 목표	**► 다양한 갈등 상황을 평화적으로 해결하기 위한 구체적인 방법을 알고 실천할 수 있다.**	
전개	역할 놀이 참자가 선정	**► 역할놀이에 등장하는 인물 검토** – 교사: 등장하는 인물들은 누가 있나요? – 학생: 강희, 예원이, 모둠 친구들이 있습니다. **► 역할놀이에 참여할 참가자 선정** – 교사: 여러분 중 강희, 예원이, 모둠 친구들이 되어 이 상황을 해결해보고 싶은 사람?	► 각 역할에 여러 성격 유형의 학생들을 다양하게 참여시킴.
	무대 설치	**► 역할놀이에 필요한 간단한 소품 준비** – 교사: 역할놀이가 보다 실감나도록 상황에 맞게 의자와 책상을 배치해봅시다.	► 칠판에 그림을 그리거나, 이름표를 부착할 수도 있음.
	참여적 관찰자로서 청중의 준비	**► 주의 집중 및 경청의 자세 강조** – 교사: 역할놀이 중에는 소란스럽게 떠들지 말고 참가자들이 보이는 행동의 이유나 의도를 평가해봅니다. **► 평가를 위한 기준 안내** – 교사: 특히 다음과 같은 점에 유의하면서 강희와 예원이의 행동을 평가해봅시다. 〈도덕적 기준〉 ① 상대방의 권리를 심각하게 침해하지는 않는가? ② 누구나 동의할 수 있는 행동인가? 등 〈유용성과 실효성〉 ① 문제해결에 도움이 되는가? ② 사람들이 실제로 할 수 있는 행동인가? 등	► 평가기준은 교사의 수업 의도에 따라 적절히 바꾸어서 제시함.
	역할 놀이 시연	**► 자유롭게 연기** – 교사: 그럼 지금부터 역할놀이를 시작해보겠습니다. 강희, 예원이, 모둠 친구들의 역할을 맡은 학생들은 앞으로 나와 주세요. – 교사: 말, 행동, 표정 등에 신경 쓰면서 자유롭게 연기해보세요	► 언어적, 비언어적 표현을 모두 사용하도록 격려, 무언극처럼 끝나지 않도록 주의함.

	토론 및 평가	► **참가자의 소감 발표** – 교사: 수고하셨습니다. 그럼 참가자의 소감을 들어보겠습니다. – 교사: 왜 그런 행동을 했나요? ► **관찰자의 소감 발표** – 교사: 그럼 역할놀이를 관찰한 여러 친구들의 소감을 들어보겠습니다. – 학생: 참가자의 행동은 ... 점에서 좋았습니다. 하지만 ... 점이 아쉬웠습니다. 차라리 ... 방식으로 행동했으면 더 좋았을 것 같아요.	► 참가자의 행동에 대한 자신의 견해, 더 좋은 대안을 자유롭게 발표하도록 유도함.
	재연	► **역할교환, 재연 및 행동의 정교화** – 교사: 잘 들었습니다. 그럼 토론 내용을 토대로 상황을 더 좋게 해결하기 위하여 다시 역할놀이를 진행해보겠습니다. – 교사: 강희, 예원이, 모둠 친구들의 역할을 맡아 연기해보고 싶은 사람?	► 비판과 대안을 제시한 관찰자들을 중심으로 역할을 교환할 수 있음.
정리	경험의 공유와 일반화	► **역할놀이를 통해 발견한 도덕적 행동 유형 정리** – 교사: 역할놀이를 통해 알게 된 평화적 해결 방법을 정리해봅시다. – 학생 1: 내가 원하는 것을 분명히 말해야하지만, 상대방의 입장과 요구도 경청해야 합니다. – 학생 2: 나와 상대방, 모두에게 도움이 되는 방법을 최대한 많이 제안해야 합니다. – 학생 3: 조금씩 양보하면서 가장 현명한 방법을 선택하고, 반드시 지킬 것을 약속해야 합니다. – 교사: 좋아요! 그러면 지금부터 평소 자신의 모습을 되돌아보고 앞으로 갈등 상황에 직면했을 때 어떻게 행동할지 자신의 의지를 적어봅시다.	► 학생들이 정리한 내용을 평가 자료로 활용
	차시 예고	► **다음 시간에 학습할 내용을 안내한다.**	

5. 활용상의 유의점과 교사의 역할

역할놀이 모형은 구체적인 도덕적 상황에서 실제로 행동해봄으로써 문제해결을 위한 기술을 연습하고, 타인의 입장을 이해하고 공감해볼 수 있는 장점이 있다. 그럼에도 불구하고 역할놀이 모형은 다음과 같은 몇 가지 적용상의 난점이 있다(서강식, 1995: 255-256; 이인태, 2013: 177-178).

첫째, 한 학급에 30명 이상의 학생들이 모여 공부하는 다인수 학습 환경에서는 모든 학생들이 의미 있는 역할놀이 활동을 경험하기 어렵다는 점이다. 역할놀이의 핵심은 시연 및 평가, 역할 교환 및 재시연의 과정이다. 학생들은 이 과정을 통해 타인의 입장을 고려해가며 보다 바람직한 행동을 탐색해간다. 하지만 다인수 학급에서 몇 명의 학생만을 선발하여 자신의 생각을 행동으로 이행하게 한다면, 역할놀이에서 겨냥하고 있는 중요한 목표인 실행 기술의 획득 및 역할 채택과 공감 능력의 향상은 달성하기 어려울 것이다. 또한 실제로 시연에 참여하지 않은 학생들에게 의미 있는 토론 및 평가를 기대할 수 있을지도 미지수이다. 그렇다고 해서 모든 학생들을 번갈아가면서 역할놀이 수업에 참여시킬 경우 단위 수업 시간(40분, 45분, 50분) 내에 수업을 끝내지 못할 수도 있다. 따라서 교사는 학습자들이 보다 효과적

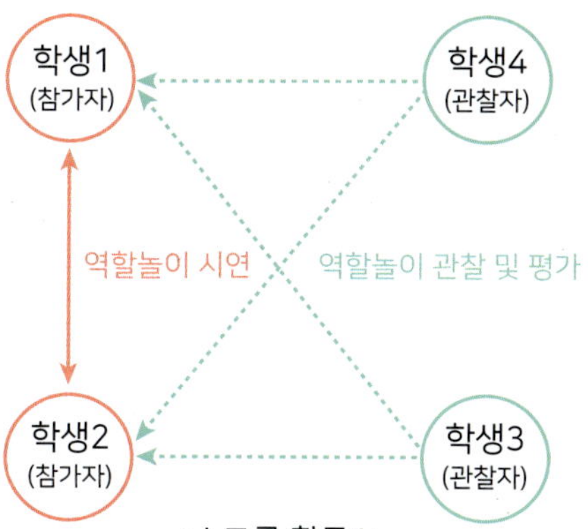

<소그룹 활동1>

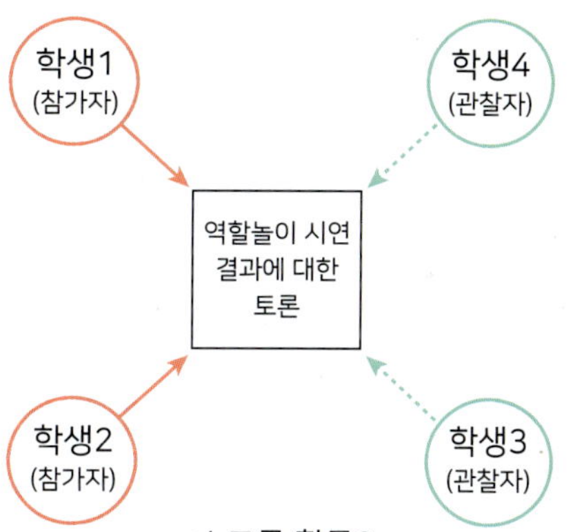

<소그룹 활동2>

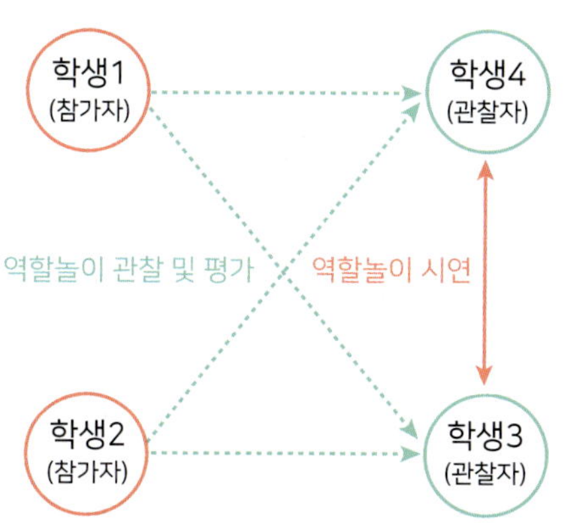

<소그룹 활동3>

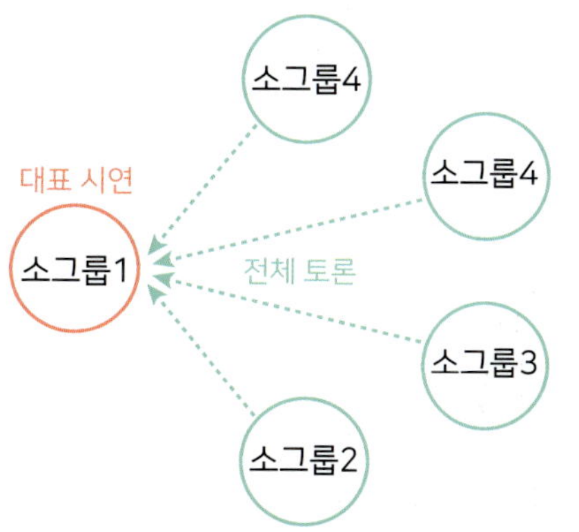

<전체 활동>

으로 상호작용할 수 있는 학습 환경을 설계하기 위해 고민해야 한다.

예컨대 위의 그림과 같이 전체 학급을 4~6명 정도의 소그룹으로 구성한 후, 2~3명은 역할놀이 시연을 실시하고 나머지 인원은 역할놀이를 관찰 및 평가한다. 시연이 종료된 후에는 소그룹의 모든 인원들이 역할놀이의 결과, 즉 행위 의도와 결과의 적절성에 대하여 토론하면서 보다 바람직한 행동 유형을 탐색한다. 그 후 토론을 통해 도출된 보다 바람직한 행동 유형을 토대로 시연자는 청중, 청중은 시연자로 역할을 교환하여 재시연을 진행한다. 이렇게 소그룹 활동이 끝나면 전체 학생들을 대상으로 1~2개의 소그룹이 대표로 시연하고, 전체 토론을 진행한다. 이와 같은 학습 환경의 설계는 학급의 모든 학생들을 역할놀이 수업에 유의미하게 참여시킬 수 있고, 따라서 모든 학생들이 동의할 수 있는 가장 바람직한 행동 유형을 마련해갈 수 있다.

둘째, 역할놀이 시연 결과를 평가할 수 있는 적절한 기준을 안내하지 않을 경우 유의미한 토론이 이루어지지 않을 수도 있다. 즉 학생들은 '연기가 좋았다', '목소리가 작았다', '표정이 재밌었다' 등과 같이 행위의 도덕적인 측면 외의 것들에 중점을 두어 역할놀이 결과를 평가할 수도 있다. 따라서 교사는 '참여적 관찰자로서의 청중의 준비' 단계에서 어떤 점에 중점을 두면서 역할놀이를 관찰해야 하는지에 대한 대략적인 가이드라인을 학생들에게 안내해야 한다.

예컨대 시연한 행동이 대상과 상황에 적절했는지, 타인의 권리를 심각하게 침해하지는 않았는지, 모든 사람들이 그러한 행동에 동의할 수 있는지 등과 같은 '윤리적인 측면'과 함께, 그 행동이 문제해결에 도움이 되는지, 과연 그러한 행동을 사람들이 실제로 실천할 수 있는지에 대한 '유용성과 실효성'의 측면도 함께 검토하도록 유도해야 한다.

참고문헌

서강식(1995), "역할놀이 수업모형에 관한 연구", 『도덕윤리과교육』 제6집, 한국도덕윤리과교육학회, 238-263.

이인태(2013), "초등학교 도덕과 역할놀이 수업을 위한 스마트 포토툰 메이킹툴 개발과 적용", 『초등도덕교육』 제42집, 한국초등도덕교육학회, 175-210.

정창우(2012), "나바에츠(D. Narvaez) 도덕발달 이론의 특성과 도덕교육적 함의", 『도덕윤리과교육』 제13집, 한국도덕윤리과교육학회, 329-361.

Bebeau, M. J.(2002), "The Defining Issues Test and the Four Component Model: contribution to education", *Journal of Moral Education*, *31*(3), 271-295.

Bebeau, M. J.(1993), "Designing an outcome-based ethics curriculum for professional education: strategies and evidence of effectiveness", *Journal of Moral Education*, *22*(3), 313-326.

Johnson, M.(1993), *Moral Imagination: Implications of Cognitive Science for Ethics*, The University of Chicago Press. 노양진 역(2008), 『도덕적 상상력: 체험주의 윤리학의 새로운 도전』, 경기: 서광사.

Narvaez, D. & Bock, T.(2014), "Developing Ethical Expertise and Moral Peronality", Narvaez, D. et al.(eds), *Handbook of Moral and Character Education Second Edition*, Routledge, 140-158.

Lapsley, D. K. & Hill, P. L.(2008), "On dual processing and heuristic approaches to moral cognition", *Journal of Moral Education*, *37*(3), 313-332.

You, D. & Bebeau, M. J.(2013), "The independence of James Rest's components of morality: evidence from a professional ethics curriculum study", Ethics and Education, 202-216 .

제4절 내러티브 수업모형

1. 개념 및 이론적 배경

'이야기'는 도덕 교육의 가장 오래된 접근법으로서 교훈적인 내용의 이야기를 들려주는 것은 도덕 교육의 내용과 방법으로 널리 사용되어 왔다. 전통적으로 도덕 교육은 훌륭한 도덕적 귀감들의 영웅적인 행동이나 헌신 등의 내용이 담긴 이야기를 통해 학생들의 인격적 성장을 도모하였다. 도덕적 권위를 가진 성인들이 들려주는 이야기는 어린 학생들이 삶의 방향을 설정하는 지침으로 기능하였다.

도덕과 교육에서 도덕적 이야기를 활용하는 수업은 교사가 도덕적 가치와 원리, 삶의 규범이 반영된 이야기를 들려주는 것뿐만 아니라, 학생들 자신이 경험했던 도덕적 갈등이나 선택에 관한 내용을 직접 이야기하는 것을 모두 포함한다. 특히 학생들이 경험했던 도덕적 갈등과 선택의 상황을 스스로의 말로 구성하여 이야기하도록 하는 형태의 수업을 '내러티브 수업모형'(narrative storytelling)이라고 한다(김항인, 2001a: 77-79).

내러티브 수업모형은 브루너(Bruner, 1986: 11)가 구분한 사고의 유형, 즉 명제적 사고(propositional thinking)와 서사적 사고(narrative thinking) 중 서사적 사고를 강조하는 수업 방식이다. 명제적 사고란 어떤 진술 간의 논리적 관계를 추리하는 것으로서 구체적 맥락에서 추상적 의미를 추출하여 이해하는 귀납적 사고, 일반적인 원리로부터 논리적으로 구체적인 규칙들을 도출해가는 연역적 사고를 포함한다. 즉 명제적 사고는 추상적, 형식적, 논리적인 성격을 띤다. 명제적 사고를 발달시키기 위해 사용되어 온 대표적인 교수 · 학습 방법으로는 '콜버그 딜레마 토론 수업모형'이 있다. 이 모형은 학생들에게 직면한 도덕적 문제 상황에서 감정적으로 매몰되지 않고 옳고 그름을 이성적으로 냉철하게 판단하며, 자신의 판단을 지지하는 정당화 근거를 정교하게 추론해낼 것을 요구한다.

반면에 서사적 사고는 인간과 인간 상호 간의 상황 및 관계와 그것들의 특수한 타당성을 지향하는 사고로, 특정 시간과 공간에서 실제로 일어난 사건의 전체 줄거리와 분위기에 대한 세세한 묘사, 관련 당사자들의 입장과 요구에 대한 공감적 몰입, 공감적 고통이나 분노, 죄책감, 감사, 자부심 등과 같은 도덕적 정서의 표현, 행동의 의도와 결과에 대한 주관적 해석을 포함한다. 즉 서사적 사고는 구체적, 상황맥락적, 정서적인 성격을 띤다. 서사적 사고는 학생들을 도덕적으로 발달시키는 데 매우 중요한 수단이 된다. 왜냐하면 자신의 도덕적 경험을 이야기로 만들어내는 일은 단순히 일련의 사건들을 재진술하는 것을 넘어 '도덕적으로 설명하는 것'을 포함하기 때문이다. 또한 자신의 도덕적 경험에 대해 숙고하고 말하며 공유하는 것은 '이야기를 하는 화자 혹은 저자'로서 학생이 자신의 경험에 '도덕적 가치를 부여하는 것'으로써 개인의 도덕적 관점에 대한 '저자의식'(authorship), 즉 도덕적 권위와 책임감을 형성시킨다. 예컨대 거짓말을 하고 싶은 유혹에 빠졌을 때 거짓말을 하지 않고 솔직하게 말한 경험을 떠올린 후, 자신의 행동이 얼마나 도덕적으로 가치 있는 행동인지 의미를 부여하는 것, 즉 자신의 행동을 '정직'이라는 도덕적 가치에 비추어 스스로 평가하고 타인에게 기쁘게 이야기 하는 것은 미래의 유사한 상황에서 그 행동을 지속시키는 강력한 동기로 작동한다.

내러티브 수업모형은 자신의 도덕적 경험을 시간의 흐름 및 인과관계에 따라 구체적으로 묘사하고, 그 경험에 대한 도덕적 감정을 솔직하게 표현하도록 격려한다. 그리고 자신의 행위 의도와 결과를 스스로 평가하고 도덕적 의미를 부여한다. 즉 이 수업 모형은 도덕적 판단이나 추론을 통해 길러주기 어려운 서사적 사고를 자극하면서 학생들의 도덕 발달을 도모할 수 있다(Tappan & Brown, 1989: 182-206; 김항인, 2001a: 75-98; 신현우, 2011: 263-281; 임상수, 2012: 213-236).

2. 도덕과 수업에서 활용상의 의의와 유용성

내러티브 수업모형은 도덕 수업의 다양한 주제에 적용 가능하며, 특히 아래와 같은 유용성을 갖는다.

첫째, 내러티브 수업모형은 자신의 삶, 도덕적 경험을 이야기의 소재로 직접 활용한다는 점에서 자서전 혹은 라이프 히스토리로 기능하면서 도덕적 자아(moral self) 혹은 도덕적 정체성(moral identity)을 형성시키는 데 유용하다. 도덕적 정체성은 도덕적 판단과 행동 간의 괴리를 연결하는 중요한 심리적 구인이자(Hardy &

Carlo, 2011), 도덕과 교과 역량 중 '자기 존중 및 관리능력'을 구성하는 핵심 '기능' 중 하나이다. 따라서 교사는 적절한 교수 · 학습 방법을 활용하여 학생들의 도덕적 정체성을 형성시켜주기 위해 노력해야 한다.

자서전은 작가에게 자신의 도덕적 삶에 대해 지속적으로 쓰고 또 쓰게 하는 것이기 때문에 도덕적 자기 해석(self-interpretation)의 과정을 수반한다. 하지만 이는 단지 개인내적 사고와 감정에만 초점을 맞추는 해석의 과정을 의미하지는 않는다. 그보다는 자신을 둘러싼 문화적 도구들, 즉 단어, 언어, 담론의 형태를 활용하여 자신의 삶을 텍스트 혹은 문장의 형태로 끊임없이 구성하는 과정을 의미한다. 특히 도덕적 가치, 개념, 규범, 원리 등을 활용하면서 진행되는 자기 해석은 자아의 도덕적인 측면에 관심을 기울이게 하고, 자신의 도덕적 입장 자체를 점검하도록 하며, 도덕적 성장 및 행동적 변화를 동기화할 가능성을 부여한다.

도덕적 자기 해석의 경험을 일상적으로 갖게 하는 방법으로는 일기 혹은 개인 일지 쓰기 등이 있지만 교실 수업과 직접적으로 연결되기 어려운 측면이 있다. 내러티브 수업모형은 도덕 수업을 통해 현재 그들 자신에 대한 서술, 가장 되고 싶은 자아에 대한 서술, 가장 되고 싶지 않은 사람에 대한 서술의 기회, 즉 자기 표현(self-description)의 기회를 제공하기 때문에 학생들의 도덕적 정체성 형성에 도움을 줄 수 있다(Tappan, 1999: 117-131; 정창우, 2003: 214-215).

둘째, 내러티브 수업모형은 직접적인 자기반성을 이끌면서 도덕과 교과 역량 중 '윤리적 성찰 및 실천성향'을 키워주는 데 특히 유용하다. 일반적으로 내러티브 수업모형은 도덕적 문제 사태를 제시하고 내용을 파악하는 활동, 자신의 도덕적 경험을 발표하고 공유하는 활동, 도덕 이야기를 구성하는 활동의 과정을 거친다. 즉 내러티브 수업에 참여한 학생들은 도덕 이야기를 제시하고 주요 내용을 파악하는 활동을 통해 도덕 이야기에 내포된 '도덕적 가치'를 확인하고 관련된 개인의 과거 도덕적 혹은 비도덕적 경험을 회상한다. 또한 자신의 도덕적 경험을 발표하고 공유하는 활동을 통해 경험 속 사건들의 인과관계와 정서적 반응들을 명료하게 정리하고, 사건들의 도덕적 의미를 도덕적 가치를 토대로 분석하고 평가한다. 마지막으로 도덕 이야기를 구성하는 활동을 통해 사건의 전개과정, 도덕적 정서, 바람직한 행동유형, 실천의지와 각오 등을 한 편의 이야기로 만들어 낸다.

요컨대 내러티브 수업모형은 학습자들의 과거 도덕적 경험을 도덕적 준거에 의해 평가함으로써 자신의 신념과 직관을 수정하고, 앞으로의 행동 방침을 마련하게 하며, 더 나아가 미래의 유사한 상황에서 도덕적으로 행동하도록 유도한다는 점에서 윤리적 성찰과 매우 유사하다. 따라서 교사는 내러티브 수업모형을 '윤리적 성찰 및 실천성향'의 향상을 목표로 하는 도덕 수업에 적절히 활용할 수 있다(정창우, 2003: 214-215; 이인태, 2019: 83-84).

3. 모형의 구조

내러티브 수업모형은 아래와 같은 5개의 단계로 구성된다.[1)] 앞서 살펴본 바와 같이 도덕적 이야기를 활용하는 도덕 수업은 이야기하는 사람, 즉 화자가 누구인가에 따라 크게 두 가지 접근, 즉 전통적인 스토리텔링과 내러티브 스토리텔링으로 나누어진다. 전통적인 스토리텔링은 교사나 부모가 좋은 이야기를 학생들이나 자녀들에게 읽어주거나 이야기해주고 이야기에 담겨 있는 도덕적 의미를 확인시키는 방식이고, 내러티브 스토리텔링은 학생들이 자신의 경험에 도덕적 의미를 부여하면서 자신들의 이야기를 다른 대상에게 이야기하는 방식이다(김항인, 2001b: 125-130). 아래의 절차와 단계는 내러티브 스토리텔링에 초점을 맞추어 설정된 단계와 절차이다.

도덕적 문제 사례 제시 ➡ • 감동 · 감화, 윤리적 성찰을 위한 도덕적 이야기 제시
- 이야기 읽기(독서법), 이야기해주기(설화법) 방법 활용

⬇

1) 2015 개정 도덕과 교육과정에서는 내러티브 수업모형을 '성찰적 글쓰기'로 소개하고 있다. 도덕과 교육과정에서 제시하고 있는 성찰적 글쓰기는 ① 사전 학습(학습할 도덕적 가치에 대한 자신의 과거 경험을 토대로 현재와 미래의 삶에 대해 성찰), ② 성찰적 글쓰기-1 : 묘사하기(자신의 도덕적 경험을 표면화), ③ 성찰적 글쓰기-2 : 분석하기(자신의 도덕적 경험의 원인과 근거를 추론하여 도덕적 현상을 분석), ④ 성찰적 글쓰기-3 : 표현하기(자신의 가치관을 기준으로 도덕적 실천 의지를 표현), ⑤ 학습 내용 정리(윤리적 성찰 결과를 내면화할 수 있도록 학습 내용 재구조화)의 단계로 구조화되어 있다(교육부, 2015, 43).

단계	내용
도덕적 주제 확인 차원의 질의 응답(유도된 질문)	• 도덕적 이야기의 전개 과정 파악 - 등장인물, 사건의 흐름, 원인과 결과 등을 확인 • 도덕적 이야기에 내포된 도덕적 가치 발견
주인공에 대해 느낀 점 이야기하기(개방적 질문)	• 이야기 속 등장인물의 입장 채택 및 공감 • 주인공의 태도와 행동에 대한 자신의 생각과 감정 확인
유사한 자신의 경험 발표하기(소집단 활동 가능)	• 도덕적 가치와 관련된 자신의 과거 경험 회상 및 성찰 • 동료 학습자들과의 경험 공유, 지지와 격려
자신의 도덕적 이야기 · 유사한 상상의 이야기 만들기	• 성찰한 자신의 경험을 이야기로 구성 - 사건의 전개 과정 진술, 사건에 대한 도덕적 정서의 표현, 대안적 행동 유형 탐색 - 자신의 과거 행동 혹은 탐색한 대안적 행동에 도덕적 가치 부여 - 실천 의지 공언

4. 모형 활용의 실제

단계		교수 · 학습 활동 내용	자료 및 유의점
도입	동기 유발	▶ **과거 삶에 대한 후회가 담긴 짧은 동영상(공익광고 등)을 활용하여 학습 동기 유발** - 교사: 주인공이 후회하고 있는 것은 무엇입니까? 왜 후회하고 있습니까? - 학생: 유혹을 이기지 못하여 자신에게 이롭지 못한 행동을 지속하였기 때문입니다. - 교사: 주인공은 앞으로 어떻게 행동할 것 같습니까? - 학생: 자신의 잘못된 선택을 바로잡고자 노력할 것 같습니다.	▶ 꼭 도덕적인 주제가 아니어도 흡연, 음주 등 학생들이 평소에 고민할 법한, 주인공의 후회가 담긴 사례를 제시하여 흥미를 유발함.
	학습 목표	▶ **도덕적 정체성과 선한 성품을 지니기 위하여 과거 자신의 모습을 반성하고 앞으로의 도덕적 삶을 계획할 수 있다.**	

전개	도덕적 문제 사례 제시	► **윤리적 성찰을 위한 도덕적인 이야기 제시:** 핵심 가치인 성실, 배려, 정의, 책임과 관련된 짧은 도덕적 이야기를 여러 편 제시할 수도 있고, 한 개의 가치와 관련된 다소 긴 이야기를 제시할 수도 있음.	► 감동, 감화를 위해서 유혹과 역경을 이겨낸 도덕적 사례를 제시할 수도 있음.
	도덕적 주제 확인 차원의 질의응답	► **도덕적 이야기의 전개 과정 파악** – 교사: 이야기에 등장하는 인물은 누구입니까? – 교사: 어떤 사건이 일어났나요? ► **도덕적 이야기에 내포된 도덕적 가치 발견** – 교사: 주인공의 고민은 무엇이고, 왜 고민하고 있습니까? – 교사: 주인공은 어떤 선택을 하였고, 왜 그런 선택을 하였습니까? – 교사: 결국 어떤 결과가 일어났습니까? – 교사: 주인공의 선택과 행동 속에는 어떤 교훈이 담겨있나요?	► 너무 많은 시간을 소요하지 않도록 주의함. ► 학생들이 이야기 속에 내포된 도덕적 가치를 스스로 발견하도록 유도함.
	주인공에 대해 느낀 점 이야기하기	► **이야기 속 등장인물의 입장 채택 및 공감** – 교사: 여러분이 주인공이라고 상상해봅시다. 어떤 감정이 드나요? – 교사: 여러분이 주변인물이라고 상상해봅시다. 주인공에 대해 어떤 감정이 드나요? ► **주인공의 태도와 행동에 대한 자신의 생각과 감정 확인** – 교사: 여러분은 주인공에 대해 어떤 감정이 드나요? – 교사: 여러분이 주인공이라면 어떻게 행동하겠습니까?	► 너무 많은 시간을 소요하지 않도록 주의함.
	유사한 자신의 경험 발표 하기	► **도덕적 가치와 관련된 경험의 회상 및 성찰** – 교사: 이야기 속 주인공이 겪은 일과 유사한 자신의 경험을 떠올려 봅시다. – 교사: 어떤 상황이었나요? 무엇이 고민이었나요? – 교사: 어떤 선택을 했고, 왜 그런 선택을 했나요? – 교사: 그때 어떤 감정을 느꼈나요? – 교사: 여러분의 선택은 옳은 선택이었나요? 왜 그렇게 생각하나요? – 교사: 여러분의 행동은 도덕적으로 어떤 가치를 갖나요? ► **동료 학습자들과의 경험 공유** – 교사: 나의 경험을 친구들과 공유해봅시다. – 교사: 이야기를 나눌 때에는 친구의 이야기에 공감하면서 듣고, 절대 비웃거나 비난해서는 안 됩니다.	► 어떠한 말을 해도 괜찮다고 격려함. ► 상대방을 비웃거나 비난하지 않도록 주의하며, 지지와 격려를 보내도록 유도함. ► 만약 자신의 경험을 공유하기 꺼려할 경우, 친구들의 의견을 경청하도록 함.

	자신의 도덕 이야기 만들기	▶ **성찰한 자신의 경험을 이야기로 구성** – 교사: 친구들과 공유한 내용을 한 편의 이야기로 만들어 봅시다. – 교사: 현재의 나의 모습, 가장 되고 싶지 않은 모습, 가장 되고 싶은 나의 모습이 나타나도록 이야기를 만들어봅시다.	▶ 완성된 학생들의 이야기는 다른 모둠원들과 돌려 읽으며 공유할 수 있음.
정리	내용 정리 및 평가	▶ 오늘 배운 내용을 정리한다. ▶ 완성된 이야기는 회수하여 평가 자료로 활용한다.	
	차시 예고	▶ 다음 시간에 학습할 내용을 안내한다.	

5. 활용상의 유의점과 교사의 역할

내러티브 수업모형의 주요 특징은 이야기의 소재가 자신의 삶이라는 점, 회상한 과거의 경험을 도덕적 가치, 규범, 원리 등을 토대로 평가하고 보다 바람직한 대안적 행동 방식을 탐색한다는 점, 자신만의 이야기를 구성하여 동료 학습자들과 공유한다는 점이다. 이러한 특징들을 도덕 수업에 온전히 반영하기 위해 교사는 아래와 같은 몇 가지 사항에 유의해야 한다.

첫째, 자신의 도덕적 경험을 평가하는 준거로서 도덕적 가치나 원리에 대한 이해가 선행되어야 한다. 내러티브 수업모형은 과거의 경험에 대한 평가와 반성, 즉 윤리적 성찰을 강조한다는 점에서 도덕적 가치와 원리의 '적용'을 중요하게 생각한다. 그럼에도 불구하고 이 모형은 과거의 경험에 대한 자의적인 해석과 합리화, 심지어 비도덕적인 경험에 대한 긍정적 평가가 가능하다는 점에서 가치명료화 모형과 마찬가지로 도덕적 상대주의에 대한 문제를 안고 있다. 예컨대 '우정'이라는 가치를 '친구가 부탁하는 것은 무엇이든 들어주는 것'이라고 자의적으로 해석한 학생은 친구들의 비도덕적인 행동에 동조한 자신의 과거 경험에 우정이라는 도덕적 의미를 부여할 수 있다. 즉 이 모형이 효과를 발휘하기 위해서는 도덕적 가치와 원리에 대한 이해가 선행되어야 한다. 따라서 교사는 도덕 이야기하기 모형을 적용하기 전에 '개념분석 모형' 등을 활용하여 도덕적 가치나 원리에 대해 학생들에게 명확히 이해시킬 필요가 있다.

둘째, 내러티브 수업모형에서 기대하는 교사의 역할은 불변하는 도덕적 진리를 학생들에게 일방적으로 전수하는 권위자가 아니라, 학생들이 자신의 도덕적 경험을 회상하여 의미 있는 도덕 이야기로 구성해내도록 돕는 조력자 혹은 상담가이다. 하지만 학생들로부터 개인의 마음 속 깊은 이야기, 특히 도덕적 갈등과 잘못된 선택 혹은 비도덕적인 경험을 끌어내는 작업은 쉬운 일이 아니다. 이에 교사는 아래의 발문을 적절히 활용하면서 학생들이 자신의 이야기를 할 수 있도록 도와야 한다 (Tappan & Brown, 1989: 295; 김항인, 2001a: 87).

「도덕적 경험의 회상을 위한 발문」

모든 사람들은 어떤 결정을 해야 할 상황에서 무엇을 결정해야할지 고민에 빠지는 상황을 겪게 됩니다. 여러분이 무엇을 결정해야 하는지에 대해 도덕적으로 갈등을 겪은 경험을 이야기해보세요.

1. 어떤 상황이었나요? (구체적인 이야기로 서술해보세요)
2. 위 상황에서 겪게 된 갈등은 무엇이었나요? 왜 그것이 갈등이라고 생각하였나요?
3. 어떻게 해야 할지 고민하면서 어떤 점들을 고려했으며 왜 그랬나요? 그 밖에 고려한 것들이 있었나요?
4. 결국 어떻게 하기로 결정했나요? 무슨 일이 있었나요?
5. 결정한 것이 올바른 일이라고 생각하나요? 왜 그렇게 생각하지요? 혹은 왜 그렇게 생각하지 않지요?
6. 이러한 갈등 상황에서 여러분에게 문제가 되었던 점은 무엇인가요? 다른 사람에게 문제가 되었던 점은 무엇인가요? 그 갈등 상황에서 일반적인 문제점은 무엇인가요?
7. 위 문제점에 대해 당신은 어떻게 느꼈나요? 관련된 사람 혹은 다른 사람들이 위 문제점에 대해 어떻게 생각하였을까요?
8. 위에서 설명한 것 이외에 그 갈등을 바라보는 다른 시각은 없나요?

셋째, 내러티브 수업모형은 화자인 학생들이 청자인 동료 학습자 혹은 교사에게 자신의 이야기를 하는 것이 중요한 활동이지만, 어떤 학생들은 자신의 도덕적 경험을 다른 학습자들과 공유하기를 꺼려할 수도 있다. 이러한 학생들의 경우에는 굳이 자신의 이야기를 하도록 강요할 필요는 없으며, 다른 학습자들의 이야기를 듣도록 함으로써 많은 사람들이 자신과 비슷한 도덕적 갈등과 도덕적 실패를 경험했고 이를 극복하기 위해 노력하고 있음을 보여주는 것이 중요하다.

또한 수업에 참여하는 모든 학생들에게 어떠한 경험이라도 이야기해도 좋으며, 그 누구도 타인의 과거 경험에 대하여 비웃거나 비난하면 안 된다는 점을 강조할 필요가 있다. 그리고 상대방의 이야기에 대하여 깊은 공감과 위로, 지지와 격려를 보내도록 독려해야 한다. 뿐만 아니라 교사는 이야기를 쓰고 모둠원들과 돌려 읽기, 역할극으로 만들어 공연하기, UCC로 만들어 상영하기, 6~8컷 만화로 표현하여 전시하기 등 다양한 수업 기법들을 활용하여 학생들이 자신의 이야기를 보다 쉽게 표현하고 자연스럽게 공유할 수 있도록 유도해야 한다.

참고문헌

교육부(2015),『도덕과 교육과정』, 교육부 고시 제2015-74호 [별책 6].

김항인(2001a), "내러티브 스토리텔링을 통한 초등도덕교육",『초등도덕교육』 제7집, 한국초등도덕교육학회, 75-98.

김항인(2001b), "이야기하기와 ICT 활용을 통한 초등도덕과 정의적 측면 교수-학습 모형",『초등도덕교육』 2001 특집호, 한국초등도덕교육학회, 119-135.

신현우(2011), "초등 도덕교육에서의 도덕이야기 수업모형 개선 방향 탐구",『윤리연구』 제83호, 한국윤리학회, 263-281.

이인태(2018), "윤리적 성찰의 심리적 기제로서 사후가정사고에 대한 연구",『초등도덕교육』 제60집, 한국초등도덕교육학회, 59-91.

임상수(2012), "도덕과 수업모형별 특성을 반영한 발문 기법",『윤리교육연구』 제29집, 한국윤리교육학회, 213-236.

정창우(2003), "도덕적 자아 형성을 위한 도덕교육방법",『초등도덕교육』 제13집, 한국초등도덕교육학회, 183-225.

Bruner, J.(1986), *Actual minds, possible worlds*. Cambridge, Harvard University Press.

Hardy, S. A. & Carlo, G.(2011), "Moral Identity: What Is It, How Does It Develop, and Is It Linked to Moral Action?", *Child Development Perspectives 5*(3), 212-216.

Tappan, M.(1999) "Authoring a moral self: A dialogical perspective", *Journal of Constructivist Psychology 12*, 117-131.

Tappan, M. & Brown, L. M.(1989) "Stories Told and Lessons Learned: Toward a Narrative Approach to Moral Development and Moral Education", *Harvard Educational Review 59*(2), 182-206.

제5절 가치분석 모형

1. 개념 및 이론적 배경

우리는 일상생활에서 수없이 많은 판단을 하지만, 항상 옳은 판단을 하는 것은 아니다. 뿐만 아니라 도덕적으로 옳은 판단을 하고자 하는 의지를 가지고 있다 해도 제한된 정보 혹은 잘못된 사실 때문에 옳지 못한 판단을 하기도 한다. 예컨대 신문이나 TV에서 수도권 특정 지역에서 진행되는 주택재건축사업의 부정적인 측면에 대한 정보만을 제공받은 사람은 '주택재건축사업'을 부동산 시장을 교란하는 투기 행위라고 규정하고 도덕적으로 옳지 않다고 판단할 것이다. 하지만 주택재건축사업의 원래 '의미'는 불량·노후 주택에 대한 주거 환경 개선을 말한다. 또한 주택 노후화에 따른 안전의 문제, 거주민들의 불편 해소 등 이 사람이 알고 있는 것 이외의 더 많은 '사실들'을 포함하고 있다.

따라서 이 사람이 위와 같은 가치 판단의 상황 혹은 도덕적 문제 상황에 대하여 올바른 판단을 하기 위해서는 먼저 판단하고자 하는 대상의 '의미'를 명확히 하고, 판단의 근거로 활용되는 '사실적 정보'의 정확성 및 관련성에 대하여 꼼꼼하게 확인해보아야 한다. 그리고 확인된 사실적 근거에 토대를 둔 자신의 잠정적인 판단이 과연 도덕적으로 용인될 수 있는지도 검토해봐야 한다.

가치분석(value analysis) 모형은 가치 판단의 상황에서 합리적이고 도덕적인 판단을 내리기에 앞서 주장들의 사실적 정보들을 확인하는 '사실판단 검사'를 미리 실시한 후, 이러한 사실 판단에 문제가 없을 경우 '가치원리 검사'를 거쳐 엄밀한 도덕 판단을 내리도록 구조화된 모형이다(김항인, 2017: 4). 이 모형은 가치명료화 모형의 유행이 지나간 후 교사들의 관심을 끌기 시작한 수업 방식이다. 가치명료화 모형은 학생들로 하여금 자신이 추구하고 싶은 가치를 심사숙고하여 스스로 선택하고, 선택한 가치를 소중히 여기며 그 가치에 따라 일관성 있게 살아가도록 하는 가치화 과정(valuing process)을 중요하게 생각한다. 하지만 가치명료화 모형은 가치를 개인적 선호와 선택의 문제로 바라보기 때문에 도덕적 상대주의를 조장할 수 있다는 비판을 받아왔다(고대혁 외, 2019: 276).

이러한 비판 속에서 도덕적 상대주의를 피하고 가치 선택의 정당성을 마련하기 위하여 메카프(L. Metcalf), 쿰즈(J. Coombs), 묵스(M. Meux) 등의 가치교육론자들이 개발한 수업 모형이 바로 가치분석 모형이다. 즉 이 모형은 왜 특정 가치를 선택하고 추구해야 하는지 혹은 자신의 결정에 따라 행동해도 되는지에 대한 충분한 이유를 제시하면서 논리적 정당성을 확보해가는 과정, 즉 가치분석 과정을 중요하게 생각한다. 특히 도덕과 교육에서는 교과의 성격 및 목표에 부합하게 '도덕적 가치'를 주로 다루고, 도덕적인 관점에서 가치분석의 과정을 이끌어간다.

2. 도덕과 수업에서 활용상의 의의와 유용성

가치분석 모형은 우리가 왜 특정 도덕적 가치나 원리를 따라야하는지에 대한 정당화 근거를 탐색하도록 한다는 점에서 '도덕적 사고 능력'을 목표로 하는 도덕 수업에 활용할 수 있으며, 특히 논리적이고 비판적인 사고의 절차를 가르치는 데 유용하다. 왜냐하면 이 모형은 가치 판단의 상황에서 우리의 선택과 결정을 논리적으로 이끌어가는 절차와 단계로 모형의 구조가 구성되어 있기 때문이다(이석호 외 역, 1989: 111-130; 김재식, 2007: 95-138; 설재풍, 2007: 40-68).

가치분석 모형은 학생들에게 가치 판단의 상황, 즉 도덕적 판단을 내려야 하는 상황에서 성급하게 결론을 내리기보다는 '판단 대상'의 의미 혹은 직면한 상황에서 핵심적으로 부각되는 '도덕적 가치'의 의미를 분명히 할 것을 요구한다. 또한 판단 대상과 관련된 긍정적 혹은 부정적 측면의 사실적 근거들을 폭넓게 수집한 후, 근거들의 내용에 대한 '진위 여부'와 '관련성'을 평가하고, 그 결과를 토대로 잠정적인 결정을 내릴 것을 권고한다.

잠정적 결정을 내린 후에는 자신의 판단의 토대가 되는 가치 원리(행위 준칙)를 형식화(예: 지금 당장의 위기를 모면하기 위해 솔직하게 말하지 않아도 괜찮다)하고, 이 가치 원리가 4가지 가치 원리 검사(새 사례 검사, 역할교환 검사, 포함관계 검사, 보편적 결과 검사), 즉 도덕적 판단의 형식적 기준을 통과할 수 있는지 점검한다.

각각에 대하여 간단히 살펴보면 먼저 새 사례 검사(new cases test)란 자신의 가치 원리 혹은 행위 준칙이 논리적으로 유사한 다른 사례에도 일관되게 적용될 수 있는지를 검토하는 것을 의미한다. 예컨대 "내가 동생보다 더 좋은 대우를 받아야 한다"라고 주장할 수 있으려면, 이와 유사한 상황에서 "형이 나보다 더 좋은 대우를 받아야 한다"라는 주장도 받아들일 수 있어야 한다. 역할교환 검사(role exchange test)란 자신의 결정에 영향을 받는 개인이나 집단의 입장과 자신의 입장을 바꿔놓고 생각해봤을 때, 과연 나의 행위 준칙이 받아들여질 수 있는지 따져보는 것이다. 역할교환 검사는 "입장 바꿔서 생각해봐! 내가 너에게 그렇게 행동해도 괜찮겠어?"라는 우리의 일상적인 질문에서 흔히 발견된다. 포함관계 검사(subsumption test)란 자신의 가치 원리가 보다 일반적인 상위의 가치 원리로부터 타당하게 연역될 수 있는지를 확인하는 것이다. 즉 자신이 이미 받아들인 보다 일반적인 상위의 가치 원리(예: 거짓말을 하면 안된다.)와 자신이 받아들이고자 하는 행위 준칙(예: 지금 당장의 위기를 모면하기 위해 솔직하게 말하지 않아도 괜찮다.)의 일관성을 비교함으로써 도덕적 타당성을 점검하는 활동이 포함관계 검사이다. 마지막으로 보편적 결과 검사(universal consequences test)는 모든 사람들이 자신의 결정에 따라 행동할 경우, 보편적으로 나타날 수 있는 결과를 과연 받아들일 수 있는지를 검토하는 것이다. 즉 모든 사람들이 자신과 동일하게 행동했을 경우 일어날 수 있는 결과를 상상하고(예: 모든 사람들이 당장의 위기를 모면하기 위해 거짓말을 한다면, 아무도 서로를 믿지 않을 것이다.), 상상한 결과를 수용할 수 있는지 신중하게 숙고하는 것이 보편화 결과 검사의 핵심이다. 만약 자신의 잠정적 결정이 이 4가지 가치 원리 검사를 통과한다면, 자신의 결정을 행동으로 이행해도 도덕적으로 큰 문제는 없다.

요컨대 학생들은 가치분석 모형이 적용된 도덕 수업에 참여함으로써 우리가 왜 특정 도덕적 가치를 따라야 하는지, 즉 왜 '정직'해야 하고 거짓말을 하면 안 되는지에 대해 이해할 수 있다. 더 나아가 학생들은 가치분석의 과정 그 자체를 배움으로써 도덕적 판단이 이루어지는 논리적 과정, 즉 우리가 따라야 할 도덕적 가치와 행위 준칙을 결정하는 능력을 습득할 수 있다.

3. 모형의 구조

가치분석의 과정은 메카프, 쿰즈, 묵스 등 여러 학자들이 다양한 방식으로 제시하였다. 여기에서는 우리나라 초 · 중등 도덕 교과서의 교사용 지도서에 가장 많이 소개된 5단계 모형을 중심으로 단계별 내용을 정리하였다.

단계	내용
가치문제(도덕적 문제) 사태 제시	• 도덕적 판단을 요구하는 도덕적 문제 사태 제시
가치문제(도덕적 문제)의 확인 및 명료화	• 도덕적 문제 사태의 핵심적 사건 확인 • 사건 속에 내포된 용어와 개념, 도덕적 가치의 의미 명료화
잠정적 가치 결정 (도덕적 행위 결정)	• 도덕적 문제와 관련된 사실들을 탐색 • 사실들의 진위 여부, 관련성 평가 • 도덕적 행위에 대한 잠정적 결정
가치 원리 검사 (도덕적 규칙 검사)	• 가치 원리 혹은 행위 준칙의 형식화 • 새 사례 검사 • 역할교환 검사 • 포함관계 검사 • 보편적 결과 검사
최종 가치 결정 (최종 도덕적 행위 결정)	• 가치 원리 검사 결과를 토대로 자신의 행동 최종 결정 • 가치분석의 과정을 통해 배운 내용 정리

4. 모형 활용의 실제

단계		교수 · 학습 활동 내용	자료 및 유의점
도입	가치 문제 사태 제시	▶ **도덕적 판단을 요구하는 도덕적 문제 사태 제시** – 교사: 지금부터 여러분에게 하나의 이야기를 들려드리겠습니다. (이야기) 나는 친구와 장난을 치며 뛰어다니다가 학급의 공동 작품을 망가뜨렸다. 나와 그 친구 외에 아무도 본 사람은 없다. 매우 화가 난 친구들은 "누가 망가뜨렸어?"라고 속상해하며 소리쳤다. 나는 어떻게 해야 하는가? ▶ **도덕적 판단의 필요성 부각** – 교사: 여러분이 이 상황의 주인공이라고 생각해 봅시다. 여러분은 어떻게 행동할 건가요? – 학생 1: 솔직하게 말해야 하지만, 고민됩니다. – 학생 2 : 정직하게 말해야 할 것 같은데 쉽지 않을 것 같습니다. – 교사: 그렇군요. 어떤 결정을 내리든 여러분은 다른 사람들에게 왜 그렇게 행동했는지 납득시킬 필요가 있습니다.	▶ 특정 도덕적 가치와 관련하여 주인공의 고민이 담겨있는 상황을 제시하되, 결론이 제시되지 않은 개방적 시나리오를 준비함.
	학습 목표	▶ **도덕적 가치에 근거한 행동이 도덕적으로 정당화될 수 있음을 이해하고, 문제 상황에서 어떤 가치를 추구할지 논리적으로 결정할 수 있다.**	
전개	가치 문제의 확인 및 명료화	▶ **도덕적 문제 사태의 핵심적 사건 확인** – 교사: 이 상황은 어떤 상황인가요? – 학생 1: 장난을 치다가 협동 작품을 망가뜨려 친구들이 화가 난 상황입니다. – 교사: 주인공은 무엇을 고민하고 있나요? – 학생 2: 솔직하게 말을 할지 말지를 고민하고 있습니다. ▶ **용어와 개념, 도덕적 가치의 의미 명료화** – 교사: 그럼 이 상황에서 각각이 의미하는 바가 무엇인지 구체적으로 살펴봅시다. 나의 장난: 타인에게 피해를 준 행동 화난 친구들: 위기의 순간 솔직하게 말을 할지 말지 고민하는 것: '정직'의 가치를 따라야 할지, 말지 고민하는 것	▶ 핵심사건과 관련된 용어와 개념, 도덕적 가치들의 의미에 대하여 명확히 이해한 후 다음 단계를 진해함.

<table>
<tr><td rowspan="2">전
개</td><td>잠정적
가치
결정</td><td>► 도덕적 문제와 관련된 사실들을 탐색
– 교사: 주인공은 왜 고민을 하고 있지요? 결정에 영향을 줄 수 있는 '사실들'에는 어떤 것들이 있나요?
– 학생 1: 만약 솔직하게 말하면 선생님께 엄청 혼날 것입니다.
– 학생 2: 나의 평판이 나빠질 것입니다.
– 학생 3: 학급 공동 작품이 망가진 건 '금전적인 측면'에서 그리 큰 일도 아닙니다.
► 사실들의 진위 여부, 관련성 평가
– 교사: 친구들이 제시한 사실적 근거들은 이 상황과 관련이 있나요? 모두 믿을만한가요?
– 학생 1: 네! 관련이 있습니다. 과거에 학급 공동 작품을 망가뜨렸을 때, 엄청 혼이 난 경험이 있습니다. 많이 고민될 것 같습니다.
– 학생 2: 일반적으로 사람들은 자신에게 피해를 준 사람을 좋아하지 않습니다. 아마 비난을 면하기 어려울 것입니다.
– 학생 3: 솔직히 학급 공동 작품을 망가뜨린 일을 심각한 재산상의 손해를 가져온 행동은 아니라고 생각합니다. 등
► 도덕적 행위에 대한 잠정적 결정
– 교사: 그렇군요. 그렇다면 여러분은 이 상황에서 어떤 결정을 내릴 건가요?
– 학생: 저는 사실대로 말하지 않겠습니다.</td><td>► 학생들의 의견을 칠판이나 스크린에 기록, 내용의 진위여부와 관련성을 하나하나 점검함.</td></tr>
<tr><td>가치
원리
검사</td><td>► 가치 원리 형식화
– 교사: 여러분의 결정을 간단하게 정리하면, '지금 당장의 위기를 모면하기 위해 솔직하게 말하지 않아도 괜찮다' 혹은 '정직의 가치를 따르지 않아도 된다'라고 말할 수 있겠군요?
– 교사: 그렇다면 여러분의 결정이 과연 '도덕적'이라고 말할 수 있는지 점검해보겠습니다.
► 새 사례 검사
– 교사: 먼저 여러분의 결정을 이 상황과 비슷한 상황에도 동일하게 적용할 수 있는지 살펴보겠습니다.
– 교사: 예컨대 만약 청소하기 싫어서 엄마가 아프다고 말하고 도망간 친구의 행동을 용납할 수 있나요?
– 학생: 모두 다 힘든데 자신만을 위해 거짓말을 하는 행동을 용납할 수 없습니다.</td><td>► 학생들이 가치 원리를 스스로 형식화하도록 유도할 수도 있고, 어려워 할 경우 교사가 예를 보여줄 수 도 있음.

► 학생들이 스스로 논리적으로 유사한 상상의 혹은 실제 사례를 만들어낼 수 있음.</td></tr>
</table>

전개	가치 원리 검사	▶ **역할교환 검사** – 교사: 다음으로 상대방과 입장을 바꿔서 생각해 봅시다. – 교사: 만약 내가 친구들의 입장, 선생님의 입장이라면, 나의 잠정적 결정을 지지할 수 있나요? – 학생: 그 결정을 지지할 수 없고, 정직하지 못한 친구와 친하게 지내고 싶지도 않습니다. ▶ **포함관계 검사** – 교사: 사람들의 일반적인 생각에 비추어 봤을 때, 나의 결정이 받아들여질 수 있는지 따져봅시다. – 교사: 사람들은 일반적으로 '자신의 이익을 위해 거짓말을 하는 것은 옳지 않다'고 말합니다. 이러한 생각에서 볼 때, 나의 결정은 옳은가요? (대전제) – 학생 1: 위기를 모면하기 위해 솔직하게 말하지 않는 것은 자신의 이익을 위해 거짓말을 하는 것입니다. (소전제) – 학생 2: 위기를 모면하기 위해 솔직하게 말하지 않는 것은 옳지 않습니다. (결론) ▶ **보편적 결과 검사** – 교사: 마지막으로 모든 사람이 나와 같은 결정을 했을 경우, 어떤 일이 일어날 수 있는지 살펴봅시다. – 학생 1: 신뢰가 무너질 것입니다. – 학생 2: 신뢰에 토대를 둔 사회체제가 엉망이 될 것입니다. – 교사: 여러분은 과연 이와 같은 결과를 받아들일 수 있나요?	▶ 자신과 이해관계가 상충하는 대상을 학생들이 직접 탐색할 수 있음. ▶ 가치 판단 상황과 관련하여 형식화한 가치 원리 보다 상위에 위치한 도덕 원리를 학생 스스로 탐색해 보도록 유도할 수 있음 ▶ 예상되는 결과를 다양하게 상상하되, 학생들이 예상한 결과가 과연 타당한 결과인지 따져봄.
정리	최종 가치 결정	▶ **가치 원리 검사 결과를 토대로 자신의 행동 최종 결정** – 교사: 지금까지 4가지 검사를 통해 여러분의 잠정적 결정이 과연 도덕적 기준을 통과할 수 있는지 확인해보았습니다. – 교사: 여러분은 최종적으로 어떤 결정을 내릴 건가요? – 학생 1: 위기를 모면하기 위해 거짓말을 해서는 안됩니다. – 학생 2: '정직'의 가치를 추구하고 따라야 합니다. ▶ **가치분석의 과정을 통해 배운 내용 정리** – 교사: 여러분은 이 활동을 통해 무엇을 배웠나요? – 학생 1: '정직'의 가치를 따라야하는 이유에 대하여 깊이 생각해보았습니다.	▶ 수업의 목표가 가치분석의 과정을 가르치는 것일 경우, 유사한 상황을 제공하여 학생 스스로 연습해보게 할 수 있음. ▶ 연습한 수업 결과물은 회수하여 평가 자료로 활용할 수 있음.

		– 학생 2: 나의 행동은 도덕적 가치에 근거했을 때 정당화될 수 있다는 것을 배웠습니다. – 학생 3: 어떻게 행동할지 고민되는 상황에서 올바른 행동을 결정하는 방법을 배웠습니다. – 교사: 그럼 유사한 상황을 하나 더 보여드리겠습니다. 이 상황에서 어떻게 행동하고, 어떤 가치를 따를지 스스로 결정해봅시다.	
	차시 예고	▶ 다음 시간에 학습할 내용을 안내한다.	

5. 활용상의 유의점과 교사의 역할

앞서 살펴본 것처럼 가치분석 모형의 핵심은 '수집된 사실적 정보의 진위여부 및 관련성 평가', '가치 원리 검사'이다. 즉 교사는 가치분석 모형을 활용하여 도덕 수업을 진행할 때, 다음과 같이 이 두 단계에 특히 유의해야 한다(이석호 외 역, 1989: 111-130; 김재식, 2007: 95-138; 정창우, 2001: 207-223).

첫째, 가치 판단 상황과 관련된 사실적 정보를 최대한 많이 제출하도록 학생들을 격려해야 한다. 모든 수업이 그러하겠지만 가치분석 모형은 교사와 학생 간의 상호 작용이 매우 중요하다. 만약 학생들이 이 상황에서 어떻게 행동해야 할지를 결정하는 데 영향을 미치는 그 어떠한 정보도 제출하지 않을 경우, 잠정적 결정을 위한 토대가 마련되지 않기 때문에 그 이후의 단계를 진행하는 데 문제가 발생할 수 있다. 따라서 교사는 우선 학생들이 자신의 생각과 견해를 자유롭게 말할 수 있는 분위기와 학습 환경을 조성하는 것이 중요하다.

이를 위해 손을 들고 발표하게 하는 방법을 넘어, 학생들의 의견을 수집할 수 있는 교사 자신만의 수업 노하우가 필요하다. 예컨대 학급의 모든 학생들에게 포스트잇을 나누어준 후, 가치 판단 상황과 관련된 사실적 정보를 1가지 이상 쓰고 칠판에 붙이도록 하면 20~30개의 정보가 손쉽게 모이게 된다. 이러한 방법들을 통해 많은 양의 사실적 정보가 수집되면 같은 범주의 정보들을 분류한 후, '수집된 사실은 과연 이 상황과 관련이 있는가?', '이것이 사실이라는 것을 어떻게 알 수 있는가?', '이것이 사실이라는 것을 나타내는 어떤 증거가 있는가?', '이것이 사실이라고 누가 말했는가?', '우리는 이 사람이 말한 것을 왜 믿어야 하는가?', '다른 전문가들도 그가 말한 것과 의견을 같이 하는가?'등의 질문을 던지면서 각각의 진위 여부와 관련성을 하나하나 따져가야 한다.

둘째, 교사는 학생들의 수준과 반응을 고려하면서 4가지 가치 원리 검사에 주체적으로 참여할 수 있는 구체적인 방안을 가지고 있어야 한다. 가치분석 모형을 도덕 수업에 잘못 적용할 경우, 특히 교사의 개입이 지나칠 경우 수업의 진행이 획일적인 담론으로 끝나버릴 수도 있다. 도덕 수업을 진행하는 교사는 자신이 학생들에 비해 도덕적 가치에 대한 보다 성숙한 이해를 가지고 있다고 생각하기 마련이다. 따라서 이러한 생각이 수업에 강하게 반영될 경우, 교사가 특정 가치 원리 검사와 관련된 질문(예: 입장을 바꾸어 생각했을 때, 나의 결정을 받아들일 수 있나요?)을 던지면 학습자가 이에 '네' 혹은 '아니오'의 형태로 응답하고, 응답한 내용에 대하여 교사가 옳고 그름을 평가한 후 피드백을 주는 형태(예: 잘했어요!)의 획일적인 담론(IRE: initiate, respond, evaluate)이 될 가능성이 크다.

이러한 방식의 도덕 수업은 도덕적 권위를 가진 교사의 정당화 방식에 학생들이 일방적으로 동조하는 형태로 흘러가기 쉽다. 최종적으로 외부의 권위에 의존하지 않고 모든 사람의 입장을 동등하게 고려하면서 자율적이고 합리적으로 판단하여 실천할 수 있는 자율적 도덕성을 지향하는 우리나라 도덕과 교육의 목표로 미루어 볼 때, 도덕적 가치에 대한 교사 주도의 정당화 방식은—도덕 수업을 진행하는 가장 일반적인 방법임에도 불구하고—별로 바람직하지 못하다.

따라서 교사는 학생들을 4가지 가치 원리 검사에 어떻게 하면 보다 적극적으로 참여시킬 수 있을지에 대해 항상 고민해야 한다. 예컨대 새 사례 검사의 경우, 학생들로 하여금 형식화된 가치 원리 혹은 행위 준칙이 적용될 수 있는 유사한 사례들을 스스로 만들어보도록 유도해야 한다. 역할교환 검사의 경우, 나의 행동에 영향을 받는 사람들이 누구인지 스스로 밝히고, 내가 그들의 입장이 되었을 때 어떤 생각이 들고 어떠한 정서가 발현되는지 구체적으로 상상해보도록 해야 한다.

포함관계 검사의 경우, 가치 판단 상황과 관련하여 누구나 상식적으로 받아들일 수 있는 도덕 원리(예: 거짓말을 하는 것은 도덕적으로 옳지 않다.)를 학생 스스로 발견하고, 이 도덕 원리를 대전제로 삼아 자신의 가치 원리(예: '지금 당장의 위기를 모면하기 위해 솔직하게 말하지 않는 것'은 거짓말이다.)가 타당하게 연역될 수 있는지 직접 추론해보도록 해야 한다(예: 따라서 위기를 모면하기 위해 솔직하게 말하지 않는 것은 도덕적으로 옳지 않다.). 마지막으로 보편적 검사 결과는 자신의 행위 준칙이 보편적으로 적용되었을 때 예상되는 결과(예: 아무도 서로를 믿지 않을 것이다 등)를 다양하게 상상하되, 예상한 결과가 과연 타당한 결과인지에 대하여 동료들과 함께 따져보도록 해야 한다.

만약 학생들이 가치 원리 검사를 어려워한다면 역할교환 검사와 같이 비교적 쉬운 검사부터 실시하되, 모든 검사를 무리하게 진행하여 오히려 학생들을 혼란스럽게 하거나 가치분석과 도덕 수업에 대한 흥미를 잃지 않도록 유의해야 한다.

참고문헌

고대혁 외(2019),『도덕교육, 어떻게 할 것인가』, 경기: 양서원.

김재식(2007),『논리와 가치 교육』, 서울: 울력.

김항인(2017), "도덕과 토론수업 모형의 분석과 활용",『초등도덕교육』 제56집, 한국초등도덕교육학회, 1-19.

설재풍(207),『가치분석과 명료화』, 경기: 한국학술정보(주).

정창우(2001), "피아제와 비고츠키 이론의 도덕 교육적 함의에 관한 연구",『도덕윤리과교육』 제13호, 한국도덕윤리과교육학회, 207-223.

Hersh, R. H., Miller, J. P. & Fielding, G. D.(1980), *Model of moral education*, 이석호 외 역(1989),『도덕·가치교육의 교수모형』, 경기: 교육과학사.

제6절 가치갈등 모형

1. 개념 및 이론적 배경

우리는 일상에서 도덕적으로 갈등되는 상황을 종종 겪는다. 이때 갈등 상황을 해결하는 과정에서 한 가지 도덕적 가치를 적용해 문제 상황을 쉽게 해결하기도 하지만, 대부분의 문제 상황들은 두 가지 이상의 가치가 충돌하여 갈등 상황을 맞이한다. 이는 곧 어떠한 가치를 기준으로 판단을 내리는 것이 옳은 것인가에 대한 고민을 함께 안겨준다. 이러한 갈등 상황에서 주어진 가치 요소들을 파악하고 이를 합리적으로 해결하기 위해 가치갈등 수업모형을 활용할 수 있다.

'가치(價値)'란 일반적으로 '사물이 지니고 있는 쓸모', '대상이 인간과의 관계에 의하여 지니게 되는 중요성' 그리고 '인간의 욕구나 관심의 대상 또는 목표가 되는 진(眞), 선(善), 미(美) 등을 통틀어 이르는 말'(표준국어대사전)등을 의미한다. 쉐이버(J. Shaver)는 가치란 "어떤 것의 진가를 판단하기 위한 기준 및 원칙이며, 이에 따라 우리가 '무엇(사람, 물건, 생각, 행동, 상황)'을 좋다, 나쁘다, 훌륭하다, 바람직하다, 무익하다라고 판단하거나 혹은 그 어딘가에 해당한다고 판단하는 표준을 이룬다."고 정의한다. 이러한 의미에서 가치는 갈등 상황에 놓인 우리 스스로가 어떠한 결정을 내리는 데 있어서 중요한 판단 기준으로 작용한다(Shaver & William Strong, 1976: 15; Hersh, 강두호 역, 2013: 55에서 재인용).

가치갈등 모형은 올리버(D. Oliver)와 쉐이버(J. Shaver)의 법리적 모형(Jurisprudential Model)에 이론적 기초를 두고 있다. 올리버와 쉐이버는 현대 사회에서 발생하는 다양하고 복잡한 논쟁적 문제들을 해결하기 위해 합리적인 의사결정을 내리고 공정한 입장에서 문제 사안들을 판단할 수 있는 유능한 재판관과 같은 시민들의 모습이 필요하다고 생각한다. 그리고 사람들이 살아가는 사회에서 발생하는 대다수의 논쟁이나 갈등의 문제들은 정의의 문제(definitional problem)와 가치의 문제(value problem) 그리고 사실의 문제(factual problem)를 중심으로 발생한다고 보았다. 여기에서 정의의 문제는 가치갈등 상황에서 관련된 사람들 사이에 사용되는 가치 용어나 개념이 서로 다른 의미로 사용될 때 발생하는 문제를 말하며, 가치의 문제는 문제 상황 안에 놓인 사람들 각자 지지하는 가치 입장에 대한 차이로 인해 발생하는 문제를 뜻하고, 사실의 문제란 어떠한 견해 또는 가치 주장의 타당성을 입증할 경험적이고 사실적인 근거들이 확보 가능한가를 두고 발생하는 문제를 의미한다(Oliver & Shaver, 1966: 114-115; 유병열, 2003: 396에서 재인용).

우리가 가치갈등 상황 속에 놓여진 논쟁이나 갈등의 문제들을 합리적으로 해결해 나아가는 과정에는 위의 세 가지 문제 상황들을 고려해야 한다. 즉, 가치갈등 상황에서 사용되고 있는 개념이나 용어의 의미를 명확하게 하는 것, 각자가 주장하는 가치 입장을 지지할 수 있는 사회적 가치규범이나 도덕 원리가 무엇이 있는지에 대해 아는 것, 어떤 가치의 입장이 더 우선적으로 고려되어야 하는지에 대해 검토하는 것, 마지막으로 충돌하는 지점의 주장들이 사실적 증거에 따라 그 타당성을 확보하는 과정들이 뒷받침 되어야 하는 것 등이다. 올리버와 쉐이버는 이러한 관점들을 바탕으로 세 가지 문제에 관한 차이를 해소하면서 합리적 합의(rational consent)를 이루고, 가치갈등 해결에 이르는 과정을 8단계의 과정과 절차로 제시하였다. 그들이 제시한 구체적인 단계는 ① 구체적인 사태로부터 일반적 가치의 추출 ② 일반적 가치의 차원화 ③ 가치 간의 갈등 확인 ④ 가치갈등의 유형화 ⑤ 당면한 사태와 유사한 다른 사태의 발견 또는 창안 ⑥ 자신의 타당한 가치 입장 결정 ⑦ 자기 입장의 사실적 가정 검사 ⑧ 진술의 적합성 검사 등을 포함한다(Oliver & shaver, 1966: 116-130; 유병열, 2003: 396-397; 고대혁 외, 2014: 274에서 재인용).

올리버와 쉐이버의 법리적 모형은 도덕과 수업에 맞게 활용할 수 있도록 수정 · 보완되었다. 올리버와 쉐이버의 모형의 기본 틀은 유지하면서 도덕과의 수업에 맞게 도덕적 문제 상황 안에서 갈등이 일어나는 가치들에 대해 탐색하고, 이에 대한 입장 선택 및 정당화 그리고 대안 탐색으로 이어지는 수업 과정으로 구성되어 운영되었다.[1)] 이처럼 가치갈등 모형은 학생들이 실생활에서 겪을 수 있는 도덕적 문제

1) 서강식(2001)은 ① 구체적인 가치 갈등 사례의 제시와 관련된 규범의 확인 ② 문제 사태의 성격 규명과 관련 규범의 선택 예상 결과에 대한 예상 ③ 자신의 입장 선택과 이에 대한 정당화의 3단계로 제시하였으며, 유병열은(2003) ① 도덕적 문제 사태 제시하기 ② 관련 규범 확인하기 ③ 관련 규범의 의미 파악하기 ④ 문제 사태의 성격 분석하기 ⑤ 자기 입장을 선택하고 정당화하기 ⑥ 자기 입장의 수정 및 대안 찾기의 6단계로 구성하였다. 노희정(2012)은 올리버와 쉐이버 모델과 교사용 지도서에 제시된 가치갈등 수업모형을 비교 검토하여 ① 가치 갈등 사태 제시하기 ② 관련 가치의 확인 및 의미 파악하기 ③ 사실 근거의 타당성 검토하기 ④ 잠정적 가치 입장의 선택 및 정당화하기 ⑤ 잠정적 가치 입장을 지지하는 사실 가정 검증하기 ⑥ 최종적인 가치 입장의 선택 및 정당화하기의 6단

상황 또는 가치갈등 상황에서 갈등의 원인과 개념을 명확하게 하고, 상황에 맞는 가치판단 그리고 이를 통한 합리적 해결 방안을 모색할 수 있도록 연습하는 기회를 제공한다. 이때, 학생들은 갈등 상황에서 충돌하는 가치의 의미에 대해 깊이 탐색할 수 있으며, 올바른 가치판단을 내리는 연습을 통해 도덕적 판단 및 추론 능력을 기를 수 있다.

2. 도덕과 수업에서 활용상의 의의와 유용성

가치갈등 모형은 도덕 수업에서 도덕적 갈등 상황에 놓여있는 다양한 주제에 활용할 수 있으며, 다음과 같은 유용성을 갖는다.

첫째, 가치갈등 모형은 학생들에게 다양한 가치에 대한 개념을 명확히 하고, 도덕적 문제 상황 혹은 갈등 상황을 해결하기 위해 필요한 가치의 우선순위를 판단할 수 있도록 도덕적 판단 능력 및 도덕적 추론 능력을 형성시키는 데 유용하다. 또한 가치 판단 능력의 향상은 도덕과의 교과 역량 중 '도덕적 사고 능력'과 '도덕적 대인 관계 능력'(교육부, 2015: 3)형성에 기여할 수 있다. 교사는 가치갈등 수업모형을 활용하여 학생들이 일상의 문제들을 도덕적으로 인식하고 상황에 맞는 도덕적 판단 및 추론의 탐구 과정을 거쳐 타당한 근거들을 바탕으로 옳고 그름을 분별할 수 있도록 하고, 타인과의 갈등 상황을 원만하게 해결하며, 함께 더불어 살아갈 수 있는 소통능력을 형성시켜주기 위해 노력해야 한다.

둘째, 가치갈등 모형은 '도덕적 가치 · 덕목'에 대해 이해하고, 이를 바탕으로 올바른 의사결정을 내리도록 하는 데 의미 있게 활용할 수 있다. 학생들은 가정 · 학교 · 이웃 · 온라인 공간 등에서 갈등 상황을 맞이할 가능성이 높다. 이때 가치갈등 모형은 학생들에게 도덕적 갈등 상황을 파악하고, 갈등하는 가치 개념을 명료화하고 합리적인 판단 및 의사결정을 내리도록 하는 데 도움을 줄 수 있다. 즉, 학생들은 가치갈등 모형을 통해 갈등 상황 속에 놓인 가치들의 의미를 파악하고, 문제 상

계로 제시하였다. 고대혁 외(2014)는 유병열이 제시한 6단계 중 4단계와 5단계 사이에 '양립된 입장의 결과 예상하기'를 추가하여 가치 갈등 수업을 위한 수업 모형 단계를 7단계로 제시하였다.

황에서 가장 합리적으로 해결할 수 있는 방안들을 모색해 볼 수 있으며, 입장 선택과 그 근거 제시를 통해 다양한 관점들을 확인해 볼 수 있다. 그리고 이를 토대로 주어진 갈등 상황 또는 도덕적 문제 상황 속에서 어떠한 선택이 가장 합리적이고 올바른 선택인가에 대해 분석하고 평가를 내리게 된다. 이에 대한 연습의 과정은 학생들에게 유사한 갈등 상황에서 올바른 판단을 내리게 하는 데 유의미하게 작용할 것이다. 따라서 교사는 가치갈등 모형을 '다른 사람의 관점 채택하기' 또는 '도덕적 갈등 해결하기'의 기능 향상을 목표로 하는 도덕 수업에서 활용할 수 있을 것이다(교육부, 2015: 7).

3. 모형의 구조

가치갈등 모형은 앞서 제시한 바와 같이 6-7단계의 형태로 구성하여 활용되어 왔다. 여기에서는 7개의 단계로 제시한다. 아래의 절차와 단계는 7개의 수업 과정[2)] 에 맞추어 구성된 것이다.

2) 앞서 밝힌 바와 같이 가치갈등 모형의 단계는 다양하게 활용되었으나, 여기에서는 고대혁 외(2014)에서 제시하고 있는 7단계를 바탕으로 구성하였다. 이는 학생들이 자신의 입장을 최종적으로 선택하기 이전에 각자 양쪽 입장을 선택했을 때 발생할 수 있는 결과를 예측해 봄으로써 자신의 입장 선택에 대한 타당한 근거를 탐색하는 데 도움을 줄 수 있기 때문이다.

단계	내용
도덕적 문제 사태 제시	• 가치 갈등이 내재되어 있는 갈등 혹은 문제 상황을 제시 - 학생들에게 두 가지 이상 가치 갈등이 내재되어 있는 실제 사례 혹은 가상의 문제 상황을 제시
관련된 규범 확인하기	• 도덕적 문제 상황 혹은 갈등 상황 속에 포함되어 있는 가치 요소 찾기 - 갈등을 일으키는 규범들이 무엇인지 명확하고 분명하게 파악
관련된 규범의 의미 파악하기	• 규범이 의미하는 바를 명확하게 인식 - 가치 용어와 개념의 의미를 명확하게 정의 - 왜 소중하고 추구할 만한 가치인가? 와 같은 물음에 대한 답을 찾기
문제 사태의 성격 분석하기	• 문제 사태가 가지고 있는 사실관계와 상황적 특성 및 맥락을 분석 - 문제 상황이 벌어지고 있는 상황의 특성 분석 - 가상적 상황을 통한 검토
양립된 입장의 결과 예상하기	• 양쪽의 입장 선택에 따른 결과를 예측해 보기 - 자신의 입장을 선택하기 전에 양쪽 입장 각각 선택에 따라 발생할 결과 예측
자기 입장을 선택하고 정당화하기	• 자신의 입장을 정하고 정당화하기 - 양쪽 입장 중 자신의 입장을 선택하고, 타당한 근거 제시하기
자기 입장의 수정 및 대안 찾기	• 자신이 선택한 입장 수정 및 새로운 대안 찾기 - 토론을 통한 여러 입장에 대한 근거 확인 및 입장 수정 - 수정된 입장에 대한 이유 밝히기 - 더 나은 새로운 대안 탐색 활동

4. 모형 활용의 실제

<table>
<tr><th colspan="2">단계</th><th>교수 · 학습 활동 내용</th><th>자료 및 유의점</th></tr>
<tr><td rowspan="2">도입</td><td>동기 유발</td><td>► 가치 갈등이 내재되어 있는 지식채널e의 '남겨진 논쟁(안락사에 대한 논쟁이야기)'을 보여주고, 영상 속에서 벌어지는 갈등 상황 또는 문제에 대해 함께 이야기 나눈다.
– 교사: 영상 속에 사람들 그리고 국가마저도 고민하는 내용은 무엇인가요?
– 학생: 안락사를 허용하자는 입장과 이를 허용하면 안된다는 입장에 관련한 내용입니다.
– 교사: 이러한 갈등 상황이 여러분 앞에 펼쳐진다면 어떤 선택을 할 것 같은가요?
– 학생: 많이 고민이 되겠지만, 상황에 맞는 판단을 내리고 옆에 있는 사람들과 논의하여 결정할 것 같습니다.
– 교사: 만약, 여러분이 스스로 안락사를 선택해야 하는 상황이 온다면? 또는 뇌사 상태에 빠진 '나'를 보며, 가족들이 이에 대해 어떤 결정을 할지 고민하고 있다면? 여러분은 어떤 선택을 하게 될까요?</td><td>► 가치 갈등이 내재되어 있는 갈등 상황 혹은 문제 상황을 제시해 학생들의 학습 동기가 일어나도록 지도.</td></tr>
<tr><td>학습 목표</td><td>► 안락사와 관련된 윤리적 쟁점을 이해하고, 이에 대한 자신의 입장과 근거를 말할 수 있다.</td><td></td></tr>
<tr><td rowspan="2">전개</td><td>도덕적 문제 사태 제시</td><td>► 가치 갈등이 내재되어 있는 갈등 혹은 문제 상황 제시
안락사의 대표적인 논쟁이 되었던 테리 샤이보 사건을 들려준다.(갑자기 쓰러져 식물인간이 된 샤이보를 돌보던 남편이 자신이 불의의 사고를 당하더라도 인공적인 방법으로 생명을 유지하지 않도록 해 달라던 샤이보의 말을 기억하고, 생명 유지 장치를 제거, 급식 중단한 사례. 이때 샤이보의 부모와 법정 싸움을 하게 됨)(미래엔, 2018: 51)</td><td>► 가치 갈등이 내재된 다른 상황, 예를 들면, 친구와의 갈등 상황이나 생명윤리 안에서 낙태 및 뇌사와 관련된 문제들도 활용 가능.</td></tr>
<tr><td>관련된 규범 확인 하기</td><td>► 도덕적 갈등 상황 속에 포함되어 있는 가치 요소 찾기
– 교사: 샤이보 남편과 샤이보 부모 사이에 왜 갈등이 발생했나요?
– 교사: 샤이보 남편은 왜 생명유지장치를 제거하려했나요?
– 교사: 샤이보의 부모는 생명유지장치를 유지하고, 급식을 지속해야 한다고 했을까요?</td><td>► 학생들이 질문 속에서 도덕적 가치를 스스로 언급하도록 유도함.</td></tr>
</table>

전개	관련된 규범의 의미 파악하기	▶ **가치 용어와 개념을 명확하게 파악하기** – 교사: 생명 존중이란 무엇일까요? – 교사: 어떠한 행동이 생명을 존중하는 것일까요? 생명이 소중하고 추구할 만한 가치인 이유는? – 교사: 샤이보의 남편은 왜 연명치료를 중단하려고 할까요? – 교사: 가족과 환자가 더 고통받지 않을 선택은 무엇일까요?	▶ 갈등을 일으키는 가치 용어의 개념(환자의 자율성 존중, 생명의 가치, 의료인의 책무 등)을 명확하게 하고, 이해 할 수 있도록 설명.
	문제 사태의 성격 분석 하기	▶ **문제 사태가 지닌 사실 관계와 상황적 특성 및 맥락 분석** – 교사: 샤이보가 식물인간이 되기 전 남편에게 정말 간곡하게 부탁했었다면? – 교사: 의료진이 샤이보의 부모에게 샤이보를 살릴 책무가 있으며, 살릴 수 있는 노력을 하겠다고 말한다면?	▶ 교사는 학생들의 다양한 입장들을 양립된 입장(갈등을 일으키는 양쪽 입장)으로 정리 될 수 있도록 유도
	양립된 입장의 결과 예상 하기	▶ **양쪽의 입장 선택에 따른 결과를 예측해 보기** – 교사: 샤이보 남편처럼 연명치료와 급식을 중단하였을 때, 어떤 결과가 나올까요? – 교사: 샤이보 부모님처럼 연명치료와 급식을 지속하였을 때, 어떤 결과가 나올까요? ▶ **안락사 찬성/반대하는 입장 정리** – 교사: 안락사를 찬성하는 입장(샤이보 남편)에서는 환자의 자율성과 삶의 질을 중요시 해요. 이는 공리주의 관점에서도 설명할 수 있는데, 연명치료를 지속하는 것은 환자 본인과 가족에게 심리적 · 경제적 부담을 줄 수 있고, 제한된 의료 자원을 효율적으로 사용해야 하는 사회 전체 이익에도 부합되지 않아요. – 교사: 안락사를 반대하는 입장에서는 모든 인간의 생명은 존엄하며, 인간은 자신의 죽음을 인위적으로 선택할 권리를 갖고 있지 않다고 주장해요. 자연법 윤리와 의무론의 관점에서 볼 때, 삶이 고통스럽다는 이유로 죽음을 인위적으로 앞당기는 것은 인간의 존엄성을 훼손하는 것이예요. 또한 의료인의 기본 의무는 생명을 살리는 것이며, 이는 의료인의 책무이기도 해요.	▶ 양립된 입장을 선택하였을 때, 발생할 수 있는 결과들을 공리주의와 자연법 윤리 및 의무론의 관점에서 예상해 볼 수 있도록 지도.
	자기 입장의 수정 및 대안 찾기	▶ **학생들이 선택한 입장의 타당성 및 대안 모색** – 교사: 친구들과의 논의 과정에서 생각이 바뀐 친구가 있나요? 바뀌었다면 그 이유는 무엇인가요? – 교사: 양쪽 입장에 따른 근거뿐만 아니라 양쪽 입	▶ 양쪽 입장 외에도 제3의 대안이 있는지 학생들이 새로운 의견들을 낼 수 있도록 지도.

		장을 아우를 수 있으면서, 새로운 대안을 제시한 친구 있나요? 있다면, 함께 의견을 공유해 봅시다.	
정리	내용 정리 및 평가	▶ 오늘 배운 내용을 정리한다.	
	차시 예고	▶ 다음 시간에 학습할 내용을 안내한다.	

5. 활용상의 유의점과 교사의 역할

가치갈등 모형은 일상생활에서 겪을 수 있는 다양한 갈등 상황 또는 논쟁 상황들에 대한 이해의 준거들을 탐색할 수 있고, 그 안에서의 논의 과정을 통해 합리적으로 판단하고 해결할 수 있는 힘을 기를 수 있다는 특징을 갖는다. 이러한 특징들을 도덕 수업에서 의미 있게 활용하기 위해 교사는 아래와 같은 몇 가지 사항에 유의해야 한다.

첫째, 교사는 학생들이 다양한 측면에서 생각해보고, 이를 종합하여 올바른 판단을 내릴 수 있도록 도와야 한다. 가치갈등 수업은 갈등 문제 상황에서 이에 대한 합리적인 기준을 마련하고, 상황에 맞는 올바른 판단을 내릴 수 있는 힘을 길러주는데 목적을 두고 있다. 그러나 간혹 서로 옳다고 여기는 가치들에 대한 양쪽 입장이 강하게 맞설 때, 결론이 나지 않는 수업으로 끝날 수 있다. 이때, 교사는 학생들이 한 쪽의 입장을 선택하고 그에 따르는 결론을 내는 것에만 목적을 두고 진행하는 것이 아니라, 학생들이 가치갈등을 해결해 나아가는 과정 속에서 사고와 추론의 질적 성장을 이룰 수 있도록 이끌어야 한다(유병열, 2003: 400-401).

둘째, 교사는 학생들 스스로 가치의 개념을 탐색하고, 이를 통해 자신이 선택한 입장을 정당화할 수 있는 과정들을 탐구할 수 있도록 이끌어야한다. 가치갈등 수업은 교사가 중심이 되어 가치 개념을 설명하거나 가치갈등을 해결할 수 있는 해결 방안을 제시하는 설명식 수업이 아니다. 가치갈등 모형은 학생 스스로 사실 근거들을 직접 검증해보고, 선택한 가치 입장에 대한 타당한 근거들을 정당화하는 과정들을 거쳐 합리적인 의사결정력 뿐만 아니라 정의적인 태도를 길러주는 탐구식 수업을 지향한다. 따라서 교사는 학생들로 하여금 가치갈등 문제를 해결해 나가는 과정 안에서 스스로 입장을 취하게 하고, 그 입장의 부적절함도 깨달을 수 있는 과정을 통해 합리적 의사결정, 관용과 화합의 정신, 탐구의 정신, 개방적인 토론의 자세를 갖출 수 있도록 지도해야 한다(노희정, 2012: 128-129).

참고문헌

고대혁 외(2014),『도덕교육의 체계적 이해』, 경기: 양서원.

교육부(2015),『도덕과 교육과정』, 교육부 고시 제2015-74호.

노희정(2012), "가치갈등 해결 수업모형의 한계와 그 개선 방안",『도덕교육연구』제24권 2호, 한국도덕교육학회, 111-133.

미래엔(2018),『생활과 윤리』, 서울: 미래엔.

서강식(2001),『도덕과 교육론』, 서울: 양서원.

유병열(2003),『도덕과 교육론』, 서울: 양서원.

Hersh, R. H., Miller, J. P., & Fielding, G. D., 강두호 옮김(2013),『도덕교육의 6가지 모형』, 서울: 역락.

Oliver, D. W., & Shaver, J. P.(1966), *Teaching Public Issues in the High School*, Boston: Houghton Mifflin Company.

Shaver, J. P., & Strong, W.(1976), *Facing value Decision: Rationale Building for Teachers*, Belmont, Calif.: Wadsworth.

제7절 가치명료화 모형

1. 개념 및 이론적 배경

가치명료화 모형은 특정한 가치를 전달 혹은 주입하는 기존의 가치 교육 방법[1]에 대해 반기를 들고 1978년 래스(Rath, L. E.)와 하민(Harmin, M.), 사이먼(Simon, S. B.)이 발표한 새로운 가치교육 방법이다. 그들은 1966년『가치와 교육(Values and Teaching)』에서 처음으로 '가치명료화 접근(values clarification approach)'을 발표하면서 미국 교육에서 상당한 인기를 끌기 시작하였고(Kirschenbaum, H. 1975: 71), 1978년 학교에서 활용 가능한 가치 교육 방법 및 전략을 담은『가치를 어떻게 가르칠 것인가: 가치명료화 이론과 교수 전략(Values and Teaching: Working with Values in the Classtoom)』을 발표하면서 학교 교육에서 가치명료화의 구체적인 적용 방법들이 활발하게 논의되기 시작하였다.

가치명료화는 엄격한 금욕주의를 특징으로 하는 기독교적 전통 위에 건립된 미국이 세계대전과 경제 대호황 및 공황, 가정의 변화, 교통·통신의 발달 등에 의하여 가치관의 혼란이 발생하며, 지금까지 도덕적으로 옳다고 여겨진 가치가 실제로 옳은 것이라고 규정할 수 있는지, 옳다고 해도 그것을 학교에서 가르쳐도 되는지 등 기존의 가치 교육에 대한 회의로부터 출발하였다. 래스와 하민, 사이먼(1978; 정선심, 조성민 역, 1994: 45)은 가치를 확고부동한 신념이 아닌 어떤 특정한 환경에서의 경험의 결과로 나타나는 생활양식으로 정의하고, 한 개인이 처한 시간과 공간에 따라 어떠한 경험을 갖게 될 것인지, 그리고 어떤 가치나 생활양식이 그에게 가장 적합한지 확신할 수 없기 때문에, 가치를 획득하는 가장 효과적인 과정에만 관심을 기울여야 함을 역설하였다. 즉 가치명료화는 역동적인 사회의 변화로 인하여 무엇이 옳은 것인가에 대한 합의가 어려운 가치 혼란의 시대에서, '가치(value)' 자체를 교육하는 것을 거부하고 학습자가 스스로 자신의 가치를 발견하고 선택하여

1) 미리 정해진 옳은 가치를 다른 사람에게 주입하는 '모범을 보여주기, 설득하기, 선택을 제한하기, 감동하게 하기, 규칙과 규율을 정하기, 예술과 문학을 이용하기, 문화 혹은 종교적 신조를 이용하기, 양심에 호소하기(Rath et al, 1978; 정선심, 조성민 역, 1994: 63-65)'가 이에 해당한다.

추구할 수 있는 과정인 '가치화 과정(process of valuing)'을 가르치는 것을 목적으로 한다.

가치화 과정은 다음과 같은 7가지의 과정으로 나타나는데, 이는 가치 징표(value indicators)[2)]와 달리 가치로 불리기 위해서 갖추어야 할 7가지의 '조건'으로 명명되기도 한다(위의 책: 45-48).

(1) 자유롭게 선택한다.
(2) 여러 가지 대안 중에서 선택한다.
(3) 각 대안의 결과를 신중하게 숙고한 후에 선택한다.
(4) 선택을 존중하고 소중하게 여긴다.
(5) 선택을 다른 사람들에게 기꺼이 공언한다.
(6) 선택에 따라 행동한다.
(7) 반복적으로 행동함으로써 자신의 생활양식으로 굳힌다.

가치명료화는 학습자로 하여금 그들이 지닌 가치가 무엇인지 명료하게 인식할 수 있도록, 그리고 선택한 자신의 가치를 소중하게 여겨 가치와 행동이 일관성이 있도록 도와주는 가치교육의 한 방법이다(Rath, Harmin & Simon, 1978; 서강식, 2000: 254 재인용). 따라서 가치명료화에서는 학생들 각자가 발견하고 선택한 가치를 무조건 있는 그대로 인정하고 수용하며 존중해야 한다. 이는 가치명료화가 첫째, 사람들이 스스로 결정을 내리는 법을 배울 수 있다는 민주주의의 개념, 둘째, 인간은 사려 깊고 현명하며 이러한 능력을 변화하는 세상과 맺는 관계를 정의하는 데 사용할 때 가장 적절한 가치가 드러난다는 인간성의 개념, 마지막으로 가치는 개인적이고 주관적이지만 완전히 자유롭게 선택된 것이 아니라면 결코 개인적이라 할 수 없다는 생각에 기초하고 있음을 보여준다(Raths, 1973; Murad, 2014: 56 재인용).

---

2) 래스와 하민, 사이먼(위의 책: 49-52)은 가치가 되기 위한 일곱 가지의 기준을 충족하지는 않지만, 가치에 가까운 그리고 가치를 가지고 있음을 암시해주는 것들, 가령 목적 또는 목표(goals and purposes), 포부(aspirations), 태도(attitudes), 관심(interests), 감정(feelings), 믿음과 신념(beliefs and convictions), 활동(activities), 근심(worries), 문제(problems), 장애물(obstacles)을 '가치 징표'라고 칭하였다.

이처럼 가치명료화는 개인의 자율적인 선택과 판단을 핵심으로 한다. 또한 학습자들이 가치화 과정을 통해 스스로 어떠한 가치에 도달했다면, 그것은 옳은 것이라는 상대주의적 관점에 입각해 있다. 더 나아가 가치명료화는 근본적인 문제의식에 있어서 각자 스스로 원하는 것이 가장 좋은 것이며 옳은 것이므로 존중해주어야 한다는 상대주의적 관용을 훌쩍 넘어서는 급진적 특성을 보여준다(고대혁 외, 2014: 28). 따라서 가치명료화는 '도덕적 가치'와 '도덕과 무관한 가치'를 구분하여 접근하지 않기 때문에, 가치 결정의 과정에서 도덕적 가치 결정과 도덕과 무관한 가치 결정에 동일한 가치화 과정이 적용되는 것은 심각한 문제라고 비판받는다(Lockwood, 노희정 역, 2018: 46).

2. 도덕과 수업에서 활용상의 의의와 유용성

가치명료화는 이미 옳은 것으로 결정된 가치를 학생들에게 주입하는 방법을 거부하고, 자신에게 가장 적절하고 또 옳은 것을 스스로 발견하고 선택할 수 있는 능력을 신장하는 교수 · 학습 모형이다. 따라서 가치명료화 모형을 도덕과 수업에서 활용하였을 때, 다음과 같은 효과를 기대할 수 있다(Rath et al., 정선심, 조성민 역, 1994: 406-413 발췌).

첫째, 가치명료화는 학생들이 인식할 수 있도록 새로운 주제를 제기하고, 인식과 이해를 확대할 수 있도록 사고를 자극한다. 가치명료화는 자신의 일상 속에서 겪는 문제에 주의를 기울이게 함으로써, 그동안 인식하지 못했던 가치문제에 직면하고 그에 대해 숙고하는 기회를 제공할 수 있다. 특히 도덕적 문제 사태에 가치명료화 모형을 적용하게 되면, 다양한 가치 간 갈등을 도덕적 선택과 실천을 통해 해결해보는 경험을 제공할 수 있다.

둘째, 개인적인 믿음과 목표에 따라 행동할 것을 강조하는 가치명료화는 때때로 경험적 행동과 행동에 대한 평가를 통해 발달을 이끌어낸다. 가치명료화는 자신이 선택한 가치를 반복적으로 실천함으로써 그러한 가치에 따른 생활양식(pattern)을 형성하는 것으로 완성된다. 이처럼 가치명료화는 선택한 가치에 대한 실제 행동을 직접적으로 다루는 통합적인 접근이기 때문에, 자신의 가치에 따라 행동하였는지에 대한 반성적인 숙고를 통해 자신의 선택이 실천으로 이어지도록 함으로써 도덕적 발달을 도모할 수 있다.

셋째, 여러 사람에게 이야기하고 생각을 나누는 것을 강조하는 가치명료화는 때때로 다른 수준의 사고를 경험할 수 있으며, 특히 교사의 이야기를 통해 가장 높은 수준의 사고에 노출됨으로써 성숙한 사고에 대한 자극 및 본보기를 제공할 수 있다. 가치명료화는 자신의 선택을 다른 사람들 앞에서 기꺼이 공언하는 과정을 포함하고 있다. 따라서 자신의 가치를 공언하고 타인이 선택한 가치에 대한 공언을 들으며 그에 대한 명료화 반응(clarifying response)[3]으로서 질문과 그에 대한 답변 과정에서 자신의 선택을 되돌아볼 수 있을 뿐만 아니라 더 높은 수준의 사고를 촉진할 수 있다.

넷째, 가치명료화는 자신의 가치를 존중하고 소중하게 여기는 과정을 포함함으로써 정의적인 영역을 폭넓게 포함하고 있다. 커셴바움(Kirschenbaum, H.)은 가치명료화의 과정을 '사고(thinking), 느낌(feeling), 선택(choosing), 소통(communication), 행위(acting)'로 확장하며, 비판적 사고의 기술을 정의적 영역에 적용하는 것에 관심을 쏟았다(Hersh et al., 강두호 역, 2013: 125). 이는 도덕적 판단 및 의사결정, 비판적 사고 능력 등을 신장하는 과정에서 도덕적 정서 능력을 함께 함양함으로써 통합적인 도덕적 자아를 발달시킬 수 있음을 시사한다.

마지막으로, 가치명료화는 교사들이 민감한 문제를 수업 시간에 다룰 수 있는 방법으로 활용될 수 있다. 가치명료화는 옳은 가치에 대한 최종적인 결정을 개인의 몫으로 유보한다. 즉 가치명료화는 비도덕성에 대해 생각해보고 그런 문제에 대한 각자의 가치관을 명료하게 정립할 수 있는 기회를 제공하는 것으로 끝이 나는 것이다(고대혁 외, 2014: 299). 이는 악덕을 미워하도록 교육하지 않는다는 점에서 비판을 받기도 하지만, 오히려 이러한 가치명료화는 다양한 도덕적 가치가 갈등을 일으켜 어느 하나의 답을 정하기 어려운 첨예한 도덕 문제를 도덕과 수업에서 자기 주도적 의사결정 능력을 신장하는 방향으로 다루어볼 수 있다는 장점이 있다.

3) 명료화 반응에 대해서는 본 장의 5절에서 다루고 있다.

3. 모형의 구조

가치명료화 모형은 개인으로 하여금 심사숙고를 통해 자신의 가치를 명료하게 인식하게 하고, 자발적으로 자신의 가치를 선택하여 추구하며 그에 따라 실천할 수 있는 능력을 신장하는 과정으로 구성되어 있다. 가치명료화 모형은 앞서 살펴본 가치화 과정, 즉 가치가 갖추어야 할 7가지 조건을 차례대로 수업 절차로 구현한 것이다. 즉 가치화 과정의 성격에 따라 '자유롭게, 여러 가지 대안 중에서, 각 대안의 결과를 심사숙고한 후에 선택'하고, '선택한 것을 소중하게 여기고 기뻐하며, 그것을 기꺼이 사람들 앞에서 공언'하며, '선택한 것을 실천하되, 반복적으로 실천하여 행동 양식으로 습관화'하는 단계로 유목화하여 수업 모형으로 구현하고 있다. 구체적인 내용은 다음과 같다.

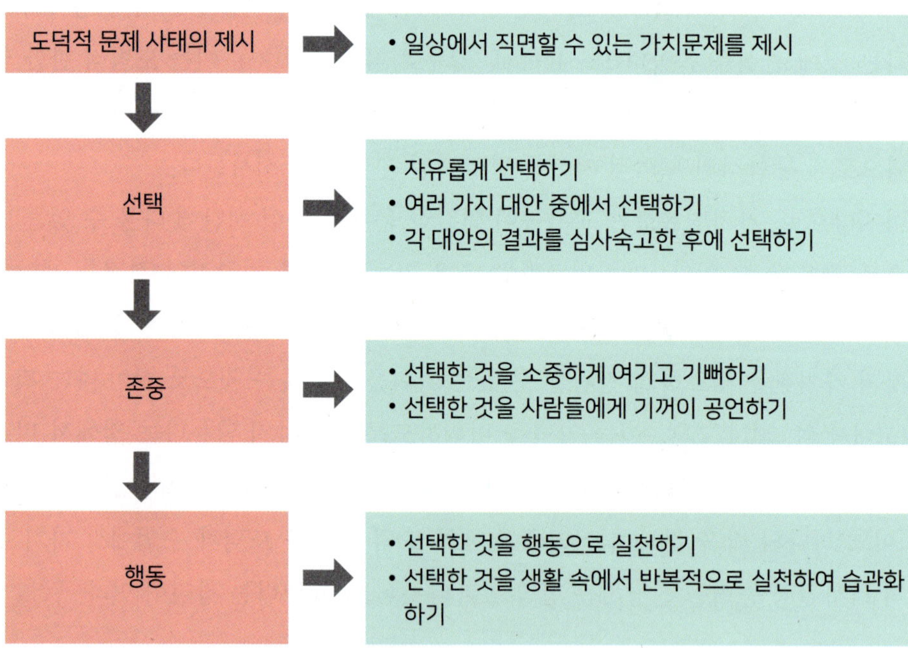

4. 모형 활용의 실제

단계		교수 · 학습 활동 내용	자료 및 유의점
도입	도덕적 문제 사태의 제시	► **동기 유발** – 가치 덕목 카드를 활용하여 가치 덕목의 종류와 의미를 탐색해봄으로써, 자신의 가치를 발견하기 위한 흥미를 유발한다. – 교사: 가치 덕목 카드 중 자신이 가족이나 친구에게 실천한 것을 선택해 발표해봅시다. ► **도덕적 판단을 요구하는 도덕적 문제 사태 제시** – 한 사람의 희생으로 유지되는 가족의 현실과 문제를 보여주고 있는『돼지책』이야기를 들려주고, 이 이야기의 원인과 결과에 대해 함께 논의한다. – 교사:『돼지책』에 나오는 피곳씨의 가족에게는 어떤 문제가 있었나요? – 학생: 가족들이 자신이 할 일을 모두 피곳 부인에게 미루었습니다. – 교사: 그래서 어떤 일이 생겼나요? – 학생: 피곳 부인이 집을 나가버렸습니다. – 교사: 우리 가족은『돼지책』에 나오는 피곳씨의 가족과 어떻게 같고 다른지 생각해봅시다. 여러분이 피곳 가족이라면 어떤 선택을 할지 생각해봅시다.	► 도덕적 문제 사태를 제시하되, 다양한 가치를 선택할 수 있는 개방적인 이야기를 준비함.
	학습 목표	► **우리 집을 행복한 가정으로 만들기 위해서 어떤 가치가 가장 필요한지 선택할 수 있다.**	
전개	선택	► **자유롭게 선택하기** – 교사: 우리 가족에게는 지금 어떤 문제가 있는지 떠올려봅시다. 그 문제를 해결하고 행복한 가정을 만들기 위해 필요한 가치가 무엇일지 자유롭게 생각해봅시다. ► **여러 가지 대안 중에서 선택하기** – 교사: 우리 가족이 화목한 가정을 이루기 위해 가장 필요한 가치를 선택해봅시다. – 교사: 자신이 선택한 가치 외에 다른 대안은 없는지 생각해봅시다. ► **각 대안의 결과를 심사숙고한 후에 선택하기** – 교사: 다양한 가치 중 우리 가족에게 가장 필요한 가치를 선택해봅시다. 그리고 그 가치가 왜 필요한지 그 이유를 생각해봅시다.	► 학생들 각자가 당면한 가정의 문제를 해결할 수 있는 가치를 자유롭게 선택할 수 있도록 함. 이 과정에서 교사는 학생들이 선택한 가치에 대해 평가하지 않도록 유의함.

전개		– 교사: 선택한 가치를 넣어 행복한 가정을 만들기 위한 우리 집 가훈을 만들어봅시다.	
	존중	▶ **선택한 것을 소중하게 여기고 기뻐하기** – 교사: 우리 집 가훈이 만족스러운가요? 선택한 가치를 넣은 우리 집 가훈이 충분히 소중하고 기쁘게 느껴지는지 생각해봅시다. 만약 그렇지 않다면, 더 만족스러운 다른 가치를 선택하여 다시 만들어봅시다. ▶ **선택한 것을 사람들에게 기꺼이 공언하기** – 교사: 내가 선택한 가치를 넣은 가훈을 친구들 앞에서 발표해봅시다.	▶ 교사는 가훈 발표에 대해 명료화 반응을 함.
	행동	▶ **선택한 것을 행동으로 실천하기** – 교사: 가훈을 실천하기 위한 실천 계획을 세워봅시다. ▶ **선택한 것을 생활 속에서 반복적으로 실천하여 습관화하기** – 교사: 화목한 가정을 만들기 위해 꾸준히 가훈을 실천할 수 있는 방법을 찾아 실천 계획을 발표해봅시다.	▶ 학생들이 단발성 실천 계획에 머물지 않도록, 장기적인 계획을 수립하도록 독려함.
정리	실천 동기 강화 및 일상 생활에의 확대 적용	▶ **가치명료화를 통해 선택한 가치 정리 및 실천 의지 함양** – 교사: 여러분은 오늘 행복한 가정을 만들기 위해 어떤 가치를 선택했나요? – 학생 1: 저는 '배려'를 선택했습니다. – 학생 2: 저는 '존중'을 선택했습니다. – 학생 3: 저는 '협력'을 선택했습니다. – 교사: 오늘 만든 가훈을 집에 걸어두고, 앞으로 화목한 가정을 만들기 위해 각자가 할 수 있는 일을 꾸준히 실천하도록 합시다.	▶ 학생들이 도달한 가치를 일상 생활에서도 실천하고자 하는 마음가짐을 기를 수 있도록 지도함.
	차시 예고	▶ 다음 시간에 학습할 내용을 안내한다.	

5. 활용상의 유의점과 교사의 역할

도덕과 수업에서 가치명료화 모형을 적용할 때 교사는 가치명료화 접근이 강조한 '있는 그대로 인정하고 수용'하면서도, 학생들이 자신의 가치를 명료화할 수 있도록 다음과 같은 전략을 사용해야 한다.

첫째, 교사는 가치명료화의 대화 전략으로서 학습자의 숙고를 돕는 명료화 반응을 사용해야 한다. 명료화 반응이란, 학습자가 자신의 가치에 대해 말할 때 교사가 그에 대해 제공하는 질문의 형태를 보인다. 자신의 일상생활 속 가치문제에 대해 다시 한 번 생각해보도록 유도하는 교사의 명료화 반응을 통해, 학습자들은 무심코 지나칠 수 있는 삶의 장면에서 자신의 가치에 도달해갈 수 있는 것이다. 단 교사가 명료화 반응을 할 때 유의해야 할 점은 다음과 같다(Rath et al., 정선심, 조성민 역, 1994: 83-85).

(1) 명료화 반응에서는 교화, 비판, 가치 부여, 평가 등을 피한다.
(2) 자신의 행동이나 생각을 되돌아보고, 그것이 원하는 것인지 스스로 생각해보고 결정하는 책임을 학생이 지도록 한다.
(3) 명료화 반응에서는 학생이 검토하거나 결정하거나 또는 생각하지 않을 가능성을 너그럽게 받아들이면서도 사고에 자극을 줄 수 있어야 한다.
(4) 하나의 명료화 반응으로 많은 것을 이루려 하지 말고, 생각을 자극하고 분위기를 조성하는 등이 누적된 결과로 명료화가 가능해진다고 생각한다.
(5) 명료화 반응은 자료를 얻기 위함이 아니라, 학생들이 자신의 생각을 명료화하는 것을 돕기 위한 목적으로 이루어져야 한다.
(6) 명료화 반응은 학생이 생각하도록 하는 것에 있으므로, 대체로 토론을 연장하지 않고 두세 번 정도의 대화를 끝으로 마무리한다.
(7) 명료화 반응은 학급 전체가 아닌 한 명의 개인을 위한 것이다.
(8) 교실에서 모든 학생이 말한 것 또는 행동한 것 전부에 대해서 반응하지 않는다. 이것은 또 다른 책임 문제이다.
(9) 명료화 반응은 정해진 답이 없는 상황에서 효과가 있다.
(10) 명료화 반응은 공식을 따라가는 기계적인 것이 아니라, 명료화라는 목적 아래 통찰력을 가지고 창의적이고 융통성 있게 활용해야 한다.

둘째, 교사는 가치명료화의 쓰기 전략으로서 가치지(value sheet)를 사용해야 한다. 가치지란, 학생들이 성찰하고 쓰거나 이야기하도록 가치 내러티브가 담긴 사고를 자극하는 이야기 또는 질문을 담은 종이이다(Fraenkel, 송용의 역, 1986: 55). 앞서 살펴본 명료화 반응이 특정한 한 학생의 표현에 목표를 두는 반면, 가치지는 전체 학생들에 목표를 두어, 대부분의 학생들에게 중요하다고 여겨지는 생각을 다룬다(Rath et al., 정선심, 조성민 역, 1994: 165). 이러한 가치지를 사용할만한 주제로 래스와 그의 동료들은 돈, 우정, 사랑과 성, 종교와 도덕, 여가, 정치와 사회 조직, 일(직업), 가족, 성숙, 성품 등을 제시하는데(위의 책: 165), 교사는 이러한 주제가 담긴 가치지를 학생들에게 배부하여 학생들이 다양한 가치문제에 직면하여 가치명료화를 하도록 이끌어야 한다. 특히 이러한 가치지를 도덕 교과 수업에서 활용하기 위해서는 도입이나 동기 유발에서 가치지를 통한 흥미를 유발하거나 사고에 자극을 주는 방법, 가치문제를 직접 다루는 단원에서 교과 자체에 통합하여 활용하는 방법, 각 단원의 마지막 숙제로 배부하는 방법 등이 있다(위의 책: 135-136).

가치지는 다양한 방법으로 활용될 수 있는데, 래스와 그의 동료들은 가치화는 근본적으로 개인적인 과정이기 때문에 열띤 토론이나 논쟁보다는 개인이 차분하고 신중하게, 충분히 숙고할 수 있는 분위기를 조성하고 그러한 개인적인 숙고를 촉진하는 방법을 활용해야 한다고 강조한다. 가치지를 활용하는 과정에서 교사가 유의해야 할 점은 다음과 같다(위의 책: 168-172 발췌).

(1) 가치지를 작성할 때 또는 가치 토론을 하는 동안 조금이라도 교화하지 않는다.
(2) "예-아니오" 혹은 '양자택일'을 하는 질문은 사고를 제한시키므로 피한다.
(3) 중요한 문제를 다룸에 있어 학부모들에 대해 불필요한 걱정을 하지 않는다.
(4) 민감한 영역 또는 중요한 영역을 다룬다.
(5) 흥미가 있는 것 혹은 시간이 허락하는 만큼의 질문만 한다.
(6) 학생들이 말한 것을 근거로 성적을 매기려고 하지 않는다.
(7) 가치지에 '당신'이라는 질문을 많이 포함하여 가치화 과정을 촉진한다.
(8) 가치지에 결정해야 할 선택과 고려해야 할 대안, 각 대안의 결과들이 들어있는지 확인한다.
(9) 자신이 선택한 것에 대한 실제 행동에 대한 질문을 많이 하도록 한다.
(10) 가치지에 대해 토의 또는 논평을 하더라도 학생들의 가치를 평가하지 않는다.

셋째, 교사는 가치명료화의 토론 전략으로서 '4단계 토론 과정'을 활용해야 한다(위의 책: 182-194 요약). 제1단계는 '주제 선택하기'이다. 이 때 주제는 중요한 가치가 함축되어 있으면서도 흥미를 유발할 수 있는 것이 좋다. 제2단계는 '말하기 전에 생각하도록 자극하기'이다. 토론이 시작되면 다른 학생들의 이야기로 인해 깊게 생각하기 어렵기 때문에, 개별적으로 조용하게 숙고해볼 시간을 부여해야 한다. 제3단계는 '조직적으로 토론에 참여시키기'이다. 교사는 토론을 자유롭게 시작하되, 학생들의 참여를 독려하는 방법을 사용해야 한다. 마지막 제4단계는 '배운 것을 이끌어내기'이다. 이를 위해 교사는 학생들이 토론을 통해 배운 것을 하나의 문장으로 정리해 보는 방법을 활용할 수 있다. 이러한 토론 과정에서 교사가 수행해야 할 역할은 다음과 같다(위의 책: 198).

(1) 학생들에게 문제의 대안과 대안의 결과들을 검토하게 한다.
(2) '옳은' 것을 직접적으로든 간접적으로든 학생들에게 말해주지 않는다.
(3) 개인적인 가치에 대해서는 솔직하나, 학생들에게 다른 사람의 말을 무조건적으로 받아들이지 않을 것을 당부한다.
(4) 때때로 무분별한 행동은 제한하나, 다르게 믿고 행동할 권리를 제한하지 않는다.
(5) 자신의 선택이 자신의 삶에 주는 영향을 생각하는 것이 얼마나 중요한지 짚어준다.

참고문헌

고대혁 · 오기성 · 김항인 · 임상수 · 김철호(2014), 『도덕교육의 체계적 이해』, 파주: 양서원.
서강식(2000), 『도덕 · 윤리과 교수-학습 과정』, 파주: 양서원.
Fraenkel, J. R., 송용의 역(1986), 『가치탐구 수업을 어떻게 할 것인가?』, 서울: 교육과학사.
Hersh, R. H., Miller, J. P. & Fielding, G. D., 강두호 역(2013), 『도덕교육의 6가지 모형』, 서울: 역락.
Kirschenbaum, H.(1975), "Recent Research in Values Clarification"in Meyer, J. R.,

Burnham, B. & Cholvat, J., *Values Education: Theory, Practice, Problems*, Prospects, Waterloo, Ont.: Wilfrid Laurier University Press, p. 71-78.

Lockwood, A. L., 노희정 역(2018), 『지금은 인성교육이다: 인성교육의 옹호』, 파주: 교육과학사.

Murd, A. B.(2014), "The Process of Values Clarification, Formation and Inculcation", *Pakistan Journal of Social and Clinical Psychology*, 12(2), 53-58.

Rath, L. E., Harmin, M. & Simon, S. B., 정선심, 조성민 역(1994), 『가치를 어떻게 가르칠 것인가: 가치명료화 이론과 교수 전략』, 서울: 철학과 현실사.

제8절 논쟁수업 모형

1. 개념 및 이론적 배경

논쟁수업 모형은 1960년대 존슨(Johnson, D. W.)과 존슨(Johnson, R. T.) 형제가 비판적 사고 능력 및 건설적 갈등 해결 능력을 신장하기 위하여 개발한 교수 · 학습 이론이다. 논쟁수업 모형은 기존의 토론 수업 모형이 학습자 개인의 합리적 추론 및 판단 능력을 신장하는 데에는 유의미하지만, 자신의 판단의 적절성을 재검토하고 자신과는 다른 견해를 가진 타인과 의사소통하고 모두가 동의할 수 있는 결론을 도출하는 능력을 신장하기에는 부족하다는 문제의식에 기초하고 있다. 그들은 이러한 문제의식에 입각하여, 상반된 입장이 갈등을 일으키는 논쟁적인 이슈에 있어서 타인과의 협력적 의사소통을 통한 비판적 · 합리적 의사결정 능력 신장을 목표로 하는 논쟁 학습, 즉 논쟁수업 모형을 개발하였다.

존슨과 존슨(1979; 1994; 1997)은 사회심리학 및 사회인지 이론 등에 기초를 두고 협동학습 구조하에서 논쟁적인 문제를 가르치는 데 유용한 구조화된 학문적 논쟁수업의 전략을 제시하였다(이순재, 2001: 161 재인용). 이러한 논쟁수업 모형은 논쟁적인 토론 문제를 다루는 수업모형으로서, 지금까지 '찬반(pro-con) 논쟁, 찬반 토론, 건설적 토론, 찬반 논쟁 학습, 건설적 논쟁, 건설적 토론, 논쟁 문제 수업, 논쟁 중심 교육' 등으로 일컬어져 왔다. 여기서 논쟁적인 문제란, 다양한 혹은 상반된 견해가 이분법적으로 맞서 충돌하는 이슈를 의미한다. 그리고 한 사람의 아이디어, 정보, 결론, 이론, 견해가 다른 사람의 그것과 양립할 수 없는 경우, 자신의 가장 합리적인 판단을 반영하는 합의에 도달하려 할 때 건설적 논쟁이 가능해진다(Johnson & Johnson, 2007; Johnson & Johnson, 2015: 61).

존슨 형제는 논쟁을 건설적으로 해결하는 과정이 지배적 입장에 대한 일방적 합의를 추구하는 '동의-추구(concurrence-seeking)' 과정뿐만 아니라 다른 사람의 견해에 비개방적이며 본래의 입장을 고수하는 '경쟁적 논쟁(competitive debate)'과 명확히 다르다는 점을 강조하고 있다. 그들은 다른 유형의 학습 방식과 달리 논쟁수업을 통해 참여자들이 협력적 맥락(cooperative context)에서 문제해결을 시도하기 때문에, 논쟁에 참여한 모든 사람의 견해가 반영된 가장 합리적인 합의에 도달할 수 있다고 가정하며, 논쟁학습 모형의 참여자들 간 협력적이고 긍정적인 상호의존성을 강조한다(위의 글: 61).

이렇게 건설적으로 논쟁을 해결하고 합리적인 의사결정을 내리기 위해 인지적으로 가장 적합한 방식, 즉 '모든 사람이 동의할 수 있는 결론을 도출'하도록 설계된 건설적 논쟁(constructive controversy)의 절차는 다음과 같다(Johnson & Johnson, 2009; 위의 글, 66-68).

(1) 정보의 조직 및 결론 도출: 최근의 정보, 경험, 관점에 근거하여, 제한된 경험과 불완전한 정보를 기초로 잠정적 초기 결론을 도출함
(2) 자신의 입장 제시 및 옹호: 자신의 견해를 제시, 정당화, 옹호하며 지지를 호소함
(3) 반대 입장으로부터의 도전: 서로의 입장을 비판적으로 분석하며 반대 관점에 이의를 제기하고 논박함
(4) 개념의 갈등과 불확실성: 다른 관점을 경험한 후 자신이 가진 견해의 정확성에 대한 개념적 갈등, 불균형, 불확실성을 경험함
(5) 지적 호기심과 관점 채택: 불확실성을 해결하기 위한 지적 호기심을 통해 더 새롭고 분명한 정보를 경험하고 적합한 인지적 관점과 추론으로 변경함
(6) 재개념화, 종합, 통합: 모든 다양한 대안들을 종합하여 기존의 인지적 관점과 추론을 재개념화함으로써, 질적으로 더 나은 통합적 결론을 도출함

2. 도덕과 수업에서 활용상의 의의와 유용성

존슨 형제는 건설적 논쟁의 과정을 하나의 논쟁수업 모형으로 적용한 실제 교육 효과를 경험적 근거를 들어 제시한 바 있다. 그들이 보고한 논쟁수업 모형의 교육적 효과는 크게 인지적 측면과 정의적 측면으로 구분될 수 있는데, 논쟁학습의 인지적 측면의 교육 효과로는 '의사결정과 문제 해결의 질적 성장과 성취, 인지적 · 도덕적 추론, 전문적 지식 교환, 관점 채택, 창의력, 논쟁 해결 과정이 갖는 가치에 대한 학습'이며, 정의적 측면의 교육 효과로는 '열린 마음, 이해 향상을 위한 동

기 부여, 문제와 과제에 대한 태도 변화, 건설적 논쟁 절차에 대한 긍정적 태도, 대인관계적 매력과 사회적 지지 향상, 자기존중감'이 있다(Johnson & Johnson, 2007; Johnson & Johnson, 2015: 70-76). 이러한 논쟁수업 모형을 도덕과 수업에 활용했을 때 기대할 수 있는 도덕교육적 효과를 추출하여 논의하면 다음과 같다.

첫째, 논쟁수업 모형은 자신의 견해에서 벗어나 도덕적 문제 사태를 다양한 관점으로부터 조망할 수 있는 '도덕적 추론 능력'을 신장할 수 있다. 앞서 살펴본 바와 같이 논쟁수업 모형은 타인과의 협력적 상호작용을 핵심으로 한다. 이 과정에서 자신과 상반된 견해를 경험하고 그들의 관점을 채택하는 과정을 통해, 이전까지는 채택하지 못했던 관점을 취하며 문제에 접근함으로써 보다 수준 높고 적절한 인지적 추론을 할 수 있게 된다. 따라서 논쟁수업 모형은 자신과 상반된 견해에 대한 폭넓은 고려를 통해 보다 높은 수준의 도덕적 추론을 촉진할 수 있다는 점에서 도덕교육적 의미를 갖는다.

둘째, 논쟁수업 모형은 자신의 견해에 대한 상반된 입장으로부터의 비판에 직면하고, 타인의 관점을 채택해보는 과정을 포함하고 있기 때문에 자신과 다른 견해를 가진 타인에 대한 '열린 마음'을 가지고, 그들과 협력적인 관계를 형성함으로써 통합적인 결론을 도출하려는 개방적인 태도를 신장할 수 있다. 자신과 다른 견해를 가진 타인에 대해서 열린 마음을 갖는 것은 타인 및 공동체와 더불어 살아갈 수 있는 능력인 도덕성의 기초가 되기 때문에, 논쟁학습 모형은 가장 기초이면서도 본질적인 도덕적 역량을 신장하는 데 기여할 수 있다는 점에서 도덕교육적 의미가 있다.

셋째, 논쟁수업 모형은 타인과 좋은 관계를 형성하는 데 장애가 될 수 있는 자신의 입장을 옹호, 타인의 견해에 대한 비판 및 반박 과정이 포함되어 있지만, 궁극적으로는 타인과의 협력적인 의사결정을 도모하기 위한 것이기 때문에 논쟁에 참여하는 과정에서 타인으로부터의 사회적 지지를 받는 데 유의미한 것으로 나타났다(위의 글: 75). 이는 다양한 견해를 종합, 통합하는 협력적이고 긍정적인 상호의존의 의사결정 경험을 통해 타인으로부터의 지지를 받을 수 있을 뿐만 아니라, 이를 기반으로 하여 타인과 원만한 관계를 형성하는 기반을 마련할 수 있다는 점에서 도덕교육적 의미를 갖는다.

그러나 이와 같은 논쟁수업 모형의 도덕교육적 유용성에도 불구하고, 지금까지 논쟁수업 모형은 주로 사회과교육에서 연구되고 실행되어 왔다. 그러나 비판적 사고 능력 및 합리적 의사결정 능력 신장을 목표로 하는 논쟁수업 모형은 반드시 도덕교육적 맥락에서 적용될 필요가 있다. 비판적 사고는 분명 지적인 덕목이지만, 그 자체로 도덕적인 것은 아니기 때문에, 만약 '더 바람직한' 사람을 기르려는 교육의 주된 목표에 비판적 사고가 기여해야 할 부분이 있다면 그것은 도덕적 목표를 향상시키는 것이어야 하기 때문이다(Noddings, 정창우 외 역, 2018: 355). 실제로 우리는 뛰어난 합리적 · 비판적 사고 능력이 부도덕한 목적을 달성하기 위해 활용되는 경우를 삶의 다양한 장면에서 목도해왔다. 따라서 논쟁수업 모형이 그 자체로서 도덕교육적 효과를 갖기도 하지만, 논쟁수업을 통해 신장하고자 하는 학습자들의 인지적 능력이 도덕적으로 활용되기 위해서는 반드시 공동선을 지향하는 도덕교육의 맥락에서 적용될 필요가 있다.

3. 모형의 구조

논쟁수업 모형은 존슨 형제가 논쟁 혹은 찬반 토론의 과정을 수업에 적용하기 위하여 개발한 교수 · 학습 절차이다. 논쟁수업 모형의 구조는 다음과 같다(Johnson & Johnson, 1994; 주은옥, 2001: 338-339 재인용).

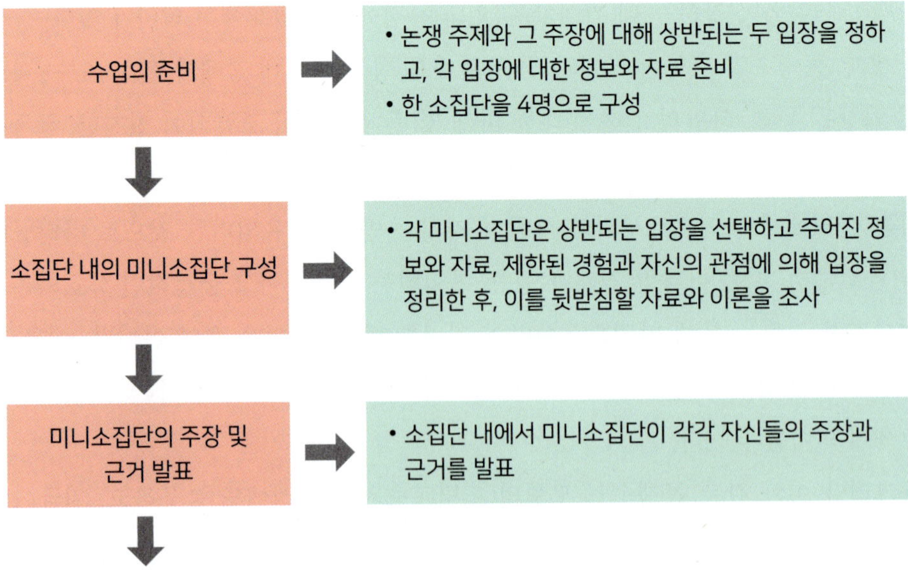

단계	내용
미니소집단별 토론	• 소집단 내에서 미니소집단별로 토론 • 상대방의 입장을 분석, 비판하고 자신의 주장에 대한 상대방의 비판에 반박하는 과정에서 상대방의 주장을 경청, 인지적 분석, 개념 갈등과 불확실성 체험
↓ 미니소집단의 입장 교환	• 미니소집단은 입장을 바꾸어 상대방이 주장하지 못했던 자료나 논리를 제시함
↓ 소집단 의견의 합의점 도출	• 두 미니소집단은 이제까지 나타난 여러 관점과 주장을 하나의 주장으로 종합하여 합의점을 도출

4. 모형 활용의 실제

단계		교수 · 학습 활동 내용	자료 및 유의점
도입	수업의 준비	**► 도덕적 판단을 요구하는 도덕적 문제 사태 제시** – 최근 인터넷 악플로 인하여 세상을 떠난 연예인들에 대한 기사를 보여주고, 이 문제의 원인에 대해 함께 논의한다. 그러한 문제를 해결하기 위한 하나의 대안으로서 인터넷 실명제에 대해 생각해보도록 한다. – 교사: 악플을 해결하기 위한 방법으로 인터넷 실명제는 적절할까요?	► 도덕적 문제 사태를 제시하되, 상반된 입장이 양립할 수 있는 논쟁의 주제를 준비함.
	학습 목표	► 인터넷 실명제에 대한 찬반 의견을 모두 수렴하여, 악플 문제를 해결할 수 있는 방법을 도출할 수 있다.	
	소집단 내의 미니 소집단 구성	**► 소집단 내 찬성과 반대 미니소집단 구성하기** – 교사: 인터넷 실명제를 찬성하는 학생 2명과 반대하는 학생 2명이 각각 미니소집단을 구성하고, 이렇게 구성된 4명이 하나의 소집단을 구성합니다.	► 학생들이 기존의 경험과 지식으로 잠정적인 결론을 도출하도록 안내함.

전개	미니 소집단별 토론	► **찬성과 반대 의견에 대한 토론을 진행하기** – 교사: 인터넷 실명제에 대한 찬성 입장과 반대 입장은 각각 자신의 견해를 다양한 논거를 제시하며 주장해봅시다. 이 과정에서 상대측 견해를 설득해봅시다. – 교사: 자신의 견해와 상반된 입장을 비판하고 반박해봅시다. 이 때 합리적인 논거를 들어 상대측 견해를 설득해봅시다.	► 상대측의 견해를 경청하면서도, 비판적으로 분석하도록 유도함.
	미니 소집단의 입장 교환	► **미니소집단은 입장을 바꾸어 토론하기** – 교사: 이번에는 자신이 비판했던 상반된 입장이 되어 의견을 개진해봅시다. 앞선 토론에서는 제시하지 못했던 주장과 근거를 제시하거나 기존의 입장을 보완해봅시다. – 교사: 반대 입장이 되어보니 의견이 달라졌나요? 의견이 달라진 학생은 어떻게 달라졌는지 발표해봅시다.	► 자신과는 상반된 관점을 채택해봄으로써, 다양한 입장을 경험해보도록 함.
정리	소집단 의견의 합의점 도출	► **찬성 및 반대 입장을 종합하여 합의 도출** – 교사: 인터넷 실명제에 대해 지금까지 제시된 찬성 및 반대 주장을 모두 종합하여 악플 문제를 해결할 수 있는 방법을 도출해봅시다. 각 소집단별로 도출한 합의점을 발표해봅시다.	► 찬성과 반대 입장이 모두 동의할 수 있는 가장 합리적인 결론을 도출해야 함을 강조함.
	차시 예고	► 다음 시간에 학습할 내용을 안내한다.	

5. 활용상의 유의점과 교사의 역할

논쟁수업 모형은 학습자들의 비판적 사고 및 합리적 의사결정 능력을 신장하는 것을 목표로 한다. 따라서 논쟁수업을 진행할 때 교사들은 학생들에게 무엇이 옳고 추구할만한 것인지에 대한 자신의 견해를 전달하지 않는다. 다만 학생들이 논쟁적 이슈에 대해 스스로 판단하고 자신과 상반된 견해를 경청함으로써 상반된 관점을 모두 포함한 결론을 도출할 수 있도록 독려해야 한다. 그러나 유의해야 할 점이 있다면, 비판적 사고가 늘 도덕적으로 사용되는 것은 아니기 때문에, 교사가 공식적으로 도덕적 자세를 취해야만 하는 쟁점이 있다는 사실이다(Noddings, 정창우 외 역, 2018: 99). 이러한 주제를 다룰 때 교사는 비판적 사고가 '도덕적 헌신'을 통해 작동할 수 있도록 논쟁의 주제를 비판적으로 다루어야 하며, 도덕적인 비판적 사고 능력을 신장하기 위해서는 대면하고 있는 문제에 대해 학생들의 이성뿐만 아니라 행동을 동기화하는 마음과 감정도 함께 교육해야 한다(위의 책: 102).

이 외에도 수업에서 논쟁학습 모형을 효과적으로 적용하기 위해서 교사가 논쟁수업을 준비하고 진행할 때 수행해야 할 역할을 제시하면 다음과 같다(Harwood & Hahn, 1990: 3-4).

첫째, 교사는 논쟁의 주제를 선택할 때 학생들의 관심, 경험, 전문 지식, 삶과의 관련성, 발달 수준, 이슈의 사회적 영향 등을 고려하여 선택해야 한다. 특히 논쟁수업에서 활용할 수 있는 주제는 양립할 수 있는 견해가 존재하면서도 반드시 모든 관점이 반영된 '모두가 합의할 수 있는 가장 합리적인 결론'을 도출할 수 있는 문제여야 하기에, 앞서 살펴본 일반적인 고려사항뿐만 아니라 논쟁이 전개될 수 있는 도덕적 문제 사태를 선정해야 한다.

둘째, 교사는 학생들이 논쟁에 참여하기 위해 필요한 태도와 능력을 준비시켜야 한다. 논쟁수업의 과정은 자신의 입장을 주장하고 정당화하는 것에서 끝나지 않고 자신과 상반된 견해로부터의 비판과 반박에 직면하며, 이후 자신과 상반된 관점을 채택해보는 경험을 통해 다양한 견해를 모두 반영한 통합적 결론을 도출해야 하는 것이다. 따라서 이 과정에서 필요한 인내와 의사소통 기술 등을 충분한 연습을 통해 준비시켜야 한다. 그뿐만 아니라 원활한 논쟁이 이루어질 수 있도록 교사는 학생들이 논쟁 주제와 관련한 다양한 자료와 출처를 제시함으로써 배경지식을 습득하도록 해야 한다.

셋째, 논쟁수업의 핵심은 제기된 다양한 견해의 종합 및 통합을 통한 합리적 의사결정을 내리는 것에 있기 때문에 학습자들이 다양한 견해가 자유롭게 제시되고 다른 견해를 경청하고 존중할 수 있도록 지적으로 안전한 환경을 조성해야 한다.

넷째, 교사는 토론을 중재하는 과정에서 학생들이 주제와 관련한 거의 모든 관점에 노출될 수 있도록 해야 한다. 따라서 교사는 학생들로부터 중요한 경쟁적인 입장이 모두 제시될 수 있도록 발문 등을 활용하여 유도할 수 있어야 한다.

다섯째, 논쟁수업은 상반된 견해가 모두 제시되어야 하는 만큼 논쟁이 소수의 학생들 주도로 전개되지 않도록, 이야기를 주도하는 학생들의 참여는 필요에 따라 제한하면서도 참여에 소극적인 학생들의 견해를 이야기하게 함으로써, 학생들이 동등하게 참여할 수 있는 방법을 도모해야 한다.

여섯째, 교사는 교육적으로 중립적인 입장을 취하되, 논쟁수업이 원활하게 진행될 수 있도록 자신의 개인적인 견해를 표현하면서도 그것은 단지 하나의 의견일 뿐이라는 사실을 학생들에게 분명하게 보여줄 수 있어야 한다. 논쟁수업 모형은 논쟁 과정에서 제기된 모든 견해가 정당화 및 비판의 대상으로 포함되기 때문에, 교사가 자신의 입장과 근거를 기꺼이 제시하여, 학생들로 하여금 하나의 의견으로서 자유롭게 검토할 수 있도록 해야 한다.

참고문헌

이순재(2006), "협동적 구조하에서 'SAC(구조화된 학문적 논쟁수업)'가 주는 교육적 함의", 『아시아교육연구』, 7(3), 159-186.

주은옥(2001), "논쟁 수업을 위한 '찬반 협상 모형' 개발에 관한 연구", 『시민교육연구』, 32, 325-351.

추병완 · 박보람 · 김하연(2017), 『건설적 논쟁 학습의 이론과 실제』, 서울: 하우.

Harwood, A. M. & Hahn, C. L.(1990), "Controversial Issues in the Classroom", *ERIC Clearinghouse for Social Studies/Social Science Education Bloomington IN*, 1-8.

Johnson, D. W. & Johnson, R. T. (2015), "Constructive Controversy: Teaching Students How to Think Creatively", *Springer Fachmedien Wiesbaden*, 59-87.

Johnson, D. W. & Johnson, R. T.(2009), "Energizing Learning: The Instructional Power of Conflict", *Educational Research*, *35*(1), 37-52.

Johnson, D. W. & Johnson, R. T.(2007), *Creative Controversy: Intellectual Challenge in the Classroom* (4th ed.), Edina: Interaction Book Company.

Johnson, D. W. & Johnson, R. T.(1994), "Constructive Conflict in the Schools", *Journal of Social Issues*, *50* (1), 117-137.

Noddings, N., 정창우, 김윤경 역(2018), 『논쟁 수업으로 시작하는 민주시민교육』, 서울: 풀빛.

제9절 프로젝트 학습 모형

1. 개념 및 이론적 배경

프로젝트 학습이란 학생들이 스스로 문제의식을 가지고 탐구할 문제를 선정한 뒤, 다른 사람들과 함께 협력적으로 조사해 과제를 해결하고 그것의 결과를 발표하는 과정에서 배움과 성장이 일어나는 것이다. 21세기 미래 인재가 갖추어야 할 핵심 역량은 학자와 단체마다 조금씩 다르지만 흔히 미래 핵심 역량으로 4C를 강조한다. 21세기 핵심역량 파트너십 위원회(Partnership for 21st Century Skills; Beers, 박태호 외 역, 2017: 19에서 재인용)에 따르면, 4C란 창의력(Creativity), 의사소통 능력(Communication), 비판적 사고력(Critical Thinking), 협업능력(Collaboration)을 말한다. 프로젝트 학습은 학습자의 자기 주도성과 상호 협력을 이끌고, 비판적 사고를 통한 창의적 문제해결과 의사소통을 통한 대화가 가능하다는 면에서 미래사회의 핵심 역량을 길러주는 데 중요한 교수·학습 모형으로 자리매김하고 있다.

프로젝트 학습은 프로젝트 기반 학습(Project Based Learning), 또는 이것을 줄여 PBL이라고 부른다. 일반적으로 교사들은 기존의 문제 기반 학습(Problem Based Learning)과 같은 것으로 인식하는 경우가 많다. 둘 다 학생 중심 탐구 활동으로 실생활의 문제를 학생 스스로가 해결한다는 데 공통점이 있기 때문이다. 그러나 문제 중심 학습은 주어진 문제를 해결하는 데 목적을 두고 일회성일 때가 있는 반면 프로젝트 학습은 학습자가 목표를 설정하고 계획하고 실행하며 지속성을 가진다는 측면에서 구별되기도 한다. 또한 프로젝트 학습은 해결된 과제를 공유하고 나누는 성격이 강하다는 측면에서 문제 중심 학습을 프로젝트 학습의 하나의 유형으로 보기도 한다(이성대 외, 2016: 18; 김일 외, 2019: 24-25). 한편 의과대학에서 시작된 문제 기반 학습은 실질적 문제를 제시, 문제 해결을 위한 학습자들 간의 공동 협력, 동료 학생과 교사가 함께 학습 과정 전체를 성찰하고 서로의 생각을 공유한다는 점에서 프로젝트 학습과 문제 기반 학습 사이의 구분이 자의적이며 현실성이 없다고 주장하기도 한다(Larmer et al., 최선경 외 역, 2018: 31-33).

프로젝트 학습은 구성주의에 따라 사회 구성원 간의 상호적이고 맥락적인 교육 환경을 강조한다. 다시 말해 학생들이 각자 삶의 경험과 주변 사람들과의 상호작용을 통해 개별적인 지식을 만들어나가는 구성주의 이론에 기초를 두는 학습자 중심의 교수 · 학습 방법이다. 여기서 지식은 절대적이고 객관적인 진리가 아니라 변화 가능한 것으로 맥락과 상황에 따라 끊임없이 구성되고 창조된다(김일 외, 2019: 13; 이동훈 외, 2018: 14-15). 비고츠키(Vygotsky, 1978, 정회욱 역, 2009: 134)에 따르면 학습자의 인지 발달은 '근접발달영역(Zone of Proximal Development, ZPD)' 개념과 관련 있다. 근접발달영역이란 "실제적 발달 수준과 잠재적 발달 수준 사이의 거리"로 전자는 학습자가 혼자서 과제를 해결할 수 있는 수준이고, 후자는 다른 사람의 학습적 안내 혹은 더 능력이 있는 또래와의 협동을 통해 해결할 수 있는 발달수준을 의미한다. 효과적인 학습을 위해 근접발달영역 내에서 교사나 또래 학생과 협동을 통한 문제해결이 필요하다. 이러한 점은 과제 수행을 위해 교사와 학생 또는 학생들 간의 적극적인 상호작용과 학습자의 능동적 참여를 강조하는 프로젝트 학습과 일치함을 알 수 있다(김일 외, 2019: 30-31).

현대적 의미의 프로젝트 학습은 1896년 존 듀이(J. Dewey)의 실험학교에서 출발하고 있다. 그는 시카고대학의 실험학교에서 학생의 흥미에 바탕을 둔 프로젝트를 수행했는데, 이때 삶과 연계된 지식을 습득할 수 있는 경험을 중시했다. 이처럼 학생이 스스로 흥미 있는 분야의 탐구를 통해 사고하는 방법과 문제해결력을 길러주는 듀이의 교육 방법은 프로젝트 학습의 시작이라 할 수 있다(전정민, 2008: 12) 그의 제자이자 동료인 킬패트릭(W. H. Kilpatrick)은 1919년 '프로젝트 교수법(The Project Method)'이라는 논문을 통해 학생의 적극적 참여로 학습 동기를 높이는 프로젝트 학습법을 미국에 대중화시켰다. 그러나 그의 스승이었던 듀이는 학생의 절대적 선택권과 자발적인 학생 참여에 대한 교육적 효과에 의문을 제기하였다. 듀이는 활동의 중요성보다는 '사고행위(act of thinking)'에 주목하며 학생들이 교과 영역 내에서 스스로 의미를 발견할 수 있도록 교사의 지도 및 역할을 강조한다. 즉 그는 프로젝트 활동에서 교사가 학생의 의사를 반영하고 어느 정도 선택권을 부여하는 것은 필요하나, 진정한 배움은 학생의 참여와 의사 결정만으로는 충분하지 않다고 본다. 참여를 넘어 의미 있는 배움이 일어나기 위해서 교사의 역할이 반드시 필요하다는 것이 듀이의 생각이었다. 교사는 학생이 배울 가치가 있는 삶과 윤리에 관한 추상적인 문제들을 붙들고 고민할 수 있도록 이끌고 학생이 학습에 성공할 수 있도록 비계(Scaffolding)와 자료를 제공한다. 더불어 학습 과정을 평가하고 학생이 선택한 만큼 많은 책임감을 갖도록 프로젝트 과정을 관리한다. 이후 듀이의 사상은 프로젝트 학습을 실천하는 많은 이들에게 영향을 주었다(Larmer et al., 최선경 외 역, 2018: 27-30). 프로젝트 학습은 많은 명성을 얻긴 하였지만 1950년대 학문 중심주의 교육이 등장하며 진보주의 교육과 함께 약화될 조짐을 보인다. 동시에 프로젝트 학습이 교과와의 연결성을 잃고 아동 중심주의로 흐른다는 비판까지 받게 된다. 한편 쇠퇴한 듯 보였던 프로젝트 학습은 미국에서 1980년대 후반 카츠(Lilian G. Katz)와 차드(Sylvia C. Chard)의 '프로젝트 접근법(The Project Approach)'을 계기로 부각되기 시작했다. 1990년대 우리나라의 경우 열린 교육의 확산과 맞물리며 프로젝트 학습이 유치원과 초등학교를 중심으로 활성화되었다(이성대 외, 2016: 32-33).

'2015 개정 교육과정'의 기본 방향 중 하나는 "미래사회가 요구하는 핵심 역량 함양이 가능한 교육과정"이다(교육부, 2017a: 22-23). 이러한 맥락에서 2015 개정 교육과정에서는 역량 함양이 가능하도록 학생 참여형 수업의 사례로서 기존의 협력 학습, 토의 · 토론학습과 함께 프로젝트 학습을 새롭게 제시하고 있다(교육부, 2017b: 63, 171). 이것은 이전 교육과정에서 프로젝트 활동을 범교과 활동 및 봉사활동과 함께 '교과 외 활동'으로 분류한 것(교육부, 2009: 21)과 크게 달라진 점이다. 이런 분위기 속에서 현재 학교 현장에서는 프로젝트 학습에 대해 긍정적인 인식과 관심이 높아지고 있다. 도덕과 수업에서도 프로젝트 학습 모형이 활발하게 적용되고 있으며 현장 교사를 중심으로 많은 연구와 결과물들이 나오고 있다.

2. 도덕과 수업에서 활용상의 의의와 유용성

도덕과에서 이루어지는 배움의 성격은 '도덕적 실천'을 통해 도덕적 가치의 의미와 소중함을 되새기고, '도덕적 지식 학습'을 통해 도덕적 탐구를 위한 기초를 다지며, '도덕적 탐구'를 통해 합리적으로 문제를 해결하는 것이다. 더 나아가 '실천 지향적 성찰'을 통해 자신의 내면과 주변 세계를 윤리적으로 성찰하며 자기중심적 삶의 한계를 초월하는 것이다(정창우, 2013: 32-35). 프로젝트 학습을 설계할 때 ① 어려운 문제 또는 질문, ② 지속적인 탐구, ③ 실제성, ④ 학생의 의사와 선택권, ⑤ 성찰, ⑥ 비평과 개선, ⑦ 공개할 결과물은 필수 요소이다(Larmer et al., 최선경 외 역, 2018: 44). 이와 같은 프로젝트 설계의 일곱 가지 필수 요소는 도덕과 배움의 성격을 강화하고 도덕과 교육의 목표를 달성하는 데 도움을 줄 수 있다.

첫째, 학생들의 도전 의식을 자극할 만한 적절한 난이도의 '① 어려운 문제나 질문'은 학생들의 '② 지속적인 탐구'를 이끈다. 이러한 탐구과정은 미래사회에서 강조하는 성공 역량을 기르는 데 유용한 교수・학습 방법이다. 학생들이 직면하는 실제적 문제 또는 질문은 모둠원들 간의 상호작용을 가져오고 이때 실생활에 필요한 자기 관리능력을 요구한다(Larmer et al., 최선경 외 역, 2018: 48-49). 특히 좋은 추진 질문(driving question)이란 쉽게 해답이 나오는 질문이 아니라 도전적이며 고차원적인 사고에 참여 시켜 정보를 수집하고 종합하며 비판적으로 평가할 것을 요구한다(Markham et al., 노선숙 외 역, 2007: 이정렬 2016: 16에서 재인용). 프로젝트 활동은 학생들이 무엇을 배우는가가 아닌 질문을 통해 '왜' 배우는가에 초점을 둔 수업 형태이므로 학생들의 자발적 상호 의사소통과 협동의 기회를 자연스럽게 제공해 핵심역량 함양에 효과적이다(이혜진, 2019). 이정렬(2016: 10)에 따르면, 프로젝트 활동은 협력과 토론을 통해 창의적인 문제 해결 과정을 제공하고, 도덕적 상호 작용을 통해 갈등 해소, 역할에 대한 책임감 증진 등 도덕적 역량 함양에 도움이 된다.

둘째, 프로젝트 상황의 '③ 실제성'은 학생들에게 학습이 삶에서 갖는 의미를 강조해 자발적 참여를 이끌고 도덕적 실천 의지 및 행동을 강화한다. 학생들의 실생활과 관련성이 있는 맥락적 상황이나 학생들의 관심을 끄는 사회적 이슈를 프로젝트의 빅 아이디어(big idea)로 제시하는 것이 좋다(이정렬, 2016: 15). 일상생활에서 도덕적 행동을 실천할 수 있도록 교수・학습이 이루어지는 것은 중요하다. 특히 교실에서 도덕적 행동을 체험할 수 있는 장(場)을 마련하기 위해 노력해야 한다는 점에서 프로젝트 학습은 도덕적 행동을 이끄는 좋은 기회가 될 수 있다(서강식, 2007: 73-74).

셋째, '④ 학생의 의사와 선택권'은 도덕적 지식 학습과 도덕적 탐구에 있어 자발적 동기를 높여준다. 라머(Larmer et al., 최선경 외 역, 2018: 51)에 따르면, "학생에게 비판적 사고력과 문제해결력을 가르치고 싶다면 먼저 학생의 의사를 존중하고 선택권을 부여해야 한다."고 말한다. 선택할 수 있는 자율성은 학생의 욕구와 능력을 인정해주는 것으로 내적 동기를 불러일으킨다고 본다(Brophy, 2013; Larmer et al.,

최선경 외 역, 2018: 52에서 재인용). 이처럼 내재적 동기에 의한 자발적인 선택은 학생들에게 프로젝트 학습의 도덕적 성취 가능성을 높여주며 도덕적 행동은 하고 싶은 일로 다가온다(이경희, 2014: 244).

넷째, 프로젝트에서 '⑤ 성찰' 및 '⑥ 비평과 개선'의 과정은 경험에 대한 반성적 사고를 이끌며 윤리적 성찰 능력을 함양하는 데 도움이 된다. 라머(Larmer et al., 최선경 외 역, 2018: 52)는 "성찰을 프로젝트 활동의 핵심으로 만든 것은 '인지적 사고 행위'를 강조한 듀이의 영향"이라고 밝힌다. 성찰의 과정은 프로젝트 수행 과정에서의 참여 자세 및 역할 수행에 대해 되돌아보는 시간이다. 이때 교사 역시 학생들의 발표 과정을 검토하며 학생들이 잘 이해하지 못한 부분을 파악하고 앞으로 무엇을 추가해야 하는지 살피는 좋은 기회가 된다(Jung et al., 2005; Viveka et al., 2014; Chan, 2014; 이정렬, 2016: 17에서 재인용).

다섯째, 프로젝트 '⑦ 결과물의 공개'를 통해 학생들의 참여 의식을 이끌고 학교와 지역을 연결하는 계기가 된다. 학교의 활동이 교실에서만 머무는 것이 아니라 학교와 지역, 학교와 세계를 연결하는 계기를 제공한다(Larmer et al., 최선경 외 역, 2018: 123). 실제적인 삶의 문제와 연결해 만들어진 결과물은 학생들로 하여금 사회적 실천으로 이끌 수 있다. 즉 프로젝트 수업을 통해서 얻은 배움을 실제의 삶에 적

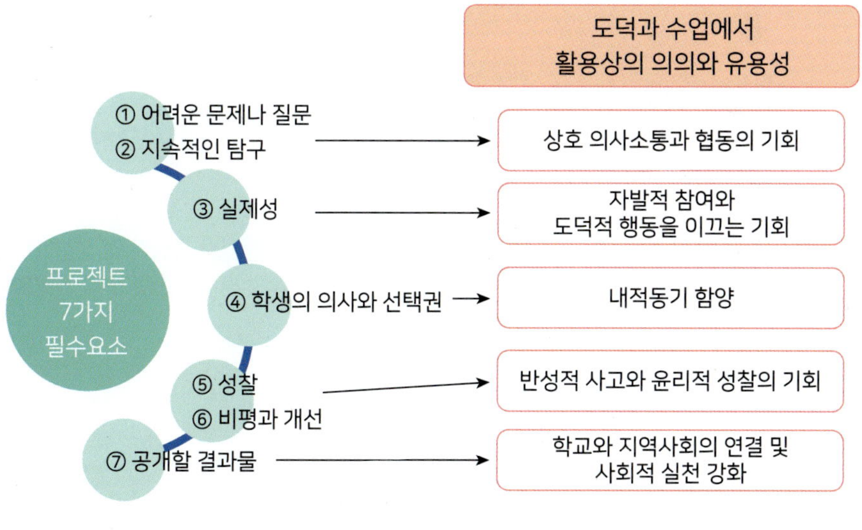

그림 4-1 프로젝트 7가지 필수 요소(Larmer et al., 최선경 외 역, 2018)가 도덕과 수업에 미치는 요인

용하고 사회적으로 기여할 수 있는 방법을 고안함으로써 지식을 내면화하고 사고의 확장을 가능하게 한다(이성대 외, 2016: 28).

3. 모형의 구조

단계	내용
준비 (1차시)	• 동기유발 및 학습 목표 제시 • 프로젝트의 Big Idea[1] 설명 • 프로젝트 운영 안내
계획 (2~3차시)	• 모둠 구성 • 각 모둠별 탐구 주제 탐색 및 선택 • 모둠 내 프로젝트 역할 분담
실행 (4~5차시)	• 모둠: 탐구 주제에 대한 세부 내용 토의 및 정리, 역할 분담에 따른 산출물 작성 • 교사: 산출물 작성에 대한 피드백, 학생 활동 관찰 및 조언
발표 (6차시)	• 모둠: 산출물에 대한 모둠별 발표 • 교사: 산출물 발표에 대한 피드백
평가 (7~8차시)	• 모둠: 동료 평가 및 자기 평가를 통한 수업 성찰 • 교사: 관찰 평가 및 논술형 평가를 통한 수업 총평이나 생활기록부 기록

1) Big Idea란 프로젝트 수업을 전체적으로 포괄하는 생각의 근원이자, 학생들과 수업을 통해 나누고자 하는 가치를 말한다. Big Idea의 선정은 교사의 교육 철학의 반영이자 프로젝트 수업을 진행하면서 큰 방향을 설정하는 것이다(이성대 외, 2016: 193, 214).

4. 모형 활용의 실제(차시별 내용구성)[2)]

교과	도덕 ②	학년	2
단원 /과제명	II. 사회 · 공동체와의 관계 2. 사회 정의 [과제명] 정의 실현을 위한 사회 참여 캠페인 활동하기		
성취기준	[9도03-05] 정의로운 사회가 도덕적 공동체와 인간다운 삶을 보장하기 위한 기반이 된다는 점을 이해하고, 공정한 경쟁을 저해하는 부패 행위를 예방하는 마음가짐을 길러 보편적 관점에서 정의 실현을 위한 참여적 태도를 가질 수 있다.		

<table>
<tr><th colspan="2">단계 및 차시</th><th>교수 · 학습 활동 내용</th><th>자료 및 유의점</th></tr>
<tr><td rowspan="2">준
비
:
1
차
시</td><td>동기
유발</td><td>► 학생들에게 수업 주제 관련 동영상 및 뉴스를 보여주며 발문한다.

프로젝트 주제 관련 영상(5분 내외) 시청
: 동영상 KTV News
http://www.ktv.go.kr/content/view?content_id=548628</td><td>► 지식채널이나 관련 뉴스 동영상을 시청하며 프로젝트 주제에 대한 학생들의 관심과 흥미를 높임.</td></tr>
<tr><td>학습
목표</td><td>► 정의로운 사회를 추구해야 하는 이유를 설명할 수 있다.
► 정의 실현을 위한 참여적 태도를 가지기 위해 학생으로서 실천 다짐을 말할 수 있다.</td><td>► 학습목표와 성취기준을 함께 제시할 수 있음.</td></tr>
</table>

2) 프로젝트 학습 모형의 실제의 내용은 "이혜진(2019), 시민적 인성 함양을 위한 도덕과 교수 · 학습 및 평가 방안-의사소통 역량을 중심으로-, 「도덕윤리교육」 제62호"에 실린 내용을 일부 수정 · 보완한 것임.

	프로젝트 운영 안내	► **프로젝트 대주제(Big Idea) 제시:** 정의 실현을 위한 사회 참여 프로젝트 수업을 전체적으로 포괄하는 Big Idea로서 '정의'개념과 '정의실현을 위한 사회참여'프로젝트에 관해 설명한다. ► 프로젝트 학습의 절차 및 유의사항에 대해 안내한다. ► 다음 차시 모둠별 탐구 세부 주제 선정을 위한 〈자료 1〉의 개인별 과제를 제시한다.	► 교과서에서 다뤄진 '정의'개념이 우리 사회 속에서 어떻게 실현되고 있는지를 살펴보면서 학습과제의 실제성을 높임.
계획 : 2 ~ 3 차시	모둠 구성	► **모둠 구성 방안** 모둠 구성은 교사와 학생들이 수업 활동에서 서로 대화를 통해 민주적으로 결정할 수 있다. ① 비슷한 관심 분야의 학생들끼리 모둠 구성 ② 무작위로 남학생 2명, 여학생 2명으로 구성 ► **모둠 구성 방안 전략** **① 비슷한 관심 분야의 학생들끼리 모둠 구성** : 학생의 주도성이 프로젝트 수업의 중요한 요소라고 할 때, 자신의 관심 분야를 선택해 모둠 활동하는 것이 자발적 참여를 이끌 수 있다. 다만 관심 분야가 아니라 친하다는 이유로 모이지 않도록 주의가 필요하다. **② 무작위로 남학생 2명, 여학생 2명으로 구성** : 무작위로 구성되었지만 학생들끼리 존중과 배려 속에서 의사소통 및 협력을 통해 프로젝트를 완수하도록 한다.	► 모둠 구성 시 소외되는 학생들이 없도록 교사의 세심한 관찰이 필요함. ► 비슷한 관심 분야로 구성할 경우 여·여 모둠이나 남·남 모둠이 형성될 가능성이 높음. 남학생과 여학생이 균형 있게 섞여 공동작업을 할 때 잘 운영되는 경우가 많음을 강조함.
	모둠별 탐구 주제 탐색 및 선택	► **도덕적 탐구 주제 탐색** 전시 수업에서 개인별 과제로 내준 신문 기사를 모둠별로 공유하며 우리 사회의 정의롭지 않은 사례를 탐색한다.  개인별 신문기사 찾기  모둠별 탐구 주제 탐색	► 신문 기사의 내용이 중학생이 이해하기 다소 어려운 경우 교사가 적절히 설명해 주도록 함.

<table>
<tr>
<td></td>
<td></td>
<td>▶ 프로젝트 모둠별 세부 탐구 주제 선정
각 모둠원들이 찾아온 신문 기사를 바탕으로 '정의실현을 위한 사회 참여' 프로젝트의 세부 탐구 주제를 선정한다.</td>
<td>▶ 프로젝트 세부 주제를 선정할 때 한 명이 일방적으로 주도하기보다 상호 존중을 바탕으로 의사소통을 진행하도록 지도함.</td>
</tr>
<tr>
<td></td>
<td>프로젝트 역할 분담</td>
<td>▶ 프로젝트 수행을 위한 모둠 내 역할 분담
모둠의 세부 탐구 주제가 정해지면 〈자료 2〉의 역할 분담을 통해 협력적 프로젝트를 실행할 수 있도록 한다.</td>
<td>▶ 자료 수집이 잘 이루어지기 위해서 역할 분담이 중요함을 강조함.</td>
</tr>
<tr>
<td rowspan="2">실행 : 4~5차시</td>
<td>탐구 주제 탐색</td>
<td>▶ 탐구 주제에 대한 세부 내용 토의
모둠원들이 각자 조사한 내용을 바탕으로 프로젝트 캠페인 산출물에 필요한 세부 내용에 대해 의견을 나눈다.

정의실현을 위해 데이트 폭력 근절 캠페인을 준비하는 모둠 활동의 모습</td>
<td>▶ 각자 역할분담을 하였지만 자신이 수집한 자료가 타당한지 모둠원들끼리 의견을 자유롭게 교환하도록 함.</td>
</tr>
<tr>
<td>산출물 작성</td>
<td>▶ 역할 분담에 따른 산출물 작성
〈자료 2〉에 나와 있는 캠페인 구호, 캠페인 내용(주제선정 이유, 해결하기 위한 대안), 캠페인을 위한 그림 또는 이미지를 의사소통과 협력을 통해 창의적인 산출물을 만든다.

정의실현을 위해 채용 비리를 막자는 캠페인을 위한 산출물</td>
<td>▶ 세부 주제는 학생들이 자유롭게 선정하지만 캠페인에 들어갈 요소는 사전에 공지해 프로젝트 활동이 객관적인 평가로 이루어지도록 함.</td>
</tr>
</table>

발표 : 6 차시	산출물 발표 및 공유	▶ **교실 내 산출물 발표 및 캠페인 계획 이야기하며 내용 공유하기** 프로젝트 활동의 가장 큰 장점은 다양한 내용과 지식을 공유하는 과정을 통해 학생들의 '사고의 확장'이 이루어질 수 있다는 것이다(이성대 외, 2016: 31). * 학생들이 주로 선택하는 세부 탐구 주제 – 장애인 차별, 아동학대, 미투 운동, 동물 학대 및 유기견 문제, 채용 비리, 갑질 문제, 성적 비리, 학생 인권, 학교폭력 등   **4명으로 구성된 8개 모둠이 만든 프로젝트 산출물을 수업 시간에 교실에서 서로 공유한다.**	▶ 학생들이 선택권을 갖고 세부 탐구 주제를 설정하므로 학급마다 그리고 시기마다 세부 주제가 바뀜. ▶ 4명이 그동안 만든 산출물을 가지고 나와 친구들 앞에서 발표하는 과정도 평가 기준에 넣을 수 있음.
	프로젝트 캠페인 실천하기	▶ **학교 내 캠페인 실천하기** 교실에서 만든 산출물을 주변 사람들에게 알리기 위해 교내 캠페인을 실천한다. 교실 안에서 만들었던 구호, 내용, 그림에 대해 설명을 하며 정의 실현을 위한 사회 참여 프로젝트를 실천한다.  **점심시간을 이용해 교무실에서 교내 캠페인 활동을 하는 모둠의 모습**	▶ 프로젝트 캠페인을 실천하는 과정을 추후에 자기 평가로 받아 직접 캠페인에 참여한 소감을 준비하도록 함.
평가 : 7 ~ 8 차시	모둠 평가	▶ **동료 평가 및 자기 평가** 프로젝트 학습의 마지막 단계로 그동안의 활동을 정리하는 의미로 동료 평가 및 자기 평가를 각각 진행한다.	▶ 동료 평가를 통해 교사가 미처 관찰하지 못한 모습을 알 수 있고, 프로젝트 활동에 대한 자기 평가를 통해 학생들의 윤리적 성찰 능력을 고양할 수 있음.

<table>
<tr><td rowspan="2">평
가
:
7
~
8
차
시</td><td></td><td>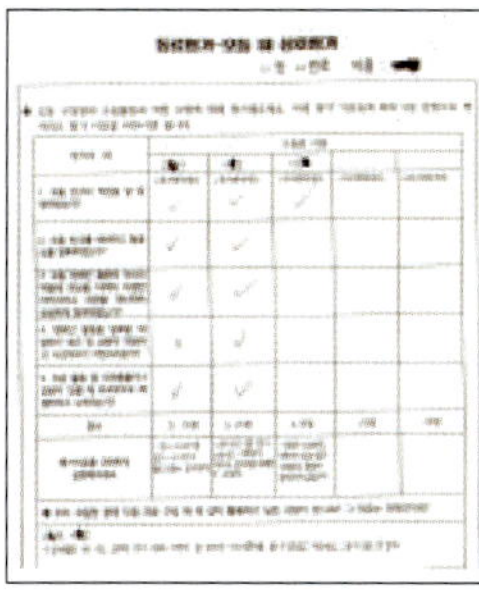
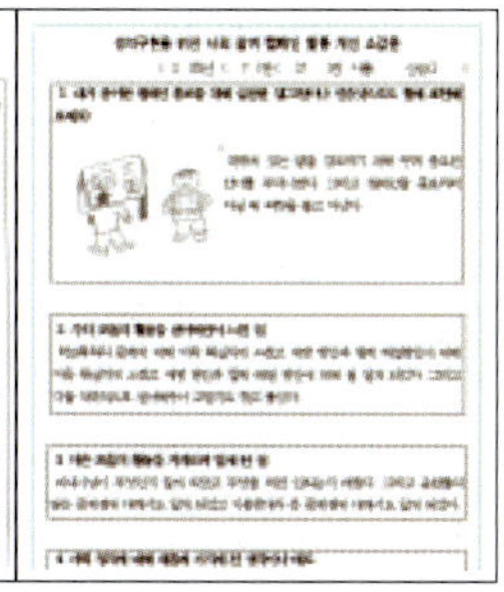
동료 평가 자기 평가</td><td></td></tr>
<tr><td>교사
평가</td><td>► 관찰 평가 및 논술형 평가
학생의 활동을 교사가 관찰해 생활기록부에 기록할 수 있으며 정의라는 주제로 자신의 삶을 성찰하는 논술형 평가를 추가로 진행할 수 있다.
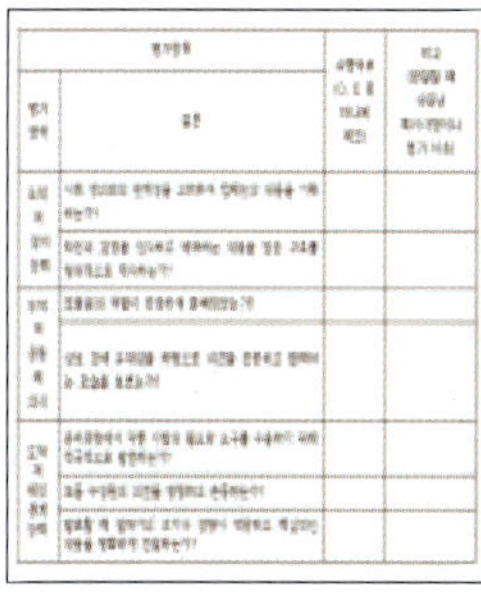
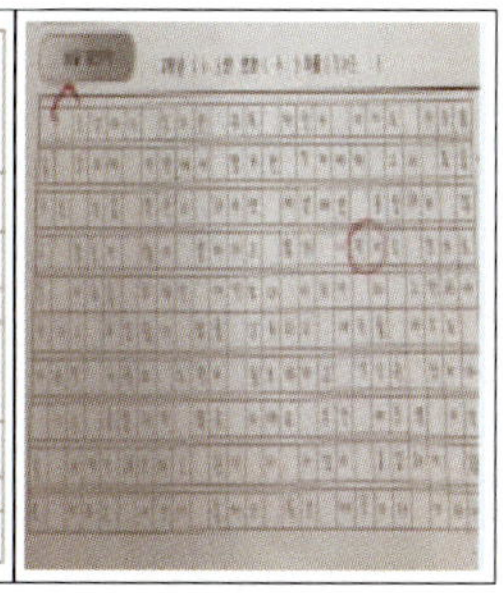
교사 관찰 체크리스트 논술형 평가

* 윤리적 삶을 위한 성찰하는 글쓰기 주제
: 맥아담스(Mcadams)는 정체성을 삶의 이야기라고 말하며 서사적 구성이 삶에 통일성이나 목적을 제공한다고 보았다(Vozzola, 정창우 역, 2018: 115). 프로젝트 과정을 통해서 느낀 점을 토대로 자신의 삶을 윤리적으로 성찰하는 기회를 마련한다.
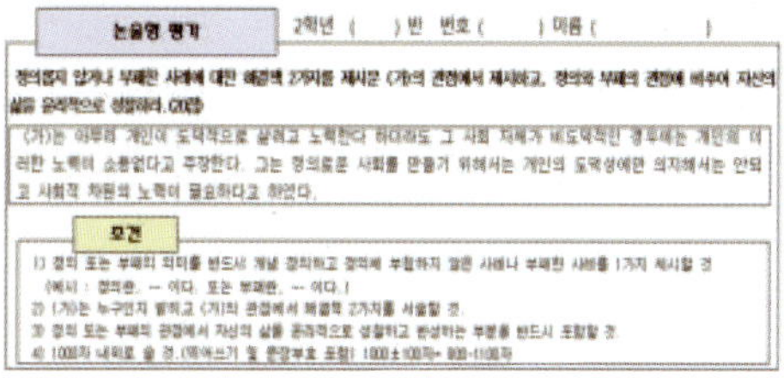</td><td>► 수행평가의 일환으로 프로젝트 활동을 논술형 평가로 연계해 진행할 수 있음.</td></tr>
</table>

〈자료 1〉 개별 활동지

정의감을 키워주는 도덕 수행평가 반 번호 이름:

정의롭지 않은 사례 '신문'에서 찾아보기

(재산, 지위, 성별, 외모, 나이 등에 의한 피해 사례)

* 우리 주변에 일어나는 정의롭지 않은 일을 다룬 신문기사를 찾아 붙여보자.

______________신문

※ 되도록 종이신문을 찾아 붙이되, 불가피한 경우 인터넷 검색 후 인쇄도 가능.

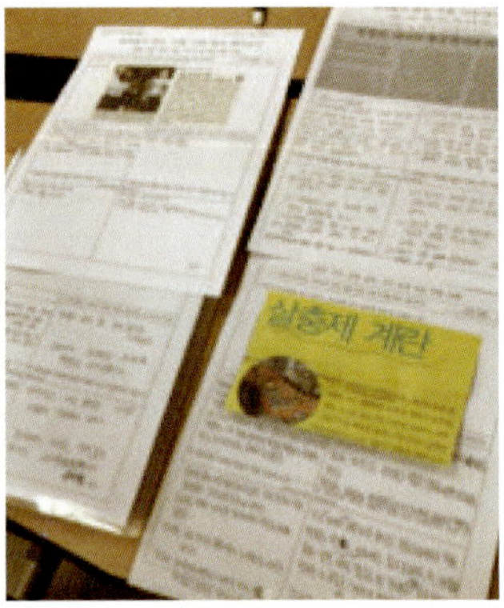

#관련키워드: 사회 정의, 부정부패, 공정성, 경쟁, 차별

1. 위 신문기사에서 찾아볼 수 있는 정의롭지 못한 상황은 무엇인가?

2. 위의 신문기사에서 제기된 문제점을 해결하기 위한 개인적 노력과 사회적 노력은 각각 무엇인가?	3. 정의로운 사회를 위해 내가 지금 실천할 수 있는 약속과 다짐은 무엇인가? (두 가지 이상 구체적으로 적어봅시다.)

〈자료 2〉 프로젝트 계획 활동지

정의실현을 위한 사회 참여 캠페인 활동하기

우리 사회에서 드러나는 정의롭지 않고 부패한 모습을 개선하기 위한 캠페인을 계획하고 실행해 봅시다. 이 캠페인 활동을 통해 우리는 어려운 처지에 놓인 사람들의 마음과 감정을 인식하고 배려하는 도덕적 정서 능력을 갖추고 이를 함께 해결하려고 모색하는 가운데 도덕적 공동체 의식을 기르게 됩니다.

〈캠페인 일정〉

1) 준비하기: 모둠별로 캠페인 주제 선정, 관련 자료 준비하기
2) 계획하기: 캠페인 표어 정하기, 캠페인을 위한 그림 그리기, 캠페인 내용 쓰기
3) 실행하기: 일주일 동안 캠페인 실행하기(교내, 교외 가능, 인터넷 가능)
4) 평가하기: 개인 소감문 작성하기

〈캠페인 예시〉

1) 모둠에서 고른 주제가 잘 표현된 캠페인 표어를 정한다.
2) 해당 캠페인 주제를 정한 이유와 캠페인 주제를 해결하기 위한 대안을 적어 캠페인 내용을 알린다.
3) 캠페인 주제에 적합한 이미지를 창의적이게 그림으로 표현한다.
4) 'M중학교 사회 참여 캠페인 도덕 ○모둠'을 마지막에 적는다.

〈모둠 탐구 주제 선정〉

모둠원이 찾아온 신문 사례를 통해 모둠별 프로젝트 세부 주제를 선정합시다.

모둠원1	
모둠원2	
모둠원3	
모둠원4	

1) 최종 탐구 주제 선정: ______________________________
2) 주제 선정 이유: ______________________________

〈역할 분담〉

캠페인 예시를 살펴보고 모둠에서 진행할 캠페인을 위한 역할을 나눠봅시다.

구분	이름	내용
역할1		
역할2		
역할3		
역할4		

* 캠페인 산출물에 들어가야 할 요소 : 캠페인 구호, 캠페인 내용(주제선정 이유, 해결하기 위한 대안), 내용을 보여주는 그림이나 이미지

5. 활용상의 유의점과 교사의 역할

이경희(2016: 290)에 따르면, 프로젝트 학습은 강점 못지않게 많은 시간이 소요되고 학생이 계획 수립 능력과 수행 능력이 부족한 경우 진행에 어려움이 발생할 수 있다. 또한, 집단 프로젝트의 경우 능력 있는 소수의 학생을 중심으로 운영된다면 객관적 평가가 어려운 단점이 있다. 이정렬(2017: 11)은 도덕과 프로젝트 수업을 진행할 때 "주제선정의 어려움, 과제에 대한 부담감, 도덕적 창의성을 발휘하는 과정에서 만나게 되는 역경과 고난, 집단 과제를 해결하는 과정에서 느끼는 좌절과 절망감"을 학생이 겪는 현실적 어려움으로 지적한다. 맥스웰(Maxwell et al., 2005; Larmer et al., 최선경 외 역, 2018: 130에서 재인용) 역시 프로젝트 학습은 매시간 모든 교실에서 효과를 발휘하는 묘책이 아니며, 학교나 교사에 따라 달라질 수 있음을 강조한다. 정리하자면, 도덕과에서 프로젝트 학습의 강점을 살리기 위해서는 몇 가지 사항을 반드시 고려해야 함을 알 수 있다. 다시 말해서 내적 동기를 통한 학생들의 잠재된 능력 발휘와 협력적 상호작용을 강화하기 위해서 다음과 같은 교사의 준비와 노력이 필요하다.

첫째, 프로젝트 학습을 통해 학생들의 역량을 키우기 위해서는 단순 참여가 아닌 진정한 배움과 성장이 일어날 수 있는 교사의 사전 준비 작업이 중요하다. 라머는 학생 참여는 학습의 동력이 되는 점에서 중요하나, "참여와 배움은 분명히 다르다."는 점을 유념해야 한다고 말한다(Larmer et al., 최선경 외 역, 2018: 133). 프로젝트 학습을 통해 진정한 배움이 일어나기 위해서는 교사는 학생 수준에 맞는 배경 지식을 프로젝트 설계 전에 제시해야 한다. 왜냐하면 학생들이 탐구 주제를 스스로 선택한다고 해도 의사결정을 제대로 하려면 '정보'가 필수적이기 때문이다. 배경지식이나 정보가 없다면 오히려 선택의 기회가 학생들에게 큰 부담으로 다가올 수 있다(Deci & Flaste, 이상원 역, 2011: 52-54; 이정렬, 2017: 15에서 재인용). 도덕과 프로젝트에서 학생들의 자기 결정성과 내적 동기를 높이려고 사전 작업 없이 자유롭게 선택하도록 방임하기보다 교사는 수업 활동이나 주제에 대한 안내와 선택 결과를 위한 정보를 적절히 제공해야 한다(이정렬, 2017: 16). 이처럼 프로젝트 학습을 수업에 활용할 때, 유용하고 효과적인 정보 제공을 통해 학생들에게 프로젝트가 우리의 실제 삶과 어떻게 연결되어 있는지, 이 활동이 우리에게 어떤 의미가 있는지를 깨닫게 하는 설득의 과정이 반드시 필요하다.

둘째, 프로젝트 학습 과정에서 학생들이 잠재능력을 최대한 발휘하고 자기 효능감을 적절히 유지하기 위해서 교사의 세심한 전략이 필요하다. 반두라(Bandura, 김의철 외 역, 1999; 이정렬, 2017: 22-24에서 재인용)에 따르면, 자기 효능감 및 집단 효능감은 학생들에게 얼마나 성공 경험을 제공했는지, 또래 집단이 이룬 성취를 모델링할 수 있는지, 학생들의 꾸준한 노력 과정에 대해 얼마나 구체적이고 격려적인 피드백을 제시했는지, 학생들이 프로젝트 수행 시 긴장을 하거나 정서적으로 불안해할 때 외면하지 않고 긍정적으로 해석해주었는지에 따라 형성된다. 일반적으로 프로젝트 학습은 1, 2차시로 끝나는 것이 아니라 적어도 2주 이상 지속하는 수업활동을 말한다. 따라서 자기 효능감 및 집단 효능감을 유지하기 위한 상황에 맞는 교사의 전략은 프로젝트 수업의 동기 차원에서 매우 중요한 요소이다.

셋째, 협력적 상호작용을 원활하게 이끌기 위해 학생들 사이의 민주적이고 배려적인 분위기를 형성해야 한다. 어떤 구성원이 만났는지에 따라 프로젝트의 산출물 결과가 판이해질 수 있다. 원활한 협력을 위해 교사는 모둠 구성뿐만 아니라 모둠원들끼리 지켜야하는 규칙을 자발적으로 정하고 그것을 시간마다 강조해 수업 시간에 정착화시킬 필요가 있다. 구글의 '아리스토텔레스 프로젝트(Aristotle Project, 2016; 정창우, 2019: 223에서 재인용)' 연구 결과도 이를 뒷받침한다. 구글은 가장 생산적인 팀의 특징을 분석하는 연구를 실시했는데, 실제 연구 결과 최고로 똑똑한 사람들이 모여 있는 집단보다 공감과 감성 지능이 뛰어난 사람들이 모여 있는 집단이 더 생산적인 아이디어를 산출한다고 발표했다. 즉 생산적인 팀이 되기 위해 중요한 조건은 바로 '정서적 안정'이라는 것이다. 이러한 점을 미루어볼 때, 도덕적 협력 과정을 가능하게 하는 환경 조성이 프로젝트 과정에서 중요하다. 또한 교사는 팀원끼리 관계 맺는 법을 배우고 서로 이해하고 존중하는 경험을 평상시 수업 시간에 경험할 수 있도록 해야 한다(이정렬, 2017: 27).

넷째, 프로젝트 학습의 전 과정에 대한 객관적인 평가 기준을 마련해 교사의 평가 전문성을 신장해야 한다. 여전히 프로젝트 수업을 창의적 체험활동이나 방과후 학교 등 교과 외 활동 수업에 진행하는 별개의 이벤트 정도로 인식하고, 실제 교과 내 교수·학습 및 평가로 연결하기 어렵다고 여기는 경향이 있다(차우규, 2015:

484). 최근 과정 중심 평가라는 학생들의 변화와 성장에 대한 자료를 다각도로 수집하고 적절한 피드백을 줄 수 있는 평가 방식이 선호되고 있다. 이는 학생들이 지식을 얼마나 알고 있는지를 평가하는 결과 중심과 대비되는 개념으로 학생의 해결 과정에 중점을 두는 평가이다(교육부 · 한국교육과정평가원, 2017: 4) 이처럼 학생의 변화와 성장의 피드백을 중시하는 과정 중심 평가를 위해 객관적인 평가 기준을 프로젝트 학습에도 적용한다면 교육과정과 교수 · 학습 및 평가의 연계성을 잘 살릴 수 있다(이혜진, 2019: 138-146). 기존의 프로젝트 학습에 대한 우려, 즉 객관적 평가 기준의 부족에 따른 현장 교과 수업 적용의 어려움을 해소한다면 프로젝트 학습은 학교 현장에서 더 확대, 적용될 수 있다.

참고문헌

교육부(2009),『2009 개정 교육과정 총론 해설 중학교』.

교육부(2017a),『2015 개정 교육과정 총론 해설 중학교』.

교육부(2017b),『2015 개정 교육과정 총론 해설 고등학교』.

교육부 · 한국교육과정평가원(2017),『과정을 중시하는 수행평가 어떻게 할까요?-연구자료 ORM2017-19-2』, 한국교육과정평가원.

Beers, S. Z.(2011), 박태호 · 공희자 · 권현선 · 오순이 · 심민희 · 김현정 · 이진희 · 위수지 · 진용성 편역(2017),『4C 핵심역량에 기초한 미래형 교실수업』, 아카데미프레스.

Larmer, J., Mergendoller, J. & Boss, S.(2015), 최선경 · 장밝은 · 김병식 역(2018),『프로젝트 수업 어떻게 할 것인가?』, 지식프레임.

Vozzola, E. C.(2014), 정창우 역(2018),『도덕 발달의 이론과 적용』, 울력 진석찬 문고.

Vygotsky, L. S.(1978), edited by Michael Cole et al., 정회욱 역(2009),『마인드 인 소사이어티(Mind in society : the development of higher psychological processes)』, 학이시습.

김일 · 조한상 · 김지연(2019),『프로젝트 수업으로 배움에 답을 하다』, 맘에드림.

서강식(2007), "도덕과에서의 프로젝트 학습",「초등도덕교육」제23집, 61-93.

이동훈 · 최윤정 · 윤상훈 · 김병일 · 고혜원 · 김병섭 · 김인철(2018),『초등 프로젝트 수업』, 지식프레임.

이성대 · 김정옥 · 이주원 · 이경원 · 공일영 · 이혁제 · 곽재은 · 김지훈 · 정성아(2016),『프로젝트 수업, 교육과정을 만나다』, 행복한 미래.

이경희(2014), “프로젝트 학습의 도덕교육에의 적용-「2012 도덕과 교육과정」에 따른『생활과 윤리』생명윤리 수업을 중심으로-”「윤리연구」 제99호, 237-261.

이경희(2016), “도덕과 수업에서 비판적 · 성찰적 글쓰기- 프로젝트 학습과 교육 토론을 중심으로-”「윤리교육연구」 제40집, 283-299.

이정렬(2016), “도덕적 창의성 함양을 위한 프로젝트 수업”,「윤리교육연구」 제41집, 1-28.

이정렬(2017), “도덕적 창의성 함양을 위한 프로젝트 수업에서 동기화에 대한 연구”,「초등도덕교육」 제58집, 1-37.

이혜진(2019), “시민적 인성 함양을 위한 도덕과 교수 · 학습 및 평가 방안-의사소통 역량을 중심으로-”,「도덕윤리교육」 제62호, 121-152.

전정민(2008),『이론과 실제를 함께 배우는 프로젝트 접근법』, 한국학술정보[주].

정창우(2013),『도덕과 교육의 이론과 쟁점』, 울력.

정창우(2019),『21세기 인성교육 프레임-‘사람다움’과 ‘시민다움’을 지향하는 인성교육』, 교육과학사.

차우규(2015), “도덕과 교육에서 프로젝트 평가의 적용 방안”,「한국초등도덕교육학회 하계 학술발표논문집」, 483-491.

동영상 KTV News http://www.ktv.go.kr/content/view?content_id=548628

제10절 협동 학습 모형

1. 개념 및 이론적 배경

1) 협동 학습의 의미

협동은 공동의 목적을 달성하기 위해 함께 일하는 것이다. 협동하는 상황에서 개인은 다른 사람들에게 유익한 결과가 나오도록 돕는다. 협동 학습은 학생들이 자신과 서로의 학습을 극대화하기 위해서 함께 노력하는 소집단을 활용한 교수 방법이다(Johnson et al., 추병완 역, 2001: 16). 또한 협동 학습은 이질적인 배경을 가진 또래들이 다양한 정보원이 되어 서로를 가르치고 배우며 활발한 상호작용으로 교육 효과를 극대화한다. 타인의 실패가 곧 나의 성공으로 인식되는 부정적 상호작용이 아닌, 친구의 성공과 실패가 곧 나의 성공과 실패로 연결되는 긍정적 상호 의존성이 이루어지도록 목표, 과제, 보상 및 자료 등을 구조화시키는 수업 전략이다(이미숙, 2015: 31).

인종 갈등 및 편견의 문제를 해소하고자 일찍이 미국에서는 협동 학습의 이론과 실제에 관한 연구가 매우 활발하게 이루어졌다. 1970년대 존슨 형제(D. W. Johnson & R. T. Johnson)를 중심으로 미국의 협동 학습 주창자들은 사회심리학적으로 협동 학습이 필요한 이유를 설명한다. 일반적으로 교실의 학습 구조는 경쟁적 학습 구조, 개별 학습 구조, 그리고 협동 학습 구조로 나눌 수 있다. 먼저 경쟁적 학습 구조에서는 다수의 패자와 소수의 승자를 낳게 된다. 승자가 된 학생조차도 자신을 인간보다는 승자로 인식하는 비인간적인 현상이 나타난다. 이러한 상황에서는 학생들이 극단적 개인주의자가 될 수 있으며 학생들 간 상호 작용이 줄어드는 문제가 발생한다(이미숙, 2015: 32). 개별 학습 구조는 학생들이 다른 학생을 크게 의식하지 않고 자기 개인의 학업 성취를 극대화하는 것을 최고의 원리로 한다. 따라서 다른 학생들과 사회적 상호작용을 할 필요가 없으며 오직 교사와 밀접한 관계만을 유지하려고 한다. 따라서 이러한 구조에서는 타인과 동료에 대한 무관심, 고립, 소외, 원자화된 인간이 만들어진다(유병렬, 2003: 285). 반면 협동 학습 구조는 이질적인 배경을 가진 또래들이 다양한 정보원이 되어 서로 가르치고 배우게 되어 상호 작용에 의한 교육 효과를 극대화한다. 학생들 간 긍정적 상호 의존 관계의 형성은 서로를 격려하고 인정해준다. 더 나아가 심리적 안정감을 제공해 더 학습하고자 하는 동기를 유발한다. 또한 단순 지식이나 기능을 익히는 데는 협동 학습 구조와 경쟁 학습 구조 모두가 효과적일 수 있지만, 고차원적인 인식능력인 분석, 종합, 비판적 사고력 등은 협동 학습 구조를 통해 도달할 수 있다는 연구 결과들에 주목할 필요가 있다(이미숙, 2015: 33).

위에서 제시한 협동 학습의 일반적 의미에 기초해 도덕과에서의 협동 학습의 의미를 규정해 보면, 도덕과에서 협동 학습이란 건전한 도덕성 내지 유덕한 인격의 함양에 도움을 주기 위해 학생들이 공동의 과제 또는 목표 성취를 지향하는 가운데 상호 협력적으로 학습과 활동을 수행하게 되는 도덕과 교육의 한 형태를 뜻한다(유병열, 2003: 287).

2) 협동 학습의 유형 및 기본 원리

협동 학습은 크게 '협동프로젝트 유형(Cooperate Project, CP)'과 '학생 팀 학습 유형(Student Team Learning, STL)'으로 분류할 수 있다. 협동프로젝트 유형은 과제, 자료, 역할 등을 상호의존적으로 구조화하고 협력 기술을 가르침으로써 집단 내 뿐만 아니라 집단 간에도 협동을 끌어내고자 한다. 반면 학생팀 학습 유형은 집단 간 경쟁을 통해 구성원 간 상호작용을 극대화함으로써 협동 학습의 교육적 성과를 높이고자 한다. 이러한 두 개의 유형을 중심으로 이미 개발된 협동 학습의 모형을 분류해 보면 〈표 4-1〉과 같다(이미숙, 2015: 35-38).

표 4-1 협동 학습의 두 접근(유병렬, 2003; 이미숙, 2015)

유형	협동 학습 모형	
협동프로젝트 유형 (Cooperate Project)	기본적 협동 학습 모형	• 함께하는 학습(LT) (Johnson & Johnson, 1975)
	과제 중심 협동 학습 모형	• 과제분담학습 I (Jigsaw Ⅰ) (Aronson, 1978) • 협동을 위한 협동(Co-op Co-op) (Kagan, 1985) • 집단조사 활동(GI) (Sharan & Sharan, 1976)

학생 팀 학습 유형 (Student Team Learning)	보상중심 협동 학습 모형	• 학생 팀 성취 부문(STAD) (Slavin, 1968) • 팀별 대항 방식(TGT) (Slavin, 1990) • 과제분담학습 II(Jigsaw II) (Slavin, 1980)

한편 교사는 협동을 가능하게 하는 기본적인 원리들에 대한 이해를 바탕으로 학생들이 실제로 서로 협동하여 학습할 수 있도록 한다. 이를 위해 교사는 수업 시간마다 협동 학습의 기본 원리들을 명확히 고려해야 한다(Johnson et al., 추병완 역, 2001: 24-25). 협동 학습이 성공적으로 이루어지기 위한 원리는 이론가에 따라 조금씩 다르지만, 주요 이론가들의 주장을 중심으로 제시해 보면 아래의 〈표 4-2〉와 같다(이미숙, 2015: 41).

표 4-2 협동 학습 기본 원리

Johnson & Johnson
- 긍정적 상호의존
- 대면적 상호작용
- 개별 책무성
- 협동 기술의 교육
- 협동의 과정 돌아보기 및 피드백

Kagan
- 긍정적 상호의존
- 동시다발적 상호작용
- 개인적 책임
- 동등한 참여

Slavin
- 집단 목표
- 과제의 세분화
- 개별적 책무성(책임과 의무)
- 성공 기회의 균등
- 팀 경쟁

위에 제시된 협동 학습의 기본원리들을 5가지로 종합해볼 수 있다(이미숙, 2015: 42-51). 첫째, 긍정적 상호의존이다. 협동 학습의 성패는 소집단 구성원 간에 긍정적인 상호의존에 달려있다. 서로의 활동 결과가 서로에게 영향을 줄 때 서로의 학업에 관심을 갖고 서로 도와주고자 한다. 존슨 형제(D. W. Johnson & R. T. Johnson)

와 케이건(S. Kagan) 모두 조원 간 상호 의존을 구조화할 수 있는 다양한 전략들을 제시한다. 슬라빈(R. E. Slavin)은 팀 간 경쟁과 집단 목표를 가지도록 구조화할 때 상호의존도가 높아진다고 본다.

둘째, 동시다발적 상호작용이다. 가능한 많은 학생이 수업 과정에 동시에 능동적으로 참여하는 것이다. 이를 위해 차례대로 발표하기보다는 동시다발적 구조를 만들어 협동 학습을 성공적으로 이끌 수 있다. 예를 들어 주제 토의를 할 때 한 명씩 순차적으로 발표하기보다는 케이건의 생각-짝-나누기나 3단계 인터뷰[1)]를 통해 동시에 자기 생각을 발표하게 할 수 있다. 이는 구성원 간에 동등한 참여를 이끌고 적극적인 학생 위주로 말하기를 방지하는 효과가 있다.

셋째, 개인적 책임성이다. 협동 학습에서 흔히 제기되는 문제는 무임승차의 출현이다. 또한 학습의 기본 내용을 충분히 이해하지 않고 지나가는 학생이 발생한다. 이를 방지하기 위해 협동 학습을 계획하는 교사들은 개별 책무를 분명히 하고 과제를 구조화할 필요가 있다. 예를 들어 조별 탐구를 할 때 개개인에게 각각의 소주제를 맡도록 설계한다. 이는 무임승차자의 가능성을 낮추고 잘하는 학생 위주의 활동을 예방한다. 또한 협동 학습이 끝난 후 개개인의 역할 수행과 참여도에 대해 성찰하도록 함으로써 개인의 책임성을 높일 수 있다. 동료 평가의 결과를 개별 점수화하는 것도 개인의 역할과 과제에 책임을 다하도록 하는 방법이다.

넷째, 사회적 기술에 대한 교육이다. 협동 학습이 성공하기 위한 요건 중 하나는 학생들에게 의사소통을 효과적으로 할 수 있는 방법을 가르치는 것이다. 도움을 요청하는 방법, 참여하지 않거나 갈등 관계에 있는 동료들에게 권유하는 방법, 갈등을 해소할 수 있는 기술 등을 직접 가르칠 필요가 있다. 존슨 형제에 따르면, 이러한 기술들은 저절로 익혀지는 것이 아니라 지식 내용과 마찬가지로 직접 가르쳐야 한다.

1) '생각-짝-나누기'는 교사의 질문에 학생들의 생각을 짝지어 토론하게 하는 방법이다. 짝과 토론한 내용을 공유하는 방법은 모둠 안에서 건너편 두 사람과 이야기를 나누게 하거나 교사가 개별적으로 학생들을 무작위로 지명하는 방법도 있다. 이로써 학생들은 질문에 대해 진지하게 토론하고 그에 대한 책임감을 가져야 한다는 것을 알 수 있다. '3단계 인터뷰'는 모둠원들이 정해진 순서에 따라 짝을 지어 인터뷰하고, 인터뷰를 통해 알게 된 것을 각자 돌아가며 이야기하는 구조이다(Shaw, Kagan 감수, 박영주 역, 2007: 165-169).

다섯째, 협동과정에 대한 성찰이다. 협동 학습을 효율적으로 진행하기 위해서는 정기적으로 협동 학습의 과정이 원활하게 이루어지는지 돌아볼 필요가 있다. 예를 들어 협동 학습이 끝난 후 의견 충돌이 심했던 경험을 기록한 후 어떤 자세가 필요한지에 대해 생각하게 한다. 이는 과정 중심 평가의 차원에서도 의미가 있다. 학생들 스스로 자기 평가를 하고 모둠원 간 동료 평가를 통해 자신의 모둠 활동 자세를 객관적으로 돌아보게 한다. 이는 자신의 장단점을 알게 해 다음 모둠 활동에는 더 나은 자세로 임하게 하는 피드백 역할을 한다.

2. 도덕과 수업에서 활용상의 의의와 유용성

도덕과 수업에서 협동 학습은 여러 가지 장점과 긍정적인 효과가 있다. 첫째, 협동 학습은 학생들을 능동적 참여자, 즉 스스로 도덕적 규범들을 발견하고 창조, 구성해 나가는 존재로 가정하고 있다. 이처럼 학생들을 긍정적 관점으로 바라보기 때문에 가치들을 체험할 다양한 기회를 학생들에게 제공해야 한다고 본다(추병완, 1999: 343). 청소년 시기에는 가치를 실현하고 인생에서 자신이 원하는 것을 얻기 위해서 다른 사람과 함께 일해야 한다는 점을 학습해야 한다(Kirshenbaum, 추병완 외 역, 2006: 399).

둘째, 협동 학습은 학생들이 여러 가지 도덕적 덕성을 기르도록 하는 데 유용하다. 협동 학습의 다양한 구조적 전략들은 학생들에게 서로 돕는 것이 좋은 일임을 깨닫게 한다. 또한 자아존중감을 기르고 동료 집단 내에서 타인을 배려하는 태도와 이타적 성향을 함양하는 데 유용하다. 그뿐만 아니라 협동 학습은 자기가 맡은 역할을 충실히 이행하는 책임의 덕목을 기르는 데도 도움이 되고 공감, 나눔, 헌신 등 친 사회적 행동들을 증진한다(유병렬, 2003: 289). 다시 말해 협동 학습은 도덕성의 인지적, 정의적, 행동적 영역을 통합하는 체계적 교수 · 학습 방안이다. 학습 내용에 대한 이해로서의 인지적 측면, 공동의 과제 해결을 위해 서로 협동하려는 태도와 의지로서의 정의적 측면, 실제로 협동을 경험하는 행동적 측면을 모두 동시에 경험한다(추병완, 1999: 343).

셋째, 협동 학습은 도덕적 행동에 필수적인 사회적 기술들을 자연스럽게 익히게 해준다. 이것은 인간 사이의 상호작용을 원만하게 해주고 타인과 함께 의미 있는 일을 성취하는 사회적 삶을 위한 기반이 된다. 예를 들어 모둠에서의 역할 수행 기능, 타인의 견해를 주의 깊게 경청하고 자신의 의견을 표현하는 기능, 타인의 관점을 그의 입장에서 취해보는 기능, 갈등을 적절히 해결하는 기능, 공동의 목적을 달성하기 위해 힘을 모으는 기능 등을 함양할 수 있다. 협동 학습은 이러한 인간 관계적 기능들의 숙달을 가져와 온갖 편견이나 차별의식 등과 같은 비도덕적인 행동 양식들을 감소시켜 도덕적인 삶의 훈련이 될 수 있다(유병렬, 2003; 추병완, 1999). 즉 협동 집단에서 학생들이 학습하는 과정은 존중, 이해, 공정을 위한 도덕적 훈련이다(Kirshenbaum, 추병완 외 역, 2006: 400).

넷째, 협동 학습은 학생들의 학업 성취도와 그에 따른 자기 존중감을 높이고 학교에 대한 태도를 개선해준다. 학업성취에 있어 능력이 높은 학생들과 낮은 학생들 모두 협동 학습을 통해 효과를 볼 수 있다. 모든 연령과 과목 그리고 거의 모든 과제에서 효과가 나타난다는 점은 많은 연구에 의해 입증되고 있다. 또한 여러 연구에 의하면 실험 대상의 4분의 3에 이르는 학생들에게서 협동 학습, 자기 존중감, 학교에 대한 태도 간에 높은 상관성이 나타난다(Lickona, 1992; 유병렬, 2003: 290에서 재인용). 협동 학습을 통해 학생들은 집단의 성공에 기여하게 됨으로써 자기 존중감이 높아지고 학급 동료들 사이의 문화 차이를 극복하고 교류를 증진한다. 또한 보다 친사회적 행동을 촉진시키며 긍정적인 교실 분위기를 가져온다(Johnson & Johnson, 1995, Slavin, 1980, Sharan, 1980; 이미숙, 2015: 78에서 재인용). 이 밖에도 협동 학습은 학교에 대한 호감을 느끼게 해주고 학교를 즐겁고 좋은 곳으로 인식하게 해준다. 그뿐만 아니라 타인의 이해와 문제에 관심을 갖는 이타심과 성공과 실패의 원인을 다른 사람이 아닌 자신의 노력으로 돌리는 분위기를 조성한다(Blaney et al., 1977, Slavin, 1983; 이미숙, 2015: 80에서 재인용).

다섯째, 협동 학습은 시민성 교육에 도움이 된다. 협동 학습을 통해 학생들은 서로의 의견을 공유하고 돌아가면서 발표하고 서로의 의견을 경청한다. 각 구성원이 기여한 것을 평가하고 서로를 소중히 여기는 점은 시민으로서 갖춰야 할 자질이다. 이는 민주주의를 효율적으로 운영하고 공동선을 추구하기 위한 필수 요소이다(Kirshenbaum, 추병완 외 역, 2006: 400).

여섯째, 협동 학습의 구조화 전략은 교사들에게 도덕과 수업 기법들에 대한 다양한 아이디어를 제공해 준다. 케이건은 '모형(Model)'보다는 '설계(Design)'라는 개념을 강조한다. 협동 학습을 실천하는 데 있어서 하나의 구조로만 수업을 진행하는 것보다 구조와 구조들을 연결하여 활용하는 것이 더욱 의미가 있다. 교사는 수업 단원 내용과 학생들의 수준이나 반응에 따라 적절한 구조를 수업에 적용 및 설계해야 한다(정창우 외, 2007: 182).

3. 모형의 구조

1) 일반적인 협동 학습 모형

단계	내용
이질적인 모둠 구성	• 4인 1모둠 체제로 운영 • 단원 특성이나 학생의 성격이나 관심사 등 다양한 기준에 따라 모둠 구성
↓	
모둠 세우기 활동	• 정서적 유대감을 통해 협동 학습 준비 • 이끔이, 기록이, 지킴이, 칭찬이 등 모둠 내 개인 역할 분담을 통한 개별적 책무성 강화 • 모둠 규칙 작성
↓	
협동 학습 주제 소개	• 협동 학습 주제에 대한 교사의 설명 • 협동 학습의 절차 및 유의사항 제시
↓	
협동 학습 활동	• 존슨 형제(Johnson & Johnson, 1975)가 개발한 함께 학습하기(Learning Together)는 과제를 상호 작용과 협력을 통해 공동으로 해결 • 샤란(Sharan)이 개발한 집단 조사(Group Investigation)는 집단 구성원들의 협동적 상호작용으로 공동 조사 및 탐구를 수행
↓	

모둠 활동 결과 발표	➡	• 모둠 활동 결과를 모둠 안에서 발표하거나 모둠이 학급 전체 앞에서 나와 순차적으로 발표 • 모둠을 중심으로 월드카페[2]나 갤러리워크[3] 방식을 통해 동시다발적으로 발표하도록 해 발표 시간을 줄이고 학생들의 참여도를 최대로 이끎
⬇		
평가 및 피드백	➡	• 교사는 학습내용을 학생들이 충분히 숙지했는지 점검 • 모둠 과제물에 대한 자기 평가, 동료 평가, 교사의 관찰 평가 결과 공유

2) 협동을 위한 협동(Co-op Co-op)학습 모형[4)]

이질적인 모둠 구성 및 모둠 세우기	➡	• 학생들 관심사나 성격에 따라 4인 1모둠 구성 • 모둠 역할 분담, 모둠 이름 및 규칙 정하기
⬇		
협동 학습을 위한 전체 주제 소개	➡	• 케이건(1992)이 제시한 전체 과제를 협동으로 해결하기 위해 모둠별로 협동 학습하는 협동을 위한 협동(Co-op Co-op) 학습 모형 절차 설명 • 협동 학습 주제에 대한 교사의 설명
⬇		
모둠에서 소주제(subtopics) 탐색	➡	• 브레인스토밍, 만다라트 맵 작성 등과 같은 전략을 통해 소주제 탐색
⬇		

2) 1명의 호스트와 3명의 게스트로 역할을 나눠 1명 남고 3명 가는 형태의 대화 및 발표 형식이다.

3) 전시장 관람이라고도 불린다. 전시장에 가면 큐레이터가 방문객에게 여러 작품을 설명하듯이 각 모둠에서 만든 모둠 작품을 모둠의 대표가 다른 모둠의 구성원들에게 설명하는 방식이다(이상우, 2013: 344). 즉 모둠의 결과물을 벽이나 칠판에 붙여놓고 자유롭게 돌아다니며 설명을 듣고 내용을 공유하는 방식이다.

4) 정창우 외(2007), pp.152, 159-161 내용 재구성

단계	내용
학급 전체 토론을 통한 모둠별 소주제(subtopics) 선택 및 정교화	• 모둠에서 나온 소주제의 내용 발표를 통해 학급 전체 토론 • 모둠별 협동 학습을 위한 소주제 선택 • 소주제에 대한 마인드맵을 통한 내용 정교화 및 구체화
모둠 내 학생 미니주제(minitopics) 선택 및 분업	• 모둠원들은 정교화된 소주제를 수행하기 위해 미니주제로 나눔 • 모둠원 각자는 자신이 원하는 미니 주제를 담당하여 역할 분담
개별 조사 및 준비	• 학생들 각자 담당한 미니 주제 개별 조사 및 자료 준비
모둠 내 미니주제 토론 및 최종결과물 만들기	• 모둠원 각자가 준비한 미니 주제 발표 • 미니 주제를 활용해 모둠별 협동 결과물 제작 • 발표 준비
모둠별 최종 결과물 발표	• 모둠별로 정리한 소주제 연구 결과를 학급 전체에 순차적으로 발표 • 월드카페 방식으로 동시다발적으로 발표
평가 및 성찰	• 갤러리워크 방식으로 모둠 결과물 평가 • 모둠 과제물에 대한 자기 평가, 동료 평가, 교사의 관찰 평가 결과 공유

4. 모형 활용의 실제

1) 함께하는 학습(LT: Learning Together)

존슨 형제(Johnson & Johnson, 1975; 유병렬, 2003: 299-300에서 재인용)는 응집력 있는 공동체가 공동의 목표를 향해 함께 노력하는 것을 강조하는 '함께하는 학습' 모형을 개발했다. 이 모형에서 학생들은 주어진 과제를 해결하기 위해 머리를 맞대고 학습하거나 탐구한 결과를 제출하게 된다.

교과	도덕 ①	학년	1
단원 /과제명	II. 타인과의 관계 [과제명] 배려심을 키우는 타인 존중 실천하기 [핵심가치] 배려		
성취기준	[9도02-01] 현대 한국 사회의 가정에서 발생하는 갈등을 구체적 사례를 통해 생각해보고, 좋은 가족 구성원이 되기 위한 방법을 제시하고 실천 의지를 함양할 수 있다. [9도02-02] 친구와의 우정의 중요성에 대해 생각해보고, 진정한 우정을 맺는 방법에 대한 도덕적 이야기를 구성할 수 있다. [9도02-04] 이웃의 종류를 구분해 보고, 공동체 속에서 이웃을 배려하고 봉사하기 위해 타인의 관점을 채택해 보고, 이를 실천하기 위한 구체적인 방법을 제시할 수 있다.		
일반화된 지식	가정 · 이웃 · 학교 및 온라인 공간에서 바람직한 인간관계를 형성하기 위해서는 상대방을 존중하고 배려하는 태도가 필요하고, 갈등이 발생하는 경우 합리적인 의사소통을 통해 평화적으로 해결해야 한다.		

단계 및 차시		교수 · 학습 활동 내용	자료 및 유의점
도입	동기 유발	▶ 학생들에게 존 콜리에(John Collier, 1898)의 '고다이바 부인의 초상' 그림을 통해 타인 존중의 의미를 끌어냄. – 교사: 그림 속 여성은 왜 말을 타고 동네를 도는 동안 주민들은 창문을 닫고 밖에 나오지 않았을까요? – 학생: 고다이바 부인의 마음을 헤아리기 위해서입니다.	▶ 명화가 수업의 내용과 멀어지지 않도록 유의

	학습 목표	► 타인 존중의 진정한 의미를 설명할 수 있다. ► 타인 존중을 위해 필요한 자세를 알고 그것을 실천하기 위해 자신이 해야 할 일을 말할 수 있다.	
전개	학습 주제 설명	► 타인 존중을 위한 역할극 – [모둠과제1] 〈자료 1〉 나 전달법, 〈자료 2〉 비폭력 대화 연습문제 제시 – "너는 학원이며 과외, 독서실 안 하는게 없는 데 성적은 왜 그 모양이니?" ► 모둠별 손가락 그림 그리며 타인 존중 실천하기 – [모둠과제2] "타인존중이란? [ ](이)다"에 들어갈 말과 이유를 모둠끼리 써보고 발표하기 – 가정, 친구, 사회에서 내가 할 수 있는 타인존중의 실천 다짐을 〈자료 3〉에 개별적으로 쓴다. 그 다음 모둠원들과 함께 자신의 손가락 그림 위에 써서 발표한다.	► 개별활동지 〈자료 3〉 참고해 모둠별 손가락 그림그리기
	협동 학습	► 〈자료 1〉 I-message를 연습하기 – 교사: 늦게 들어온 딸에게, 새치기한 친구에게 나 전달법으로 어떻게 이야기할 수 있을까요? – 학생: 나를 주어로 말하면 됩니다. – 교사: 타인 존중의 의미에서 어떻게 상대방의 감정을 읽어줄 수 있을까요? 늦지 말라는 부모의 걱정에, 피부 때문에 고민하는 친구에게 뭐라고 말할 수 있을까요? – 학생: 늦지 말라는 부모님의 말씀에 "제가 동아리 연습 때문에 늦게 들어와서 많이 화나셨죠?" 라고 감정을 읽어드립니다. ► 〈자료 2〉 엄마와 아들 비폭력 대화 연습하기 – 교사: 관찰, 느낌, 욕구와 소망, 부탁 4단계로 말하도록 합시다.	► 〈자료 1〉의 연습문제를 모둠에서 협동해서 작성하도록 한다. ► 〈자료 2〉를 나눠주며 엄마와 아들 역할극에 필요한 대사를 작성하고 연습하게 한다.
		► 빈칸 완성하기: 모둠원들끼리 의견 교환을 통해 타인존중을 의미하는 단어를 고르고 이유를 작성하게 한다. – 교사: 타인 존중하면 떠오르는 단어가 무엇인가요? – 학생: 타인존중은 '산소'입니다. 산소가 없으면 인간이 살 수 없듯이 인간의 행복한 삶을 위해 반드시 필요합니다. 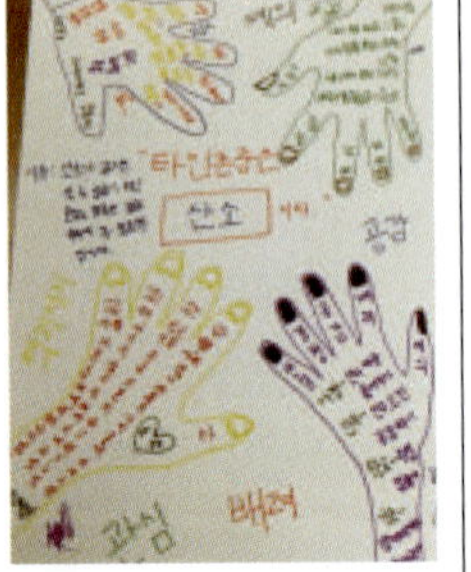	► 빈칸에 들어갈 수 있는 용어는 되도록 타인존중과 공통점이 있는 단어를 찾도록 한다. 창의성을 발휘할 수 있도록 격려한다.

		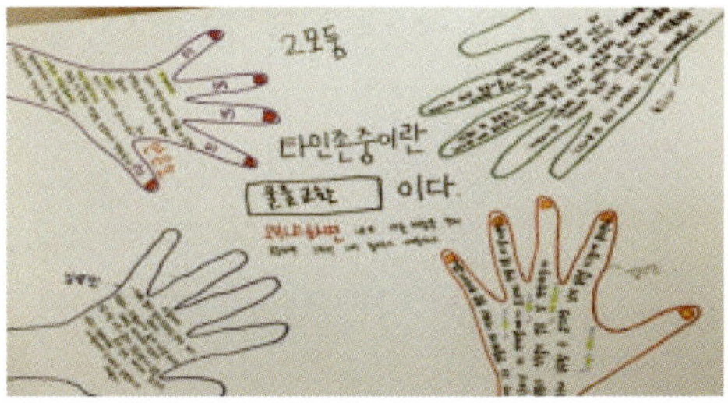 	
		▶ **모둠별 손가락 그림 그리기**: 지난 시간에 작성한 〈자료 3〉의 내용을 모둠에서 공유하고 손가락 그림 안에 다짐을 적도록 한다. - 교사: 가정, 친구, 학교, 이웃과 사회에서 실천할 수 있는 타인존중의 실천방안은 무엇이 있나요? - 학생: 가정에서는 언니의 짜증을 들어주고, 친구끼리는 고민을 함께 나누고, 학교 수업 시간에는 다른 친구에게 피해가지 않도록 수업 시간에 집중하고, 이웃과 사회에는 엘리베이터를 눌러서 기다려주며 작은 배려를 실천합니다.  	▶ 손가락 안에 내용도 쓰지만 시간이 남으면 색칠도 하고 이쁘게 꾸미도록 한다.
	협동 학습 결과 발표	▶ **모둠별로 나와 활동 결과물 발표하기** 	▶ 진지한 가운데서 발표하고 올바른 경청 자세를 유지하도록 한다.
정리	평가 및 반성	▶ **동료 평가 및 자기 평가** - 협동 학습의 마지막 단계로 그동안의 활동을 정리하는 의미로 동료 평가 및 자기 평가를 각각 진행한다.	▶ 평가지를 작성하며 수업 시간에 배운 내용을 내면화할 수 있도록 한다.

〈자료 1〉 나 전달법 모둠 활동지

배려연습

반　　번호　　이름:

나 전달법(I-message) or 상대방 감정읽기 연습하기

• 나 전달법(I-message): '나'를 주어로 하는 대화법
'나는 네가(상대방의 행동)해서 (느낌)한 감정이 들어.': '너'를 주어로 하게 되면 비난, 지시, 충고식으로 들릴 수 있다.
ex. 너 전달법: 너는 왜 맨날 우유를 먹다 흘리는거야.
나 전달법: 나는 네가 우유를 먹다 흘리지 않았으면 좋겠어.

1) 다음 상황에서 할 수 있는 말을 '나 전달법(I-message)'으로 바꾸기

상황		
늦게 들어온 딸에게 : 넌 좀 빨리빨리 다닐 수 없니? 지금이 몇 시야?!!	➡	
새치기한 친구에게 : 야, 왜 맨날 새치기야!!	➡	

2) 타인존중의 의미에서 상대방의 감정을 읽어주기

상황		
늦게 말라는 부모의 말에 : 엄마아빠는 왜 매일 같이 화만 내고 잔소리예요!	➡	• 제가 동아리 연습 때문에 늦게 들어와서 많이 **화나셨죠?**
피부때문에 고민하는 친구에게 : 한심하다, 허구헌날 거울만 보고……	➡	

〈자료 2〉 비폭력 대화 모둠 활동지

비폭력대화

얘야, 더러운 양말 두 짝이 돌돌 말려서 탁자 밑에 있더구나.	그런 걸 볼 때 엄마는 짜증이 나려고 해.	여럿이 함께 쓰는 방은 좀 더 깨끗하고 정돈되어 있었으면 좋겠어.	네 양말 뭉치는 네 방에 놓든지 세탁기에 넣어줄 수 있겠니?
1단계 : 관찰	**2단계 : 느낌**	**3단계 : 욕구와 소망**	**4단계 : 부탁**

너는 학원이며 과외, 독서실, 안하는게 없는 데 성적이 왜 맨날 그 모양이니? 너 맨날 땡땡이 치고 노는 거야?

〈비폭력대화 연습하기: 엄마의 입장에서 자녀에게 이야기하기〉

<u>엄마의 입장에서</u> 자녀에게 이야기할 때 공감대화, 비폭력대화를 어떻게 할 수 있을까?

(관찰)

(느낌)

(욕구와 소망)

(부탁) - 나 전달법

〈비폭력대화 연습하기: 자녀의 입장에서 엄마에게 이야기하기〉

엄마가 위에처럼 말씀하실 때 <u>자녀입장에서</u> 할 수 있는 공감대화, 비폭력대화를 어떻게 할 수 있을까?

(관찰)

(느낌)

(욕구와 소망)

(부탁) - 나 전달법

〈자료 3〉 타인존중 개별 학습지

타인존중 함께 실천해요

1. 내가 존중받는다고 느낄 때는 언제인가?
   (가정에서)

   (학교에서)

2. 내가 존중받지 않는다고 느낄 때는 언제인가?
   (가정에서)

   (학교에서)

3. 타인존중을 이루기 위해 무엇을 더, 무엇을 덜, 무엇을 끝, 무엇을 새롭게 해보면 좋을까요?

   ① 무엇을 더:

   ② 무엇을 덜:

   ③ 무엇을 끝:

   ④ 무엇을 새롭게:

4. 타인존중을 우리의 삶 속에서 실천할 수 있는 구체적인 다짐을 적어봅시다.

   ① 가정에서

   ② 친구들과

   ③ 학교 수업시간에

   ④ 이웃과 사회 속에서

2) 집단 조사 활동(GI: Group Investigation)

샤란(Sharan, 1990, 1994; 유병렬, 2003: 301에서 재인용)은 협동적 상호작용을 바탕으로 공동 조사 내지 공동 탐구를 수행하는 집단 조사 모형을 제시한다. 즉 협동과 탐구가 결합된 것이 이 모형의 장점으로 학생들은 소집단에 부여된 과제를 해결하기 위해 탐구 계획을 세우고 역할을 분담하며 정보 찾기, 집단 토론, 분석과 종합 등의 활동을 전개하게 된다. 그리고 탐구 결과를 요약, 정리하고 보고서로 작성하여 전체 구성원들 앞에서 발표하게 된다.

(1) 도덕적 인물 신문 만들기

교과	도덕 ①	학년	1
단원 /과제명 /핵심가치	Ⅰ. 자기와의 관계 [과제명] 도덕적 인물 신문 만들기 [핵심가치] 성실		
성취기준	[9도01-03] 도덕적 정체성과 선한 성품을 지니기 위해 자신이 본받고자 하는 사람을 이유와 함께 선정하고 자기 자신을 도덕적 관점에서 인식, 존중, 조절할 수 있다.		

<table>
<tr><th colspan="2">단계</th><th>교수 · 학습 활동 내용</th><th>자료 및 유의점</th></tr>
<tr><td>준
비</td><td>동기
유발</td><td>► 도덕적 본보기가 되는 인물의 영상[5)]을 보여준다.

– 교사: 전제용 선장이 도덕적인 인물에 들어가는 이유는 무엇인가요?</td><td>► 약 8분 정도의 영상을 보면서 도덕적 인물의 행동이 주는 감동을 함께 느낀다.</td></tr>
</table>

5) 인성교육 지원센터 자료실에는 인성교육에 도움이 되는 영상 자료들이 탑재되어 있다. 해당 자료는 알찬 인성을 기르는 마음아람 프로젝트에서 활용되는 인물활용 인성교육 동영상이다. http://insung.kedi.re.kr/information/info_view.do?nttId=277&bbsId=BBSMSTR_000000004200(작성일 : 2016. 11. 30.)[검색일자 : 2019. 11. 16.]

<table>
<tr><td></td><td></td><td>– 학생: 자신에게 불이익이 생겨도 용기를 내서 소중한 생명을 구했기 때문입니다.</td><td></td></tr>
<tr><td></td><td>학습 목표</td><td>► 자신이 본받고자 하는 도덕적 인물을 선정하고 그 이유를 설명할 수 있다.
► 도덕적 인물을 통해 본받을 수 있는 점을 말할 수 있다.</td><td></td></tr>
<tr><td rowspan="3">전개</td><td>학습 주제 설명</td><td>► 도덕적 인물 게시판 만들기 소개
: 도덕적 인물의 삶을 통해 우리가 본받을 수 있는 점을 담은 게시판 만들기
[게시판의 구성요소]
1) 게시판 제목 정하기
2) 인물이 추구한 가치 덕목 선정하기
3) 도덕적 인물 퀴즈 뽑아보기
4) 도덕적 인물에 관한 토론할 질문 선정하기</td><td>► 〈자료 4〉를 통해 모둠별 협동 학습이 잘 이루어질 수 있도록 한다.</td></tr>
<tr><td rowspan="2">협동 학습 활동</td><td>► 자신이 조사해온 도덕적 인물 모둠에서 공유하기
: 자신이 본받고자 하는 도덕적 인물에 대해 모둠에서 돌아가면서 이야기 나눈다.

개별적 자료 조사

모둠에서 내용 공유</td><td>► 수업 전 시간 〈자료 5〉를 나눠줘 개별적으로 본인이 존경하는 인물을 사전에 조사할 수 있도록 한다.</td></tr>
<tr><td>► 도덕적 인물 게시판 만들기
: 모둠원들끼리 게시판의 구성요소에 대한 아이디어를 모으고 서로 다른 의견에 대해서 대화를 통해 결정하도록 한다.
</td><td>► 협동을 원활하게 이끌기 위해 사회적 기술을 사전에 교육한다.</td></tr>
</table>

	협동 학습 결과 발표	► **도덕적 인물 게시판 발표하기** : 자신이 맡은 부분에 대해서 발표하고 모둠원들의 협동을 통해 만들어진 인물 퀴즈와 토론 주제를 제시한다.  	► 적극적인 학생만 발표하는 것이 아니라 발표 역할을 분담해 모든 구성원이 함께 꾸민 게시판의 내용에 관해 설명하도록 한다.
정리	평가 및 반성	► **동료 평가 및 자기 평가** – 협동 학습의 마지막 단계로 그동안의 활동을 정리하는 의미로 동료 평가 및 자기 평가를 각각 진행한다.	► 평가지를 작성하며 수업 시간에 배운 내용을 내면화할 수 있도록 한다.

〈자료 4〉 모둠 협동 학습 활동지

도덕적 인물 게시판 만들기

우리가 조사한 인물들을 중심으로 도덕적 인물 게시판 만들기를 실행해 봅시다. 도덕적 인물을 통해 그 당시의 사회적 정황을 비롯하여 그 시대의 사상과 사람들의 삶 등을 살필 수 있고 그것이 지금 우리에게 어떤 가르침을 줄 수 있는지 함께 고민해 봅시다.

〈게시판 만드는 방법〉

1) 게시판 제목 정하기
2) 인물이 추구한 가치 덕목 선정하기
3) 도덕적 인물 퀴즈 뽑아보기
4) 도덕적 인물에 대한 토론할 질문 선정하기

〈도덕적 인물 게시판 예시〉

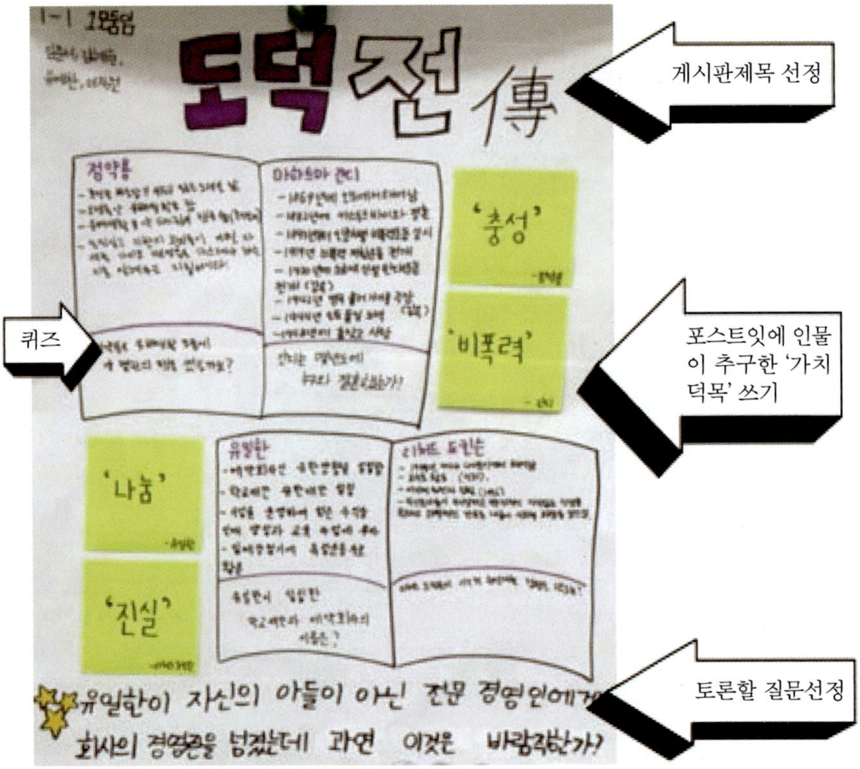

1) 도덕적 인물의 삶을 공통적으로 표현한 게시판 제목을 모둠원과 함께 정한다.
2) 4명의 인물이 도덕적인 이유를 간단하게 쓰고, 인물의 삶과 관련된 퀴즈를 작성해 발표할 때 함께 활용한다.
3) 도덕적 인물이 삶 속에 구현한 가치덕목을 포스트잇에 쓰고, 발표할 때 그 가치를 고른 이유를 설명한다.
4) 4명의 삶을 통해 토론할 질문을 마지막에 적는다.

〈자료 5〉 개별 활동지

주제 탐구 ② : 사회 속 사례

• 인물의 사진을 붙이거나 그림을 그려주세요

아름다운 역무원 김행균 아저씨 - 위험을 무릅쓰고 아이를 구한 역무원 아저씨
2003년 12월 17일 국가 유공자로 선정되었다.
건강상의 문제로 2016년 4월에 퇴직하였다.

1. 내가 닮고 싶은 인물의 생애 또는 삶을 설명해보자.

2003년 서울 영등포역에서 위험을 무릅쓰고 아이를 구한 철도청 역무원 김행균 아저씨는 국민의 발이 되어 투철한 사명감으로 땀 흘리시다 변을 당했다. 변을 당한 아저씨의 의로운 행위는 답답한 사회를 새롭게 비치는 밝은 등불의 역할을 하였다. 사고 후에 접합한 왼쪽 발의 신경이 돌아오지 않고 발목 관절도 없어 왼쪽 다리 무릎 아래 부분을 절단하는 수술을 받고 의족을 사용하게 되었다. 아이를 구하다가 결국 역무원 아저씨는 장애인이 되었지만 당연히 받아들였다. 건강상의 문제로 2016년 4월에 퇴직하여 철도인의 생활을 마무리하였다

2. 위의 인물에게서 도덕적으로 훌륭한 점을 가치와 규범을 넣어 정리해보자.

철도청 역무원 이라고 해서 무조건 위험을 무릅쓰고 아이를 구할 의무는 없다고 생각한다 하지만 아저씨는 아무 생각 없이 아이를 구해야 겠다는 생각을 가지고 뛰어 들었다고 말씀하셨다 다른 사람의 생명을 그 만큼 중요하게 여기고 행동한 점이 도덕적으로 가치가 있고 사회 질서를 유지하기 위한 규범이 된것 같아서 훌륭하다

3. 위의 사람을 통해 본받을 만한 점을 쓰고, 그것을 기준으로 자신의 삶을 반성하는 글쓰기를 해보자.

철도청 역무원 김행균 아저씨의 생명을 존중하는 마음과 투철한 직업 정신을 본받아야겠다고 생각했다. 만약 나였다면 조금은 망설이고 두려워 하며 아이를 구하지도 못했을 것이다. 도덕적인 삶은 희생과 예쁜 마음이 함께 있어야 하는것 같다. 나도 약하고 힘든 친구가 있으면 먼저 도와주는 그런 아이가 되고 싶다.

1. 내가 닮고 싶은 인물의 생애 또는 삶을 설명해보자.
2. 위의 인물에게서 도덕적으로 훌륭한 점을 가치와 규범을 넣어 정리해보자.
3. 위의 사람을 통해 본받을만한 점을 쓰고, 그것을 기준으로 자신의 삶을 반성하는 글쓰기를 해보자.

(2) 대한민국 홍보물 만들기

교과	도덕 ②	학년	2
단원 /과제명	II. 사회 · 공동체와의 관계 1. 국가 구성원으로서 바람직한 자세는 무엇인가? (2) 시민이 갖추어야 할 자질은 무엇인가? [과제명] 나라사랑을 위한 대한민국 홍보물 만들기		
성취기준	[9도03-04] 정의로운 국가의 조건을 이해하고 시민이 갖추어야 할 자질이 무엇인지 탐구하는 과정을 통해 준법 의식을 길러 공동체의 일원으로서 책임감 있게 행동할 수 있다.		

단계 및 차시		교수 · 학습 활동 내용	자료 및 유의점
도입	동기 유발	► **한국홍보전문가 소개** – 교사: 한국홍보전문가인 ○○○ 교수가 뉴욕타임스에 광고를 실은 이유는 무엇인가요? – 학생: 우리 역사를 제대로 바로잡고 우리나라의 중요한 문화 콘텐츠를 알리고 싶어서입니다.	► ○○○ 교수가 진행한 한국 문화 알리기 활동 자료를 보여주면서 협동 학습 주제에 대한 흥미를 유발한다.
	학습 목표	► **문화 홍보물을 협력하여 만들고 대한민국의 상징물을 안내한다.** ► **자신이 맡은 주제를 다른 사람에게 설명하며 한국인으로서의 정체성을 이해한다.**	► 학습목표와 성취기준을 함께 제시할 수 있음.
전개	학습 주제 설명	► **대한민국 홍보물 만들기 소개** : 교사는 나라 사랑의 마음으로서 대한민국을 바로 알기 위한 홍보 자료 주제 및 절차를 설명한다. – 대한민국을 홍보하기 위해 필요한 8가지 주제를 소개한다. – 다음 시간까지 모둠의 소주제 중 자신이 조사하고 싶은 세부 주제를 정하도록 한다.	► 교사에 의해 주어진 협동 학습 주제 중 한 가지를 모둠별로 상의해서 선택하도록 한다.
		[협동 학습 8개 소주제 설명하기] 1) 우리나라 상징물 4가지 이상 (태극기, 애국가, 무궁화, 한글, 태권도, 한복, 나라도장(국새) 등) 2) 우리나라 꼭 가봐야 할 관광명소 4곳 3) 우리나라 문화유산 4가지 (무형(판소리, 유형(석굴암), 기록유산(조선왕조실록), 자연유산(제주 화산섬))	► 8개의 소주제에 대해 간략한 정보를 학생들에게 설명해준다. 이를 통해 학생들의 흥미 유발과 내적 동기를 강화한다.

<table>
<tr>
<td></td>
<td></td>
<td>4) 세계 속 자랑스러운 한국인 4명
(백남준, 이태석, 이종옥, 김연아 등)
5) 지폐 속 인물 4명+10만원권 제작 디자인(인물추천)
6) 한국인의 정체성 4가지
7) 나라사랑을 위한 시민의 품격 4가지
8) 대한민국의 자랑거리 4가지 이상
(K-Pop, 반도체 산업, 조선기술(배), IT산업, 태권도, 영화산업, 건강발효식품(김치), 한글 등)</td>
<td></td>
</tr>
<tr>
<td></td>
<td rowspan="2">협동학습
활동</td>
<td>► 모둠이 정한 소주제 중 개인이 맡을 세부 주제를 나눈다.
: 모둠에서 정한 협동 학습 소주제 중 개별로 조사한 세부 주제를 대화를 통해 정한다.
<table>
<tr><th>모둠원</th><th>담당역할</th><th>준비할 자료</th></tr>
<tr><td>○○○</td><td>수원화성</td><td>자료 검색</td></tr>
<tr><td>○○○</td><td>불국사</td><td>자료 검색 및 PPT</td></tr>
</table>
[대주제] 대한민국 홍보물 만들기
[소주제] 우리나라 문화 유산 4가지
[세부주제] 수원 화성, 종묘 제례, 불국사, 직지심체요절</td>
<td>► 〈자료 6〉에 제시된 역할 분담을 서로 존중하는 분위기에서 민주적으로 정하도록 한다.
► 왼쪽은 ‘우리나라 문화 유산 4가지’라는 주제를 맡아 모둠원끼리 자발적으로 선정한 세부 주제이다.</td>
</tr>
<tr>
<td></td>
<td>► 대한민국 홍보물 만들기
: 학생들이 자신이 준비한 자료를 공유하고 함께 홍보물을 꾸미도록 한다.
</td>
<td>► 준비한 내용 중 이해되지 않은 경우 모둠원들끼리 내용을 공유하며 서로 묻고 답하도록 한다. 서로 힘을 합쳐 홍보물을 만들 수 있도록 지도한다.</td>
</tr>
<tr>
<td></td>
<td>협동학습
결과발표</td>
<td>► 대한민국 홍보물 발표하기
: 자신이 맡은 부분에 대해서 발표하고 모둠원들의 협동을 통해 만든 퀴즈를 제시한다.</td>
<td>► 내용이 잘 안 보이는 경우 이미지 위주로 PPT를 구성해 함께 제시하도록 한다.</td>
</tr>
</table>

		 세계 속 자랑스러운 한국인 4명을 발표함  시민의 자랑스러운 품격 4가지를 발표함	► 〈자료 7〉과 같이 잘 된 작품은 다른 반의 학생들에게 공유하도록 한다.
정리	평가 및 반성	**► 동료 평가 및 자기 평가** – 협동 학습의 마지막 단계로 그동안의 활동을 정리하는 의미로 동료 평가 및 자기 평가를 각각 진행한다.	► 평가지를 작성하며 수업 시간에 배운 내용을 내면화할 수 있도록 한다.

〈자료 6〉 모둠 활동지

대한민국에 대한 자부심이 쑥쑥 자라는 도덕수행평가

대한민국 홍보물 만들기
모둠역할 배분

우리모둠이 뽑은 주제:

모둠원	담당역할	준비해올 자료

-유의사항-

홍보물의 내용은 창의적으로 특징 있게 구성해야 합니다. 자신이 맡은 역할을 잘 숙지하고 책임감 있게 자료를 준비하셔야 멋진 대한민국 홍보물이 만들어집니다. 모듬원끼리의 즐거운 협동은 당연히 중요해요~

-준비물-

사랑하는 2학년: 가위, 풀, 반짝이는 아이디어, 각자 맡은 역할에 해당하는 내용, 이미지 미리 준비 '인쇄해오기!!'

매력혜진샘: 4절지, 색연필, 매직, 사인펜 무한제공.

〈자료 7〉 대한민국 홍보물의 예시

우리나라 상징물 4가지

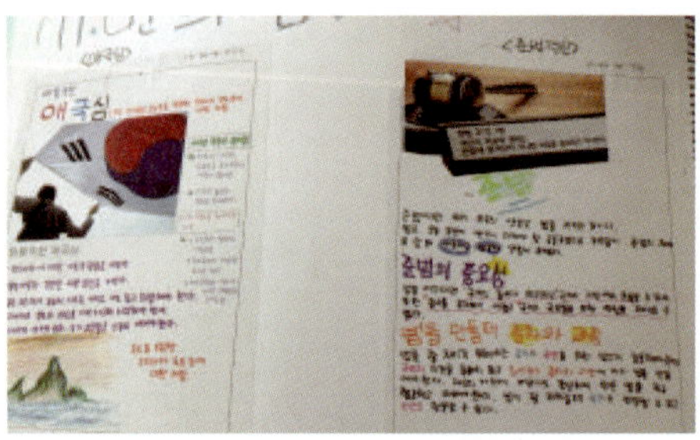

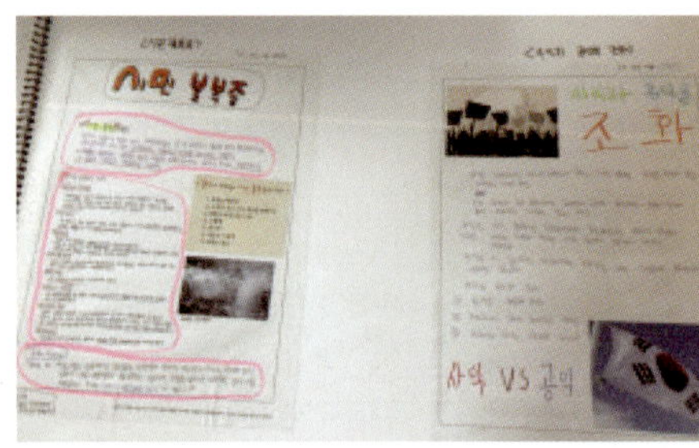

대한민국의 자랑스러운 시민의 품격 4가지

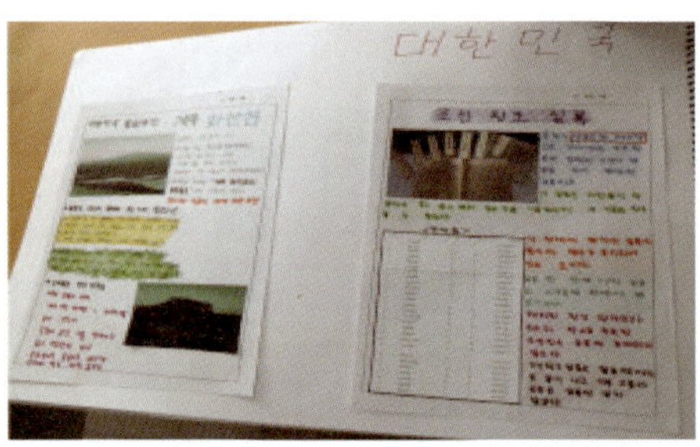

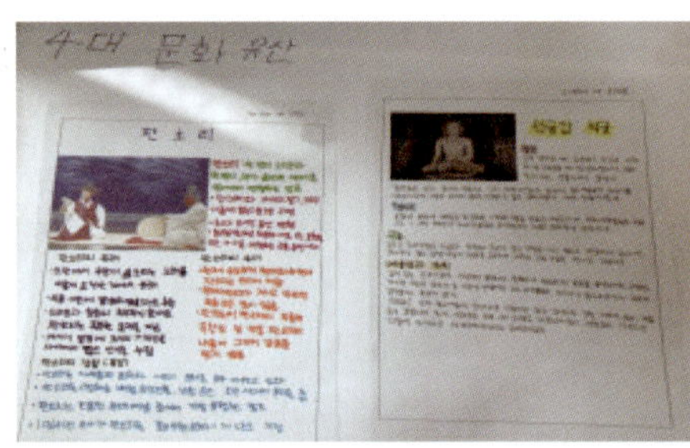

대한민국의 4대 문화유산

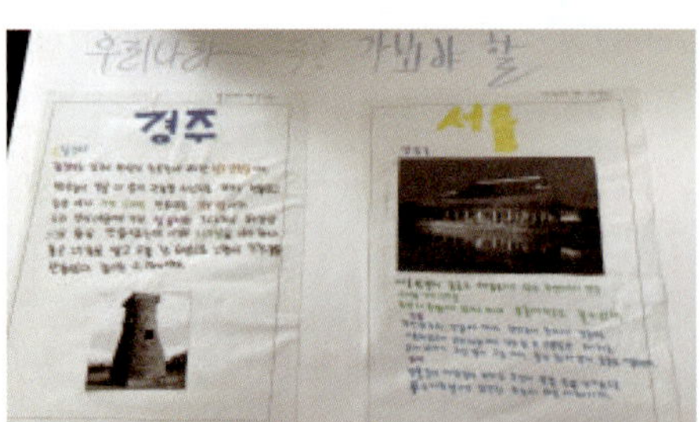

우리나라에서 꼭 가봐야 할 관광명소

3) 협동을 위한 협동 학습(Co-op Co-op)

협동을 위한 협동 학습 모형은 케이건(Kagan, 1985; 유병렬, 2003: 302에서 재인용)에 의해 개발되었다. 한 학급에서 정한 전체 과제를 몇 개의 소집단이 나누어 맡아 협력적으로 해결하기 위해 소집단별로 협동 학습을 하는 유형이다. 학생 팀 성취 협동 학습이나 직소우 같은 협동 학습은 자신이 속한 소집단의 성공을 위해 협동한다면, 협동을 위한 협동 학습은 학급 전체의 과제를 해결하는 데 공헌하기 위해 소집단 협동을 한다. 여기서는 협동 자체가 목적이 되며 그런 뜻에서 협동을 위한 협동 학습이라 부른다.

교과	도덕 ①	학년	1
단원 /과제명 /핵심가치	II. 타인과의 관계 [과제명] 청소년기 우정과 사랑의 바람직한 모습 [핵심가치] 배려		
성취기준	[9도02-02] 친구와의 우정의 중요성에 대해 생각해보고, 진정한 우정을 맺는 방법에 대한 도덕적 이야기를 구성할 수 있다. [9도02-03] 성과 사랑의 다양한 의미를 이해하고 청소년기의 성 문제를 도덕적 시각에서 평가하며 일상생활에서 이성 친구에 대한 예절을 지키는 실천 방법을 제시할 수 있다.		

표 4-3 수업활동 순서

단계	활동
전체 주제 제시	• 교사의 설명과 함께 청소년기의 우정과 사랑의 의미와 중요성 생각해보기
모둠 세우기 활동	• **만다라트 맵**을 통해 질문 만들기 • 질문에 대한 **짝꿍토론** 진행하기 • 모둠에서 협동을 통해 탐구해볼 만한 질문 선정하기
모둠별 소주제 선택 및 정교화	• 자석 칠판으로 모둠별 소주제 공유 및 정교화 • 최종 모둠의 탐구 질문 선정하기 • **마인드맵**을 통한 모둠 내 개인별 미니주제 선택하기
최종 결과물 제작	• 개인별로 준비한 **미니주제** 자료를 통해 모둠원끼리 협동하여 소주제 결과물 만들기

최종 결과물 발표하기 →

- Host 1명 남고 Guest 3명 가기와 같은 **월드카페 형식**을 통해 동시 다발적 상호작용하기
- Guest의 역할을 정해준다. 칭찬 게스트, 질문 게스트, 제안 게스트를 선정하고 피드백 내용을 포스트잇에 색깔별로 붙이기
- **갤러리 워크**를 통해 가장 잘한 팀을 선정하기

단계		교수 · 학습 활동 내용	자료 및 유의점
도입	동기 유발 (전체 주제 제시)	► **학습 동기를 유발하는 사회적 이슈 제시하기** – "수원 노래방 여자 초등생 폭행 사건 국민청원 20만 명 넘어"[경향신문, 2019. 9. 24.][6] – 교사: 국민청원 20만 명이 넘은 이유는 무엇일까요? – 학생: 중학생 A가 가해자이지만 피를 흘리는 피해자가 담긴 폭력 영상을 SNS에 올렸기 때문입니다. ► **수업 주제 제시하기:** 청소년기의 우정과 사랑의 바람직한 모습	► 신문기사를 제시하며 청소년기의 바람직한 우정과 사랑의 중요성을 강조한다.
	학습 목표	► **청소년기의 우정과 사랑의 의미와 중요성을 설명할 수 있다.** ► **월드카페를 통한 협동 학습에서 자신이 맡은 역할에 따라 발표, 질문, 제안, 칭찬을 할 수 있다.**	
전개	모둠 소주제 탐색	► **만다라트 맵을 통해 탐구 질문 만들기** 1) 〈자료 8〉 만다라트 맵[7]에 대한 절차 설명 2) 가장 큰 주제를 세우고 이에 대한 해결점, 아이디어, 생각을 확산해 나가도록 한다. 	► 〈자료 9〉를 교사의 설명에 따라 모둠에서 소외되는 학생이 없이 함께 활동하도록 유도함.

6) http://news.khan.co.kr/kh_news/khan_art_view.html?artid=201909241408001&code=940202[검색일자 : 2019. 11. 16.]

7) 아이디어를 묻는 도구인 만다라트는 일본의 디자이너인 히로아키가 개발한 발상 기법이다. 만다(Manda), 라(La), 아트(Art)의 합성어로 '목적을 달성하는 기술 또는 도구'를 뜻한다. 떠오르는 아이디어를 즉시 구조화하여 전시하도록 해주는 방법으로 사람의 뇌 구조에 적합한 방식이다. 생각을 보다 쉽게 정리함은 물론 다양한 아이디어들의 조합을 눈으로 확인할 수 있도록 해준다(이상우, 2013: 203).

모둠 소주제 탐색	3) 모든 칸을 다 채우면 중심 주제 1개와 소주제 8개, 주변 아이디어 64개가 완성된다. 4) 64개 중에 가장 공감이 가는 단어에 각자 별표 표시를 한다. 5) 가장 많은 별표를 많이 받은 단어를 선정해 〈자료 9〉 1번에 적는다. 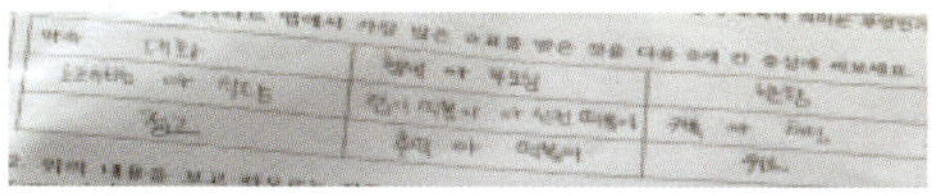 6) 1번에 쓴 단어를 이용해 탐구 질문을 만든다. 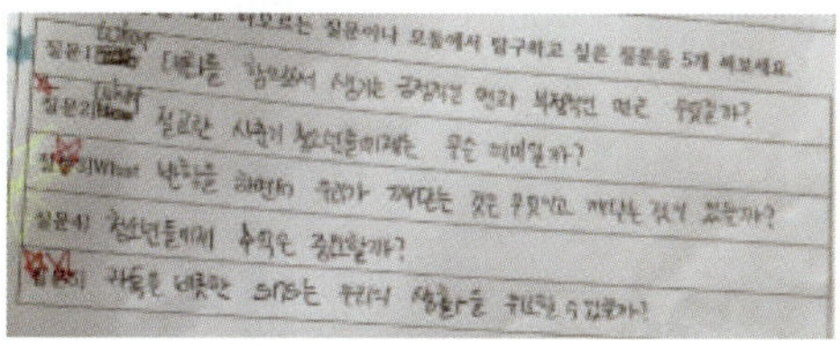 7) 모둠 짝에게 질문하고 답변을 듣고 적는다. 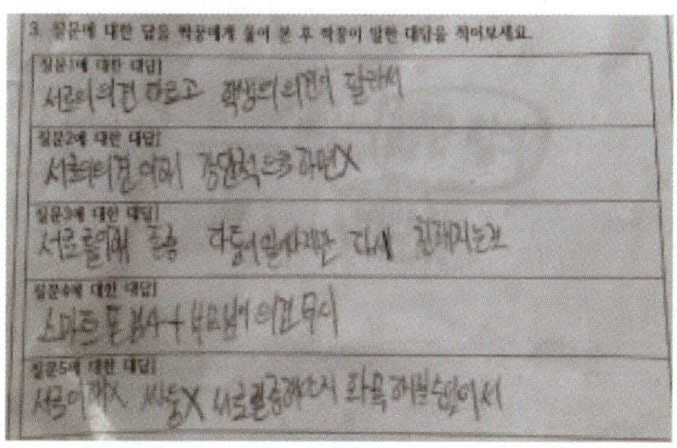 8) 모둠원들이 이야기 나눈 질문의 목록을 살펴본 뒤, 모둠에서 탐구할 최종 질문을 민주적으로 논의해 선정한다.	
모둠별 소주제 정교화	▶ **모둠별 소주제 정교화하기** – 자석 칠판에 모둠의 탐구 질문을 쓴 다음 교실 칠판에 부착한다. 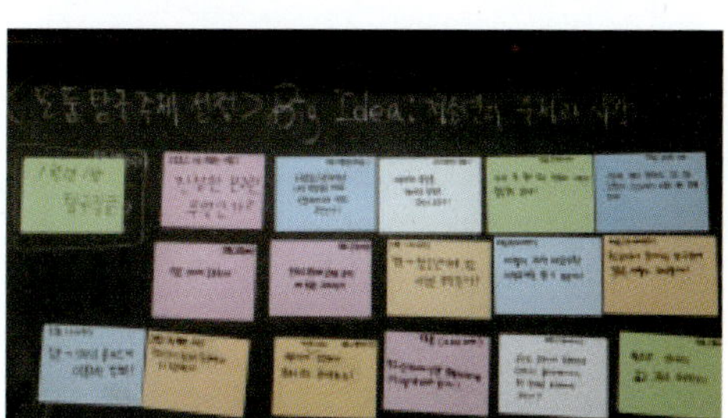	▶ 모둠별로 탐구 주제가 겹칠 수 있다. 그러나 조정을 통해 같은 소주제를 다른 모둠이 중복해서 선정하지 않도록 학급 전체 토론을 진행한다. 자석 칠판은 모둠의 결과물을 칠판에 붙여 공유하는 데 좋은 학습 도구이다.

		협동 학습 대주제(Big Idea)인 청소년의 우정과 사랑을 제시하고 학생들이 만다라트 맵을 통해 정한 소주제(subtopics)에 대한 최종 탐구 질문을 칠판에 써서 공유한다. 	
	모둠 내 개인별 미니 주제 정하기	► 모둠 내 개인별 미니주제 선택하기 1) 최종 탐구 주제에 대한 마인드 맵을 통해 소주제를 구체화시킨다. 이를 통해 모둠원들이 각자 맡을 미니 주제를 탐색한 뒤, 자료 조사에 대한 역할 분담을 한다. 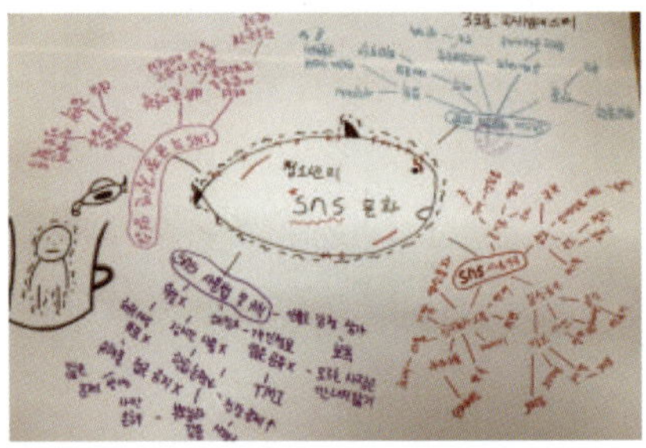 1) 모둠 소주제: 청소년의 SNS 문화 2) 최종 탐구 질문: 청소년 우정에 있어 SNS의 사용은 도움이 되는가? 3) 4가지 미니주제 ① SNS의 긍정적인 영향 ② SNS의 부정적 영향 ③ SNS의 사용법 및 규칙 ④ SNS 사용 이유  2) 개별적으로 조사할 미니주제를 나눈다. 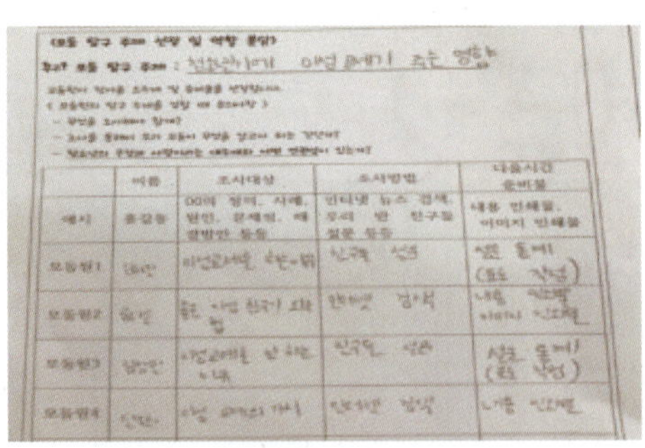	► 학생들이 자유롭게 미니 주제를 선정하도록 하는 만큼 교사가 생각하는 것과 거리가 멀어질 수 있다. 학생들이 의견을 제시할 때 교사는 학습 목표와 관련지어 핵심적인 주제로 유도할 필요가 있다(이상우, 2013: 332).

	최종 결과물 만들기	► **최종 발표물 협동해서 만들기** 	► 개인별로 준비한 미니 주제 자료를 서로 공유한다. 서로 의견 동등하게 주고받으며 생각을 모아 소주제에 대한 탐구 결과를 작성한다.
	최종 결과물 발표	► **월드카페[8] 토론방식 절차 설명** – 월드 카페는 협동 학습에서 동시다발적으로 상호작용하기 좋은 대화 방법이다. 1명의 호스트가 남고 3명의 게스트가 옆 모둠으로 이동하여 호스트의 설명을 듣는다. 이때 3명의 게스트에게 책임을 강화하기 위해 세부 역할을 부여한다.	► 질문 게스트는 노란색, 칭찬 게스트는 파란색, 제안 게스트는 빨간색 포스트잇을 사용해 피드백해 주도록 한다.

8) 월드 카페란 어떤 질문이나 과제에 대해 최소 12명에서 1200명의 사람이 함께 아이디어를 도출, 공유하는 대화방식이다. 몇몇 학생에 국한된 패널 토의가 아닌 학생들이 적극적으로 수업에 참여할 수 있는 방법이다(장경원, 2012: 523). 월드 카페는 대화를 통해 아이디어의 교류로 새로운 통찰력을 발견하도록 하는 실용적인 대화 방법이다. 새로운 연결 네트워크는 지식의 공유로 '공동의 지혜'를 창출하며 획기적인 실천 가능성도 높여준다(Brown, J. & Isaacs, D., 최소영 역, 2007: 13). 사회적 가치를 위한 대화의 힘을 가져오기 위해서 월드 카페 운영의 7가지 원칙이 있다. "1) 환경을 설정하라, 2) 편안한 공간을 만들어라, 3) 모두가 관심을 가질 만한 질문을 연구하라, 4) 모두가 기여하도록 격려하라, 5) 다양한 관점을 교류하고 연결하라, 6) 패턴, 통찰력, 심도 있는 질문을 찾기 위해 잘 들어라, 7) 공동의 발견을 거두고 나누어 가져라"이다(Brown, J. & Isaacs, D., 최소영 역, 2007: 237).

<table>
<tr>
<td></td>
<td></td>
<td>

역할	내용
호스트	결과물을 3명의 게스트에게 설명한다.
질문 게스트	결과물의 내용에 대해 질문한다.
칭찬 게스트	결과물에서 좋은 점을 칭찬한다.
제안 게스트	보완하면 좋을 내용을 제안한다.

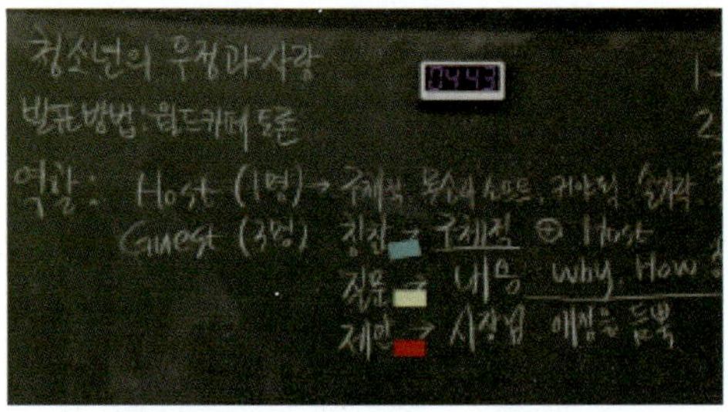

</td>
<td>

► 교사는 5분마다 타이머를 설정해 3명의 게스트가 옆 모둠으로 이동하게 한다.
</td>
</tr>
<tr>
<td></td>
<td>최종
결과물
발표</td>
<td>

► 월드 카페 형식으로 발표하기

- 순차적으로 발표하게 되면 시간이 많이 걸리지만 월드카페 형식으로 발표를 진행하면 동시다발적 상호작용을 이끌 수 있다.
- 5분 동안 1명의 호스트가 결과물에 관해 설명하면 3명의 게스트는 포스트잇에 자신들의 역할 내용을 담아 붙인다.

</td>
<td>

► 모둠이 8개인 경우, 호스트는 같은 내용을 7번이나 말해야 하는 어려움이 있지만 처음 설명할 때보다 능숙하고 조리 있게 말하게 되는 좋은 기회임을 강조한다.

► 게스트들도 칭찬, 제안, 질문이 없다고 못 적는 친구들이 발생하지 않도록 세심히 관찰해 지도한다.
</td>
</tr>
</table>

	최종 결과물 발표 및 피드백	▶ **Guest가 작성한 포스트잇을 결과물에 붙이기** 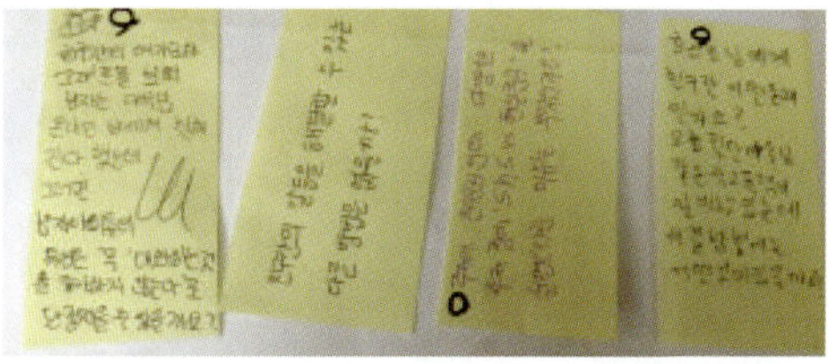 → 질문 게스트가 노란 포스트잇에 질문 작성 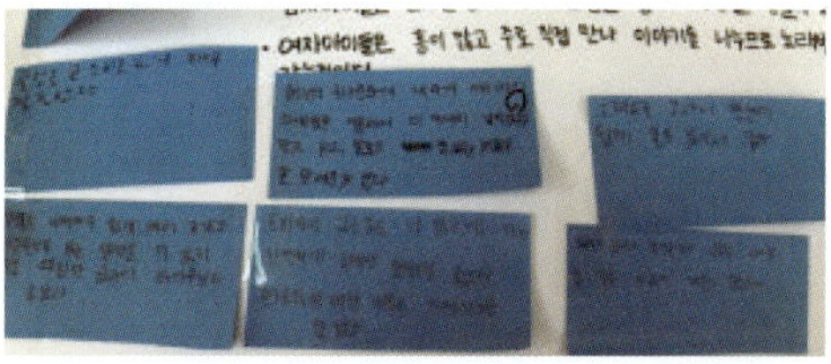 → 칭찬 게스트가 파란 포스트잇에 칭찬 글 작성 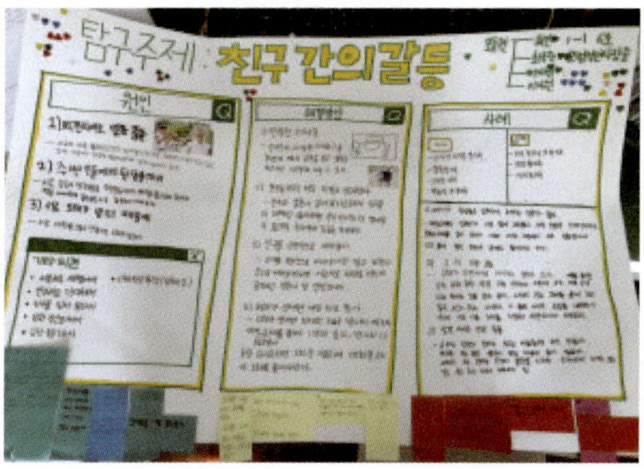 → 마지막 부분에 포스트잇을 색깔별로 정리한다.	▶ 게스트들이 원래 모둠에 돌아왔을 때 포스트잇의 내용을 함께 읽으며 어떤 피드백을 받았는지 확인한다.
정 리	결과물 평가 및 성찰	▶ **갤러리 워크 방식을 이용해 내용 공유하기** 스티커를 나눠주고 최고팀, 우수팀, 장려팀을 선정해 개수만큼 붙여주게 한다. 붙이면서 결과물에 붙은 피드백 내용도 함께 공유한다.   	▶ 스티커를 자기 모둠에 붙이지 않고 공정하게 평가하도록 강조한다.

		▶ 자기 평가 및 동료 평가를 통해 협동 학습을 하면서 좋았던 점과 아쉬웠던 점을 반성하는 기회로 삼는다. 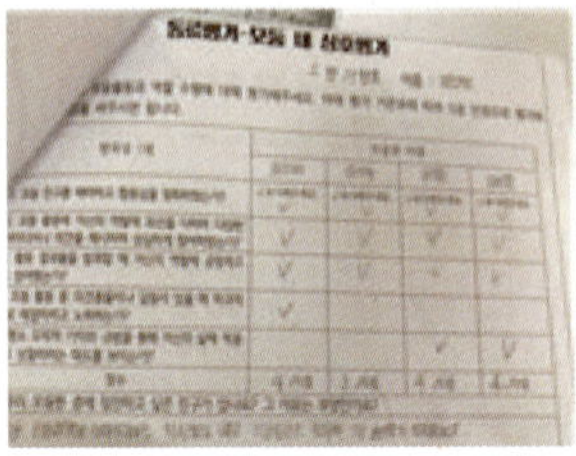 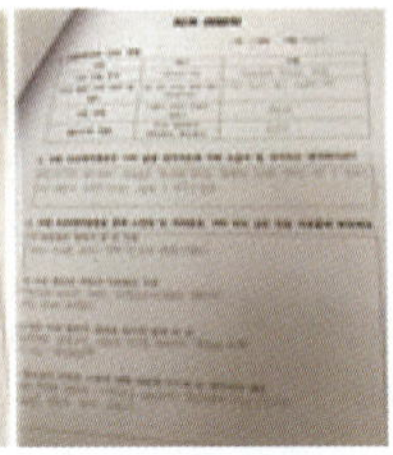	▶ 동료 평가지에 적힌 다른 학생에 대한 칭찬의 글들을 다음 시간에 읽어준다. 자기 평가지의 느낀점 중 좋은 내용은 함께 공유한다.

〈자료 8〉 만다라트 맵 활동지

(   )에 대한 만다라트(Mandal-Art) 맵

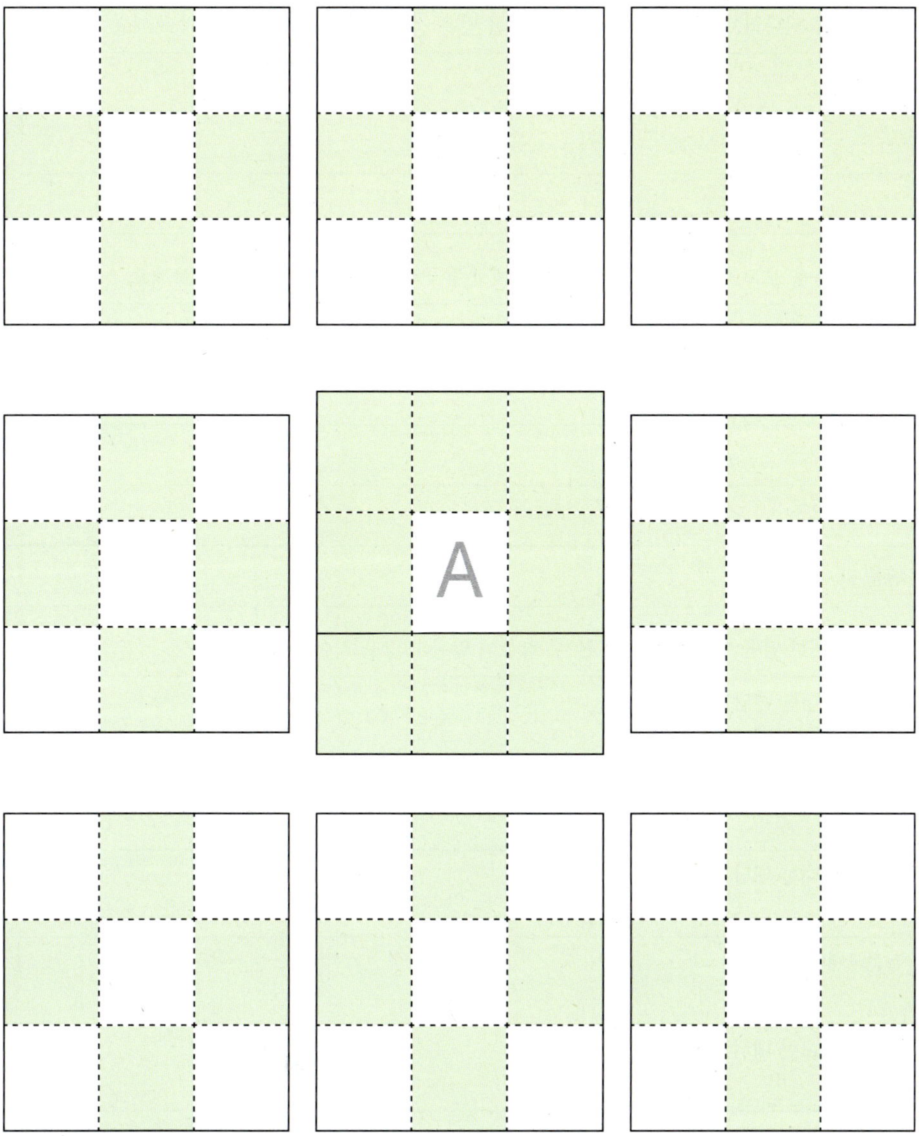

1학년 (   ) 모둠이름:

〈자료 9〉 만다라트 맵을 통한 탐구 질문 만들기

2. 참된 우정이란 무엇인가? / 3. 성의 도덕적 의미는 무엇인가?

모둠별 탐구 질문 만들기

1. 우리 모둠 만다라트 맵에서 가장 많은 ☆표를 받은 것을 다음 9개 칸 중심에 써 보세요.

친구		

2. 위의 내용을 보고 떠오르는 질문이나 모둠에서 탐구하고 싶은 질문을 5개 써 보세요.

질문 1)
질문 2)
질문 3)
질문 4)
질문 5)

3. 질문에 대한 답을 짝꿍에게 물어 본 후 짝꿍이 말한 대답을 적어보세요.

질문 1에 대한 대답)
질문 2에 대한 대답)
질문 3에 대한 대답)
질문 4에 대한 대답)
질문 5에 대한 대답)

4. 모둠에서 논의하고 싶은 질문은?

최종질문

5. 활용상의 유의점과 교사의 역할

사회 심리학의 관점에서 협동 학습은 집단의 응집성을 가져와 학습의 효율성을 높일 수 있다고 본다. 하나의 모둠을 구성하고 모둠 활동을 통해 과제를 해결하며 그 과정에 대한 반성이 긍정적 상호 의존성을 가져오기 때문이다(김현섭, 2013: 201). 그런데 이러한 협동 학습은 조별 학습, 협력 학습이라는 말과 혼동되는 경우가 있다. 서구에서도 협력 학습(collaborative learning)과 협동 학습(cooperative learning)이 혼용되기도 하지만 두 용어는 학술적인 발전 맥락에서 구분될 수 있다. 협동 학습은 미국의 존슨 형제(D. W. Johnson & R. T. Johnson), 슬라빈(R. E. Slavin), 케이건(S. Kagan) 등이 발전시킨 교수 · 학습 방법론으로 미국을 중심으로 발전했다. 반면 협력 학습은 비고츠키(L. S. Vygotsky), 피아제(J. Piaget) 등 유럽 구성주의자들의 교육 철학적 고민에서 나왔다. 출발점은 다르지만 결과적으로 동일한 부분이 많아 같은 의미로 사용되기도 한다. 우리나라의 경우 역시 두 용어가 혼용되다가 최근 구성주의가 개정 교육과정에 영향을 미치고 혁신학교 운동이 전개되면서 협력 학습이라는 단어가 강조되고 있다(김현섭, 2013: 202). 여기서 중요한 점은 교사가 이 둘 간의 차이점을 분명하게 알고 활용할 필요가 있다는 것이다. 왜냐하면 협동 학습은 '구조화'를 강조하고 협력 학습은 '탈구조화'를 지향하기 때문이다.

먼저 협동 학습은 '구조화된 또래 가르치기'로 학생 상호 간의 긍정적인 상호 의존성을 높이고 개인적인 책임을 분명히 하며 모든 학생들이 동시다발적으로 참여하도록 하는 수업 방식이다. 이를 위해 협동 학습 신호, 세밀한 수업 모형 전개, 보상체제, 평가 등 다양한 시스템을 구축해야 한다. 반면 협력 학습은 '탈구조화된 또래 가르치기'로 보상과 신호 등을 사용하지 않고 학생들의 자발적인 참여와 의지로 학생 사이의 협력 관계를 형성해야 한다. 따라서 학습 의지가 적은 학생들이 많은 경우는 협동 학습을 적용하고, 학생이 어느 정도 학습 의욕과 의지가 있을 때는 협력 학습이 효과적이라고 볼 수 있다(김현섭, 2013: 202-203).

협동 학습을 효과적으로 활용하기 위해서는 다음과 같은 사항들에 유의할 필요가 있다. 첫째, 교사는 협동 학습의 구조화 전략과 기술적인 측면에만 치중하지 않도록 한다. 협동 학습이 성공하기 위해 교사는 학습 구조의 개념을 잘 알아야 하는 것은 중요하다. 협동 학습에서 수업 활동은 학습 내용(contents)과 학습 구조(structure)의 상호 작용의 결과이기 때문이다. 협동 학습은 단순히 어떻게 가르칠 것이라는 수업 기법만을 의미하는 것이 아니라 학습에 있어서 학생과 학생 사이, 교사와 학생 사이의 상호 작용을 '어떻게(How)' 적용하느냐의 학습구조의 문제이다(정창우 외, 2007: 152-153). 다만 협동 학습 구조와 보상체제는 많은 장점도 있지만, 자발적인 참여보다 단순히 보상을 얻기 위해 학생들이 학습 활동에 참여하는 문제가 발생할 수 있다. 또한 교사가 협동 학습의 기술적인 측면에만 치중한다면 협동적 퍼포먼스로 그칠 위험이 있음을 유념해야 한다(김현섭, 2013: 203).

둘째, 교사와 학생 간의 의사소통을 위해 교사의 적절한 피드백(feedback)이 중요하다. 협동 학습이 어려운 이유는 교사가 각 모둠에게 필요한 부분을 적절하게 피드백해야 하기 때문이다. 교사는 학생들이 자기에게 주어진 과제를 잘 수행할 수 있도록 치밀한 계획과 전략을 통해 학생들을 잘 관리할 수 있어야 한다. 또한 학생들이 과제 해결을 어려워할 때 교사가 정답을 제시하는 것이 아니라 질문을 통해 학생 스스로 답을 찾아갈 수 있도록 배려해야 한다(김현섭, 2013: 157-158).

셋째, 틸스톤은 협동 학습의 성공을 위해 '작게 시작하라'고 말한다(Tileston, 정종진 외 역, 2013: 89-90). 즉 학생들에게 짧은 시간 동안 짝 활동을 함으로써 시작하라고 조언한다. 이상적인 시간은 15~20분의 활동 안내 후 10분 정도이다. 이 시간에 학생들은 토의하고 새로운 주제에 대한 질문을 명확히 하고, 여러 가지 방식으로 정보를 활용한다. 이는 학생에게는 협동 학습의 기본적인 기술을 익히는 경험이 되며, 교사에게는 협동 학습에 대한 확신을 갖게 되는 계기가 될 것이다. 사실상 협동 학습을 수업에 잘 활용하기 위해서는 처음부터 무리한 계획을 세우기보다 사전 준비가 필요하다. 특히 협동 학습을 위한 조건이 충분히 갖춰져 있는지 면밀히 계획을 세워야 한다. 도덕과 교육을 위해 유용한 수업 모형임에는 분명하지만 협동 학습을 맹목적으로 추종할 경우 교사들의 많은 업무 부담, 무임승차자의 발생 등과 같은 문제들이 발생할 수 있다. 또한 예기치 않은 부작용을 막기 위해서 세심한 사전 준비 뿐만 아니라 학생들이 갖춰야 하는 기본적인 사회적 기능을 익히도록 지도해야 한다. 학생들의 능동적 참여가 협동 학습의 성공 관건임을 고려할 때 교사는 사전에 충분한 계획 후 구체적인 실행에 임해야 한다(유병렬, 2003: 314).

참고문헌

Brown, J. & Isaacs, D.(2005), 최소영 역(2007),『월드카페, 7가지 미래형 카페식 대화법』, 북플래너.

Johnson, D. W., Johnson R. T., Holubec E. J.(1994), 추병완 역(2001),『학생들과 함께 하는 협동 학습』, 백의.

Kirschenbaum, H.(1995), 추병완 · 김항인 · 정창우 역(2006),『도덕 · 가치 교육을 위한 100가지 방법』, 울력.

Shaw, V., Kagan S. 감수(1998), 박영주 역(2007),『공동체를 세우는 협동 학습』, 디모데.

Tileston, D. W.(2011), 정종진 · 성용구 · 임청환 역(2013),『좋은 수업의 실제 10가지』, 시그마프레스.

김현섭(2013),『수업을 바꾸다』, 한국협동 학습센터.

유병렬(2003),『도덕과교육론』, 양서원.

이미숙(2015),『중등학교 협동 학습의 이론과 실제』, 좋은땅.

이상우(2013),『협동 학습으로 토의 · 토론 달인되기』, 시그마프레스.

장경원(2012), "토의 수업을 위한 월드 카페 활용 가능성 탐색"「교육방법연구」제24권 제3호, 523-545.

정창우 · 박영하 · 조성태 · 이병일 · 김용순 · 윤영진 · 김현섭 · 배은주(2007),『도덕과 교수 · 학습방법 및 평가』, 인간사랑.

추병완(1999),『도덕교육의 이해』, 백의.

[인터넷 자료]

http://news.khan.co.kr/kh_news/khan_art_view.html?artid=201909241408001&code=940202 [검색일자: 2019. 11. 16.]

제5장

도덕과 수업 전략 및 수업 개발

제1절 민주적이고 배려적인 수업 분위기 조성 전략

1. 수업 분위기의 중요성

수업 분위기는 수업에서 교사와 학생, 학생과 학생이 서로에 대해 갖는 전반적인 태도를 의미한다. 이는 구체적인 상호작용에서부터 비롯되며, 학습의 효과 측면에서 중요한 역할을 한다(조남두 외, 2011: 226). 학생들의 참여와 몰입, 상호작용은 교사가 수업 분위기를 어떻게 조성하는지에 따라 영향을 받는다. 예를 들어 교사가 수업의 과정을 얼마나 민주적으로 운영하는지, 학생들의 요구사항에 어느 정도 민감하게 반응하고 그들을 배려하는지, 학생들을 어디까지 믿고 지지하는지 등에 따라 학생들의 수업 참여도는 달라진다. 다만 수업 시간의 학생 참여와 상호작용은 수업 분위기 차원에서만 중요한 것은 아니다.

최근 교실 환경에서 교사와 학생 간의 관계 형성의 중요성을 강조하는 경향이 늘어나고 있다. 코졸리노(Cozolino, 서영조 역, 2017: 60)는 사회 신경과학의 입장에서 '지지해 주는 관계', 즉 '안전하고 믿을 수 있는 관계' 속에서 학생들의 두뇌가 가장 잘 성장해 학습이 잘 이루어진다고 강조하며 관계 중심 교수법(Attachment-Based Teaching)을 제시한다. 그는 교사들은 자신이 가르치는 '내용'에 집중하지만, 학생들의 입장에서는 '교사가 어떤 사람인가'가 수업의 중요한 요소라고 밝힌다. 교사가 수업 시간에 어떻게 분위기를 조성하고 교사로서 어떤 성품을 갖췄는지에 따라 학습의 질을 결정한다는 것이다. 이미 많은 학자가 배움이나 성장, 도덕성 발달에서 교사와 학생의 정서적인 관계와 안전한 애착을 중요한 요소로 지적한다(Cozolino, 서영주 역, 2017; Narvaez, 2008; Noddings, 고미숙 역, 2018; Lapsley, 2014; Sojourner, 2014; Watson, 1999). 이처럼 학생의 상호작용과 참여는 좋은 수업 분위기를 형성하는 차원만이 아니라 교사와 학생 간의 정서적 유대 관계를 강화하는 중요한 전제 조건이다. 또한 정서적 관계와 애착, 유대감이 있는 분위기는 학생들로 하여금 수업에 더 잘 참여하게 하고 학생들끼리 더 잘 배려하고 협력하도록 돕는 자양분이 된다.

도덕과에서 좋은 수업을 실현하기 위해서 먼저 도덕과 수업에서 추구하는 목적을 분명히 해야 한다. 정창우(2019: 26-27, 39)에 따르면, 도덕과에서 지향하는 교육적 인간상은 '인간다운 삶의 기술 혹은 노하우를 체화하여 어느 상황에서나 삶의 기술과 노하우 등이 즉각적, 자발적으로 발휘되고 그것으로 일관된 삶을 추구하는 사람'이자, '좋은 행위를 위해 준비된 사람'이다. 이를 달성하기 위해 교사는 이에 적합한 수업을 설계하는 것 뿐만 아니라 전반적인 도덕과 수업을 '민주적이고 배려적인 풍토 혹은 분위기'로 조성할 수업 전략이 필요하다. 여기서 민주적 수업 분위기는 학생들이 적극적으로 수업의 과정에 참여하게 하고 상호 동등한 가운데 공동의 관심에 대한 의사소통과 협력이 있는 모습을 말한다(Dewey, 이홍우 역, 2018). 이를 내실화하기 위해서는 교사와 학생의 배려하는 관계(caring relation)가 중요한데, 이는 수업의 구성원들이 서로를 도와주거나 세심한 보살핌 가운데 형성된다(Noddings, 고미숙 역, 2018). 배려하는 교실 공동체는 학생들을 상호 지지하는 분위기를 가져와 학생들의 인성발달에 긍정적인 기여를 할 수 있다(Watson, 1999).

왓슨과 벤슨(Watson & Benson, 2008: 48-53)은 교실 공동체를 배려하는 민주적인 분위기로 만들면 학습과 인성발달에 도움이 된다고 본다. 배려하는 공동체는 단지 학생들이 원하는 것을 규제 없이 모두 할 수 있다는 방임(permissiveness)을 의미하지 않는다. 교사의 배려는 학생들이 배울 필요가 있는 것을 배우도록 지켜보고, 동시에 학생들의 행복을 위해 적절한 학습과 발달을 지속적으로 제공하는 것이다. 또한 민주적 공동체는 교사와 학생이 모든 것에 대해 동등한 권한과 책임을 갖고 투표나 다수결의 원리로 결정함이 아니다. 민주적 교실은 모든 사람이 요구, 권리, 책임을 가진 존재으로 소중하게 존중받는 환경을 의미하다.

정리하자면 교사는 도덕과의 교실 수업을 민주적이고 배려하는 분위기로 이끌기 위해 다음 두 가지를 염두에 두어야 한다. 첫째, 도덕 수업은 민주적인 학습 공동체를 지향한다. 이는 학생들의 적극적 참여와 의사소통 및 협력과 같은 상호작용을 이끌어 인간다운 삶의 기술 및 노하우를 체화시키는 데 도움을 준다. 둘째, 민주적 학습 공동체의 전제조건으로 교사와 학생, 학생과 학생 사이에 서로 도와주거나 보살펴주려는 배려하는 분위기가 중요하다. 이를 위해 교사는 학생의 발달 수준에 맞는 표현과 설명, 도덕적 이해를 돕는 학습 안내와 같은 인지적 전략과 칭찬과 격려 등 안정적이고 지지적인 상호작용과 같은 정서적, 사회적 전략을 적용해야 한다.

2. 민주적 공동체 형성 전략

1) 민주적 공동체의 중요성

듀이(Dewey, 1916, 이홍우 역 2018: 155)는 "민주주의란 단순히 정치의 형태만이 아니라, 공동생활의 형식이요 경험을 전달하고 공유하는 방식"이라고 강조한 바 있다. 이런 관점에서 볼 때, 교사는 학생들이 공동 관심의 범위를 확장하도록 서로의 경험을 공유하면서 상호작용할 수 있도록 도와야 한다. 그리고 개인이 가지고 있는 다양한 능력들이 발휘되기 위해서 민주적인 교실 환경을 만들어야 한다.

이처럼 듀이가 말하는 민주적 공동체는 '함께 공유하는 활동', 즉 협동을 많이 하는 사회이다. 협동은 공동체의 가치인 상식을 토대로 경험과 문제를 함께 토의하여 결과를 얻어내려는 과정으로 인간적 유대 관계를 가져온다. 그는 학교 구성원이 공동의 생활 문제에 대해 함께 학교에서 풀어나가기를 염원했다. 즉 민주적인 공동체를 실현하기 위해 학교는 중요한 공간임을 강조한다(신창호, 2016: 181-182).

교사는 수업의 과정에서 학생의 능동성과 주체성을 존중해 학생이 민주시민으로 성장하는 기회를 제공해야 한다. 이를 위해 교사는 기본적으로 학생들을 지식의 공동 구성자(co-constructors)로서 이해하고 수업의 과정을 통해 자기결정(self-determination), 자기표현(self-expression), 지식에 대한 주인의식(ownership)의 존중 및 공유의 기회를 최대한 많이 제공해야 한다(정창우 외, 2007: 90).

그리고 민주적 공동체 형성을 위해 첫째, 교사는 학생들을 동등하게 대해주고 학생들은 자기 생각이 다를지라도 존중받을 수 있다는 정서적 편안함과 소속감을 느낄 수 있어야 한다. 둘째, 교사는 수업 시간에 자율적으로 상호작용할 수 있는 협동의 기회를 제공해야 한다. 셋째, 학생들은 참여를 통해 자신의 의사가 자유롭게 반영되고 원하는 바에 따라 의사 결정을 내리고 자긍심의 경험을 누려야 한다.

2) 수업 전략 요소

배려하는 민주적 공동체가 되기 위해서 왓슨과 벤슨은 학생들이 소속감(belonging), 자율성(autonomy), 역량감(competence)의 욕구(needs)를 충족해야 한다고 강조한다. 이 세 가지 요소의 내용은 구체적으로 다음과 같다. 첫째, 소속감(belonging)은 "교사가 진정으로 학생을 아끼고 자신들을 안전하게 지켜주고 필요하면 도움을 제공해 주는 신뢰로운 존재이며, 또래들도 자신을 좋아하고 함께 활동하기를 원한다고 믿는 것"을 의미한다. 이러한 소속감은 학생들의 학업 및 인성 발달을 가져올 뿐만 아니라 상호 협력을 이끈다. 둘째, 자율성(autonomy)이란 "자신의 행위에 대해 자유의지"를 발휘하는 것으로 학생들이 규칙이나 절차를 만드는 기회에 참여하고 선택할 수 있을 때 증진된다. 그러나 자율성은 다른 사람들로부터 도움을 전혀 받지 않는다는 것은 아니다. 학생이 지시나 규칙에 따르더라도 자신의 내적 신념에 따라 행동하면 자율적이라 할 수 있다. 셋째, 역량감(competence)이란 "학생들이 학업적, 정서적, 사회적 학습과제에서 성공함으로써 자신이 능력 있는 사람이라고 느끼는 자긍심(self-esteem)"을 말한다(Watson & Benson, 2008; 김재춘 외, 2012: 156-159에서 재인용).

김현주와 고상숙(2018: 390)은 위의 세 가지를 단계별로 제시하였다. 민주적 학습공동체 형성을 위한 1단계는 소속감, 2단계는 학생들이 수업에 적극적으로 참여할 기회인 자율성, 3단계는 수업을 통해 성공의 기회를 받아 길러지는 역량감으로 보았다. 그리고 이러한 단계는 각각의 중요한 주체가 있는데 자율성은 '학생 자신', 소속감은 '교사', 역량감은 '과제의 수준'이다. 김현주와 고상숙(2019: 678-679)은 각 단계의 구체적인 모습을 다음과 같이 설명한다. 1단계 소속감은 교사가 학생들에게 따뜻하고 친절하게 도움을 줄 수 있다는 인상을 주어 교사를 믿고 따르게 된다. 이러한 과정에서 학생들은 "수업의 방관자가 아닌 주인공"이 되어 수업의 주체로 참여한다. 2단계 자율성은 학생들이 "과제의 수준 및 종류, 제출기한, 학급규칙, 발표자 선정 등 수업을 진행하면서 결정해야 하는 것은 학생들에게 스스로 결정할 수 있는 기회를 제공"하는 것이다. 스스로 결정하되 자신이 선택한 것에는 반드시 책임을 지도록 동시에 강조한다. 3단계 역량감은 학생들에게 성공의 기회를 자주 제공하는 것인데 여기서 유념해야 할 부분은 과제의 수준이다. 이미 자율성을 거친 단계이므로 학생들은 자신의 수준에 맞는 과제를 알맞게 선택할 수 있는 능력을 갖췄다. 성공의 경험은 자긍심과 자존감 상승으로 이어지고 다시 1단계인 소속감의 강화로 이어져 점차 장기적으로 민주적 학습공동체의 결속이 단단해지는 데 기여한다.

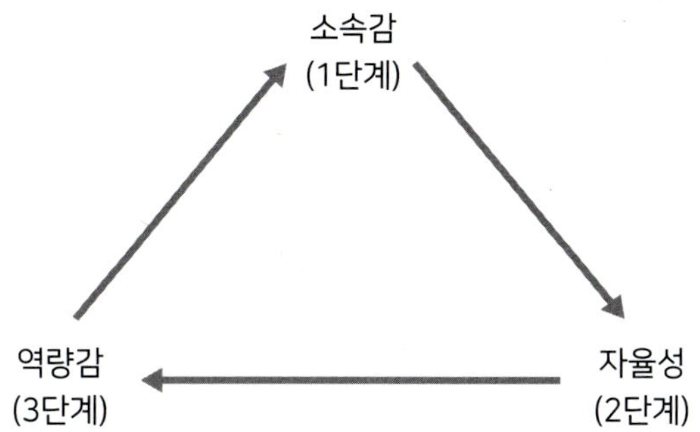

그림 5-1 민주적 학습공동체를 위한 세 가지의 기본 단계(김현주, 고상숙, 2019: 679)

이와 같은 세 가지 요소를 형성하기 위해 교사가 취해야할 전략을 제시하면 아래의 〈표 5-1〉과 같다.

표 5-1 민주적 학습공동체를 형성하기 위한 세 가지 단계 및 교사가 취해야 할 전략

요구	교사가 취해야 할 전략(Watson & Benson, 2008; 김재춘 외, 2012)[1]
1단계 소속감	1) 교사와 학생 간, 학생과 학생 간에 서로를 알 수 있는 활동을 한다. 2) 따뜻하고 정감 있는 태도로 돌보는 교사의 이미지를 전달한다. 3) 학생들끼리 서로 알고 좋아하도록 한다. 4) 협동적이고 비경쟁적인 환경을 마련한다. 5) 친절하고 사려 깊은 행동을 지지한다. 6) 문학을 통해 공감과 돌봄의 개념을 습득하도록 한다. 7) 사회적 기술과 정서적 기술을 지도한다.
2단계 자율성	1) 학급의 규칙을 창조할 것을 제시한다. 2) 학생들의 협동과 상호작용을 격려한다. 3) 학생들에게 학습에서의 선택을 장려한다. 4) 자율을 발휘한 후에는 책임을 지도록 하여, 민주적 학습 공동체에서의 자율과 책임은 실과 바늘과 같은 관계라는 것을 인식시킨다. 5) 학급 생활에 작은 양의 재미를 추가한다.

1) 김현주 · 고상숙(2018),「민주적 학습 공동체를 기반으로 수학교과 인성함양을 위한 수업모형개발」, 『한국학교수학회논문집』 제21권 pp. 381-382 표 재인용 및 재구성

3단계 역량감	1) 적절하게 도전 정신을 제공하는 중간 수준의 학습 과제를 제공하고 그 과제가 학생의 흥미와 삶에 중요하고도 의미가 있음을 알게 한다. 2) 학습의 결과에 대해 자신의 학업 성취를 스스로 모니터하도록 한다.

3) 수업 전략의 실제

(1) 소속감

① 모둠 세우기

수업 전략	구체적인 내용
① 모둠 구성 및 이름 정하기 **모둠 이름 정하기** 1. 네 글자로 모둠 이름 정하기 ex. 역지사지, 할수있어, 하하호호 등 2. 도덕책 참고해서 모둠 이름정하기 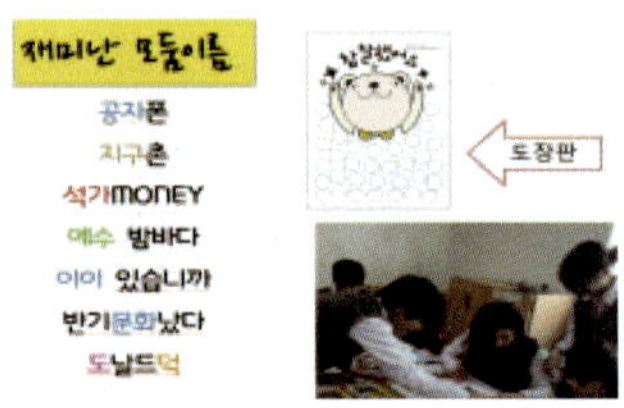 	– 모둠을 남자 2명, 여자 2명인 4인 모둠[2]으로 구성한 후, 모둠원들끼리 상의해서 모둠 이름을 정하게 한다. **[수업 활동 Tip]** • 모둠 이름을 정할 때, 네 글자나 도덕책에서 찾은 용어를 이용하기 등 창의적으로 만들 수 있는 범위나 방법을 제시한다. 재미있고 기발한 아이디어를 주고받으며 긴장감을 풀 수 있고 친밀감을 높이는 등 모둠 세우기 활동에서 유용하다. 뿐만 아니라 모둠 이름을 위해 도덕책을 넘겨보며 자연스럽게 앞으로 배울 내용에 대해서 탐색해볼 기회도 된다.
② 모둠 역할 나누기 **모둠 역할 나누기** 1. 이끔이: 모둠장 역할 2. 기록이: 모둠의 의견정리하기 3. 지킴이: 준비물, 학습자료 챙기기 4. 칭찬이: 서로 격려하기, 칭찬도장판 챙기기	– 성공적인 모둠 활동을 위해 바람직한 역할을 나누고 그에 맞는 역할 책임을 부여해 책임감과 소속감을 향상한다(이상우, 2013: 132). 4명의 구성원인 경우 이끔이(모둠장), 지킴이(준비물 챙기기), 기록이(의견 정리하기), 칭찬이(격려하기)로 역할을 나눈다. **[수업 활동 Tip]** • 학기 초는 이미지 게임으로 역할을 정하는 것이 좋고, 서로 친밀감이 형성된 학기 중간에는 재능기부의 차원에서 역할을 정하는 것이 좋다.

2) 이상우(2013: 124-125)는 모둠 구성에서 4인 1모둠을 권장하는 이유는 모둠의 규모나 짝 활동 및 상호작용의 효율성 면에서 가장 효과적이기 때문이라고 말한다. 또한 남녀의 성비, 학습력, 다중 지능적 특성, 인성, 행동 특성 등에 따른 이질 모둠을 권장하는 이유는 또래 가르치기를 통해 상호 간의 단점 보완과 시너지 효과에 탁월하다고 보기 때문이다. 남녀 성비를 포함한 이질 집단은 이성 간의 관계 향상에도 도움을 준다고 본다.

③ 모둠 규칙 정하기 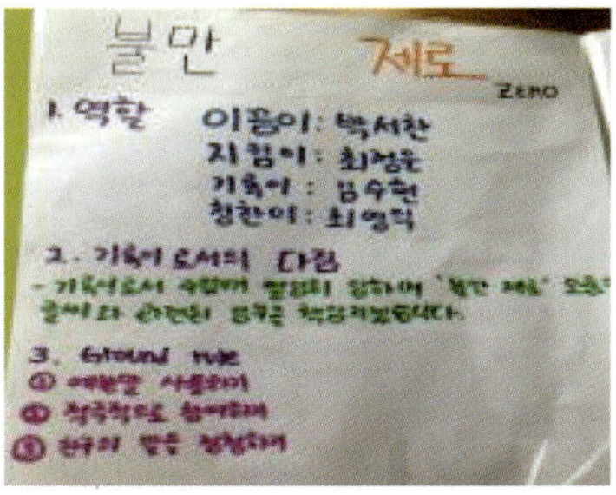	– 앞으로 도덕 수업 시간에 함께하는 동안 꼭 지켜야 하는 모둠 규칙(Ground Rule)을 마련하고 구체적인 실천방안을 생각해 본다. 서로가 규칙을 지킬 때 상호 존중 분위기를 형성할 수 있음을 강조한다. 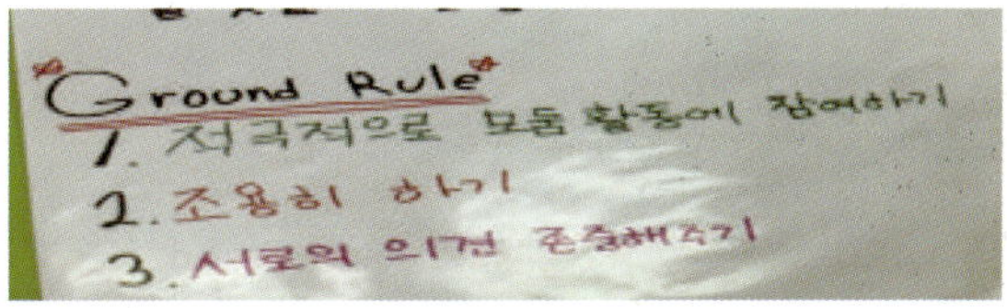

② 아이스 브레이킹

수업 전략	구체적인 내용
① 네임 텐트 만들기 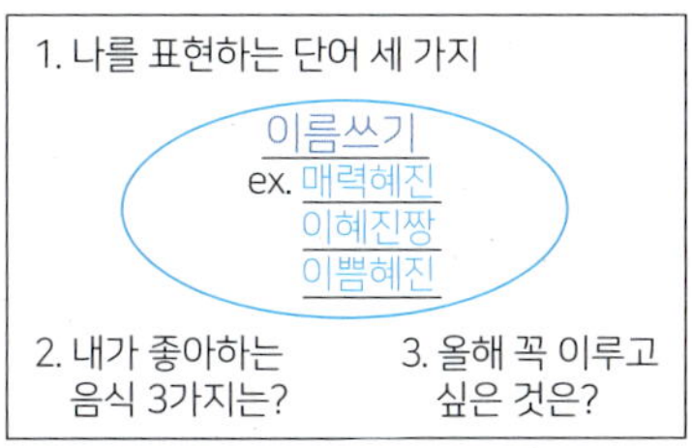 	– 네임 텐트는 처음 만나 서로 어색한 분위기를 깨는 데 많이 사용하는 아이스 브레이킹 전략이다. 교사는 학생들에게 자신을 표현할 수 있는 질문 세 가지를 하고 그것에 대한 대답을 종이에 적는다. **[수업 활동 Tip]** • A4 한 장과 색 펜만 있으면 언제든지 할 수 있는 간편한 방법이다. 네임 텐트를 접고 자기 자리 앞에 놓은 뒤 모둠원들끼리 돌아가면서 자신을 소개하는 시간을 통해 친밀감을 높여줄 수 있다. • 교사가 수업 오리엔테이션 시간에 본인을 소개하는 형식으로 이용해 학생들에게 발표 본보기가 될 수 있다.
② 모둠별 대항 게임하기 	– 소속감을 강화하는 방법으로 가장 효과적인 것은 모둠별 대항 게임이다. 게임 형식의 수업은 특별한 상품을 준비하지 않아도 학생들에게 그 자체만으로 즐거움을 준다. **[수업 활동 Tip]** • 일명 '가치 덕목 스피드 게임'으로 가치 덕목 카드를 보여주고 모둠원 1명이 나머지 3명에게 몸과 말을 이용해 설명한다. 제한 시간이 있는 스피드게임으로 가장 많이 맞춘 팀이 우승한다.

③ 칭찬 및 격려하기

수업 전략	구체적인 내용
① 상호 칭찬하기  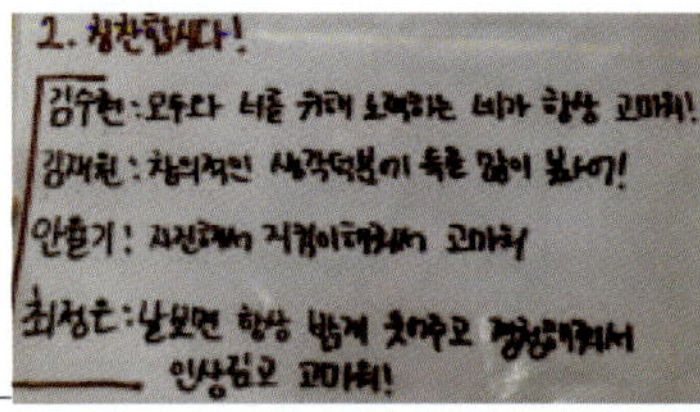 	– 학기 초 모둠에는 이미지에 관한 긍정적 칭찬을 해주도록 격려하고, 학기 중간에 서로에 대해 친해진 뒤 모둠을 바꿀 때는 친구의 성격이나 태도에 대해 구체적으로 칭찬하도록 한다. **[수업 활동 Tip]** • 재미의 요소를 넣기 위해 친구의 초상화[3]를 30초씩 모둠원들끼리 돌아가면서 그리게 한다. 분위기가 장난으로 흐르지 않게 활동의 취지를 잘 설명한다. 친구 얼굴을 그린 뒤 모둠원들끼리 돌아가며 친구의 좋은 점을 담아 구체적으로 칭찬한다. • 활동을 진행해보면 학생들이 다른 친구를 칭찬하는 것을 어려워한다는 것을 알 수 있다. 이럴 때 잘 쓴 친구의 칭찬을 모델링으로써 읽어주면 곧잘 방향을 잡고 칭찬하기 위해 노력한다.
② 지지하는 게시판을 통해 친구 의견 격려하기  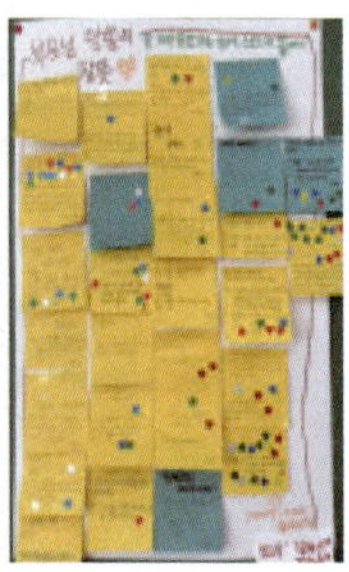	– 포스트잇을 이용해 학생들의 의견을 받고 그 의견에 대한 지지의 표시로 스티커를 붙인다. 수업 활동 이후에도 쉬는 시간이나 방과 후에 학생들끼리 서로의 생각을 공유하고 지지할 기회를 마련한다. **[수업 활동 Tip]** • 수업 시간에 했던 좋은 내용들을 모두 발표하기 어려울 때, 게시판 형식으로 만들어 반에 붙이면 좋다. 친구의 좋은 의견을 지지하는 방식으로 소속감을 강화할 수 있다.
③ 강점 가치나무[4] 활동 	– 친구의 좋은 점에 대해서 표시해주는 활동이다. 강점 가치 나무를 학생 등에 붙이고 다니면 친구들이 친구의 강점에 해당하는 가치에 표시한다. **[수업 활동 Tip]** • 몸으로 움직이며 친구의 좋은 점을 찾아주는 활동이고, 본인이 생각하는 나의 강점 가치와 다른 사람들이 생각하는 나의 강점 가치를 비교하며 도덕적 정체성 형성에 도움을 받을 수 있다. 

④ 동료 평가 후 칭찬할 점 공유하기 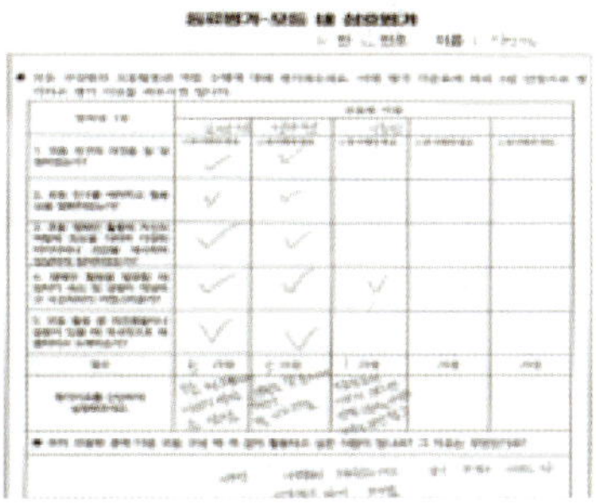	– 모둠 활동이 끝나고 동료평가의 일환으로 모둠원들을 칭찬하도록 한다. 그 내용을 모아 다음 시간에 학생들에게 공개적으로 읽어준다. **[수업 활동 Tip]** • 친구를 칭찬하는 것을 어려워하는 학생들에게 친구를 칭찬하라고 막연히 요청하기보다는 "우리 모둠원 중에서 다음 모둠 활동 때에도 꼭 하고 싶은 사람과 그 이유는 무엇인가요?"라고 구체적으로 물으면 좋다.

④ 사회적, 정서적 기술 가르치기

수업 전략	구체적인 내용
① 나 전달법(I-message) 익히기 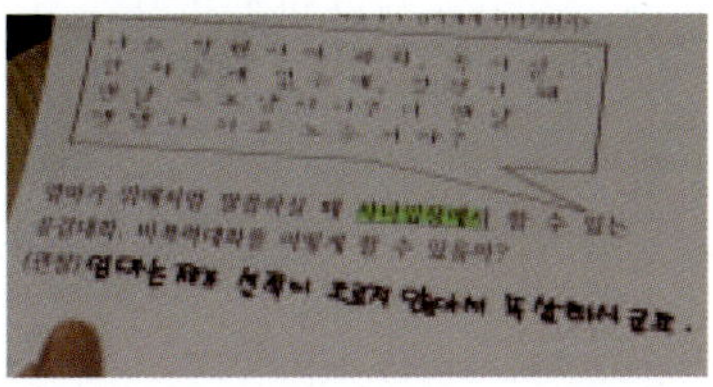	– 자신의 정서를 적절하게 표현하는 기술로 'I-message' 기법이 있다. 이는 "온건하게 주장하는 기술과 상대를 비난하지 않고 화자의 정서정보를 전달"하고 "타인의 정서를 공감하거나 자신의 정서를 표현할 때 유용한 기술"이다(손경원 외, 2010: 360).
② 사회적 기술 배우기 	– 애셔(S. Asher; 손경원 외, 2010: 344에서 재인용)는 기술의 학습을 통해 학생들의 사회 · 정서적 유능성을 길러줄 수 있다고 본다. 규칙에 동의하지 않으면 대안이나 타협을 생각해보고, 상대편이 잘하면 칭찬해주고, 상대방에 미소 지으며 도움을 주거나 제안이나 용기를 주는 법을 익히는 것만으로도 주변 사람들에게 인기를 얻을 수 있다. – 사회적 기능들이 저절로 배워지는 것으로 여기는 사람들도 있지만 많은 연구 결과에서 의사소통의 기술, 협동 학습에 임하는 자세 등을 지속적으로 직접 가르쳐 주어야 한다고 강조한다(이미숙, 2015: 142).

3) 행복 수업 교사 심화 연수(서울대 행복연구센터, 2015) 내용을 반영해서 구성한 활동임.

4) 행복 수업 교사 심화 연수(서울대 행복연구센터, 2015) 강점 찾기 활동 수업자료를 가치덕목 강점나무로 재구성하여 제시함.

[수업 활동 Tip] 단계별 사회적 기술 및 주요 사회적 기술(Vanston Shaw, 2007; 이상우, 2013: 129 표 재인용)

기초단계	기본단계	발전단계
자리에 머물러 있기 발표지 쳐다보기 모둠과제 완성 돕기 자료 공유하기 아이디어 공유하기 차례 지키기 이름 불러 주기 작은 목소리로 말하기 과제에 집중하기	점검하기 질문하기 타인을 인정하기 의사소통 기능 사용하기 '내 생각에는' 용어 사용하기 적극적으로 듣기 재진술하기 칭찬하기	사람이 아니라 의견 비판하기 관점 채택하기 바꾸어 말하기 문제 해결하기 합의하기 요약하기 의견 구별하기 정당하게 반대하기
주요 사회적 기술		
감정적 대응 억제하기, 토의하기(합리적 의사결정), 역할 분담하기, 서로 도움 주고받기, 적극적 듣기(경청), 수용적 자세(상대방 의견 존중), 의견만 비판하기, 칭찬과 격려 아끼지 않기, 차이점 존중하기, 문제 및 해결방안 공유하기		

(2) 자율성

① 탐구 주제 스스로 선택 및 결정하기

수업 전략	구체적인 내용
① 주어진 주제 중에서 원하는 것을 선택하기 **도덕적 논쟁 토론하기** 1) 외고, 자사고 폐지를 지지한다. 2) 양심적 병역 거부자를 허용해야 한다. 3) 블라인드 채용을 지지한다. 	– 이미숙(2015: 128)에 따르면 조별 선택형 협동 학습은 학습 목표에 도달하는 학습 자료를 여러 개 제시해 학습자들이 흥미와 관심사에 부합하는 것을 학습하게 하는 것이다. 이는 학생들에게 학습 내용 선택의 자유를 제한적이나마 누리게 하고 자신의 관심사에 좀 더 가까운 과제를 선택해 자발적이고 능동적인 참여를 이끄는 효과를 가져올 수 있다. **[수업 활동 Tip]** • 토론 주제나 교과서 활동을 세 가지 이상 제시한 뒤 모둠은 한 개의 주제나 활동을 선택한다. 모둠별로 맡은 내용을 발표한다면 많은 학생이 동시에 여러 활동의 내용을 익히는 장점이 있다.

② 마인드맵 그리기 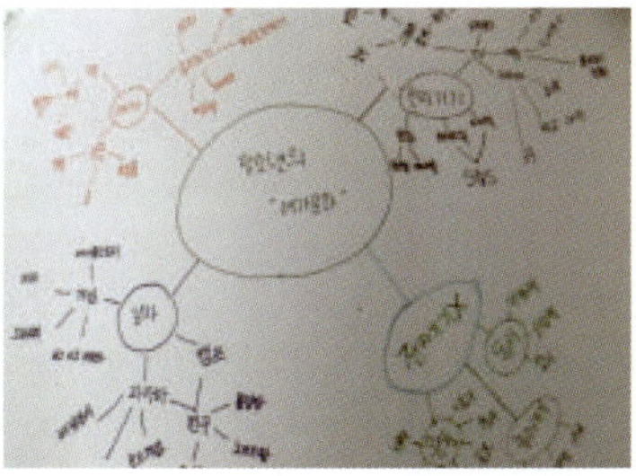	– 마인드맵을 통해 모둠원들끼리 탐구해볼 만한 주제를 탐색한다. 마인드맵의 효과는 다음과 같다. : 인간의 좌뇌와 우뇌를 동시에 사용해 창조적이고 효과적으로 생각을 정리할 수 있다(송창석, 2011: 163). '사고력 중심의 두뇌계발'임과 동시에 협동 학습에서도 긍정적 상호작용, 창의성 발산 및 시너지 효과도 기대할 수 있다고 본다(이상우, 2013: 179). **[수업 활동 Tip]** • 활동을 할 때 질뿐만 아니라 양도 중요하므로 비판을 금지하고 자유로운 분위기를 조성한다. 마인드맵을 구성할 때 상위, 하위개념 등의 상관관계를 잘 살펴야 한다(이상우, 2013: 181).
③ 만다라트 맵 만들기  	– 만다라트(Mandara-Art) 맵은 아이디어를 모으는 도구로 일본의 디자이너인 이마이즈미 히로아키가 개발한 발상기법이다(이상우, 2013: 203). **[수업 활동 Tip]** • 중앙 주변의 8개의 칸을 반드시 다 적고 시작하도록 한다. 왜냐하면 아이디어를 생산하는 데 강제력이 어느 정도 작용하면 필사적으로 생각해 새로운 것이 나올 때가 많기 때문이다(이상우, 2013: 207).

② 협동 및 상호작용 활성화하기

수업 전략	구체적인 내용
① 협동 학습  ➡ 모둠별로 과제를 주어 협력을 통해 문제를 해결함.	– 이미숙(2015: 31)에 따르면 협동 학습은 학습 과정에서 학생들의 능동성을 중시하고 이질적인 학생들로 모둠을 구성해 공동의 과제를 협력으로 해결하도록 돕는 수업모형이다. 또한 서로 가르치고 배우는 과정에서 상호작용에 의한 교육 효과를 극대화할 수 있다. **[수업 활동 Tip]** • 협동해야 해결이 되거나 잘되는 과제들을 엄선 구안하여 제시한다. 가능한 수업 시간 내에 해결이 될 수 있는 정도로 적정하게 과제를 재구성한다(이미숙, 2015: 141).

② 찬반(Pro-con)논쟁토론  ➡ '저출산 시대 비혼을 존중해야하는가?'라는 주제로 찬반 토론을 진행함.	- 존슨 형제(1994)는 상대방을 이기는 데 주안점을 두고 있는 논쟁과 차별화하면서 협동적 학습 분위기에 적용할 수 있는 찬반논쟁 수업 모형을 제시한다(이미숙, 2015: 133). **[수업 활동 Tip]** • 찬성(pro), 반대(con)로 의견이 나누어져 있고 대립하는 논쟁의 과정에서 찬성과 반대의 입장을 다 경험해 봄으로써 최선의 해결책을 모색하여 문제를 해결해 나가도록 하는 데 있다(이상우, 2013: 255). • 모둠 내에서 찬성과 반대로 나눌 수도 있고, 모둠별 찬성과 반대로 나눌 수 있다.

(3) 역량감

① 의미 있고 도전적인 과제 제공하기

수업 전략	구체적인 내용
① 학생들의 실생활과 연계된 의미 있는 과제 제공하기  ➡ 스스로 탐구 질문을 선정함.	- 너무 쉽거나 어려운 과제는 학생들의 흥미를 유발하기 어렵다. 학생들의 흥미를 불러일으킬만한 실생활과 연관된 수업 활동을 구성할 필요가 있다. **[수업 활동 Tip]** • 의미 있는 활동이 되기 위해서 교사는 교과서의 성취기준을 반영하되 학생들의 삶과 밀접한 과제를 재구성하여 제시할 필요가 있다.
② 도전적인 과제 제공하기 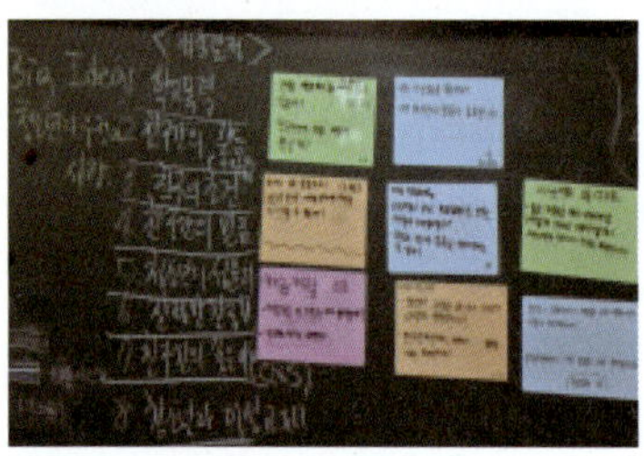 ➡ 청소년의 우정과 사랑이라는 주제(big idea)를 주고 의미 있고 도전적인 탐구활동을 진행하도록 독려함.	- 집단 목표와 개별 책무성을 동시에 강조해 주어진 과제를 잘 수행할 수 있도록 한다. 학생들의 흥미를 반영하되 학생들의 역량향상에 도움이 되는 도전적인 과제를 제시한다. 이를 위해서 모둠 활동에 대해 교사의 지속적인 관찰과 적절한 도움은 모둠 활동의 활성화에 중요한 성공요인이다(이미숙, 2015: 70, 145). **[수업 활동 Tip]** • 큰 수업 주제는 교사가 제시하지만 세부 탐구 주제는 학생들이 직접 고민해서 정하게 한다. 이때 학생들끼리만 자유롭게 정하도록 방임하는 것이 아니라 교사는 모둠별로 돌아다니며 탐구 주제 수준을 조금 더 높일 수 있도록 조언한다.

② 자기 평가를 통해 자긍심 높이기

수업 전략	구체적인 내용
① 활동 마무리로 자기 평가하기 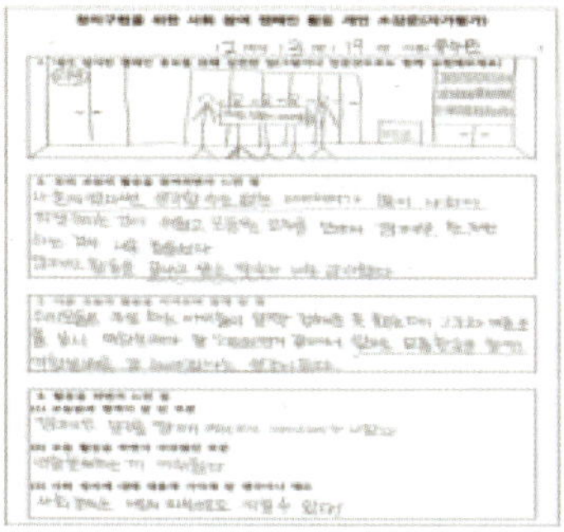	– 모둠 활동을 마치고 수업 활동에 대해 자신을 성찰하는 활동은 좋았던 점을 떠올리며 자긍심(self-esteem)을 높이는 데 도움이 된다. **[수업 활동 Tip]** • 모둠 활동에 참여하면서 느낀 점을 쓰거나 다른 모둠 활동을 지켜보며 알게 된 점, 모둠원과 협력이 잘된 부분, 모둠 활동을 하면서 어려웠던 점 등을 쓰며 윤리적 성찰 능력을 키운다.
② 활동내용 학교 및 지역사회에 전시하기  ➡ 수업 시간의 활동물에 대한 전시회를 열어 그 내용을 학교 구성원들과 지역사회 주민들 및 학부모에게 공유한다.	– 듀이는 『민주주의와 교육(1916)』에서 "상호관계를 맺고 있다면 그들은 지역사회를 이루고 있는 것"이라고 말하며 학교는 커뮤니케이션을 통해 지역사회와 소통해야 한다고 말한다(김성천 외, 2015: 144-145). 

3. 배려하는 관계 형성을 위한 수업 전략

1) 배려하는 관계의 필요성

많은 학자들은 교사와 학생 간의 정서적 유대관계가 교육의 질을 좌우한다고 보고 관계 형성과 애착 및 유대감에 주목한다. 랩슬리(D. Lapsley)는 소위 교육에 종사하는 전문가라면 다양한 청소년 발달 요구를 충족시키는 방식으로 교실, 학교 및 지역 사회를 조직해야 한다고 본다. 청소년에게 필요한 것은 가족이나 지역사회에서 그들을 돌보는 성인과 최소한 좋은 관계를 맺어, 청소년이 인지 및 자기 조절 기술(cognitive and self-regulation skills)을 발달시키는 것이다. 또한 자아(self)에 대한 긍정적인 견해를 갖추고 숙달감과 효능감(sense of mastery and effectiveness)을 기르는 데 있다(Lapsley, 2014: 20).

코졸리노(L. Cozolino)는 사회 신경과학의 입장에서 애착 교실 및 관계 중심 교육(Attachment-Based Teaching)을 강조한다. 그에게 있어 학습능력은 교사와 또래 학생과 애착 관계의 질에 따라 큰 영향을 받기 때문이다. 따라서 그는 "교실에서는 교사들과 다른 학생들과의 안정적인 애착 관계가 학습능력을 최대치로 끌어준다."고 본다(Cozolino, 서영조 역, 2017: 30). 보살핌과 지지는 인간 두뇌의 다양한 시스템이 발달하고 통합하는 데 필수적인 역할을 하며, 전전두엽 피질의 네트워크를 형성하는 데 기여한다. 이는 학생들의 사회적 기술, 감정 통제, 충동 조절의 발달에 중심적인 역할을 한다. 다시 말해 교사와 학생이 얼굴을 맞대고 마음을 나누며, 지지해주고 격려해주고, 애정으로 보살펴주는 관계를 맺을 때 가장 효과적인 학습이 이루어진다는 것이다(Cozolino, 서영조 역, 2017: 56-57).

다중 도덕성(multiple moralities)의 삼층 윤리 이론을 정립한 나바에즈(D. Narvaez) 역시 배려하는 관계의 중요성을 역설한다. 나바에즈(Narvaez, 2008: 96)는 인간의 진화에서 세 가지 유형의 도덕 지향(moral orientations)이 등장했다고 보고 삼층 윤리(Triune ethics)를 제안한다. 안전 윤리(the Ethic of Security), 관여 윤리(the Ethic of Engagement), 상상 윤리(the Ethic of Imagination)가 그것인데, 이 중에서 관여 윤리는 배려하는 관계와 사회적 유대를 통해 다른 사람들과 정서적으로 연결되어 있음을 강조한다. 나바에즈(Narvaez, 2008; Vozzola, 정창우 역, 2018: 136-138에서 재인용)에 따르면, 도덕적 사고 체계는 영유아기의 초기 경험과 생물학적으로 미리 조율된 뇌 체계 사이의 상호작용으로 형성된다. 사람의 뇌에 강하게 배선된 초깃값인 공포, 분노, 두려움이 타인과의 상호작용을 통해 긍정적인 측면으로 발달하기 시작한다. 주변 사람들의 반응적이고 적절한 보살핌을 통한 안전한 애착을 형성한 아동들은 친 사회적이고 평화적인 상호작용, 더 나아가 도덕적 상상을 할 수 있는 뇌로 조정된다. 이것은 신경 생물학에 기반을 둔 도덕적 기능의 건강한 발달을 보여준다.

도덕과의 교수·학습 환경 측면에서 볼 때 관여 윤리와 상상 윤리를 촉진하기 위해 '각각의 학생들과 배려관계 형성하기'와 '성취와 윤리적 인격을 지향하는 지지적 풍토 조성하기'를 강조할 필요가 있다(석자춘 · 정창우, 2017: 40). 이와 같은 나바에즈의 관점은 도덕적 민감성과 상황적 맥락에서의 자아의 역할을 강조한 길리건(C. Gilligan)의 배려 윤리와 상응할 수 있다(정창우, 2012: 342).

주지하다시피 길리건에 의해 제기된 배려 윤리는 나딩스(N. Noddings)가 도덕교육과 연계하여 새롭게 제시하였다(정창우 외, 2007: 120). 나딩스는 도덕교육에 있어서 '관계'를 바탕으로 한 '배려'가 중요하다고 본다. 여기서 배려는 덕으로서의 배려(caring as a virtue)이기보다 배려 관계(caring relation)에 대한 관심을 말하며, 배려하는 관계를 실천하기 위해 교사는 학생들에게 배려 받는 법과 배려하는 법을 가르쳐야 한다고 그녀는 강조한다.

이러한 나딩스의 관점에서 보자면, 도덕과 교수 · 학습활동에서 상호 간 배려 관계를 통해 배려적 공동체를 형성하는 것이 도덕과 수업 전략을 세우는 데 가장 우선시되어야 한다. 이를 위해 나딩스가 도덕교육의 4가지 요소로 제시한 모델링(modeling), 대화(dialogue), 실천(practice), 확언(confirmation)이 어떤 도움을 줄 수 있는지 살펴보면 다음과 같다.

2) 수업 전략 요소 및 실제

(1) 모델링(modeling): 학생에게 주의 집중하는 모습을 보여주기

교사는 평상시 수업에서 배려하는 태도를 학생들에게 보여 모델링의 기회를 제공해야 한다. 여기서 배려하는 교사란 단순히 친절한 것 이상으로 학생들이 어떻게 느끼는가를 이해하고 그들의 성장을 위해 헌신하는 사람이다. 구체적으로 배려하는 교사란 다음 〈표 5-2〉과 같다(Noddings, 1995; 정창우 외, 2007: 87-88에서 재인용).

표 5-2 도덕과 수업에서 배려하는 교사의 특성

범주	특성
존중의 표현	배려하는 교사들은 정중하고, 학생들을 존중으로 대하며 그들의 코멘트와 질문을 경청하고 그들의 실수에 대해 관용적이다.
개별적 필요에 민감	배려하는 교사들은 학생들의 개인적인 필요에 민감하며, 그들의 의상, 습관, 행위의 변화에 대해 알려주고 코멘트를 한다. 간혹 학생들의 사적인 문제로 도움을 요청할 경우 수업 후 혹은 방과 후에 도움을 준다.
안전한 학습 환경 조성	배려하는 교사들은 정서적으로 안정되어 있다. 또한 학생들이 최선을 다하도록 격려하며, 당혹스러워하거나 위협감을 느끼거나 조소에 대한 두려움을 갖지 않고 자신의 느낌과 생각을 자유롭게 표현할 수 있도록 환경을 조성한다.

〈표 5-2〉에서처럼 교사는 배려의 모델로서 교사 자신에게 초점을 맞추고 배려가 의미하는 것을 모델링으로 직접 보여줘야 한다. 다만 배려가 교사 자신에게 집중하게 될 때, 학생들에게 집중하지 못 하는 일이 발생할 수 있음을 유념해야 한다. 이를 방지하기 위해 교사의 배려 행위에 대한 '성찰'이 필요하다. 즉 교사는 학생에 대한 "우리의 응답이 적절한가?, 우리가 했던 말을 더 잘 표현할 수 있었는가?, 우리의 행위가 도움이 되었는가 아니면 방해가 되었는가?"를 잘 살펴봐야 한다. 이는 배려가 덕목 자체가 아닌 교사와 학생 간의 관계임을 보여주는 과정이다(Noddings, 고미숙 역, 2018: 36). 따라서 교사는 다음 두 가지를 통해 학생들과의 배려 관계를 유지해야 한다. 첫째, 학생의 요구사항에 민감하게 반응하고 그들의 관심에 주의집중(attentiveness)하고 전념(engrossment)한다. 둘째, 학생들의 필요를 충족시키는 데 교사의 동기 에너지가 쓰이고 있다는 동기 전환(motivational displacement)의 신호를 보여준다(Noddings, 고미숙 역, 2018: 56).

이 밖에도 교사는 수업에서 사람들과 관계 맺기를 위한 모델링을 직접 보여줄 수 있다. 예를 들어 수업 초반에 학생들 한 명, 한 명의 이름을 기억해서 불러준다면 안정적인 애착 관계를 시작할 최고의 준비가 될 수 있다. 대개 학생들은 교사가 자신을 알고 있다는 사실만으로 좋은 의미로 놀라고 그것을 잊지 않고 교사에게 잘하고자 노력한다(Cozolino, 서영조 역, 2017: 146). 또한 수업 활동에서 학생들의 감정을 이해하고 공감하는 모습을 직접 보여줘 자연스러운 모델링의 기회를 제공할 수 있다. 인간은 거울 뉴런(mirror neuron)을 통해 다른 사람의 표정, 몸짓, 행동을 자동적으로 관찰 모방하도록 되어 있다. 이와 같은 사실은 학생들이 교사의 감정을 수업 시간에 그대로 느낄 수 있다는 사실을 방증한다. 이것이 바로 수업의 정서적 차원에서 교사가 학생들에게 모범이 되어야 하는 이유이다. 이에 대한 코졸리노의 세 가지 전략은 다음과 같다(Cozolino, 서영조 역, 2017: 183-197).

코졸리노의 정서적 모델링을 위한 세 가지 전략

1) 교사는 자신의 표정, 자세, 어조에 주의해야 한다. 교실에서 감정은 전염되기 때문이다. 이를 위해 하루의 수업을 긍정적인 말로 시작할 수 있다.
2) 교사는 학생들에게 강조하는 것을 교사 스스로 실천하는 모습을 보여줘야 한다.
3) 학생들의 이야기를 경청해줘야 한다. 경청은 효과적인 관계의 수단이며, 학생들과 유대를 강화할 기회이다.

(2) 대화: 필요에 응답하기

학생들의 필요에 주의 집중하며 배려를 몸소 보여주는 교사는 그것에 응답하기 위한 과정으로 학생과 대화를 시작한다. 대화는 배려 모델의 가장 기본적인 요소로, 여기서 대화란 단순히 말을 주고받는 회화가 아니다. 나딩스는 상호작용을 통해 변경 가능한 '화제'가 있는 경우를 대화라고 말한다. 또한 대화는 '당신은 무슨 일을 겪고 있나요?'라는 질문을 내포하기 때문에 도덕교육에서 매우 중요하다(Noddings, 고미숙 역, 2018: 37). 수업에서 교사는 학생들의 '흥미에 따른 필요'와 교육과정에서 학생이 꼭 알아야 하는 '객관적인 필요'를 모두 고려해야 한다. 이렇게 볼 때 수업 시간에 이루어지는 활동은 넓게 보면 대화의 과정이라 할 수 있다.

일반 대화와 마찬가지로 교사와 학생의 수업 시간에 이루어지는 '교육적 대화'가 잘 이루어지기 위해 정서적 · 사회적 공감대와 더불어 인지적 공감대 형성이 필수적이다. 정서적 · 사회적 공감대는 학생이 편안하게 들을 수 있도록 부드러운 목소리와 따뜻한 인사말 나누기 등 언어적 요소와 눈 맞춤, 얼굴 표정 등 비언어적 요소를 교사가 갖출 때 이루어질 수 있다. 한편 인지적 공감대는 학생의 발달 수준에 맞는 표현과 설명 그리고 학습 안내가 이루어져 학생의 입장에서 배움이 잘 일어날 때 형성될 수 있다(김도기 외, 2016: 91).

① 정서적 공감대 형성 전략

수업 전략	구체적인 내용
① 따뜻한 인사말 나누기 **[수업 활동 Tip] 인사말 나누는 방법** 1) 학생과 공감대를 형성하는 인사말을 나누기 2) 인사말을 통해 학생과 정서적인 공감대 형성하기 3) 전시 학습 혹은 본시 학습과 관련된 인사말 나누기 4) 인사말로 본시 학습 연결하기	– 인사말 나누기는 수업이 시작됨을 알림과 동시에 교사와 학생이 서로의 감정 상태를 인지하고 대화를 나눌 수 있는 단서를 제공한다. – 인사말 나누기는 교사와 함께 배우는 학생이 편안하면서도 안정적인 마음의 여유를 갖도록 인도하기 위함이다. 이 밖에도 좋은 인사말을 위한 기준을 제시하면 왼쪽과 같다(김도기 외, 2016: 92).
② 편안하고 부드러운 목소리 유지하기 **[수업 활동 Tip] 좋은 목소리 판단기준** 1) 목소리의 크기는 적당한가? 2) 말의 속도는 적당한가? 3) 말의 강약은 적당한가? 4) 말의 고저는 적당한가? 5) 어조가 적당한가? 6) 어투는 바람직한가? 7) 말에 열정이 있는가?	– 교사의 목소리에 대한 학생의 정서적 반응에 대한 연구에서 중고등학생들은 수업 집중에 영향을 미치는 요소로 교사의 성격 다음으로 목소리라고 말했다. 그만큼 목소리는 좋은 수업에 미치는 중요한 요소이며 교사의 성격을 표현하는 방법이기도 하다(신나민, 2009: 5). – 의사소통에 있어서 교사의 말의 어조나 목소리의 상태는 학생에게 많은 영향을 미친다. 수업 시간에 교사의 좋은 목소리에 대한 판단기준은 왼쪽과 같다(김도기 외, 2016: 93).
③ 비언어적 요소로 소통하기 **[수업 활동 Tip]**[5] 1) 눈맞춤: 환한 표정과 밝은 모습으로 학생 모두를 바라보는가? 2) 얼굴표정: 얼굴에 미소와 여유가 있고 표정으로 상호 작용하는가? 3) 제스처: 시각적 신호를 보내는 여러 가지 동작으로 상황에 맞게 사용하는가? 4) 동선: 졸거나 혹은 어수선한 학생이 있으면 그쪽으로 이동하면서 수업하는가? 5) 공간 활용: 교실 앞쪽뿐만 아니라 교실의 공간을 다양하게 활용하는가?	– 교사 자신은 심리적 정서 환경으로서 학생들에게 직접적인 영향을 끼친다. 따뜻한 미소와 여유 있는 마음으로 적절한 정서를 표현해야 한다(조석환, 2018: 159). – 유능한 교사와 보통 교사의 비언어적 행위를 비교해 보면, 유능한 교사는 훨씬 많은 동작을 사용한다. 이는 학생과 교사 간의 상호작용을 촉진하고 학생이 핵심 내용에 주의 집중하게 도와줄 뿐만 아니라 긍정적 인식도 이끈다. 효과적인 비언어적 의사소통을 위한 요소와 판단 기준은 왼쪽과 같다(김도기 외, 2016: 119).

5) 김도기 외(2016),『수업컨설팅: 좋은 수업의 조건 5G』, pp. 119-120 일부만 발췌해 정리

② 인지적 공감대 형성전략

학생의 필요에 주의 집중하고 그것에 민감하게 반응하는 것이 배려이다. 그런데 교사가 제시한 과제를 학생은 필요하다고 생각하지 않고, 심지어는 그것을 하지 않기를 바란다면 교사는 어떻게 해야 하는가? 교사는 학생을 배려하기 위해 교육적으로 의미가 있는 과제를 포기해야 하는가? 나딩스는 그렇기 때문에 더더욱 교사와 학생 사이의 배려와 신뢰가 필요하다고 본다. 학생들이 내키지 않음을 민감하게 감지하고 그들이 고통의 감정을 표현하도록 허용한다. 그 대신 학생들에게 반드시 이 과제가 필요함을 객관적으로 설득하고 동의를 이끌어낸다. 이 과정을 통해 학생들은 의미 있는 목적과 필요를 인정하고 교사가 제시한 과제를 재평가하도록 한다 (Noddings, 고미숙 역, 2018: 56-60). 그러한 설득의 과정에서 중요한 것이 학생의 발달 수준에 맞는 표현과 설명 그리고 친절한 안내의 과정이다. 교과서의 내용을 요약해서 전달하기보다 풍부한 이야기를 통해 흥미를 유발 하고, 다양한 교수매체를 활용해 도덕적 가치에 대한 이해를 돕는다.

<table>
<tr><th>수업 전략</th><th>구체적인 내용</th></tr>
<tr><td>① 이야기를 활용한 이해 돕기
– 기게스의 반지[6]: 도덕적 의무와 훌륭한 삶의 관계
– 아이히만 이야기[7]: 생각의 무능과 책임의식
– 알렉산더 대왕의 죽음[8]: 본래적 가치와 도구적 가치의 서열
– 고다이바(Godiva) 이야기[9]: 공감의 힘

➡ 이야기를 들려줄 때 모니터에 해당 이미지를 같이 보여주면 더욱 효과를 높일 수 있음.</td><td>– 나딩스는 이야기의 사용이 도덕적 선에 대한 학생들의 이해를 도울 수 있어 유용하다고 본다. 선한 사람들이 왜 악에 굴복하는지, 부족과 국가 전체가 어떻게 잘못에 빠질 수 있는지, 우리가 두려움으로 친구들을 어떻게 배신하게 되는지 등 우리가 도덕적 선을 이해하도록 돕는다 (Noddings, 고미숙 역, 2018: 27).
– 이야기를 통해 도덕교육이 가능한 이유는 이야기적 구성에 인간이 지향해야 할 어떤 가치나 덕목이 스며들어 있기 때문이다(도홍찬, 2011: 33)

[수업 활동 Tip]
• 학생 수준과 배경지식을 고려해 학생이 이해하기 쉽도록 내러티브 방식으로 이야기를 제시한다.</td></tr>
</table>

6) 플라톤, 박종현 역(2005),『국가(政體)』, pp. 128-129

7) 지식채널e '그가 유죄인 이유' https://www.ebs.co.kr/tv/show?lectId=10240429(EBS 2014.8.12.) [검색일자 2019.10.9.]

<table>
<tr>
<td>② 다양한 교수매체를 활용한 이해 돕기
– 타인존중의 사례로 오바마의 말과 행동[10]을 영상으로 제시함.

➡ 타인 존중을 위한 공감은 타인의 감정을 지각하고 역할교환과 상상을 통한 인지적 과정임을 영상과 함께 설명함.</td>
<td>– 교수 매체는 시각적 보조물이라는 협의의 개념을 넘어, 수업 목표 달성과 학생 이해를 돕기 위해 필요한 모든 인적 물적 자원을 말한다(김도기 외, 2016: 125).
– 도덕적 이해를 돕는 적절한 영상은 교수매체로서 유용하게 쓰인다.

[수업 활동 Tip] 좋은 교수 매체를 선별하기 위한 기준[11]
1) 학습자의 특성: 학생의 연령, 상황, 경험에 맞는가?, 사고력과 창의력을 기르는 데 도움을 주는가?, 학습 동기 유발에 도움이 되는가?, 주의 집중 효과가 있는가?
2) 수업 주제와의 관련성: 학습 내용을 더 쉽게 이해시키고 있는가?, 학습하고 있는 주제 및 내용에 도움을 줄 수 있는가? 등</td>
</tr>
</table>

(3) 실천: 배려하는 활동에 참여하기

나딩스는 인간관계에서 보살핌과 도움을 줄 수 있는 능력의 발달을 강조한다. 이와 같은 능력을 발달시키기 위해 학생들은 배려하는 활동에 반드시 참여해야 한다. 학교는 학생들로 하여금 배려 역량을 갖추도록 학업 과제를 개선해야 한다. 특히 학생들에게 협동의 도덕적 중요성을 전달해야 한다(Noddings, 고미숙 역, 2018: 42). 이를 위해 학생들에게 도전적이고 의미 있는 활동 중심 과제를 제시한다. 배려가 희생적이고 헌신적인 것만이 아니라 일상 생활 속에서 작은 노력과 관심을 통해 손쉽게 실천할 수 있는 것을 인식하도록 도덕과 교육내용을 구성해야 한다(박병춘, 2005: 257).

---

8) http://news.kmib.co.kr/article/view.asp?arcid=0005089333 (국민일보 2011.6.23.)[검색일자 2019.10.9.]

9) https://terms.naver.com/entry.nhn?docId=3575111&cid=59014&categoryId=59014 네이버 인물세계사[검색일자2019.10.15]

10) 오바마 연설 중 끼어든 한인 청년에게 오바마가 한 말은?(YTN뉴스, 2013.11.27.)[검색일자 2019.10.9.]

11) 김도기 외(2016),『수업 컨설팅-좋은 수업의 조건』, 학지사, pp. 125-126 발췌하여 정리.

수업 전략	구체적인 내용
① 사랑의 세족식 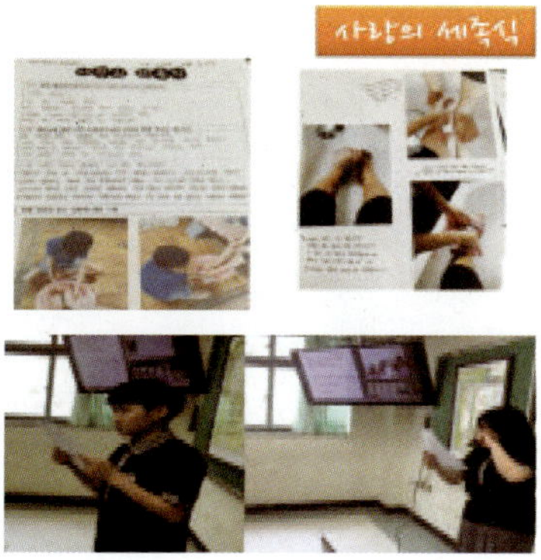	– 학생들에게 부모님의 발을 직접 씻어드리고 그 과정과 소감을 적도록 한다. 다른 학생들이 미리 했던 사례를 보여주며 학생들의 참여 동기를 높인다. **[수업 활동 Tip]** • 세족식 과제를 부담스러워하는 분위기가 있다. 교사는 학생들의 어려움을 공감해주고 과제의 본래 취지를 친절하게 설명하며 참여를 이끈다. • 학생들의 세족식 내용과 소감을 수업 시간에 발표하는 시간을 갖는다. 경험의 서사화과정은 자아 존재감, 곧 정체성 확보의 한 방편이 된다(도홍찬, 2011: 155).
② 도덕적 삶을 위한 챌린지  ➡ 모둠에서 일주일동안 실천할 가치덕목 정하기 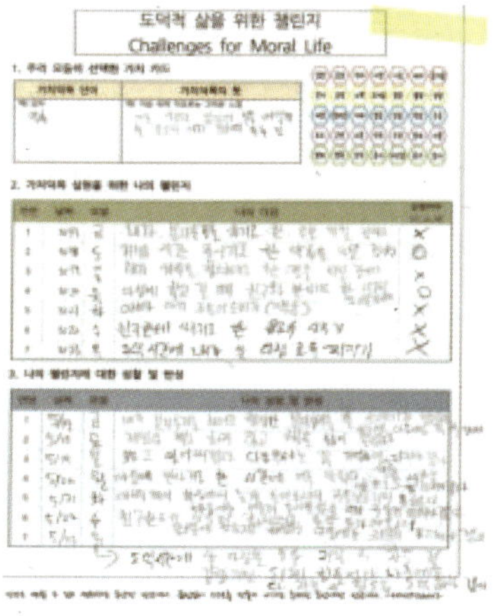	– 협동 학습의 전략을 통해 도덕적 정체성을 향상하는 활동이다. 일주일 동안 지키고 싶은 가치 · 덕목(배려, 감사 등)을 선택하고 실천 다짐을 적는다. 매일 성찰을 적고 수업 시간에 공유한다(이혜진 · 김혜진, 2019).  **[수업 활동 Tip]** • 왼쪽의 개별 활동지를 통해 일주일 동안 실천하고 싶은 다짐들을 적어보고 그것에 대해 성찰하는 학습지를 작성한다. • 개별 활동에만 그치지 않고 이것을 토대로 모둠 협동 학습을 진행한다. 이로써 서로를 격려하고 지지하는 분위기가 형성되어 도덕적 실천 의지를 높일 수 있다. • 챌린지 활동의 결과에 대해 스티커를 붙여준다. 위의 사진처럼 게시판으로 만들어 덕목실천에 대한 스티커를 시각화하면 효과가 좋다.

③ 선행신문 만들기

– 주변 사람들에게 했던 선행을 모둠에서 협력해 신문 형식으로 꾸미고 발표하는 활동이다.

[수업 활동 Tip]

- 본인이 했던 선행을 기사 형식으로 각색하고 모둠원 4명의 사례를 모아 선행신문을 만든다.
- 계획했던 선행을 못 했을지라도 그것을 성찰하는 의미에서 실패한 이유를 넣어 작성하게 한다.

(4) 확언(Confirmation): 인정하고 격려하기

나딩스는 배려 받는 자가 성취하고자 노력하는 것을 이해하고 그것에 최선을 다하도록 동기를 부여하는 확언을 강조한다. 이때 확언은 반드시 관계적 바탕에서 이루어져야 한다(Noddings, 고미숙 역, 2018: 44). 도덕교육의 입장에서 학생들에게 확언해준다는 것은 학생들이 가진 잠재성, 즉 훌륭한 자아의 모습을 찾아 그것이 잘 발달하도록 북돋아주는 것을 의미한다. 교사가 이러한 확언을 잘하기 위해서는 학생들과의 인간적인 만남과 관계 형성과 신뢰 구축이 선결되어야 한다(박병춘, 1998: 394). 결국 교사는 이와 같은 관계 형성을 통해 안정적이고 지지적인 수업 분위기를 이끌어야 한다.

콜린스에 따르면 "정서적으로 안전하게 느껴지는 교실을 만드는 것이 학생의 주의를 끌고 유지하는 최선의 방법"이라고 한다. 학생들에게 안전한 안식처로서 교실을 '안아주는 환경(holding environment)'을 만들어주는 것은 성공적인 교실 환경을 만드는 데 사회적 · 정서적 요소로서 매우 중요하다. 안아주는 환경은 "공포감, 혼란, 불확실성을 느껴도 될 만큼 안전하면서, 동시에 지지해주고 성장을 격려해 주는 관계"를 지칭한다(Collins, 1992; Cozolino, 서영조 역, 2017: 135에서 재인용). 이와 같은 환경이 만들어지면 학생들은 수업 속에서 서로 간의 믿음, 탐구심이 깊어지고, 적응 학습이 가능하게 된다.

콜린스는 애정과 헌신으로 다가간다면 가르치기 어려운 학생들은 없다고 본다. 그의 교육철학은 인간애, 연민, 학생을 온전히 인정하는 것에 있다. 이것을 실천하기 위해 다음과 같은 사항을 유념해야 한다고 말한다(Collins, 1992; Cozolino, 서영조 역, 2017: 130-134에서 재인용).

콜린스의 교육법 활용하기

- 학생들에게 긍정적인 이야기를 한다.
- 학생들에게 고마움을 표현한다.
- 학생과의 모든 대화를 칭찬으로 시작한다.
- 문제가 된 행동을 학생과 별개로 생각해서 행동을 비판하되 학생을 비판하지 않는다.
- 건설적인 비판을 해준 뒤에는 학생에게 "다음엔 더 잘할 수 있을 거야"라고 덧붙인다.

수업 전략	구체적인 내용
① 칭찬하고 격려하기 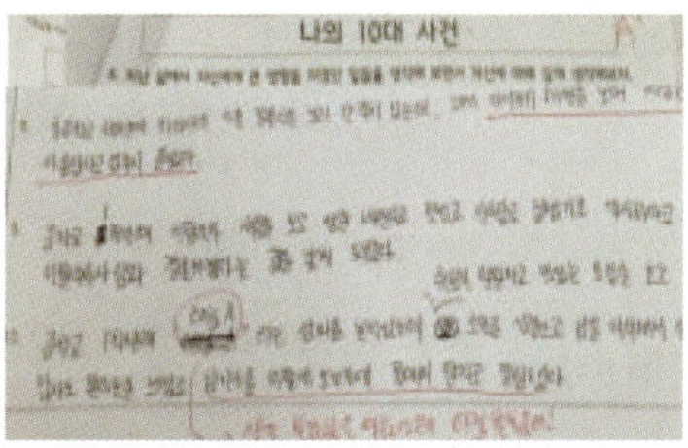 ➡ 수업의 활동지에 쓴 학생의 글 중에서 공감 가는 부분에는 밑줄을 쳐주고, 짧게 코멘트를 달아준다.  ➡ 개별 도장보다는 모둠 활동 과정에 대한 도장 판으로 사용하면 협동을 끌어내기 유용하다.	– 캐롤 드웩(Dweck, 김준수 역, 2017)은 성장 마인드 셋을 가진 사람은 변화 가능성을 믿고 끊임없는 도전으로 성장한다고 말한다. 교사는 학생들이 보여주는 노력의 과정에 대해 구체적인 칭찬과 격려를 통해 성장 마인드 셋을 길러줘야 한다. **[수업 활동 Tip]** • 학생들의 개별 활동에 코멘트를 달아주는 것도 칭찬 및 격려를 위한 좋은 방법이다. – 모둠 활동에서 어려운 도전 과제를 받아들이고 실패가 있어도 계속해서 노력할 때 교사는 피드백을 해줘야 한다. 칭찬의 말도 좋지만 상징적인 칭찬 도장은 모둠 활동을 활발하게 만든다. **[수업 활동 Tip]** • 경쟁적 요소로 칭찬 도장 판을 사용하는 것이 아니라 수업 시간에 협동을 통한 도전과 노력에 대한 상징으로서 전략적으로 사용한다.

② 학생의 반응에 유연하게 대처하기	– 수업의 유연성은 교사가 돌발 상황이나 예기치 못한 상황, 다양한 학생의 생각을 수용하고 대처하는 것을 말한다(김도기 외, 2016: 97). – 교사는 학생이 표현하는 정서를 우선은 무비판적으로 평가하고 있는 그대로 바라봐주어야 한다. 이처럼 정서를 인정해주고 수용해주는 것은 훌륭한 심리적 정서 환경이 된다(조석환, 2018: 160).

4. 나오며

학생들은 도덕 수업을 통해 인간다운 삶을 위한 윤리적 기술과 노하우를 체화해야 한다(정창우, 2019). 정작 가르치는 교사가 그러한 수업 환경을 마련하지 않는다면, 도덕 수업이 원만하게 진행되기 어려워 도덕과에서 강조하는 내용요소들이 학생들에게 피상적으로 다가올 수 있다. 또한 교사와 학생, 학생과 학생 사이의 배려와 상호 작용이 줄어 정서적 유대관계가 약화되어 학습효과가 떨어질 수 있다. 도덕 수업의 성공 여부는 민주적인 절차와 과정으로 수업을 운영하고 학생을 배려하는 수업 환경이 조성되었는지에 따라 결정된다. 이처럼 민주적이고 배려적인 수업 분위기는 도덕과의 성격과 목적을 위해서 중요한 수업 전략 요소이다.

참고문헌

김도기 · 강명자 · 김경희 · 김상민 · 김효정 · 박용석 · 송일민 · 조영숙 · 홍미경(2016), 『수업 컨설팅 : 좋은 수업의 조건 5G』, 학지사.

김성천 · 서용선 · 오재길 · 이규철 · 홍섭근(2015), 『교사 어떻게 살아야 하는가』, 맘에드림.

김재춘 · 강충열 · 소경희 · 소민호 · 진동섭(2012), 『실천적 인성교육이 반영된 교육과정 개발 방향 연구』, 교육과학기술부.

김현주 · 고상숙(2018), "민주적 학습공동체를 기반으로 수학교과 인성함양을 위한 수업모형 개발", 「한국학교수학회논문집」 제21집, 377-400.

김현주 · 고상숙(2019), "민주적 학습공동체가 수학교과 인성 함양에 미치는 효과: 혼합연구",

「교육문화연구」 제25집(2), 675-702.
도홍찬(2011), 『이야기 문학 도덕교육』, 인간사랑.
박병춘(1998), "나딩스의 배려윤리와 도덕교육", 「도덕윤리과교육연구」 제9집, 381-398.
박병춘(2005), "배려윤리의 초등 도덕과교육에의 적용방안", 「도덕윤리과교육연구」 제20집, 241-264.
석자춘 · 정창우(2017), "나바에츠 통합적 윤리교육모형을 활용한 도덕교육 개선 방향", 「도덕윤리과교육연구」 제54집, 23-52.
손경원 · 이인재 · 지준호 · 한성구(2010), "초등학생의 인성함양을 위한 사회정서적 기술 교육프로그램 개발 연구-정서인식 및 정서관리 기술함양 능력을 중심으로", 「동양고전연구」 제38집, 331-366.
송창석(2011), 『새로운 민주시민교육 방법』, 백산서당.
신나민(2009), "교사의 목소리 매체에 대한 학생의 정서적 반응 연구", 「National Research Foundation of Korea」 제38집, 331-366.
신창호(2016), 『민주적 삶을 위한 교육철학-존 듀이의 일상 교육 구상-』, 우물이 있는 집.
이미숙(2015), 『협동 학습의 이론과 실제』, 좋은땅.
이상우(2013), 『협동 학습으로 토의토론 달인되기』, 시그마프레스.
이혜진 · 김혜진(2019), "도덕적 정체성 강화 프로그램의 효과성 검증 연구", 「도덕윤리과교육」 제64호, 85-118.
정창우(2012), "나바에츠(D. Narvaez) 도덕발달 이론의 특성과 도덕교육적 함의", 「도덕윤리과교육연구」 제37집, 329-361.
정창우(2019), 『21세기 인성교육 프레임-'사람다움'과 '시민다움'을 지향하는 인성교육』, 교육과학사.
정창우 · 박영하 · 조성태 · 이병일 · 김용순 · 윤영진 · 김현섭 · 배은주(2007), 『도덕과 교수 · 학습방법 및 평가』, 인간사랑.
조남두 · 장옥선 · 구영회 · 문점애 · 이상복 · 감구진 · 백경원 · 곽주철(2011), 『수업을 꿰뚫어 보는 힘! 수업분석』, 상상채널.
조석환(2018), 『도덕적 정서교육론』, 교육과학사.
Cozolino, L.(2014), 서영조 역, 최성애 감수(2017), 『애착교실』, 해냄.
Dewey, J.(1916), 이홍우 역(2018), 『민주주의와 교육』, 교육과학사.
Dweck, C.(2006), 김준수 역(2017), 『마인드셋』, 스몰빅라이프.
Lapsley, D.(2014), "The Promise and peril of coming of age in the 21st century", *Journal of Character Education*, Vol. 10, 15-22.
Narvaez, D.(2008), "Triune ethics: The neurobiological roots of our multiple moralities", *New Ideas in Psychology*, 26, 95-119.
Noddings, N.(2002), 고미숙 역(2018), 『배려와 도덕교육』, 교육과학사.
Plato, 박종현 역(2005), 『국가(政體)』, 서광사.

Sojourner, R.(2014), "It's Unanimous Effective Character Education Is Not Quick or Superficial, And it Begins With Caring Relationships", *Journal of Character Education*, 10(1), 69-75.

Vozzola, E.(2014), 정창우 역(2018),『도덕 발달의 이론과 적용』, 울력 진석찬 문고.

Watson, M. & Benson, K.(2008), "Creating a Culture For Character", In Schwartz, M, J.(eds), *Effective Character Education: a guidebook for future educators*, Boston: Mcgraw-Hill Higher Education, 95-119.

Watson, M.(1999), "The Child Development Project: Building Character by Building Community", *Action in Teacher Education*, 20:4, 59-69.

[인터넷 자료]

1) 지식채널e '그가 유죄인 이유' https://www.ebs.co.kr/tv/show?lectId=10240429(EBS 2014.8.12.)[검색일자 2019.10.9.]

2) http://news.kmib.co.kr/article/view.asp?arcid=0005089333 (국민일보 2011.6.23.)[검색일자 2019.10.9.]

3) https://terms.naver.com/entry.nhn?docId=3575111&cid=59014&categoryId=59014 네이버 인물세계사[검색일자2019.10.15.]

4) 오바마 연설 중 끼어든 한인 청년에게 오바마가 한 말은?(YTN뉴스, 2013.11.27.)[검색일자 2019.10.9.]

제2절 도덕과 발문전략 ①: 레스트와 나바에즈, '도덕성의 4 구성요소 모형' 기반

1. 도덕과 수업에서 효과적인 발문 전략의 중요성 및 일반적 기준

도덕과 수업은 기본적으로 교사-학생 및 학생-학생 간 언어적 상호작용을 전제로 하여 전개된다. 이 중 교사와 학생 상호작용 과정의 대부분은 어떤 형태로든지 발문을 포함하고 있기 때문에, 교사 발문의 구조적 형식과 실질적 내용은 도덕 수업 전개와 발전 과정 전반을 주도하는 핵심적 투입 요소가 된다. 수업에서 발문이 갖는 중요성에도 불구하고 몇몇 연구 결과들은 발문이 학생들을 학습 과정에 적극적으로 끌어들이지 못하고 있음을 보여준다. 발문 중에서 70~80%는 사실에 대한 단순한 회상만을 요구하고, 20~30%만이 명료화, 확산, 일반화, 추론 등 고차적 사고과정을 요구하고 있다고 평가하였다(Borich, 2004; 박승배 외, 2006: 266, 정창우 외, 2007: 111 재인용).

표 5-3 발문 분류체계

사고행동의 복합성 수준	예상되는 학생행동 (발문의 예)	수업 과정	주요 용어
지식 (기억하기)	정보를 기억하거나 회상할 수 있으며 사실, 용어, 법칙 등을 인지할 수 있음 (자본주의의 정의는 무엇이지요?)	반복 암기	정의하라 묘사하라 확인하라
이해 (이해하기)	읽거나 들은 내용을 번역하거나 달리 말함으로써 표현형식을 바꿀 수 있음 (여러분은 자본주의의 개념을 여러분 자신의 말로 설명할 수 있나요?)	설명 예증	요약하라 부연하라 달리 말하라
적용 (전이하기)	이미 배운 정보를 배울 당시와는 다른 맥락에서 응용할 수 있음 (여기에 열거된 나라들 중에서 어떤 나라들이 자본주의 경제체제를 갖고 있나요?)	실습 전이	적용하라 활용하라 응용하라
분석 (관련 짓기)	어떤 문제를 구성하는 부분들로 나눌 수 있고 부분들 사이의 관련을 도출해낼 수 있음 (자본주의와 사회주의는 어떤 요인에 의해 구별되나요?)	연역 귀납	관련지어라 구별하라 식별하라

종합 (창조하기)	부분들을 결합하여 독특하거나 새로운 문제해결 방안을 형성할 수 있음 (자본주의와 사회주의의 주요 특징들을 결합한 경제체제는 어떤 모습을 띠게 될까요?)	확산 일반화	공식화하라 구성하라 산출하라
평가 (판단하기)	주어진 기준에 따라 어떤 방법, 아이디어, 사람 또는 산출물의 가치를 결정할 수 있음 (여러분 스스로 선택한 증거를 활용해 볼 때 자본주의 국가들 또는 사회주의 국가들은 높은 생활수준을 유지하고 있나요?)	식별 추론	평가하라 결정하라 정당화하라

출처: 정창우 외(2007).

위 〈표 5-3〉을 바탕으로 효과적으로 발문하고자 하는 교사는 다음 전략들을 염두에 둘 필요가 있다. 첫째, 학생들 개개인의 인지적 · 정서적 · 행동적 차원의 도덕 발달 수준 및 다양한 개인별 특성에 맞는 개별화된 발문을 구사해야 한다. 이와 관련하여 최근 전 세계적 교육의 추세인 '역량기반 교육과정'은 학습자의 자율적 학습 구성을 중시한다. 그러나 이 경우에도 교사의 역할이 학습의 전 과정을 학습자에게 맡겨두거나, 단지 '소극적으로 지켜보는' 차원에만 한정되지 않는다는 점을 유념해야 한다. 이제 교사는 과거에 지식 전달 및 학습자 통제에 집중했던 에너지를 학습자와의 학습 공동구성 및 적시(適時)에 적절한 교육적 피드백을 제공하고 촉진하는 것에 쏟아야 한다(오유진, 2019: 7). 따라서 교육의 질적 관리와 향상을 위해 교사의 발문 역시 학생의 개별적 특성을 충분히 반영할 수 있어야 한다.

둘째, 질문들의 수준 내지는 난이도가 수업의 전개와 발전 과정을 통해 기본 수준에서 출발하여 점차로 심화될 수 있도록 해야 한다. 셋째, 다양한 발문의 유형을 적재적소에 적절히 활용할 수 있어야 한다. 〈표 5-4〉에서 '지식 → 이해 → 적용 → 분석 → 종합 → 평가'의 여섯 가지 수준은 특히 '인지적 측면'의 교수-학습 영역에서 발문의 복합성이 증가하는 과정을 보여준다. 아울러 수렴적(직접적 또는 폐쇄적) 발문과 확산적(간접적 또는 개방적) 발문의 유형도 존재한다. 전자는 가능한 응답을 '하나 또는 소수'로 한정하는 발문을 의미하는데 주로 사전 지식의 회상(recall)을 요구하는 질문이다. 반면 자신의 고유 관점에서 타당한 근거를 바탕으로 답을 풀어내고 찾아갈 수 있는 '해답(解答)'을 요구하는 질문은 확산적 발문 또는 간접적 발문이라고 할 수 있다. 여기에는 하나의 정답은 없는 반면 여러 개의 틀린 대답은 나올 수 있다(정창우 외, 위의 책: 111-118). 이처럼 교사는 수업 과정에서 이러한 다양한 질문의 유형들을 적절한 시점에 생성하여 적용할 수 있어야 한다.

이어 발문에 있어 유의 혹은 점검할 사항들(아래 〈표 5-4〉)을 유념하여 자신의 수업을 객관적으로 성찰하는 습관을 갖는 것은 교사 자율적 수업 개선을 위해 매우 바람직한 자세가 될 것이다.

표 5-4 발문 점검 기준

발문 점검 기준	부적절한 발문의 예
① 복잡하거나 애매하거나 이중적인 발문을 하지 않는가?	• 교사: 우리는 모두 통일문제에 대해 평소 많은 생각을 하고 있지요. 분단극복은 어떤 의의를 가지고 있고, 분단극복의 장애 요인에는 어떤 것들이 있으며, 통일실현을 위해 어떤 노력을 해야 할까요? ※ 세 가지 질문이 함께 들어 있으며, 각각의 질문에 모두 대답하기 위해서는 응답이 매우 길어진다.
② 교사가 기대하는 대답만을 받아들이지는 않는가?	• 교사: 사람을 차별하거나 불평등하게 대우하는 행동의 사례를 찾아볼까요? • 학생: 인종 차별, 성차별, 국적에 따른 차별, 성적에 따라 학생을 차별하는 경우, 돈의 많고 적음이나 지위의 높고 낮음에 따라 사람을 차별대우하는 경우 등을 들 수 있습니다. • 교사: 인종, 성별, 외모 등 타고난 신체적 조건을 이유로 사람을 차별하는 것은 대표적인 불평등의 사례라고 할 수 있어요. ※ 교사가 옳다고 생각하는 범위가 폐쇄적이고 한정적이라, 답변의 다양성을 장려하지 못하고, 확산적인 질문을 폐쇄적인 질문이 되도록 강요하게 만든다.
③ 왜 이 질문을 하는가?	• 교사: 자본주의와 사회주의의 주요 특징들을 결합한 경제체제는 어떤 모습을 띠게 될지, 그 정의를 내려 볼까요? ※ 질문이 요구하는 실질적 작업은 종합적 창조(확산, 개방적)임에도, 이미 주어진 지식을 기억할 것을 요구하는 수렴적, 폐쇄적 발문을 하고 있다. 지식 · 이해 · 분석 · 종합 · 평가 등 질문의 목적을 확고히 한 후 발문을 던져야 한다.
④ 교사 자신이 질문에 대답하지는 않는가?	• 교사: 롤즈의 정의론은 우리 사회의 빈곤 문제 해결에 어떤 의미를 가질까요? (잠깐 기다리다가 학생들의 대답이 없자) 롤즈가 제시하는 "차등의 원칙"은 우리 사회의 가장 열악한 계층에게 최대 이익이 돌아가도록 재화를 분배하는 원칙을 의미하는데, 이것이 부의 균등 분배 정책을 지지하는 근거가 될 수 있겠지요? ※ 질문 제시 이후 곧장 교사 스스로 대답해 버림으로써 학생의 사고가 전개될 기회를 빼앗아 버리게 된다.

⑤ 발문을 벌을 주는 데 이용하지는 않는가?	• 교사: 어제 선생님이 '배려'란 무엇이며, 우리 삶 속에서 배려를 어떻게 실천할 수 있을지 고민해 오라는 숙제를 냈었지요? ○○이는 숙제를 해오지 않았지만, 이 질문에 대해 자기 생각을 이야기해 봅시다. ※ 숙제를 해오지 않은 학생을 벌주거나 열세에 처하도록 몰고 가기 위해 발문을 사용하고 있다. 이처럼 발문을 잘못 활용하거나 다른 목적을 위해 활용하는 일은 학생들의 교사 발문에 대한 진정성을 의심 혹은 오해하도록 만들며, 그들의 도덕적 삶에 부정적 영향을 줄 수 있다.

출처: 정창우 외, 위의 책 참고.

이제 도덕교육을 위한 도덕 심리학적 접근 및 도덕 철학적 접근으로 대별하여 발문 구성 사례를 제시할 것이다. 도덕 심리학적 접근의 사례로 레스트와 나바에즈 등의 '4 구성요소 모형'에 기반 한 도덕 수업, 도덕 철학적 접근의 사례로 후설의 '에포케'에 기반을 둔 도덕 수업에 대한 교사 발문을 구성해 본다.

2. 레스트와 나바에즈, '4 구성요소 모형' 기반 발문 전략

1) 개념 및 이론적 배경

레스트는 콜버그 진영의 대표학자로 출발한 이후, 콜버그 이론을 비판적으로 계승하는 이른바 '신콜버그주의(Neo-Kohlbergian)'의 입장에 서게 된다. 이러한 입장 변화는 레스트가 인간의 도덕적 기능(moral functioning)을 설명하기 위해 고안한 이른바 도덕성에 관한 '4 구성요소 모형(The four component model)'에 고스란히 반영되어 있다. 그는 도덕 행동이 단일한 과정의 결과임을 부정하고, 도덕 기본 요소들을 심리학적 실제 과정이나 기능과 무관한 기존의 '인지 · 정의 · 행동'으로 기술해서는 안 된다고 본다. 또한 4 구성요소는 사람의 일반적 특성들이 아니라 '도덕적 행위의 생산'에 포함되는 내적 과정(inner processes)을 기술하는 것이며, 마지막으로 4 구성요소들이 실제 시간에서의 직선적 계열을 구성하려는 의도가 아님에 유의해야 한다고 강조한다(Rest, 1986; 박장호, 2016: 4-6 재인용).

이어 레스트와 나바에즈는 4 구성요소의 하위 구성요소별 의미를 다음과 같이 설명한다(Kurtines & Gewirtz, 문용린 역, 2004: 488-501). 4 구성요소를 이루는 첫 번째는 "도덕적 민감성(moral sensitivity)"이다. 이는 어떤 행위들이 가능하고, 각각의 가능한 행동들에 의해서 누가 그리고 무엇이 영향을 받으며, 그 행동에 참여한 일행들이 가능한 결과들에 대해서 어떻게 반응을 하는지와 관련한 사회적 상황에 관한 감각적 인식 체계의 수용성 및 상황에 대한 설명을 포함하는 심리적 과정이다.

둘째, "도덕 판단(moral judgement)"은 가능한 행동들 중에서 무엇이 가장 도덕적 인지를 결정하는 것을 포함한다. 1요소에서 가능한 행동을 확인하였다면, 요소 2의 기능은 어떤 행동이 도덕적으로 옳은지 그른지를 판단하는 것이다.

셋째, "도덕적 동기화(moral motivation)"는 그 사람이 다른 모든 가치와 의도들보다도 도덕적 가치에 우선권을 부여하고 그 가치를 실행하고자 하는 것을 의미한다. 쾌락, 승진, 예술, 음악, 지위와 같은 다른 가치들이 도덕적 가치와 충돌할 때 도덕적 가치를 우선시하는 것이 도덕적 동기화와 관련된다.

넷째, "도덕적 행동 혹은 품성(moral action/character)"은 자아 강도와 선택된 행동을 수행하는 데 필요한 사회적 · 심리적 기술을 결합하는 것이다. 이것은 위험하고 예기치 않은 곤경에 빠졌을 때 필요하다. 인내, 굳건함, 그리고 능력의 특성들은 우리가 인격 혹은 '자아 강도(self-strength)'라고 부르는 것들이다.

2) 도덕과 수업에서 활용상의 의의와 유용성

도덕성의 4구성요소 모형은 위에서 살펴보았듯, 실제 도덕적 행동을 낳기까지의 인간의 내적 심리적 과정 혹은 도덕적 기능의 발현 과정을 반영하고 있다. 도덕교육의 궁극적 목표가 단순히 '도덕적 앎'에 국한되는 것이 아니라, 도덕적 '앎'과 도덕적 '삶'을 일치시키는 지행합일(정창우, 2016: 197-221)에 있음을 감안하면, 도덕적 행동이 나타나기까지 필수적으로 요구되는 도덕적 기능들을 조화롭게 함양하는 것은 이러한 목표에 다가가기 위한 매우 타당한 접근 방법이라고 할 수 있다.

특히 네 가지 하위요소에 해당하는 도덕적 기능들을 신장하기 위해 명시적 교수(explicit instruction)를 실시함(Narvaez, 2008: 318)에 있어 교사의 발문은 학생-교사 간의 상호작용을 촉발하고 추동함으로써 다양한 형태의 윤리적 지식들(선언적 지식, 방법적 지식, 조건적 지식) 혹은 윤리적 기술(ethical skills) 및 하위 기술(sub-skills)들을 숙련시키고 체화(體化)하는 데 반드시 필요한 요소라고 할 수 있다.

3. 도덕성의 4 구성요소별 하위 구인 추출 및 발문 구성

1) 제1요소, "도덕적 민감성(Moral sensitivity)"

도덕적 민감성의 하위 구인과 관련하여 레스트는 '상황의 단서를 지각하는 일'에 있어 '공감 능력'이 결정인 역할을 할 수 있다고 보았다. 그는 호프만의 공감 이론을 빌어 '인지-정서의 상호작용'을 통해 상황을 도덕적으로 지각하고 반응하는 것으로 도덕적 민감성을 설명했다. 이어 볼커(1984)는 윤리적 민감성의 하위 요인을 (1) 중요한 사실(상황)의 지각('상황지각'), (2) 다른 사람에게 미칠 결과의 지각('결과지각'), (3) 윤리적 딜레마 해결의 책임 지각('책임지각')으로 정의한 바 있으며 이러한 세 요인들이 위계적으로 구성되어 있다고 보았다.

표 5-5 볼커(1984)의 도덕적 민감성 하위 요소

위계	하위 요소	주요 내용
1단계	상황지각 감수성	특정 상황이 도덕적으로 문제가 되는지 해석/지각할 수 있는 능력
2단계	결과지각 감수성	특정 행동의 결과가 관련 당사자들에게 미치는 영향(결과)을 예측할 수 있는 능력
3단계	책임지각 감수성	특정 상황에서 개인이 행동할 책임을 스스로 느낄 수 있는 능력

출처: 박균열 외(2011: 26).

한국 청소년 정책연구원(임영식 외, 2012)은 레스트와 볼커의 연구에 기초하되, 공감의 감정과 인지의 상호작용을 통해 상황의 도덕적 이슈를 지각하는 것에 충실하여, '(1) 사실지각'과 '(2) 결과지각'의 2요인 모형을 채택한 바 있다.

표 5-6 도덕적 민감성의 하위 구인

구인 및 하위 구인		문항
상황 지각	도덕적 이슈(갈등) 지각	• 도덕적 이슈 지각 예) 현민이는 할머니에게 길을 가르쳐 줄 것인가 고민하고 있다.

상황 지각	도덕적 갈등의 이유 (관련가치)지각	• 자신의 결정이 타인의 복지나 필요에 미치는 영향을 지각하는지의 여부를 물음 예) 현민이가 고민하는 이유는 친구 뿐 아니라 할머니에게도 영향을 줄 수 있기 때문이다.
	상황(등장인물)에 대한 감정	• 도덕적 가치 지각 예) 현민이의 고민은 남을 돕는 일과 관련된 것이다.
결과 지각	행위 결과 지각	• 다양한 행위 가능성을 고려하고 행위 결과를 지각 예) 현민이가 할머니를 돕지 않는다면 할머니는 큰 어려움을 겪게 될 것이다.
	예견한 결과 타인의 감정 공감	• 자신의 행위가 미치는 타인(일반타자) 정서적 반응결과 공감 예) 할머니를 돕지 않고 약속장소에 간 사실이 알려진다면 현민이의 행동은 비난받게 될 것이다.
	예견한 결과 행동의 도덕적 가치 지각	• 행위에 내재한 도덕적 가치 지각 예) 현민이가 할머니의 요구를 그냥 지나치는 일은 어려움에 처한 사람을 배려하지 못하는 행동이다.

출처: 임영식 외(2012: 20-21).

선행 연구들을 바탕으로, 도덕적 민감성을 구성하는 심리적 구인들에 기반 한 발문을 구성하고자 할 때, 준거가 되는 틀은 다음과 같이 제시될 수 있다.

표 5-7 "도덕적 민감성"관련 교사 발문 구성을 위한 준거 틀

구인	하위 구인		교사 발문
상황지각	1	도덕적 이슈지각	도덕적 가치가 문제가 되는 상황은 무엇인가?
	2	도덕적 단서지각	도덕적 문제 상황과 관련한 주요 단서에는 무엇이 있는가? 주요 인물의 언어적 · 비언어적 표현이나 주변 상황 등을 바탕으로 이를 포착해 보면?
	3	직 · 간접적 관련자 파악	도덕적 갈등 상황과 직접적으로 관련된 주요 당사자 및 간접적인 관련자에는 누가 있을까? 도덕적 문제 상황에 대한 그들의 입장은 무엇인가?
	4	도덕적 가치 (갈등 이유) 지각	주요 당사자 간에 대립되는 도덕적 가치(기본적, 인권, 필요, 복지, 행복, 고통 등)에 무엇이 있을까?
결과지각	5	문제 해결 대안 상상	이 문제의 해결을 위한 도덕적 대안들을 상상하여 제시해 보면?

결과지각	6	대안의 도덕적 가치 상상	위의 각 대안을 선택했을 때의 결과(관련자들의 필요, 복지, 행복, 권리, 관계 등에 관한 변화)를 예측해 보면?
	7	대안 선택 결과, 관련자의 감정 공감	각 대안을 선택했을 때 들게 되는 주요 관련자들의 감정과 나 자신(대안 선택자)의 도덕적 정서에는 어떤 것이 있을까?
책임지각	8	책임 지각	이러한 도덕적 가치 갈등 상황을 해결할 궁극적 책임은 누구에게 있는 것일까? 그렇게 생각하는 이유는 무엇인가?

2) 제2요소, "도덕적 판단(Moral judgement)"

도덕적 판단 혹은 도덕적 추론의 제2요소에 대하여 레스트 등(Rest, Narvaez, Thoma & Bebeau, 1999)은 도덕적 견지에서 가장 정당화될 수 있는 행동을 판단하는 것이라고 했으며, 이인재 등(2011)은 '도덕적 이유 달기'로써 도덕적 판단을 내리는 근거나 이유를 제시하는 능력이라 설명하였다. 인지발달이론에서 도덕적 판단력은 사회적 문제를 도덕적인 원리에 입각하여 판단할 수 있는 능력을 말한다(문용린, 2004). 종합하면 도덕적 판단력은 특정 상황에서 여러 선택적 상황 가운데 근거를 가지고 도덕적으로 옳은 것을 판단하는 것을 의미한다(임영식 외, 2012: 26-27 재인용).

표 5-8 콜버그의 도덕 단계 발달에 대한 레스트의 개념화

단계	공유되는 기대	중심 개념
1	어른은 아동에게 어떤 행동을 하라고 요구한다.	벌과 복종: 시키는 대로 해야 하므로
2	도움을 주고받는 것은 상호 간에 결정되는 것이다.	도구적 이기주의: 거래하는 것이 서로의 이익을 위해 도움이 되므로
3	개인은 상호호혜적인 역할 채택을 통해 서로를 이해할 수 있다.	대인간 조화: 착하고 친절하게 행동하면 다른 사람과 잘 지낼 수 있으므로
4	우리가 어떤 행동을 하도록 요구받는가는 공적인 법률을 통해서 알 수 있다.	사회질서를 위한 법과 의무: 모든 사람은 법에 의해 의무지어지고 보호받을 수 있으므로
5	법률을 만드는 공식적인 절차는 만들어진 것이다. 합리적 사람들은 이 절차를 수용한다고 생각한다.	사회적 합의: 정당한 절차에 의해 결정된 것은 수용해야 할 의무가 있으므로

6	합리적이고 공정하며 공평한 개인들 사이의 협동은 사회조직을 위해 논리적으로 필요하다.	비임의적 협동: 합리적인 사람이 어떻게 협동을 하느냐가 바로 도덕이므로

출처: 랩슬리, 2000: 170, 임영식 외, 2012: 29.

표 5-9 수준별 도덕 추론의 특징

1, 2 단계(인습 이전 수준)	3, 4 단계(인습 수준)	5, 6 단계(인습 이후 수준)
• 성인들이 만든 규칙에 잘 순응한다. • 교환을 통해 이익을 발생하여야 상호작용을 한다.	• 상호호혜적인 시각에서 타인의 복지증진을 위해 행동한다. • 사회질서를 위한 법과 의무를 중요하게 여긴다.	• 타인의 권리와 의지를 존중하고 다수의 복지차원에서 의무를 규정한다. • 정당하고 합리적인 절차에 의해 결정된 것을 잘 수용한다. • 합리적이고 공정한 개인들 사이의 협동을 수용한다.

선행 연구들을 바탕으로, 도덕적 판단을 구성하는 심리적 구인에 기반 한 발문을 구성하고자 할 때, 준거가 되는 틀은 다음과 같이 제시될 수 있다(임영식 외, 2012: 129 참고하여 작성).

표 5-10 "도덕적 판단" 관련 교사 발문 구성을 위한 준거 틀 예시(하인즈 딜레마)

단계	교사 발문
	1. 이런 상황에서 하인즈는 약을 훔쳐야 할까요, 아니면 훔치지 말아야 할까요? 2. 위 1과 같은 결정을 내리게 된 이유나 근거를 제시해 봅시다. 3. 치료약을 훔칠까 말까 하는 결정에 아래에 제시된 ⓐ~ⓚ의 질문들은 어느 정도로 중요하다고 생각하나요? ① 전혀 중요하지 않다. ② 중요하지 않다. ③ 어느 정도 중요하다. ④ 매우 중요하다. 4. 가장 중요하다고 생각하는 4개의 질문을 고른 후, 중요한 순서대로 나열해 볼까요? (1순위: 2순위: 3순위: 4순위:) 5. 위 4의 결정에 대하여 짝토론(A, B학생) 을 통해 각자 자신의 판단과 이유를 설명해 봅시다. 서로의 도덕 판단에 대해 심층 질문을 해 가며 도덕 딜레마 짝 토론을 진행합니다(본서 "제 4장 (1). 도덕 딜레마 토론 모형" 참고) 6. 모둠 토론(4인 1조, A-B 짝/ C-D 짝)을 통해 각 짝이 나눈 대화를 상대 짝에게 설명합니다. 단, 모둠에 설명할 때는 짝의 도덕적 추론을 설명합니다. 즉 A가 B의 추론을, B가 A의 추론을 모둠원 전체(C, D 학생)에게 설명합니다.

	7. '짝 토론-모둠 토론'후 이제 다시 한 번 더 가장 중요하다고 생각하는 4개의 질문을 1순위부터 4순위 까지 선택해 봅시다. 8. 7번의 선택이 최초의 입장과 같은가요? 아니면 달라졌나요? 달라졌다면 이유는 무엇인가요?
1단계	ⓐ 부모님이 도둑질은 나쁜 짓이라고 하셨으므로, 약을 훔치지 말아야 하지 않을까? ⓑ 약을 훔치다 잡히면 감옥에서 오랫동안 벌을 받아야 하지 않을까? ⓒ 남편이 약을 훔친 것을 초등학교 때 선생님이 알게 되면 화를 많이 내시지 않을까?
2단계	ⓓ 그 약을 먹어도 아내가 살지 죽을지 모르는 데, 감옥에 갈 일을 할 필요가 있을까? ⓔ 아내를 위해서 약을 훔칠까, 아니면 남편인 자신을 위해서 약을 훔칠까?
3단계	ⓕ 정말로 아내를 사랑한다면, 약을 훔쳐서라도 아내를 살려야 하지 않을까? ⓖ 그 약을 만든 약국 주인의 노력과 고생도 중요하지 않을까? ⓗ 약국 주인은 너무 욕심이 많고 마음씨가 나쁘니까, 도둑을 좀 맞아도 되지 않을까?
4단계	ⓘ 이유가 무엇이든 법이 정한 일은 지켜야 하지 않을까?
5단계	ⓙ 이럴 때 법을 지키는 것은 사람의 목숨을 살리는 데 오히려 방해가 되는 것은 아닐까?
6단계	ⓚ 아내와 남편은 각자 서로 무엇이 더 중요하다고 생각할까?

3) 제3요소, "도덕적 동기화(Moral motivation)"

제3요소에서는 도덕적 가치를 다른 가치, 예컨대 경제 · 사회 · 종교적 가치들보다 더 우위에 두려는 동기부여를 하게 된다. 도덕적 동기화의 행위를 유발하는 내적 과정을 살펴보면 인간은 자신의 이상을 실현하기 위해 필요한 가치들 중에서 영향을 미칠 한 가지를 선택하며, 개인의 도덕적인 이상을 충족시키려고 노력할지의 여부를 결정한다. 최근 도덕 심리학의 연구 동향은 다른 가치보다 도덕적 가치를 선택하는 이유를 설명하는 다양한 입장들 중에 도덕적 이해와 도덕적 자율성을 존중하는 입장인 '도덕적 자아 및 정체성'을 도덕적 동기의 근원으로 설명하고 있다(kurtines & Gerwirtz, 앞의 책). 한편 최창욱 외(2011)의 연구는 〈표 5-11〉과 같이 도덕적 정체성의 소항목을 설정하고 있다.

표 5-11 도덕적 동기화의 요인

대항목	소항목	문항 예시
도덕적 정체성	도덕의 자기 중요성	• 도덕이 자기의식에서 중요한 정도 예) 도덕적인 사람이 되는 일은 나에게 소중하다.
	도덕적 감정	• 자아의식 또는 평가체계에 기반 한 감정. 죄책감. 예) 도덕적이지 못했다면 나는 불편하고 죄책감을 느낄 것이다.
	도덕적 자기 일치	• 자기 자신을 도덕적 이상과 동일시 예) 도덕적 가치를 따를 때 진짜 나답다고 느낀다.
	도덕적 욕구	• 도덕으로 행위 하고자 하는 욕구 예) 모든 사람을 공정하게 대우하고 싶다.
	도덕에 대한 긍정성	• 도덕적 가치나 이상에 대한 긍정적 태도 예) 나는 상재처럼 모든 사람을 공정하게 대우하는 사람을 훌륭하다고 생각한다.
	자신과 삶에 대한 낙관성	• 자신과 삶을 긍정적으로 전망하고 도덕적 문제 해결에 대해 낙관적으로 조망 예) 내 삶은 정말 좋고 나는 어려운 문제에 부딪혀도 공정하게 잘 해결할 수 있다.

출처: 최창욱 외(2011: 27).

위 연구를 바탕으로, 도덕적 동기화에 필요한 도덕적 기능 관련 발문을 구성하고자 할 때, 준거가 되는 틀은 다음과 같이 제시될 수 있을 것이다.

표 5-12 "도덕적 동기화"관련 교사 발문 구성을 위한 준거 틀

구인	하위 구인	교사 발문
도덕적 정체성	도덕의 자기 중요성	• 이 상황에서 A와 같은 (도덕적인) 행동은 여러분 자신에게 얼마나 소중한가요? 중요한 정도를 예시나 비유를 통해 설명해 봅시다.
	도덕적 감정	• 이 상황에서 A와 같은 (도덕적인) 행동을 실천에 옮기지 못한다면 여러분 스스로에게 어떤 감정이 들 것 같은가요? • 감정을 되도록 생생하게 상상해 보고, 왜 그런 감정이 들 것 같은지 이유도 설명해 볼까요?
	도덕적 자기 일치	• 이 상황에서 A와 같은 도덕적 행동을 할 때, 이것이 '나다운 행동이다'라는 생각이 드나요? • 만약 그렇다면 얼마나 그러한가요? 그렇게 생각하는 이유는 무엇인가요?

도덕적 정체성	도덕적 욕구	• 이 상황에서 A와 같은 (도덕적) 행동을 하고 싶다는 마음이 드나요? • 그렇다면 얼마나 그러한가요? • 왜 그런 마음이 드는 것 같은 지 이야기해 볼까요?
	도덕에 대한 긍정성	• A와 같은 (도덕적) 행동을 하는 사람이 훌륭하다고 생각하나요? • 그렇다면 얼마나 그러한가요? • 왜 그렇게 생각하나요?
	자신과 삶에 대한 낙관성	• 어려운 문제에 부딪혔을 때 A와 같은 (도덕적) 행동을 실천하여 주어진 문제를 잘 해결할 수 있을 것 같은 확신이 있나요? • 그렇다면 얼마나 그러한가요?

4) 제4요소, "도덕적 행동 또는 품성(Moral action/character)"

제4요소에서는 외부 압력에 쉽게 굴복하거나 쉽게 용기를 잃고 좌절한다든가 의지가 약하다든가 하지 않고 결행에 옮기게 된다. 레스트가 제4요소와 관련하여 제시한 개념 및 정의를 살펴볼 때 도덕적 행동(도덕적 품성)의 하위 요소들은 여러 가지로 제시되고 있지만 인내심, 자아 강도, 수행 기술 등으로 요약될 수 있다. 이러한 하위 요소는 보다 구체적으로 인지적 전략, 자기조절, 용기, 자아효능감, 사회적 기술, 의사소통 능력 등으로 구성된다(최창욱 외, 2011: 27).

표 5-13 "도덕적 행동(품성)"의 구성요소

대항목	소항목	설명
인내 (절제- 만족지연능력)	인지적 전략	• 어떤 방해 및 유혹에도 원하는 일을 지속하기 위해서 목적 대상에 대한 인지의 전환을 통해 자기 조절을 개선하거나 변화시키는 기술
	자기조절	• 자신의 감정과 욕구를 통제하고 만족을 보류하며, 행동을 적절하게 조절할 수 있는 능력
자아강도	용기	• 도덕적인 의견을 표해야 할 때, 확고하게 자신의 도덕적 견해와 의지를 표현하는 것. 또한 이 경우에 신체적 손상이나 죽음의 위험에 대항하는 행동
	자아 효능감	• 자신이 도덕적 문제에 당면했을 때 잘 해결해 왔다는 느낌, 성공 경험, 대리 경험이 필요함. • 자신이 도덕적 문제에 당면했을 때 앞으로도 잘 해나갈 것이라는 기대 및 긍정적 평가. 자신의 능력에 대한 타인의 인정이나 승인

수행기술	사회적 기술	• 도움이 필요한 사람에게 접근하여 돕기 위한 사회적 기술 • 갈등 해결에 관련된 인지적 판단능력, 전략구성능력
	의사소통능력	• 도덕행위를 위해 자기의 판단, 느낌, 의견에 대해 공손하고 의미 있게 주장을 할 수 있는 능력

출처: 최창욱 외, 2011: 28.

위 연구를 바탕으로, 도덕적 행동(품성)에 필요한 도덕적 기능 관련 발문을 구성하고자 할 때, 준거가 되는 틀은 다음과 같이 제시될 수 있다.

표 5-14 "도덕적 행동(품성)"관련 교사 발문 구성을 위한 준거 틀

구인	하위 구인	교사 발문
인내 (절제- 만족 지연능력)	인지적 전략	• (A와 같은) 도덕적 행동의 실천을 방해하는 B와 같은 상황이 발생했다고 가정합시다. 이 위기를 극복하고, A 행동을 통해 이루려는 목적을 달성하기 위해 어떤 노력들을 기울여 볼 수 있을까요? • 평소 위와 비슷한 상황에서 여러분은 이러한 위기를 어떻게 극복하나요? 자신만의 '비법 전략'이나 노하우를 친구들에게 공개해 볼까요?
	자기조절	• 위와 같은 상황에서 도덕적 실천을 방해하는 욕구나 충동, 감정 등을 적절히 조절하기 위해 평소 자주 활용하는 '나만의 노하우'가 있나요?
자아강도	용기	• 위와 같은 상황에서 도덕적 의견을 밝히고 도덕적 행위를 실천하기 위해 필요한 자세는 무엇이라고 생각하나요? • 어떤 손해나 어려움을 무릅쓰고서라도 용기 있게 자신의 도덕적 견해를 밝히거나 용감하게 실천에 옮긴 경험이 있나요? 구체적으로 어떤 상황이었는지 친구들에게 소개해 봅시다.
	자아효능감	• 지금까지의 여러분의 삶에서 위와 비슷한 도덕적 문제에 부딪혔던 경험이 있나요? • 문제를 잘 극복했던 경험을 친구들에게 소개해 봅시다. 만약 그랬던 경험이 없는 친구라면 우선 다른 친구의 성공 경험을 들어봅시다. 이어 자신의 실패 경험에 적용하여 이를 성공 경험으로 바꾸는 상상을 해 봅니다. • 도덕적 문제를 조화롭게 극복했던 예전의 경험에서 어떤 감정이 들었나요? 주위의 반응은 어떠했나요? 기억을 떠올리며 친구들에게 소개해 봅시다.

수행기술	사회적 기술	• 도움을 간절히 필요로 하는 힘든 상황에 처한 사람을 발견했던 기억을 떠올려 봅시다. 여러분은 그에게 실제로 도움을 주는 데 성공했나요? • 그에게 다가가 도움을 주기 위하여 여러분이 했던 구체적인 말과 행동들을 모둠원들에게 차근차근 설명해 봅시다. • 다른 친구들의 이야기를 경청한 후, 도움이 필요한 사람에게 실제로 도움을 주기 위해 필요한 '사회적 기술'에는 무엇이 있을지 토론해 봅시다.
	의사소통능력	• 도덕적 갈등에 직면했던 최근의 경험 하나씩을 떠올려 봅시다. 그 상황에서 여러분은 갈등의 상대방과 대화를 통해 문제를 해결하려는 노력을 기울였나요? 소통은 성공적으로 이루어졌나요? • 자신의 도덕적 판단, 느낌, 의견 등을 상대방에게 어떤 자세와 태도 혹은 방식으로 전달하였는지 다시 한 번 떠올려 볼까요? • 대화에서 잘한 점, 아쉬운 점 등을 구체적으로 생각하고 성찰해 봅시다.

4. 도덕성의 '4 구성요소 모형' 활용 수업모형 및 발문 구성 사례

1) 수업 지도안

단계		교수 · 학습 활동 내용	자료 및 유의점
도입	전시 학습 확인	▶ **전시학습 확인**: 안락사의 의미와 종류(적극적 안락사, 존엄사 혹은 소극적 안락사) 및 다양한 실제 사례들 떠올리기. 적극적 안락사를 주제로 한 영화의 주요 장면을 다시 떠올려 보기	
	학습 목표	▶ '적극적 안락사'와 관련한 도덕적 갈등 해결을 위해 필요한 도덕적 기능에 무엇이 있는지 이해하고 실제로 적용할 수 있다.	
전개	도입 및 전개	▶ 1요소: 도덕적 문제 혹은 갈등 해결을 위한 도덕적 민감성 기능 이해하고 익히기	▶ 자료 1: 도덕적 민감성 향상 발문
		▶ 2요소: 도덕적 문제 혹은 갈등 해결을 위한 도덕적 판단력 기능 이해하고 익히기	▶ 자료 2: 도덕적 판단력 향상 발문

	발전 및 심화	▶ 3요소: 도덕적 문제 혹은 갈등 해결을 위한 도덕적 동기화 기능 이해하고 익히기 ▶ 4요소: 도덕적 문제 혹은 갈등 해결을 위한 도덕적 실행 기능 이해하고 익히기	▶ 자료 3: 도덕적 동기화 향상 발문 ▶ 자료 4: 도덕적 품성 향상 발문
정리	정리 및 차시 예고	▶ 학습 정리: 소감 발표 및 공유하기 ▶ 다음 시간에 학습할 내용을 안내한다.	

2) 교사 발문 구성의 실제

■ 전시 학습 확인: 안락사의 의미와 종류

- **안락사**: 고통스러운 불치병이나 신체 질환으로 고통을 당하는 사람들을 고통 없이 죽음에 이르게 하는 행위나 처치
- **안락사의 종류**:

① 적극적 안락사: 불치의 병에 걸린 환자의 고통 완화를 위해 독극물을 주입 등 생명을 단축하는 의학적 시술을 통하여 적극적이고 직접적인 방법으로 환자를 사망에 이르게 하는 것. 즉, 의료라는 이름 아래 자살을 보조하는 방법.

② 소극적 안락사 (존엄사): 의학적 치료를 충분히 했음에도 불구하고 죽음이 임박할 때, 무의미한 연명치료 등 인위적인 의학적 노력이나 처치를 하지 않고(단, 자연사할 때까지 고통완화를 위해 진통제 등은 계속 처방 · 투여할 수 있음), 환자를 자연스럽게 사망에 이르게 하는 것. 즉 의학적으로 불치의 병을 앓고 있거나, 호전될 가능성이 거의 없는 환자에게 환자와 가족의 요청에 따라 생명 유지에 필수적인 영양공급, 약물 투여 등을 중단하거나 인공호흡기 등을 제거하는 것을 의미함. 요약하면, 더 이상의 의료행위를 중단하여 환자가 자연스럽게 죽음을 맞이하도록 하는 것.

■ 적극적 안락사 찬반 논쟁: 도덕적 갈등을 해결하기 위해 우리는 무엇을 할 수 있을까?

- 영화 'Me before you'를 함께 감상하고, 도덕적 갈등을 해결하기 위해 필요한 역량들을 배우고 익혀보자.
- 영화의 대략적 줄거리

6년 동안이나 일하던 카페가 문을 닫는 바람에 백수가 된 루이자는 새 직장을 찾던 중 촉망받던 젊은 사업가였던 전신 마비 환자 윌 트레이너의 6개월 임시 간병인이 된다. 루이자의 우스꽝스러운 옷, 썰렁한 농담들, 속마음을 그대로 드러내는 얼굴 표정이 신경 쓰이는 윌. 말만 하면 멍청이 보듯 두 살짜리처럼 취급하고 개망나니처럼 구는 윌이 치사하기만 한 루이자. 그렇게 둘은 서로의 인생을 향해 차츰 걸어 들어가는데….

글 출처: https://movie.naver.com/movie/bi/mi/basic.nhn?code=137915

사진 출처: https://movie.naver.com/movie/bi/mi/photoView.nhn?code=137915&imageNid=6518876#tab

① 제 1요소, "도덕적 민감성" 향상을 위한 교사 발문 사례

			교사 발문
상황지각	1	도덕적 이슈 지각	• 도덕적인 가치가 문제가 되는 상황은 무엇인가요? • 위 상황은 우리가 배운 안락사의 두 가지 종류 중 무엇과 관계 깊은가요? 그렇게 생각하는 이유는 무엇인가요?
	2	도덕적 단서지각	• 등장인물의 언어적(대화 내용, 상황설명, 고백), 비언어적 표현(얼굴표정, 눈빛, 몸짓, 제스쳐 등)이나 주변 상황(소리, 시각적 풍경 등)을 바탕으로 도덕적 문제 상황과 관련한 주요 단서를 포착하고, 설명해 볼까요?
	3	직·간접적 관련자 파악	• 영화에 나타난 도덕적 갈등 상황(적극적 안락사 찬반 논쟁)과 직접적으로 관련된 주요 당사자 및 간접적인 관련자에는 누가 있을까요? 여러 입장을 모두 도출해 봅시다. (예: 윌 트레이너, 루이자, 윌의 아버지, 윌의 어머니, 루이자의 여동생, 루이자의 아버지, 루이자의 어머니 등)
	4	도덕적가치(갈등이유) 지각	• 주요 당사자 간에 대립되는 도덕적 가치(기본권, 인권, 필요, 복지, 행복, 고통 등)에 무엇이 있을까요? 모둠 원들과 충분히 토론해 봅시다.
결과지각	5	문제해결 대안상상	• 이 문제의 해결을 위한 도덕적 대안들을 상상하여 제시해 봅시다. 예를 들어, 루이자는 포기하지 않고 다양한 방법을 동원하여(가족을 동원하기 등) 윌을 끝까지 설득하여 남은 생을 함께 하면서 생명의 존엄성을 지켜가는 것이 진정한 삶의 의무임을 사랑을 통해 일깨운다. 윌은 루이자에게 왜 자신이 적극적 안락사를 선택할 수밖에 없는지에 대해, 더욱 진솔한 대화와 소통을 통해 설득함으로써 자신의 입장을 그녀가 받을 상처를 최소화하고 스위스로 떠난다. 윌의 건강을 개선할 다양한 방법을 온 가족이 함께 더 적극적으로 찾아본다 등등.
	6	대안의 도덕적 가치 상상	• 위의 각 대안을 선택했을 때의 결과(주요 관련자들의 필요, 복지, 행복, 권리와 관련한 변화)를 예측해 볼까요?
	7	대안 선택결과, 관련자의 감정 공감	• 각 대안을 선택했을 때, 주요 관련자들의 감정(우울, 슬픔, 불안, 공포, 사랑, 행복, 기쁨, 만족, 즐거움, 보람 있음, 감사, 분노, 불행, 감사, 혐오, 좌절, 죄책감, 수치심, 자긍심, 동정심 등)과 나 자신(대안 선택자)의 도덕적 정서에는 어떤 것이 있을까요? 그렇게 생각하는 이유는 무엇인가요?
책임지각	8	책임 지각	• 이러한 도덕적 가치 갈등 상황을 해결할 궁극적 책임은 누구에게 있을까요? 그렇게 생각하는 이유는 무엇인가요?

② 제 2요소, "도덕적 판단력" 향상을 위한 교사 발문 사례

단계	교사 발문
	1. 여러분이 A 나라의 의사이며, A 나라에서 현재 적극적 안락사 시술은 불법입니다. 당신은 윌의 주치의이기도 한데, 그가 당신에게 찾아와 살아있는 하루하루가 너무 괴롭고 힘들다고 눈물로 호소하며, 적극적 안락사를 시술해 달라고 부탁합니다. 여러분은 어떻게 할 것인가요? 적극적 안락사 시술을 해 주는 것이 옳다고 생각하나요? 아니면 해주지 않는 것이 옳다고 생각하나요? 2. 위 1과 같은 결정을 내리게 된 이유나 근거를 제시해 봅시다. 3. 주치의로서 적극적 안락사 시술을 실행할지 말지에 대한 결정에 있어, 아래에 제시된 ⓐ~ⓖ의 질문들은 어느 정도로 중요하다고 생각하나요? ① 전혀 중요하지 않다. ② 중요하지 않다. ③ 어느 정도 중요하다. ④ 매우 중요하다. 4. 가장 중요하다고 생각하는 4개의 질문을 고른 후, 중요한 순서대로 나열해 볼까요? (1순위: 2순위: 3순위: 4순위:) 5. 위 4의 결정에 대하여 짝 토론(A, B 학생) 을 통해 각자 자신의 판단과 이유를 설명해 봅시다. 서로의 도덕 판단에 대해 심층 질문을 해 가며 도덕 딜레마 짝 토론을 진행합니다(본서 "제4장 (1). 도덕 딜레마 토론 모형" 참고). 6. 모둠 토론(4인 1조, A-B 짝/ C-D 짝)을 통해 각 짝이 나눈 대화를 상대 짝에게 설명합니다. 단, 모둠에 설명할 때는 짝의 도덕적 추론을 설명합니다. 즉 A가 B의 추론을, B가 A의 추론을 모둠원 전체(C, D 학생)에게 설명합니다. 7. '짝 토론-모둠 토론' 후 이제 다시 한번 더 가장 중요하다고 생각하는 4개의 질문을 1순위부터 4순위까지 선택해 봅시다. 8. 7번의 선택이 최초의 입장과 같은가요? 아니면 달라졌나요? 달라졌다면 이유는 무엇인가요?
1단계	ⓐ 부모님이 모든 안락사는 나쁘다고 하셨으므로, 적극적 안락사를 원하는 환자라 해도 시술을 해주어서는 안 되는 것 아닐까? ⓑ 적극적 안락사 시술을 해주었다가 잡히면 감옥에서 오랫동안 벌을 받아야 하지 않을까?
2단계	ⓒ 안락사 시술을 해 주어서 어마어마하게 큰돈을 벌 수 있다면, 감옥에 갈 위험이 있다 하더라도 시술을 해 주는 게 낫지 않을까?
3단계	ⓓ 윌을 진심으로 사랑하고, 그의 곁을 끝까지 지키고 싶어 하는 루이자의 입장을 생각한다면 안락사 시술을 해줘서는 안되는 게 아닐까?
4단계	ⓔ 이유가 무엇이든 법이 정한 일은 지켜야 하지 않을까?
5단계	ⓕ 이럴 때 법을 지키는 것은 불치병 환자의 극심한 심신의 고통을 줄이는 데 오히려 방해가 되는 것은 아닐까?
6단계	ⓖ 윌과 루이자, 그리고 윌의 어머니, 아버지 등 주요 당사자들은 이 상황에서 무엇이 가장 중요하다고 생각할까?

③ 제 3요소, "도덕적 동기화" 향상을 위한 교사 발문 사례

		교사 발문
도덕적 정체성	도덕의 자기 중요성	• 이 상황에서 의사로서 여러분은 어떤 도덕적 대안을 최종적으로 결정하여 행동으로 옮기고 싶은가요? • 이러한 도덕적 결정이 여러분 자신에게 얼마나 소중한가요? 중요한 정도를 예시나 비유를 통해 실감나게 설명해 봅시다.
	도덕적 감정	• 이 상황에서 여러분이 결정한 대로 (도덕적인) 행동을 실천에 옮기지 않는다면 여러분에게 어떤 감정이 들 것 같은가요? • 감정을 되도록 생생하게 상상해 보고, 왜 그런 감정이 들 것 같은지 이유도 설명해 볼까요?
	도덕적 자기 일치	• 위의 도덕적 선택을 행동에 옮길 때, 이것이 '정말 나다운 행동이다'라는 생각이 드나요? 그렇다면 얼마나 그러한가요?
	도덕적 욕구	• 이 상황에서 도덕적 선택을 적극적으로 행동에 옮기고 싶다는 마음이 간절히 드나요? • 그렇다면 얼마나 그러한가요? • 왜 그런 마음이 드는 것 같은 지 이야기해 볼까요?
	도덕에 대한 긍정성	• 여러분의 도덕적 선택과 같은 도덕적 행동을 실천에 옮기는 사람이 훌륭하다고 생각하나요? • 그렇다면 얼마나 그러한가요? • 왜 그렇게 생각하나요?
	자신과 삶에 대한 낙관성	• 위 상황처럼 어려운 도덕적 문제에 부딪혔을 때, 문제를 잘 해결할 수 있을 것 같은 자신감이 있나요?

④ 제 4요소, "도덕적 행동 혹은 품성" 향상을 위한 교사 발문 사례

<table>
<tr><th colspan="2"></th><th>교사 발문</th></tr>
<tr><td rowspan="3">인내
(절제-
만족
지연능력)</td><td rowspan="2">인지적 전략</td><td>• 여러분은 윌의 주치의로서 윌, 루이자, 그들의 가족들이 최대한 상처받지 않고 현명한 결정을 할 수 있도록 환자 및 그 가족과 상담을 하려고 합니다. 윌이 겪고 있는 몸과 마음의 고통이 상상도 못 할 만큼 심각한 상황이며, 따라서 그는 간절히 적극적 안락사 시술을 받기를 원한다는 점과, 이를 위해 적극적 안락사가 허용된 나라로 이민을 하는 방법이 있다는 사실을 루이자와 윌의 부모에게 알렸습니다.
그런데도 루이자는 윌이 지금껏 경험하지 못했던 진정한 사랑을 통해, 오직 사랑의 힘으로 그를 '살고 싶은 마음이 들도록' 점점 변화시킬 자신이 있다고 말합니다. 그리고 의사인 여러분에게 윌을 설득해 주기를 간절히 당부합니다.
그런데 잠을 서너 시간밖에 잘 수 없을 정도로 돌봐야 할 환자가 몰려오는 바쁜 상황에서, 여러분도 점점 이들을 돕기 위한 조정자 역할을 하는 것이 힘겹게 느껴지기 시작합니다.
여러 차례 설득에도 불구하고 윌과 루이자는 서로를 사랑하는 만큼, 각자의 선택이 서로에 대한 최선의 배려라고 생각하며 자신의 확고한 결정을 굽히려 하지 않습니다. 이제 이런 상황에서도, 의사로서 그들을 도우려는 마음과 책임감을 포기하지 않으려면, 의지를 강화하기 위해 어떤 노력을 해 볼 수 있을까요?</td></tr>
<tr><td>• 이처럼 도덕적 선택을 실행하는 것을 방해하는 상황이 있을 때(예: 등굣길에 눈앞에 아이가 쓰러져 있는데, 오늘은 기말고사 시험일이라 늦으면 곤란한 상황이다.), 여러분은 이러한 위기를 극복하고, 도덕적 행동을 실천에 옮기기 위해 어떻게 마음을 다스리나요? 자신만의 '비법 전략'이나 노하우를 친구들에게 공개해 볼까요?</td></tr>
<tr><td>자기 조절</td><td>• 위와 같은 상황에서 도덕적 실천을 방해하는 욕구나 충동, 감정 등을 적절히 조절하기 위해 평소 여러분이 자주 활용하는 '나만의 노하우'가 있나요?</td></tr>
</table>

자아강도	용기	• 위와 같은 상황에서 자신의 도덕적 의견을 밝히고 도덕적 행위를 실천하기 위해 필요한 자세는 무엇이라고 생각하나요? • 어떤 손해나 어려움을 무릅쓰고서라도 용기 있게 자신의 도덕적 견해를 밝히거나 용감하게 실천에 옮긴 경험이 있나요? 구체적으로 어떤 상황이었는지 친구들에게 소개해 봅시다.
	자아효능감	• 지금까지의 여러분의 삶에서 크고 작은 도덕적 문제나 갈등에 부딪혔던 경험이 있는지 떠올려 볼까요? • 괜찮다면, 문제를 잘 극복했던 경험을 친구들에게 소개해 봅시다. 만약 그랬던 경험이 없는 친구라면 다른 친구의 성공 경험을 들어보며 자신의 실패 경험에 적용하여 이를 성공 경험으로 바꾸는 상상을 해 봅시다. • 도덕적 문제를 조화롭게 극복했던 예전의 경험에서 어떤 감정이 들었나요? 주위의 반응은 어떠했나요?
수행기술	사회적 기술	• 도움을 간절히 필요로 하는 힘든 상황에 처한 사람이나 대상을 발견했던 기억을 떠올려 봅시다. 여러분은 그에게 실제로 도움을 주는 데 성공했나요? • 그(그녀)에게 다가가 도움을 주기 위하여 여러분이 했던 구체적인 말과 행동들을 모둠원들에게 차근차근 설명해 봅시다. • 다른 친구들의 이야기를 경청한 후, 도움이 필요한 사람에게 실제로 도움을 주기 위해 필요한 '사회적 기술'에는 무엇이 있을지 토론해 봅시다.
	의사소통능력	• 도덕적 갈등에 직면했던 최근의 경험 하나씩을 떠올려 봅시다. 그 상황에서 여러분은 갈등의 상대방과 대화를 통해 문제를 해결하려는 노력을 기울였나요? 소통은 성공적으로 이루어졌나요? • 자신의 도덕적 판단, 느낌, 의견 등을 상대방에게 어떤 자세와 태도 혹은 방식으로 전달하였는지 다시 한번 떠올려 볼까요? • 대화에서 잘한 점, 아쉬운 점 등을 구체적으로 생각하고 성찰해 봅시다.

참고문헌

문용린 (2004), 도덕성의 발달과 심리, 서울: 학지사.

박균열, 홍성원, 서규선, 한혜민(2011),『청소년 도덕성 진단 검사도구 개발 연구 I : 도덕적 감수성』, 서울: 한국청소년정책연구원.

오유진(2019), "역량기반 교육과정으로서 2015 개정 도덕과 교육과정 내용체계 검토 및 제언",『도덕윤리과교육연구』, 64, 1-28.

이인재, 김남준, 김항인, 류숙희, 윤영돈(2011),『청소년도덕성 진단 검사도구 개발 연구 I : 도덕적 판단력 (연구보고 11-R13-2)』, 서울: 한국청소년정책연구원.

임영식, 손경원, 신택수, 정경은(2012),『청소년 도덕적 감수성 및 도덕적 판단력 검사도구 개발』, 서울: 한국청소년정책연구원.

정창우(2016), "인성교육의 체화적 접근과 실천 방안",『The SNU Journal of Education Reasearch』, 25(1), 197-221.

정창우 외(2007),『도덕과 교수 · 학습방법 및 평가』, 서울: 도서출판 인간사랑.

최창욱, 임영식, 이인재, 박균열, 박병기(2011),『청소년 도덕성 진단 검사도구 표준화 연구 I : 총괄보고서』, 서울: 한국청소년정책연구원.

Bebeau, M. J., Rest, J. R., & Narvaez, D. (1999), "Beyond the promise: A perspective on research in moral education", *Educational researcher, 28*(4), 18-26.

Borich, G. D. (2004), *Observation Skills for Effective Teaching: And Understanding the Purpose of Challenging*, Behavior, a Guide to Conducting Functional Assessm. Prentice Hall.

Borich, G. D. (2004), *Effective teaching methods : research-based practice*,『효과적인 교수법』, 박승배 외 공역(2011), 서울: 아카데미프레스.

Lapsley, D. K. 문용린 역 (2000),『도덕 심리학』, 서울: 중앙적성출판사.

Narvaez, D. (2008), *Human flourishing and moral development: Cognitive and neurobiological perspectives of virtue development*, Handbook of moral and character education, 310.

Rest, J. R. (1986), "Moral development: Advances in research and theory".

Rest, J. R., Narvaez, D., Thoma, S. J., Bebeau, M..(1999), DIT2: Devising and testing a revised instrument of moral judgment. *Journal of Educational Psychology*, 91(4), 644-659.

kurtines, W. M., & Gerwirtz, J. L. (1995), Moral development :an introduction,『도덕성의 발달과 심리』, 문용린 역(2004), 서울: 학지사.

Volker, J. M.(1984), *Counseling experience, moral judgment, awareness of consequences and moral sensitivity in counseling practice*, Unpublished doctoral dissertation. University of Minnesota, Minneapolis.

제3절 도덕과 발문전략 ②: 후설, '에포케(epoche)' 기반

1. 후설, '에포케'의 이론적 배경

후설(E. Husserl)은 제1차 세계대전, 경제 대공황, 제2차 세계 대전, 나치즘의 만행, 원자탄 투하의 역사적 질곡을 몸소 체험하고서, 인류의 행복을 위해 존재해야 할 과학기술이 오히려 인류를 위협하고 있는 현대를 '위기의 시대'로 진단했다(이남인, 2004: 22). 특히 자연과학적 방법만을 진리를 파악할 유일한 길로 믿는 실증주의적 사고방식은 주어진 사태영역 고유의 본질을 파악할 수 없도록 만든다. 현상학은 이러한 태도에 대한 철저한 반성에서 출발한다. 후설이 볼 때, 앎으로 향하는 인간의 모든 활동은 '있는 그대로'의 세계에 접근하려는 노력이다(원승룡, 1993: 400). 이를 위해 필요한 것은 일체의 선입견에 대해 판단중지한 후, 그로부터 벗어나 다루고자 하는 다양한 유형의 "사태 자체로(zu den Sachen selbst!)" 귀환하는 일(이남인, 앞의 책: 41)이다. 여기서 '일체의 선입견'이란 자연적(일상적) 태도[1]가 갖는 정당성의 근거를 되물어가는 절차를 거치지 않은 채, 일방적으로 가정하는 일련의 전제들을 의미한다.

이때 "사태 자체로" 귀환하는 작업을 가능하게 해 주는 방법이 바로 '현상학적 환원(phänomenologische Reduktion)'이다. 의식이라는 사태를 그의 지향적 구조에서 사태의 본성에 적합하게 파악하기 위해서는 '자연적 태도' 속에 들어 있는 강력한 은폐 성향 및 왜곡 성향을 깨뜨려야 한다. 일방적으로 선(先) 가정된 전제들이 '판단중지'되어야 비로소 사태 자체로서의 사태에로의 귀환이 가능하기 때문이다(이남인, 2006: 413). 결국 '현상학적 판단중지' 혹은 '에포케(epoche)'란 '태도변경'을 뜻하며, '현상학적 환원'이란 태도변경을 통해 구체적으로 사태 자체로 향해가는 과정을 의미한다(이남인, 2010: 134). 여기서는 대표적인 현상학적 환원의 방법론 중 현상학적 심리학적 판단중지(에포케) 및 환원, 초월론적 현상학적 판단중지(에포케)

1) '자연적 태도'란 소박한 세계의 존재신념(Seinglaube)을 바탕으로 인식에 대한 아무런 반성 없이 나타나는 자체가 '있는 그대로의 실재'라고 소박하게 믿으며, "세계가 존재하는 것의 총체이다"라고 생각하는 사고방식 혹은 태도를 의미한다.

및 환원에 대하여 도덕과 발문 전략 수립 및 적용을 염두에 두고, 그 의미를 최대한 간략하게 살펴본다.

1) 현상학적 심리학적 판단중지 및 환원

일상적 삶에서 우리는 자연과학적 사유방식에 익숙해 있기 때문에 자연적 인과관계와는 본질적으로 구별되는 의식과 대상 사이의 지향적 관계가 존재한다는 사실을 깨닫지 못한다. 그러나 의식과 대상 사이에 존재할 수 있는 유일한 관계란 자연적 인과관계일 뿐이라는 믿음으로부터 해방되지 않는 한, 우리는 지향성이 존재한다는 사실을 알 수도 없고 지향성의 구조를 분석할 수도 없다. 그러한 믿음으로부터 해방될 수 있는 유일한 길은 우리가 그러한 믿음에 대해 그 어떤 입장도 취하지 않으면서 그 믿음에 대해 판단을 보류하는 일인데 후설은 이러한 작업을 '현상학적 심리학적 에포케(판단중지)(Hua VI, 247)'라 부른다(이남인, 2006, 앞의 책: 373-374).

이어 현상학적 심리학적 에포케를 통해 개시되기 시작하는 순수한 심리적인 영역으로 본격적으로 시선을 돌려 단계적으로 다양한 유형의 지향성을 분석해 들어가는 과정이 '현상학적 심리학적 환원'이다. 확고부동한 현실성으로 주어져 있던 세계는 현상학적 심리학적 판단중지(에포케) 방법에 의해 이제 '나에게 타당한 세계'로 의미가 전환되었다. 그러나 이 주관적 생활세계 역시 아직 자연적 태도의 소박성에 기초해 있기에 에포케 방법은 아직 소박하다. 따라서 보다 근원적인 환원이 필요한데 이것이 '초월론적 현상학적 환원'이다(이선관, 1993: 263-265).

2) 초월론적 현상학적 판단중지 및 환원

경우에 따라 우리는 주관의 상태가 바뀜에 따라 세계가 지금까지와는 전혀 다른 의미로 경험되는 경우를 발견하게 되는데, 이러한 상황과 같이 초월론적 현상학은 '초월론적 주관'과 그에 의해 '구성된 대상 및 세계의 구조'를 탐구한다(이남인, 2010, 앞의 논문: 127-133). 더 높은 단계의 의미를 향해 현재 주어진 낮은 단계의 의미를 넘어서는 의식 작용을 후설은 '구성작용'이라 부르는데, 초월론적 현상학의 핵심

과제는 이러한 의식의 구성작용 혹은 초월 작용을 해명하는 것이다(이남인, 1992: 264-265).

이어 초월론적 현상학적 환원의 '비 데카르트적 길' 중, 도덕교과 적용과 관계 깊은 '생활세계를 통한 길'에 대해서 간략히 설명한다(이하 김희봉, 1999: 251-254 참고). '생활세계를 통한 길'은 초월적 자아와 생활세계 간의 근원적 지향성을 사태 적절하게 해명하는 방법적 모색이다. 생활세계는 '단순한 전체가 아니라 총체적 통일체로 스스로 구성하는 역사적 형성물'(Hua IV, 29)이며, 전체적으로 통일적 연관을 지향하는 주관과의 관련으로서의 세계를 뜻한다. 이 연관을 통해 세계는 지속적으로 지향적 구성물로 드러난다. 이처럼 후설은 '생활 세계적 길'을 통해 초월적 자아와 세계의 근원적 관계를 새롭게 주목함으로써 세계인식과 존재 의미를 철저하게 해명하려 하였다. 우리는 현상학적 환원을 통해 새로운 세계가 아니라 동일한 세계를 새로운 관점에서 볼 수 있고 경험할 수 있는 방식을 획득한다(Hua VIII, 163).

이처럼 초월론적 현상학적 환원을 수행한 후, 우리는 의식의 장에 반성적 자기의식, 본질직관 능력, 논리적 추론능력, 수학적 사유능력, 과학적 탐구능력, 예술적 심성, 종교적 심성, 도덕적 심성뿐 아니라 지각, 감각, 욕구, 감정, 기분, 본능, 충동 등 다양한 유형의 의식 활동이 존재하며 이 각각의 의식 활동은 그 어떤 다른 것에 의해 치환될 수 없는 '나름의 고유한 본질 구조'를 보인다는 사실을 확인할 수 있다. 다양한 유형의 의식 활동이 나름의 고유한 본질구조를 지니고 있다 함은 그 각각의 것이 그 어떤 다른 의식 활동에 의해서도 침해될 수 없는 나름대로의 고유한 권리를 지니고 있으며, 실제로 그러한 권리가 보장되어야 함을 의미한다.

2. 도덕과 수업에서 활용상의 의의와 유용성

도덕적 갈등(문제) 사태에서 엄밀성을 갖춘 명료한 상황 인지와 문제의 본질에 직결된 가치 판단에 근거하여 책임 있는 도덕적 의사결정을 내리도록 학생들을 준비시키는 것은 도덕교육의 핵심적 책무에 해당한다. 따라서 이를 고민하는 교사나 연구자에게 인간의 '인지적 편향성' 혹은 '직관의 오류' 문제는 반드시 짚고 넘어가야 할 중요한 화두가 될 수밖에 없다. 같은 상황을 각자의 협소한 지평에서 자기중심적으로 해석할수록 도덕적 사태 자체의 있는 그대로의 모습을 구성해내기 어려우며, 협소한 지평에 갇혀버린 당사자들 각각이 중시하는 대립되는 도덕적 가치 간의 조화 가능성은 모색되기 어려울 것이다.

즉 도덕적 갈등 상황에서 어림짐작[휴리스틱]과 같은 직관적 마인드에 과도하게 의존할 경우, 이로 인해 편협해진 시각은 인간의 자기중심성을 강화할 우려가 크다. 이는 구성원 간 갈등을 촉발하고 대립을 격화시키는 요인이 되며, 공동체의 조화로운 공존과 결속 및 협력 분위기에도 부정적 영향을 미칠 수 있다. 이 점을 감안하면 타인의 복지, 권리, 행복, 생명, 건강 및 공동체의 신뢰와 협력적인 분위기 등에 적지 않은 영향을 끼칠 수 있는 주요 도덕적 사안의 경우, 구성원 각자는 스스로의 감각, 지각, 인식, 인지, 판단, 추론, 감정, 본능, 정서 등 의식작용 일반에 대한 엄밀한 반성적 성찰을 바탕으로 신중하게 의사를 결정하는 도덕적 역량을 충분히 발휘해야 할 필요가 있다. 따라서 사태 인식과 의사결정 전반에 개개인이 '자기 책임(self-responsibility)'을 다하려는 주체의 의지를 강화하고 인지적, 반성적 성찰 능력을 갖추도록 돕는 도덕 · 윤리교육이 절실히 요청되는데, 후설의 현상학적 에포케와 환원의 방법론에 기반을 둔 도덕 수업은 이러한 목적 달성을 위하여 큰 도움을 줄 수 있을 것이다. 아울러 에포케 수업 모형에서 학생들의 '자기 성찰적' 비판적 사고역량을 함양시키고 촉진하는 교사의 발문이 특히 중요한 투입 요소가 되므로, 이에 대해 상세히 살펴볼 필요가 있다.

3. 현상학적 환원 방법론을 활용한 도덕과 수업의 구조 및 적용

1) 현상학적 환원 절차의 도덕 교과에의 적용

현상학적 태도를 취하는 학생은 예를 들어 '친한 친구에게 빌려준 교과서가 학교 분실물 센터에서 발견되었다는 것'을 알게 되었을 때 어떤 판단을 내리게 될까? 그(녀)는 '내가 빌려준 책을 친구가 함부로 다루는 바람에 결국 잃어버리고 말았을 것'이라는 상상적 인과관계를 객관적 실재로 바로 확신하여 재현(Representation)하는 사고방식을 멈추고, 우선 '현상학적-심리학적 에포케'를 실시한다. 도덕적 문제 상황에 대해 겉으로 드러나는 물리-심리적 인과관계 파악에만 집중하거나, 문장에 제시된 단어의 사전적[표면적] 의미를 파악하는 것만으로 상황을 '사태 자체로' 이해하는 것은 불가능하기에, 우리는 '현상학적 심리학적 판단중지'를 수행해야 한다.

그러나 현상학적 심리학적 판단중지 이후에도 자신이 속한 생활세계가 총체성을 띤 것이며 이를 벗어나 존재하는 것은 없다는 자연적 태도의 일반정립으로부터 완전히 벗어나지 못한 상황이다(함성민, 2015: 71). 다시 말해 현상학적 심리학적 에포케를 실시한 이후에는 생활세계적 지평을 바탕으로 텍스트나 영상, 혹은 구체적 상황을 해석하게 되는데, 이 경우 사람들 각자의 생활세계적 지평이 모두 다르므로 서로 다른 의미를 떠올리게 된다. 즉 자연과학의 인과론적 사유로부터 일차적으로 해방된 상태라는 점에서 의미가 있지만, 여전히 인식 주체는 자신을 포함한 모든 존재가 포함된 생활세계 속에서 형성된 가치나 이념(나 자신, 우리 가족, 내가 사는 마을과 지역, 내가 속한 나라가 중시하는 도덕적 · 사회문화적 가치와 이념)을 바탕으로 대상의 의미를 구성하고 있기에 여전히 근본적 한계를 갖는다. 따라서 생활세계의 지평에서 구성된 의미를 초월하여 새롭게 의미를 구성하려는 도덕적 인식 주체는 '초월론적 현상학적 에포케'를 수행해야 한다. 이 단계에서는 기존의 자연적 태도의 일반정립을 지속하려 하지 않고, 생활세계적 혹은 관습적 의미 구성이 갖는 편견과 선입견에서 벗어나기 위한 에포케를 수행한다. 아울러 생활세계적 태도를 변경하여 대상 혹은 사태의 진정한 본질을 직관하여 그때그때 주어진 사태 자체에 가장 적합한 초월론적 의미를 구성하려고 한다. 이는 기존의 관습적(생활세계적) 의미를 초월한 새로운 의미를 찾아내고 본질을 직관하여 기존의 중층적 의미를 더욱 풍부하게 함으로써 새로운 초월론적 지평으로 확장될 것이다. 이 과정에서도 일관되게 우리는 대상의 '객관 존재'를 전제하지 않고, 이러이러한 대상, 상태에 관한 존재와 의미의 확신을 갖는 것은 어떠한 조건일까라고 항상 묻는다. 이어 타자와의 상호교섭[대화와 의사소통]을 통해 새로 구성된 초월론적 의미가 타자들에게 수용될 경우 새로운 생활세계적(도덕적 · 사회문화적) 의미를 부여받게 될 것이다. 기존의 관습적 의미에 새로운 초월론적 의미가 추가됨으로써 윤리적 의미는 새롭게 혁신되고 의미의 중층성이 가중된다. 이러한 과정이 수없이 반복된다면 공동체의 윤리적 에토스[관습]와 도덕적 풍토가 점차 보편 윤리로 수렴되어 갈 것이다.

2) 수업의 일반적 절차

현상학적 환원의 도덕수업에의 적용을 위하여 시 텍스트를 읽는 과정에 현상학적 환원의 프로세스를 적용한 연구(함성민, 2015: 73)를 변형하여 응용해 볼 수 있을 것이다(〈표 5-15〉).

표 5-15 '현상학적 환원'을 통해 드러나는 세계, 주체, 의미

세계	인식 주체[나]	의미
과학적 세계	과학적으로 사유하는 주체	객관적 (표면적) 의미
↓ ↑	↓	↓ ↑
	ⓐ 현상학적 심리학적 에포케와 환원	
↓ ↑	↓	↓ ↑
생활 세계	관습적으로 사유하는 주체	ⓓ → 관습적 의미 (공동체적 에토스)
↓ ↑	↓ ↑	← ※ 타자와 의사소통
	ⓑ 초월론적 현상학적 에포케와 환원 ⓒ	
↓ → ↑	↓ ↑	↓ → ↑
근원적 세계	초월론적으로 사유하는 주체 (초월론적 주관)	초월론적 의미

도덕 교과에 적용하기에 적합한 현상학적 환원의 절차로, 〈표 5-15〉에서 'ⓐ → ⓑ → ⓒ → ⓓ'의 과정이 제안될 수 있다. ⓐ는 앞서 살펴보았던 '현상학적 심리학적 환원'에 해당한다. ⓑ는 '초월론적 현상학적 환원'을 나타낸다. 이어지는 'ⓒ → ⓓ' 역시 '초월론적 현상학적 환원'에 해당하지만, 초월론적 주관이 타자와 활발한 대화와 의사소통 등을 통해 적극적으로 새로운 윤리적 의미구성을 하는 '생활세계의 길'을 나타낸다. 이 가운데 보편윤리에 근접해 가는 공동체적 에토스가 형성된다. 이에 대한 설명을 덧붙이면 다음과 같다.

① ⓐ: '현상학적 심리학적 에포케 및 환원' → 첫 번째 태도변경 및 사태개시

〈표 5-15〉의 ⓐ는 현상학적 심리학적 판단중지 중 '태도 변경'이 일어나는 단계이다. 주체의 지평은 과학적 세계에서 생활세계로 변경되며, 이에 따라 과학적 사유 주체가 관습적 사유주체로 변모한다. 이를 도덕적 문제 상황에 적용해보면 다음과 같다.

도덕적 갈등 상황에서 겉으로 드러난 인과관계의 파악을 위주로 하는 과학적 사유방식만으로 당사자 간 관계나 상황의 본질적·맥락적 의미를 정확히 찾아내기 어렵다. 또한 텍스트나 실제 대화 속에 진술(표현)된 어휘나 문장의 의미를 사전적으로 파악한 후 이를 단순히 결합하는 것으로는 도덕적 상황의 표면적 의미만 읽어낼 수 있을 뿐이다. 이처럼 현상학적 환원을 아직 거치지 않은 '과학적 사유 주체'는 세계가 사물들의 단순한 결합으로 인식될 수 있다는 반성되지 않은 믿음을 갖고 있다. 그 결과 겉으로 드러나는 지시적 의미에만 집중하려는 편견을 갖거나 인과관계 파악을 위한 일면적 의미만을 찾게 된다. 상황 판단은 심각하게 왜곡되며 표면적이고 단편적 차원에서 해석된다. 이러한 과학적 사고에서 벗어나, 풍부하고 다층적인 의미를 파악하기 위해 인식주체는 '현상학적 심리학적 에포케'의 과정을 거치게 된다(태도전환 혹은 태도변경, 과학적 사유방식에 괄호 치기).

이제 인식주체는 현상학적 심리학적 에포케에 이어 '현상학적 심리학적 환원'을 실시한다. 이를 위해 자신의 선소여된 세계지평(자연적 태도의 일반정립) 속에서 텍스트나 대화(사태, 현상)의 의미를 구성한다(사태개시). 이를 통해 구성된 세계는 '생활세계'이다. 생활세계는 인식 주체와 타자가 자연스럽게 공존하는 사회·문화의 세계를 가리킨다. 여기서 주체가 발견한 텍스트의 의미는 상호주관적이기는 하지만, 자신의 세계지평 안에서 구성한 것이기에 관습적 성격을 지닌다. 즉 인식주체는 자신이 생활하면서 습득한 수동적 습성(習性)을 인식하지 못한 채로 대상의 의미를 구성하게 된다. 따라서 대상 혹은 타자 인식에 있어 엄밀함이나 책임성을 충분히 확보하기 어렵다. 현상학적 환원이 '현상학적 심리학적 판단중지'에만 머물러서는 안 되는 이유가 바로 여기 있다.

② ⓑ: '초월론적 현상학적 에포케 및 환원' → 두 번째 태도변경 및 사태개시

이 단계의 시작에서 우선 '초월론적 현상학적 에포케(판단중지)'를 통한 '태도 변경'이 일어난다. 주체의 지평은 생활세계에서 근원적 세계로 변경되며 이에 따라 관습적 사유 주체로서의 한계에서 벗어나 초월론적 주관의 적극적 기능이 나타나기 시작한다. 이를 도덕적 문제 상황에 적용해보면 다음과 같은 작업이 이뤄지게 된다.

여기서는 ⓐ단계에서 이뤄졌던 현상학적 심리학적 환원에서 한 걸음 더 나아가 자신의 생활세계 맥락에서조차 해방되기 위해 '초월론적 현상학적 판단중지'의 과정을 수행한다(태도변경). 이는 자신이 속한 생활세계의 이데올로기나 가치 및 수동적 인식의 습성(주로 사용하는 도덕 추론과 상황 판단 및 도덕적 행위 양식)을 넘어 인식주체만의 근원적 세계를 지향하는 것이다.

'초월론적 현상학적 에포케'에 이어 '초월론적 현상학적 환원'을 통해 새롭게 사태가 개시된다. 근원적 세계로 시선을 돌린 후 초월론적 주관은 새로운 의미를 구성하게 된다(사태 개시). 이로써 구성된 세계가 바로 후설이 말하는 '근원적 세계'이다. 이 과정을 통해 구성된 사태(현상)의 의미는 자신이 속한 세계 속에서 형성된 관습적 의미의 에토스를 초월한, '초월론적 의미'가 된다.

③ ⓒ~ⓓ: '초월론적 현상학적 환원' → '생활세계의 길'

이제 초월론적 인식 주체는 사태에 주어진 대상이나 상황 및 타자의 의미 등 도덕적 탐구 대상의 본질을 직관하여 새로운 의미 구성을 시도하게 된다. 이를 통해 형성된 의미는 다시 초월론적 주체는 생활세계의 사회적 · 역사적 · 윤리적 맥락 속에서 다양한 대상 및 타자와의 상호교섭[의사소통 및 대화]을 통해 의미를 구성하게 되고, 에포케 이전의 텍스트, 사태, 현상은 사회적 · 역사적 맥락성과 상호주관성을 지닌 의미로 변화하게 된다. 주관과 대상의 연관을 통해 이 세계는 지속해서 지향적 구성물로 드러난다.

2) 수업 사례

① 수업지도안

<table>
<tr><th colspan="2">단계</th><th>교수 · 학습 활동 내용</th><th>자료 및 유의점</th></tr>
<tr><td rowspan="2">도입</td><td>전시 학습 확인</td><td>► 전시학습 확인: 비합리적 사고방식의 의미와 종류(편견, 선입견, 고정관념, 과장, 왜곡 등) 떠올리기</td><td></td></tr>
<tr><td>학습 목표</td><td>► 일상생활 속 도덕적 문제 사태에서 후설 현상학적 판단중지(에포케) 및 환원의 방법을 의사결정과정에 적용함으로써 자신의 인식과 상황판단 방식을 반성적으로 성찰할 수 있다.</td><td></td></tr>
<tr><td rowspan="4">전개</td><td rowspan="2">도입 및 전개</td><td>► 1단계 '자연주의적 태도'의 문제점에 대한 토론: '판사 스타인버그'가 마주하게 된 상황에 대하여 자기 나름의 입장에서 해석하고 설명하기. 자연주의적 관점에서 모든 사태를 해석하는 것, 객관적(표면적) 의미 구성에만 머무는 태도의 문제점 자유롭게 토론하기.</td><td>► 자료 1: 교사 발문 및 학생 활동 자료</td></tr>
<tr><td>► 2단계 '현상학적 심리학적 판단중지(에포케) 및 환원': '자연주의적 사고방식 및 태도'의 극복을 위한 현상학적 심리학적 에포케의 방법을 이해하고 적용.</td><td>► 자료 2: 교사 발문 및 학생 활동 자료</td></tr>
<tr><td rowspan="2">발전 및 심화</td><td>► 3단계 '도덕적 문제에 대해 자신이 구성하는 "관습적 의미" 파악하기': 판사 스타인버그의 사례와 같은 도덕적 갈등 상황에서 자신이 습관적으로 내리게 되는 도덕 판단 혹은 도덕적 의사결정의 사고 유형 및 태도의 패턴에 대하여 살펴보기.</td><td>► 자료 3: 교사 발문 및 학생 활동 자료</td></tr>
<tr><td>► 4단계 '초월론적 현상학적 판단중지 및 환원(생활세계의 길)': 판사 스타인버그의 사례와 같은 도덕적 갈등 상황에서 '생활세계의 길'을 통한 초월론적 현상학적 판단중지 및 환원을 수행함으로써 새로운 의미 구성에 도전하기.</td><td>► 자료 4: 교사 발문 및 학생 활동 자료</td></tr>
<tr><td rowspan="2">정리</td><td>내용 정리 및 평가</td><td>► 학습 정리: 소감 발표 및 공유하기
후설의 현상학적 에포케 및 환원을 도덕적 문제 상황에 적용하는 본(本) 수업을 통해 느낀 소감을 서로 공유하기.</td><td></td></tr>
<tr><td>차시예고</td><td>► 다음 시간에 학습할 내용을 안내한다.</td><td></td></tr>
</table>

② "현상학적 판단중지 및 환원" 수업모형에서 교사 발문의 실제(수업 자료 포함)

〈자료 1〉 교사발문 및 학생 활동자료

[도덕적 갈등 상황 예시] 판사 스타인버그 (G. Lind, 박균열, 정창우 역: 309)

헨리 스타인버그는 다른 나라의 고등법원 판사이다. 그는 주말을 즐길 준비가 되어있다. 하지만 한 시간 전에, 정보기관의 장이 그에게 테러 조직이 폭탄테러를 계획하고 있다는 증거를 가지고 있다고 말했다. 그들은 많은 사람들을 죽일 계획이며, 잔인하기로 유명하다. 정보기관은 그들의 리더들 중 한 명을 붙잡았는데, 어린 여성이다. 그러나 그녀는 아무런 말도 하지 않는다.

정보기관은 심하게 압박한다. 테러는 언제라도 일어날 수 있다. 그는 판사에게 그녀가 말을 하도록 고문을 할 수 있게 해달라고 부탁한다.

헨리는 기관장에게 생각할 시간이 필요하다고 말했다. 그리고 전화하겠다고 했다.

1. (교사발문) 판사 스타인버그는 지금 어떤 상황에 처해 있나요? 그가 마주하게 된 갈등 상황이 무엇인지 자신의 관점에 따라 자유롭게 이야기해 봅시다.

2. (교사발문) 다소 어렵게 느껴진다면, 아래에 제시된 '6하 원칙'에 입각하여 설명해도 좋습니다.

누가	
언제	
어디서	
무엇을	
어떻게	
'왜'	

3. (교사발문) 위 2번의 '왜'에 대한 응답으로, 여러분은 무엇이라고 답했나요? 그가 갈등 상황을 겪게 된 '원인'과 그로 인한 '결과'는 무엇이라고 생각하는 지 이야기해 봅시다.

4. (교사발문) (위 3번 답변에 대해) 여러분이 그렇게 생각한 이유나 근거를 제시해 볼까요?

5. (교사발문) 우리는 흔히 글(텍스트)이나 대화에 나타난 단어 · 어구 · 문장의 '사전적'(사전에 나온)인, '우리 두 눈에 명확히 보이는' 혹은 '겉으로 드러난' 의미에만 주목하여, 이를 단순히 연결시키고 논리적으로 결합하여 줄거리를 만드는 식으로 상황을 해석하는 데 그치는 경우가 많습니다. 그러나 단순히 이러한 작업만으로 판사 스타인버그가 처한 사태에 깊숙이, 그리고 은밀하게 숨어있을지도 모를, 여러 가지 '다양'하고 '오묘'하며 '애매'한 의미들에 대해 '모두', '정확히' 알고 있다고 단정할 수 있을까요? 만약 그렇다고 생각하면 그렇게 생각하는 이유를, 아니라면 아니라고 생각하는 이유를 모둠 원들끼리 자유롭게 이야기해 봅시다.

6. (교사발문) 다음 사례들을 통해, 단지 '겉으로 드러나 보이는 것'에만 기대어 상황을 해석할 경우, 일어날 수 있는 일들이나 문제점에 대해 모둠 원들끼리 자유롭게 토론해 볼까요?

〈사례 ①〉 뒤샹의 "샘(Fountain, 1917)"

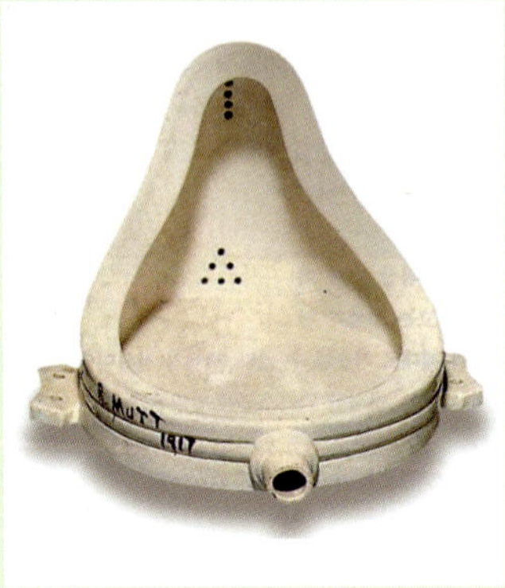

마르셀 뒤샹은 어느 날 철물점에서 소변기를 샀다. 거기에 가명 'R. MUTT'와 '1917'이라고 써넣은 후, "샘"이라는 작품명을 붙여 미국 미술가협회 전시회에 출품했다. 그러나 결과는 전시 거절! 이후에도 뒤샹은 이렇게 소변기, 자전거, 와인꽂이, 등 별 볼일 없는 일상 생활용품에도 작가가 의미를 재부여하면 미술작품이 될 수 있다는 '레디메이드(ready-made)' 미술의 창시자가 되었다. 보기에도 민망한 소변기가 작품이라고 하여 보기 좋게 전시가 거절된 지 82년이 지난 1999년, 이 작품은 뉴욕 소더비 경매에서 무려 1700만 달러(우리 돈 약 200억원)에 낙찰되었다!

사진출처: https://blog.naver.com/arcadium/8012703085

〈사례 ②〉 조각품을 고철덩어리로 알고 팔아넘겨

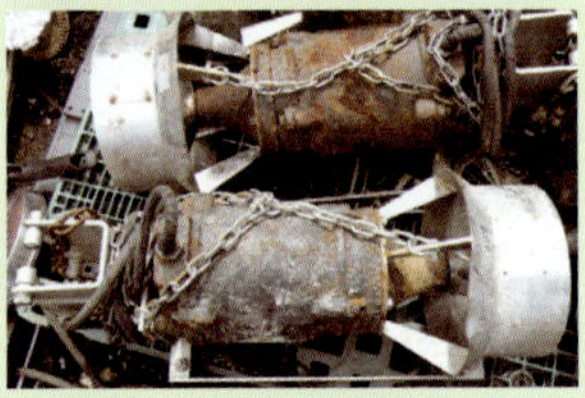

서울 ○○경찰서는 대학 캠퍼스에 있는 조형미술작품을 고철덩어리로 잘못 알고 용접기로 절단, 고물상에 팔아넘긴 ○씨 등을 특수절도 혐의로 불구속 입건했다. (……) ○씨는 경찰에서 "며칠 전 학교 측 부탁으로 교내 관상수에 농약을 뿌리던 중 고철덩어리를 발견하고 학교 측 사람들이 귀찮아 처리하지 않은 줄 알았다"며 "그 고철 덩어리가 미술작품이라니 믿을 수 없다"며 어리둥절 했다고 한다.

기사 출처: 연합뉴스, https://news.naver.com/main/read.nhn?-mode=LSD&mid=sec&sid1=102&oid=001&aid=0003973603

그림 출처: (上) 고철 덩어리의 모습(신문기사 내용과 무관): https://blog.naver.com/hniz3226/ 221133821931
(下) 고물 철제로부터 탄생한 재활용 예술품(신문기사 내용과 무관): https://blog.naver.com/royal_story/20190979515

〈사례 ③〉 원효대사가 마신 "해골 물"의 화학식은 "H2O"

원효대사가 해골에 든 물을 마시고 마침내 "일체유심조", 즉 "모든 것은 오로지 마음이 지어내는 것"이라는 종교적 깨달음을 얻었다는 이야기를 들은 한 과학자가 말했다. "그 말은 절대 받아들일 수 없는 허황된 말이군요! 밤에 마셨던 해골 물과 다음 날 마신 해골 물은 똑같은 분자구조를 가지고 있으니까요.

그들에게 간밤에 달게 마셨던 물과 다음날 구역질을 일으켰던 물은 똑같이 여러 가지 이물질에 의해 심각하게 오염된 '물(H2O)분자'들의 결합체에 불과하기 때문이니까요."

그림출처: https://blog.naver.com/monash_uni/221671725159

〈사례 ④〉 서정주의 「국화 옆에서」 中

국화 옆에서
노오란 네 꽃잎이 피려고
간밤엔 무서리가 저리 내리고
내게는 잠도 오지 않았나 보다.

이 시를 읽은 후의 감상을 발표해 보자는 선생님의 말씀을 듣고 한 학생이 말한다.

"이 시는 서로 앞뒤가 맞지 않는 말을 단순히 나열해 둔 것 같아요. 과학시간에 배우기를 무서리가 내리면 꽃이 지기 마련이거든요. 그런데 오히려 무서리가 내려서 국화꽃이 핀다고 하니 이것은 과학적인 인과관계에 전혀 맞지 않는 말이에요."

그림출처: https://blog.naver.com/quantumkim/220291712167

〈사례 ⑤〉 거짓말쟁이 의사

극심한 우울증에 빠진 말기 암환자에게 그녀의 삶이 얼마 남지 않았다는 사실을 차마 이야기하지 못하고, 그녀가 앞으로 더 좋아질 일만 남았다고 말하는 의사가 있다. 그 의사의 이야기를 전해들은 어떤 사람이 말했다.

"그는 완전히 '거짓말쟁이'로군! 환자에게 거짓말을 하는 것은 의사로서 결코 해서는 안 되는 옳지 못한 행동임에도 불구하고 거짓말을 하다니! 결코 용서받을 수 없는 행동이야."

그림출처: https://blog.naver.com/jaehee2311/221232065813

〈자료 2〉 교사발문 및 학생활동자료

위 사례들에 잘 드러난 바와 같이, 겉으로 드러난 물리적인 대상의 인과관계(원인-결과 관계)를 위주로 인간이 삶 속에서 마주하게 되는 모든 상황을 해석하는 것을 독일의 철학자 후설은 '자연주의적 사고방식'이라고 규정한 바 있습니다. 후설은 이러한 자연주의적 사고방식으로부터 벗어나, 삶에서 마주하게 되는 다양한 사태들을, '그 사태 자체'에 적합한 관점에서 있는 그대로 바라보고 해석할 수 있도록 하는 철학적 사고의 방법을 제안합니다. 이른바 '판단중지' 혹은 '에포케(epoche)'라고 하는 사고방식이 바로 그것입니다.

후설은 사태를 인식하는 우리 자신과 대상(사물, 타인 등)이 서로를 향해 맺고 있는 관계가 우리의 '의식' 속에 나타난다고 보았습니다. 우리의 사고 작용에서 모든 편견과 선입견을 제거하고, 우리의 순수한 의식 속에 나타난 '사태 자체'를 있는 그대로 인식하기 위해, 후설은 에포케라는 방법을 제안한 것이죠. 말은 어렵지만 에포케의 과정은 생각보다 간단합니다!

눈앞에 내가 좋아하는 아이돌 스타가 있을 때, 우리는 그 아이돌 스타가 우리 앞에 놓여있는 것이 '객관적 사실'이라고 생각한다. 눈앞에 있는 아이돌 스타의 존재를 단순한 주관적 상상이나 느낌이라고 생각하는 사람은 아마 없을 것이다. 하지만 정말로 그 스타는 '객관적 실재 혹은 사실'일까? 어쩌면 환각이거나 단지 정교하게 만들어진 3차원 홀로그램 영상일지도 모른다. 다시 말해 우리가 일반적으로 '객관적'이라고 생각하는 인식은, 실은 자신의 '의식' 속에서 그렇게 생각하고 있는, 즉 '주관적인 나의 의식 가운데 객관적이라고 생각하는' 것에 지나지 않는다. 눈앞의 존재에 대해 다음과 같이 생각하는 과정이 바로 후설이 주장하는 '판단중지(에포케)'의 사고과정이다.

출처: 야마구치 슈, 『철학은 어떻게 삶의 무기가 되는가』, pp. 300-302 참고하여 편집 · 재구성.

	원인		결과	
	판단	성격	판단	성격
전	'아이돌 스타가 존재한다.'	객관적 실재	'내가 그 아이돌 스타를 보고 있다'	주관적 인식
후	'아이돌 스타를 인식하고 있는 자신이 있다'	주관적 의식	'아이돌 스타가 그곳에 실제로 존재하고 있다고 생각한다.'	주관적 인식

A	'아이돌 스타가 존재한다'는 '객관적 실재'를 '원인'으로 하여
B	'내가 그 아이돌 스타를 보고 있다'는 '주관적 인식'을 '결과'로 하는 사고를 멈추고, (※ **판단중지=에포케**)
C	'아이돌 스타를 인식하고 있는 내 자신이 있다'는 주관적 인식을 '원인'으로
D	'아이돌 스타가 그곳에 실제로 존재하고 있다고 생각한다'는 '주관적 인식'을 '결과'로 한다. (※ **태도변경**)

위에서 알 수 있는 에포케의 핵심적 특성은 바로 다음과 같습니다.

첫째, 인식(앎)의 관점 혹은 태도의 변경이 에포케의 핵심이다!

둘째, 자기 인식(앎)에 대한 비판적 성찰이 이뤄지지 않는 '자연적 태도'에서 우리는 보통, 눈앞의 사과를 보고 '지금 눈앞에 사과가 존재하기 때문에 이러이러한 사과의 모습이 보인다'고 생각한다. '사물이 먼저 존재한다'를 원인으로, '나의 눈(시각)을 통해 사물의 모습이 나의 의식에 나타난다'를 결과로 생각한다.

에포케의 방법은 이러한 자연스런 사고방식의 '원인-결과'의 순서를 뒤집는 것이다. 즉 '내 의식에 나타난 사과의 모습'을 '원인'으로 하고, '사과의 존재에 대한 나의 확신'을 결과라고 생각하는 것이다. 이럴 경우 사과라는 대상이 이 세상에 객관적으로 존재한다는 것을 미리 전제하지 않게 된다. 의심스러운 어떤 전제도 함부로 받아들여서는 안 되기 때문이다. 이제 우리는 사과라는 대상과 상태에 관한 의미를 확신하도록 하는 조건이 무엇일까를 계속 물어 들어간다. 마치 고고학자가 역사적 유물을 채굴해서 원래 모습대로 복원하는 것처럼.

출처: 다케다 세이지, 2004; 함성민, 2015 참고.

셋째, 모든 생각을 그만하거나 이전에 하고 있던 모든 의식 작용을 중단하고 생각을 아예 없애는 작업이 에포케는 아니다!

넷째, 삶 속에서 나도 모르게 반복하는 습관적인 사고방식(선입견, 편견)을 멈추고, 당연하게 생각했던 인식 대상의 객관적 존재 사실을 의문시한다. 일상적인 생각과 태도를 전환하여 나의 의식에 나타난 현상(사태)은 대상과 나가 서로 향하는 가운데 그 관계가 만들어낸 결과물(주관적 의식)임을 인식한다.

다섯째, 예전에 당연하게 '객관적'인 진리로 생각했던 모든 사태들이 에포케 이후, '나의 주관적 의식 속에서' 확실히 존재하는 것임을 깨닫는다.

7. (교사발문) '에포케'의 방법을 대체 어떻게 적용해야 할지 아직은 이해하기가 어려운 가요? 평소 우리의 사고방식과 사뭇 다르기 때문에, 어렵게 느껴지는 것이 어찌 보면 당연합니다! 그렇다면 이제, 다음의 사례를 볼까요?

예를 들어 다섯 사람이 함께 등산을 하다가 어느 작은 바위 위에 핀 이름 모를 하얀 꽃을 보았다고 하자. A는 생물학자로 그 꽃의 색깔과 모양을 보며 어떤 종의 꽃인지, 그래서 통꽃인지 갈래꽃인지, 또 잎은 어떤 모양으로 생겼는지, 어떻게 바위 위에서 자랄 수 있었는지를 궁금해하며, 꽃을 꺾은 후 현미경에 올려 두고 그 꽃을 관찰해보려고 한다.

사진예술가인 B는 바위 위에 핀 꽃을 화면에 담으면 신비로운 느낌이 들 것이라고 생각한다. C는 자연생태 보호론자로 생물학자와 사진예술가에게 그 꽃을 꺾거나 손을 대지 말아달라고 부탁한다. 그러고는 그 꽃 옆의 다른 꽃들이 꺾인 채 버려진 모습을 보며 눈살을 찌푸린다. 반면 소설가인 D는 그 꽃을 보며 하얀 꽃에 얽힌 어릴 적 추억을 떠올리며 빙긋이 미소 짓는다. 마지막 E는 꽃 가게 주인으로, 희귀한 하얀 꽃을 채취해서 부케로 제작해 판매해야 겠다는 계획을 세우는 중이다.

이처럼 동일한 꽃(인식 대상)이지만 생물학적 탐구의 대상이 될 수도 있고, 예술적 작품의 대상이 될 수도 있으며, 윤리적 보호의 대상이 될 때도 있고, 상업적 판매의 대상이 될 수도 있다. 이는 곧 하나의 대상이 동시에 여러 대상이 될 수 있음을 보여준다. 물론 이 각각의 대상적 의미들은 물리적으로는 동일한 한 송이 꽃에 뿌리를 두고 있지만, 그 꽃과 관련을 맺고 있는 다섯 사람의 지향적 의식이 서로 다르기 때문에 그 차이에 따라 꽃의 주관적 의미가 달라진 것이다.

출처: 박승억(2007), 『현상학, 철학의 위기를 돌파하라. 후설 & 하이데거』, pp. 80-81 참고하여 수정 · 재구성

(교사발문) 위 등산의 사례에서 A에 나타난 생물학자의 태도가 '자연과학적 태도'입니다. 겉으로 보이는 꽃의 모습에 주의를 기울여 대상에서 관찰되는 인과관계 위주의 자연과학적 의미를 파악하고자 하는 것이죠. A는 에포케를 실시하여 과학적 관찰 대상으로서의 꽃의 표면적 의미에 대해 판단중지(에포케)하고, 새로운 태도(예술적 관점, 윤리적 관점, 상업적 관점 등)로 전환 혹은 변경하여, '그 꽃'에 대하여 이전의 방식과 전혀 다르게 새로운 의미를 구성(환원)할 수도 있을 것입니다. 이제 여러분이 직접 아래 보기의 사례를 참고하여 다양한 방식으로 판단중지(에포케) 및 환원을 실시해 볼까요?

① 자연과학적 태도(A: 생물학자) → 예술적 태도(B: 사진예술가)

	원인		결과	
	판단	성격	판단	성격
에포케 전	하얀 색의 지름 3cm 가량의 갈래꽃에 속하는 꽃 한 송이가 바위 위에 피어있다.	객관적 실재	내가 그 꽃을 보고 있다.	주관적 인식
후 (환원)	신비로운 느낌이 드는 하얀 꽃을 보며 예술작품으로 남기고 싶어 하는 자신이 있다.	주관적 의식	신비로운 느낌이 드는 하얀 꽃이 바위 위에 실제로 존재하고 있다고 생각한다.	주관적 인식

② 자연과학적 태도(A: 생물학자) → 윤리적 태도(C: 자연생태 보호론자)

	원인		결과	
	판단	성격	판단	성격
에포케 전	하얀 색의 지름 3cm 가량의 갈래꽃에 속하는 꽃 한 송이가 바위 위에 피어있다.	객관적 실재	내가 그 꽃을 보고 있다.	주관적 인식
후 (환원)		주관적 의식		주관적 인식

③ 자연과학적 태도(A: 생물학자) → 상업적 태도(D: 상인)

	원인		결과	
	판단	성격	판단	성격
에포케 전	하얀 색의 지름 3cm 가량의 갈래꽃에 속하는 꽃 한 송이가 바위 위에 피어있다.	객관적 실재	내가 그 꽃을 보고 있다.	주관적 인식
후(환원)		주관적 의식		주관적 인식

8. (교사발문) 이제 어느 정도 현상학적 판단중지(에포케)와 환원(새로운 의미구성)의 사고 과정에 대해 이해할 수 있게 되었나요? 우리는 이제 다시 '판사 스타인버그'의 사례로 돌아갈 것입니다. 우선 이 단계에서 겉으로 드러나는 인과관계에만 집중하는 '과학적 사유방식'으로 모든 상황을 판단하고 해석하려는 우리의 습관(일종의 편견)으로부터 벗어나기 위해 다시 한 번 더 에포케와 환원을 실시해 봅시다! (여러 개로 만들어 보면 더욱 좋습니다!)

1	원인		결과	
	판단	성격	판단	성격
전		객관적 실재		주관적 인식
후		주관적 의식		주관적 인식

2	원인		결과	
	판단	성격	판단	성격
전		객관적 실재		주관적 인식
후		주관적 의식		주관적 인식

〈자료 3〉 교사발문 및 학생활동자료

9. 앞서 1~8 단계를 거쳐 이제 우리는 과학적 사고방식만으로 대상이나 세계를 바라보는 선입견과 편견을 차단하는 에포케(판단중지) 및 환원을 실시하였습니다. 겉으로 드러나고 눈으로 보이는 인과관계만으로 파악되지 않는 '무언가'를 우리는 실제로 우리의 의식 속에서 직관적으로 파악하게 되는 경우가 많이 있죠.

내 비밀은 이런 거야. 그것은 아주 단순하지.
가장 중요한 것은 눈에 보이는 것이 아니라,
오로지 마음으로만 볼 수 있다는 거야. (어린왕자 中)

(교사발문) 이제 한 걸음 더 나아가, 우리가 다양한 타인들과 함께 살아가는 일상적 삶의 배경 속에서 이러한 도덕적 문제(갈등) 상황에서 내리게 되는 판단에 에포케와 환원의 방법을 적용해 볼까요? 우선 여러분이 가정, 학교, 지역사회, 내가 속한 다양한 공동체, 국가 생활을 통해 (알게 모르게) 배우고 익혔던 도덕적인 가치나 이념 및 덕목, 인격 등을 판단의 근거로 삼아, 판사 스타인버그가 내릴 수 있는 선택(소녀에게 고문을 허락한다/허락하지 않는다)을 상상합니다.

이어 이 선택의 '옳고 그름/좋고 나쁨'이나, 그러한 행동을 선택하는 인격의 '도덕적임/비도덕적임, 훌륭함/훌륭하지 않음' 등에 대한 자기 나름대로의 근거를 들어 도덕 판단을 내려 봅니다. 도덕적인 관점에서 판사 스타인버그의 행동이나 인격, 모습에 대해 가치 판단을 내려 보는 것입니다. 이 과정이 다소 어렵게 느껴진다면, 다음 〈예시〉를 참고해도 좋습니다.

〈예시〉: 소녀에 대한 고문을 허락한다는 선택을 할 경우

1	원인		결과	
	판단	성격	판단	성격
에포케 전	수많은 사람들의 목숨을 보호하기 위해 어쩔 수 없이 한 사람을 희생시키는 것은 '최대다수의 최대행복'의 원칙에 따르는 공리주의적 입장에서 볼 때 정당화될 수 있는 행동이다.	관습적 실재	나는 테러로부터 수많은 무고한 사람들의 목숨을 구하기 위해, 어린 소녀에 대한 고문을 허락하는 스타인버그의 선택이 실제로 올바르다고 판단한다.	주관적 판단

2	원인		결과	
	판단	성격	판단	성격
에포케 전	자신의 일상적 즐거움을 추구하는 것을 우선시하기 위해, 타인에게 심각한 피해를 줄 수도 있는 결정을 함부로 내리는 것은 도덕적으로 비난받을만한 무책임한 행동이다.	관습적 실재	나는 주말을 즐기기 위해 한 소녀에게 심각한 고통을 주게 될 고문을 쉽게 허락하는 스타인버그의 선택이 매우 무책임하며, 따라서 실제로 도덕적으로 옳지 않다고 판단한다.	주관적 판단

3	원인		결과	
	판단	성격	판단	성격
에포케 전	테러집단은 무고한 생명을 희생하여 자신들의 목적을 달성하려는 사악한 집단이므로 응보적 정의의 관점(즉, '이에는 이, 눈에는 눈')에서 반드시 엄벌로 다스려야 한다.	관습적 실재	자발적 신념에 따라 테러조직에 가입하여 활동하는 자들에게 무거운 형벌을 내리는 것은 정의롭다. 그러므로 나는 스타인버그가 테러조직의 일당인 소녀에 대한 고문을 허락하는 것이 정의의 관점에서 볼 때 충분히 올바른 선택이라고 실제로 판단한다.	주관적 판단

4	원인		결과	
	판단	성격	판단	성격
에포케 전		관습적 실재		주관적 판단

〈예시〉: 소녀에 대한 고문을 허락하지 않는다는 선택을 한 경우

1	원인		결과	
	판단	성격	판단	성격
에포케 전	어떤 경우에도 인간을 단지 수단으로만 대우해서는 안 되며, 동시에 목적으로 대우해야 한다.	관습적 실재	소녀에 대한 고문을 허락하는 것은 그녀를 단지 무고한 사람들을 테러로부터 구하기 위한 수단으로만 대우하는 것이다. 따라서 나는 그것을 허락하지 않은 스타인버그의 선택이 실제로 도덕적으로 옳다고 판단한다.	주관적 판단

2	원인		결과	
	판단	성격	판단	성격
에포케 전	여성과 약자를 우선적으로 보호하고 배려하는 것은 당연한 도덕적 의무이다.	관습적 실재	성인 어른도 아닌 어린 소녀를 고문의 대상으로 삼는 것은 약자에 대한 배려가 없는, 따라서 심각하게 비인도적인 결정이다. 따라서 나는 소녀에 대한 고문을 허락하지 않은 스타인버그의 선택이 도덕적으로 옳다고 실제로 생각한다.	주관적 판단

3	원인		결과	
	판단	성격	판단	성격
에포케 전	공무원이 자신의 역할이나 책무가 아닌 일에 대해서까지 자기 마음대로 결정하고 명령을 내리는 것은 직업윤리의 관점에서 볼 때 옳지 않다.	관습적 실재	죄를 저지른 죄인에 대한 재판업무를 담당하는 판사가 아직 명백한 죄를 짓지 않은 소녀에게 '고문 명령'을 내리는 것은, 판사로서의 역할에서 벗어난 것이다. 따라서 나는 스타인버그가 고문을 허락해 주지 않은 것이 판사의 직업윤리 관점에서 옳다고 생각한다.	주관적 판단

<table>
<tr><td rowspan="2">4</td><td colspan="2">원인</td><td colspan="2">결과</td></tr>
<tr><td>판단</td><td>성격</td><td>판단</td><td>성격</td></tr>
<tr><td>에포케
전</td><td></td><td>관습적
실재</td><td></td><td>주관적
판단</td></tr>
</table>

| 자료 4 | 교사발문 및 학생활동자료

10. (교사발문) 이제 기존에 자신이 의식적/무의식적으로 가지고 살아왔던, "이것은 정말 당연한 도덕적 기준이다"라고 확고히 주장했던 자신만의 단단한 도덕적 기준들에 대하여, '잠깐 동안'만이라도, 이것을 '내려놓는' 에포케(판단중지, 태도변경)를 실시해 볼 것입니다.

10-① 본격적인 에포케와 환원 작업에 앞서, 아래에 제시된 '우물 안 개구리'의 비유와 소설 『데미안』의 문구가 의미하는 바가 무엇일지에 대해 한 번 곰곰이 생각해 볼까요?

〈에포케 전〉: 우물 안 개구리~!	〈에포케 후〉: 우물을 빠져 나온 개구리~!
☞ 우물이라는 일종의 '인식의 감옥'에 갇혀, '앎'의 지평(범위)을 극도로 제한 당한, 자유롭지 못한 개구리의 모습	☞ 우물을 빠져 나와, 인식(앎)의 '자유'를 되찾은 개구리~! 넓은 시야가 확보되어 다양한 의미를 창의적으로 탐색하고 발견하는 자유로운 개구리의 모습
 그림출처: https://cafe.naver.com/haninter2016/30	 그림출처: https://blog.naver.com/47with55/220141641314

새는 알에서 나오려고 투쟁한다.
알은 새의 세계이다.
태어나려고 하는 자는
하나의 세계를 깨뜨려야 한다.
새는 신에게로 날아간다.
신의 이름은 아프락사스다.

헤르만 헤세 作, 소설 『데미안』 중에서

10-② (교사발문) 이제 이 수업을 시작할 때 처음 보았던 '판사 스타인버그' 딜레마의 내용을, 마치 처음 이 딜레마를 마주하는 것처럼 구석구석 다시 한 번 '천천히', '찬찬히' 읽어볼까요? 그러는 가운데 평소 자신에게 익숙한 도덕적 의사결정이나 도덕 판단의 고정된 패턴에만 얽매이지 말고, 태도를 변경하여 다른 방식으로 판사 스타인버그의 선택을 예상하고, 새로운 의미를 구성해 봅니다.
이전의 나의 익숙한 도덕적 판단이나 의사결정 방식에만 얽매여서, '내가 보려고 하는 대로' 상황을 해석하는, 마치 '우물 안 개구리'와 같은 편협하고 답답한 관점으로부터, 한번쯤 완전히 벗어나거나 해방되어 보는 것이 이러한 작업을 실시하는 이유임을 되새겨 봅니다. 이제 새로이 구성한 도덕 판단을 아래의 표에 정리해 볼까요? (어렵게 느껴진다면 아래의 예시를 참고해도 좋습니다.)

〈에포케 예시〉

	원인		결과	
	판단	성격	판단	성격
에포케 전	테러집단은 무고한 생명을 희생하여 자신들의 목적을 달성하려는 사악한 자들이므로 응보적 정의의 관점(즉, '이에는 이, 눈에는 눈')에서 반드시 엄벌로 다스려야 한다.	관습적 실재	자신의 신념으로 자발적으로 선택하여 테러조직에 가입하여 활동하는 자들에게 무거운 형벌을 받도록 하는 것이 정의롭다. 그러므로 나는 스타인버그가 테러조직의 일당인 소녀에 대한 고문을 허락하는 것이 정의의 관점에서 볼 때 충분히 올바른 선택이라고 판단한다.	주관적 판단
	프로파일러, 범죄심리 전문가 등을 최대한 투입하여 소녀의 심리를 최대한 안정시키는 가운데 설득하고 대화를 유도한다. 소녀의 무응답에도 지속적으로 테러의 비인간성, 파괴성 등을 보여주는 영상 자료 등을 보여준다(테러로 인해 희생당한 아이의 얼굴, 고통을 당하는 비참한 눈빛). 소녀가 입을 열기 시작하면 테러집단이		무작정 소녀에 대한 고문부터 하는 대신, 소녀를 설득하여 대화를 유도할 수 있는 보충적 방법을 찾는다. 소녀가 입을 열기 시작하면 테러집단이 테러를 하려는 이유에 대해 소녀에게 전해 듣고, 소녀를 통해 테러집단의 수장과 재빨리 연락을 취하여 진정한 의사소통과 대화를 통해 문제를 해결할 수도 있다고 실제로 판단한다.	

	우리나라에 테러를 하려는 이유에 대해 소녀와의 대화를 통해 알아본다. 이후 테러집단과 신속히 연락을 취하여 진정성 있는 의사소통과 대화를 통해 문제를 해결하는 방법도 있다고 판단하는 자기 자신이 있다.			

	원인		결과	
	판단	성격	판단	성격
에포케 전		관습적 실재		주관적 판단
후 (환원)		주관적 의식		주관적 인식

11. (교사발문) 이제 자신이 실시한 에포케와 환원을 '짝-토론'을 통해 서로 나누어 볼까요? 5분 여 간의 짝 토론(2명)이 끝난 후, 모둠 토론(2명×2짝=총 4명)을 통하여 서로의 에포케와 환원을 소개하는 시간을 가져 봅시다. 그 다음 모둠별로 가장 의미 있다고 생각되는 에포케와 환원을 토론을 통하여 하나씩 선정해 볼까요? 최종 선정된 내용은 학급 전체에 소개합니다.

12. (교사발문) 학급 전체에 소개된 총 8개의 에포케와 환원을 경청하는 가운데, 이에 대한 자신의 생각과 느낌을 정리해 볼까요? 간단한 소감문을 접착용 종이 등에 작성하여 칠판이나 교실 후면 등에 게시하고, 쉬는 시간이나 자유 시간에 에포케 수업을 통해 느낀 친구들의 소감을 공유해 봅시다.

(소감 사례) 평소 가지고 있던 사고의 틀에서 벗어나 조금 다른 각도에서 상황을 바라보니 여러 가지 관점에서 도덕적 판단과 의사결정을 내릴 수 있다는 점 깨닫게 되었다. 고집대로만 상황을 해석하면서 자신의 관점만이 유일하게 옳다고 우기게 되면 마치 '우물 안 개구리'처럼 갑갑하고 답답한 사람이 될 것 같다.

참고문헌

김희봉(1999), "현상학적 환원의 성격과 의미", 『철학과 현상학 연구』, 13, 241-265.

박종식(2016), "칸트의 코페르니쿠스적 전회와 후설의 현상학적 환원에 관한 연구", 『동아시아불교문화』, 25, 343-378.

배상식(2013), "현상학적 교육학의 의미와 연구방법의 문제", 『철학연구』, 125, 191-214.

양영운(2003), "현상학적 구성에 관한 연구", 『철학탐구』,15, 95-122.

원승룡(1993), "현상학적 방법에 관한 연구", 『철학연구』, 32, 395-426.

이남인(1992), "발생적 현상학과 지향성 개념의 변화", 『현상학과 현대철학』, 6, 261-286.

이남인(2004), 『현상학과 해석학』, 서울: 서울대학교출판문화원.

이남인(2006), 『후설의 현상학과 현대철학』, 서울: 풀빛 미디어.

이남인(2010), '현상학적 교육학', 『교육철학』, 47, 127-158.

이남인(2012), "현상학적 환원과 현상학의 미래", 『현상학과 현대철학』, 54, 89-121.

이선관(1993), "현상학적 방법과 그 의의", 『철학연구』, 32, 249-269.

이종훈(1994), 『현대의 위기와 생활 세계』, 서울: 동녘.

한국심리학회(2014), 『심리학용어사전』, 서울: 한국심리학회.

함성민(2015), "'판단중지'를 적용한 시 읽기 과정과 특성 연구", 『우리말교육현장연구』, 9(1), 61-92.

Groopman, J. (2007), "Silent minds", *The New Yorker*, 15, 38-43.

Hogarth, R. M. (2001), *Educating intuition*, Chicago: University of Chicago Press.

Lind, G. 『도덕적 민주적 역량 어떻게 기를 것인가』, 박균열, 정창우 역(2017), 서울: 양서각.

Kahneman, D. (2003), "A perspective on judgment and choice: Mapping bounded rationality", *American Psychologist*, 58 (9), 697-720.

Narvaez, D. (2008), "Human flourishing and moral development: Cognitive and neurobiological perspectives of virtue development", *Handbook of moral and character education*, 310.

제4절 도덕과에서 신문 활용 교육(NIE) 수업 개발

1. 신문 활용 교육(NIE)의 의미 및 목적

NIE란 '신문을 활용한 교육(Newspaper In Education)'의 약자로 우리가 사는 공동체의 모습과 사람들이 살아가는 모습을 담은 신문을 활용해 교육에 유용한 보조 교재와 교수 방법을 제공하는 프로그램을 뜻한다. 이는 1930년대 미국의 〈뉴욕 타임스〉가 신문을 대학의 수업에 활용하며 시작되었다. 그 후 1950년대에 NIE가 미국 전역으로 확산되었고, 이후 미국교육협회와 일간지 〈데모인레지스터〉는 NIC(Newspaper in Classroom, 교실에서 신문을) 운동을 시작했다. 이것을 미국 신문발행인협회가 계승해 지금의 NIE 운동으로 정착시켰다. 1980년대 후반부터 세계 여러 나라가 이것을 받아들이기 시작해 세계신문협회가 2002년 발표한 보고서에 따르면 52개국에서 NIE 활동이 이루어지고 있다(박상하, 2009: 42-43).

스마트폰과 같은 디지털 기기의 등장으로 신문이라는 매체에는 큰 변화를 맞이하고 있다. 기존의 활동이 종이신문을 학습 자료로 활용한 '아날로그 NIE' 였다면, 인터넷, 스마트폰 등 디지털 기기의 발달은 소위 '인터넷 NIE', '디지털 NIE'라는 새로운 개념을 창출했다. 학습 자료의 형태가 종이 신문 기사에서 컴퓨터, 스마트폰, 전자책 등으로 다양해져 NIE 개념이 확대되었다. 이처럼 뉴스가 종이신문 또는 디지털 기기에 담겼는지가 다를 뿐, 살아 있는 교과서인 신문을 교재로 수업을 진행한다는 점은 같다. 또한, NIE가 학생들에게 정보화 능력과 창의성을 키워주는 교육방법이라는 본질은 변함이 없다(최상희, 2015: 1-5).

NIE 교육의 목적은 신문 환경의 변화 속에서도 크게 달라지지 않았다. 미국 신문발행인협회가 밝힌 신문 활용 교육의 목적은 다음과 같다(Burns, 1991; 최상희, 2015: 7에서 재인용).

첫째, 신문은 학생들이 민주사회에서 자신의 삶을 스스로 결정하여 이끌어가는 시민이 되도록 돕는다.

둘째, 신문은 자유주의 사회의 구성요소로서 자유로운 출판물에 대한 이해를 돕는다.

셋째, 신문을 통해 현대 생활에 필요한 능력을 터득하게 함으로써 학생들의 인격을 키운다.

넷째, 신문으로 언어 능력이 향상되고 학생들의 비평 능력 계발을 돕는다.

다섯째, 신문은 학생들의 비판적 읽기 능력을 유지한다.

여섯째, 공공의 문제에 대한 자연스러운 관심과 자치 과정에 참여할 동기를 학생들에게 심어준다.

이 밖에도 NIE 활동은 다음과 같은 목적을 둔다. ① 학습 과정에서 학생의 창의성 신장 촉진, ② 자신이 부딪치는 문제의 해결 능력 함양, ③ 다양한 의사 표현 및 의사결정 능력 배양, ④ 학생 간 협동 학습의 기회 제공 및 배양, ⑤ 정보와 자료의 분석력과 활용 능력 증진 등을 들 수 있다(최상희 · 오주석, 1999; 최상희, 2015: 9에서 재인용).

2. 도덕과에서 신문 활용 교육(NIE) 수업의 유용성

1) 학습 차원의 효과

NIE의 학습 활동은 크게 인지적 효과와 의사소통 및 기타 교육 효과로 나눌 수 있다. 인지적 효과는 다른 사람의 생각을 비판하고 평가하는 능력, 자신의 지식을 잘 활용할 수 있는 능력, 다른 사람의 생각을 논평할 수 있는 능력, 여러 정보를 요약할 수 있는 능력, 기억력, 이해력 등이 향상되는 것이다. 또한, 의사소통 및 기타 교육 효과로는 사회에 대한 관심 증가, 읽기 능력, 정보 수집 능력, 논리적 사고력, 쓰기 능력, 행동 결정 능력, 창의력, 수업에 대한 태도 등의 향상을 포괄한다(신희선, 2008; 황유선 외, 2011: 13에서 재인용).

한편 최상희(2015 :105)는 NIE의 특징이 구성주의 학습관과 유사하다고 보고 개정 교육과정에도 적합하다고 강조한다. 아래 〈표 5-16〉은 구성주의 교육과 신문 활용 교육의 특징을 비교해 놓은 것이다.

표 5-16 구성주의 학습관과 NIE의 특성[1)]

	구성주의 교육	NIE(신문 활용 교육)
지식의 생성 및 존재	• 기존 경험을 바탕으로 개개인의 마음 속에서 구성됨. • 자신이 속한 사회의 구성원들에 의해 영향을 받음. • 역동적이며, 개인적 · 사회적 · 합리적으로 창출됨.	• 경험을 바탕으로 학습자 스스로 마음 속에서 생성함. • 경쟁적이기보다 협동(협력)적이며, 개별 학습 또는 자신이 속한 집단(그룹, 팀)의 상호관계 속에 창출됨.
교육목표	• 생활에 의미(적합성/적응성) 있는 지식을 구성함.	• 인지능력 · 사고력 향상, 사회 적응 능력 육성, 정보 활용 능력을 신장함.
교육과정	• 창조적, 아이디어 중심, 실천적 교육 과정을 중시함. • 다양한 학습자료에 근거한 구성 활동을 강조함.	• 창의성을 중요시하며, 탐색 · 탐구, 공작, 동작 표현, 읽기 · 쓰기, 발표 · 토론 등의 활동을 강조함. • 신문 자료를 바탕으로 학생 스스로 문제를 해결하는 것을 강조함.
학습자	• 생각 · 아이디어의 능동적 창조자	• 수업의 능동적 주체자
교육 방법	• 협동 수업, 소집단 활동, 문제 해결 고등사고학습, 비판적 사고 수업	• 주제 · 상황에 따라 개별화 활동 또는 협동 학습, 토의 · 토론 중심 수업, 문제 해결 수업 • 고등사고학습, 사회에 대한 간접경험 수업

이 밖에도 교재로 활용되는 신문의 교육적 가치에 대해 디로쉬(Deroche, 1991)는 다음과 같이 다섯 가지를 밝히고 있다(김정실 · 안현효, 2004: 407에서 재인용).

첫째, 동기부여(motivation)이다. 신문은 재미있는 내용을 담고 있으며, 가정과 학교를 연결하는 훌륭한 다리 역할을 하고 전통적인 학교 교재보다 더 많은 흥미를 유발시킨다.

둘째, 정보(information) 제공이다. 신문은 두 가지 기본적인 정보의 물음들, 즉 '무엇이 어떻게 됐나? (뉴스)', '그것이 무엇을 의미하나? (사설 · 칼럼)'에 답하는 뉴스 매체이므로 중요한 교수 자료가 된다.

셋째, 통합성이다. 신문의 내용 자체가 다른 주요 사항이나 능력을 함께 길러 줄 수 있다. 예를 들어 정치 만화를 통해 이해력과 상징, 풍자 등을 가르치려면 자연스

1) 최상희, 『디지털 시대 NIE 이해와 활용』, p. 105 표4-2 일부 인용

럽게 그 만화의 배경이 되는 정치인이나 정치 사건에 대한 충분한 이해도 따라야 한다.

넷째, 감상력(appreciation)이다. 정보와 서비스의 원천으로서 신문은 독자들의 문제 해결과 의사 결정에 큰 영향을 미친다.

다섯째, 협동(cooperation) 학습이다. 토의와 토론을 유도하는 등 교수 방법에 변화를 줌으로써 협동 학습을 자연스럽게 강화하게 된다. 또한, 여럿이 문제를 풀고 프로젝트를 완성함으로써 협동하는 자세를 길러준다.

2) 도덕과에서 NIE 수업의 효과

도덕과는 "학생의 경험 세계에서 출발하여 자신을 둘러싼 현상을 탐구하고 내면의 도덕성을 성찰함과 동시에 스스로의 삶 속에서 실천하는 과정"을 중시하는 교과이다(교육부, 2015: 3). 도덕과의 성격을 반영하기 위해 학교 현장의 도덕 수업은 우리 주변의 삶에 관심을 가질 기회를 학생들에게 꾸준히 제공해야 한다. 이는 '도덕적인 인간'이면서 '정의로운 시민'으로 나아가기 위한 발판이 된다. 이를 위해 도덕 교과서에는 우리가 살면서 겪게 되는 다양한 사례들이 고전이나 문학작품, 우리의 삶이 반영된 신문 기사 등의 형태로 제시되어 있다. 그러나 교과서의 특성상 제시된 사례 중 신문 기사는 매년 새롭게 구성하기 어렵다. 따라서 도덕 수업은 신문 활용을 통해 학생들이 우리를 둘러싼 환경과 공동체에서 일어난 시사 문제에 관심을 가질 수 있도록 해야 한다. 그리고 도덕 시간에 배운 도덕적 지식이 우리의 삶 속에서 어떻게 활용될 수 있는지 탐색하도록 해야 한다.

시사 문제를 학습하기 위한 가장 효과적인 매체는 바로 신문이다. 신문에서 제기된 시사 문제를 토론하고 이것을 이해하는 과정에서 바람직한 시민성을 갖추게 된다. 또한 갖가지 시사 정보를 활용하는 능력을 자연스럽게 몸에 익히게 된다. 좀 더 구체적으로 도덕과 수업에서 NIE 활용의 의의를 살펴보면 다음과 같다(정창우 외, 2007: 203-205).

첫째, 신문은 교과서와 실제 세계를 매개해주는 다리 역할을 해준다.

둘째, 신문은 정보화 시대에 학생들이 삶의 모든 영역에서 다양하고 참신한 정보를 제공해 주기 때문에 교육 자료로서 중요하다.

셋째, 신문은 교과서의 추상적인 개념과 원리를 적용할 수 있는 다양하고 생생한 자료를 제공해 줌으로써 교과서 내용을 이해하는 데 도움을 준다.

넷째, 학생 자신의 일상생활에 직접 관련성이 있는 자료들을 제공해주기 때문에 학습에 대한 관심과 흥미를 유발할 수 있다.

다섯째, 민주시민으로서 참여 의식을 길러주는 데 신문 활용 교육은 매우 중요하다.

여섯째, 신문 활용 교육은 사회문제에 대한 관심을 두게 하고 사회 문제를 도덕적으로 보는 능력, 즉 도덕적 민감성을 길러주는 데 효과적이다.

일곱째, 신문 활용 교육은 실제 일어난 문제 상황을 다루므로 합리적인 도덕적 판단 능력과 함께 도덕적 실천 의지를 길러주는 데에도 효과적이다.

여덟째, 읽기, 말하기, 쓰기, 듣기 능력과 아울러 정보를 분석하고 비판할 수 있는 능력을 길러주며, 종합적이며 창의적인 사고 능력과 통합 교과적인 사고 능력을 배양하는 데에도 도움을 준다.

아홉째, 학생들은 신문 자료를 스스로 찾아 조사하고 연구함으로써 적극적인 탐구능력을 개발할 수 있다.

종합해보면, 도덕과에서 NIE 수업은 '도덕적 인간'이 되기 위한 도덕적 민감성과 도덕적 사고 능력(비판적 사고 능력) 및 도덕적 실천의지를 길러주는 데 유용하다. 뿐만 아니라 NIE는 사회문제와 공동체의 삶에 대한 자연스러운 관심을 유도해 '정의로운 시민'으로서 참여 의식을 길러준다. 나딩스와 브룩스(N. Noddings & L. Brooks)에 따르면, 논쟁적인 쟁점에 대한 탐구에서 이루어지는 비판적 사고 교육은 민주주의 사회에서 필요한 자질과 역량을 계발토록 돕는다. 비판적 사고는 논쟁에서 이기기 위해서 필요한 것이 아니라 다른 사람의 의견을 경청하고 이해하며 협력하기 위해 필요하다고 본다. 이러한 과정은 결국 개인적, 시민적 성장을 가져와 도덕적 헌신으로 이어진다(Noddings & Brooks, 정창우 · 김윤경 역, 2018: 86-104).

도덕성 및 시민성 발달 이론가인 데이먼(W. Damon)은 "만약 청소년기 동안 공동체 및 시민 사회에 대한 관심을 갖지 않게 되면 그는 평생 동안 시민 사회에 대한 관심을 배양하기 어려울 것"이라고 강조한다. 또한 "강한 시민 의식은 올바른 인성의 필요조건"으로 "청소년기에 시민으로서 헌신의 기초를 형성하는 일은 곧 인간 발달의 기초를 닦는 일"로 본다(Damon, 정창우 · 한혜민 역, 2012: 94-95; 정창우, 2019: 74에서 재인용). 정리하자면, 청소년기에는 자기 삶의 행복을 추구하는 데 그치지 않고 우리가 속해 있는 공동체에 관심을 가질 수 있도록 교육해야 한다. 즉, 청소년기에 시민 생활에 대한 목적의식을 정체성으로 길러주기 위해 도덕과의 NIE 수업을 적절히 활용해야 한다.

3. 도덕과 신문 활용 교육(NIE) 수업의 실제

도덕과 학습 지도에 있어서 교수 · 학습 자료가 차지하는 비중은 매우 크다. 수업의 효과를 높이기 위해서는 "학생들의 도덕적 학습 경험을 심화시키고 그들의 인격 성장에 공헌할 수 있는 교육적 가치를 지닌 것(유병렬, 2003: 530)"이어야 한다. 좋은 도덕과 교수 · 학습 자료의 조건은 교사, 학생, 자료의 내용으로 구분하여 아래 〈표 5-17〉과 같이 제시할 수 있다.

표 5-17 좋은 도덕과 교수 · 학습 자료의 조건(유병렬, 2003: 542)

	좋은 자료 수집의 기준
교사의 입장	① 도덕과 교육과정의 기본 정신과 목표 및 내용에 적절함. ② 학생들의 생활 배경, 도덕적 발달의 특성, 실태 등에 적절함. ③ 자료의 수집 · 제작 · 이용이 용이함.
학생의 입장	① 학생들의 지적 · 도덕적 발달 수준에 적절함. ② 관심과 흥미, 학습 의욕을 유발함. ③ 학생들에게 친근감을 주고 그들의 생활과 경험에 잘 어울림.
자료의 내용 요건	① 도덕적 가치 규범에 관한 이해와 내면화를 깊게 함. ② 도덕적 사고 · 판단 능력을 자극함. ③ 가치 규범에 관해 감동을 얻어 실천 의욕과 행동 성향을 높임.

신문은 교사와 학생의 입장에서뿐만 아니라 자료의 내용 면에서도 좋은 자료가 될 수 있다. 먼저 교사의 입장에서 추상적인 가치와 도덕원리를 학생들의 특성에 맞게 재구성해 제시할 수 있다. 또한 종이 신문과 더불어 인터넷 신문의 경우 수업 자료로 수집, 제작, 이용이 매우 용이해졌다. 스크랩하고 한글 파일로 옮겼던 신문 학습 자료를 만드는 수고로움은 인터넷 신문의 확장으로 매우 간소화되었다(공규택, 2010: 11). 학생의 입장에서도 학생들의 지적 수준에 맞는 신문의 내용을 자발적

으로 찾는 기회를 통해 학습의 관심과 흥미를 자연스럽게 유발할 수 있다. 마지막으로 자료의 내용 측면에서 신문은 도덕적 가치 규범에 대한 감동적인 이야기가 있고 논쟁이 되는 이슈가 존재한다. 이는 학생들의 도덕적 가치 규범에 대한 이해와 내면화를 가져올 뿐만 아니라 토론을 통해 사고와 판단 능력을 높일 수 있다. 뿐만 아니라 도덕적 동기를 강화해 학생들의 실천 의지 및 행동 성향을 높일 수 있다.

디지털 · 스마트 미디어의 보급은 오늘날 '신문'이라는 활자 매체를 도구로 삼아 교육을 진행하는 NIE의 '고전적인' 실천 방식에 더욱 주목하게 만든다. 디지털 영상 매체의 등장으로 학생들은 읽는 콘텐츠보다는 '보는' 콘텐츠에 익숙하게 되었다. 휴대전화의 문자메시지나 SNS 등을 이용한 '단문'의 메시지 송수신 환경에서 살고 있다. 이러한 디지털 환경은 신문 활용 교육의 유용성을 다시금 부각한다. 왜냐하면 신문에는 어떠한 사안에 대한 비판적 주장이나 해석이 담겨 있는 '짧지만은 않은' 스토리가 있고, 이것은 '읽는' 콘텐츠로 학생들의 적극성이 필요하기 때문이다. 이와 같이 신문은 깊은 사유가 가능하고 현상에 대한 자율적 판단 능력을 배양하는 과정이기 때문에 디지털 시대에도 더욱 주목받게 되었다(황유선 외, 2011: 3).

1) 미담 기사 스크랩을 통한 도덕적 민감성 함양

도덕적 가치 규범에 대한 긍정적인 느낌이나 감정을 갖고 그것을 적극적 실천 의지로 발전시킬 수 있는 자료를 '심정화 자료'라고 한다(유병렬, 2003: 536). 신문 기사에는 학생들이 도덕적 민감성을 높일 수 있는 다양한 자료가 존재한다. 수업 시간에 미담 기사를 스크랩하는 활동을 통해 학생들의 도덕적 정서에 좋은 영향을 끼칠 수 있다.

레스트(J. Rest)는 도덕적 민감성을 도덕적 행동을 위한 4구성요소 중 제 1요소로 제시한다. 도덕적 민감성은 "어떤 상황을 도덕적 문제 상황으로 감지하고 그 상황에서 어떠한 행동을 할 수 있으며, 그 행동이 관련된 사람들에게 어떠한 영향을 미칠 수 있는가를 상상해본다는 측면에서 정의와 인지 모두의 발달"을 가져온다(정창우, 2004: 64). 학생들은 신문에서 도덕적으로 반응할만한 상황의 기사를 찾을 수 있다. 도덕 수업의 과정으로서 미담을 담은 신문 기사를 찾아 꾸준히 스크랩하는 기회는 학생들의 도덕적 민감성을 향상시킬 수 있다.

교과	도덕 ①	학년	1
단원	Ⅰ. 자신과의 관계 2. 도덕적으로 행동하기 위해 필요한 것은 무엇인가?		
성취기준	[9도01-02] 도덕적 행동을 위한 도덕적 상상력과 민감성, 도덕적 추론의 과정과 비판적 사고의 역할을 이해하고, 자신의 삶을 도덕적으로 성찰하는 태도를 기를 수 있다.		
과제 내용	[과제명] 미담 기사 스크랩을 통해 도덕적 민감성 기르기 학생들에게 3주 동안 일주일에 한 번 씩 직접 신문 기사를 검색해 감동을 주는 사례를 찾아온 뒤 다음과 같은 활동을 제시함. 1) 신문 기사 찾아 붙이기 2) 미담 기사에서 찾은 가치 덕목과 그 이유를 설명하기 3) 미담 기사에 대한 자기 생각이나 느낀 점을 자신의 삶에 비추어 쓰기		

미담 기사 내용 및 학생 소감	학생 과제 예시
1) 미담 기사 제목 : 청와대도 감동한 단팥죽 기부 천사 할머니(한국일보, 2018.7.24.) **2) 미담 내용** : 단팥죽을 팔며 지난 2009년부터 90차례 걸쳐 총 2억 4000만 원의 현금을 기부하고 앞으로도 10억 원 상당의 아파트까지 기부를 약속한 상태이다. **3) 미담에서 찾은 가치나 덕목** ① 사랑: 자신이 가진 것을 주고도 더 줌. ② 공감: 다른 사람의 힘든 처지를 이해함. ③ 나눔: 자신의 재산을 기쁜 마음으로 나눔. ④ 성실: 매달 400만 원씩 꾸준히 기부함. **4) 미담에 대한 학생의 느낀 점** : 친구들에게 맛있는 것을 줄 때도 다음에 나도 사 달라는 것을 요구하고 평소 손해를 안 보려고 노력하는 편인데 스스럼없이 기쁜 마음으로 기부하시는 모습을 보니 나 자신이 정말 부끄러웠다.	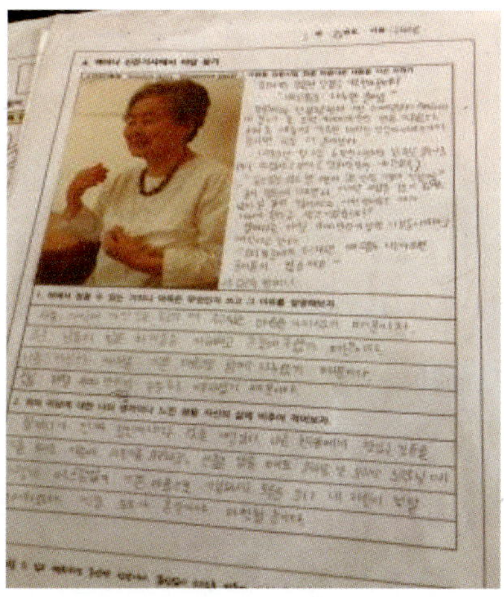
1) 미담 기사 제목 : 멋 부릴 나이에 긴 머리 싹뚝... 시골 여중생 기특한 상고머리(중앙일보 2019. 4. 14.) **2) 미담 기사 내용** : 여름 방학을 앞두고 친구들과 소아암에 걸린 환자들에게 머리카락을 기증하기 위해 짧게 단발머리로 변화를 주었다.	

3) 미담에서 찾은 가치와 덕목
① 용기: 머리 자르는 것에 용기를 냄.
② 긍정: 서로의 머리를 자른 모습에 대해 긍정적으로 지지함.
③ 배려: 자신보다 더 머리카락이 필요한 사람들을 생각함.
④ 공감: 백혈병 친구들의 기분을 헤아림.
4) 미담에 대한 생각이나 느낀 점
: 나는 내 머리가 이상하게 잘리면 엄청 짜증을 내는데 백혈병 환자들을 위해 그냥 머리를 자르는 것이 존경스럽다. 또 두 명의 학생들이 나눔을 했더니 40명에게 나눔 바이러스가 생긴 것이 놀라웠다.

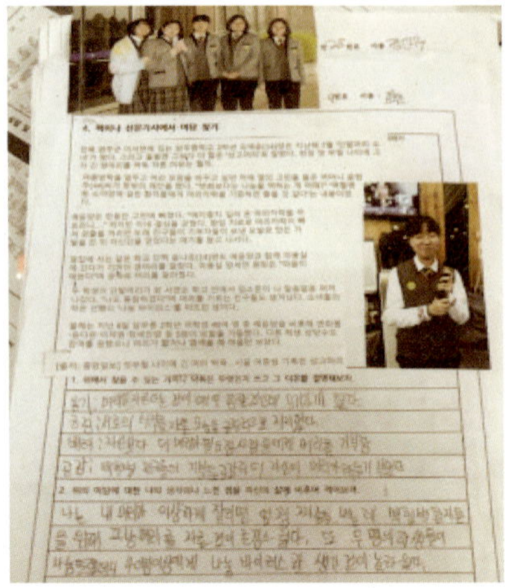

2) 논쟁적 이슈 기사 토론을 통한 도덕적 사고 능력 향상

사회적인 논란을 불러오는 쟁점에 대해 신문은 찬성과 반대의 토론장 역할을 한다. 사건이 발생하면 그 분야에 이해관계가 얽힌 전문가들, 각계각층 사람들의 의견이 신문에 실리게 된다. 신문에 제시된 사형제도, 존엄사, 환경 보존과 개발, 범죄자 처벌과 관련된 인권 문제들을 수업 시간에 제시해 학생들에게 생각해 볼 기회를 제공한다. 찬반 토론의 형태로 제시한 뒤 학생들이 직접 근거 자료를 신문 기사에서 찾게 한다. 학생들은 여러 개의 비슷한 내용의 기사를 읽다 보면 자연스럽게 그 주제와 관련된 풍부한 배경 지식을 갖추게 된다(정성임, 2016: 148-149).

나딩스와 브룩스(N. Noddings & L. Brooks)에 따르면, 교실에서 논쟁적인 쟁점을 다루어야 하는 이유는 대면하고 있는 문제에 대해 감정을 갖게 되기 때문이다. 이러한 감정은 학생들이 사고하고 주장하도록 하는 중요한 동기이다. 단순히 좋은 점수를 받아 대학을 가기 위한 이유가 아니라 "보다 충만한 삶에 대한 도덕적 헌신과 보다 건전한 사회에 대한 비전에 눈뜨기 위해" 논쟁하도록 기회를 제공한다. "비판적 대화가 고압적인 훈화보다 더 낫다."라고 보기 때문에 수업에서 도덕적 쟁점에 관해 학생들이 진지하게 사고할 수 있도록 해야 한다(Noddings & Brooks, 정창우 · 김윤경 역, 2018: 102-103).

레스트는 도덕적 행동을 위한 제 2요소로 '도덕적 판단'을 제시한다. 이는 어떤 행동이 도덕적으로 옳은지 그른지를 판단하는 과정이다(정창우, 2004: 64). 2015 개정 교육과정에서 도덕과 핵심 역량 중 하나로 '도덕적 사고 능력'이 제시된다. 이는 "일상의 문제를 도덕적으로 인식하고 도덕적 판단 및 추론의 탐구 과정을 거쳐 타당한 근거를 가지고 옳고 그름을 분별할 수 있는" 능력을 말한다(교육부, 2015: 3). 이와 같은 역량을 갖추려면 도덕적 판단 및 추론의 탐구 과정을 수업 시간에 제시해야 한다. 신문 기사의 도덕적 논쟁이나 이슈를 수업 자료로 재구성해 학생들이 토론할 수 있도록 한다.

교과	도덕 ①	학년	1
단원	Ⅰ. 자신과의 관계 2. 도덕적으로 행동하기 위해 필요한 것은 무엇인가?		
성취기준	[9도01-02] 도덕적 행동을 위한 도덕적 상상력과 민감성, 도덕적 추론의 과정과 비판적 사고의 역할을 이해하고, 자신의 삶을 도덕적으로 성찰하는 태도를 기를 수 있다.		
과제 내용	[과제명] 동물실험 찬반 토론을 통해 비판적 사고력 기르기 신문 기사의 동물실험에 관한 글을 읽고 찬성과 반대 측으로 나눠 토론한다. 자신의 주장을 도덕 추론의 과정으로 제시하는 연습을 하며 도덕적 사고 능력을 함양한다.		

단계		교수·학습 활동 내용	자료 및 유의점
도입	동기유발	► **학습동기 유발**: 〈자료 1〉의 〈신문 기사〉를 활용하여 학습 동기가 일어나도록 발문한다. – 교사: 〈신문 기사〉에서 제시되는 논쟁은 무엇인가요? – 학생: 동물실험을 허용해야 하는가, 허용하면 안 되는가입니다.	► 〈자료 1〉을 활용하여 학생들에게 도덕적 논쟁에 대한 자신의 입장을 발표하도록 함.
	학습 목표	► **동물실험에 대한 찬성과 반대 근거를 제시해 도덕 추론을 할 수 있다.**	
전개	도덕적 토론의 도입	► **도덕적 쟁점 부각하기**: 〈자료 2〉를 활용하여 동물실험에 대한 상이한 두 입장 간에 존재하는 도덕적 쟁점을 부각한다. – 교사: 사진과 동영상 자료에서 본 동물 실험에 대한 입장의 근거는 무엇일까요?	► 〈자료 2〉를 활용하여 찬성과 반대의 쟁점이 잘 드러나도록 지도함.
		► **모둠별 소집단 토론**: 모둠별 입장 탐색 – 소집단끼리 모여 도덕적 판단 이유 검토	► 모둠별로 준비한 자료와 근거를 모아본다.

전개	도덕적 토론의 심화	► **모둠별 대집단 토론**: 모둠별 입장 발표 – 모둠의 대표가 모둠에서 나온 입장을 정리해 발표한다. – 교사는 모둠 대표의 설명을 칠판에 정리해 반 전체 학생과 그 내용을 공유한다.	► 모둠 대표가 발표하는 동안 다른 학생들은 진지하게 경청할 수 있도록 한다.
		► **도덕적 쟁점 심화하기**: 상호 반박 및 설득 – 교사: 먼저 찬성과 반대를 선택한 모둠의 발표자 학생들 중 다른 입장에 대한 질문과 반박을 해주세요.	
		► **도덕적 추론하기**: 도덕 판단의 절차 연습 – 교사: 찬성과 반대 입장이 제시한 근거로 도덕 추론을 연습해봅시다. 여러분의 최종 입장을 도덕 원리, 사실 판단, 도덕 판단으로 정리해봅시다. – 교사: 찬성과 반대 근거에서 이야기하는 핵심적 가치는 각각 무엇인가요?	► 토론 후 처음의 입장과 최종 입장이 바뀔 수 있다.
정리	내용 정리 및 평가	► 오늘 배운 내용을 정리한다. ► 학생의 토론 참여도와 이해 정도를 평가한다.	
	차시 예고	► 다음 시간에 학습할 내용을 안내한다.	

〈자료 1〉 학생 활동지

반 번호 이름:

동물실험을 허용해야 하는가?

'비글의 슬픔' 끝날까… 마네킹 실험 첫 도입

최근 복제견 메이 불법 실험 소식이 알려지면서 동물복지에 관심이 쏠리는 가운데 건국대 수의학과가 국내 최초로 해부학 실습에 동물 마네킹을 사용하기로 했다. 지난 한 해 370여만 마리 동물실험이 이뤄진 우리나라 상황에서 동물보호단체들은 일제히 환영 의사를 표명하고 나섰다. 서울대를 비롯한 다른 대학에서 건국대의 결정을 뒤따를지 주목된다. 3일 건국대 수의과대학은 올해 2학기부터 해부학 실습 교육에 동물 마네킹을 활용하기로 했다고 밝혔다. 건국대는 개 · 고양이 등 동물의 해부학적 구조 및 조직 질감 · 혈액순환 과정을 재현한 '신데버' 등 7가지 모형을 통해 봉합 수술부터 기도 삽관 · 폐음 청진 · 채형 등 다양한 실습을 진행할 예정이다. ○○○ 건국대 수의과대학장은 "진료에 어려움이 있을 수 있는 만큼 모든 실습에 마네킹을 사용할 수는 없지만 가능하면 사용률을 높일 계획"이라고 밝혔다. ○○○ 건국대 동물병원장도 "동물 희생은 줄이면서도 마네킹을 활용하는 실습 교육의 성공적 선례를 만들기 위해 노력하겠다"고 말했다. 농림축산검역본부에 따르면 지난해 국내에서는 362개 기관에서 372만 7163마리의 동물을 대상으로 실험이 진행됐다. 성격이 활발하면서 온순하고, 크기가 적당해 실험자들이 다루기 쉬운 비글은 대표적인 실험 견으로 꼽힌다. 국내에서 한 해 1만여 마리의 개가 실험용으로 목숨을 잃는데 이 중 90%가 비글이다. 특히 지난 4월 복제견으로 태어나 평생을 인천공항 검역센터에서 일한 비글 메이가 은퇴 후 서울대로 넘겨져 동물실험 도중 학대를 받고 폐사한 사연이 알려지면서 동물복지 목소리가 불거졌다. 현재 국회에서는 '제2의 메이'를 막기 위해 ○○○ 의원이 발의한 국가 사역견 대상 동물실험금지법 개정안이 제출된 상태다. 동물보호단체들은 동물 마네킹을 통한 해부학 실습 도입을 반겼다. ○○○ 동물자유연대 대표는 "건국대 결정을 환영하며 앞으로 동물의 권리에 특히 민감해야 할 수의대학에서 동물 보호에 더욱 적극적으로 나서주길 바란다"고 말했다.

문화일보(2019.9.3.)

1. '동물 실험을 허용해야 하는가?'에 관한 토론에서 나온 내용을 아래에 정리해 보세요.

	찬성 근거	반대 근거
근거	◆ ◆ ◆	◆ ◆ ◆

2. 위의 논의를 토대로 동물실험에 대한 최종적인 도덕판단을 내려 보세요.

최종 도덕 판단	

↑

근거1 사실 판단	

↑

근거2 도덕 원리	

〈자료 2〉 동물실험과 관련된 사진과 수업자료 예시

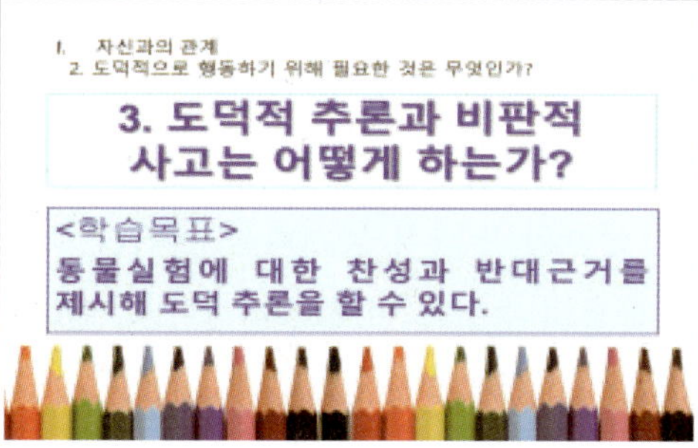

동물실험 도덕적 논쟁으로 제시해 토론하기

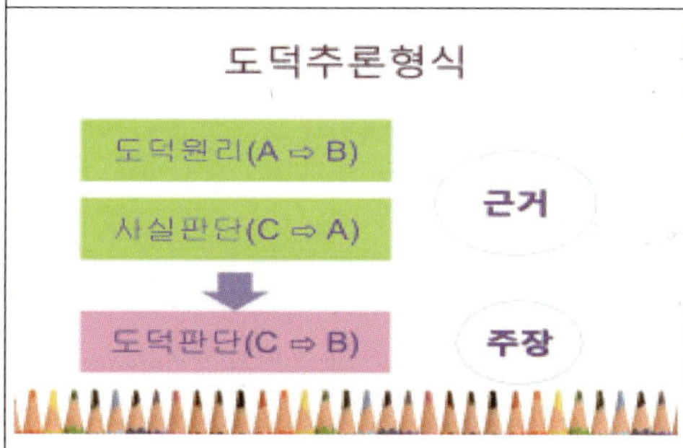

도덕추론 형식 제시

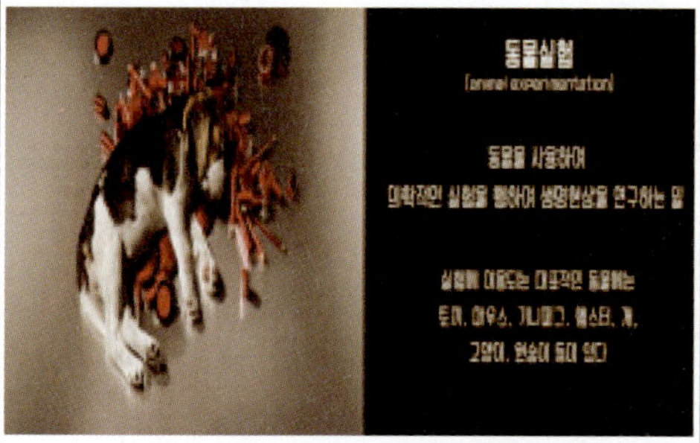

동물 실험에 대한 신문 기사 제시

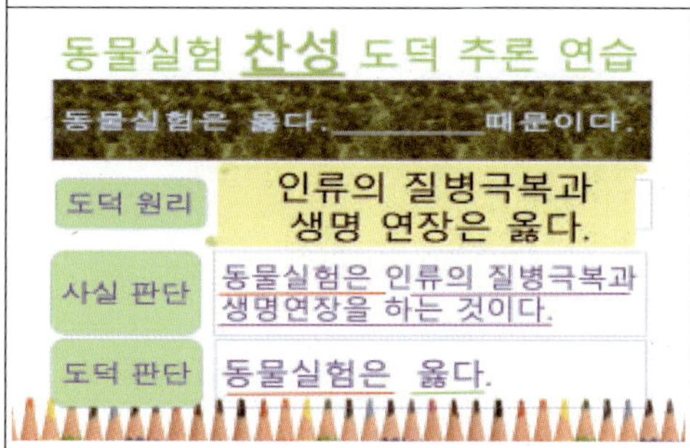

도덕추론 연습(찬성)

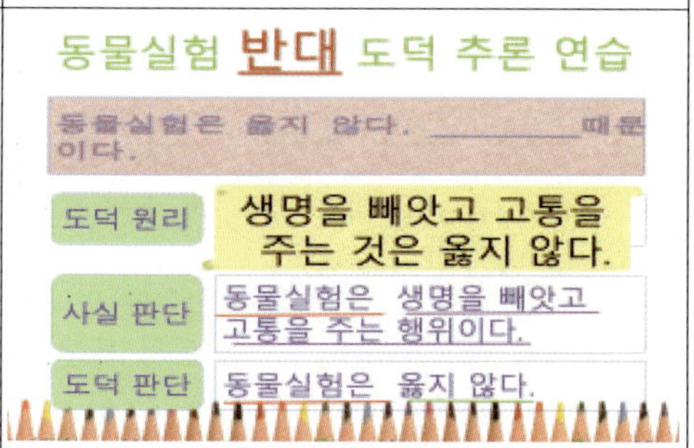

도덕추론 연습(반대)

동물실험하지 않는 윤리적 기업 예시

3) 실생활 신문 기사 탐구를 통한 도덕적 실천 의지 강화

신문 기사는 사회 문제에 대한 자연스러운 관심을 두게 할 뿐만 아니라 우리 삶 속에서 실제 일어난 문제 상황을 다루므로 도덕적 실천 의지를 길러주는 데 효과적이다(정창우 외, 2007: 204). 도덕 수업 시간에 학생들의 도덕적 동기화를 높이기 위해 우리 주변의 삶에서 일어나는 사례들을 찾아 적절히 수업에 연계해 제시할 수 있다.

<table>
<tr><th>교과</th><td>도덕 ①</td><th>학년</th><td>1</td></tr>
<tr><th>단원</th><td colspan="3">Ⅲ. 사회 · 공동체와의 관계
1. 인권의 도덕적 의미는 무엇인가?</td></tr>
<tr><th>성취기준</th><td colspan="3">[9도03-01] 인간 존엄성과 인권, 양성평등이 보편적 가치임을 도덕적 맥락에서 이해하고, 타인에 대한 사회적 편견을 통제하여 보편적 관점에서 모든 인간을 인권을 가진 존재로서 공감하고 배려 할 수 있다.</td></tr>
<tr><th>과제 내용</th><td colspan="3">[과제명] 인권침해 및 차별 사례 신문 기사 속 사진 찾기
인권침해나 차별로 인한 사례를 신문 기사에서 찾아 사진을 붙이고 당사자의 감정을 입장 바꿔 상상하도록 한다.
1) 신문 속 사진을 보고 관찰한 내용 쓰기
2) 신문 속 당사자의 입장을 감정 카드로 제시하기
3) 사진이 인권침해와 관련 있는 이유를 설명하기</td></tr>
</table>

<table>
<tr><th>인권 침해 및 차별 신문 기사</th><th>학생 과제 예시</th></tr>
<tr><td>1) 신문 기사 속 사진
: 북한 이탈 주민(국가인권위원회 블로그 2019.10.31.)
2) 사진에서 관찰한 내용(무엇을 하는 사람인가요? 무슨 표정을 짓고 있나요?)
: 북한을 탈출하다가 걸려 구금 시설에서 받은 인권침해 사실을 이야기하며 고통스러운 표정을 짓고 있다.
3) 감정 카드를 이용해 당사자의 심정 느끼기
① 무서운: 북한이라는 세상 속에서 얼마나 떠나고 싶었을지 이 사람 입장에서는 무서웠을 것 같다.
② 간절한: 돈이나 숨겨둔 물건을 찾는다는 이유로 몸을 수색하고 성폭행을 하다니 감옥 탈출을 간절하게 바랐을 것 같다.
③ 두려운: 구금시설에는 영양실조로 돌아가신 분이 많았고 위생 상태도 매우 심각했다고 한다. 이 안에 사는 수감자들은 두려웠을 것 같다.
4) 신문 기사 사진이 인권 침해인 이유
: 여자로서 인권을 존중받지 못해 힘든 시간을 오래 보낸 분이 눈물까지 흘리며 말했기 때문</td><td>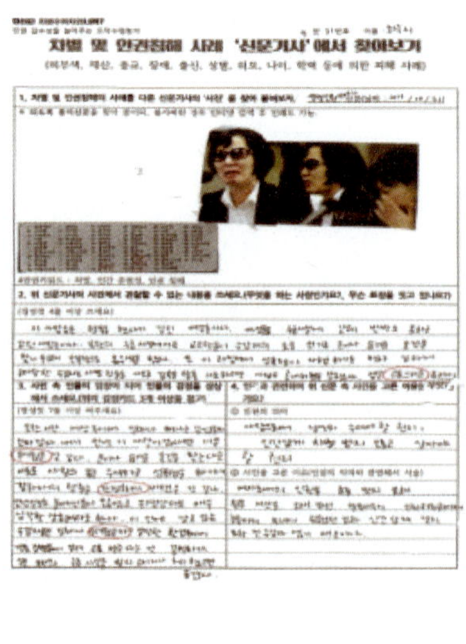</td></tr>
</table>

인권 침해 및 차별 신문 기사	학생 과제 예시
1) 신문 기사 속 사진 : 청각장애인 배우 김○○ 씨가 수어(手語)로 유튜브 영상을 촬영하고 있다(조선일보, 2019. 11. 2.). 2) 사진에서 관찰한 내용(무엇을 하는 사람인가요? 무슨 표정을 짓고 있나요?) : 사진 속 남성은 선천적 청각장애인이자 배우이다. 그러나 정확한 발음과 큰 소리로 말하면 알아들을 수 있다. 사진 속에서는 그는 수어로 자신의 상황과 장애인도 혼자 할 수 있는 것들을 알려 주고 있다. 카메라를 바라보고 있지만 눈시울이 붉어져 있다. 3) 감정 카드를 이용해 당사자의 심정 느끼기 ① 기대되는: 자신의 의견과 말로 인해 사회가 바라보는 장애인에 대한 인식이 바뀌기를 소망하고 기대할 것 같다. ② 두려운: 남들이 자신의 노력을 무시하듯 악플이나 무관심이 생길 것만 같아 두려울 것 같다. ③ 슬픈: 사람들이 당연히 갖고 있어야 할 인식을 자신이 직접 말해서 알려한다는 사실이 사진 속 인물을 더욱 슬프게 했을 것 같다. 4) 신문 기사 사진이 인권 침해인 이유 : 신문 기사의 인물은 장애인에 대한 지나친 관심과 배려도 당사자들에게 부담스럽거나 불편할 수 있고 사진 속 인물의 눈시울이 붉어진 모습이 안타까워 고르게 되었다.	 차별 및 인권침해 사례 '신문기사'에서 찾아보기 "장애인이 연기할 때 힘든 점? 어중간한 배려죠"
1) 신문 기사 속 사진 : 손흥민 태클 후 눈물... 에버턴 일부팬 인종차별(데일리안 2019.11.4.) 2) 사진에서 관찰한 내용(무엇을 하는 사람인가요? 무슨 표정을 짓고 있나요?) : 경기 중 자신의 태클에 다친 선수 때문에 힘들어 하는 선수를 향해 인종차별적인 행위를 하고 있어 손흥민은 지금 슬프고 혼란스러운 표정을 짓고 있다. 3) 감정 카드를 이용해 당사자의 심정 느끼기 ① 걱정되는, 겁나는: 다친 선수가 걱정되고 자신이 경고를 받을 까봐 겁날 것 같다. ② 미안한: 다친 선수의 생활에 지장이 있을까봐 ③ 슬픈: 자신이 저지른 것만 같은 죄책감 때문에 4) 신문 기사 사진이 인권 침해인 이유 : 축구선수가 경고를 받아서 슬픈 상황에 다른 사람이 그에게 인종차별적 행동을 하는 것에 너무 화가 났다.	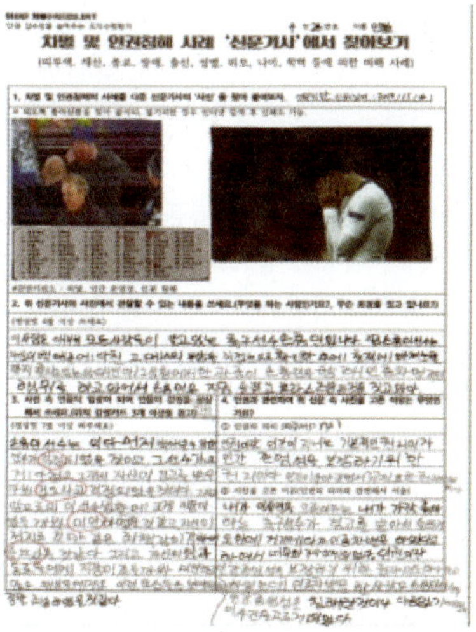 차별 및 인권침해 사례 '신문기사'에서 찾아보기

교과	도덕 ②	학년	2
단원	II. 사회 · 공동체와의 관계 2. 정의란 무엇인가?		
성취기준	[9도03-05] 정의로운 사회가 도덕적 공동체와 인간다운 삶을 보장하기 위한 기반이 된다는 점을 이해하고, 공정한 경쟁을 저해하는 부패 행위를 예방하는 마음가짐을 길러 보편적 관점에서 정의 실현을 위한 참여적 태도를 가질 수 있다.		
과제 내용	[과제명] 정의롭지 않은 사례 신문 기사에서 찾기 우리 사회의 정의롭지 않은 사례를 신문 기사에서 찾아 붙이고 그것의 해결책을 개인적 노력과 사회적 노력으로 나누어 생각해본다. 1) 내가 찾은 신문 기사가 정의롭지 않은 이유 작성하기 2) 해결책을 개인적 노력과 사회적 노력으로 나누어 제시하기 3) 정의로운 사회를 위해 나의 다짐 구체적으로 적어보기		

정의롭지 않은 신문 기사	학생 과제 예시
1) 정의롭지 않은 신문 기사 제목 : 서울 도봉 창동 복합시설 공사장에 3만톤 넘는 불법 매립 폐기물(경향신문 2018. 10. 09.) **2) 정의롭지 못한 상황** : 폐기물은 정해진 환경기준 법률에 따라 주의 깊게 처리하지 않았다. 돈을 아끼고자 폐기물을 몰래 매립한 것은 정의롭지 않다. **3) 신문 기사의 문제를 해결하기 위한 노력** ① 개인적 노력 : 폐기물을 불법적으로 매립한 책임자를 찾는 과정에 끝까지 관심을 가지고 환경과에 계속 문의를 한다. 또한 후속 취재 기사가 나올 수 있도록 언론사에도 연락한다. 시민 개개인의 관심이 중요하다고 생각한다. ② 사회적 노력 : 무단으로 매립한 사람들을 찾아내 책임을 묻는다. 금전적 배상과 함께 처벌을 받아 이러한 환경 범죄가 함부로 저질러지지 않도록 한다. **4) 정의로운 사회를 위해 내가 실천할 수 있는 약속과 다짐** ① 신문이나 잡지를 꾸준히 읽어 사회 문제에 대해 늘 관심을 두겠습니다. ② 약자나 소수자의 입장에서 한 번 더 생각해 보도록 노력하겠습니다. ③ 옳지 않다고 생각하는 일에는 내가 먼저 용기 내어 질문하겠습니다.	 정의롭지 않은 사례 '신문'에서 찾아보기

참고문헌

교육부(2015),『도덕과 교육과정』(교육부 고시 제2015-72호 [별책 6]).

Noddings, N., Brooks, L.(2017), 정창우 · 김윤경 역(2018),『논쟁 수업으로 시작하는 민주시민교육』, 풀빛.

공규택(2010),『국어시간에 신문읽기2』, 나라말.

김정실 · 안현효(2004), "NIE를 활용한 경제 교육의 효과",「교과교육학 연구」8권(3), 403-419.

박상하(2009),『신문을 읽으면 공부가 즐겁다』, 스마트 주니어.

유병렬(2003),『도덕과교육론』, 양서원.

정성임(2016),『행복한 NIE 교과서』, 행복한 미래.

정창우(2004),『도덕교육의 새로운 해법』, 교육과학사.

정창우 · 박영하 · 조성태 · 이병일 · 김용순 · 윤영진 · 김현섭 · 배은주(2007),『도덕과 교수 · 학습방법 및 평가』, 인간사랑.

정창우(2019),『21세기 인성교육 프레임-'사람다움'과 '시민다움'을 지향하는 인성교육』, 교육과학사.

최상희(2015),『디지털 시대 NIE 이해와 활용』, 커뮤니케이션북스.

황유선 · 박진우 · 김위근(2011),『NIE와 교육 효과』(연구서 2011-05), 한국언론진흥재단.

http://www.munhwa.com/news/view.html?no=2019090301071221335001(문화 일보, 2019. 9. 3.)[검색 일자 2019. 11. 10.]

제5절 미디어 및 이미지 활용 도덕 수업 개발

1. 미디어 활용 교육(MIE)의 의미

미디어란 중간에 자리하여 사이를 매개하는 매체(媒體)를 의미한다. 일반적으로 미디어는 언론 및 보도와 관련된 정보 전달 매체를 의미하지만 분야에 따라 다양한 미디어가 존재한다. 대표적으로 기록 및 출판과 같은 인쇄 미디어, 방송 및 영상 미디어, 인터넷 환경의 디지털 미디어 등이 있다.[1] 우리는 미디어가 주는 엄청난 정보 속에서 살아가게 됨에 따라 학교에서 미디어 교육이 강조되어 왔다. 미디어 교육이란 나라와 학자에 따라 조금씩 차이가 있지만 미디어의 특성을 잘 알고 이해하며, 미디어의 내용에 대해 평가하고 적절히 선택할 수 있는 능력을 체계적으로 가르치는 것을 말한다(박숙희, 1999: 20-21).

오늘날 대부분의 미디어는 특별한 교수 매체로써만 사용되지 않고 일상생활 속의 미디어로 존재한다. 특히 멀티미디어의 영향으로 오락과 놀이, 정보와 교수·학습 미디어의 경계선이 점점 허물어지고 있다. 따라서 학교 현장에서는 적절한 미디어 활용 교육을 통해 효율적 학습 효과를 얻기 위한 방법론적 연구가 진행되고 있다(문혜성, 2005: 1-3). 초기의 미디어 교육은 청소년 보호주의적 관점을 중심으로 미디어의 '선별적 수용'에 초점이 맞추어졌다. 이후 미디어 교육은 비판적으로 해석하고 이해하는 '적극적 수용'으로 관점이 변화하였다. 최근 스마트 환경에 따른 소셜 미디어와 다양한 콘텐츠와 기술의 등장으로 미디어는 우리의 삶의 중요한 일상이 되었다. 이에 따라 학생들이 미디어를 활용해 어떻게 창의적으로 '표현'할 것인가에 대한 교육으로 변화하고 있다(홍유진 외, 2013: 2).

미디어 활용 교육(Media In Education)은 신문, 만화, 잡지, 음악, 영화, TV, 인터넷 등과 같은 미디어 매체들을 교육적으로 활용하고자 하는 교육을 뜻한다(정창우 외, 2007: 278). 그동안 미디어는 책, 신문, 잡지 등과 같은 인쇄 매체와 영화, 텔레비전

1) 두산백과 https://terms.naver.com/entry.nhn?docId=2847711&cid=40942&categoryId=31751(검색 날짜 : 2019. 11. 4.)

과 같은 영상매체를 중심으로 환경이 조성되었다. 이후 인터넷, 디지털 기기의 발달로 우리 사회는 새로운 시대를 맞이하여 미디어 환경은 디지털 매체를 중심으로 변화했다. 이에 따라 미래사회에 대처하는 능력으로서의 확장된 미디어 리터러시(media literacy) 능력이 부각되고 있다. 미디어 리터러시는 "학생들로 하여금 미디어의 속성과 제작기술, 기술의 영향력을 비판적으로 이해하도록 교육하는 것"이다. 또한 미디어의 구성방식을 이해하고 즐길 수 있으며, 미디어를 직접 제작하는 능력을 말한다. 이로써 다양한 형태의 커뮤니케이션에 접근, 분석, 창조하는 능력을 갖추게 된다(안정임, 2002: 9).

2. 미디어 활용 교육의 원칙과 방법

1) 미디어 활용 교육의 원칙

교수 · 학습 매체는 체계적 수업 설계에 있어 기본적인 역할을 담당한다. 매체는 학습 장면에서 교사가 의도하는 수업 목표에 더 효과적으로 도달하고 학습자들의 학습을 증진하기 위해 사용되는 수단, 환경, 조건이다. 따라서 교수 · 학습 매체로서 미디어 환경을 잘 설계하는 것은 좋은 수업을 위한 중요한 조건이다. 매체는 사실적인 사회 현상을 포함하므로 매체를 통해 지식의 계층 구조에 따라 사실적 지식을 획득한다. 사실적 지식을 바탕으로 개념적 지식과 일반화 지식을 얻을 수 있어 수업 시간의 매체 활용은 지식을 구조화하는 데 기여할 수 있다(조남두 외, 2011: 120).

공개를 위한 수업을 참관하면 대부분의 선생님이 가능한 매체를 많이 사용하려는 경향이 있다. 무언가를 보여주고 준비를 해야 한다는 외적인 강박관념 때문에 학습에 직접적인 효과를 줄 수 있는 적절한 매체인지를 고려하지 않은 결과이다. 이처럼 비효율적인 매체를 제시하는 경우가 있어 수업 매체를 활용할 때 원칙과 관점을 가져야 한다. 매체 활용의 네 가지 원칙을 제시하면 ① 좋은 매체를, ② 적당한 시간에, ③ 적당한 장소에서, ④ 적당한 방법으로 활용하는 것이다(변영계, 2005; 조남두 외, 2011: 118에서 재인용). 교사는 수업에 효과가 있는 것이라고 예상되는 좋은 매체를 선정한 뒤, 한 차시의 수업 과정에서 다음과 같은 일반적인 원칙을 고려해 설계해야 한다.

표 5-18 효과적인 매체 활용의 원칙[2)]

<도입단계>
의문의 제기, 학습 의욕 상기, 흥미 유발 등의 미디어를 활용

↓

<전개단계>
이해 및 문제해결, 요점의 정리, 사고력 신장, 개념의 획득에 도움이 되는 미디어를 활용

↓

<정리단계>
결과의 정리, 이해의 심화, 적용, 발전 강화에 적합한 미디어를 선정하여 활용

교사는 수업의 효과성을 높이기 위해 수업의 단계에 맞게 알맞은 미디어를 사용해야 한다. 도입 단계에는 흥미 유발을 위한 짧은 영상 미디어로 수업의 주제를 제시할 수 있다. 또한, 신문에 나온 사진, 도표와 같은 인쇄 미디어를 이용해 질문을 던져 학생들의 관심을 유도하고 대화를 이끌 수 있다. 전개 단계는 주로 학생들이 주제에 대한 이해 및 문제해결을 위해 미디어를 활용해서 창의적으로 표현하고 제작하는 기회를 제공할 수 있다. 정리 단계에서는 학생들이 제작한 미디어를 상영하여 수업 주제에 대한 정리 및 이해 심화의 방법으로 사용할 수 있다. 미디어 제작물 상영회 이외에도 교사는 학생들이 배운 내용의 강화를 위해 미디어를 선택해 정리 단계에 활용할 수 있다.

2) 조남두 외,『수업분석』p.118의 내용을 표로 재구성한 것임.

2) 도덕과 미디어 활용 교육(MIE)의 방법

미디어 활용 교육의 방법은 크게 2가지로 나누어볼 수 있다. 문혜성(2005: 13)에 따르면, 미디어를 활용하는 교육에서는 학습자들과 함께 미디어를 통한 정보획득이나 내용 비교를 목표로 하는 것과 미디어 프로그램을 이용해 교육 주제와 관련된 것을 학생들이 직접 제작하는 것으로 나누어 볼 수 있다. 미디어 활용 교육은 미디어 프로그램을 이용해 주제와 관련해 분석이나 토론을 통해 가치관을 정립할 수 있다는 면에서 매우 다양한 교육 주제와 교육 방법에 적용할 수 있다. 이처럼 수업 목표에 효과적으로 도달하기 위한 미디어 활용 교육의 방법을 표로 정리하면 아래 〈표 5-19〉와 같다.

표 5-19 미디어 활용 교육의 방법(정창우 외, 2007)[3]

방법	내용
제작된 미디어를 활용한 교육	• 협의의 미디어 활용 교육이다. • 공중파 방송, 영화, 애니메이션, 뮤직비디오, 음악 등 학생들에게 친근한 미디어 매체를 수업의 참고자료(reference)로 활용한다.
미디어를 창작하는 교육	• 학생들이 교과 관련 미디어 작품을 만들기 위해 정보 수집, 정보 분석, 통합, 정보 재가공 등의 과정을 거친다. 이는 관찰과 이해, 성찰, 비판, 대안 제시 능력의 함양을 가져온다. • 학생들이 창작할 수 있는 미디어는 사진에서부터 슬라이드, 그림 그리기, 환경 미술, 영상 창작, 방송 프로그램 만들어 보기, 연극, 뮤직 비디오 만들기, 광고 만들기 등이 있다.

(1) 제작된 미디어 영상 및 이미지를 활용한 수업

기존에 만들어진 미디어를 활용할 때에는 교사들은 자료 수집 및 선별에 많은 노력을 투입해야 한다. 같은 소재를 다룬 영상이라도 제작 관점 및 시기 등에 따라 영상의 내용은 다를 수 있기 때문이다. 수업에 알맞은 영상을 적절하게 선별하여 제시하는 것은 교사의 영상 미디어에 대한 해석 능력에 달려있다. 단순한 보조 자료나 분위기 전환용의 재미만 추구해서는 미디어는 훌륭한 텍스트가 될 수 없다. 교

3) 정창우 외(2007), 『도덕과 교수 · 학습 방법 및 평가』의 pp. 280-281의 내용을 표로 재구성한 것임.

과서에 없는 영상-이미지 텍스트를 수업에 활용할 때는 학생들이 스스로 판단하고 비판하면서 접근할 수 있는 활동을 제공해야 한다(정창우 외, 2007: 281-282). 이는 영상 및 이미지를 바르게 읽는 능력인 능동적인 미디어 리터러시 능력을 길러주는 기회가 된다.

멀티미디어의 이미지는 문자보다 주목성이 높고 즉각적인 정보 습득을 가능하게 한다는 점에서 효율적이다. 왜냐하면 텍스트 자체만으로 수업하는 것보다 시각적 이미지를 연관해 제시하면 정보를 더욱 실감 나고 설득력 있게 만들기 때문이다. 문자로 설명하기 어려운 상황이나 길게 설명해야 하는 대상을 이미지를 통해 훨씬 간결하게 효과적으로 전달할 수 있다(정창우 외, 2007: 306).

(2) 미디어 영상 및 이미지를 창작하는 수업

미디어 창작 교육은 학생들이 스스로 미디어를 창작하고 발표하는 교육 방법이다. 학생들이 창작할 수 있는 매체는 사진에서부터 슬라이드, 그림 그리기, 영상 제작, 연극, 뮤지컬, 뮤직 비디오 만들기, 광고 만들기 등 다양한 형식이 존재한다. 미디어를 창작할 수 있는 기회를 제공한다면, 학생들은 예상치도 못했던 뛰어난 창작 작품을 만들고 교과서 내용만으로 얻을 수 없는 교육적 효과를 창출한다. 이는 창의력 계발에서부터 공동체 정신, 토론 문화 정착, 생각을 실천으로 옮기려는 의지 강화 등 교육적 효과가 전인격적으로 이루어진다(정창우 외, 2007: 244).

도덕과에서 미디어 창작 교육은 세 가지 의의가 있다. 첫째, 도덕적 가치를 추상화하는 과정이다. 학생들의 미디어 창작은 학생들의 일상 경험이나 문화 경험을 도덕적 가치라는 기반 위에서 추상화할 기회가 된다. 도덕적 가치를 구체적 상황의 실제적 장면으로 연출함으로써 학생 자신의 도덕적 실천 의지를 키우게 된다. 둘째, 지적 조작이 일어나는 과정이다. 경험에 대한 개념화와 그것을 도덕적 가치로 연결하는 비판적 사고와 관계적 사고가 끊임없이 일어난다. 교사는 학생의 미디어 창작 과정을 지도할 때, 학생의 정신 작용 기저에 있는 '조작적 과정'을 살펴보고 적절한 피드백을 제공해야 한다. 셋째, 도덕적 가치를 정교화하는 과정이다. 경험이라는 사실 차원의 인식을 학생 개인의 풍부한 삶의 맥락에 비추어 정교화(elaboration)하는 과정이다. 이때 학생들은 자신의 삶을 돌아보는 성찰의 사고(reflective thinking)가 가능하다(정창우 외, 2007: 246-247).

3. 도덕과에서 활용상의 의의와 유용성

1) 미디어 활용 교육의 효과성

미디어를 활용한 도덕교육은 고양(elevation)을 체험하고 증진시키는 기회를 제공할 수 있다. 추병완(2017: 317)에 따르면, 고양은 "도덕적 행동을 매개할 수 있는 매우 중요한 긍정적인 도덕 정서"이다. 고양의 전제조건은 도덕적 덕의 전형이 되는 행동을 목격하거나 그것에 대한 이야기를 듣는 것이다. 다시 말해서 전혀 예상치 못한 동정심, 용서, 이해, 이타심을 보여주는 누군가의 유덕한 행동을 지켜본 개인이 경험하는 특정한 정서 혹은 상태를 의미한다. 이렇게 볼 때 따뜻하고 감동적인 미디어 자료는 학생들에게 도덕적 행동을 불러일으키는 강렬함을 갖게 한다.

영상 매체는 형식적 조작기의 학생들에게 효과 있는 매체로 볼 수 있다(조남두 외, 2011: 118). 호반(Hoban)이 제시한 매체 활용의 효과를 살펴보면, 생생한 경험을 제공해 주고 추상적인 개념의 이해가 용이해 복잡한 자료의 단순화 및 시간 · 공간적 제약을 극복할 수 있다고 한다(조남두 외, 2011: 120). 멀티미디어는 여러 가지 매체들의 적절한 복합으로 하나의 매체보다는 효과가 더 좋을 수 있다. 샘패쓰에 의하면, 학습자들은 청각 정보의 20%, 시각 정보의 30%, 시각 및 청각 정보의 50%, 말한 정보의 80%, 말하고 직접 체험한 정보의 90%를 기억한다고 한다(Sampath, 1990; 추병완, 1999: 448-449에서 재인용). 시각, 청각 정보에 대해 직접 의견을 제시하고 발표하며, 직접 관련 주제의 영상 및 이미지를 제작해 이를 직간접적으로 체험한다면, 분명 미디어 활용 교육은 학습의 기억 차원에서도 효과가 높다고 볼 수 있다.

특히 교사 중심의 강의나 설명에 비해 미디어 활용 수업은 다양한 감각 기관을 자극할 수 있고, 보다 구체적이고 다양한 형태의 정보를 교사의 설명에 비해 빠르게 제시할 수 있다. 또한 미디어 활용 교육의 방법은 학습자가 스스로 필요한 정보를 탐색, 수집, 정리해 볼 수 있게 해주는 학습자 중심의 교수법으로 학생의 능동적인 의미 구성을 촉진한다(정창우 외, 2007: 307).

수업에서 수많은 미디어 매체 중에서 교육적 가치가 있는 것들을 취사, 선택하여 교사들이 수업에 직접 활용한다면 감동적이고 인상 깊은 도덕 수업을 만들 수 있다. 제작된 미디어를 활용하는 것에서 더 나아가 학생들이 창의적 미디어 제작을 하도록 기회를 적극적으로 부여할 필요가 있다. 영상 세대인 지금의 학생들은 세상을 자기들의 언어로써 창조해내는 영상 제작 능력을 갖추고 있다. 따라서 학생들이 직접 제작한 다양한 형태의 미디어 작품을 가지고 수업을 진행한다면, 학생들의 창의력, 상상력, 종합적 사고력이 크게 향상될 수 있다. 미디어 활용 교육의 교육적 효과를 정리하면 다음과 같다(정창우 외, 2007: 279-280).

첫째, 일상적 생활에서 경험하기 어려운 지식과 사실에 대해 시 · 공간을 초월하여 간접 경험할 수 있으며, 학생들이 접하기 어려운 경험을 간접적으로 제공하여 학습의 효율성과 효과성이 증진된다. 둘째, 구체적이고 사실적인 영상을 통해 정보를 얻고 감상한다면, 추상적인 개념이나 이론에 대한 이해를 높이고 구체적인 사물 및 사회현상을 명확하게 인식하게 해준다. 셋째, 학생들의 사고 폭을 넓히고 창의성 계발과 비판적 사고력의 향상에 도움이 된다. 넷째, 학습에 대한 흥미와 적성에 맞는 수업 진행은 학습 효과를 높여 다양한 글쓰기를 유도할 수 있다. 미디어의 내용을 통해 글쓰기를 제시하면 학생들이 힘들어하지 않고 열심히 활동에 참가한다. 실생활에 친숙한 소개를 활용하면 생생하고 재미있는 수업이 가능하다. 다섯째, 학습자의 자기 주도적 학습태도를 기르고 종합적인 사고 능력을 기르는 데 도움을 준다.

다음은 도덕 수업에서 학생들이 미디어를 창작했을 때 얻을 수 있는 효과이다(정창우 외, 2007: 251-253).

첫째, 삶과 세상에 대한 생각을 키울 수 있다. 미디어 창작 수업은 삶과 세상에 대한 통찰력과 사고력에서 출발한다. 자신과 우리의 삶을 반영한 내용을 영상이나 이미지로 창작하기 위해서 우리의 삶을 새로운 시각으로 되돌아볼 때 가능하다. 아직 중고등학교 학생들이지만 우리가 사는 세상을 다시금 돌아보게 함으로써 삶과 세상에 대한 생각을 키우고 이상적인 방향을 모색할 수 있다. 둘째, 창의력과 상상력을 향상할 수 있다. 학생들이 자기 생각을 반영한 참신한 미디어 작품들을 함께 감상하는 과정을 통해 창의력과 상상력을 키울 수 있다. 셋째, 교과 간 융합 교육이 가능하다. 학생들이 인권이라는 주제로 드라마를 찍는다면 주제 및 내용은 도덕 교과, 대본과 시나리오는 국어 교과, 표현 방식은 미술 교과, 음향 효과는 음악 교과,

컴퓨터 그래픽과 영상 편집은 정보 교과에서 담당할 수 있다. 이는 교육과정의 재구성을 통한 융합 수업의 실천 사례에 속한다. 넷째, 공동체 문화와 토론문화 형성이 가능하다. 미디어 창작과정에서 학생들은 실질적인 토론 문화를 경험할 수 있다. 제작 과정에서 서로 주고받는 이야기를 통해 학생들의 이해력, 논리력, 분석력, 비판적 사고력 등을 함양할 수 있다. 서로의 의견에 대해 검토하고 대안 제시를 위해 스스로 자발적인 동기와 필요에 의해 토론함으로써 공동체 문화를 형성하게 된다. 다섯째, 도덕 수업 속 문화예술교육의 지평을 넓힐 수 있다. 이미 디지털 기기를 통한 이미지, 음악, 영상은 학생들의 삶에 중요한 부분을 차지하고 있다. 미디어 창작 수업은 학생들의 문화를 적극적으로 수업에 끌어들이는 유인책 역할을 한다. 또한 창작의 과정은 문화적 감각과 예술적 표현 능력, 창의적 생각을 필요로 하므로 도덕 수업을 통해 문화 예술적 능력을 키워줄 수 있다.

2) 미디어 활용 교육에서의 유의사항

도덕과에서 매체를 활용할 때 유의사항은 다음과 같다(조남두 외, 2011: 119). ① 학습자의 특성을 고려한다. ② 수업 내용과 목표에 맞는 적절한 교수 · 학습 매체를 활용한다. ③ 수업 과정의 흐름에 맞춰 교수 · 학습 단계별로 적절한 매체를 투입한다. ④ 매체의 내용은 정확하고 명확해야 한다. ⑤ 학생들의 창의적인 사고를 신장시킬 수 있는 생동감이 있는 매체를 활용한다. ⑥ 준비된 매체를 적합한 시기에 투입하고 적절한 시간에 활용하도록 한다.

이 밖에도 제작된 미디어를 활용하는 수업 상황에서 유의해야 할 점들은 다음과 같다(정창우 외, 2007: 282).

첫째, 학습 목표, 학습 내용, 학습자의 발달 단계에 적합해야 한다. 아무리 좋은 영상이어도 수업의 목표와 내용에 알맞지 않는다면 수업의 효과를 떨어뜨린다. 활용하는 영상이 목표와 내용에 맞아도 학생들의 발달 단계에 적합하지 않거나 지나치게 길 경우 집중을 방해해 학생들의 이해력을 높이기 어렵다.

둘째, 영상시청 시 학생들이 영상에 몰입할 수 있도록 적절한 동기를 유발한다. 영상에 대한 교사의 충분한 설명을 통해 수업의 과정으로서 학생들이 영상을 볼 수 있도록 배려한다. 또한 영상 시청 후 질문이나 퀴즈를 내어 영상의 내용에 더욱 집중할 수 있도록 영상 학습지를 준비하고 사전에 안내한다.

셋째, 학습목표를 달성할 수 있도록 수업의 흐름과 핵심적인 내용을 잘 전달한다. 영상을 보여주는 중간에 교사는 부연 설명을 하거나 영상이 끝나고 나서 정리하는 발문과 학생의 대답을 통해 핵심적인 내용을 확인하고 넘어가야 한다.

넷째, 영상시청 후 '사고하는 교실 분위기(thoughtful classroom)'를 조성해 도덕적 상상력과 민감성, 비판적 사고와 문제해결 능력을 증진하도록 한다. 미디어를 활용해 도덕적 탐구 주제를 제시한 뒤 토론 활동이나 프로젝트 활동이 가능하도록 교사는 수업을 재구성한다. 미디어 활용 교육은 도덕적 가치를 이해하는 참고 자료로서만 활용하는 것이 아니다. 학생의 적극적 참여를 유도하고 사고 활동을 촉진하기 위해 토론이나 프로젝트의 도입이나 정리 단계에 학습 주제와 관련된 뉴스나 영화의 영상을 적절히 제시할 필요가 있다.

다섯째, 미디어를 새로운 수업 자료로서 개발하기 위해 교사의 탐구 정신과 노력이 필요하다. 기존에 제작된 영상을 단순히 활용하는 차원에만 그치기보다는 알맞은 영상을 선별해 필요한 부분만 적절한 시기에 제시할 수 있어야 한다. 이것은 미디어의 내용을 해석할 수 있는 능력을 교사가 갖췄을 때 가능하다. 따라서 평소 교사는 신문, 잡지, 뉴스, 영화, 드라마, 인터넷과 같은 미디어를 통해 최신 정보를 파악하고 이것을 수업에 적용할 수 있도록 해야 한다.

여섯째, 학생들이 미디어를 창작할 수 있는 능력 및 환경이 갖춰져 있는지 사전에 고려해야 한다(정창우 외, 2007: 250). 보통 영상 및 이미지의 촬영은 스마트폰과 같은 디지털 기기로 이루어지는 경우가 많다. 아직 스마트폰을 갖고 있지 않은 학생들은 어떻게 참여시킬지 영상 및 이미지 편집 프로그램을 다루지 못하는 학생들을 사전에 어떻게 교육할지 계획해야 한다. 영상 세대라 하더라도 일부 학생들이 미디어 창작 능력 및 환경이 갖춰져 있지 않은데도 배려하지 않고 수업을 진행한다면 수업 과정에서 문제가 발생할 수 있다.

4. 도덕과 미디어 활용 교육(MIE) 수업의 실제

우리의 삶에서 영상을 손쉽게 촬영하고 그것을 다른 사람과 공유하는 것은 일상이 되었다. 단순 촬영이 아닌 자기 생각을 표현하기 위한 수단으로서 제작해 사람들과 소통하는 것을 전문으로 하는 사람들이 늘어나고 있다. 요즘 청소년들도 인터넷 공간에 자기 생각과 삶의 모습을 영상으로 구성해 공유한다. 그러나 '어떤 콘텐츠를 기획하고 무슨 내용을 넣어 만들 것인가'를 고민하지 않으면 이러한 과정에 금세 흥미를 잃을 수 있다. 따라서 도덕과 수업에서는 청소년들이 많은 관심이 있는 다양한 미디어 매체를 활용해 도덕적 가치를 내면화할 기회를 제공해야 한다.

1) 미디어를 활용한 도덕 수업

(1) 효과적 내용 전달을 위한 영상 학습지

도덕적 가치나 도덕적 원리에 대한 개념 학습을 할 때 교사의 설명과 함께 영상을 제시하면 학생들의 이해력 향상에 도움이 된다. 영상시청 시 학생들이 영상에 몰입할 수 있도록 적절한 동기를 유발하는 교사의 전략이 중요하다. 영상 제시 전후 교사의 충분한 설명뿐만 아니라 영상 시청 후 질문이나 퀴즈를 내어 영상의 내용에 더욱 집중할 수 있도록 배려한다.

〈자료 1〉 개념 학습을 위한 영상 학습지

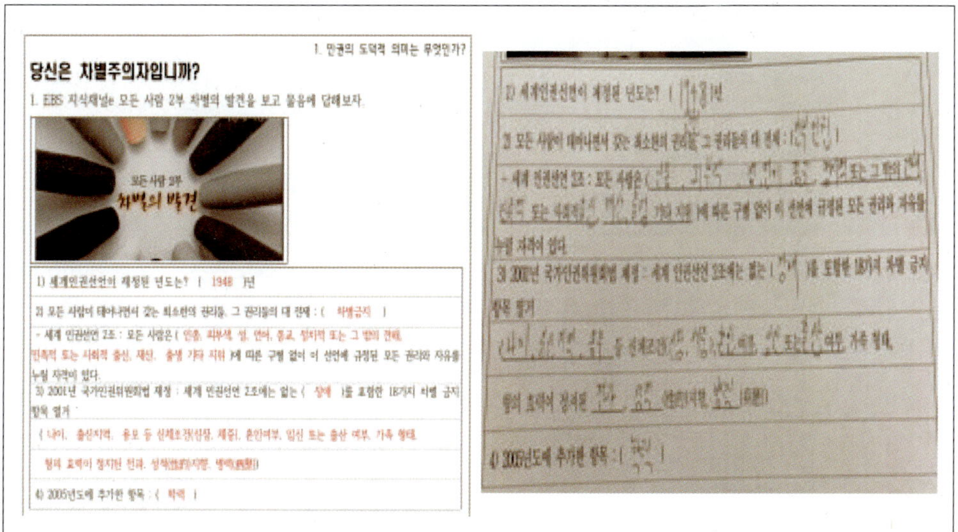

(2) 도덕적 민감성을 위한 영상 학습지

도덕적 민감성은 도덕적 행동을 이끄는 중요한 요소이다. 도덕 수업 시간에 배우는 옳고 그름을 결정하는 도덕적 원리를 이해하는 것만으로는 도덕적 행동을 위한 충분한 동력이 되기 어렵다. 주어진 상황에 따라 바뀔 수 있는 인간의 행동을 보여줄 수 있는 실험적 영상을 제시한다면 학생들에게 도덕적 행동에 대한 심층적 이해를 이끌 수 있다. EBS 〈다큐프라임〉은 인간의 심리에 관한 다양한 실험을 진행한다. 이를 수업 시간에 적절히 편집해 제시한다면 유용한 교수 · 학습 자료가 될 수 있다. 인간이 다른 사람에 대한 고정관념 및 편견으로 저지를 수 있는 행동을 보게 되면 학생들은 직접 경험하지 않았어도 비슷한 상황에 놓였을 때 대처할 수 있다고 생각한다. EBS 다큐프라임 '인간의 두 얼굴 2, 제2부 아름다운 세상'[4]의 영상 중 인간이 가지고 있는 편견과 고정관념으로 저지를 수 있는 상반된 반응을 학생들과 함께 보고 우리 사회의 인권 의식을 진단해본다.

〈자료 2〉 도덕적 민감성을 촉진하는 영상에 대한 학습지

<table>
<tr><td></td><td></td></tr>
<tr><td>겉모습으로 인한 사회적 편견: 청바지를 입은 모습과 양복을 입은 모습의 차이로 인해 호감도, 연봉, 성격을 판단하는 실험</td><td>재산 정도에 따른 사회적 편견: 초록불이어도 출발하지 않을 때 뒤에서 몇 초 만에 경적을 울리는지에 대한 실험</td></tr>
</table>

4) 인간의 두얼굴 시즌2, 제2부 아름다운세상(2009. 4. 28.)https://youtu.be/qqIHFwP8jfM[검색일자 : 2019. 11. 8.]

학력에 대한 사회적 편견: 아무 표시 없이 길거리에서 연주할 때와 가짜 학력과 가짜 그룹명(조 듀오)이 적힌 팻말과 함께 연주할 때 사람들의 반응 실험

인종에 대한 사회적 편견: 캐나다와 인도네시아인이 같은 장소에서 길을 물어봤을 때 사람들이 길을 알려주는지에 대한 실험

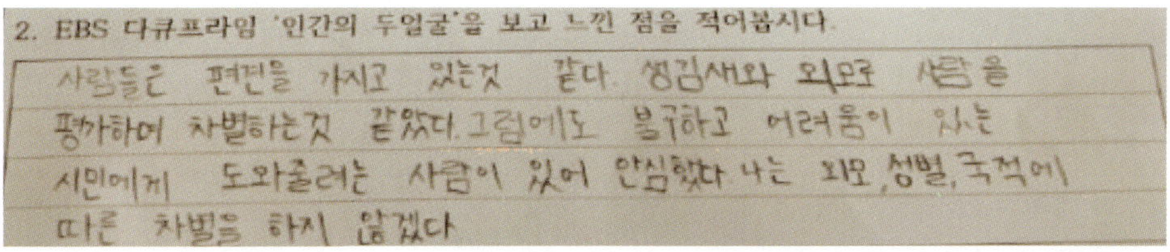
2. EBS 다큐프라임 '인간의 두얼굴'을 보고 느낀 점을 적어봅시다.

사람들은 편견을 가지고 있는것 같다. 생김새와 외모로 사람을 평가하여 차별하는것 같았다. 그럼에도 불구하고 어려움이 있는 시민에게 도와줄려는 사람이 있어 안심했다 나는 외모, 성별, 국적에 따른 차별을 하지 않겠다

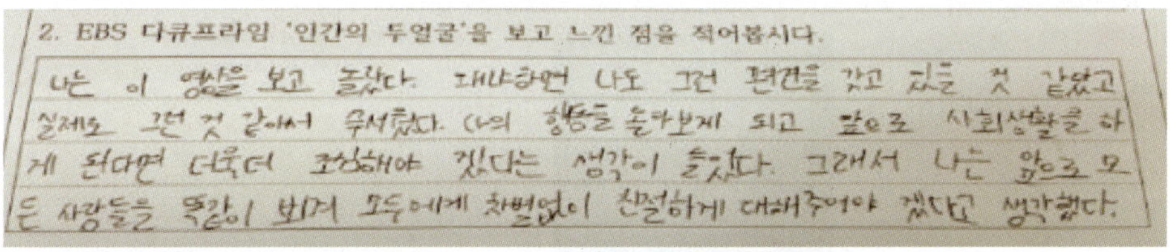
2. EBS 다큐프라임 '인간의 두얼굴'을 보고 느낀 점을 적어봅시다.

나는 이 영상을 보고 놀랐다. 왜냐하면 나도 그런 편견을 갖고 있는 것 같았고 실제로 그런 것 같아서 무서웠다. 나의 행동을 돌아보게 되고 앞으로 사회생활을 하게 된다면 더욱더 조심해야 겠다는 생각이 들었다. 그래서 나는 앞으로 모든 사람들을 똑같이 보며 모두에게 차별없이 친절하게 대해주어야 겠다고 생각했다.

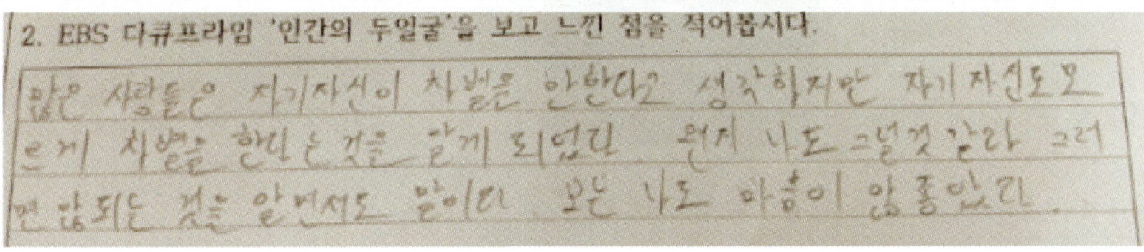
2. EBS 다큐프라임 '인간의 두얼굴'을 보고 느낀 점을 적어봅시다.

많은 사람들은 자기자신이 차별을 안한다고 생각하지만 자기 자신도 모르게 차별을 한다는 것을 알게 되었다. 왠지 나도 그럴것 같아 그러면 안되는 것을 알면서도 말이다. 오늘 나도 마음이 안좋았다.

학생 활동지 예시

(3) 도덕적 동기화를 위한 영상 학습지

① 영화를 활용한 수업

<table>
<tr><th>영상 내용</th><th>활동지</th></tr>
<tr><td>1) 영화 제목: 씨 인사이드(Mar Adentro, 2004), Sea inside 2007년 개봉, 스페인
2) 영화 내용: 26년 전 수심을 알 수 없는 바다에서 다이빙하다 전신 마비자가 된 라몬은 가족들의 헌신적인 뒷바라지 속에서 살고 있지만 그의 소망은 안락사로 세상을 떠나는 것이다.5)

3) 도덕 수업 관련 주제: 생명윤리</td><td>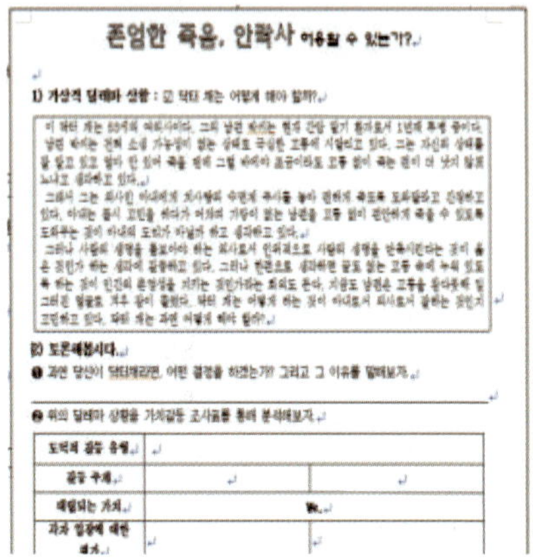
</td></tr>
<tr><td>1) 영화 제목: 위플래쉬(Whiplash, 2014), 2015년 개봉, 미국
2) 영화 내용: 최고의 드러머가 되기 위해서라면 무엇이든 할 각오가 되어있는 신입생 앤드류는 우연한 기회로 최고의 실력자이지만 최악의 폭군인 플렛처 교수에게 발탁되어 밴드에 들어간다. 플렛처의 지독한 교육방식은 천재가 되길 갈망하는 앤드류의 집착을 끌어내며 그를 광기로 몰아넣는다.6)

3) 도덕 수업 주제: 예술과 도덕, 인권</td><td>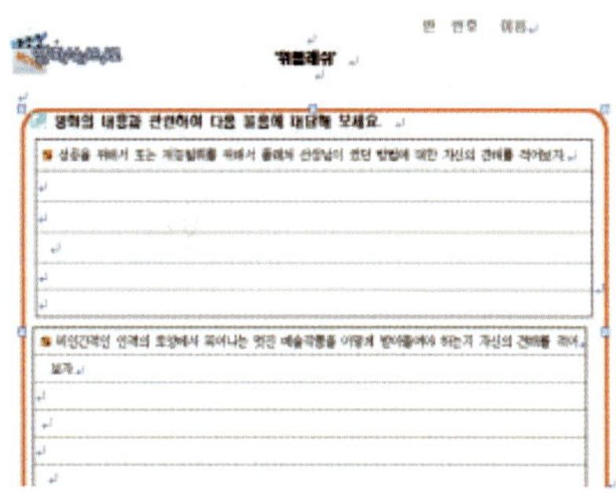
1. 성공을 위해서 또는 재능 발휘를 위해서 플래쳐 선생님이 썼던 방법에 대한 자신의 견해를 적어보자.
2. 비인간적인 인격의 토양에서 피어나는 멋진 예술작품을 어떻게 받아들여야 하는지 자신의 견해를 적어보자.</td></tr>
</table>

5) 내용 및 이미지 https://movie.naver.com/movie/bi/mi/basic.nhn?code=39810#story[검색일자: 2019. 11. 10.]

6) 내용 및 이미지 https://movie.naver.com/movie/bi/mi/basic.nhn?code=119632#story[검색일자: 2019. 11. 10.]

② 한국 홍보 영상을 활용한 프로젝트 수업

단계	활동
도입 (1차시)	• 영상을 통한 학습 동기 유발하기 • '나라사랑' 프로젝트 운영 안내하기 • 모둠별 프로젝트 주제 선정 및 역할 나누기
전개 (2~3차시)	• 모둠별 프로젝트 결과물 함께 만들기 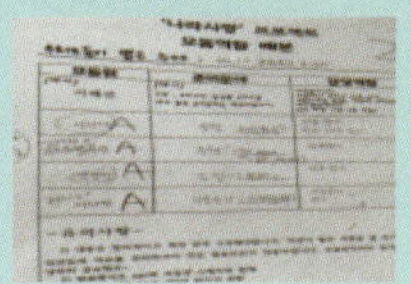 
발표 및 정리 (4~5차시)	• 발표를 통해 내용 공유하며 도덕적 실천의지 다지기 

영상 내용	활동지
1) 영상 제목: 영국 남자 한국관광공사 CF 2) 영상 내용: '영국 남자'라는 유튜버가 한국관광공사와 한국을 홍보하는 영상을 찍음. 한국의 전통과 문화의 우수성, 역동적인 도시의 모습, 아름다운 자연환경을 재미난 형식으로 제작한 영상이다.[7)] 3) 도덕 수업 관련 주제: 한국인의 정체성 및 애국심 	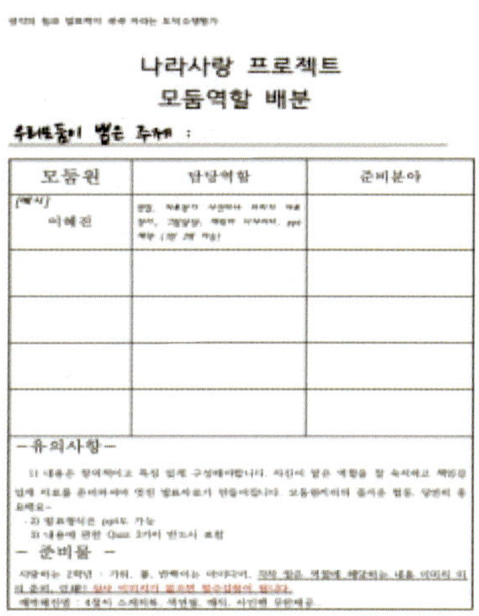나라사랑 프로젝트 모둠역할 배분 우리모둠이 뽑은 주제 : 모둠원 / 담당역할 / 준비분야 -유의사항- - 준비물 -

7) 내용 및 이미지 출처: https://youtu.be/rMPE6BGxyns(2015.1.26.)[검색일자 : 2019. 11. 10.]

학생 활동 예시

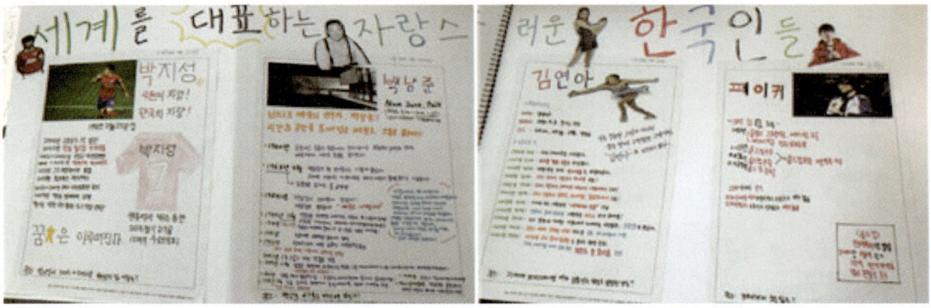

* 탐구주제: 세계 속 자랑스러운 한국인들

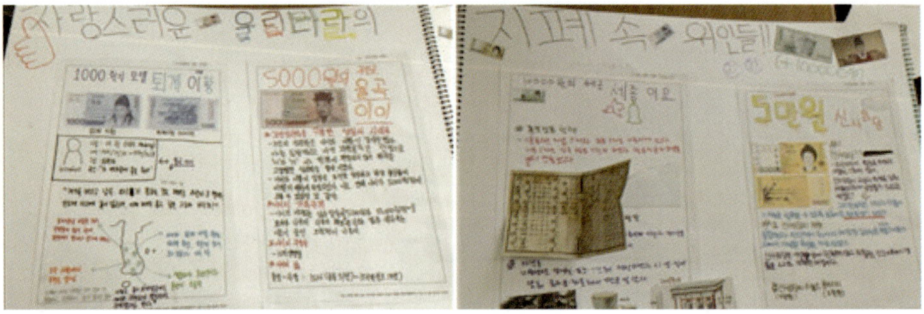

* 탐구주제: 지폐 속 위인들

(4) 이미지 프리즘 카드를 이용한 도덕적 정서 함양

프리즘 카드는 창의성의 촉진과 소통을 원활하게 하기 위한 목적으로 만들어진 실사 사진의 구성물이다. 프리즘에 있는 100개의 사진은 누구에게나 잠재된 생각을 자연스럽게 이끄는 마중물이 된다. 상상력과 아이디어를 자극해 자신만의 이야기를 만들거나 미처 생각하지 못한 아이디어를 창출하기 좋다. 또한 사진을 통해 대화를 나눔으로써 공감과 소통을 높일 수 있다. 마지막으로 프리즘 사진들은 일차적으로 시각을 통해 우뇌를 자극하고, 이차적으로 이것에 대한 의미부여 및 비유 등의 언어적 활동을 통해 좌뇌의 협동을 이끈다.[8)]

8) 프리즘 카드에 대한 설명은 다음 사이트 참고 https://cafe.naver.com/ggumdosa1/37 (2018.3.15.)[검색일자 : 2019. 11. 12.]

- [과제명] '감사'의 의미 정의하기

표 5-20 수업활동 순서

도덕 수업 주제 확인하기 → 이미지 프리즘카드 활용 수업 방법 안내하기 → "감사는 ○○다"에 해당하는 이미지 선택하기 → 이미지를 선택한 이유와 감사한 사람들 써보기 → 자신의 생각 발표하기

이미지 프리즘 카드로 '감사'의 의미 정의하기	
	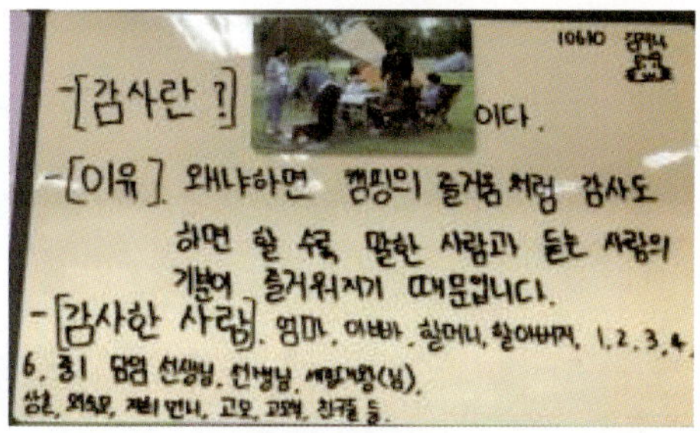
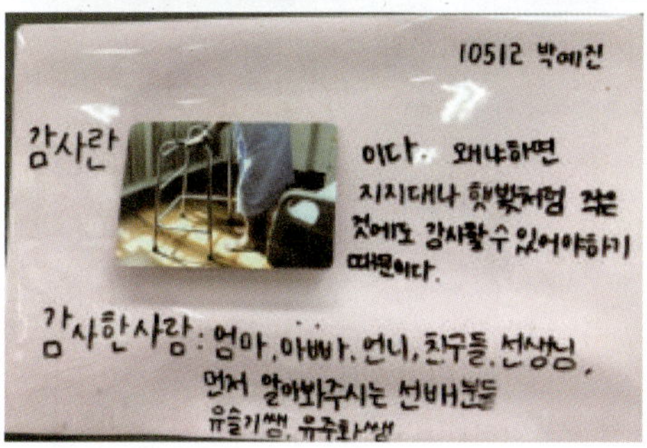	

2) 미디어를 창작하는 도덕 수업

미디어를 직접 제작하는 경우 학생들의 활동을 자극하고 학습 동기를 촉진하며 자료에 대해 집중적으로 탐색하는 장점이 있다. 그러나 제작 교육이 갖는 교육적 의미가 크더라도 학습 목표와 학습 효과를 고려해 미디어 사용을 세심하게 기획해야 미디어 교육의 장점을 살릴 수 있다(문혜성, 2005: 6).

(1) 평화적 갈등 해결 프로젝트: 학교 폭력 예방 노래 UCC 제작

교과	도덕 ②	학년	2
단원	Ⅰ. 타인과의 관계 2. 평화적 갈등 해결은 어떻게 가능한가?		
성취기준	[9도02-06] 다양한 갈등 상황에서 평화적 해결의 중요성을 이해하고, 평화적으로 갈등을 해결할 수 있는 실천 방법을 탐구하고 제시할 수 있다.		
수업 의도	우리 생활 속의 갈등 사례를 찾아보고 갈등 해결을 위한 방안으로써 해결방안을 모색한다. 이러한 해결방안을 삶 속에서 실천하기 위한 학교 폭력 예방 노래 만들기 UCC를 제작해 윤리적 성찰 및 실천 성향을 함양하려고 한다.		

도입 (1차시) →

- 영상을 통한 학습 동기 유발하기
- '평화적 갈등 해결' 프로젝트 운영 안내하기
- 모둠별 프로젝트 주제 선정 및 역할 나누기

↓

전개 (2~3차시) →

- 모둠별 평화적 갈등해결을 위한 학교폭력예방 노래 UCC 계획하기, UCC를 위한 스토리 보드 만들기, 노래 가사 바꾸기, 촬영 계획하기

↓

발표 및 정리 (4~5차시) →

- 8개 모둠이 촬영한 학교 폭력 예방 노래 UCC 발표 및 피드백 주고 받기

갈등 해결을 위한 UCC 제작 과정	학생 활동 예시
1) 우리 생활 속 갈등사례 평소에 친했던 친구들이 내 뒷말을 했다는 사실을 다른 친구에게 전해 듣고 나서 기분이 우울하고 배신감이 들었다. 또 왜 내 뒷말을 했는지 궁금하기도 하고 화가 나면서도 당황스러웠다. **2) 갈등 해결을 위한 방안** ① 화가 났다면 화가 난 채로 갈등을 해결하려 하지 말고 심호흡을 하거나 잠시 명상을 해서 화를 가라앉힌 후 이성적으로 판단하여 해결하고자 하는 문제에 대해 돌아보고 갈등을 해소하여야 한다. ② 무조건 자기중심적으로만 생각하지 말고 상대방의 심정은 어떠했을지 상대방이 처한 상황은 무엇인지 등을 생각해보며 입장을 바꾸어 보아야 한다. 상대방의 입장이 되어보면 그를 이해하기 쉬워져서 갈등 해결을 보다 원만하게 할 수 있다. ③ WANT로 말해요! 너희들끼리 내 뒷말을 했다는 (사실)을 들으니 기분이 나쁘고 속상하면서도 당황스러워 (기분) 앞으로는 이런 일 없었으면 해서(want) 나한테 기분 상한 일 있으면 뒤에서 이야기하지 말고 직접 말해줘(부탁).	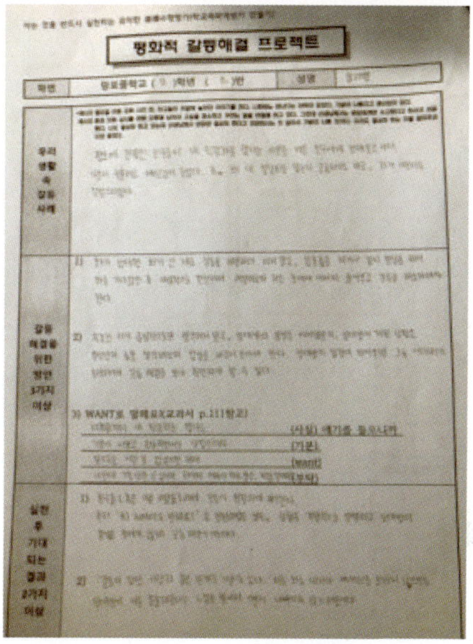 [개인별 활동지] 우리 생활 속 갈등사례를 찾고 그것을 해결하기 위한 갈등 해결 방안을 세 가지 제시한다. 이것을 해결했을 경우 실천 후 기대되는 결과도 두 가지 생각해본다.
1) 기획 의도 '봄봄봄'이라는 노래를 선정한 이유는 노래 멜로디가 희망적이고, 학교폭력에서 벗어나는 것을 봄에 비유하면 의미 전달이 더 잘되리라 판단했기 때문이다. 개사한 가사에는 학교 폭력 피해자들에게는 자신의 잘못이 아니니까 힘들어하지 말고 용기를 내라는 위로의 메시지, 학교폭력 가해자들에게는 피해자들을 위해 학교폭력이 장난이 아님을 알고 이제 멈추라는 충고의 메시지를 동시에 담고 있다. **2) 촬영 소감** 학교폭력의 실태에 대한 객관적인 자료들을 알아볼 수 있어서 값진 시간이었고, 직접 피해자 혹은 가해자가 되어 연기해보니까 그들의 심리를 이해할 수 있었다. 또한 UCC를 만들면서 정말 이 UCC를 보고 힘과 용기를 내거나 위로를 받는 친구들이 있으면 좋겠다고 생각하였다. 다들 바쁜 탓에 시간 조율에 있어서 힘들었지만 그만큼 뿌듯하고 의미 있는 활동이었던 것 같다.	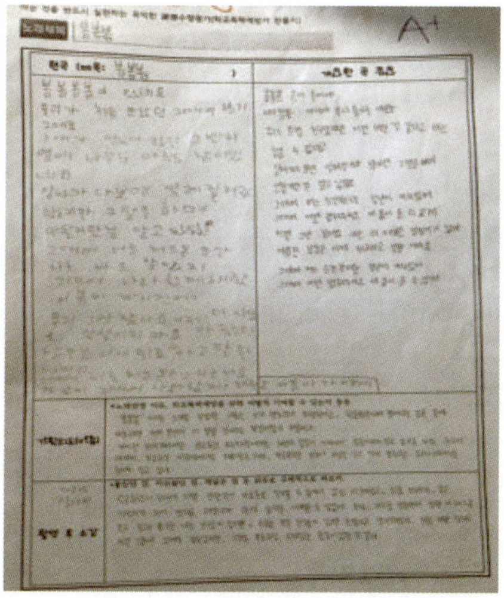 [모둠지 활동지] 학교 폭력 예방가를 만들기 위해 기존의 노래에 새롭게 가사를 바꿔서 만든다. 노래 선정과 개사 이유, 기획 의도와 촬영 후 소감을 자세하게 쓰는 기회를 갖는다.

학생들이 모둠별로 작성한 스토리 보드

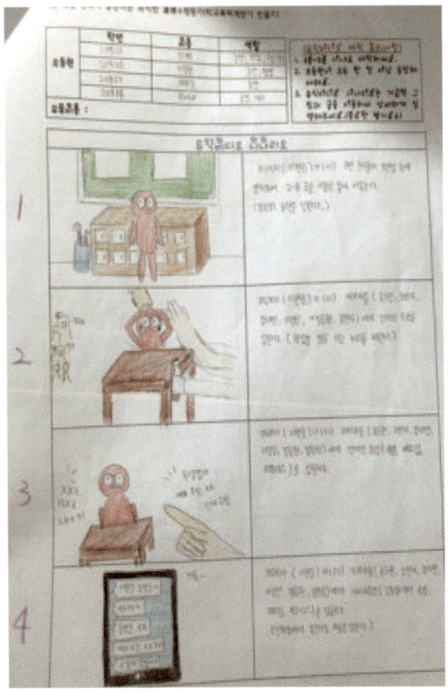

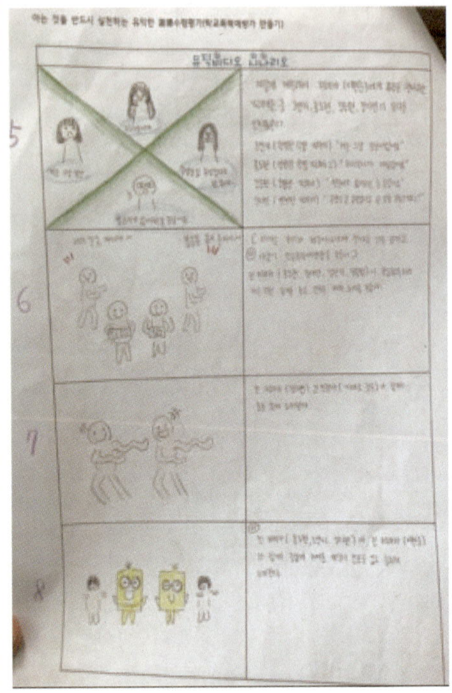

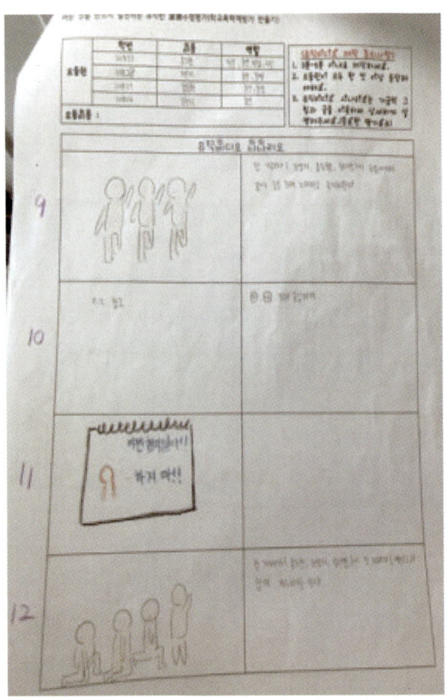

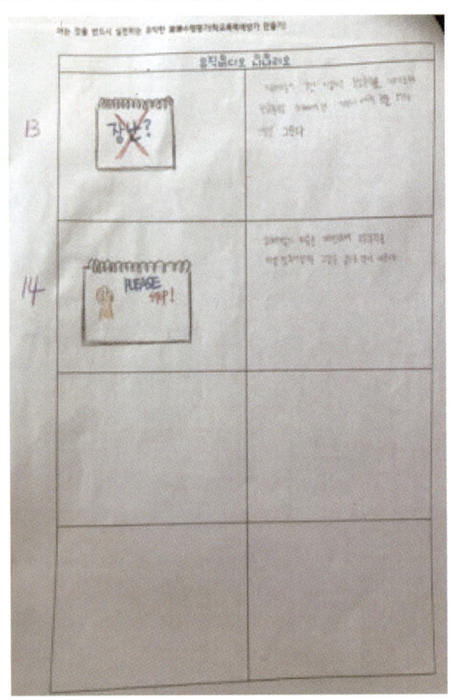

학교폭력예방 노래 UCC 캡쳐 장면

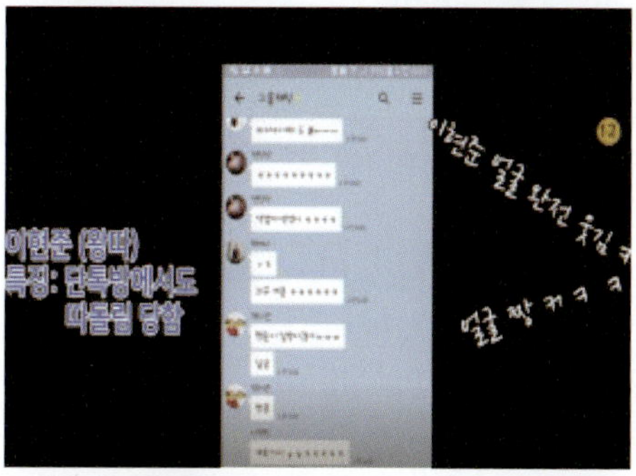

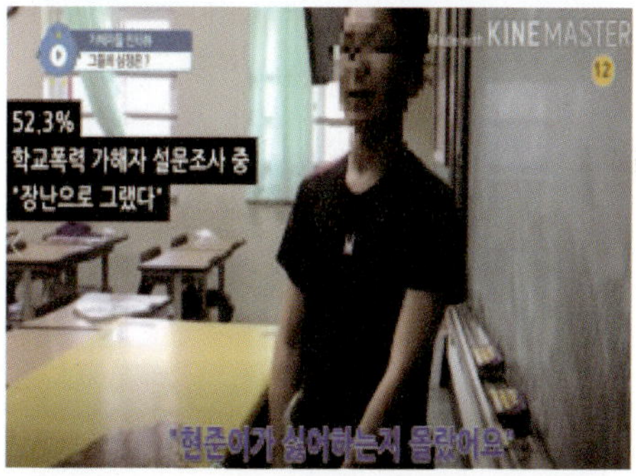

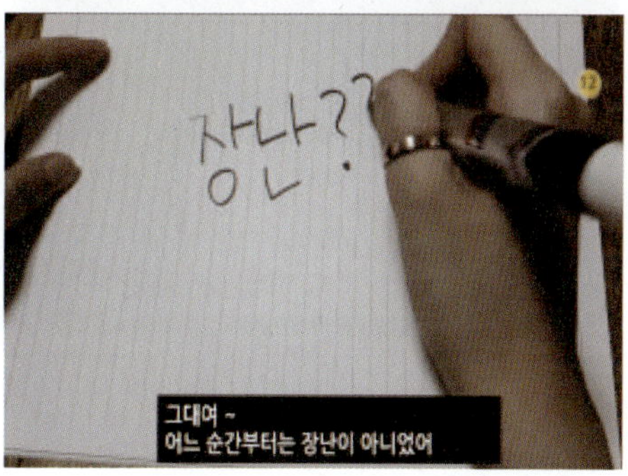

(2) 나라사랑을 위한 애국가 UCC 제작

영상 내용	활동지
1) 영상 제목: 역사 채널e '대한민국 애국가' 2) 영상 내용: 애국가가 탄생한 배경을 역사적 사실과 함께 제시한다. "대한민국의 국가, 애국가는 일체 치하의 고난과 역경을 버티게 한 힘이자 잃어버린 나라를 되찾기 위해 한민족 · 한마음으로 탄생시킨 세계 유일의 국가(國歌)이다."[9] 3) 도덕 수업 관련 주제: 애국심 	살아되고 피가되는 도덕수행평가공지 애국가 UCC 만들기 나라를 사랑하는 마음, 애국 맞습니다~ 맞고요~ 아름다운 자연환경과 대한민국의 자랑, 유명스포츠스타가 나오는 무미건조한 애국가 배경은 No~ 여러분의 사랑스럽고 귀여운 모습을 담은 1~4절 애국가 UCC를 제작해보아요! 명모중학생들을 열정적으로 지도하시는 명모중 선생님들 우리를 위해 힘을 주시는 엄마아빠, 이쁜 동생, 듬직한 언니오빠 누구나 다~ 등장할 수 있어요. 단 모둠원의 얼굴은 꼭! 꼭! 꼭! 모두 나와야 합니다~(점수감점 주의) 제작방법 1. 애국가를 부르는 영상을 찍는다. 2. 동영상을 편집한다. 3. 동영상 제작 시 [애국가는 ' '이다]라는 머리말을 꼭 달아주세요. 4. 영상제출시 파일명에 (2학년 X반 XX모둠)이라는 말도 잊지 말아요. 제출기한 11월 첫째주 두 번째 도덕시간 주의사항 모둠원들의 협력이 중요한 과제인 만큼, 절대 무임승차자는 나오지 않도록! 추후 동료평가지를 통해 '엄격히' 수행평가점수 반영 예정.

학생들이 만든 애국가 UCC 캡처 장면	

9) 역사 채널e 대한민국 애국가 영상 중 자막 인용 및 이미지 출처 https://youtu.be/0FAKV9iYn2U (2015. 4. 23.)[검색일자 2019. 11. 10.]

3) 이미지를 창작하는 도덕 수업

잡지, 텔레비전, 비디오, 영화, 광고, 인터넷에서 만나는 수많은 이미지는 감각적 심상(心象)으로 느낌을 표현하는 수단으로 많이 사용된다. 어릴 때부터 영상 이미지에 둘러싸여 성장해 문자 읽기보다 '보는 데' 더 익숙한 시각 세대가 되었다. 도덕과에서는 많은 교사가 이와 같이 이미지나 영상을 자주 접하는 학생들과 소통하기 위해 여러 가지 새로운 수업 방법에 대한 노력을 기울여 왔다(정창우 외, 2007: 303-304).

이미지를 창작하는 수업은 크게 두 가지로 나눌 수 있다. 하나는 기존의 신문 및 잡지의 이미지나 인터넷에서 찾은 해당 이미지를 활용해서 꾸미는 방식이고, 다른 하나는 주제에 해당되는 이미지를 학생 스스로 창작하는 방식이다. 기존 미디어 매체에서 이미지를 활용할 때 정확한 출처 표기를 통해 무단으로 가져와 사용하지 않도록 사전 교육한다. 또한 이미지를 창작할 때 다른 사람의 창작물의 전부나 일부를 그대로 또는 다소 변경하여 자신의 것으로 제시할 경우 표절이 될 수 있음을 학생들에게 주지시킨다.

(1) 잡지 그림 콜라주

콜라주란 풀로 붙인다는 뜻으로 근대 미술에서 볼 수 있는 특수한 기법으로 입체파 화가들이 유화의 한 부분에 신문지나 벽지, 악보 등 인쇄물을 풀로 붙이면서 시작되었다.[10] 잡지 그림 콜라주란 콜라주 활동의 한 유형으로 개인이 잡지에서 좋아하는 것을 자유롭게 오려 붙이는 활동을 말한다.[11] 학교 도서관에 있는 이월된 잡지를 학생들에게 제공한 뒤 해당 주제에 맞게 모둠별로 협력해 포스터를 만들도록 한다.

10) 두산백과 http://www.doopedia.co.kr/doopedia/master/master.do?_method=view&MAS_IDX=101013000902256[검색일자 : 2019. 11. 11.]

11) 네이버 지식백과 상담학사전 https://terms.naver.com/entry.nhn?docId=5675153&cid=62841&categoryId=62841 [검색일자 : 2019. 11. 11.]

① [과제명] 행복한 다문화 사회를 위한 포스터 제작하기

교과	도덕 ①	학년	1
단원	III. 사회 · 공동체와의 관계 2. 다문화 사회에서 발생하는 갈등을 어떻게 해결할 것인가?		
성취기준	[9도03-02] 보편 규범과 문화 다양성의 관계를 이해하고, 이를 바탕으로 문화적 차이와 다름을 존중하는 등 다양성을 긍정하는 자세를 지닐 수 있다.		
과제 내용	이월된 잡지와 신문에 나온 글씨와 이미지를 오려 다문화 사회를 위해 필요한 자세와 마음가짐을 담은 포스터를 모둠별로 만들어 본다.		

다문화 사회를 위한 잡지 그림 콜라주

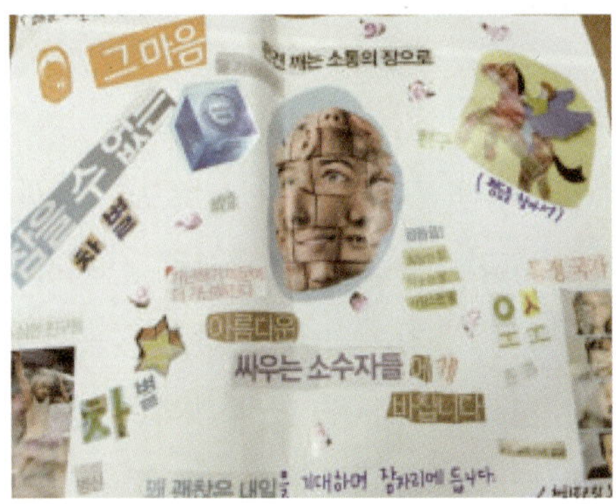

② [과제명] 우리가 꿈꾸는 대한민국 포스터 제작하기

교과	도덕 ②	학년	2
단원	II. 사회 · 공동체와의 관계 1. 국가 구성원으로서 바람직한 자세는 무엇인가? (1) 어떤 국가가 정의로운 국가인가?		
성취기준	[9도03-04] 정의로운 국가의 조건을 이해하고 시민이 갖추어야 할 자질이 무엇인지 탐구 하는 과정을 통해, 준법 의식을 길러 공동체의 일원으로서 책임감 있게 행동할 수 있다.		
과제 내용	이월된 잡지와 신문에 나온 글씨와 이미지를 오려 바람직한 국가의 모습을 잡지 그림 콜라주 형식으로 만들어 본다. 포스터를 제작하기 전에 충분히 어떤 국가가 정의로운 국가인지에 대한 사전 논의를 토대로 만들도록 한다. 학생들이 인터넷 공간에서 찾아온 이미지와 함께 잡지에서 글자나 이미지를 오려서 포스터를 완성하도록 한다.		

우리가 꿈꾸는 대한민국을 위한 잡지 그림 콜라주

(2) 슬로건이 있는 포스터 만들기

슬로건은 전형적으로 감정, 신념, 가치, 혹은 도덕적 입장을 표현하는 것으로 짧으면서 기억할 만한 문구 혹은 문장을 의미한다. 커셴바움(Kirschenbaum, 추병완 외 역, 2006: 204-205)에 따르면, 슬로건은 가치를 심어주기 위한 효과적인 수단이 될 수 있다. 슬로건은 교실 내부나 외부에 붙여놓으면 의식적이고 무의식적으로 학생들의 마음에 영향을 끼친다. 도덕교육에서는 이것이 정교한 교화 혹은 지적인 주장보다 신념과 가치에 더 중요한 영향을 미친다는 점을 주목할 필요가 있다.

포스터는 슬로건과 더불어 가치를 심어주는 데 유용하다. 그것은 실제로 그림 형태로 제시되어 흥미롭고 포스터에 제시된 메시지는 짧고 단순하며 명료하다. 그리고 일상적인 삶을 기반으로 뚜렷하게 제시된다. 포스터는 교사들이 가르치고 싶은 가치 혹은 도덕적 원칙을 극적으로 보여 주고 강화하기 위해 제작할 수 있다. 그렇기 때문에 학생들에게 포스터를 그리게 하는 것은 탁월한 교수 전략이 될 수 있다 (Kirschenbaum, 추병완 외 역, 2006: 206-207).

① [과제명] 예절지키기 포스터 제작하기

교과	도덕 ①	학년	1
단원	Ⅰ. 자신과의 관계 1. 왜 도덕적으로 살아야 하는가? (1) 도덕은 무엇이고 왜 필요한가?		
성취기준	[9도01-01] 사람다운 삶을 살아가기 위해 도덕이 필요한 이유를 설명하고, 왜 도덕적이어야 하는지 근거와 이유를 제시할 수 있다.		
과제 내용	사람들과 어울려 살아가는 데 필요한 예절을 학생들의 입장에서 재해석해보고 구체적인 예절이 무엇이 있는지 생각해보는 기회를 제공한다. 집, 학교, 공공화장실, 버스와 같은 대중교통에서 학생들이 반드시 지켜야하는 예절을 포스터 형식으로 꾸미게 한 뒤, 모둠별로 발표하고 다짐도 함께 이야기하도록 한다.		

예절지키기 포스터 제작 및 발표하기

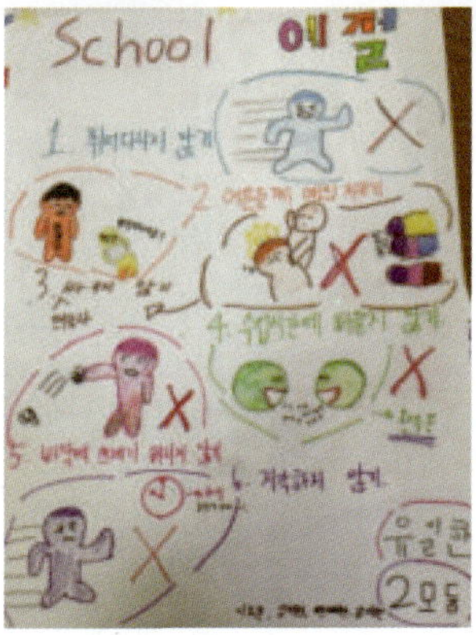

② [과제명] 문화유산 홍보 포스터 제작하기

교과	도덕 ②	학년	2
단원	II. 사회 · 공동체와의 관계 1. 국가 구성원으로서 바람직한 자세는 무엇인가? (2) 시민이 갖추어야 할 자질은 무엇인가?		
성취기준	[9도03-04] 정의로운 국가의 조건을 이해하고 시민이 갖추어야 할 자질이 무엇인지 탐구 하는 과정을 통해, 준법 의식을 길러 공동체의 일원으로서 책임감 있게 행동할 수 있다.		
과제 내용	바람직한 국가를 만들기 위해서는 무엇보다도 국가를 사랑하는 마음이 필요하다. 애국심은 우리나라의 자랑스러운 문화유산에 대한 이해와 사랑에서 시작된다. 모둠별로 각자 역할을 나누고 우리나라 문화유산을 홍보하는 포스터를 제작하고 발표한다.		

문화유산 포스터 제작하기

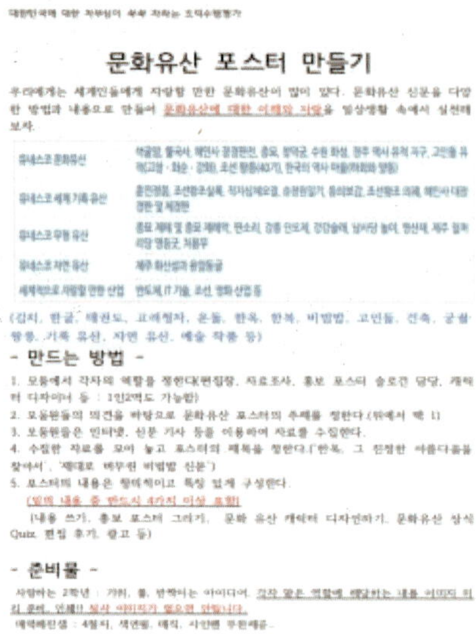
대한민국에 대한 자부심이 쑥쑥 자라는 도덕수행평가

문화유산 포스터 만들기

우리에게는 세계인들에게 자랑할 만한 문화유산이 많이 있다. 문화유산 신문을 다양한 방법과 내용으로 만들어 문화유산에 대한 이해와 자랑을 일상생활 속에서 실천해 보자.

유네스코 문화유산	석굴암, 불국사, 해인사 장경판전, 종묘, 창덕궁, 수원 화성, 경주 역사 유적 지구, 고인돌 유적(고창·화순·강화), 조선 왕릉(40기), 한국의 역사 마을(하회와 양동)
유네스코 세계 기록 유산	훈민정음, 조선왕조실록, 직지심체요절, 승정원일기, 동의보감, 조선왕조 의궤, 해인사 대장경판 및 제경판
유네스코 무형 유산	종묘 제례 및 종묘 제례악, 판소리, 강릉 단오제, 강강술래, 남사당 놀이, 영산재, 제주 칠머리당 영등굿, 처용무
유네스코 자연 유산	제주 화산섬과 용암동굴
세계적으로 자랑할 만한 산업	반도체, IT 기술, 조선, 영화 산업 등

(김치, 한글, 태권도, 고려청자, 온돌, 한옥, 한복, 비빔밥, 고인돌, 건축, 궁궐 [illegible], 기록 유산, 자연 유산, 예술 작품 등)

- 만드는 방법 -

1. 모둠에서 각자의 역할을 정한다(편집장, 자료조사, 홍보 포스터 슬로건 담당, 캐릭터 디자이너 등 : 1인2역도 가능함)
2. 모둠원들의 의견을 바탕으로 문화유산 포스터의 주제를 정한다.(위에서 택 1)
3. 모둠원들은 인터넷, 신문 기사 등을 이용하여 자료를 수집한다.
4. 수집한 자료를 모아 놓고 포스터의 제목을 정한다.(「한복, 그 진정한 아름다움을 찾아서」, 「제대로 배우는 비빔밥 신문」)
5. 포스터의 내용은 창의적이고 특징 있게 구성한다.
   (아래 내용 중 반드시 4가지 이상 포함)
   (내용 쓰기, 홍보 포스터 그리기, 문화 유산 캐릭터 디자인하기, 문화유산 상식 Quiz, 편집 후기, 광고 등)

- 준비물 -

사랑하는 2학년 : 가위, 풀, 반짝이는 아이디어. 각자 맡은 역할에 해당하는 내용 이미지 미리 [illegible]

[illegible] : 4절지, 색연필, 매직, 사인펜 무한제공

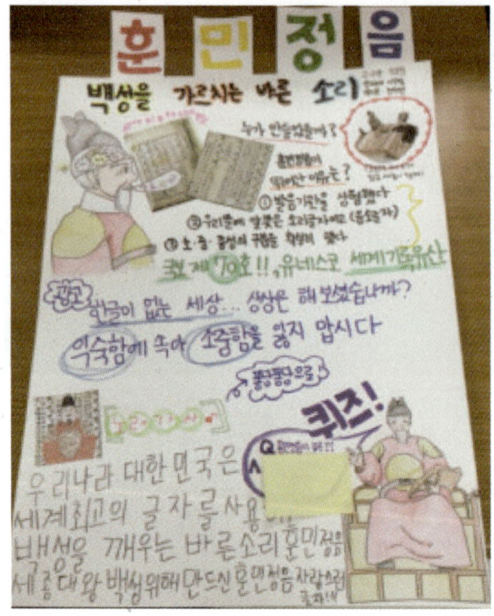

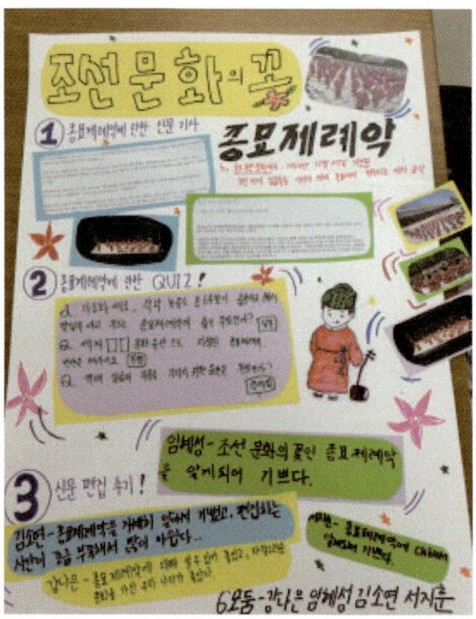

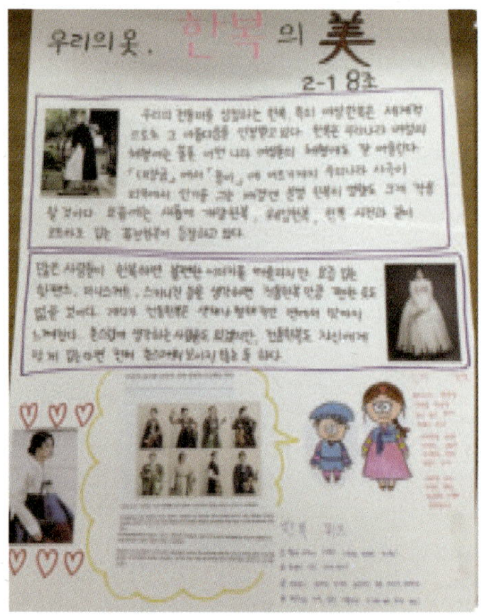

(3) 비주얼 씽킹

비주얼 씽킹이란 "글과 그림을 함께 이용해서 빠르고 간단하게 생각을 정리하고 정보를 요약해 공유하는 것"을 의미한다. 다시 말해서 사물, 생각, 개념을 의미가 담긴 상징적 이미지로 표현하는 능력이다. 이러한 상징적 표현은 개념의 특징을 잘 살리기 때문에 다른 사람이 빠르게 이해할 수 있는 장점이 있다. 뇌 과학과 인지과

학의 차원에서 비주얼 씽킹은 주목할만하다. 첫째, 뇌는 다양한 시각정보를 선호하므로 비주얼 씽킹은 빠른 이해를 돕는다. 둘째, 뇌는 전체적인 정보가 아닌 선택적 집중을 잘 기억하므로 비주얼 씽킹은 장기 기억에 효과적이다. 셋째, 뇌는 시각 정보를 종합하는 활동으로 의미를 해석하므로 비주얼 씽킹을 통해 설득력이 높아진다(정진호, 2019: 24-27).

비주얼 씽킹 제작하기	
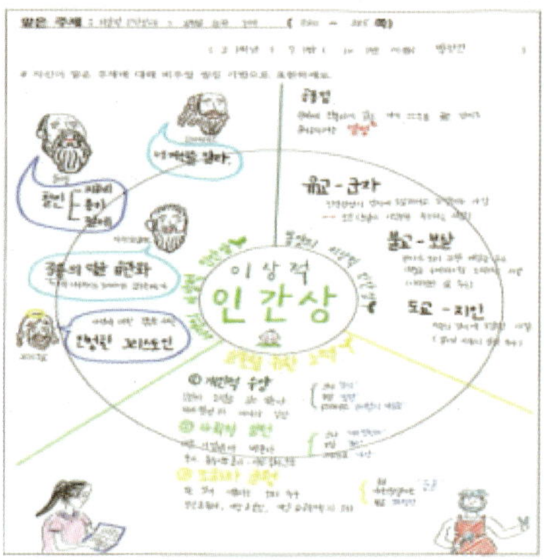	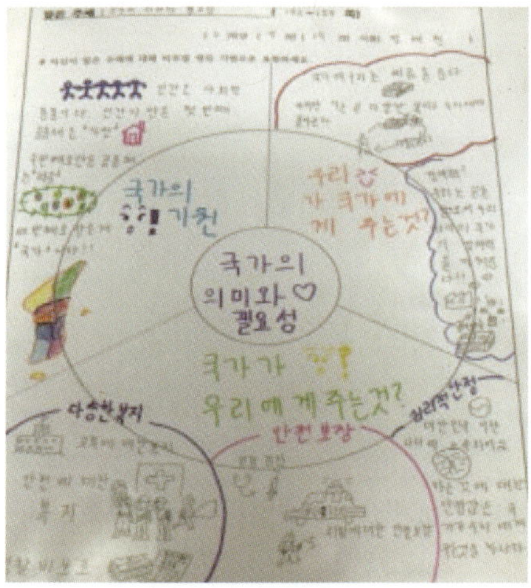
이상적 인간상	국가의 의미와 필요성
	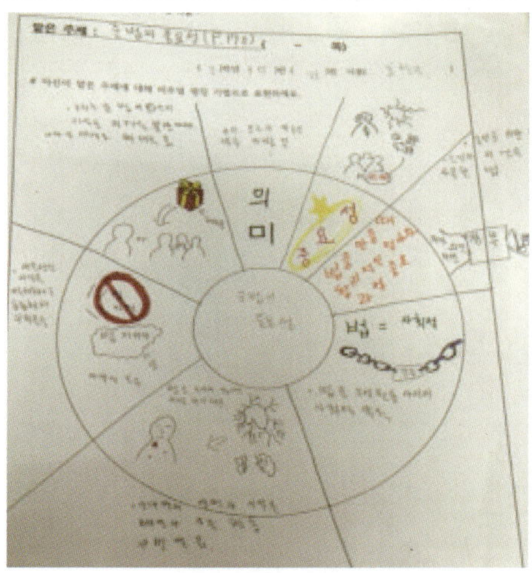
자기 소개하기	준법의 중요성

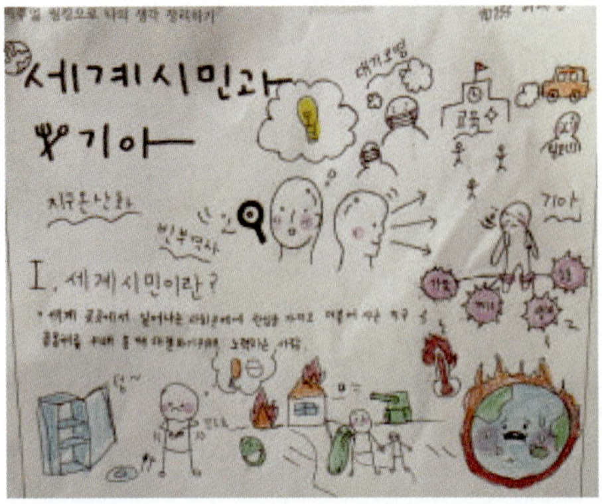

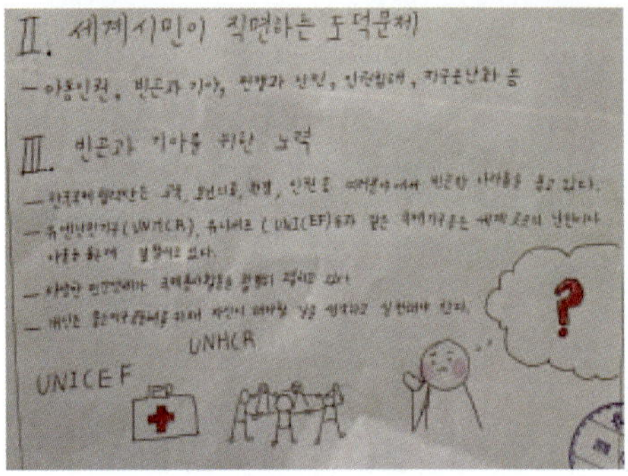

교과서의 내용을 비주얼 씽킹으로 표현하기

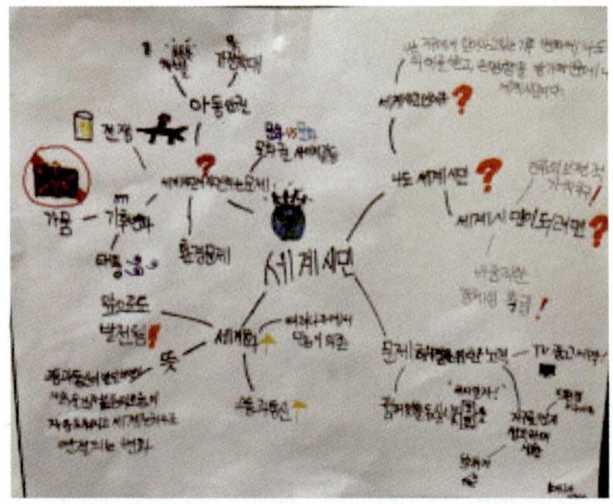

마인드 맵 형식으로 비주얼 씽킹하기

세계 시민의 의미, 지구 공동체의 도덕 문제 및 해결방안

(4) 타이포셔너리

타이포그래피(Typography)란 서체를 이용한 모든 디자인을 의미한다. 타이포그래피와 더불어 최근 캘리그래피, 타이포셔너리 등의 용어가 많이 활용되고 있다(오예승, 2017: 206). 타이포셔너리(Typotionary)란 타이포그래피(Typography)와 사전(Dictionary)을 합성한 것이다. 단어의 철자에 의미를 시각화하여 표현한 타이포그래피를 모아 사전의 형태로 만드는 방식이다(송형호, 2017; 오예승, 2017: 207 재인용). 도덕과 타이포셔너리는 학생들이 내면화할 가치 덕목을 이미지로 시각화하여 가치덕목 사전으로 만들 수 있다. 학생들과 해당 가치 덕목의 의미를 함께 공부하고 그것을 반영해 이미지로 창작하게 만들게 한다. 이는 학생의 창의성 발달 뿐만 아니라 도덕적 정서에도 좋은 영향을 미친다.

<table>
<tr><th colspan="2">타이포셔너리 제작하기</th></tr>
<tr><td>
</td><td>
</td></tr>
<tr><td>그림 설명: '사'자에서 한 여자와 애기가 보이는데 이것은 엄마와 애기가 서로 사랑하는 것이며 나무는 넓은 마음으로 모두를 사랑하라는 뜻이다. (중략) 또한 큰 하트에 내 이름이 있는 이유는 다른 사람을 사랑해주려면 제일 먼저 나를 사랑할 줄 알아야하기 때문이다.</td><td>그림 설명: '우'에서 'O'은 friendship이라는 '우정'단어를 사용했는데 밑에 넝쿨이 있고 칼이 있다. 우정은 항상 밝은 것만이 아니고 꼬일 때도 있다. 꼬일 때는 칼을 사용해 덩굴을 파헤친다는 의미이다. '정'에 ㅈ은 손을 합쳐서 힘을 내자는 의미로 화이팅 글자를 썼다.</td></tr>
</table>

그림 설명: 굽혀져 슬퍼하고 있는 아이를 여자아이가 손을 내밀며 위로하고 있고 이불 안에서 울고 있는 아이를 위로하고 있다. 밴드는 상처를 치료하듯 마음으로 응원한다는 뜻이다. 나무에 못이 꽂혀 있는 것을 바람이 불어 빠지게 하듯이 상처를 아물게 해준다는 뜻이다. 포도덩굴이 엉켜있지만 격려를 하면 좋은 사이로 지낼 수 있다.

그림 설명: 'ㅎ' 늙어서도 하하호호 웃으며 행복하고 싶었기 때문, 'ㅐ' 행복하기 위해서는 인간관계도 중요하기 때문, 'ㅇ' 행복하면 아름다운 무지개가 떠오르기 때문, 'ㅂ' 내가 일상 속 느끼는 소확행, 즉 소소하지만 확실한 행복을 써놓음, 'ㅗ' 행복은 일상 속에서 마치 폭죽처럼 예상치 못한 순간에 "펑!" 터지기 때문, 'ㄱ'일상 속에서 가장 실천하기 쉬운 나의 행복 '노래듣기'의 준비물 '이어폰'을 그려놓음.

(5) 만화 그리기

교수 · 학습 매체로서 만화를 활용하면 수업 주제에 대한 학생들의 흥미와 이해를 높일 수 있다. 교육적 도구 혹은 수단으로서 만화가 갖는 장점에는 다섯 가지가 있다. 첫째, 만화는 학생들의 발달단계를 고려해 흥미와 호기심을 유발하는 재미있는 학습 재료이다. 흥미를 유발하는 도구는 학생들이 학습에 몰입하고 창의적인 문제해결에 대한 도움을 준다. 둘째, 만화는 학생들을 수업에 끌어들이기 위한 내재적 동기 유발에 좋다. 내용 이해뿐만 아니라 반복 학습과 심화 학습에 대한 동기도 제공할 수 있다. 셋째, 만화는 같은 지식과 정보라도 재미있고 알기 쉽게 학생들에게 전달한다. 교수 · 학습 매체로서 만화는 영상적 표현과 상징적 표현으로서의 성격을 동시에 가진다. 이로써 교재에 나온 추상적인 개념을 만화로 그리면 이해가 쉽다. 넷째, 만화는 풍부한 상상력과 추론 능력뿐만 아니라 인지적 흥미를 증진한다. 다섯째, 만화는 정보를 뚜렷하게 각인시키고 각인된 정보의 지속력은 길다. 그림 정보와 언어 정보가 동시에 제시되기 때문에 장기 기억에 더 효과적이기 때문이다(임묘진 외, 2006: 551-553).

통일을 위한 만화 제작하기

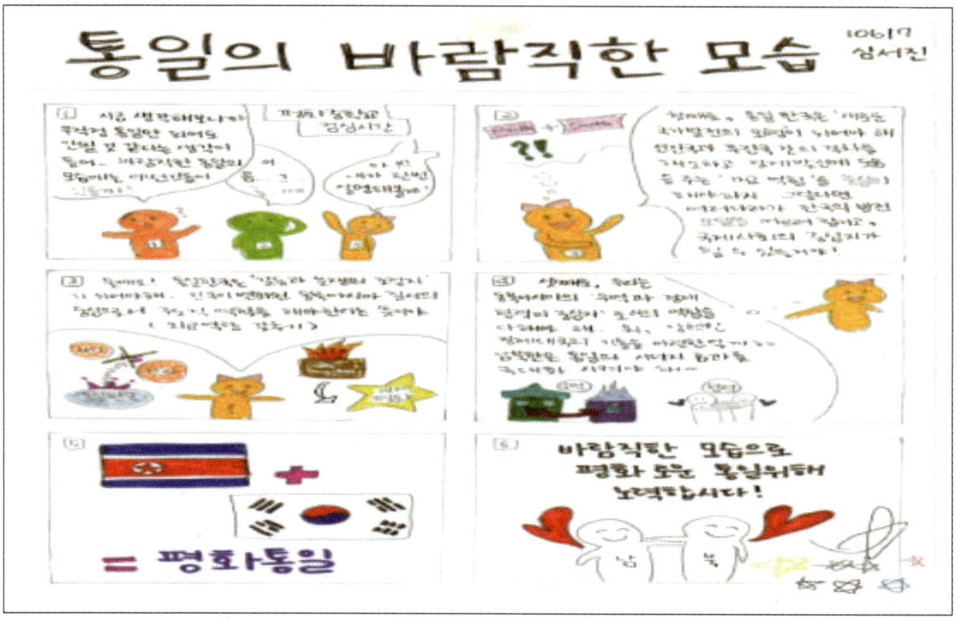

참고문헌

Kirschenbaum, H.(1995), 추병완, 김항인, 정창우 역(2006), 『도덕 · 가치 교육을 위한 100가지 방법』, 울력.

문혜성(2005), “발제1: 미디어교수법과 미디어 활용교육을 위한 교수설계” 「한국언론학회 심포지움 및 세미나」(2005.9), 1-18.

박숙희(1999), “통합교육과정에서의 미디어교육-미디어교육의 내용과 방법-” 「교육방법 연구」, 5(1), 19-38.

안정임(2002), “디지털 커뮤니케이션과 미디어 리터러시: 의미와 연구방향의 모색” 「교육정보방법연구」, 8(3), 5-24.

오예승(2017), “한자 타이포그래피를 활용한 학생 참여 중심 수업”, 「한국교육연구」 48호, 199-256.

임묘진 · 김성일(2006), “만화를 활용한 과학학습이 흥미 및 학업성취에 미치는 영향” 「교육심리연구」, 20(3), 549-569.

정진호(2019), 『비주얼 씽킹』, 한빛미디어.

정창우 · 박영하 · 조성태 · 이병일 · 김용순 · 윤영진 · 김현섭 · 배은주(2007), 『도덕과 교수 · 학습방법 및 평가』, 인간사랑.

조남두 · 장옥선 · 구영회 · 문점애 · 이상복 · 감구진 · 백경원 · 곽주철(2011), 『수업분석』, 상상채널.

추병완(1999), 『도덕교육의 이해』, 백의.

추병완(2017), 『도덕교육의 탐구』, 한국문화사.

홍유진 · 김양은(2013), 『미디어 리터러시(Literacy) 국내외 동향 및 정책방향』, KOCCA포커스 2013-01호(통권67호), 한국콘텐츠진흥원.

[인터넷 자료]

두산백과 https://terms.naver.com/entry.nhn?docId=2847711&cid=40942&categoryId=31751(검색날짜 : 2019. 11. 4.)

인간의 두얼굴 시즌2, 제2부 아름다운세상(2009. 4. 28.) https://youtu.be/qqIHFwP8jfM[검색일자 : 2019. 11. 8.]

인사이드 영화 내용 및 이미지 https://movie.naver.com/movie/bi/mi/basic.nhn?code=39810#story[검색일자 : 2019. 11. 10.]

위플래쉬 영화 내용 및 이미지 https://movie.naver.com/movie/bi/mi/basic.nhn?code=119632#story[검색일자 : 2019. 11. 10.]

영국 남자 한국관과공사 CF 내용 및 이미지 출처 https://youtu.be/rMPE6BGxyns(2015. 1. 26.)[검색일자 : 2019. 11. 10.]

프리즘 카드 사이트에서 내용 참고 https://cafe.naver.com/ggumdosa1/37(2018.3.15.)[검색일자: 2019. 11. 12.]

역사 채널e 대한민국 애국가 영상 중 자막 인용 및 이미지 출처 https://youtu.be/0FAKV9iYn2U(2015. 4. 23.)[검색일자 2019. 11. 10.]

잡지 그림 콜라주의 개념에 대한 인터넷 자료

① 두산백과

http://www.doopedia.co.kr/doopedia/master/master.do?_method=view&MAS_IDX=101013000902256 [검색일자 : 2019. 11. 11.]

② 네이버 지식백과 상담학사전

https://terms.naver.com/entry.nhn?docId=5675153&cid=62841&categoryId=62841 [검색일자: 2019. 11. 11.]

제6절 도덕과 6C 논쟁 수업 개발

1. 개념 및 이론적 배경

'6C 논쟁 수업'은 사형제도, 안락사(적극적 안락사, 존엄사 등), 낙태죄 폐지 찬반논쟁 등 우리 사회의 대표적 윤리적 쟁점들을 주제로 협동학습 기반 논쟁을 수행함으로써 IEE(Integrative Ethics Model, Narvaez, 2008)의 대표적 윤리적 기술들을 체화할 수 있도록 개발되었다.

표 5-20 '6C 논쟁 수업'의 구조 및 이를 통해 중점 함양되는 IEE, 윤리적 기술

	1단계	2단계	3단계	4단계	5단계	6단계
6C 논쟁 수업 구조	Curiosity 호기심 갖기	Concept 개념탐구	Case study 사례탐구	Controversy 윤리적 쟁점탐구	Choice 역할극 시연 및 입장 선택	Completion 논술문 완성 · 학급 발표
중점 함양되는 IEE 윤리적 기술	• ES-6: 상황 해석하기	• EJ-4: 윤리적으로 추론하기	• ES-6: 상황 해석하기	• ES-6: 상황 해석하기 • EJ-4: 윤리적으로 추론하기	• EJ-4: 윤리적으로 추론하기 • EF-7: 윤리적 정체성과 자기통합성 계발 • EA-1: 갈등과 문제해결	• EJ-4: 윤리적으로 추론하기 • EF-7: 윤리적 정체성과 자기통합성 계발 • EA-1: 갈등과 문제해결
중점 함양되는 Rest, 4구성요소	• 1요소: 도덕적 민감성	• 2요소: 도덕적 판단	• 1요소: 도덕적 민감성	• 1요소: 도덕적 민감성 • 2요소: 도덕적 판단	• 2요소: 도덕적 민감성 • 3요소: 도덕적 동기화 • 4요소: 도덕적 행동	• 2요소: 도덕적 민감성 • 3요소: 도덕적 동기화 • 4요소: 도덕적 행동
기존 도덕과 토론 모형 혼입 요소	• 배려중심 토론 • 내러티브 중심 토론	• 정의추론 • 배려추론 • 내러티브 중심 추론	• 배려중심 토론 • 내러티브 중심 토론	• 정의중심 토론 • 배려중심 토론 • 내러티브중심 토론	• 정의중심 토론 • 배려중심 토론 • 내러티브중심 토론	• 정의중심 토론 • 배려중심 토론 • 내러티브중심 토론

이 수업은 다음에 제시된 도덕과의 학문적 · 교육 실천적 요구들을 고루 충족시킬 수 있다. 우선 토론(Debate), 토의(Discussion), 합의(Concurrence-Seeking) 등과 차별화되는 '협동학습 기반 윤리적 논쟁(cooperative-learning based ethical controversy)'의 전문화된 교수설계 요소를 적극적으로 도입해야 한다는 요구이다. 둘째, 정의중심 · 배려중심 · 내러티브중심 딜레마 토론이 각각 분리 · 투입될 경우 예상되는 교육적 효과의 타당성 및 효율성 저하를 최소화하는 동시에 각 토론모형의 핵심적 통찰을 적재적소에 반영하여 각각의 모형이 갖는 장점은 살려내야 한다는 요구이다. 이를 위해, 새로운 논쟁 수업을 통해 도덕성의 인지적(cognitive) 요소와 정의적(affective) 요소를 통합적으로 함양할 수 있어야 한다는 것이다. 셋째, 역량교육의 관점에서 도덕적 '앎'과 도덕적 '삶'을 일치[체화]시킬 수 있는 지행 합일적 도덕교육을 지향해야 한다는 요구이다.

표 5-21 도덕과 협동학습 기반 논쟁 수업 절차

1단계	2단계	3단계	4단계
학습 모둠 구성	짝-프리젠테이션 준비	짝-프리젠테이션 교환	모둠 내 정보 교환
• 4인 1모둠, 이질집단 학습 모둠 구성 • 4인 학습 모둠 내, 2인 1조(짝) 구성	• 논쟁 찬반입장에 각각의 짝 편성 • 각 짝은 교사의 적절한 안내를 받아 찬 · 반 입장별 지지근거(자료 및 정보) 수집	• 찬성 짝 프리젠테이션 • 반대 짝 프리젠테이션 • 각 입장 프리젠테이션 중 상대 짝은 경청	• 모둠 내 구성원 간 정보와 생각 자유 교환(긍정적 정보 상호의존) • 다양한 도덕적 이슈와 문제에 대한 공개 논의
5단계	**6단계**	**7단계**	**8단계**
짝-입장 교환	모둠 내 합의	모둠 보고서 (논술문) 작성 및 학급 발표	학급 전체 논쟁 및 수업 성찰
• 모둠 내 다른 짝과 최초 입장 맞교환 • 최초 짝이 공유한 결정 및 근거가 다른 짝의 결론에 의해 도전받음 • 개념 및 가치 갈등과 불확실성에 직면 • 불일치의 해소를 위한 적극적 탐색은 발산적 사고(도덕적 상상력)를 자극	• 합의에 의한 모둠 내 결론 도출(긍정적 목표 상호의존) • 각 짝은 자신들의 최초 입장 철회 가능 • 모둠 내 합의를 통해 개념과 가치가 재조정	• 집단 보고서 혹은 논술문 작성 • 학급 전체에 발표	• 모둠별 발표를 듣고 학급 전체 의견 교환 • 수업 성찰 시간 갖기

출처: Johnson & Johnson(1994), 최복자(2003: 122-123) 참고하여 수정 · 재구성.

이러한 요구를 반영하기 위해 첫째, 6C 논쟁 수업의 3~6단계에서 존슨 형제가 제안한 협동적 논쟁 수업의 구조를 녹여낸다(위 〈표 5-21〉 참고). 둘째, 1~6단계의 전 과정에서 개별 학생이 가지는 정의, 배려 추론 등 고유한 도덕적 목소리가 존중되며, 이는 도덕성의 내러티브적 저작(authorship)의 발달로 간주된다. 특히 2단계 '개념탐구' 및 4단계 '쟁점탐구'는 개념에 기반을 둔 추상적 사유의 '형식'을 중시하는 콜버그식 정의(justice) 중심 딜레마 토론과, 1단계 '호기심 갖기'와 3단계 '사례탐구' 및 5단계 '역할극 시연 및 입장 선택' 등은 인간관계성과 상황의 맥락성을 중시하는 배려(caring) 및 내러티브(narrative) 중심 딜레마 토론과 매우 밀접한 관련을 갖는다. 셋째, 〈표 5-20〉과 같이 6C 논쟁 수업은 IEE의 28개의 윤리적 기술(Narvaez, 2005) 중 도덕적 민감성의 'ES-6, 상황 해석하기' 기술, 도덕적 판단의 'EJ-4, 윤리적으로 추론하기' 기술, 도덕적 동기화의 'EF-7, 윤리적 정체성과 자기 통합성 계발하기' 기술, 도덕적 행동 혹은 품성의 'EA-1, 갈등과 문제해결' 기술 등을 중점적으로 체화하여 지행합일적 도덕성을 함양할 수 있도록 전문적으로 설계된 도덕과 논쟁 수업이다.

2. 도덕과 수업에서 활용상의 의의와 유용성

민주주의 사회에서 '논쟁'은 단순한 승리를 위해 비폭력적이고 개화된 방식으로 상대를 패배시키는 데 목적이 있는 것이 아니라, 오히려 '공유된 목표들, 열린 대화, 편견 없는 자기비판과 관련된 삶의 방식'(Noddings & Brooks, 2017, 정창우, 김윤경 역, 2018: 11)을 의미한다. 이를 협동 학습에 녹여낸 6C 논쟁 수업은 '긍정적 목표 상호의존', '긍정적 자료 상호의존'(Johnson & Johnson, 1994)을 체계적으로 구조화한 것으로서, 도덕과 역량 기반 교육과정(competence-based curriculum)이 강조하는 다양한 도덕적 기능(moral functioning)의 개발(의사소통역량, 불일치에 대한 관용적 태도, 협업 및 공감 역량 등)을 직·간접적으로 촉진한다.

아울러 6C 논쟁 수업은 도덕과 역량의 또 다른 요소인 교과 내용 측면에서도 큰 의미를 갖는다. 도덕 과에서 학생들의 삶에 큰 영향을 미치는 동시에 사회적으로도 찬반이 팽팽히 엇갈려 있는 중요한 윤리적 쟁점을 주제로 논쟁 수업을 전개할 경우,

도덕성의 사적 측면(인성교육의 측면)과 공적 측면(시민성 교육의 측면)이 별도로 분리 투입될 필요 없이, 양자가 매일의 현실적 삶을 배경으로 자연스럽게 융합된 형태로 함양될 수 있다. 이는 나바에즈(D. Narvaez)가 강조하는 '공동의 도덕성(common morality)' 개발(Rest et al., 1999a)과도 접맥된다. 공동의 도덕성은 공동체의 맥락을 반영하는 동시에 그 맥락 속에서 집단적인 숙고가 온전히 스며있는 상태를 지향하며, 공동체는 부단한 논의와 면밀한 검토를 통해서 도덕적 앎을 다듬어 사회적으로 재구성하는 과정을 소홀히 하지 않는다(석자춘, 정창우, 2017: 26). 아리스토텔레스가 갈파했듯 인간 번영(human flourishing)은 반드시 개인과 공동체를 모두 포함해야 하며, 누구도 혼자 생존하거나 번성할 수 없다(Narvaez & Bock, 2014: 148). 인간은 생물학적으로 사회성과 사랑을 위하도록 배선되어(wired) 있기 때문이다(Maturana & Verden-Zoller, 1996).

그런데 인간 삶의 입체적 맥락성을 고스란히 담아내기에는 역부족인 언어의 본질적 한계를 감안하면, 단순한 개념적 논리 및 경쟁적 심리에 입각하여 상대를 패배시키려는 데만 혈안이 되는 왜곡된 형태의 논쟁 수업은 도덕성 발달은커녕 오히려 방해가 되는 소모적 언쟁(言爭)에 귀한 시간을 낭비하게 만들 수 있다. 그렇다면 단순한 언쟁이 아닌 '도덕적 논쟁'이 갖는 교육적 함의는 무엇인가. 나딩스(N. Noddings)와 Brooks는 도덕적 논쟁을 통해 '도덕적 헌신(moral commitment)'이 최선의 '비판적 사고(critical thinking)'를 이끌고, 이를 통해 다시 비판적 사고는 도덕적 헌신과 행위를 안내한다(정창우 외 역, 2018: 87)고 역설한다. 이는 도덕적 논쟁을 통해 향상되는 비판적 사고능력과 도덕적 헌신 및 행위 간에 순환적 촉진관계가 형성될 수 있음을 시사한다. 이 때 비판적 사고는 레스트(J. Rest)의 4 구성요소 중 2요소와, 도덕적 헌신과 행위는 1, 3, 4요소와 관계가 깊다. 요약하면, 6C 논쟁 수업과 같은 협동 학습 기반 도덕적 논쟁 수업은 학생들의 통합적 도덕성 발달에 주효할 타당성 있는 처방이 될 수 있다.

이와 관련하여 6C 논쟁 수업은 '도덕적 헌신에 의해 안내된 비판적 사고력의 함양'을 적극적으로 촉진하기 위해 지행합일을 궁극적 목적함수에 둔 '통합적 도덕교육 모형(IEE)'을 프레임워크로 삼아 논쟁 수업에서 인지-정서적 요소를 아우르는 통합적 접근을 시도한다. 아울러 '협동 학습 기반 논쟁 수업모형'에 기존의 대표적 도덕 딜레마 토론모형의 장점을 살려내어 혼입하고 재구조화한다. 따라서 이 모형은 도덕교육 현장이 절실하게 필요로 하는 도덕과 만의 영역-특수성(domain-specificity)을 살려내는 동시에 교사 친화적으로 전문화된 교수 설계(specialized instructional design)를 갖춘 논쟁 수업이라고 할 수 있다.

3. 수업의 구조 및 개발의 실제

1) 일반적 절차

① 1단계: 호기심 갖기("Curiosity")

콜버그와 블래트(Kohlberg-Blatt)의 연구(1971)가 남긴 발견 중 하나는 논쟁에 큰 '관심'을 보인 학생들이 가장 큰 '변화'를 보인 점이다. 학생들은 외부적 강제에 의해 조형되는 과정보다는 그들 스스로의 '호기심'이 일어났을 때 비로소 발달하게 된다. 그들은 그들의 현재 자신의 인지 구조에 부합하지 않는 정보에 관심을 갖게 되며 이것이 사고의 변화를 추동한다. 6C 논쟁 수업 역시 논쟁에 포함된 윤리적 쟁점의 핵심적 통찰을 제시하는 이미지, 카피라이트 등의 문구, 영상자료 등을 제시하는 것으로 시작한다. 이때 찬반 입장의 대표적 논지를 가장 적확하게 뒷받침하는 자료를 채택하되, 가급적 선명한 대조 등을 활용하여 학생들의 인지 · 정서적 갈등을 촉발할 수 있도록 한다.

예를 들어 사형제도 찬반 논쟁의 찬성입장에서는 잠재적 범죄자에게 '심리적 강제'를, 잠재적 피해자에게 '심리적 안정'을, 범죄 피해자에게 '심리적 보상'을 제공할 수 있다는 공익광고 문구를 제시하고, 반대 입장에서는 살인으로 딸을 잃고 사형으로 아들을 잃은 씨씨 할머니(실존 인물)의 다큐멘터리 인터뷰를 캡처한 뒤, 두 입장의 선명한 대조를 제시하면 학생들의 인지적 갈등을 유발하는 데 손색이 없을 것이다.

② 2단계: 개념 탐구("Concept")

모둠 내 협동적 찬반 논쟁을 본격적으로 전개하기에 앞서, 해당 주제에 관한 핵심적 개념(Key concepts)들을 탐구하고 정의(definition)해 둘 필요가 있다. 주요 개념어에 대한 학생들의 이해가 서로 다를 경우 개념 간 통약 가능성이 확보되지 않아 생산적 논쟁을 전개하는 것이 어려워진다. 특히 학생들 사이에 개념 이해의 불일치도가 높은 용어에 대해서는 신뢰도 높은 출처에 기반하여 교사의 적절한 도움을 받아 조작적으로 정의할 필요도 있다. 개념에 대한 확고한 이해를 바탕으로 후속될 4단계의 '쟁점 탐구' 과정에서는 범주적(categorical) 사고방식을 다각도로 활용하고, 핵심 쟁점에 관한 추론 형식을 중시하는 콜버그식 딜레마 토론도 실시할 수 있게 된다. 배려 및 내러티브적 논쟁에서도 개념 및 용어에 대한 학생들 간 동등한 이해는 필수적이다.

사형제도 찬반논쟁과 관련하여서는 정의(justice), 교정적 정의와 분배적 정의, 사형제도의 개념에 대한 사전적 정의, 법률적 정의, 우리나라의 사형제도 역사, 사형제도 존폐 관련 우리나라 및 세계의 현황 등을 탐구하는 가운데 핵심 개념에 대한 이해를 선행지식으로 습득해 둘 필요가 있을 것이다.

③ 3단계: 사례 탐구("Case study")

추론 형식에 대한 강조로 인해 과도한 단순화나 추상화를 수반하게 되는 가상적 도덕 딜레마는 실제 삶에서 학생들이 겪는 도덕적 갈등의 복합적인 인간 관계성이나 맥락성을 입체적으로 반영해 내기 어렵다는 점에서 명백한 한계를 갖는다. 따라서 삶의 현실성이 충분히 반영된 적절한 사례(case)의 제시는 도덕적 선택에 내재한 맥락적 변수들을 식별하고 평가하며 내러티브적 도덕 추론능력 및 저작을 발달시키고자 할 때 반드시 필요하다. 찬반양론을 지지할 대표적 사례를 각기 균형 있게 제시할 수도 있고, 두 입장의 갈등을 모두 담은 내러티브(영화, 드라마, 소설 등)를 제공할 수도 있을 것이다. 이때 선택된 내러티브에는 어떤 도덕 딜레마(갈등상황)가 포함되어야 할까? 첫째, 화해할 수 없는 도덕적 가치들 사이의 어려운 선택이 포함된 복합적인 도덕적 갈등들의 가상적인 설명으로 구성되는 것이 좋다. 둘째, 도덕적 선택을 위한 인지적 · 정서적 자극을 촉발하는 흥미진진한 증거들을 풍부하게 제공해 주는 것이 좋다(Basourakos, 1999: 480).

이 과정이 종료된 이후부터는 학습 모둠(4인 1조, 2:2 짝 편성)을 편성하여 협동적 논쟁 수업을 전개하게 된다. '긍정적 정보 상호의존성'을 충분히 달성하기 위해, 모둠 내 2인 1조가 각각 찬 · 반 입장을 나누어 사례를 탐구하되, 다양한 사례를 학생들이 스스로 탐구할 수 있도록 교사가 기본 자료와 심화 자료로 나누어 참고문헌 목록을 제시해 줄 수 있을 것이다. 학생 주도적으로 더 많은 사례를 탐색하도록 독려할 필요도 있다.

사형제도 찬반논쟁의 경우 찬성입장을 지지할 논거로 흉악범죄로 인해 고통받는 피해자와 그 가족의 사례를, 반대 입장을 지지할 논거로 범죄의 사회적 책임을 강조하고 응보보다 교화를, 보복보다 용서로 대응하는 것이 보다 근본적인 치유책이 된다는 논지의 흉악범 피해자 가족의 이야기나 국제사면위원회의 자료들을 활용할 수 있을 것이다. 찬반입장이 모두 포함된 적절한 내러티브로 영화 "Dead man walking"을 함께 감상하거나, 시간 제약이 크다면 등장인물의 입장과 역할이 축약적으로 잘 묘사된 영화감상문을 독해하도록 할 수도 있다. 이어 IEE, 'ES-6. 상황 해석하기' 기술을 적용하여 도덕적 민감성을 갖고 갈등 상황을 해석한 후, 4단계 쟁점탐구로 옮겨가게 된다.

④ 4단계: 쟁점 탐구("Controversy")

레스트의 2요소인 도덕적 추론 혹은 판단력은 도덕적 직관 형성에 유리한 환경에서, 성인(교사)의 도움을 통해 실제 삶의 맥락 속에서 훈련되고 실행되는 과정에서 온전히 인격 속으로 체화될 수 있다. 여기에는 추론의 형식을 중시하는 연역적 방식(top-down)의 콜버그식 정의 추론과 귀납적 방식(bottom-up)으로 내용과 맥락을 중시하는 배려 및 내러티브적 추론 간의 상호보완이 요청된다. 앞서 사례 탐구에서 이루어진 상황해석을 바탕으로 모둠 내 학생들은 논쟁 주제에 포함된 다양한 세부적 이슈 혹은 윤리적 쟁점을 제기한다. 쟁점도출을 돕기 위한 교사의 전략은 주요 당사자들(개인)의 입장 및 다양한 공동체와 사회 전체적 시각(공익)에서 역할을 채택해 보도록 제안함으로써 그들의 필요, 복지, 행복, 권리, 감정, 공익 등을 충분히 고려해 보도록 하는 것이다.

도출된 쟁점을 바탕으로, 〈표 5-22〉에 제시된 바 있는 '협동적 논쟁 수업'의 2~5단계(5단계는 생략 가능)를 진행한다. 각 짝은 교사의 적절한 도움(참고문헌 제공 등)을 받아 찬반입장별 지지 근거를 확보하고 상대 짝에게 프레젠테이션한 후(입론), 자유로운 모둠 내 정보교환(반론 및 재반론)과 짝-입장 교환(역할채택)을 실시한다. 이때 교사는 입론과 반론 및 재반론 과정 등 논파와 설득의 전 과정에서 정의 추론과 배려 및 내러티브적 추론을 활용하면서 학생들이 자신의 고유한 도덕적 목소리와 저작을 발달시킬 수 있도록 허용하고 독려한다. 사형제도 찬반 논쟁의 사례에서 주요 쟁점은 범죄 피해자와 그 가족, 사형수, 일반 국민, 사회적 다수자와 소수자 등의 관점에 서서(역할 채택) 윤리적으로 숙고(ethical deliberation)함으로써 어렵지 않게 도출할 수 있다. 쟁점별 찬반입장 각각에 대한 지지논거는 짝 토론을 통해 수집되고 반대 짝에게 프레젠테이션 된다.

⑤ 5단계: 역할극 시연 및 입장선택("Choice")

역할극[드라마]은 현실과 상상을 동시에 현재화한다. 연기자는 그의 캐릭터의 탄생과 진화를 도맡아 담당하는 유일한 주인으로, 자기-포함적이고 자기-지속적인 가상 세계를 연출하는 구조적 일관성을 갖춘 내러티브적 은유에 노출된다(Courtney, 1990: 65). 시연 과정에서 학생들은 살아있는 경험의 환영을 창조하는 데 필요한 양감, 동세, 공간의 세 가지 요소를 생생하게 부여받게 된다. 학생들은 연극 속 주요인물이 되어 구체적 내러티브에 직면하여 도덕적 과정을 겪으며 권능화에 참여하는 가운데 도덕적 성찰을 체험한다(Basourakos, 1999: 475). 6C 논쟁 수업에서는 3~4단계에서 도덕적 논쟁을 다룬 영화를 감상한 후 주요 쟁점을 탐구하였고, 5단계에서는 주요 등장인물을 대변하여 10~20분 내외의 간단한 역할극을 실시하게 된다.

사형제도 찬반논쟁의 경우, 영화 "Dead man walking"의 상황을 가정한 뒤 헬렌 수녀, 매튜, 죽은 아이들의 가족, 힐튼 바버 등으로 역할을 나누어 구체적 장면을 설정한 뒤 간이 역할극을 실시해 볼 수 있을 것이다. 이때 교사는 학생들의 도덕적 선택과 의사결정에 따라 영화와 다른 형태의 시나리오가 충분히 전개될 수 있음을 주지시킨다. 역할극 시연 후, 최종입장 선택에 이르기 위한 모둠 내 협동적 논쟁을 안내하기 위한 비계설정으로 교사는 다음과 같은 질문을 제시할 수 있다.

표 5-22 역할극 시연 후 협동적 논쟁을 유도하는 질문의 예

(A) 이 역할극(연극)에서 탐구된 윤리적 문제는 무엇인가요?
(B) 이 역할극에서 각 도덕적 갈등 혹은 딜레마를 결정하는 중요한 상황은 무엇입니까? 각 인물을 통해 노출되는 도덕적 태도가 있습니까?
(C) 이 극의 인물들은 그들의 도덕적 위기에 어떻게 대응하나요? 인물의 도덕적 선택들이 윤리적 관점을 어느 정도까지 변화시키나요?
(D) 이 역할극에서 도덕적 딜레마에 처한 인물이 갈등을 해결하기 위해 사용할 수 있는 다른 방법에는 무엇이 있었을까요? 여러 가지 가능성을 모두 열어두고 충분히 상상해 봅시다.
(E) 이 역할극(연극)에서 주요 인물들이 윤리적 문제를 다룬 방식은 도덕적 관계에 대한 어느 정도의 숙고(deliberation)를 불러일으켰나요?

출처: Basourakos, 1999: 481 참고.

모둠 내 협동적 논쟁을 모니터링 하는 교사는 개별 학생이 제기한 질문과 의견을 다른 구성원에게 재전송함으로써 연극에서 탐색 된 경쟁적 해결책에 대한 비판적 판단을 독려하는 등 학생 간 대화를 촉진할 수 있다. 오류 있는 도덕적 관습, 규칙, 관점에 관한 비판을 시험하는 동시에 인물들이 떠안게 된 해결책의 윤리적 함의 점을 풍부하게 다루는 것은 학생들을 개인과 그들이 속한 공동체 사이의 도덕적 공존에 대해 고민하도록 도울 것이다(Bouchard, 2002: 477-481). 이 과정은 공동체의 실제 삶의 맥락 속 사회적 경험 가운데 정교한 조건적, 절차적 지식을 적재적소에 맞게 적용하면서 체화한 '도덕적 지혜(moral wisdom)'(Narvaez, 2011)를 계발하는 과정과 매우 흡사할 것이다. 충분한 논의를 거친 후 모둠은 찬반논쟁에 대한 자신들의 최종적 입장을 결정한다. 이는 협동 학습의 본질적 요소인 '긍정적 목표 상호의존'을 위해 요청된다.

⑥ 6단계: 논술문 작성 및 발표("Completion")

교사는 논쟁 과정에서 학습한 주요 개념에 대한 조작적 정의, 주요 사례에 대한 간략한 소개, 모둠의 최종적 입장 선택과 지지 근거(정의 · 배려 · 내러티브적 추론 균형 있게 반영), 반대쪽 지지 근거에 대한 논파 및 설득 등이 최종 모둠 보고서에 실릴 수 있도록 학생들에게 안내한다. 완성된 논술문을 학급 전체에 발표하여 다른 모둠의 입장을 공유하는 시간을 갖되, 시간이 부족하다면 각 모둠의 보고서를 교실 후면에 전시하고 코멘트를 제시할 공간을 제공할 수도 있을 것이다.

2) 수업 사례

① 수업지도안

<table>
<tr><th colspan="2">단계</th><th>교수 · 학습 활동 내용</th><th>자료 및 유의점</th></tr>
<tr><td rowspan="2">도
입</td><td>전시
학습 확인</td><td>► 전시학습 확인: '공정성으로서의 정의' 개념과 분배적 정의, 교정적 정의의 의미 떠올리기</td><td>► 자료1:
정의란 무엇인가</td></tr>
<tr><td>학습
목표</td><td>► 민주적 공동체 형성의 핵심이 구성원 모두의 인권 보장이라는 도덕적 가치 지향에 있음을 설명할 수 있다.
이를 위한 사회 제도의 모습은 어떠해야 할지 6C 논쟁 수업에 입각한 사형제도 찬반 논쟁에 참여함으로써 반성적으로 성찰할 수 있다.</td><td>► 자료2: 6C 논쟁 수업 소개</td></tr>
<tr><td rowspan="4">전
개</td><td rowspan="3">6C 논쟁
수업 도입
및 전개</td><td>► 1단계 '호기심 갖기(Curiocity)': 사형제도 찬반논쟁의 주요입장에 관한 핵심적 통찰을 담은 시각적 자료 및 카피라이트를 통해 이 속에 포함된 도덕적 쟁점에 대해 호기심 갖기</td><td>► 자료 3:
학생 활동 자료</td></tr>
<tr><td>► 2단계 '개념 탐구(Concept)': 사형제도 찬반논쟁에 관한 핵심 개념들에 대해 교사의 적절한 도움을 받아가며 탐구하고 정의하기</td><td>► 자료 4:
학생 활동 자료</td></tr>
<tr><td>► 3단계 '사례 탐구(Case)': 사형제도 찬반논쟁에 관한 핵심적 사례들에 대해 교사의 적절한 도움을 받아가며 탐구하기.
영화 "Dead man walking" 직접 시청 혹은 감상문 독해 후, 4인 1조 학습 모둠별로 도덕적 민감성을 갖고 "상황 해석하기" 윤리적 기술을 활용하여 영화 속에 포함된 여러 가지 도덕적 고려 사항들을 점검해 보기</td><td>► 자료 4:
학생 활동 자료</td></tr>
<tr><td>6C 논쟁
수업 발전
및 심화</td><td>► 4단계 '쟁점 탐구(Controversy)': 각 모둠별로 사례 탐구에서 이루어진 상황해석을 바탕으로 사형제도 찬반논쟁에 포함된 다양한 윤리적 쟁점을 제기하기.
이어 4인 1모둠 내 2인 짝을 편성하여 찬반 입장별 지지근거를 확보하기. 짝 프리젠테이션(입론) 후, 모둠 내 자유롭게 정보교환(반론 및 재반론)하기. 이 때 정의추론, 배려추론, 내러티브적 추론을 다양하게 활용할 수 있음.</td><td>► 자료 4:
학생 활동 자료
► 쟁점도출을 돕기 위해 주요 당사자 및 사회 전체적 입장에서 역할 채택을 해볼 것을 제안하기</td></tr>
</table>

		► **5단계 '역할극 시연 및 입장선택(Choice)'**: 영화 "Dead man walking"의 상황을 가정한 뒤 헬렌수녀, 매튜, 죽은 아이들의 가족, 힐튼 바버 등으로 역할을 나누어 구체적 장면을 설정한 뒤 간이 역할극(10-20분 내외) 실시하기. 역할극 시연 후 모둠의 최종적 입장 선택에 이르기 위한 마지막 토론을 실시함.	► 학생들의 도덕적 의사결정과 자율적 선택에 따라 다양한 시나리오가 전개될 수 있음을 주지시키기
		► **6단계 논술문 완성 및 발표(혹은 전시)**: 결정된 모둠의 최종 입장을 논술문의 형태로 정리하고 학급에 발표 혹은 전시하기.	
정리	내용 정리 및 평가	► **학습 정리**: 민주적 공동체 형성의 핵심이 구성원 모두의 인권 보장이라는 도덕적 가치 지향에 있으며, 민주주의 사회는 시민의 참여를 통해 개선될 수 있음을 인식하고, 사형제도 찬반논쟁을 이러한 관점에 비춰 비판적으로 논의한 본 수업의 의의를 떠올려 보기.	► 자료 5: 찬반논쟁 자기평가표
	차시 예고	► 다음 시간에 학습할 내용을 안내한다.	

② 6C 모형을 활용한 사형제도 찬반 논쟁 수업자료

〈자료 1〉 JUSTICE. '정의'란 무엇인가

■ 정의(justice)란 무엇인가?

이성적 존재인 인간이 언제 어디서나 추구하고자 하는 바르고 곧은 것을 정의라고 한다.

공정성(fairness)은 정의를 판단하는 핵심적 기준이 된다.

- 소크라테스(고대 그리스 철학자): 정의는 '인간의 선한 본성'
- 아리스토텔레스(고대 그리스 철학자): 정의의 본질은 평등, '평균적 정의'와 '배분적 정의'로 구분
- 울피아누스(고대 로마의 법학자): 정의란 '각자에게 그의 몫을 돌려주려는 항구적인 의지'
- 존 롤스(현대 자유주의 정치철학자): 정의의 원칙
  - 제 1원칙: 평등한 자유의 원칙
  - 제 2원칙: 차등의 원칙 + 공정한 기회 균등의 원칙
- 마이클 샌델(현대 공동체주의 정치철학자): 롤스의 자유주의적 정의 관념에 대한 비판적 물음 제기

■ 정의(justice)의 범주 구분

- 분배적 정의: 어떤 것을 분배하거나 나눌 때 어떻게 하는 것이 가장 공정한가?
  롤스『정의론』의 주된 관심사.
- 교정적 정의: '잘못'에 대해 어떤 처벌을 내리는 것이 가장 공정한가?
  피해자가 입은 '피해'에 대해 어떤 배상을 하는 것이 가장 공정한가?
  정의의 여신상이 들고 있는 저울은 법 집행의 형평성을, 법전은 법전에 의한 법 적용 상징.

[네이버 지식백과] 정의란 무엇인가요? https://m.site.naver.com/qrcode/view.nhn?v=0scSw	[네이버 지식백과] 롤스, 정의의 제 1 원칙 https://m.site.naver.com/qrcode/view.nhn?v=0scSC	[네이버 지식백과] 롤스, 정의의 제 2원칙 https://m.site.naver.com/qrcode/view.nhn?v=0scSF	 [분배적 정의] 어떻게 나누는 것이 가장 공정한가?	 [교정적 정의] 어떤 처벌과 배상이 가장 공정한가?

〈자료 2〉 수업 절차 소개: '6C 논쟁 수업'

	1단계	2단계	3단계	4단계	5단계	6단계
6C 논쟁 수업	Curiosity → 호기심 갖기	Concept → 주요 개념 탐구	Case study → 사례 탐구	Controversy → 쟁점 탐구	Choice → 역할극 시연 & 최종 입장 선택	Completion → 논술문 완성 & 학급 토론

〈자료 3〉 학생 활동 자료

| Step 1 | Curiosity: 호기심 갖기

[이미지 출처] https://news.joins.com/article/20140328

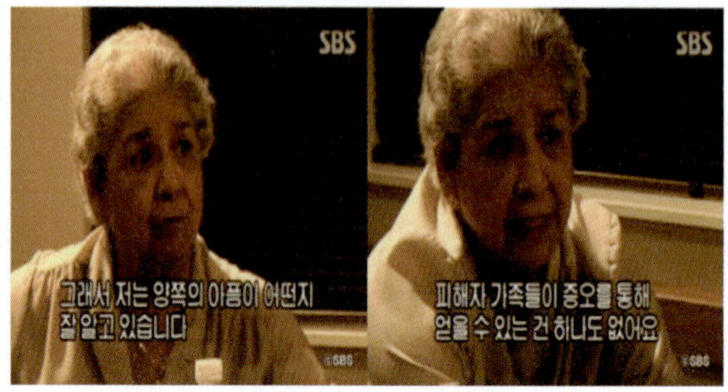

<씨씨 할머니 역시, 복수가 치유에 아무런 도움이 되지 못한다고 말합니다.>

살인으로 딸을 잃고,
사형으로 아들을 잃은 씨씨 할머니,
그녀는 이렇게 말합니다.
"저는 양쪽의 아픔이 어떤지 잘 알고 있습니다. 피해자 가족들이 증오를 통해 얻을 수 있는 건 하나도 없어요."

[출처] https://amnesty.or.kr/5417/
[원본 출처] sbs 스페셜, 「용서... 그 먼 길 끝에 당신이 있습니까?」

☞ 사형제도 찬반 논쟁에 관하여, 두 자료는 각각 어떤 메시지를 우리에게 전하려는 것일까?

☞ 어떤 메시지에 조금 더 공감이 가는지, 친구들에게 자신의 생각을 자유롭게 말해 보자.

| Step 2 | Curiosity: 개념 탐구

■ 사형제도란?

- 사형제도의 역사: 인류 역사상 가장 오랜 역사를 가진 형벌의 하나로서 우리나라에서는 고조선 팔조금법(箕子 八條禁法)에 "상살자 이사상(相殺者 以死償)"이라고 규정된 이래 현행 형법 및 특별형법에 이르기까지 계속하여 하나의 형벌로 인정되어 오고 있음. (헌제 1996. 11. 28. 95헌바1, 판례집 8-2, 537, 544 참고)
- 사형은 인간존재의 바탕인 '생명'을 빼앗아 사람의 사회적 존재를 말살하는 형벌. 생명의 소멸을 가져온다는 의미에서 생명형이자, 성질상 모든 형벌 중에서 가장 무거운 형벌이라는 의미에서 극형인 궁극의 형벌임. 2019년 현재까지 우리나라 법정최고형.

■ **사형제도 관련 우리나라 및 세계의 현황**

- 2008년 말 기준, 사형이 존치하는 국가는 미국, 일본, 중국, 대만, 인도 등 105개국. 그 중 전쟁범죄를 제외한 일반범죄에 대하여 사형을 폐지한 국가는 10개국.
- 최근 10년 이상 사형 '집행'을 하지 않은 국가는 36개국임(우리나라 포함).
- 모든 범죄에 대한 사형을 폐지한 국가는 독일, 프랑스, 스웨덴, 필리핀 등 92개국.
- 우리나라에서 사형의 집행은 1997. 12. 30. 23명에 대한 집행 이후로는 이루어진 적이 없으나(실질적 사형제도 폐지국으로 분류됨) 사형의 '선고'는 계속되고 있음.
- 헌법재판소는 사형을 형의 종류의 하나로서 규정한 형법 제41조 제1호(사형제도) 및 사형을 법정형의 하나로 규정한 살인죄 조항인 형법 제250조 제1항에 대하여 1996. 11. 28. 95헌바1 사건(7:2로 합헌) 및 2008헌가23 사건(5:4로 합헌)에서 두 차례 모두 합헌결정을 한 바 있음.

[내용 출처] 국가법령정보센터, 형법 제41조 등 위헌제청, [전원재판부 2008헌가23, 2010. 2. 25.]
http://www.law.go.kr/detcInfoP.do?detcSeq=12983

| Step 3 | Case study: 사례 탐구

■ **사형제도 찬반논쟁과 관련하여, 숙고와 성찰을 도와줄 영화를 모둠 원들과 함께 조사해 보자. 참고로 선생님이 제안하는 영상물, 서적, 문헌자료는 다음과 같다. 시간이 날 때 감상해 보자.**

- 영화: 〈Dead man walking〉 〈The life of David Gale〉 〈우리들의 행복한 시간〉
- 〈오늘, Reason to Live〉, 〈밀양, Secret Sunshine〉 〈7번방의 선물〉
- 만화: 〈사형수 042〉 〈교도관 나오키〉
- 책: 『희망여행』(사카가미 가오리), 『이방인』 (알베르 카뮈), 『사형수 최후의 날』 (빅토르 위고),
  ★『인권법』(이준일), ★『사형과 인간의 존엄』(유석성)
  ★『나는 왜 사형 존치론자가 되었는가』(서석구), ★『사형제도의 이론과 실체』(국제사면위원회)
  ★『극단의 형벌』(스콧 터로), ★『사형』 (카를 브루노 레더),
  ★『범죄와 형벌』(베카리아), ★『형벌과 안보처분』(버크마이어)
- 다큐멘터리: 〈sbs 스페셜, 용서, 그 먼길 끝에 당신이 있습니까〉
  넷플릭스 다큐멘터리 〈미국 수정헌법 제13조〉
- 논문: ★"사형제도의 도덕성 논쟁"(문성학)
  ★"칸트 법철학에서 '등가성의 원리'와 형벌의 균형 사이의 긴장관계: 사형제도를 중심으로" (김수배)
  ★"사형제도에 관한 인간학적 성찰"(진교훈)

(★는 조금 어려운 심화자료, 용기 있게 도전해 볼 친구 손들어보세요~!)

■ **'우리들의 행복한 시간(공지영 作)'이라는 소설(영화)'에 대한 다음 글을 보며 사형제도에 대해 생각해 보고, 짝이나 모둠 원들과 자유롭게 의견을 나누어 보자.**

[이미지 출처] https://blog.naver.com/byryu81/130007426495

[이미지 출처] https://movie.naver.com/movie/ bi/mi/photoView.nhn?code=54411&imageid=5777651

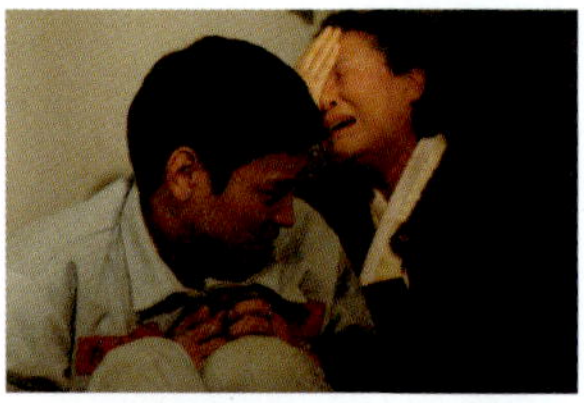

[이미지 출처] https://m.post.naver.com/viewer/postView.nhn?volumeNo=5430329&memberNo=31724756&vType=VERTICAL

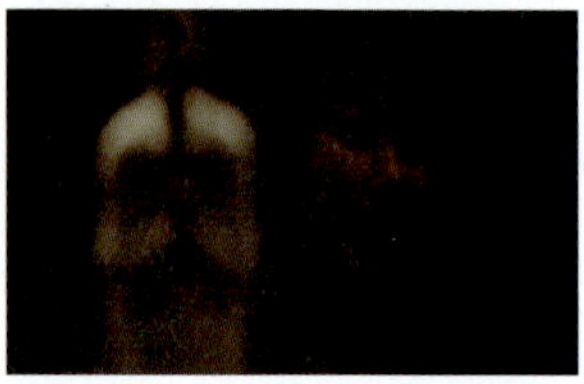

[이미지 출처] https://blog.naver-com/4614aaaa/ 130152900315

[우측 서평 출처] http://www.cine21.com/Index/ magazine.php?mm=002001001&mag_id=41414 발췌 · 수정

겉은 화려하고 아무 문제없어 보이지만, 어린 시절에 겪었던 씻을 수 없는 상처(사촌 오빠로부터의 성폭행)와 가족들에 대한 배신감(성폭행 피해를 고백하자 오히려 딸의 행실을 문제 삼으며 부끄러워하고 입막음하려는 어머니)으로 냉소적인 삶을 살아온 대학교수 문유정. 세 번째 자살시도를 실패한 그녀는 정신과 치료를 받아야 하는 상황에서 고모인 모니카 수녀에게 한 가지 제안을 받는다. 지루한 치료과정 대신 한 달간 사형수를 만나는 봉사활동을 하라는 것. 유정이 교도소에서 만난 윤수는 세 명의 여자를 살해한 죄로 사형선고를 받은 인물이다.(실제 살해한 사람은 1명이고 2명은 오판임) 쉽지 않은 첫 만남에서 윤수는 모니카 수녀의 호의를 저버리고 감방으로 돌아가 버린다. 그러나 어색하고 고통스러운 만남이 거듭되면서 윤수가 쌓아올린 증오의 벽과 유정이 막아버린 화해의 통로는 서서히 뚫리기 시작한다. 윤수는 불우한 어린 시절(알콜 중독자 아버지, 도망간 어머니, 고아원에서의 추방, 어린 동생의 죽음)을 보내고 세상의 밑바닥으로만 떠돌다 사형선고를 받은 인물. 그 둘은 처음의 만남에서부터 마치 자신을 보는 듯 닮아 있는 서로의 모습을 알아본다. 그것은 이미 세상으로부터 버림받아본 자, 생의 절망을 뼛속 깊이 체득한 자의 모습. 오히려 그 닮아 있음 때문에 만남 자체가 힘들고 버겁기만 했던 두 사람은 한 주일, 두 주일... 마치 세상의 마지막 시간을 대하듯 일주일에 세 시간씩, 일 년 동안의 만남을 갖는다. 두 사람은 누구에게도 하지 못했던 '진짜 이야기'들을 나누게 되고 서로의 모습을 통해 자기 안의 어두운 방을 비로소 찬찬히 들여다보기 시작한다. 애써 외면해왔던 어둠의 밑바닥을 정면에서 응시하는 시간은 때로는 아프고 잔인하게, 때로는 슬프도록 아름답게, 읽는 이의 마음을 툭, 툭, 치면서 이어진다. 그 후 윤수는 자신에게 희생당한 피해자에게 진심으로 용서를 구하며 생애 처음으로 "이젠 살고 싶다"고 말하지만, 역설적이게도 바로 그 시점에 사형집행을 당하고 만다.

사형이라는 제도로서 보복하고 앙갚음하는 것이 과연 최후의 해결책이 될 수 있을까? 오히려 형벌의 진정한 의의는 죄를 뉘우침 즉 회개와 용서구함에 있는 것이 아닐까? 너무나도 불우한 환경에서 범죄로 노출된 우리 사회의 어두운 구석에 방치된 사람들... 물론 가난하고 힘들게 사는 사람들 모두 범죄를 저질러도 된다거나 용서되는 것은 아닐 것이다. 하지만 그들의 범죄를 모두 그들 100% 책임으로만 물을 수는 없지 않을까? '유전무죄 무전 유죄'- 돈이 있으면 무죄가 되고 돈이 없으면 유죄가 되는 현실-의 측면이 아직 우리나라에는 분명히 존재한다. 사회적 약자를 배려하는 사회제도나 정책이 아직 부족한 상황에서 범죄의 모든 책임을 100% 범죄자 개인에게만 물을 수는 없을 것이다. 사회 또한 범죄의 일정한 책임을 지는 것이 마땅하다면 사형이라는 돌이킬 수 없는 단죄보다는 절대적 종신형 등의 검토를 해 볼만 할 것이다. 또한 윤수처럼 억울한 누명을 덮어쓴 채 사형선고를 받는 희생자가 생길 가능성도 배제할 수 없다. 결국 이 소설은 유정과 윤수의 사랑을 통해, 궁극적으로, 사형이라는 비극적인 처벌보다는, 인간애적인 관계형성이 우리 사회에 더 우선시 되어야한다는 메시지를 던져 주고 있다.

■ '희대의 살인마'로 불리는 유○○ 사건을 토대로 『추격자』라는 영화가 제작된 바 있다. 관련기사 및 유○○의 자작시를 읽고, 사형제도에 대해 짝이나 모둠 원들과 자유롭게 의견을 나누어 보자.

[이미지 출처] 영화 추격자 포스터 https://cafe.naver.com/movie-jaryo/11789

〈유○○의 자작시〉

사진속의 사랑

온 가족이 모였었던
순간이었습니다.
너무나 행복해
그 순간을 사진 속에
담았습니다. (중략)
사진 속의 어머니는
가족 모두를 껴안고
계셨습니다.
어머니 품에 자식 모두를 안고
싶어
정말 힘들게도
겨우 모두를
안고 계셨습니다.

[시 출처] https://news.naver.com/main/read.nhn?mode=LSD&mid=sec&sid1=102&oid=082&aid=0000008246

[오른 쪽 기사 출처] http://www.ilyoseoul.co.kr/news/articleView.html?idxno=182899 에서 발췌 · 편집

2004년 7월 18일 일요일. 온 국민은 경찰이 비 내리는 야산에서 줄줄이 시체를 발굴해내는 장면을 뉴스에서 접하고 경악을 금치 못했다. 이 사건의 범인이자 희대의 살인마로 불리는 유○○은 부녀자와 정신지체 장애인 등 21명을 살해하고 시체 11구를 토막 내 암매장한 혐의(살인 등)로 기소됐다. "피해자의 인육(人肉)을 먹었다", "잡히지 않았다면 100명까지 살해했을 것이다,"라는 진술 등으로 인면수심(人面獸心)의 극치를 보여준 유○○은 20명에 대한 살인 혐의를 인정받아 2005년 6월 9일 사형 선고가 확정됐다. 경찰에 붙잡혔을 때부터 지금까지 서울구치소 독거실에 수감 중인 유○○은 법정에서조차 재판부 석으로 뛰어들며 난동을 피우던 모습과 달리 평범한 생활을 하고 있는 것으로 전해졌다. 우리나라는 1997년 12월 30일 23명을 형장의 이슬로 보낸 뒤 지금까지 10년 넘게 사형집행을 하지 않아 실질적 사형폐지국 반열에 올라 있는 상황이어서 유○○에 대한 형 집행도 이뤄지지 않고 있다.

유○○은 왜 살인을 했을까? 편지에서 유○○은 자신은 사람을 죽인 것이 아니라 '사회'를 죽였다고 말한다. "그 어떤 살인이라 해도 목적 없는 살인은 없습니다. 원한이 있어서도 아니고 돈 때문도 아니고 性(성)을 빼앗으려 했던 것도 아니고, 이제라도 제가 밝힌다면 전 사회를 죽이려고 그랬던 것입니다. 그 어떤 합리화나 정당성으로 포장하려고 그러는 건 아닙니다. 그럴 기력도 안 남았습니다."(10월 22일자 편지)

유○○은 권위에 대한 도전, 영웅심리, 자기도취적 경향으로 똘똘 뭉쳤다. 이런 경향은 그의 어린시절로부터 출발한다. 부모가 원치 않던 아이로 태어나 계모의 손에서 천덕꾸러기로 자랐고, 인생의 도덕적 기초가 형성되는 시기에 그의 주변에는 도덕적으로 건강한 어른이 없었다. 유○○의 아버지는 중학교 1학년 때 교통사고로 사망하고(유○○의 생활기록부에는 유○○의 아버지가 초등학교 시절 행방불명으로 돼 있다), 친모는 도덕교육에 대한 관념이 없는 사람이었다. 결국 유○○은 열악한 어린 시절에 대한 불만이 쌓였고, 옆집 누나의 기타를 훔치는 등 사소한 범죄로 교도소를 들락거리면서 재활 노력이 부족한 형사정책 시스템의 부조리를 느꼈고, 사회에 대한 복수심을 키워갔다. 이 와중에 전처(前妻)의 배신으로 유일한 안식처로 여겼던 가족이라는 울타리마저 깨지자 분노심이 극도에 달했고, 결국 윤락녀, 부유층 살해를 복수의 방법으로 택했다. 그러나 사회에 대한 복수극으로서의 살인은 점차 '살인 중독'으로 변해갔다. 이수정 경기대 범죄심리학과 교수는 유○○의 편지를 분석한 후 "애초에는 자신을 그 지경으로 내몬 사회에 보복하고 경종을 울릴 목적으로 부유층 노인을 살해했겠지만 살인이 반복되면서 유씨에게 나타난 현상은 바로 '중독'이었다"고 밝혔다.

■ 이제 영화 '데드 맨 워킹'을 함께 감상하고, 모둠원이 함께 모여 다음 질문에 대해 의견을 나누어 보자.

〈사례 탐구: 도덕적 민감성 높이기〉			
상황지각	1	도덕적 이슈 지각	Q) 도덕적인 가치가 문제가 되는 상황은 무엇인가?
	2	도덕적 단서 지각	Q) 등장인물의 언어적(대화 내용, 상황설명, 고백), 비언어적 표현(얼굴 표정, 눈빛, 몸짓, 제스처 등)이나 주변 상황(소리, 시각적 풍경 등)을 바탕으로 도덕적 문제 상황과 관련한 주요 단서를 포착하고, 설명해 보자.
	3	직·간접적 관련자 파악	Q) 영화에 나타난 도덕적 갈등 상황(사형제도 찬반 논쟁)과 직접적으로 관련된 주요 당사자 및 간접적인 관련자에는 누가 있을까? 여러 입장을 모두 도출해 보자. (예: 헬렌 수녀, 매튜, 죽은 아이들의 가족들, 힐튼 바버, 빈민 지역의 아이들 등)
	4	도덕적 가치(갈등이유) 지각	Q) 주요 당사자 간에 대립되는 도덕적 가치(기본권, 인권, 필요, 복지, 행복, 고통 등)에 무엇이 있을까? 모둠 원들과 충분히 토론해 보자.
결과지각	5	문제해결 대안상상	Q) 이 문제의 해결을 위한 도덕적 대안들을 상상하여 제시해 보자. (예: 헬렌 수녀는 빈민지역의 아이들과 죽은 아이의 가족들을 만나 자신이 매튜의 마지막 가는 길을 배웅할 수밖에 없는 이유에 대해 이야기한다. 한편 사형제도 이면에 숨은 문제점들에 대해 캠페인 활동이나 제도적 개선책을 다각도로 모색한다. 아울러 피해자와 그 가족의 말할 수 없이 큰 아픔과 현실적 고통을 실질적으로 위로하고 치유할 수 있는 방향에 대해서도 고민하여 실천한다.)
	6	대안의 도덕적 가치 상상	Q) 각 대안을 선택했을 때의 결과(주요 관련자들의 필요, 복지, 행복, 권리와 관련한 변화)를 예측해 보자.
	7	대안 선택결과, 관련자의 감정 공감	Q) 각 대안을 선택했을 때, 주요 관련자들의 감정(불안, 공포, 행복, 분노, 불행, 감사, 혐오, 좌절 등)과 나 자신(대안 선택자)의 도덕적 정서(죄책감, 자긍심, 수치심, 동정심, 분노 등)에는 어떤 것이 있을까?
책임지각	8	책임 지각	Q) 이러한 도덕적 가치 갈등 상황을 해결할 궁극적 책임은 누구에게 있을까? 그렇게 생각하는 이유는 무엇인가?

| Step 4 | Controversy: 쟁점 탐구

〈쟁점 탐구: 도덕적 판단력 높이기〉

■ 논쟁의 주요 입장 명확히 하기

→ 입장 1: 사형제도는 유지되어야 한다!

→ 입장 2: 사형제도는 폐지되어야 한다!

■ MORAL ISSUES

모둠 토론을 통해 주요 도덕적 · 헌법적 가치에 관한 이슈와 논점 도출하고, 짝 토론을 통해 찬반 입장 지지근거 각각 수집하고 상대 짝에게 프리젠테이션 하기(아래 자료를 참고하면 좋음)

사형제도에 대한 헌법재판소의 합헌 결정문	살인 피해자의 인권과 살인범의 인권	세계 사형 반대의 날
[내용 출처] 국가법령정보센터, 형법 제41조 등 위헌제청, [전원재판부 2008헌가23, 2010. 2. 25.] http://www.law.go.kr/detcInfoP.do?-detcSeq=12983	[내용 출처] amnesty 역대 언론상 수상작 https://amnesty.or.kr/5417/	[내용 출처] amnesty 세계 사형 반대의 날 https://amnesty.or.kr/14948/

쟁점	사형제도 유지	사형제도 폐지
범죄 예방효과	크다.	없거나 적다.
형벌의 기능	응보(應報): '눈에는 눈, 이에는 이,'	교화(敎化): 가르쳐 바르게 되도록 함
누구의 어떤 인권이 더 중요한가	피해자와 그 가족들의 인권. 일반 국민의 보호	사형제도는 국가에 의한 사법 살인. 누구도 국민의 생명권을 침해할 수 없다.
범죄 책임 귀속	가해자(범죄자)에게 가장 큰 책임이 있다.	모든 범죄에는 사회적 책임이 크다.
오판가능성	과학수사, 형사재판 절차의 보완, 3심제 등으로 인해 오판 가능성은 거의 없음. 인간의 능력에는 한계가 있다. 따라서 오판가능성은 사형제뿐만이 아닌, 모든 사법적 판결에 존재하는 숙명.	인간은 신이 아니기에, 오판의 가능성이 언제나 존재한다. 특히 다른 형벌에 비하여, 사형제도는 집행 후 되돌릴 수 없다는 점에서 결코 용납되어서는 안 된다.
독재정권에 의한 이용 가능성	이미 우리나라는 민주화 성숙단계에 들어갔기에, 독재정권에 의해 사형제도가 악용 · 남용될 가능성은 거의 없다.	휴전 중인 한국의 상황을 감안할 때, 전시 상황 등 위험 국면에 집권자에 의해 사형제도가 악용 · 남용될 가능성이 매우 높다.
국민여론	2015년, '국민 법의식 조사'에 따르면, 사형제도 유지 65%, 폐지 34%로 나타남.	2018년, 국가인권위원회의 국민 1000명 대상 여론조사 결과, 대체 형벌 마련을 전제로 할 때 66.9% 사형제도 폐지에 찬성
세계적 추세	미국, 일본, 중국, 대만 등 105개국이 여전히 사형제도 존치 국가임.	OECD 가입국 중 인권 선진국에 속하는 대표적 국가들(독일, 프랑스, 스웨덴 등)이 전쟁범죄를 포함한 모든 범죄에 대해 사형 제도를 폐지함.

| Step 5 | Choice: 역할극 시연 & 최종 입장 선택하기

■ **앞서 감상한 영화 '데드 맨 워킹'에 등장하는 주요 인물들의 역할을 모둠 원 4명이 서로 협의를 통해 분담하여 맡은 후, 위에서 살펴 본 다양한 논거들을 바탕으로 간단한 역할극을 시연해 보자.**

– 예를 들어, 『① 흉악범죄에 의한 피해자와 그 가족의 입장(죽은 아이들과 그 아이들의 가족들), ② 가해자(범죄자)의 입장(매튜), ③ 사형수를 무료로 변호하는 국선 변호사(힐튼 비버), ④ 사형수의 영혼을 구원하는 안내자가 된 종교인(헬렌 수녀), ⑤ 무고한 시민들(빈민 지역의 아이들)』 각 입장에 대한 역할 채택과 공감을 바탕으로, 위에서 살펴 본 찬반 논거를 다각도로 활용하여 역할극을 실시한다.

(※ 주의: 여러분의 도덕적 선택과 의사결정에 따라 실제 영화와 전혀 다른 시나리오가 전개될 수 있습니다. 또한 이 역할에 대한 자신의 연기는 실제 여러분 자신의 도덕적 선택을 친구들에게 고백하는 것은 아닙니다. 연기는 연기일 뿐입니다. 따라서 일부러 자신의 역할을 색다르게 포장하거나 가장하려고 애쓰지 않아도 됩니다. 안심하고 마음껏 도덕적 상상력을 발휘해 보세요.)

| Step 6 | Completion: 최종 논술문 완성하기(1500~1800자)

■ **역할극 시연 후, 우리 모둠의 최종 입장을 충분한 논의를 통해 결정해 보자.**

사형제도에 관한 우리 모둠의 최종적 입장은, ________________________________이다.

■ **논술문 개요(목차) 작성, 최종 논술문 작성 후 학급 전체에 발표하기.**

예) 서론, 본론, 결론에 들어갈 내용을 간략하게 목차 형식으로 작성해 보자.

〈자료 4〉 찬반논쟁 자기평가표

성취기준	성취수준				
	5	4	3	2	1
1. 이번 도덕논쟁의 목적을 설명할 수 있는가?					
2. 찬반논쟁의 과정이 체계적으로 진행되었는가?					
3. 해당 문제의 쟁점이 논리적으로 분석되었나?					
4. 해당 문제를 해결하기 위한 대안이 충분히 논의되었나?					
5. 찬반토론 과정에 정직하고 성실하게 참여하였는가?					
6. 모둠 활동에서 자신의 역할을 충실히 이행하였는가?					
7. 다른 사람을 존중하는 마음으로 경청하며 의사소통 하였는가?					
8. 모둠 원 모두에게 활동 참여의 기회가 있었는가?					
			총점 :		점 / 40점

참고문헌

석자춘, 정창우(2017), "나바에츠 통합적 윤리교육모형을 활용한 도덕교육 개선 방향", 『도덕윤리과교육연구』, 54, 23-52.

정문성(2002), 『협동학습의 이해와 실천』, 서울: 교육과학사.

최복자(2003), "국어과 논쟁 수업", 『국어교과교육연구』, 6, 103-140.

Basourakos, J. (1999), "Moral voices and moral choices: Canadian drama and moral pedagogy". *Journal of Moral Education*, 28(4), 473-489.

Blatt, M. & Kohlberg, L. (1975), "The Effects of Classroom Moral Discussion upon Children's Level of Moral Judgment", *Journal of Moral Education*, 4(2), 129-161.

Bouchard, N. (2002), "A Narrative Approach to Moral Experience Using Dramatic Play and Writing", *Journal of Moral Education*, 31(4), 407-422.

Courtney, R. (1990), Drama and Intelligence: a cognitive theory, Montreal, McGill-Queen's University Press.

Johnson, D. W. & Johnson, R. T. (1994), *Structuring academic controversy*, Handbook of cooperative learning methods: 66-81.

Kohlberg, L. (1971), "Stages of moral development." *Moral education*, 51, 23-92.

Narvaez, D.(2005), Integrative ethical education, in M. Killen & J. G. Smetana (eds.), Handbook of Moral Development (Mahwah, New Jersey: Lawarence Erlbaum Associates), Chaper 26.

Narvaez, D.(2008), *Integrative Ethical Education, A Developmental Model*, Moral Psychology Laboratory Guidebook Version 2.1, Notre Dame, IN: University of Notre Dame Press.

Narvaez, D.(2011), "Moral formation: Neurobiology and virtue cultivation. Character, practical wisdom and professional formation across the disciplines", *New ideas in psychology*, 26.

Noddings, N. & Brooks, L. (2017), *Teaching Controversial Issues*, New York: Teachers College Press, Columbia University. 『논쟁수업으로 시작하는 민주시민교육』, 정창우, 김윤경 역(2018). 서울: 도서출판 풀빛.

Schuitema, J. D., Geert T. & Veugelers, W. (2007), "Teaching strategies for moral education: a review", *Journal of Curriculum Studies*, 1-21.

제6장

도덕과 수업시연 및 수업분석

제1절 도덕과 수업설계 및 지도안 작성

1. 도덕과 수업설계의 특징

좋은 수업을 진행하기 위해서는 사전에 체계적인 준비를 해 놓아야 한다. 수업설계(instructional design)는 수업의 사전 준비를 위한 청사진을 만드는 활동에 비유할 수 있다. 수업설계는 어떤 대상에게 어떤 환경을 구성하여 가르칠 것인지, 학습목표는 어떻게 설정할 것인지, 수업에 사용할 방법은 무엇을 활용할 것인지, 수업을 통해 학생의 성취를 어떻게 확인할 것인지 등에 관한 수업의 계획, 실행, 평가를 포함하는 전 과정을 구상하고 계획하기 위한 체제적 접근을 의미한다(조용개 외, 2011: 15). 보리치(Gary D. Borich)는 효과적인 수업을 판단하는 기준으로 다섯 가지의 핵심행동과 다섯 가지의 부수적인 촉진행동을 제안한다. 먼저, 다섯 가지 핵심행동은 ① 수업의 명료성, ② 수업방법의 다양성, ③ 순수 수업활동에서 전념정도, ④ 학생의 적극적인 참여, ⑤ 학생의 학습 성공률이다. 다음으로 다섯 가지 부수적인 촉진행동은 ① 학생의 생각과 참여 활용, ② 체계화된 요약 및 구조화된 정리, ③ 질문 활용, ④ 깊게 생각하도록 격려, ⑤ 교사가 수업에서 보여주는 열정 등이다(Borich, 박승배 외 공역, 2014: 11-21).

그렇다면 도덕과에서의 좋은 수업은 어떠한 요인들을 포함하여 설계한 수업이어야 할까. 도덕과에서의 수업은 그 수업을 통해 무엇을 추구해야 하는가에 대해 생각해본다면 그 해답을 찾을 수 있다. 도덕과의 수업 목적은 여러 형태로 설명 가능하지만, 학생들을 '도덕적 사람으로 길러내는 것'을 추구한다는 점에서는 대부분 동의할 수 있을 것이다. 여기에서 도덕적인 사람이라 함은 도덕성을 갖춘 사람이라 할 수 있고, 도덕성은 인지 · 정의 · 행동, 즉 도덕적으로 아는 것과 느끼는 것, 그리고 행동으로 실천하는 것이 균형 있게 갖추어진 상태를 의미한다. 도덕과 수업에서는 이러한 세 가지의 조화로운 발달을 고려하면서, 학생 스스로 도덕적 견해나 관점들을 만들어가고 또한 이에 대해 비판적으로 검토할 수 있는 계기들을 마련해 주어야 한다.

특히 도덕적 문제, 도덕적 주제들에 대해 학생 스스로 생각하고, 이에 대해 판단하고 실천할 수 있는 기회들을 제공해 주어야 한다. 따라서 좋은 도덕과 수업의 설계에 있어서 다음의 조건들을 포함 시킬 필요가 있다. 첫째, '도덕과 수업의 목표 및 내용' 측면에서는 ① 도덕적 민감성 발달을 촉진할 수 있는 수업, ② 도덕적 지식 및 판단력 향상을 돕는 수업, ③ 도덕적 성찰기회를 제공하는 수업, ④ 도덕적 실천의지를 강화시킬 수 있는 수업들을 고려해야 한다. 둘째, '도덕과 수업의 방법' 측면에서는 ① 민주적이고 배려적인 환경이 제공되는 수업, ② 발달적 특성에 부합하는 수업, ③ 상호작용이 활발한 수업, ④ 도덕적 주제에 적합한 다양한 수업모형 및 방법이 활용되는 수업들을 염두에 두어야 한다(정창우 외, 2007: 96-99).

2. 도덕과 교수 · 학습지도안 작성 요령

수업 지도안은 한 단원 또는 한 시간의 교수 · 학습 과정을 효과적으로 진행하기 위한 실제 수업에 대한 시안이다. 따라서 수업 지도안은 교수 · 학습지도안, 단원전개안, 수업전개안, 수업계획안 등 여러 용어로 사용하고 있다(조용개 외, 2011: 31-32; 정석기, 2008: 129). 여기에서는 교사와 학생의 상호작용을 통한 수업 진행이라는 의미에서 교수 · 학습지도안이라는 용어를 사용하기로 한다.

교수 · 학습지도안은 평소 단위 수업을 진행할 때 사용하는 약안과 연구수업 진행시 사용하는 세안의 두 가지 종류가 있다(정석기, 2008: 129). 교수 · 학습지도안은 어떠한 형태로 제시하느냐에 따라 달라질 수 있지만, 첫째, 교재 연구를 전제로 실제 수업을 어떻게 진행할 것인가에 대한 큰 그림을 그릴 수 있고, 둘째, 교사가 진행할 수업의 전체 방향과 흐름을 명료하게 할 수 있으며, 셋째, 교과목의 교육목적과 수업목표를 달성하기 위한 수업의 도입-전개-정리 과정을 효율적으로 구성할 수 있다. 따라서 잘 작성된 교수-학습지도안은 ① 전체적으로 수업의 흐름이 명료하고 효율적으로 구성(전시/차시 학습과의 연계 포함), ② 교사가 실제 수업 진행에 사용하는 활동, 사진, 그림, 영상 등에 대한 구체적인 안내 구성, ③ 명료한 수업목표의 제시와 이를 달성하기 위한 수업 설계, ④ 수업시 진행하는 교사의 발문전략, ⑤ 학년군에 맞추어 설계된 자료 및 유의점 안내 등을 포함한다. 이에 맞추어 여기에서는 한 단위 수업 진행을 기준으로 도입-전개-정리에 따라 지도안 작성 요령을 소개하고자 한다.

1) 도입단계

Point

- 주의집중
- 학습목표 제시
- 선수학습과의 관련짓기
- 전개에 진행될 수업 내용에 대한 기대감 및 자연스러운 연결

도입단계는 수업이 시작되는 단계이며, 다른 단계에 비해 짧은 시간 안에 진행된다. 단위수업의 시간에 따라 차이는 발생할 수 있지만, 도입에서는 대략 5-10분정도를 할애한다. 도입단계에서 교사는 학생들의 흥미와 동기를 유발하여 주의를 집중시키고, 해당 수업에서 무엇을 배우며, 달성할 것인가에 대해 학습목표를 명확하게 제시해 주어야 한다. 또한 이전 수업시간에 배운 내용과 관련지어주어야 하며, 앞으로 전개에 본격적으로 배우게 될 해당 수업 내용과 자연스럽게 연결될 수 있도록 구성하여야 한다.

표 6-1 도입단계 구성을 위한 가이드

항목	가이드
주의집중	• 해당 주제와 관련한 이야기 또는 경험담을 내러티브(narrative)형식으로 재구성하여 들려줌. 특히, 학생들의 흥미와 주의를 집중할 수 있는 소재 사용. • 해당 주제와 관련한 사진, 그림, 영상을 활용. 단, 영상을 제시할 때 도입시간(5-10)을 모두 쓰는 영상은 지양. 영상을 본 후 함께 이야기나누는 과정 필요.
학습목표 제시	• 해당 수업이 종료된 후 학생들에게 기대되는 행동이 무엇인지를 구체적으로 제시. • 학습목표를 제시하는 데 있어서 '구체성, 포괄성, 일관성, 가변성, 실현가능성'의 원리를 적용하여 구성함.[1)

1) 학습목표는 해당 수업과 관련한 사람들이 모두 동일한 의미로 명확하게 인식할 수 있도록 진술해야

선수학습과의 관련짓기	• 해당 수업에서 다루는 내용과의 연계성 측면에서 이전 수업에 대한 내용을 상기하며, 앞으로 배울 내용과의 관련성을 분명히 하도록 함.
전개에 진행될 수업 내용에 대한 기대감 및 자연스러운 연결	• 도입단계에서 구성한 이야기, 사진, 그림, 영상 등이 단순히 학생들의 흥미를 끌기 위한 것이 아닌, 앞으로 전개에 등장하는 수업 내용 그리고 활동과 연결된 것임을 언급. 자연스럽게 전개로 이어질 수 있는 도입단계의 구성을 고민하고, 전개에 이어질 내용에 대해 학생들의 기대감을 심어 줄 수 있도록 계획.

※ 학습목표 진술방식 및 예시(조용개 외, 2011: 34-35; 백영균 외, 2018: 61-64)

• **Tyler식 진술방식**

① 학습자, ② 학습내용, ③ 행동을 명세적으로 진술한다.

(예) (학생은)① 사이버 공간에서 발생하는 윤리적 문제를② 말할 수 있다③.

• **Mager식 진술방식**

① 조건, ② 수락(도달)기준, ③ 수행행동으로 진술한다.

(예) 안락사, 사형문제 등 논쟁이 되는 딜레마 상황이 주어지면,① 찬성과 반대의 근거(이유)를 2가지씩 정확하게② 제시할 수 있다③.

• **Gagne식 진술방식**

① 학습자, ② 도달점 행동, ③ 행동이 일어나는 조건을 구체적으로 진술한다.

(예) 친구와의 갈등상황을 유형별로 3가지 제시하면,③ (학습자는)① 갈등해결법을 바탕으로 유형별 해결방법을 제시할 수 있다②.

한다. 따라서 수업목표는 구체성, 포괄성, 일관성, 가변성, 실현 가능성의 원리에 따라 진술되어야 한다. 각 원리는 다음과 같은 의미를 갖는다. ① 구체성: 구체적이고 명확한 행동적 용어로 목표를 진술하여 학습의 방향 제시, 내용 요소와 행동 요소가 동시에 포함되도록 진술, 이때 행동은 가시적 행동이 될 수 있도록 명시적 동사를 사용하는 것이 바람직함. ② 포괄성: 도착점 행동의 폭넓은 변화를 포함하도록 진술. ③ 일관성: 진술된 목표 간 상호 모순되지 않으며, 철학적 일관성이 있도록 진술. ④ 가변성: 해당 목표의 타당성에 대한 비판을 통해, 언제든 변경 가능하도록 진술. ⑤ 실현 가능성: 교육활동을 통해 목표의 성취가 가능한 목표로 진술(백영균 외, 2018, 62).

※ 성취기준에 따른 학습목표 및 예시

- **성취기준에 따른 진술방식**(차승한 외, 2016, 283; 백영균 외, 2018: 188)
  ① 도덕과 교육과정의 성취기준은 성취해야 할 핵심개념(핵심가치) 및 내용지식과 기능을 결합하여 진술한다.
  ② 도덕과의 목표와 일관되는 수행 기대 또는 수행 기준, 즉 최종적으로 학생들이 드러내야 할 능력(도달점 행동)으로 표현되며, 이를 위해 '-할 수 있다.'의 형식으로 진술한다.

(예) Ⅰ. 자신과의 관계 - 1. 도덕적인 삶(교육부, 2015: 17; 미래엔, 2018: 13-23)

성취기준	[9도01-01] 사람다운 삶을 살아가기 위해 도덕이 필요한 이유를 설명하고, 왜 도덕적이어야 하는지 그 근거와 이유를 제시할 수 있다.
소단원	**학습목표**
① 사람을 사람답게 만드는 것은 무엇인가?	• 사람의 특성을 열거할 수 있다. • 사람을 사람답게 만드는 것이 무엇인지 설명할 수 있다.
② 도덕은 무엇이고 왜 필요한가?	• 도덕의 의미를 설명할 수 있다. • 도덕이 필요한 까닭을 제시할 수 있다.
③ 내가 도덕적이어야 하는 이유는 무엇일까?	• 내가 도덕적이어야 하는 이유를 설명할 수 있다. • 도덕적으로 살아가려고 하는 자세를 지닌다.

2) 전개단계

Point

- ◆ 학습자료의 제시
- ◆ 학습 안내 및 지도
- ◆ 학습자의 참여 · 연습과 피드백

전개단계는 수업의 중심이 되는 단계이며, 전체 수업에서 대략 65-70% 비중을 차지한다. 이 단계에서는 학습내용, 학습자료 등을 본격적으로 안내하며 교사가 도입에서 제시한 학습목표를 달성할 수 있도록 다양한 교수·학습방법들을 활용한다.

표 6-2 전개단계 구성을 위한 가이드(조용개 외, 2011: 35-36)

항목	가이드
학습자료의 제시	• 학습 내용을 어떠한 순서로 제시할 것인지 결정(단원에서 배워야 하는 개념, 내용 제시 순서 정하기). • 기초적이고 단순한 내용 → 점차 어려운 내용 제시. • 학습자 수준, 특성, 집중도 등을 고려하여 학습 내용의 분량 정하기. • 다양한 프로그램, 매체, 예시, 예화 등 고려. • 수업방법에 따른 교수자료 구성하여 만들기.
학습 안내 및 지도	• 학습자의 이해 수준에 따라 학습 지도. • 교사-학생 간, 학생-학생 간 상호 교류 기회 마련. • 어떠한 모형을 사용할 것인지, 수업 형태 운영을 어떠한 방식으로 할 것인지 구체화(개별활동, 모둠활동, 전체활동 등).
학습자의 참여-연습과 피드백	• 배운 내용을 유사한 상황에 적용해 보고, 자신의 의견을 말해 볼 수 있도록 지도 및 발문. • 학생 발표에 대한 칭찬의 피드백, 오류에 따른 교정 피드백 등을 제공.

※ 학습자료 작성 예시

• 학습자료 작성시

예시, 예화, 사진, 영상, 프로그램 등을 표기할 때, 지도안에 구체화하여 어떠한 내용인지 알 수 있도록 안내한다.

(예 1) '공익광고 1분의 배려'를 본 후, 우리가 할 수 있는 배려의 행동에 대해 이야기 나누기

(예 2) '철로에 떨어진 사람을 구한 우리의 평범한 영웅들'의 이야기를 들려주고, 이 사람들의 공통점을 찾아보기

(예 3) '버스탑승시 질서를 지키지 않는 사람들'에 관련한 사진을 보고 이야기 나누기

※ 학습 안내 및 지도 작성 예시

• **학습안내 및 지도 작성시**

① 수업주제와 관련한 내용을 안내할 때, 수업에서 다루는 개념에 대한 설명을 간단하게 작성한다.

(예) 전개1 "인간존엄성" 개념 설명 및 안내
- 인간이라면 누구나 소중한 존재로 대우받아야 하는 것
- 인권을 통해 구체적으로 실현
- 생명을 안전하게 유지할 권리, 타인에게 피해를 주지 않는 범위에서 자유와 평등을 누릴 권리, 행복을 추구할 권리 등

② 교사-학생, 학생-학생 간의 상호작용이 발문과 응답으로 표현되도록 지도안에 나타낸다.

(예) 교사: '선생님이 들려준 우리 주변의 평범한 영웅들'은 어떠한 공통점을 가지고 있었나요?
학생 1: 자신보다 타인의 어려움을 먼저 생각하는 사람들이었어요.
학생 2: 도와야겠다는 생각조차 하지도 않은 채, 돕기위해 행동을 먼저 한 사람들이었어요.

☞ 교사 대신 T(teacher), 학생 대신 S(student)로 표기하기도 한다.

③ 수업주제와 관련한 활동을 진행할 때, 활동의 간단한 진행 순서와 활동 후 결과를 간단하게 안내한다.

(예 2) 전개2 〈활동1〉 학급 안에서 서로를 존중할 수 있는 방법 3가지 찾아 그림으로 표현하기
- 4명씩 한 모둠을 구성
- 학급 안에서 서로를 존중할 수 있는 구체적인 방법을 논의하여 찾기
- A4용지를 3칸으로 접고, 3가지 방법을 협동을 통해 그림으로 표현
- 모둠에서 찾은 실천방법을 발표하며, 그 이유도 함께 말해보기

3) 정리단계

Point

- 학습한 내용의 요약정리 및 종합
- 형성평가
- 차시예고

정리단계는 수업의 마무리 단계이다. 이 단계에서는 학생들이 배운 내용을 요약정리하고 종합하여, 다양한 상황에 적용 및 실천할 수 있도록 지도한다. 또한 필요시 수업에 대한 이해 및 성과를 확인하기 위해 형성평가를 진행할 수 있다. 그리고 다음 시간 배울 내용이나 주제들을 이번 시간 수업과 연결하여 제시함으로써 학생들이 미리 준비할 수 있도록 지도한다.

표 6-3 정리단계 구성을 위한 가이드(조용개 외, 2011: 36-37)

항목	가이드
학습한 내용의 요약정리 및 종합	• 한 차시 동안 배운 학습 내용 및 주제들을 교사의 언어로 요약정리. • 한 차시 동안 진행된 내용들을 교사가 전체적인 맥락에서 이해할 수 있도록 안내.
형성평가	• 학습한 주제 및 내용과 관련하여 잘 이해하고 있는지 형성평가를 통해서 확인.
차시예고	• 이번시간 배운 내용과 연계하여, 다음 시간에 배울 내용들을 안내. • 학생들이 미리 준비할 수 있도록 지도.

3. 도덕과 교수 · 학습 지도안 예시

1) 세안 작성 방법

세안은 연구수업 진행시 사용하는 교수-학습 지도안이다. 세안은 약안에 비해 단위 수업에 대한 전체 계획을 구체적으로 제시하는 특징을 갖는다. 특히, 세안은 단위 수업이 전체 대단원에서 어느 정도의 차시에 해당하는지, 학생들에게 사용하는 발문, 수업모형, 활동지(학습지)는 무엇인지, 평가는 어떻게 하는지 등에 대한 것을 전체적인 맥락에서 계획하고 설계하는 것이라 할 수 있다. 따라서 세안은 크게 ① 교재의 분석: 단원명, 대단원 개관, 단원별 성취기준, 단원 지도 계획, ② 본시 학습 지도 계획: 본시 학습 지도안, 학습자료, 평가 등을 포함하여 구성한다.

표 6-4 01. 나는 누구인가?(도덕적 정체성 단원) 세안 예시(미래엔, 2018: 59–63 참고)

Ⅰ. 교재의 분석

1. 단원명
   1) 대단원 : Ⅰ. 자신과의 관계
   2) 중단원 : 3. 자아정체성
   3) 본시 수업 : 01. 나는 누구인가?

2. 대단원 개관

이 단원은 인간다운 삶을 살아가는 데 핵심적인 역할을 수행하는 규범체계인 도덕의 의미를 이해하고, 참된 행복의 차원에서 삶의 진정한 목적을 확인하기 위해 설정된 단원이다. 이를 위해 자신의 삶에서 스스로 도덕적 주체가 되어 도덕적 삶의 중요성과 도덕적 행위를 위해 필요한 것을 탐구하고, 삶의 목적과 행복의 의미를 성찰하도록 함으로써 성실한 삶을 살고자 하는 태도를 함양할 수 있도록 한다.

3. 단원별 성취기준

1. 도덕적인 삶	사람다운 삶을 살아가기 위해 도덕이 필요한 이유를 설명하고, 왜 도덕적이어야 하는지 그 근거와 이유를 제시할 수 있다.
2. 도덕적 행동	도덕적 행동을 위한 도덕적 상상력과 민감성, 도덕적 추론의 과정과 비판적 사고의 역할을 이해하고, 자신의 삶을 도덕적으로 성찰하는 태도를 기를 수 있다.
3. 자아 정체성	도덕적 정체성과 선한 성품을 지니기 위해 자신이 본받고자 하는 사람을 그 이유와 함께 선정하고, 자기 자신을 도덕적 관점에서 인식 · 존중 · 조절할 수 있다.
4. 삶의 목적	본래적 가치에 근거한 삶의 목적 추구가 도덕적으로 정당화될 수 있음을 도덕 공부를 통해 이해하고, 자신의 삶의 목적을 도덕적 이야기로 구성할 수 있다.
5. 행복한 삶	행복한 삶을 위해 좋은 습관과 건강의 필요성을 설명하고, 정서적 건강과 사회적 건강을 가꾸기 위한 방안을 제시하고 실천 의지를 함양할 수 있다.

4. 단원 지도 계획(16차시)

차시	중단원	소단원	학습주제
1~3	도덕적인 삶	01. 사람을 사람답게 만드는 것은 무엇인가?	• 사람은 어떤 존재일까? • 사람다운 사람은 어떤 사람일까?
		02. 도덕은 무엇이고 왜 필요한가?	• 도덕의 의미와 특성 • 도덕의 필요성
		03. 내가 도덕적이어야 하는 이유는 무엇일까?	• 도덕적으로 살아가면 손해를 볼까? • 어떠한 상황에서든 도덕적으로 행동해야 할까? • 도덕적으로 살면 행복해 질 수 있을까?
4~8	2. 도덕적 행동	01. 우리는 왜 도덕적 행동을 하지 못하는가?	• 무엇이 도덕적 행동인지 모르는 까닭은? • 도덕적 행동을 실천으로 옮기지 못하는 까닭은?
		02. 도덕적 상상력과 민감성의 역할은 무엇인가?	• 도덕적 민감성과 상상력의 의미 • 도덕적 민감성과 상상력의 역할
		03. 도덕적 추론은 어떻게 하는가?	• 도덕 판단이란 무엇일까? • 도덕적 추론은 어떻게 해야할까?
		04. 비판적 사고는 어떻게 하는가?	• 사실 판단 검토는 어떻게 할까? • 도덕 원리 검토는 어떻게 할까?
		05. 내가 할 수 있는 도덕적 성찰의 방법은 무엇일까?	• 도덕적 성찰의 의미 • 도덕적 성찰의 방법
9~10	3. 자아정체성	01. 나는 누구인가?	• 내가 생각하는 나의 모습은? • 도덕적 자아정체성이란?
		02. 내가 존경하는 도덕적 인물은 누구이고, 나의 신념은 무엇인가?	• 존경하고 본받을 수 있는 도덕적 인물 • 도덕적 신념
11~13	4. 삶의 목적	01. 나는 어떤 가치를 추구하는가?	• 가치의 의미와 종류 • 바람직한 가치의 추구
		02. 내 삶의 목적은 무엇인가?	• 삶의 목적을 설정하는 일은 왜 중요할까? • 바람직한 삶의 목적을 설정하려면? • 삶의 목적을 실현하려면?
		03. 도덕 공부의 진정한 의미와 목적은 무엇인가?	• 도덕 공부의 의미와 목적 • 도덕 공부의 방법
14~16	5. 행복한 삶	01. 행복이란 무엇인가?	• 행복의 의미 • 진정한 행복의 추구
		02. 행복한 삶을 위해 좋은 습관이 필요한 이유는?	• 좋은 습관의 의미 • 행복한 삶을 위한 좋은 습관의 필요성
		03. 정서적 건강과 사회적 건강을 어떻게 가꿀까?	• 건강과 행복 • 정서적 · 사회적 건강을 가꾸는 방법

Ⅱ. 본시 학습 지도 계획

1. 본시 학습 지도안

<table>
<tr><td>단원</td><td colspan="2">Ⅰ. 자신과의 관계 3. 자아정체성 01. 나는 누구인가?</td><td>차시</td><td>9/16</td></tr>
<tr><td>학습 목표</td><td colspan="4">자아의 의미와 구성 요소를 이해하고 자아를 탐색할 수 있다.
도덕적인 관점에서 자신의 모습을 평가하고 성찰할 수 있다.</td></tr>
<tr><td>학습 과정</td><td>전체학습 → 모둠활동 및 발표 → 정리 및 평가</td><td colspan="2">교수 · 학습 방법</td><td>비쥬얼 씽킹
모둠활동</td></tr>
<tr><td rowspan="2">학습 자료</td><td colspan="2">교사</td><td colspan="2">학생</td></tr>
<tr><td colspan="2">교과서, PPT, 학생 활동지</td><td colspan="2">교과서, 개별 활동지</td></tr>
</table>

학습 단계	학습 내용	교수 · 학습활동	자료 및 유의점	시간
도입	전시 학습 확인 및 동기 유발	► **전시 학습 확인**: 지난 시간 배운 도덕적 성찰의 실천 경험과 이를 통한 진정한 도덕적 성찰의 의미에 대해 이야기 나누기 ► **'교사의 다양한 모습의 자아'를 사진으로 퀴즈 내며 이야기 나누기** T: 선생님이 4장의 사진을 보여줄거예요. 이 사람은 누구인지 맞춰볼까요? S1: 동현이요! S2: 음. 아빠였다가, 가르치는 사람이었다가, 또 한 인간으로서의 모습이었다가. 선생님이요! T: 맞아요! 인태가 아주 잘 말해 주었어요. 지금 보여준 사진은 모두 선생님의 역할이면서 자아의 모습이예요. 지금부터 여러분의 자아를 찾으러 가볼까요? ► **학습목표를 함께 읽고, 배울 내용을 확인한다.**	• PPT • 사진 • 퀴즈형태 학생들의 흥미를 유발함.	5분
전개	학생 활동	► **〈전개 1〉 내가 생각하는 나의 모습이란?** • 자아의 의미와 자아정체성의 의미 설명 – 개인적 존재로서의 자아: 개인적인 특징, 성격, 가치관 예) '나는 긍정적인 성격이야' – 사회적 존재로서의 자아: 사회적 지위, 공동체 내에서의 역할과 의무 예) 나는 ○○중학교의 학생이다.	• PPT • 활동지1 • 색연필, 연필 등 • 비쥬얼씽킹 표현 시 개인적/사회적 특징이 모두 골고루 표현되도록 지도	15분

		– 자아정체성: 내가 누구인가를 통합적으로 일관되게 인식하는 것 ▶ **활동 1. 나는 누구인가? – 비쥬얼씽킹 표현** 〈활동순서〉 – 자신의 한 손바닥을 대고 손가락을 그림 – 엄지손가락부터 새끼손가락까지 자유롭게 개인적인 특징과 사회적 특징을 표현 – 나를 드러낼 수 있도록 예쁘게 꾸미기 – 친구들 앞에서 발표하기 T: 모두 자신의 자아를 손가락 모양에 맞추어 만들어 보았나요? 친구들에게 표현한 그림을 들고 설명해 봅시다. S1: 엄지손가락에는 나의 장점 자아를 적었어요. 나의 가장 큰 장점은 남을 잘 배려한다는 것이예요. S2: 약지 손가락은 우리집에서 나의 위치예요. 나는 우리집에서 넷째 아들이예요. T: 발표 자신감 있게 잘해주었어요. 여러분 모두 자아를 솔직하고 재미있게 표현하였네요. 그렇다면 지금부터 도덕적 자아 정체성은 무엇인지 함께 알아볼까요?		
		▶ **〈전개 2〉 도덕적 자아 정체성이란?** T: 조금 전에 선생님이 자아 정체성을 무엇이라고 설명하였나요? S: 내가 누구인가를 통합적으로 일관되게 인식하는 것이요! T: 맞아요! 그렇기 때문에 자아 정체성은 우리가 살아가는 태도에 매우 큰 영향을 주어요. 특히, 우리는 올바르게 살아가기 위해 도덕적 자아 정체성을 형성해야 해요. • 도덕적 정체성의 의미 설명: 도덕적 관점에서 자신을 평가하고 반성하며 도덕적으로 행동할 수 있게 해주는 바람직한 자아 정체성	• 덕목카드 • 활동지2 • 학생들이 잘 모르는 덕목들은 교사의 언어로 쉽게 풀이하여 설명	20분

<table>
<tr><td></td><td></td><td>T: 도덕적 정체성의 의미도 함께 알아보았으니, 지금부터 도덕적인 자아 정체성을 형성하는 연습을 해 볼까요?

► **활동 2. 도덕적 덕목으로 나를 표현하는 문구 만들고 친구들에게 공언하기**
〈활동순서〉
- 4명이 한 모둠 구성하여 덕목카드 배분
- 모둠별로 덕목카드 속 덕목 알아보기
- 각자 가장 어울리는, 혹은 앞으로 되고 싶은 덕목 하나만 선택하기
- 선택한 덕목으로 나를 표현하는 문구 만들기
- 모든 학생들이 문구를 제작하면, 앞뒤옆 친구들에게 문구를 소개하며 공언하기
- 문구를 들은 친구는 공언한 친구에게 응원의 메시지를 쓰고, 말해주기

T: 모두 도덕적 덕목을 포함하여 나를 표현하는 문구를 만들어보니 어땠나요?
S: 앞으로 제가 표현한 문구의 사람처럼 살아야겠다는 생각이 들었어요.
T: 그럼 각 모둠 대표 친구가 한 명씩 나와서 앞에서 표현 문구를 발표해 볼까요? 그리고 이번에는 친구들이 발표하면 나머지 친구들 모두 '넌 그렇게 될거야!' 라고 힘을 모아 응원해 봅시다.</td><td></td><td></td></tr>
<tr><td>정리</td><td>요약
및
종합</td><td>► **도덕적 자아정체성의 의미와 중요성을 한번 더 언급하고, 표현문구를 생활 속에서 실천하도록 당부함.**

► **차시 예고**
- 내가 존경하는 도덕적 인물은 누구이고, 나의 신념은 무엇인가?</td><td></td><td>5분</td></tr>
</table>

2. 학습 자료

활동지 1

01. 나는 누구인가?

학습목표: 자아의 의미와 구성 요소를 이해하고 자아를 탐색할 수 있다.
도덕적인 관점에서 자신의 모습을 평가하고 성찰할 수 있다.

1. 자아의 의미와 자아 정체성
   1) 자아: 나를 알고자 하는 과정에서 확인하는 나의 모습
   2) (개인적) 존재로서의 자아: 신체적 특징, 성격, 가치관, 소망, 능력 등 개인적 특성을 바탕으로 인식하는 자신의 모습
   3) (사회적) 존재로서의 자아: 사회의 구성원으로서 인식하는 자신의 모습
   4) 자아 정체성: '나는 이런 사람이다.'라는 자아에 관한 통합적이고 일관적인 생각을 형성

2. 도덕적 자아 정체성의 의미와 노력
   1) (도덕적 관점)에서 자신을 평가하고 (반성)하며, 도덕적으로 행동할 수 있게 해 주는 바람직한 자아 정체성
   2) 자신의 도덕적 자아 정체성을 점검하고 형성해 나아가기 위해 늘 자신의 모습을 (성찰) 하고, 미래 자신의 (도덕적인) 모습을 그려보는 것이 중요

3. 〈활동 1〉 나는 누구인가? – 나의 자아를 그림으로 표현해 보기

나를 표현할 수 있는 단어를 10개 정도 써보고, 5가지를 골라 손가락 모양에 나타낸 뒤 나에 대해 설명해 봅시다.

단어: __________, __________, __________, __________, __________,

__________, __________, __________, __________, __________,

활동지 2

1. 도덕적 덕목으로 나를 표현하는 문구 만들고 공언하기

※ 활동 순서
- 4명이 한 모둠 구성하여 덕목카드 배분
- 모둠별로 덕목카드 속 덕목 알아보기
- 각자 가장 어울리는, 혹은 앞으로 되고 싶은 덕목 하나만 선택하기
- 선택한 덕목으로 나를 표현하는 문구 만들기

1-1. 내가 선택한 덕목카드는 무엇인가요?
1-2. 특별히 그 카드를 선택한 이유는?
1-3. 선택한 덕목으로 나를 표현하는 문구를 만들어 봅시다.
※ 친구들에게 표현 문구를 공언하고, 응원 메시지를 받아봅시다.
응원 메시지 1: ______ 응원 메시지 2: ______ 응원 메시지 3: ______

2) 약안 예시

약안은 단위 수업을 진행할 때, 수업의 전체적인 진행을 간략하게 작성하는 교수 · 학습 지도안이다. 따라서 세안처럼 주제에 대한 개념 설명이나, 교사와 학생의 상호작용을 구체적으로 표현하지 않아도 된다. 그러나 약안 역시 세안과 마찬가지로 단원명, 학습목표, 도입-전개-정리에서 사용하는 학습내용, 교수 · 학습활동, 자료 및 유의점, 시간에 대한 안내는 포함하고 있어야 한다. 이는 교사가 수업을 어떠한 흐름에 따라 운영해 갈 것인지에 대해 사전에 계획 · 정리한다는 데 의미가 있다.

표 6-5 01. 나는 누구인가?(도덕적 정체성 단원) 약안 예시(미래엔, 2018: 59–63 참고)

단원명	Ⅰ. 자신과의 관계 3. 자아정체성 01. 나는 누구인가?			
학습 목표	1. 자아의 의미와 구성 요소를 이해하고 자아를 탐색할 수 있다. 2. 도덕적인 관점에서 자신의 모습을 평가하고 성찰할 수 있다.			
단계	학습 내용	교수 · 학습활동	자료 및 유의점	시간
도입	전시 학습 확인 및 동기 유발	▶ **전시 학습 확인**: 진정한 도덕적 성찰의 의미 ▶ **'교사의 다양한 모습의 자아'를 사진으로 퀴즈 내며 이야기 나누기** – 각기 다른 자아의 모습을 가진 선생님의 4장의 사진을 보여주고 학생들에게 누구인지 맞춰보도록 발문 ▶ **학습목표를 함께 읽고, 배울 내용을 확인한다.**	• PPT • 사진 • 퀴즈형태로 • 학생들의 흥미를 유발함.	5분
전개	학생 활동	▶ **<전개 1> 내가 생각하는 나의 모습이란?** • 자아의 의미와 자아 정체성의 의미에 대해 설명 • 활동 1. 나는 누구인가? - 비쥬얼씽킹 표현 자신의 한 손바닥을 대고 손가락을 그린 후, 각 손가락에 자신의 개인적인 특징과 사회적인 특징을 표현한 뒤 친구들에게 발표. 서로의 자아에 대해 이야기 나누며, 자아 정체성에 대해 알아보기	• PPT • 활동지1 • 색연필, 연필 등	15분

		► 〈전개 2〉 도덕적 자아 정체성이란? • 도덕적 정체성의 의미 설명 • 활동 2. 도덕적 덕목으로 나를 표현하는 문구 만들고 친구들에게 공언하기 모둠을 구성하여, 덕목카드 속 덕목에 대해 알아보고, 각자 가장 어울리는, 혹은 앞으로 되고 싶은 덕목 하나만 선택하여, 나를 표현하는 문구 만들기. 앞뒤옆 친구들에게 문구 소개 후 공언. 공언한 친구에게 응원의 메시지 전달하기 ► 서로에게 만든 문구처럼 '넌 그렇게 될거야!'라고 외치며, 응원해주기	• 덕목카드 • 활동지2	20분
정리	요약 및 종합	► 도덕적 자아 정체성에 대한 요약정리 ► 차시 예고 – 내가 존경하는 도덕적 인물은 누구이고, 나의 신념은 무엇인가?		5분

제2절 수업시연 방법 및 지도상의 유의사항

1. 수업시연 방법

수업시연은 교실에서 학생들과 수업을 진행하기 이전에 시범적으로 보여주는 수업을 의미하며, 모의수업, 수업발표, 수업실연 등으로 불리고 있다. 수업시연은 예비 교사를 양성하기 위한 목적과 이들의 자질을 평가하기 위한 교원임용시험 때, 현장교사의 수업능력을 평가하고 발전시킬 때, 그리고 교사연수에서 수업의 질을 높이기 위한 목적 등으로 사용된다. 이는 '마이크로티칭(microteaching)'으로도 부르는데, 이는 1960년대 미국 스탠퍼드 대학에서 처음으로 소개되었으며, 실제 수업보다 축소된 수업시간 동안 압축된 수업상황을 전개하는 것을 의미한다. 또한 전체 수업의 한 부분만을 준비하여 실습하는 것이 아니라 하나의 전체적인 수업 준비, 과정, 피드백, 평가 및 수정, 재수업 과정이 체계적으로 결합되어 진행된다(박성익, 2019: 271; 백영균, 2018: 325-326; 정석기, 2008: 308-309; 조용개 외, 2011: 43-44). 여기에서는 실제 시연을 위한 전략들을 중심으로 살펴보고자 한다. 이를 위해 앞서 제시한 교수·학습지도안 계획처럼 도입-전개-정리의 단계에 따라 수업시연의 전략 및 기법들을 소개하고자 한다.

1) 도입

단계	내용
학습환경 확인	• 학습을 시작할 수 있는 환경이 조성되었는지 확인 • 교과서 및 수업자료, 활동지 등 확인 • 예) '서로 배려하는 도덕수업' 시작하겠습니다. 모두 도덕노트와 교과서 준비되었나요?
상호인사	• 교사와 학생의 상호인사 예) '사랑합니다(교사와 학생의 약속을 통한 인사 등).' '서로 존중합시다.' 안녕하세요?
선수학습 확인 및 학습목표 제시	• 본시학습을 진행하기 위해 지난 차시에 대한 상기 및 확인 예) 지난 시간 도덕적 성찰에 대해 배우고, 이를 실천하기 위한 방법들에 대해 이야기 나누었어요. 일주일간 실천한 내용을 바탕으로 한 번 발표해 줄 친구있나요? • 본시학습 학습목표 제시
동기유발	• 학생들의 흥미를 끌기 위한 발문과 보상 및 매력적인 학습자료 사용 • 본시 학습내용과 관련이 깊은 그림, 도표, 모형, 영상 등 예) 사진을 보여주며 발문할 때 : 사진의 내용을 교사가 모두 설명하지 않고, 학생의 언어로 말할 수 있도록 발문. ('이 사진은 무엇을 나타낸 사진인가요?') ☞ 영상의 경우도 교사의 발문을 통해 학생들이 영상의 내용을 말할 수 있도록 함. ('영상은 어떤 이야기를 다루고 있나요?')

2) 전개

의사소통 →

- 교사와 학생의 언어적 · 비언어적 의사소통
  - 온화한 시선, 골고루 시선 맞춤
  - 목소리의 다양한 변화 : 음색의 높낮이 변화 (때로는 크게, 때로는 작게하는 변화 - 집중유도)
  - 학생의 답변에 대한 즉각적인 반응과 관련된 후속 질문
  - 다양한 제스쳐의 활용
- 피드백
  - 즉각적인 피드백

  예) 맞아요!, 아주 잘 말해주었어요!, 훌륭해요! 등
  - 학생의 대답을 교사의 언어로 다시 정리하는 피드백

↓

발문 →

- 학습자의 능력이나 수준에 맞는 내용의 발문
- 학습자가 명확하게 알 수 있도록 구체적이고 간결한 발문
- 학습자에게 골고루 발문 제시, 대답할 수 있는 기회제공
- 질문에 대한 비판 및 질문에 대한 교사 자신의 즉답은 지양

↓

주의집중 →

- 수업방식의 변화
  - 강의식과 모둠활동(학생활동)을 번갈아가며 사용
- 사진, 도표, 영상 등 학생들의 주의집중을 시킬 수 있는 수업자료 다양하게 활용
- 학습 내용 및 과제를 체계적으로 계획하여 학습자에게 제시
- 학습자들에 대한 긍정적 기대와 칭찬 수시 제공
- 학생 참여 위주의 수업방법 구성

↓

판서정리 →

- 핵심내용 선정 간결하게 안내
- 단원명: 칠판 맨 위 가운데 제시
- 학습목표: 칠판의 왼쪽에 제시
- 학습내용: 1. → 1) → ① 순서 등으로 간결하게 정리
- 크고 정확하게 그리고 빠르게, 배운 학습내용을 한 눈에 알 수 있도록 정리

3) 정리

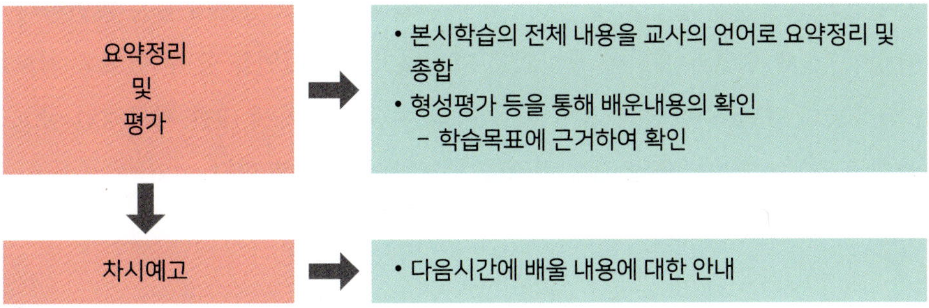

2. 지도상의 유의사항

수업시연을 지도할 때, 다음의 사항들을 고려하여 지도할 수 있도록 한다(정창우 외, 2007: 106-115).

첫째, 교사가 수업에서 명확하게 수업을 이끌어 갈 수 있도록 지도한다. 자신이 전달하고자 하는 내용의 요점을 쉽게 설명하고, 논리적인 방식으로 전달하는지에 대해 체크한다. 또한 정확한 발음과 다양한 변화를 주는 목소리, 학생들을 주의집중 시키는 적절한 제스쳐, 시선맞춤 등을 활용하고 있는지 확인한다.

둘째, 다양한 수업방법을 활용할 수 있도록 지도한다. 학생들의 호기심을 자극할 수 있으며, 명료한 발문을 적절히 사용하고 있는지, 수업 내용 자료를 다양하게 구성하여 제시하고 있는지, 학생에게 피드백을 즉각적으로 그리고 다양한 방식으로 주고 있는지에 대해 체크한다. 또한 학생들의 적극적인 참여를 유도하는 수업을 설계하고 진행하는지 확인한다.

셋째, 부적절한 발문을 구상하지 않도록 지도한다. 발문기술이 부족한 교사들의 발문에서 드러나는 특징은 ① 복잡하거나 애매하거나 이중적 발문 사용, ② 교사가 기대하는 대답만을 요구하는 발문, ③ 발문 후 즉각적으로 교사가 대답해 버리는 발문, ④ 벌을 주는데 사용하는 발문 등이다. 이 4가지의 부적절한 발문들이 사용되고 있지는 않은지 체크하며, 학생 개인별 특성과 수준에 맞는 발문 구성과 확산적 발문을 제시하고 있는지 확인한다.

넷째, 도입-전개-정리에 계획된 수업 진행 흐름에 따라 진행하고 있는지 확인하며, 각 단계마다 할애하고 있는 시간에 대해 체크한다. 단계와 단계로 넘어갈 때, 부자연스러운 부분은 없는지 불필요하게 시간을 사용하고 있는지 등을 확인한다.

다섯째, 실제 수업과 유사한 상황임을 가정하고 수업시연을 할 수 있도록 지도한다. 학생들의 답변, 학생들의 참여 등을 미리 예상하고 이에 대한 적극적인 상호작용들이 드러날 수 있는 수업 진행 과정을 확인할 수 있도록 한다.

제3절 수업분석과 성찰

수업분석과 성찰은 교수 · 학습 방법 개선을 위해서 이루어진다. 교사가 수업시간에 직접적으로 계획했든 그렇지 않든 교사가 계획한 수업은 학생들에게 상당한 영향을 미치기 때문에, 수업을 분석하고 성찰하는 과정은 바람직하지 않은 장면을 찾고 더 나은 방식으로 개선할 수 있는 기회가 될 수 있다. 교사는 이러한 과정을 통해 스스로 자신의 수업에 대한 장 · 단점을 파악하고, 개선하고 발전하는 기초자료로 활용할 수 있다(백영균 외, 2018: 333-334).

수업분석은 주로 주의집중, 수업목표 제시 등을 확인하는 것에서 시작하여, 학습내용 구성, 학습자의 참여도, 피드백 제공, 종합 정리 등이 잘 이루어졌는지에 대해 평가한다. 또한 수업을 함께 관찰한 동료 및 교수자를 통한 분석 및 평가와 스스로 자신의 수업에 대한 분석 및 평가 그리고 자기성찰 등으로 진행될 수 있다. 수업분석과 성찰은 하나의 정해진 틀은 없지만 대체적으로 아래와 같은 평가표[2)]로 진단할 수 있다.

표 6-6 수업분석과 성찰에 활용되는 수업 행동 분석 평가표 예시 1

일시			
강의자		평가자	
주제 및 단원명			
수업 구성	도입	• 수업 시작시 목표를 제시하고, 수업 안내를 하는가?	
		• 학습 동기 및 흥미를 유발하는가?	
	전개	• 수업 목표에 맞게 내용이 체계적으로 구성되었는가?	
		• 학생들에게 적극적으로 참여할 기회를 주는가?	
		• 학생들에게 피드백을 적절히 제공하는가?	
		• 학생들의 주의집중을 이끄는 다양한 교육방법을 활용하였는가?	
	정리	• 요약 및 정리를 통해 내용을 종합하고 있는가? • 차시예고가 적절하게 이루어졌는가?	

2) 수업분석과 성찰에 활용되는 수업행동 분석 평가표 예시들은 박성익 외(2008),『교육방법의 교육공학적 이해』의 제4절 마이크로티칭과 교수시연에서 참고하여 재구성하였다.

수업분위기	• 수업에 대한 열정이 느껴지는가?	
	• 모든 학생들을 살피고 관심을 기울이는가?	
	• 학생들을 주의집중 시키는가?	
	• 학생들이 적극적으로 수업에 참여할 수 있는 허용적인 분위기를 조성하였는가?	
목소리	• 발음은 명확한가?	
	• 말하는 속도가 적절한가?	
	• 목소리의 크기가 적절한가?	
	• 목소리에 변화가 있는가?	
매체의 활용	• 멀티미디어 자료가 효과적으로 제작되었는가?	
	• 멀티미디어 자료 및 교구를 적절히 활용하였는가?	
	• 칠판을 적절하게 활용하였는가?	
몸동작 (제스쳐)	• 몸동작이 자연스럽고 효과적인가?	
	• 동선을 다양하게 활용하며 수업하는가?	
	• 학생들에게 골고루 시선을 주고 있는가?	
수업의 특징 및 장점		
개선할 점		
종합의견		
그렇다 : ○, 보통이다 △, 그렇지 않다: X		

표 6-7 수업분석과 성찰에 활용되는 수업 행동 분석 평가표 예시 2

일시				
강의자		평가자		
주제 및 단원명				
평가항목	평가문항	진단 항목		
		잘함	보통	개선 필요
수업 설계	• 교육과정을 재구성하여 성취기준을 달성할 수 있도록 수업을 설계하였는가?			
	• 학습자 진단 및 분석을 바탕으로 배움이 일어나는 수업을 설계하였는가?			
	• 학생의 자기주도성이 일어나도록 설계된 수업인가?			

<table>
<tr><td colspan="2"></td><td>• 학생-학생, 교사-학생이 상호작용하며, 서로 협력을 통해 지식이 구성되도록 수업을 설계하였는가?</td><td></td><td></td><td></td></tr>
<tr><td rowspan="11">수업 활동</td><td rowspan="5">학습자 배움 (학생 활동)</td><td>• 학생들이 학습내용과 맥락을 이해하도록 구성되었는가?</td><td></td><td></td><td></td></tr>
<tr><td>• 학생들의 흥미와 호기심을 불러일으키는 학습활동들을 사용하는가?</td><td></td><td></td><td></td></tr>
<tr><td>• 학생들의 능동적인 참여를 이끌었는가?</td><td></td><td></td><td></td></tr>
<tr><td>• 학생-학생 간 협동적인 배움이 일어나고, 활발한 소통이 이루어지는 활동인가?</td><td></td><td></td><td></td></tr>
<tr><td>• 학습과 관련한 의미 있는 학생(모둠) 활동이 이루어지고 있는가?</td><td></td><td></td><td></td></tr>
<tr><td rowspan="5">교사의 활동</td><td>• 학생 모두에게 주목하며, 수업을 통한 학습과 성장이 이루어질 수 있도록 돕고 있는가?</td><td></td><td></td><td></td></tr>
<tr><td>• 확산적 사고의 발문을 통해 생각을 주고받으며 지식을 만들어가고 있는가?</td><td></td><td></td><td></td></tr>
<tr><td>• 수업 과정에서 협력적인 배움과 나눔이 일어나도록 지원하고 있는가?</td><td></td><td></td><td></td></tr>
<tr><td>• 학생들이 비판적 사고 및 탐구과정을 통해 스스로 생각을 만들어 갈 수 있도록 기회들이 제공되는가?</td><td></td><td></td><td></td></tr>
<tr><td>• 삶과 수업을 연결 지으며, 수용과 격려가 이루어지는 학습과정이 진행되는가?</td><td></td><td></td><td></td></tr>
<tr><td colspan="2" rowspan="4">정리 및 평가</td><td>• 학생들에게 배움이 일어나는 수업이었는가?</td><td></td><td></td><td></td></tr>
<tr><td>• 학생-학생, 교사-학생 간 경청 및 상호 교류가 원활하게 이루어졌는가?</td><td></td><td></td><td></td></tr>
<tr><td>• 수업과정에서 배움의 변화를 확인하고 과정 및 결과에 대한 피드백이 이루어졌는가?</td><td></td><td></td><td></td></tr>
<tr><td>• 수업 과정에서 교사 자신도 배움과 성장이 이루어지는 수업이었는가?</td><td></td><td></td><td></td></tr>
<tr><td colspan="2">수업의 특징 및 장점</td><td colspan="4"></td></tr>
<tr><td colspan="2">개선할 점</td><td colspan="4"></td></tr>
<tr><td colspan="2">종합의견</td><td colspan="4"></td></tr>
</table>

참고문헌

교육부(2015), 『도덕과 교육과정』, 교육부 고시 제2015-74호.

미래엔(2018), 『생활과 윤리』, 서울: 미래엔.

박성익 외(2019), 『교육방법의 교육공학적 이해』, 파주: 교육과학사.

백영균 외(2018), 『스마트 시대의 교육방법 및 교육공학』, 서울: 학지사.

조용개 · 신재한(2011), 『교실수업전략』, 서울: 학지사.

정석기(2008), 『좋은 수업설계와 실제』, 서울: 원미사.

정창우 외(2007), 『도덕과 교수 · 학습방법 및 평가』, 경기: 인간사랑.

차승한 외(2016), "2015 개정 중학교 도덕과의 기능 구현을 위한 교수 · 학습 방법 및 평가 방향", 『도덕윤리과교육』 52호, 한국도덕윤리과교육학회, 275-301.

Borich, Gary D., 박승배 외 공역(2014), 『효과적인 교수법』, 파주: 아카데미프레스.

제7장

도덕과 교재 연구

제1절 도덕 교과용 도서에 대한 이해 및 활용 방법

1. 도덕과 교과용 도서의 개념 및 범위

교과용 도서를 논의할 때 일반적으로 대부분의 사람들은 '교과서'를 가장 먼저 떠올린다. 그러나 교과용 도서의 정확한 개념과 범위는 「초 · 중등 교육법 시행령」에 다음과 같이 명시되어 있다(대통령령 제28471호 '교과용도서에 관한 규정').

1) "교과용도서"라 함은 교과서 및 지도서를 말한다.
2) "교과서"라 함은 학교에서 학생들의 교육을 위하여 사용되는 학생용의 서책 · 음반 · 영상 및 전자저작물 등을 말한다.
3) "지도서"라 함은 학교에서 학생들의 교육을 위하여 사용되는 교사용의 서책 · 음반 · 영상 및 전자저작물 등을 말한다.
4) "국정도서"라 함은 교육부가 저작권을 가진 교과용도서를 말한다.
5) "검정도서"라 함은 교육부장관의 검정을 받은 교과용도서를 말한다.
6) "인정도서"라 함은 국정도서 · 검정도서가 없는 경우 또는 이를 사용하기 곤란하거나 보충할 필요가 있는 경우에 사용하기 위하여 교육부장관의 인정을 받은 교과용도서를 말한다.

대통령령으로 규정된 「교과용 도서에 관한 규정」에 따르면, 교과용 도서는 학생들이 사용하는 '교과서'에만 국한된 것이 아니라 학생들을 교육하기 위하여 사용되는 교사용 '지도서'까지 포함하고 있음을 확인할 수 있다. 또한 교과용 도서의 종류에는 교육부가 직접 개발한 국정도서, 교과서로 사용하기 위해 개발하여 교육부 장관의 검정을 받은 검정도서, 국정 및 검정 도서가 없을 경우 학생들을 교육하는 데 활용할 수 있도록 인정을 받은 인정도서가 있음을 확인할 수 있다.

이와 같은 교과용 도서의 개념 정의에 기초하여 현재 발행되어 학교 현장에서 활용되고 있는 도덕 교과용 도서를 살펴보면, 도덕 교과의 경우 국정도서인 초등학교 「도덕3-6」, 검정도서인 중학교 「도덕1-2」, 고등학교 「윤리와 사상」, 「생활과 윤리」, 「고전과 윤리」 과목의 교과서와 지도서가 있다. 중등의 경우 2007 개정 교육과정 시기부터 검정도서로 운영되었고 초등의 경우 2015 개정 교육과정 시기인 현재까지 국정도서로 운영되고 있다. 최근 초등학교의 일부 교과용 도서(3-6학년의 사회, 수학, 과학)의 경우 2022년부터 검정도서 체제로 전환될 예정이지만, 도덕 교과의 경우는 기초 · 기본 교육이자 국가 정체성과 관련한 교과이기 때문에 현행 국정도서 체제가 유지될 전망이다(교육부, 2019).

2. 도덕 교과용 도서의 구성 방식

앞서 살펴본 '국정'과 '검정'이라는 교과용 도서 개발 주체의 차이에도 불구하고 초등학교와 중등학교의 도덕 교과용 도서는 공통적으로 교육과정을 충실하게 반영하고 학생들의 일상생활과의 연계성을 고려하며, 인성교육적 기능을 수행하는 방향으로 집필되고 있다(교육부, 2015: 87; 한국교육과정평가원, 2015: 67). 도덕 교과용 도서는 현재 초 · 중등학교 도덕과 교육과정의 목표, 성격, 내용 등을 반영하여, 다음과 같은 방식에 따라 내용을 구성하고 있다.

첫째, 도덕 교과용 도서는 가치 · 덕목을 중심으로 구성되어 있다. 가치 규범 중심의 구성 방식이란, 도덕 교과교육을 통해 학습자들이 신장할 것으로 기대되는 가치 · 덕목을 설정하고 그러한 가치 · 덕목을 신장하기 위하여 필요한 학습 내용을 선정하는 방식으로 구성하는 방법을 의미한다. 도덕과 교육과정상에 설정된 가치 · 덕목은 도덕과를 통해 학생들에게 가르치고 형성시키고자 하는 어떤 도덕적 가치 규범, 기본적인 도덕적 능력과 자질, 주요 인격 특성 혹은 도덕적 품성 내지 덕성을 표상하는 것이라고 할 수 있다(유병열, 2003: 161-162). 일반적으로 이러한 가치 · 덕목은 오랜 시간동안 사회 · 문화적으로 바람직하고 옳은 것으로 인정되어 온 것으로서, 다음 세대에게 이를 전수하기 위한 목적을 갖는다. 따라서 가치 · 덕목 중심의 내용 구성은 주입이나 교화와 같은 전통적인 도덕 교육 방법들을 수반하기 때문에, 자칫 학습자의 자율성을 신장하기보다는 지나치게 수동적인 혹은 의존적인 상태에 놓이게 할 수 있다는 비판이 제기될 수 있다(정창우, 2006: 162).

둘째, 도덕 교과용 도서는 주제를 중심으로 구성되어 있다. 주제 중심의 구성 방식은 앞서 살펴본 가치 · 덕목 중심의 구성 방식이 갖는 한계를 극복하기 위해서, 그리고 학습자들의 발달 수준에 따라 상이한 교육 내용 및 방법을 적용하기 위해서 도입되었다. 주제 중심의 구성 방식이란, 도덕 교과교육을 통해 가르치고자 하는 주제를 설정하고 해당 주제를 다루기 위해 필요한 학습 내용을 선정하는 방식으로 구성하는 방법을 의미한다. 도덕 교과용 도서에서 다루는 주제는 주로 쟁점으로서의 성격을 갖는 경우가 많으며, 구체적인 예로는 생명 윤리, 정보 윤리, 환경 윤리, 의료 윤리 등이 있다. 이러한 주제 중심의 구성 방식은 특정 가치 · 덕목을 수용하고 내면화하기보다는, 학습자들이 삶의 장면에서 직면할 수 있는 다양한 도덕적 문제 혹은 쟁점에 대해 학습자들이 스스로 이해하고 판단하며 문제를 해결해보는 등 고등 사고 능력을 신장할 수 있는 기회를 제공한다는 점에서 장점이 있다. 따라서 주제 중심의 구성 방식은 학습자들의 연령 및 발달 수준이 높아질수록 그 비중이 보다 높아지는 경향을 보인다.

셋째, 도덕 교과용 도서는 교과 역량을 중심으로 구성되어 있다. 교과 역량은 최근 교육과정 이론의 가장 큰 이슈인 '역량 중심 교육과정(competency based curriculum)'에 기반을 두고, 2015 개정 교육과정에서 처음으로 제시되었다. 우선 역량이란, 특정 맥락의 복잡한 요구를, 지식과 인지적 · 실천적 기술뿐만 아니라 태도 · 감정 · 가치 · 동기 등과 같은 사회적 · 행동적 요소를 가동시킴으로써 성공적으로 충족시키는 능력을 말한다(소경희, 2007: 6). 이러한 개념 정의에 기초해본다면, 역량 중심 교육은 삶의 맥락과 분리된 지식을 전달하는 지금까지의 교육을 비판하고 실천적 지식, 기능, 태도 등을 가르침으로써 교육 내용의 실천성을 높이는 것에 중점을 두고 있다. 따라서 역량 중심의 도덕 교과용 구성 방식은 학습자들이 주어진 도덕적 지식을 그저 수동적으로 습득하는 것이 아니라 실제 삶의 특정한 맥락에서 적절한 지식을 적용함으로써 도덕적 실천 능력을 신장할 수 있도록, 다양한 도덕적 이슈를 학습자들의 실생활 및 경험과 연결하려는 시도를 보이고 있다(김하연, 2015: 176 참고). 이에 도덕 교과용 도서를 도덕 교과 역량을 중심으로 구성하려는 노력은 궁극적으로 '도덕적 실천 능력'을 함양하고자 하는 도덕과 교육의 목표와도 맞닿아있기 때문에, 초 · 중등학교 도덕 교과용 도서는 도덕 교과의 역량을 신장하기 위한 다양한 학습 주제 및 학습 활동 등을 포함하고 있다.

3. 도덕 교과용 도서의 역할 및 활용 방법

교과용 도서를 바라보는 관점은 시대의 흐름에 따라 변화해왔다. 과거에는 교과용 도서가 제시하는 학습 내용들은 '오류가 없고 반드시 가르쳐져야 하는 것'으로 간주되었다. 따라서 교과서에 제시된 모든 내용은 바뀔 수 없고 학습자들은 그것을 반드시 배워야 하기에, 교사들은 교과서에 제시된 '정답'으로서의 성격을 갖는 학습 내용을 효과적으로 전달하는 역할을 요구받았다. 그러나 교과용 도서에 대한 이러한 보수적인 관점은 자유주의 및 진보주의 교육 사조에 의하여 변화하기 시작하였다. 이러한 교육 사조에 따르면, 교과서에 담긴 내용은 가장 대표적인 본보기에 불과할 뿐 절대적인 진리가 아니기에 언제든지 내용은 바뀔 수 있으므로, 교사는 교수·학습을 위한 하나의 지침이자 도구인 교과서를 참고하고 변형하는 등 자율적으로 활용할 수 있다. 교과서를 바라보는 관점의 종류는 다음과 같다(김만곤, 2000: 318; 한국교육과정평가원, 2014: 51 재인용).

표 7-1 교과서관의 종류

교과서관	구체적 내용
보수적	• 교과서는 모든 학생들이 꼭 배워야 할 표준적인 내용이 인쇄된 것이다. • 교과서는 견고하게 제본해서 여간해서는 잘 마모되지 않는 것이다. • 교과서는 학생들이 배우는 데 필요한 유일무이한 자료이다. • 교과서는 각 학년별, 각 교과별로 한 권씩 있는 것이다. • 교과서는 반드시 활자로 인쇄된 책이고 국판의 모습이어야 한다. • 교과서는 학생들이 집과 학교 사이를 내왕할 때 꼭 가지고 다니는 것이다.
중간적	• 교과서는 교육과정과 그것이 실제로 전개되는 교수·학습의 과정을 연결하는 것이다. • 교과서는 교육 내용을 선정 조직하고 교수 방법을 결정하는 교육과정 계획에 따라 마련되어 수업 과정에서 교수·학습 활동을 이끌고 조력하는 것이다. • 교과서는 교육과정에 의하여 실제 학생들이 배워야 할 내용을 보다 구체적이며 배우기 쉬운 형태로 제시해 놓은 것이다.
혁신적	• 교과서는 Work book, 각종 참고문헌, 사전 등과 같은 자료도 포함하는 것이다. • 교과서는 그 자체를 배우고 익혀야 할 목적물이 아니라 교육과정의 목표와 내용을 실현하기 위한 하나의 도구에 지나지 않는다. • 교과서는 학습의 효과를 보다 더 높이기 위해 사용되는 다양한 교수·학습 자료 중의 하나일 뿐이다. • 교과서는 지역 차, 능력 차를 충분히 고려해서 여러 종류를 만들 수 있다.

교과용 도서를 바라보는 이러한 관점 변화의 배경에는 산업 사회에서 정보화 사회로, 정보화 사회에서 후기 정보화 사회로의 이행이라는 사회구조적 변동이 자리하고 있다. 산업사회에서는 객관적 지식이 내재된 텍스트를, 정보화 사회에서는 구성주의적 지식을, 후기 정보화 사회에서는 구성주의에 주관주의가 혼합된 지식을 그 특징으로 한다(한국교육과정평가원, 2014: 53). 이는 지식의 속성이 점자 객관주의에서 구성주의, 구성주의에서 주관주의로 변화하고 있기 때문에, 지식을 담고 있는 교과서 역시 교육의 과정에서 유일하고 절대적인 성격을 갖기 보다는 다양한 학습 자료 중 하나로서 그 역할과 위상이 약화되고 있음을 보여준다. 이러한 교과용 도서에 대한 관점의 변화는 '닫힌 교과서관'과 '열린 교과서관'(홍웅선 외, 1990; 한국교육과정평가원, 2014: 49 재인용), 교과서에 대한 '경전'으로서의 관점과 '교수 · 학습 위주의 관점'(조난심, 2007) 등으로 다양하게 표현되고 있다.

이는 도덕 교과용 도서를 바라보는 관점에도 동일하게 반영된다. 도덕 교과의 내용 지식은 보편타당한 도덕적 진리를 포함하고 있기도 하지만, 사회문화적 인습 및 규범 역시 포함하고 있다. 따라서 도덕 교과서에 제시되는 도덕적 지식과 판단 기준, 행동 양식 및 규범 등은 시대의 흐름과 사회구조적 변동에 의해서 언제든지 변화할 수 있고, 또한 개인의 판단과 상황에 따라 그에 대한 해석 역시 달라질 수 있는 것이다. 만일 도덕 교사가 교과서 속에 담긴 도덕적 가치 · 덕목이나 도덕적 이슈에 대한 일부 관점을 이미 정해진 진리로서 학습자들에게 일방적으로 전달하려 한다면, 그것은 교과용 도서에 대한 적절한 이해에 기반 하지 않음으로써 학습자의 자율적이고 합리적인 도덕적 판단 능력을 신장하는 데 실패하게 될 것이다. 이렇게 볼 때, 도덕과교육의 목표를 달성하기 위해 교사는 도덕 교과용 도서를 도덕과 교수 · 학습을 돕는 하나의 도구이자 자료로서 간주해야 한다.

이에 도덕 교과서를 활용하는 도덕 교사는 교과서를 절대적인 원전(text)으로 생각하지 않고, 하나의 자료(resource)이자 학습자의 학습을 유도(learning guide)하는 도구로서 활용할 수 있어야 하겠다(은용기, 1992: 73; 한국교육과정평가원 2014: 53 재인용). 이 과정에서 도덕 교사는 교과서에 다루어지고 있는 학습 내용을 하나의 자료이자 지침으로 바라보는 안목을 갖추어야 하며, 교과서의 내용에 수정 · 보완이 필요하다고 판단될 경우 필요에 따라 교과서를 재해석하여 가르칠 수 있어야 한다. 또한 교과서에 담긴 모든 내용이 아닌, 학생들과의 상호작용 및 교사 스스로의 숙고를 통해 학습 내용을 선정 및 조직할 수 있는 역량을 갖추어야 하겠다.

참고문헌

초 · 중등 교육법 시행령, 교과용도서에 관한 규정 제2조.

교육부, 한국교육과정평가원(2015), "2015 개정 교육과정에 따른 교과용도서 개발을 위한 편찬상의 유의점 및 검정 기준"

교육부(2019), 초등교과서 국정에서 검정 전환 등 관련 설명자료, 교과서정책과.

김하연(2015), "국가 교육과정 정책의 최근 동향과 도덕교육적 함의", 『도덕윤리과교육』, 47, 163-188.

소경희(2007), "학교교육의 맥락에서 본 '역량(competency)'의 의미와 교육과정적 함의", 『교육과정연구』, 25(3), 1-21.

유병열(2003), 『도덕과교육론』, 서울: 양서원.

정창우(2006), "새로운 도덕과 교육과정 시안에 대한 평가와 교과서 개발의 기본방향", 윤리연구, 1(62), 137~167.

조난심(2007), "미래의 교과서: 편찬의 자율화와 매체의 다양화", 『교과서연구』, 52, 6-12.

한국교육과정평가원(2014), "미래 사회 교육 환경 변화에 따른 교과서 발전 방안", 연구보고 RRT 2014-4.

한국교육과정평가원(2015), "2015 개정 교과 교육과정 시안 개발 연구 II: 도덕과 교육과정", 연구보고 CRC 2015-25-4.

제2절 도덕 교과서 분석 방법: 외형 및 내용

도덕 교과서는 도덕 수업시간에 교사와 학생이 함께 사용하는 주 교재이다. 도덕 수업시간에 교사는 매 차시마다 학생들에게 가르쳐야 하는 내용들을 교과서를 바탕으로 계획하고 진행하며, 학생들은 교과서에 기반한 도덕 주제와 내용들을 학습하게 된다. 이처럼 도덕 교과서는 도덕 수업을 위한 교사와 학생 간 연결고리라고 할 수 있다. 따라서 도덕 교과서의 주제와 내용을 어떻게 구성하느냐에 따라 도덕 수업의 내실에 차이를 가져올 수 있다. 2015 개정 교육과정을 기준으로 볼 때 도덕 교과서는 중학교 도덕 1, 2(9종), 고등학교 생활과 윤리(5종), 고등학교 윤리와 사상(5종)으로 구성되어 있다. 각 교과서는 2015 개정 도덕과 교육과정에서 명시하고 있는 도덕과의 성격, 목표, 내용 체계를 바탕으로 하여 대단원-중단원-소단원의 형태로 구성되어 있다. 그리고 각 하위 주제와 내용들은 교육과정상의 내용체계를 기준으로 기술되어 있다. 따라서 교과서의 주제와 내용을 구성함에 있어서 교육과정의 범주를 크게 벗어나지 않으면서 세부 내용 및 활동 구성은 교과서마다 조금씩 차이를 지닌다고 할 수 있다.

한편 교사들은 수업 운영 시 학교에서 선택한 교과서를 가지고 해당 교과서에 제시된 내용과 활동을 그대로 진행하기도 하지만, 대부분의 교사들은 학생들에게 보다 의미있는 도덕수업을 위해 교과서 단원의 주제와 내용은 기본으로 두고, 예시나 활동을 새롭게 재구성하기도 한다. 다시 말하면, 교사들은 도덕 교과서의 재구성 및 구조화를 통해 학생들이 교과서를 평면적으로 읽고 해석하는 것에서 더 나아가 단원 주제와 연관지어 ① 어디에 중점을 두고 읽을 것인가, ② 무엇에 중점을 두어 깊이 사고하고 성찰하게 할 것인가, ③ 학생의 생활경험과 관련 지어 기본적인 가치를 보다 높이면서 생각을 확장시켜 나아가게 할 것인가 등을 고려해 수업을 계획한다(강봉수, 2006: 12). 이러한 이유로 도덕 수업을 운영함에 있어서 교사가 도덕 교과서를 어떻게 바라보고 활용할 것인가에 대한 판단은 수업을 통해 이루어지는 학생들의 학습 성취에 매우 중요한 영향을 줄 수 있다. 따라서 교사는 도덕 교과서를 활용할 때, 교과서를 있는 그대로 사용할 수도 있지만, 가능하면 교과서에서 각 단원마다 제시하고 있는 학습 목표, 내용, 학생활동, 주제와 관련된 예시, 사진 및 삽화 등에 대해 다각도로 살필 수 있어야 한다.

앞서 제시한 바와 같이 교과서의 텍스트는 기본적으로 교육과정에서 제시하고 있는 내용체계에 근거하여 구성되어 있다. 구체적으로는 대단원-중단원-소단원에서 제시하고 있는 단원 성취기준에 따라 교과서 텍스트에 담을 내용과 활동들이 구성된다. 그리고 각 단원별 텍스트 구성은 대부분 '집필자에 의해 선택된 내용'과 '내용을 제시하는 형식'이 결합된 형태로 진행된다(설규주 · 은지용, 2016: 61). 여기에서 '집필자에 의해 선택된 내용'은 해당 주제와 관련된 내용의 이해, 정의, 주제 관련 문제들, 태도 함양 등과 관련된 것들을 포함할 수 있고, '내용을 제시하는 형식'은 해당 주제와 관련해 사용하는 표현, 사진 및 삽화 등과 관련한다. 따라서 교사가 교과서의 한 주제 및 단원을 재구성하거나 구조화할 경우 다음의 분석 틀에 따라 검토해 볼 수 있을 것이다.

표 7-2 교과서 재구성 및 구조화를 위한 분석 틀 예시[1)]

분석단원	분석하고자 하는 단원(대단원, 중단원, 소단원 등)		
성취기준	영역		분석 기준
분석하고자 하는 단원의 성취기준 기입	내용 선정	해당 주제에 대한 이해 및 정의와 관련된 내용	① 해당 주제를 어떻게 정의내리고 있는가? ② 해당 주제와 관련한 내용은 무엇을 기준으로 제시하고 있는가?
		해당 주제 관련 문제 제기와 실천 태도 함양	③ 해당 주제와 관련된 사례나 상황을 어떻게 제시하고 있는가? ④ 해당 주제와 관련된 실천태도나 자세의 방향을 어떻게 제안하고 있는가?
	내용 제시 방식	해당 주제에 대한 학습 방법 및 활동, 표현과 사진 및 삽화	⑤ 해당 주제와 관련하여 학생들의 삶 속에서 실천하도록 하는 데 도움이 되는 학습 활동과 방법을 사용하고 있는가? ⑥ 해당 주제와 관련하여 어떤 표현들을 사용하고 있고, 적절한가? (특히 성, 인종, 장애, 계층, 종교 등에 대한 고정관념 및 편견 차원) ⑦ 해당 주제를 설명하기 위해 제시한 사진 및 삽화의 구성은 어떠한가?

1) 교과서 재구성 및 구조화를 위한 분석 틀은 단일 차시의 주제를 두고 여러 개의 교과서를 분석하는 데 있어서 하나의 예시로 제안하는 것이다. 따라서 분석의 목적과 주제의 선정에 따라서 분석 문항의 기준이 달라질 수 있으며, 세부적인 구성 또한 얼마든지 변형 가능하다.

제3절 도덕과 검정 교과서 비교분석 방법: 양성평등교육을 중심으로[2)]

중학교 도덕과 교육과정에서 '양성평등'이라는 단어가 등장한 것은 '인권'이라는 용어와 인권 단원이 등장한 2007 개정 교육과정이다. 이때, 인간존엄성과 더불어 '인권'에 대해 언급하며, 소외된 계층과 차별받는 사람들에 대한 인권을 논하는 주제 중 하나로 '양성평등'이 함께 등장하기 시작했다. 이후 2009 개정 교육과정에서는 사회·국가·지구공동체와의 관계 영역 '인간 존엄성과 인권' 단원 안에 '양성평등의 도덕적 의미와 실천'으로 명시하였고, 2015 개정 교육과정에서는 사회·공동체와의 관계 영역 '인권의 도덕적 의미는 무엇인가?' 단원에서 '양성평등을 어떻게 실천할 수 있을까?'로 제시하고 있다. 본 절에서는 2015 개정 도덕과 교육과정에 따른 '양성평등' 단원을 비교·분석한 내용을 살펴보고자 한다.

1. 분석대상

2015 개정 도덕과 교육과정에 따른 중학교『도덕 1』교과서(검·인정교과서, 2018년 발행) 전체, 총 9권(교학사, 금성출판사, 동아출판, 리베르스쿨, 미래엔, 비상교육, 지학사, 천재교과서, 해냄에듀)이다. 각 교과서의 분석 단원은 양성평등 관련 내용을 직접적으로 다루는 'Ⅲ. 사회·공동체와의 관계' 중단원 1. 인간존중 단원을 선택하고, 03. 소단원 '양성평등을 어떻게 실천할 수 있을까?'로 정하였다. 분석 대상 교과서 및 양성평등 관련 단원명은 아래 표와 같다.

2) 본 절은 김혜진(2018), "중학교 도덕 교과서의 양성평등교육 내용 분석과 개선 방안 연구",『도덕윤리과교육』, 한국도덕윤리과교육학회, 제60호, pp. 181-187의 내용을 재구성하였다.

표 7-3 분석 대상 교과서 및 양성평등 단원

교과서	양성평등 분석 단원 및 범위	
	단원명	페이지
교학사	1. 인권의 도덕적 의미는 무엇인가? (03. 양성평등을 어떻게 실천할 수 있을까?)	pp. 180-198.
금성출판사	1. 인권의 도덕적 의미는 무엇인가? (03. 양성평등을 어떻게 실천할 수 있을까?)	pp. 163-178.
동아출판	1. 인권의 도덕적 의미 (03. 양성평등의 실천)	pp. 176-193.
리베르스쿨	1. 인간존중 (03. 양성평등의 진정한 의미와 실천방법)	pp. 179-196.
미래엔	1. 인간존중 (03. 양성평등을 어떻게 실천할 수 있을까?)	pp. 183-200.
비상교육	1. 인간존중 (03. 양성평등의 실천)	pp. 170-185.
지학사	1. 인간존중 (03. 양성평등을 어떻게 실천할 수 있을까?)	pp. 154-169.
천재교과서	1. 인권의 도덕적 의미는 무엇인가? (03. 양성평등을 어떻게 실천할 수 있을까?)	pp. 173-190.
해냄에듀	1. 인간존중 (03. 양성평등을 어떻게 실천할 수 있을까?)	pp. 168-183.

2. 분석기준

여기에서 설정한 분석기준은 총 8개이다. 양성평등을 내용요소로 직접 다루는 'Ⅲ-1. 인간존중' 단원을 '내용 선정'과 '내용 제시 방식'으로 구분하였다. '내용 선정'은 양성평등에 대한 이해 및 정의, 제시된 상황이나 실천태도와 같은 측면 등 중학교 학생에게 양성평등에 대해 교육하기 위해 활용되고 있는 양성평등과 관련된 내용들을 중점적으로 살펴보았다. 또한 '내용 제시 방식'에서는 양성평등과 관련하여 주로 사용된 단어나 사진 · 삽화가 무엇인지 등을 중점적으로 살펴보았다. 구체적인 분석기준은 아래와 같다.

표 7-4 교과서 분석 단원과 영역 및 분석기준

분석 단원	영역		분석 기준
양성평등을 내용요소로 직접 다루는 단원 (Ⅲ-01. 인간존중)	내용 선정	양성평등에 대한 이해 및 정의	① 양성평등의 의미를 어떻게 설명하고 있는가? ② 양성평등의 역사적 과정이나 사례를 다루고 있는가? ③ 양성평등과 관련된 제도, 정책 등을 다루고 있는가?
		양성평등 관련 문제 제기와 실천태도 함양	④ 우리 사회에서 양성평등이 이루어지지 않는 사례나 상황을 어떻게 제시하고 있는가? ⑤ 양성평등을 실현하기 위한 실천태도나 자세의 방향을 어떻게 제안하고 있는가?
	내용 제시 방식	양성평등에 대한 학습 방법 및 표현 · 사진 · 삽화	⑥ 양성평등 단원을 배우는 학습자에게 그들의 삶 속에서 양성평등 의식을 높이고 양성평등을 실천하게 하는 데 도움이 되는 학습활동과 방법을 사용하고 있는가? ⑦ 양성평등을 표현하는 주요 단어는 무엇인가? ⑧ 양성평등에 활용한 사진 및 삽화의 구성은 어떠한가?

3. 분석결과

분석 결과는 앞서 제시한 분석 기준에 따라 살펴보려고 한다. 첫째는, '양성평등에 대한 이해 및 정의'를 중심으로, 둘째는 '양성평등 관련 문제 제기와 실천태도 함양과 관련한 부분'들을 중심으로, 셋째는 '양성평등에 대한 학습방법 및 표현 · 사진 · 삽화'에 관한 것을 중심으로 살펴본다.

1) 양성평등에 대한 이해 및 정의

9종의 교과서에서 양성평등에 대한 이해 및 정의를 어떠한 방식으로 기술하고 있는지에 대해 알아보기 위해 다음 3가지 차원으로 분석하였다. ① 양성평등의 의미를 어떻게 설명하고 있는가? ② 양성평등의 역사적 과정을 다루고 있는가? ③ 양성평등과 관련된 제도, 정책 등을 다루고 있는가? 이다.

양성평등이 필요한 이유에 대한 도입부 설명 내용은 9종의 교과서가 대부분 비슷하게 시작한다. 주로 3가지 맥락에서 양성평등이 필요한 이유를 설명하고 있는데, 이는 성차이, 성역할, 성차별이다. 먼저 성차이에 대해서는 교학사, 금성출판사, 리베르스쿨 3종만이 생물학적 측면에서의 차이로 설명을 하고, 나머지 6종의 교과서는 성차이에 대해서는 따로 언급하지 않는다. 다음으로 성역할에 대해서는 주로 '남성과 여성에게 사회적으로 기대되는 행동양식, 역할 등 사회 · 문화적인 상황 또는 관습에서 형성되는 것'으로 설명하고 있다. 다만 리베르스쿨과 지학사에서는 성역할을 각각 '성별에 따른 역할이 정해져 있었음', '전통적인 가부장제 문화 속에서 남녀의 역할을 엄격하게 구분하였음'으로 과거 성역할에 대한 안내 개념으로만 설명하고 있어 나머지 6종 교과서에서 사회 · 문화적 의미(gender)로 성역할을 설명한 방식과는 다른 점을 확인할 수 있다. 그러나 학생들에게 올바른 성역할에 대한 이해를 위해서는 앞선 6종의 교과서의 방식처럼 사회적으로 기대되는 역할이나 행동 양식과 같이 시대의 변화에 따라 달라질 수도 있는 것으로 설명하는 것이 바람직하다고 판단된다. 왜냐하면 우리에게 기대되는 성역할은 생물학적인 차이에서 비롯되는 것뿐만 아니라 시대와 장소 그리고 그 사회에서 요구되는 역할에 따라서 변화할 수 있기 때문이다. 마지막으로 성차별에 대해서는 성역할에 대한 편견 및 고정관념으로 설명하여, 이를 해결하기 위해 양성평등에 대한 의식 또는 양성평등의 자세를 지녀야 한다고 모든 교과서가 공통적으로 설명하고 있다.

표 7-5 양성평등이 필요한 이유에 대한 도입부 설명 내용

교과서	양성평등이 필요한 이유에 대한 도입부 설명 내용
교학사 (p. 191)	• 성차이: 생물학적인 측면에서의 차이 • 성역할: 남성이나 여성에게 사회적으로 기대되는 행동 양식이나 역할, 생각이나 태도, 성차이로 인해 만들어 지는 것과 사회 · 문화적 관습에 의해 만들어 지는 것 • 성차별: 성역할에 대한 고정관념에서 비롯됨
금성출판사 (p. 173)	• 성차이: 생물학적 차이 • 성역할: 따로 설명되어 있지 않음 • 성차별: 남성이나 여성이라는 이유만으로 선입견을 갖고, 불평등하게 대우하는 것
동아출판 (p. 184)	• 성차이: 따로 설명되어 있지 않음 • 성역할: 남성과 여성에게 사회적으로 기대되는 행동양식, 그 사회가 남성과 여성의 특성을 어떻게 보느냐에 따라 다름 • 성차별: 성역할에 대한 편견으로 발생하는 것

리베르스쿨 (p. 191)	• 성차이: 생물학적 차이 • 성역할: 성별에 따른 역할이 정해져 있었음 • 성차별: 따로 설명되어 있지 않음
미래엔 (p. 194)	• 성차이, 성역할, 성차별이 따로 설명되어 있지 않음
비상교육 (p. 181)	• 성차이: 따로 설명되어 있지 않음 • 성역할: 남성과 여성에게 사회적으로 기대하는 행동 양식이나 역할, 고정된 것이 아니라 사회와 시대의 변화에 따라 달라지는 것 • 성차별: 성역할에 대한 고정관념이나 편견, 단지 성별이라는 기준을 가지고 어느 한 쪽 성을 더 유리하게 대우하거나 다른 한쪽을 불리하게 대우하는 것
지학사 (p. 163)	• 성차이: 따로 설명되어 있지 않음 • 성역할: 전통적인 가부장제 문화 속에서 남녀의 역할을 엄격하게 구분 • 성차별: 성역할에 대한 편견에서 비롯됨
천재교과서 (p. 182)	• 성차이: 따로 설명되어 있지 않음 • 성역할: 여성과 남성이 어떻게 생각하고 행동해야 하는지에 관한 사회적 기대로, 시대와 환경에 따라 달라짐 • 성차별: 성역할에 대한 고정관념이 성차별로 이어지며, 성별에 따라 부당하게 차별하는 것
해냄에듀 (p. 176)	• 성차이: 따로 설명되어 있지 않음 • 성역할: 남녀의 특성이나 성역할은 그들이 속한 사회 · 문화 · 환경 · 양육 방식에 따라 달라질 수 있음 • 성차별: 한쪽의 성이 더 우월하다는 고정관념에서 비롯

양성평등의 의미에 대해서는 대체로 양성평등을 남성과 여성의 권리, 의무, 자격 등에 있어서 차별하지 아니하고 인간으로서 존중하며, 인격적으로 동등하게 대우하는 것으로 설명하고 있다. 이는 양성평등기본법 제2조와 제3조에서 명시하고 있는 양성평등의 기본이념인 '이 법은 개인의 존엄과 인권의 존중을 바탕으로 성차별적 의식과 관행을 해소하고, 여성과 남성이 동등한 참여와 대우를 받고 모든 영역에서 평등한 책임과 권리를 공유함으로써 실질적 양성평등 사회를 이루는 것을 기본이념으로 한다.'와 양성평등의 정의인 '"양성평등"이란 성별에 따른 차별, 편견, 비하 및 폭력 없이 인권을 동등하게 보장받고 모든 영역에 동등하게 참여하고 대우받는 것을 말한다.'를 잘 구현하여 서술하고 있다.

표 7-6 양성평등의 의미

교과서	양성평등의 의미
교학사 (p. 193)	• 양성평등이란 남녀의 성 차이를 인정하되 남녀가 평등한 사회적 조건에서 경쟁하고 동등한 권리와 의무를 가지며, 한 인간으로서 존중받는 것
금성출판사 (p. 174)	• 양성평등이란 남자와 여자를 성별에 따라 법률적, 사회적으로 차별하지 않고, 동등하게 대우하는 것
동아출판 (p. 184)	• 양성평등이란 남녀를 성별에 따라 법률적.사회적으로 차별하지 않고 인격적으로 동등하게 대우하는 것
리베르스쿨 (p. 191)	• 양성평등이란 권리, 의무, 자격 등이 남녀에게 모두 고르고 똑같아야 하는 원칙, 양성평등 기본법 제1조
미래엔 (p. 194)	• 양성평등이란 여성과 남성 모두의 권리, 의무, 자격 등이 차별 없이 고르고 한결같은 상태
비상교육 (p. 182)	• 양성평등이란 남성과 여성 모두를 권리, 의무, 자격 등에 차별 없이 인격적으로 동등하게 대우하는 것
지학사 (p. 163)	• 양성평등이란 남녀 간에 생물학적 차이가 있음에도 기본적인 권리나 의무, 인격 등의 측면에서 남녀가 동등한 존재라는 뜻
천재교과서 (p. 182)	• 양성평등이란 여성과 남성이 법적 · 사회적으로 성별에 따라 부당하게 차별받지 않는 것
해냄에듀 (p. 176)	• 양성평등이란 남성과 여성을 동등하게 대우하는 것

양성평등의 역사적 과정이나 사례와 관련하여서는 3종의 교과서(교학사, 리베르스쿨, 지학사)에서만 제시하고 있었다. 또한 양성평등의 역사적 사례 설명 방식에서도 '여성의 참정권 역사', '우리나라 전통 속에서의 양성평등한 제도'와 같은 역사 속의 양성평등 과정을 소개하고 있다. 그러나 이러한 제도들이 어떻게 생겨나게 되었으며 그 제도들이 어느 측면에서 양성평등을 위한 노력이었는지에 대한 설명은 들어있지 않았으며, 이러한 노력들로 인해 현재의 우리에게 양성평등한 사회적 · 법적 제도가 왜 필요한지에 대한 생각을 나누는 내용 들이 연결되어 있지 않았다.

양성평등과 관련된 제도와 정책에서는 5종의 교과서(교학사, 동아출판, 리베르스쿨, 천재교과서, 해냄에듀)에서는 구체적인 제도나 정책에 대해 언급하고, 나머지 4종(금성출판사, 미래엔, 비상교육, 지학사)은 양성평등을 위한 법적 · 제도적 장치의 개선 또는 변화가 필요하다고만 서술된 차이가 있는 반면, 9종 교과서 모두 양성평등을 위해 사회적 · 제도적 장치를 보완하는 것이 필요하다고 설명하고 있다. 그러나 구체적인 법을 안내하고 있는 교과서들도 그 법이나 정책이 어떠한 성차별적 요소를 해소하기 위해 만들어진 것인지, 어떠한 측면에서 사회적으로 의미가 있는 것인지에 대한 설명을 따로 하고 있지 않다. 이는 양성평등 해결을 위한 사회적 · 제도적 장치를 단순히 안내하고만 있을 뿐, 이러한 제도를 통해 어떻게 양성평등한 사회를 만들 수 있는지에 대한 구체적인 안내는 이루어지지 않고 있음을 확인할 수 있는 부분이다.

표 7-7 양성평등과 관련된 제도와 정책

교과서	양성평등과 관련된 제도와 정책
교학사 (p. 193)	• 양성평등채용목표제
금성출판사 (p. 175)	• 성차별적 제도의 개선이라고만 되어 있고, 구체적인 제도 설명되어 있지 않음
동아출판 (p. 186)	• 여성 공천 할당제, 부모 육아 휴가제
리베르스쿨 (p. 192)	• 남녀고용평등과 일.가정 양립지원에 관한 법률, 가족관계의 등록 등에 관한 법률, 남녀 모두 쓸 수 있는 육아 휴직제도
미래엔 (p. 196)	• 양성평등 기본법: 성별의 구분 없이 모든 사람에게 평등한 기회와 대우를 보장하기 위한 법
비상교육 (p. 184)	• 평등한 고용기회를 보장하는 법률과 제도라고만 언급되어 있고 구체적인 제도 설명되어 있지 않음
지학사 (p. 164)	• 성평등을 위한 법률적, 제도적 장치의 마련이라고만 언급되어 있고 구체적인 제도 설명되어 있지 않음
천재교과서 (p. 185)	• 프랑스 보육지원정책
해냄에듀 (p. 178)	• 남녀고용 평등 및 일 · 가정 양립 지원에 관한 법률, 성별 영향 분석 평가제

2) 양성평등 관련 문제 제기와 실천태도 함양

양성평등 관련 문제 제기와 실천태도 함양 관련하여서는 주로 다음의 2가지를 통해 분석하였다. ① 양성평등과 관련하여 교과서 텍스트에 실린 문제를 제기한 사례나 상황은 어떻게 제시되어 있는가? ② 양성평등을 실현하기 위한 실천태도나 자세의 방향을 어떻게 제안하고 있는가?

양성평등과 관련 문제 제기 사례나 상황을 제시한 부분에서 각 교과서 별로 남녀의 차별사례의 제시 개수가 비슷하게 구성되어 있었다. 먼저, 남녀의 차별사례가 모두 제시되며 비슷한 개수[3]로 제시된 교과서는 미래엔(2:2), 비상교육(2:2), 지학사(2:1), 천재교과서(2:3), 해냄에듀(1:2)이다. 그러나 교학사(2:0), 금성출판사(1:0), 리베르스쿨(4:0)은 여성의 성차별 사례만을 다루며, 이러한 사례를 통해 양성평등의 필요성에 대해서만 언급하고 있었다. 양성평등이 성별에 따른 차별과 편견 없이 동등한 참여와 대우를 받도록 하는 데 그 목적을 두고 있다면, 성차별 문제 상황이나 사례 제시에 있어서도 양성 모두의 사례가 비슷하게 제시될 필요가 있다. 더불어 학생들에게 양성불평등에 대해 비판적 문제의식을 가질 수 있도록 하며, 올바른 양성평등 의식 교육이 이루어지려면 학교에서 학생들이 겪는 실제적인 사례들이 추가될 필요가 있다. 〈표 7-8〉에서 보면, 미래엔에서 제시하고 있는 미술시간과 체육시간의 남녀 성차별 사례 외에는 학교에서의 성차별 사례가 제시된 교과서를 찾아보기 어렵다. 물론 가정에서의 성차별과 앞으로의 대학지원과 직업선택에 있어서도 성차별 사례를 접하는 것 또한 중요하다. 왜냐하면 자신의 가정에서 발생하는 고정된 성역할에 대해 비판적 사고를 길러줄 수 있고, 앞으로 사회에 나가서 겪게 될 성차별적 요소에 대해 진지하게 고민해 볼 수 있도록 해 주기 때문이다. 그러나 양성평등교육에 있어서 우선적으로 접근해야 하는 문제 상황은 학생들이 학교 생활문화 속에서 마주하는 상황이어야 한다. 왜냐하면 학생들은 자신들이 사용하는 남혐 · 여혐(남성혐오 · 여성혐오) 발언이 잘못된 것인지 인식하지도 못한 채 사용하기도 하며, 이것이 심각해지면 학교폭력의 문제로도 확장될 수 있기 때문이다.

3) 여기에서 사례 제시는 사례 개수(여성 성차별 : 남성 성차별)이다.

표 7-8 양성평등 관련 문제 제기 사례나 상황 제시

교과서	양성평등 관련 문제 제기 사례나 상황 제시 사례
교학사 (pp. 191-192)	• 취업과 승진에서 남성 우대 여성 배제 • 직장 여성의 육아 병행의 어려움
금성출판사 (p. 174)	• A시 환경미화원 채용 시험 공고에서 좋은 체력적 조건 제시로 주로 남성에게 유리한 채용 조건이라는 것을 안내
동아출판 (p. 185)	• 백설공주, 미녀와 야수, 신데렐라 등 동화 속 여자와 남자에 대해 말하며, 여성은 늘 보호받는 존재이자 왕자에게 구원 받아 행복하게 사는 결말
리베르스쿨 (p. 191)	• 가부장제적 사고방식으로 말미암아 모든 가사 노동은 여자의 몫 • 직장에서 승진이나 임금에서 차별받는 여성 • 중국의 옛 풍습인 전족 • 현대 여성의 외적 아름다움을 위한 다이어트 사례
미래엔 (pp. 193-194)	• 미술 시간에는 여학생이 더 잘하니 여자가 하는 것이 좋겠다 • 체육 시간 무거운 물품 정리는 힘이 센 남자들이 하는 것이 좋겠다 • 유치원 교사에 지원했지만 남자라는 이유로 거절당함 • 여성 중장비 기사는 거친 일을 잘 하지 못할 것이라고 채용 거부 됨
비상교육 (pp. 181-182)	• 눈물을 흘리는 지훈이는 남자답지 못하다 • 집안일은 여자의 일이라고 말하는 지은이 • 항공 운항과 입학에 제한을 받은 남학생 이야기 • 금융권에서 임금차별을 받는 여자 직원 이야기
지학사 (pp. 165-166)	• 축구 선수인 여학생이 전국 축구대회에 참가하려고 하는데, 모집 제한을 받은 사례 • 두 개의 구인광고인데, 하나는 남성만 뽑는 구인광고 하나는 여성만 뽑는 구인광고
천재교과서 (pp. 182-185)	• 조종사는 남성의 직업, 승무원은 여성의 직업 • 여자가 왜 저렇게 목소리가 커? 남자가 울기는 왜 울어? • 슈퍼맨콤플렉스 이야기
해냄에듀 (pp. 177-179)	• 남자답지 못하게 왜 울지? • 식사준비를 딸에게만 부탁하는 엄마 • 남자가 시계도 잘 못고치냐고 말하는 아내

양성평등 실현을 위한 실천 태도나 자세의 방향 제안은 9종의 교과서에서 표현의 방식에 차이가 있을 뿐, 크게 다르지 않은 3가지의 내용으로 구분된다. 첫째는 가정이나 학교 등과 같은 개인적 차원에서 성역할에 대한 편견이나 고정관념을 버릴 수 있는 노력이 필요하다는 것이다. 둘째, 사회적 차원에서는 법과 제도를 개선

하여 진정한 양성평등이 제도 안에서 이루어져야 한다고 말한다. 셋째, 문화적 차원에서 양성평등에 관련된 왜곡된 시각들을 지양하고, 양성평등에 관련된 내용들을 담아 양성평등 의식을 심어주는 데 도움이 되는 자료들을 제공해야 함을 말하고 있다. 물론 양성평등의 실천을 위해서는 개인적 차원의 노력, 그러한 개인이 살고 있는 사회 · 문화 · 제도적 차원에서의 뒷받침이 함께 이루어져야 한다. 그런데 양성평등 실현을 위한 3가지 방향 제시에 있어서 '무엇을 노력해야한다'라고만 제시하고 있지, 구체적으로 학생의 입장에서 개인적 · 사회적 차원에서 어떠한 방식으로 노력할 수 있는지에 대한 방안이 제시되어 있지 않다. 예를 들면, 학생의 위치에서 개인적으로 실천할 수 있는 성역할 고정관념 벗어나기에는 무엇이 있는지, 내가 속한 학급과 학교에서 양성평등을 위해 만들 수 있는 학급규칙(사회적 제도를 위한 연습차원)에는 무엇이 있는지 등 학생으로서 할 수 있는 노력 또는 방향에 대한 안내를 추가로 넣을 필요가 있어 보인다. 어떻게 하면 성역할에 대한 고정관념에서 벗어나 평등한 시각에서 바라볼 수 있는지, 성차별적인 행동이나 발언을 하지 않아야 하는 이유는 무엇이며, 성 평등한 행동과 발언에는 구체적으로 무엇이 있는지, 성 평등을 위한 사회적 · 법적 제도 측면에서 학생들이 노력할 수 있는 부분에는 무엇이 있는지와 같은 구체적인 방향제시가 추가된다면 더욱 효과적일 것이라 판단된다.

표 7-9 양성평등 실현을 위한 실천 태도나 자세의 방향 제안

교과서	양성평등 실현을 위한 실천 태도나 자세
교학사 (p. 193)	• 성역할 고정관념에서 벗어나기 • 일상생활 속에서 양성평등 실천하기 • 법과 제도 보완하기
금성출판사 (p. 175)	• 성별에 따른 차이에 대한 상호 이해와 배려의 마음이 필요함
동아출판 (p. 186)	• 성역할 고정관념 극복 • 성차별 문화 개선 • 잘못된 사회 구조 및 제도 개선
리베르스쿨 (p. 192)	• 성역할에 대한 고정관념 바꾸기 • 부부가 각자의 능력을 발휘할 수 있도록 배려하기 • 제도적 법률적 지원 필요

미래엔 (pp. 195-196)	• 성역할 고정관념 버리기 • 문화 개선 노력하기 • 법적.제도적 노력
비상교육 (pp. 183-184)	• 성역할에 대한 고정관념 탈피 • 학교에서의 양성평등교육을 통하여 학생들이 서로 다름을 인정하며 상호 존중할 수 있도록 하는 자세를 가르쳐야 함 • 양성평등의식을 갖도록 지도 • 법률과 제도의 보완 • 문화적 측면의 노력
지학사 (p. 164)	• 개인적 차원에서는 성역할에 대한 편협한 고정관념 탈피 • 사회적 차원에서는 사회 구조 및 제도 개선, 법률적 제도 장치 마련 • 양성평등 의식을 사회.문화적으로 개선
천재교과서 (pp. 183-184)	• 개인적 차원에서는 성역할에 대한 고정관념을 버리고, 남성과 여성이 평등하다는 의식을 지녀야 하고, 성차별적 발언을 하지 않아야 함 • 사회적 차원에서는 법과 제도의 개선, 학교에서의 양성평등교육, 성차별적 표현을 하지 않는 대중매체의 노력이 필요
해냄에듀 (p. 178)	• 가정에서의 평등한 관계 필요 • 대중매체의 성차별적 요소 개선, 양성평등 문화의 확산 • 양성평등을 실현하기 위한 법과 제도의 마련

3) 양성평등에 대한 학습 방법 및 활동, 표현과 사진 및 삽화

양성평등에 대한 학습 방법 및 표현 · 사진 · 삽화에 대해서는 다음의 3가지 차원에서 분석을 시도하였다. ① 양성평등 단원을 배우는 학습자에게 그들의 삶 속에서 양성평등 의식을 높이고 양성평등을 실천하도록 하는 데 도움이 되는 학습 활동과 방법을 사용하고 있는가? ② 양성평등을 표현하는 주요 단어는 무엇인가? ③ 양성평등에 활용한 사진 및 삽화의 구성은 어떠한가?

우선 양성평등 실천을 위한 학생 활동은 〈표 7-9〉에서 확인할 수 있듯이 다음과 같이 요약될 수 있다. 첫째, 개인적 차원에서 성역할에 대한 고정관념 탈피를 돕기 위해 성이 뚜렷하게 구분되어 있지 않은 사진이나 그림, 양성 중 누가 한 말인지 표시되어 있지 않은 문장 등을 제시하고 있다. 또한 성차별 상황일 때와 성평등 상황일 때 우리의 모습을 상상해 보도록 활동을 구성하고 있다. 둘째, 사회적 차원에서는 양성평등 표지판이나 포스터 만들어 보기, 구인광고 제작하기, 정책 과제 제안서 만들기 활동들을 제시하고 있다. 셋째, 문화적 차원에서는 대중매체나 미디어의 성차별적 요소들을 찾아보고, 이를 양성평등한 관점에서 바꾸어 보는 활동들로 구성하고 있다. 하지만 전반적으로 볼 때 양성평등 실천을 위한 학생 활동에서 다소 학교 상황과는 관련이 없는 사례가 많았고, 학생들이 직·간접적으로 학교문화에서 접할 수 있는 사례는 적은 특징이 있었다. 동아출판에서만 '교실에서의 양성평등을 위해 우리가 조심해야 할 말을 바꾸어 보기' 활동을 다른 교과서 보다 자세하게 안내하고 있을 뿐, 대부분의 교과서는 단순히 개인적 차원과 사회적 차원에서 양성평등을 위해 노력할 수 있는 부분을 만들어 보는 활동에 그치고 있다. 따라서 추상적이거나 학생들의 삶과 동떨어진 사례나 활동이 아닌 학교현장에 적합하고 학생들이 생활 속에서 마주할 수 있는 양성평등 활동들을 더욱 다양하게 발굴할 필요성이 제기된다.

다음으로, 양성평등의 의미와 더불어 양성평등을 표현하는 주요 단어는 인간 존엄성, 인간의 기본적 권리, 보편적 가치, 상호 보완적 관점 등과 같은 단어로 표현되고 있었다. 이는 양성평등이 단순히 남성과 여성의 평등한 관계와 대우를 받는 차원을 넘어서서 한 인간으로서 존엄하게 대우받아야 하는 보편적이면서도 기본적인 가치 중 하나임을 보여주는 것이다. 이러한 양성평등 관련 표현은 단원의 성취기준에 부합한 것으로 판단되며, 인간의 존엄성과 인권의 한 부분으로서 양성평등이 중요한 가치임을 의미한다고 볼 수 있다.

표 7-10 양성평등을 표현하는 주요 단어

교과서	양성평등을 표현하는 주요 단어
교학사 (p. 193)	• 평등한 사회적 조건, 한 인간으로서 존중받음
금성출판사 (p. 174)	• 상호보완 관계, 이해와 배려의 마음
동아출판 (p. 184)	• 보편적 인권, 동등한 권리와 의무 지닌 존재, 인격적 대우
리베르스쿨 (p. 191)	• 동등한 인격체로 존중, 인간 존엄성이 실현된 사회

미래엔 (p. 194)	• 인간 존엄성, 인간의 기본적 권리, 보편적 가치
비상교육 (p. 182)	• 보편적 가치, 인권존중, 인간 존엄성 실현
지학사 (p. 163)	• 인간의 존엄성, 인권, 상호 보완적 관점
천재교과서 (p. 182)	• 불평등한 사회조건 개선
해냄에듀 (p. 176)	• 보편적 가치, 기본적 권리

양성평등에 활용한 사진 및 삽화의 구성을 살펴보면, 대부분 ① 가정에서의 가사나 육아에 관련된 공동 분담하는 모습, ② 고정된 성역할에서 벗어나 양성 모두가 할 수 있는 다양한 직업군을 표현한 모습, ③ 양성평등을 보여주는 사회제도나 정책에 대한 지표, ④ 양성평등 의식이 반영되어 있는 사진들로 구성되어 있다. 또한 양성평등에 활용한 사진 및 삽화의 구성에 있어 여성과 남성의 비율을 비슷한 수준에서 소개하고 있음을 알 수 있다. 이러한 제시 방식은 학생들로 하여금 현재와 앞으로의 가정생활에서의 성역할에 대한 인식에 도움을 줄 수 있을 것이며, 진로와 직업 선택에 있어서도 고정된 시각을 탈피하여 자신이 정말 원하고 좋아할 수 있는 일에 대해 고민할 수 있는 기회가 제공될 수 있다. 그럼에도 불구하고 학교와 교실 문화에서 보여지는 양성평등 사진이나 삽화가 부족하다. 예를 들어, '양성 모두에게 상처주지 않는 말을 사용하는 우리 학급 모습'이라던가, '학급에서의 양성평등을 위해 학생들이 실천하고 있는 모습' 등에 관련된 사진이나 삽화가 안내된다면, 학생들에게 학급에서 양성평등을 위해 할 수 있는 나의 모습을 상상해 보는 데 도움을 줄 수 있을 것이라 생각된다.

참고문헌

강봉수(2006), “도덕과 교재유형에 따른 교수-학습 지도법”, 『윤리교육연구』 제9권 2호, 한국윤리교육학회, 1-31.

김혜진(2018), “중학교 도덕 교과서의 양성평등교육 내용분석과 개선방안 연구”, 『도덕윤리과교육』 제60호, 한국도덕윤리과교육학회, 181-214.

설규주 · 은지용(2016), “인권친화적 교과서 기술 방안 모색을 위한 〈사회〉교과서 분석연구”, 『시민교육연구』 제48권 4호, 한국사회과교육학회, 49-86.

강성률 외(2018), 『중학교 도덕 1』, 서울: ㈜리베르스쿨.

노영준 외(2018), 『중학교 도덕 1』, 서울: 동아출판.

박병기 외(2018), 『중학교 도덕 1』, 서울: 비상교육.

변순용 외(2018), 『중학교 도덕 1』, 서울: 천재교과서.

이호중 외(2018), 『중학교 도덕 1』, 파주: 해냄에듀.

정창우 외(2018), 『중학교 도덕 1』, 서울: 미래엔.

차우규 외(2018), 『중학교 도덕 1』, 서울: ㈜금성출판사.

추병완 외(2018), 『중학교 도덕 1』, 서울: 지학사.

황인표 외(2018), 『중학교 도덕 1』, 서울: ㈜교학사.

제4절 도덕과 교수·학습 자료의 설계 및 활용

1. 도덕과 교수 · 학습 자료의 정의

전통적으로 교수 · 학습 자료(learning-instructional material)는 학습 내용을 구체화하거나 학습자가 학습 내용을 명확히 이해할 수 있도록 도와주는 보조 자료로서 교재나 시청각 매체, 즉 교과서나 학습지, 시청각 장비와 시설 그리고 시청각 자료를 주로 의미하였다. 하지만 최근에는 교수 · 학습 과정에서 수업의 목표를 달성하기 위해 활용되는 모든 자원을 포함한 학습 환경, 예컨대 시청각 매체뿐만 아니라 교사의 활동을 포함한 인적 자원, 학교 내 · 외의 학습 시설 등을 모두 포함하는 보다 폭넓고 종합적인 개념으로 사용되고 있다(박숙희 외, 2002: 186).

그렇다면 도덕과 교육에서의 교수 · 학습 자료(learning-instructional material in moral education)는 어떤 의미를 가지는가? 이 질문에 대한 대답은 도덕과 교육의 성격 및 목표에서 찾을 수 있다. 우리나라 도덕과 교육을 규정하는 공식문서인 도덕과 교육과정을 살펴보면, 도덕과 교육은 우리나라 학생들을 도덕적인 인간 및 정의로운 시민으로 기르는 데 그 목표가 있다. 그리고 도덕적인 인간 및 정의로운 시민은 핵심 가치(성실, 배려, 정의, 책임)를 확고히 내면화하여 삶을 도덕적으로 정향한 사람, 도덕적 역량(자기존중 및 관리 능력, 도덕적 사고 능력, 도덕적 대인관계 능력, 도덕적 정서 능력, 도덕적 공동체 의식, 윤리적 성찰 및 실천 성향)을 획득하여 시의적절하게 발휘할 수 있는 사람을 의미한다.

따라서 도덕과 교수 · 학습 자료란 도덕적인 인간 및 정의로운 시민으로서의 역할을 다하기 위해 필요한 핵심 가치를 내면화시키고 도덕적 역량들을 획득시키는 데 도움을 주는 '학습 환경'(learning environment)을 의미한다. 그리고 이러한 학습 환경은 도덕과 교육의 성격 및 목표에 부합하게 체제적(systemic)[1]으로 설계

1) 체제적(systemic)이라는 용어는 종종 체계적(systematic)이라는 용어와 혼용되어 사용되기도 하지만 개념상 다소 차이가 있다. 체제적이란 용어는 '전체로서의 구조', '지역성(local)과 구별되는', '특별한 체제와 결합되어 이에 영향을 미치는' 등과 같이 '전체'와 '결합'의 의미를 포함한다. 반면 체계적이라는 용어는 '순차적인 계획', '절차', '분류' 등의 의미가 더 강하다(나일주, 2010: 29-30).

(design)[2]되어야 한다.

교수 · 학습 자료를 교수체제(instructional system)[3] 설계의 관점에서 바라보는 이유는 교수 · 학습 자료라는 것이 결국 특정 수업에 통합되어 그 수업에서 겨냥하고 있는 목표를 잘 달성할 수 있도록 지원하는 수단적인 성격을 갖기 때문이다. 따라서 교수 · 학습 자료의 의미와 가치를 보다 올바르게 이해하기 위해서는 먼저 수업의 구조와 그 구조를 구성하고 있는 변인들에는 무엇이 있는지 상세하게 살펴볼 필요가 있다. 교육공학 연구영역의 대표적 학자인 롸이거루스와 메릴(M. Reigeluth & D. Merrill)은 교수체제를 구성하는 변인을 교수조건(condition), 교수방법(method), 교수결과(outcome)로 분류하여 설명한다.

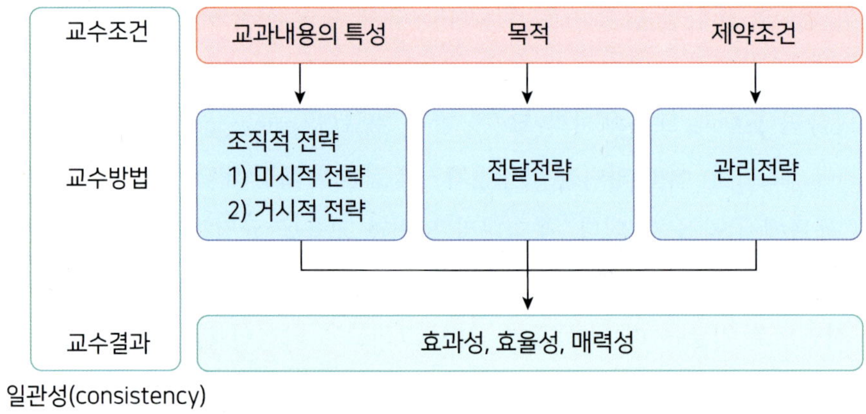

그림 7-1 교수체계를 구성하는 변인들

위의 〈그림 7-1〉을 참고하면서 각 변인들의 의미를 간략하게 설명하면, 교수조건이란 교수방법과 상호작용하지만 교수 설계자나 교사에 의해 통제될 수 없는 특

2) 일반적으로 설계(design)란 분석(Analysis), 설계(Design), 개발(Development), 실행(Implement), 평가(Evaluation)의 과정을 말하며, 보통 알파벳 앞 글자를 따서 ADDIE라고 부른다. ADDIE는 하나의 모형이라기보다는 대부분의 교수설계 모형에서 공통적으로 확인할 수 있는 요소들 혹은 절차라고 보는 편이 타당하다. 광의의 개념으로 설계란 ADDIE 절차 전부를 의미하지만, 협의의 개념으로 설계는 ADDIE 절차 중의 한 단계인 '설계'에 초점을 맞추고 있다(박성익 외, 2012: 95-96).

3) 교수 · 학습을 체제의 관점에서 바라보는 교수체제는 교과의 목표 달성이라는 전체적인 안목 속에서 제반 자원이 조화롭게 구조화된 것을 의미한다. 수업의 측면에서 볼 때, 교수체제는 정해진 수업의 절차와 단계의 진행보다는 상황맥락 속에서 학습자의 반응을 보고 적절히 대응하는 것, 그들과의 상호작용을 중요하게 생각한다.

성, 예컨대 교과의 성격이나 목표 혹은 제약 조건이나 학습자의 특성 등을 뜻한다. 교수방법은 서로 다른 조건 하에서 다른 결과를 성취하기 위한 다양한 경로를 의미한다. 교수방법은 다시 하나의 아이디어를 조직하는 미시적 조직전략, 복합적인 여러 아이디어를 선택 · 계열화 · 요약 · 종합하는 거시적 조직전략, 교수의 과정을 이끌어가는 전달전략, 그리고 조직전략과 전달전략을 기획 · 조직하고 조정 및 감독하는 관리전략의 측면들로 구분된다. 마지막으로 교수결과는 수업의 목표를 얼마나 달성했는가와 관련된 효과성(effectiveness), 그러한 효과를 산출하기 위해 얼마나 많은 노력과 비용이 들어갔는가와 관련된 효율성(efficiency), 학습자가 학습을 얼마나 더 지속하고 싶어하느냐와 관련된 매력성(engagement)으로 구분된다(나일주, 2010: 121-123).

따라서 교수체제의 관점에서 볼 때, 교수 · 학습 자료란 '교과의 성격과 목표, 학습자의 특징 등을 담고 있는 교수조건을 확인해가면서 수업을 보다 효과적 · 효율적 · 매력적으로 이끌어가기 위해 조직전략과 전달전략이 결합되어 물리적인 형태로 나타난 어떤 것'을 의미한다. 즉 교수 · 학습 자료는 수업을 구성하는 매우 중요한 한 축이라 말할 수 있다. 더 나아가 교수 · 학습 자료가 수업에서 제대로 기능하기 위해서는 위에서 제시한 각각의 변인들이 전체적인 안목에서 충분히 고려되면서 '일관성' 있게 설계되어야 한다.

교수 · 학습 자료를 학습자를 둘러싼 모든 제반 자원으로 바라보는 최근 교육공학 연구 영역의 포괄적인 정의 방식과 교수체제 설계의 측면, 그리고 도덕과 교육의 성격과 목표를 종합적으로 고려했을 때, 도덕과 교육에서 교수 · 학습 자료는 아래와 같이 정의될 수 있다.

> 도덕과 교수 · 학습 자료란 도덕적인 인간 및 정의로운 시민으로서의 역할을 다하기 위해 필요한 핵심 가치를 내면화시키고 도덕적 역량을 획득시키기 위하여, 도덕과의 성격과 목표, 내용과 방법 그리고 평가 등의 요소를 고려하면서 설계된 도덕 수업 내 · 외의 학습 환경(인적 자원, 공학적 자원, 시설 자원 등)을 의미한다.

학습 환경을 좀 더 구체화시켜보면, 도덕과 교수 · 학습 자료는 다음과 같은 자원들을 포함한다.

첫째, 학습을 촉진하고 교수 · 학습 활동을 안내하며 이끌어가는 교사와 지역사회 인사 및 외부 강사 등과 같은 인적 자원

둘째, 도덕적 문제에 대한 이해와 함께 그 해결방법을 다양한 방식으로 탐색 · 발견하고 연습 · 시연하며 성찰해볼 수 있도록 지원하는 (교과서를 포함한) 교육용 콘텐츠, 각종 시청각 매체와 조작 자료, 저작 도구 등과 같은 공학적 자원

셋째, 교실 수업 내 · 외에서 도덕적 행동을 직접 실천해보고 유지하게끔 도움을 줄 수 있는 학교 시설(예컨대 교실, 예절실, 청소년 단체 등)이나 지역사회 시설(예컨대 봉사활동 단체, 체험학습 시설 등)과 같은 시설 자원

2. 도덕과 교수 · 학습 자료의 분류 기준

교수 · 학습 자료의 선정 및 분류 기준을 제시하는 작업은 각각의 자료들이 수업에 기여하는 역할과 산출하는 효과가 각각 다르다는 점을 전제한다. 이는 정교하게 설정된 교수 · 학습 자료의 분류 기준은 어떤 수업에 어떤 형태의 자료가 활용되어야 하는지를 안내해주는 가이드라인이 될 수 있음을 말해준다. 예컨대 교사들은 도덕(교과) → 중학교 2학년(학년) → 삶의 목적(단원) 등과 같은 기준을 중심으로 수업에 활용할 교수 · 학습 자료를 탐색해나간다. 하지만 교과, 학년, 단원 등과 같은 기준들은 교사들이 가장 손쉽게 참고할 수 있는 기준임에도 불구하고 교육과정 혹은 교과서의 편성과 배치에 관한 정보만을 담고 있어, 교수 · 학습 자료가 겨냥하는 목표와 학습 유형, 주요 특징들에 대한 정보를 제공하지는 못한다. 기존의 연구들은 도덕과 교수 · 학습 자료의 분류 기준을 다음과 같이 제시하고 있다.

유병열(2011)은 도덕과의 교수 · 학습 자료를 교육과정의 내용 체계에 제시된 내용 요소(예: 정보윤리, 북한 이해, 과학과 윤리 등)에 따라 분류할 수도 있고, 도덕성의 구성 요소(인지적 · 정의적 · 행동적 요소)를 기준으로 분류할 수도 있으며, 자료가 지닌 형식상의 특성(이야기 자료, 읽기 자료, 시청각 자료, 시사 자료, 극화 자료, 시설 자료, 지역사회 자료 등)에 따라 구분할 수 있다고 보고 있다(유병열, 2011: 758-761).

은정희(2001)는 도덕과 교육의 본질과 특성에 기여하는 방향으로 ICT (Information & Communication Technology)를 적절히 활용해야 한다는 점을 강조하

면서, ICT를 활용한 교수 · 학습 자료의 유형을 도덕성의 제 측면, 즉 인지적 · 정의적 · 행동적 측면에 따라 지적이해형 및 가치판단형(인지적 측면), 도덕심정형(정의적 측면), 체험실천형(행동적 측면)으로 분류하여 제시하였다(은정희, 2011: 78-97).

서강식(2001)은 교사와 학습자 사이의 의사소통 방식을 도덕과 교수 · 학습 자료를 분류하는 중요한 기준으로 보고 있다. 좀 더 구체적으로 교사와 학습자 간의 상호작용이 교사에 의해 주도되느냐 아니면 학습자에 의해 주도되느냐에 따라 교수 · 학습 자료를 일방적 의사소통 자료, 교호적 의사소통 자료, 자율수업 자료로 분류할 수 있다고 본 것이다. 각각의 특징을 살펴보면 일방적 의사소통 자료는 적은 시간에 많은 양의 정보를 효과적으로 전달할 수 있고 교사가 의도하는 방식으로 학습자의 동기를 유발시킬 수 있지만, 학습자가 교사로 하여금 전달하는 메시지를 변화시키도록 하는 역동적 관계를 형성하기에는 어려운 측면이 있다. 교호적 의사소통 자료는 학습자의 요구에 따라 내용의 변화가 가능하고 게임이나 역할극, 토의/토론과 같은 교수 · 학습 활동을 통하여 교사와 학습자 간의 환류(feedback) 체계를 수립할 수 있으나, 교수 · 학습의 효율성 면에서 취약점을 가지고 있다. 자율수업 자료는 학습자 개개인의 보조나 흥미를 살릴 수 있도록 도와주는 매체이다(서강식, 2001: 136-138).

노영란 등(2006)은 도덕 수업에 적용되는 방식에 따라 '내용전달', '내용탐색', '내용생성' 교수 · 학습 자료로 분류하였다. 교수 · 학습 자료의 적용 방식이 내용전달에서 내용탐색, 내용생성으로 갈수록 교사와 학생 간의 상호작용이 점차 높아지며, 수업의 주도권이 교사에게서 점차 학습자에게로 옮겨가게 된다. 각각에 대하여 살펴보면 내용전달 교수 · 학습 자료는 주로 어떤 내용을 전달하려는 의도로 채택된다. 즉 문제 사태를 실제 상황처럼 파악하도록 하거나 특정 가치규범을 이해시키고, 감동적인 예화를 제공하여 도덕적 정서를 함양하거나 실천의지를 갖게 하는 데 활용된다. 내용탐색 교수 · 학습 자료는 탐구, 분석, 비판, 문제 해결력을 향상시키는 데 유리하다. 즉 실제 사례 속에서 모범적인 사례를 찾거나 혹은 도덕적 가치의 의미나 근거를 스스로 발견하고, 복잡한 현실 상황을 도덕적 기준에 비추어 판단해 볼 수 있는 기회를 제공하는 데 활용된다. 내용생성 교수 · 학습 자료는 도덕적 지식을 스스로 해석 및 구성하고 나타내는 활동에 적합하다. 즉 도덕 수업 시간에 배운 내용을 자신이 이해한 방식으로 표현하거나 시연하도록 하여, 스스로 실천 방안을 모색하고 실천 의지를 함양하도록 하는 데 활용될 수 있다(노영란 외, 2006: 134-135).

임상수(2006)는 '같은 이야기, 같은 소재, 같은 등장인물이라 할지라도 그것을 전달하는 기술 요소의 개입 수준이 높고 다매체적일수록 전달 효과가 커진다.'라는 전제하에, 기술(technology) 요소의 개입 수준에 따라 교수 · 학습 자료를 (읽기 자료 → 사전 녹음 드라마 → 포토툰 → 캐리커쳐툰 → 플래쉬 애니메이션의 순으로) 분류할 수 있다고 보았다. 즉 텍스트, 텍스트 + 오디오, 텍스트 + 오디오 + 비디오 순으로 다매체적일수록, 그리고 같은 시각 자료일지라도 사진, 스틸컷 만화, 플래쉬 동영상 순으로 기술적 개입 수준이 높은 교수 · 학습 자료일수록 그 전달 효과가 커진다는 것이다. 이러한 전제를 토대로 중학생과 대학생을 대상으로 예화제시 방법에 따른 효과를 비교한 결과, 기술 요소의 개입 수준이 높아질수록 집중도와 만족도가 높아지는 것을 확인하였다. 하지만 개발의 효율성 측면에서 볼 때 무조건 높은 수준의 기술을 활용하기보다는 가용한 자원과 교사의 역량을 고려하면서 적절한 기술 수준의 자료를 개발하려는 자세가 보다 중요하다는 점을 강조한다(임상수, 2006: 70-80).

차우규(2012)는 위에서 언급한 연구 결과들을 종합하면서 도덕과 교수 · 학습 자료의 분류 기준을 아래와 같이 여섯 가지 항목으로 나누어 설명한다. 먼저 '도덕성 요소'에 따른 분류는 인지적 · 정의적 · 행동적 요소에 따라 분류하는 것으로, 수업의 목표와 방법 그리고 평가와 매우 밀접한 관련을 가지고 있다. '감각 요소'에 따른 분류는 가장 일반적인 분류 방식으로 시각, 청각, 시청각 자료 등으로 분류하는 것을 의미한다. '자료 형식'에 따른 분류는 이야기 자료, 읽기 자료, 시청각 자료, 극화 자료, 시설 자료, 지역사회 자료 등과 같이 자료의 형식상의 특성에 따라 분류하는 것을 말한다. '표준화 자료와 특수화 자료'에 따른 분류는 교과서 발행 주체들에 의해서 일반적으로 개발된 자료와 현직 교사들의 필요에 의해 개발된 자료의 분류를 말하며, 특히 특수화 자료의 경우 양적인 측면에서는 표준화 자료보다 풍부하나 질적인 측면에서는 교사의 역량에 의존한다는 단점이 있다. '텍스트 자료와 비텍스트 자료'에 의한 분류는 교과서 중심의 텍스트 위주의 자료와 이를 제외한 나머지 자료의 분류를 의미한다. '실물 형태'에 따른 분류는 시설자료, 지역사회자료, 인사자료 등으로 나눌 수 있으며, 이러한 자료는 제한된 교실에서의 평면적인 교사 중심 수업에서 벗어나 다양한 학교 시설, 지역사회 기구나 프로그램, 지역사회 인사 등을 통한 교육을 가능케 한다(차우규, 2012: 454-457).

지금까지 살펴본 것처럼, 여러 학자들은 도덕과 교수·학습 자료의 분류하는 기준을 다양한 방식으로 제시하고 있다. 하지만 기준을 명명하는 방식만 다소 상이할 뿐, 각각의 용어 속에 담긴 내용은 매우 유사하다는 것을 알 수 있다. 이에 학자들이 공통적으로 강조하고 있는 기준들을 범주화하여 도덕과 교수·학습 자료를 분류하기 위한 기준을 새롭게 설정해보면 아래의 〈표 7-11〉과 같다.

표 7-11 도덕과 교수·학습 자료 분류 기준 범주화

유병렬 (2011)	은정희 (2001)	서강식 (2001)	노영란 (2006)	임상수 (2006)	차우규 (2012)
내용 요소 (가치·덕목)					
도덕성 요소 (인지, 정의, 행동)	도덕성 요소 (인지, 정의, 행동)				도덕성 요소 (인지, 정의, 행동)
자료의 형식					자료의 형식
		의사소통 방식 (활동 방식)	자료적용 방식 (활동 방식)		
				감각 요소 (매체 요소)	감각 요소 (매체 요소)
				기술 요소	
					표준화 자료 특수화 자료
					텍스트 자료와 비텍스트 자료
					실물 형태

※범주화된 새로운 분류 기준 :

□ : 도덕성 요소, □ : 방법 요소, □ : 기술 요소

새롭게 설정된 분류 기준으로는 첫째, '도덕성 요소'가 있다. 이 요소는 교수·학습 자료가 도덕성의 어떤 측면을 길러주기 위해 설계되었는지를 구분하는 기준이다. 기존의 연구들은 도덕성을 인지·정의·행동적 측면으로 구분하여 설명하는

방식을 주로 채택하였다. 하지만 많은 학자들은 이러한 방식이 도덕성의 주요 특징들을 설명하기 위해 개념적으로 구분한 것일 뿐이며, 실제로 행위 주체가 도덕적인 삶을 살아가기 위해서는 각각의 측면들이 중첩적이고 복합적인 메커니즘 속에서 상호작용 해야 한다고 본다.

따라서 이에 대한 대안으로 2015 개정 도덕과 교육과정에서 도덕적인 인간 및 정의로운 시민으로 기능하기 위해 필요한 것으로 제시된 도덕과 교과 역량, 즉 '도덕적 역량'을 분류 기준으로 활용하는 방안을 생각해볼 수 있다. 도덕적 역량은 도덕적 개념과 원리, 기술에 대한 명시적 지식과 함께, 도덕적 동기와 효능감, 일반화된 도덕적 행동 경향이 상호작용하면서 상황맥락적 요구에 적절히 대응하기 위해 작동하는 것으로 정의된다. 따라서 도덕적 역량은 도덕성의 인지적, 정의적, 행동적 측면을 모두 고려하면서, 도덕적 삶을 살아가기 위해 필요한 단위 요소를 보여주는 개념이라고 말할 수 있다. 이러한 측면에서 볼 때, 교수 · 학습 자료가 겨냥하는 목표 혹은 산출하는 효과를 나타내는 분류 기준인 '도덕성 요소'는 '도덕적 역량'을 중심으로, 즉 자기 존중 및 관리 능력, 도덕적 사고 능력, 도덕적 정서 능력, 도덕적 대인관계 능력, 도덕적 공동체 의식, 윤리적 성찰 및 실천 성향을 하위 기준으로 설정할 수 있다.

둘째, '방법 요소'이다. 이 요소는 '의사소통 방식'과 '자료적용 방식'을 범주화하여 새롭게 설정된 요소로서, 교사와 학습자 간의 의사소통 방식 혹은 수업 내용과 학습자 간의 상호작용 방식을 구분하는 기준이다. 일반적으로 교사와 학습자 사이의 의사소통 방식은 자료의 적용 방식(예컨대 교사 중심의 내용전달 자료 등)을 결정한다. 따라서 이 둘은 수업의 방법적 측면에서 동일한 범주로 묶이면서, 도덕 수업에 활용할 교수 · 학습 자료가 '내용전달 중심의 수업 방법'을 지원하는지, '내용탐색 중심의 수업 방법'을 지원하는지, '내용생성 중심의 수업 방법'을 지원하는지를 구분하는 기준이 된다.

셋째, '기술 요소'이다. 이 요소는 가장 전통적인 분류 방식인 '감각 요소'(매체 요소)와 '기술 요소'를 범주화하여 새롭게 설정된 요소이다. 사실 이 두 요소는 완벽히 동일한 성격을 갖지는 않는다. 하지만 감각 요소(예: 시각)는 그것을 구현할 수 있는 기술(이미지 파일 등)을 동반하며, 감각 요소 수준이 올라갈수록(시각 → 시각 + 청각 등), 기술 수준 역시 함께 올라가기 때문에(이미지 파일 → 동영상, 플래쉬 애니메이션 등), 이 둘은 기술적 측면의 범주에 포함시켜 고려될 수 있다. 도덕 수업에 활용되는 다양한 교수 · 학습 자료는 기술 요소를 기준으로 텍스트 자료(교과서, 학습지 등), 그림 및 사진 자료, 동영상 자료, 조작 자료(역할놀이 소품, 보드 게임형 자료), 저작 도구(스마트 디바이스, 모바일 어플리케이션 등) 등으로 분류할 수 있다.

3. 도덕과 교수 · 학습 자료 설계의 기본 원리와 절차

도덕 수업에 활용되는 가장 기본적인 교수 · 학습 자료는 텍스트와 삽화로 이루어진 교과서이다. 교과서에는 도덕 수업을 통해 가르치고자 하는 내용이 다양한 장르의 텍스트로 주어지며, 수업의 몰입도를 높이고 내용의 이해를 도우며 정서적인 감흥을 불러일으킬 수 있는 삽화(사진, 그림, 만화 등)가 삽입된다. 교과서는 도덕과 교육은 물론 모든 교과에서 활용되는 대표적인 교수 · 학습 자료이다.

하지만 도덕 교과서는 종이 인쇄 매체라는 특성상 학습자들에게 제시할 수 있는 내용의 양과 형태가 한정되며, 텍스트나 사진 자료에 의존할 수밖에 없는 단점을 가지고 있어 그 효과가 제한적이다. 그래서 많은 교사들은 도덕 수업 시간에 다루어야 할 목표와 내용, 교수 · 학습 활동, 학습자의 특성, 단위 시간, 교실 환경 등을 고려하여 효과적으로 수업을 진행할 수 있는 추가적인 교수 · 학습 자료를 선정하여 활용하고자 한다.

그런데 만약 도덕 수업에 활용할 마땅한 교수 · 학습 자료를 찾지 못하였다면, 교사는 스스로 교수 · 학습 자료를 설계하고 개발해야 한다. 이는 교수 · 학습 자료가 "수업의 목표를 달성하기 위해 다루어야 할 내용을 어떻게 재구성하여 어떤 방식으로 학습자들과 상호작용 시킬 것인가"의 문제와 밀접한 관련이 있음을 보여준다. 또한 교수 · 학습 자료의 설계가 도덕 수업에서 교사 능력이나 창의력이 발휘될 수 있는 대단히 중요한 변인이라는 것을 의미하는 동시에, 이를 설계하고 활용하는 교사의 역량에 따라 도덕 수업의 질에 현격한 차이가 생겨날 수 있음을 의미하기도 한다.

교사들은 자신의 경험에 의해 확인된 여러 가지 수업 기법들, 예컨대 학습자들의 흥미와 활동의 재미를 손쉽게 유발할 수 있는 다양한 아이디어들을 가지고 있다. 하지만 이러한 아이디어들이 달성하고자 하는 목표와 큰 관련성 없이 수업의 중요한 부분을 차지할 경우, 그 수업의 효과는 크게 훼손될 수도 있다. 따라서 교사들은 자신의 수업 경험이나 노하우를 도덕 수업에 적용하고자 시도할 경우, 과연 그 아이디어들이 교과의 성격 및 목표, 수업의 전개과정, 수업의 결과와 일관성을 갖는지 세심하게 따져보아야 한다. 즉 교사들이 가지고 있는 교수 · 학습 활동에 대한 아이디어를 도덕과 교육의 목표에 기여하는 방향으로 유도할 수 있는 일종의 설계 원리가 필요하다.

앞서 살펴본 것처럼, 교수 · 학습 자료를 분류하는 기준은 분류된 자료들이 수업에 기여하는 역할과 산출하는 효과가 다르다는 점을 전제하고 있다. 따라서 교수 · 학습 자료를 분류하기 위해 정교하게 설정된 기준들은 다양한 자료들을 도덕 수업에 어떠한 방식으로 활용해야 하는지를 알려주는 활용 원리라고 볼 수 있다. 더 나아가 교수체제 설계의 측면에서 볼 때, 교수 · 학습 자료의 설계는 수업에서의 활용을 전제하기 때문에, 활용의 원리는 곧 자료를 어떻게 설계할 것인가를 보여주는 설계의 원리이기도 하다. 이러한 생각을 토대로 앞서 논의한 내용들을 종합하면서 도덕과 교수 · 학습 자료의 설계 및 활용을 위한 일반 원리를 도출해보면 다음과 같다.

첫째, 도덕성 발달을 위해 필요한 요소(핵심 가치, 도덕적 역량 등)들을 도덕 수업과의 관계 속에서 명확히 설정하고, 학습자의 수준을 고려하면서 그것들을 자극할 수 있게끔 설계(혹은 활용)되어야 한다. (도덕성 요소)

둘째, 수업 내용과 학습자 간의 상호작용 방식, 즉 교실 내 · 외, 수업 전 · 후의 교수 · 학습 및 평가 활동 방식(도덕과 교수 · 학습 모형과 수업전략, 수행평가 등)을 반영하여 그 기능이 설계되어야 하되, 학습자의 학습동기와 학습양식을 고려해야 한다. (방법 요소)

셋째, 내용과 방법을 지원하는 테크놀로지와 매체는 가능하다면 그 개입 수준을 높이고 다매체적으로 설계될 필요가 있으나, 자료의 설계 및 개발의 효율성을 고려해야 한다. (기술 요소)

위의 세 가지 설계 원리에서 볼 수 있는 것처럼, 전문가로서의 교사가 교수 · 학습 자료를 설계 및 활용하는 일은 학습자들의 도덕성 발달 수준과 학습동기 및 학습양식을 확인하는 작업, 도덕과 교육과정에 대한 정확한 이해를 토대로 수업의 목표를 설정하는 작업, 수업 내용과 학습자 간의 상호작용 방식을 결정하는 작업, 최적의 교수학습 방법과 수업전략을 찾고 이를 재구성하는 작업, 테크로놀지와 매체의 개입 수준을 결정하여 물리적인 형태로 구현하는 작업 등을 포함한다. 따라서 도덕과 교수 · 학습 자료의 설계는 도덕 수업을 설계하는 일반적인 과정 안에서 함께 진행되어야 하며, 단지 그 범위를 교수체제의 일부인 테크놀로지와 매체에 집중시킨다는 점이 다르다고 할 수 있다. 이러한 측면에서 다음과 같은 네 번째 원리가 도출될 수 있다.

넷째, 도덕과 교수 · 학습 자료는 위의 세 가지 일반적인 설계 원리(도덕성 요소, 방법 요소, 기술 요소)가 일관성(consistency) 있게 반영될 수 있도록 일련의 수업 설계 절차를 거쳐 설계되어야 한다.

위에서 제시한 원리들은 도덕 수업에 최적화된 교수 · 학습 자료를 설계할 때 반드시 고려해야 할 최소한의 조건들이다. 따라서 각각의 조건들은 도덕과 교수 · 학습 자료가 갖추어야 할 핵심적인 구성요소가 된다. 그리고 이러한 구성요소들이 모

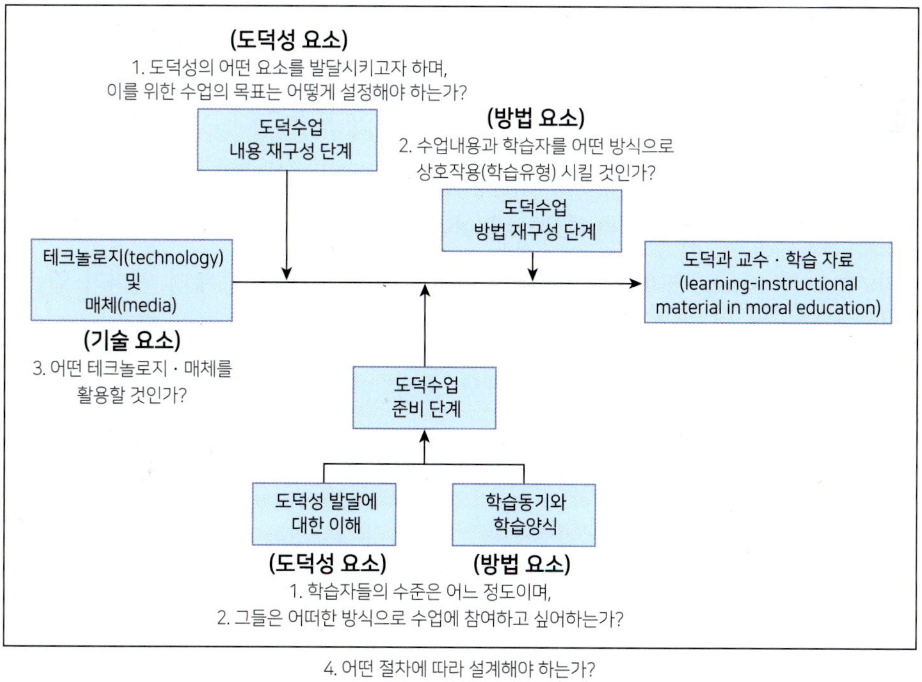

그림 7-2 도덕과 교수 · 학습 자료의 구조

여 〈그림 7-2〉와 같은 하나의 구조를 이룬다. 이렇게 구축된 기본 구조는 교사가 교수 · 학습 자료를 설계할 때 따라야 할 절차 및 단계들을 보여주면서, 설계의 과정에서 발생할 수 있는 시행착오를 줄여주고, 자료의 효과가 미비할 경우 문제점을 추적하여 수정 및 보완하는 데 도움을 준다.

지금까지의 논의를 종합하여 수업 설계의 과정 중, 도덕과 교수 · 학습 자료 설계의 측면만을 강조하여 그 절차를 제시하면 아래의 〈그림 7-3〉과 같다.

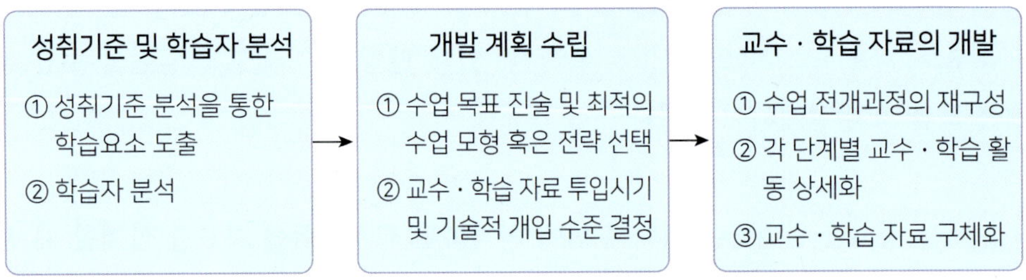

그림 7-3 도덕과 교수 · 학습 자료의 설계 절차

도덕과 교수 · 학습 자료의 설계 절차는 '성취기준 및 학습자 분석', '개발 계획 수립', '교수 · 학습 자료의 개발'의 세 단계로 구성되어 있다. 대부분의 교수설계 모형들이 그러하듯이 위의 설계 절차 역시 전체적인 모습은 기본적으로 선형 구조(linear structure, ADDIE)를 띠고 있다. 그 이유는 수업을 설계할 때 수행해야 할 과업을 명시적으로 제시하고 순서화하여 연결시키는 데 도움을 주기 때문이다(김동식 외 역, 2009: 3-13). 또한 각각의 단계는 앞서 제시한 수업 설계의 원리가 일관성 있게 반영되도록 구조화되어 있다. 하지만 실제로 교수 · 학습 자료를 설계할 때는 각 단계가 동시에 고려되거나 교차하면서 진행된다. 이하에서는 위에서 제시한 각각의 단계가 실제로 어떠한 방식을 운용되는지에 대하여 구체적인 사례를 들어가면서 설명하고자 한다.

4. 도덕과 교수 · 학습 자료 설계의 실제

1) 성취기준 및 학습자 분석

도덕 수업에 활용할 교수 · 학습 자료를 설계하기 위해서는 가장 먼저 도덕 수업의 실질적인 기준이 되는 성취기준과 수업의 대상인 학습자의 특징을 분석해야 한다. 즉 이 단계에서는 ① 도덕과 성취기준을 분석하여 교수 · 학습자료 설계의 목표이자 단위 수업 시간에 다루어야 할 최소 단위인 '학습요소'를 추출하고, ② 학습자의 수준과 학습 동기, 학습 양식 등을 확인하는 작업을 진행한다.

아래의 〈그림 7-4〉와 같이, 도덕과 성취기준은 도덕 수업 후 알아야 할 '내용 요

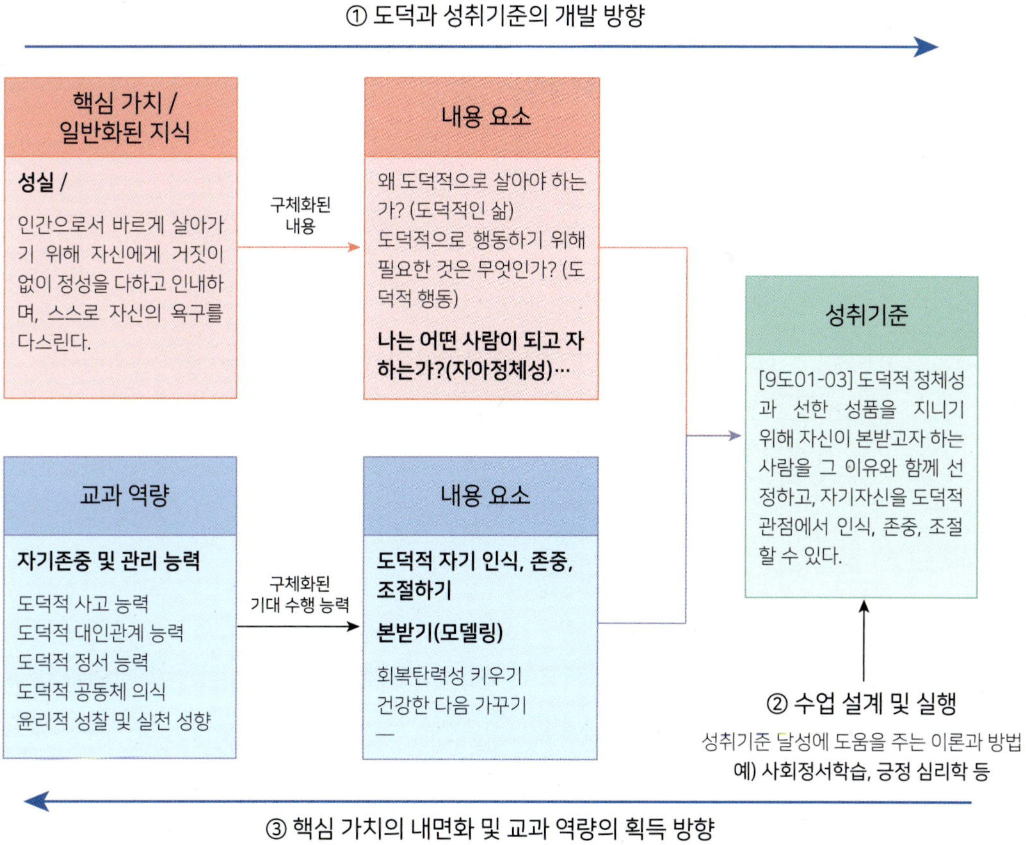

그림 7-4 도덕과 성취기준의 개발 방향과 핵심 가치의 내면화 및 교과 역량의 획득 방향

소'와 할 수 있어야 할 기대 수행 능력인 '기능'이 결합된 것이다. 주지하다시피 도덕과 교육에서는 도덕적인 인간 및 정의로운 시민으로 살아가기 위해 필요한 것으로서 4개의 핵심 가치와 6개의 교과 역량을 제시하고 있다. 그리고 이 4개의 핵심 가치에서 '성실'은 '도덕적인 삶', '도덕적 행동', '자아정체성' 등의 내용 요소로 구체화된다. 또한 6개의 교과 역량 중 '자기존중 및 관리 능력'은 '도덕적 자기 인식 · 존중 · 조절하기', '본받기', '회복탄력성 키우기' 등과 같은 하위 기능으로 구체화된다. 그리고 '자아 정체성'이라는 내용 요소와 '도덕적 자기 인식 · 존중 · 조절하기', '본받기' 기능이 결합되어 '[9도01-03] 도덕적 정체성과 선한 성품을 지니기 위해 자신이 본받고자 하는 사람을 그 이유와 함께 선정하고, 자기 자신을 도덕적 관점에서 인식 · 존중 · 조절할 수 있다.'라는 성취기준이 된다(이인태 · 박균열, 2019: 60).

따라서 만약 교사가 성취기준 [4도02-02] '친구의 소중함을 알고 친구와 사이좋게 지내며, 서로의 입장을 이해하고 인정한다'를 이수하는 데 도움을 줄 수 있는 교수 · 학습 자료를 개발하고자 한다면, 이 성취기준이 어떤 '내용 요소'와 '기능'이 결합되어 만들어졌는지를 분석해야 한다.

[4도02-02] 친구의 소중함을 Ⓐ 알고, 친구와 Ⓑ 사이좋게 지내며, 서로의 Ⓒ 입장을 이해하고 인정한다.

① **①친구의 소중함**은 무엇이며 **②친구 사이에 지켜야 할 예절**에는 무엇이 있을까?

② **③친구 사이에서 발생할 수 있는 갈등**은 무엇이며, 이를 적절하게 **해결하는 방법**은 무엇일까?

※ ________: 내용 요소, ...: 기대 수행 능력

위의 [4도02-02]의 구조를 살펴보면, 이 성취기준에서는 ① '친구의 의미와 중요성', ② '친구 사이에 지켜야 할 예절', ③ '친구 사이에서 발생할 수 있는 갈등의 유형과 해결방법'을 주요 내용으로 다루고 있다. 그리고 이 성취기준을 이수한 학생들이 할 수 있기를 기대하는 수행 능력으로 '알기', '사이좋게 지내기', '입장을 이해하기'가 포함되어 있다.

또한 각각의 기대 수행 능력은 아래의 〈표 7-12〉에서 확인할 수 있는 것처럼 도덕과 교육과정 내용 체계에 제시되어 있는 기능 중 ① '도덕적 가치 · 덕목 이해하기'(알기), ② '경청 · 도덕적 대화하기'(사이좋게 지내기), ③ '타인 입장 이해 · 인정하기'(입장을 이해하기)와 밀접한 관련이 있다.

표 7-12 도덕과 교육과정 내용 체계에 나타난 [4도02-02]의 내용 요소와 기능

타인과의 관계	배려	가족 및 주변 사람들과 더불어 살아가기 위해 서로 존중하고 예절을 지키며 봉사와 협동을 실천한다.	• 가족의 행복을 위해 무엇을 해야 할까? (효, 우애) • 친구와 사이좋게 지내기 위해 어떻게 해야 할까? (우정) • 예절이 없다면 어떻게 될까? (예절) • 함께하면 무엇이 좋을까? (협동)	• 사이버 공간에서 지켜야 할 것은 무엇일까? (사이버 예절, 준법) • 서로 생각이 다를 때 어떻게 해야 할까? (공감, 존중) • 우리는 남을 왜 도와야 할까? (봉사)	• 도덕적 대인관계능력 – 경청 · 도덕적 대화하기 – 타인 입장 이해 · 인정하기 – 약속 지키기 – 감사하기 • 도덕적 정서 능력 – 도덕적 민감성 갖기 – 공감 능력 기르기 – 다양성 수용하기
사회 · 공동체와의 관계	정의	공정한 사회를 만들기 위해 법을 지키고 인권을 존중하며, 바람직한 통일관과 인류애를 지닌다.	• 나는 공공장소에서 어떻게 해야 할까? (공익, 준법) • 나와 다르다고 차별해도 될까? (공정성, 존중) • 통일은 왜 필요할까? (통일의지, 애국심)	• 우리는 서로의 권리를 왜 존중해야 할까? (인권존중) • 공정한 사회를 위해 무엇을 해야 할까? (공정성) • 통일로 가는 바람직한 길은 무엇일까? (통일의지) • 전 세계 사람들과 어떻게 살아갈까? (존중, 인류애)	• 공동체의식 – 관점 채택하기 – 공익에 기여하기 – 봉사하기 • 도덕적 판단 능력 – 도덕적 가치 · 덕목 이해하기 • 올바른 의사결정하기 • 행위 결과 도덕적으로 상상하기

출처: 교육부(2015, 6)

위와 같이 성취기준의 구조를 분석하였다면, 아래의 〈표 7-13〉과 같이 분석된 내용 요소와 기능을 '내용 × 기능 매트릭스'의 가로축과 세로축에 배치한 후, 각각을 결합하여 성취기준 [4도02-03]을 이수하기 위해 반드시 다루어야 할 유의미한 '학습요소'를 추출한다. 예컨대 '내용 요소' ③과 '기능' ⓒ가 결합하면 단위 수업 시간에 무엇을 가르칠 것인가와 관련된 학습요소로서 '(5)친구 사이의 갈등 해결을 위해 경청하고 도덕적으로 대화하기'가 추출된다(이인태, 박균열, 2019: 68). 이 학습요소가 바로 교수·학습자료 설계의 목표가 된다.

표 7-13 내용 × 기능 매트릭스를 활용한 [4도02-02]의 학습요소 추출

	기능 Ⓐ	기능 Ⓑ	기능 Ⓒ
내용요소 ③	학습요소(4) 친구 사이에서 발생할 수 있는 갈등의 유형 이해하기	**학습요소(5) 친구 사이의 갈등 해결을 위해 경청하고 도덕적으로 대화하기**	
내용요소 ②	학습요소(2) 친구 사이에 지켜야 할 예절의 유형 이해하기		학습요소(3) 친구가 처한 입장을 이해하고 인정하면서 예의바르게 행동하기
내용요소 ①	학습요소(1) 친구의 의미와 중요성 이해하기		

이와 같은 성취 기준 분석 방법은 다음과 같은 세 가지 장점을 갖는다. 첫째, 포괄적인 목표 형식으로 진술된 성취기준을 단위 수업시간에 다루어야 할 교수·학습 활동과 평가 활동으로 구체화할 수 있다(예: 친구의 의미와 중요성을 이해하기 위한 교수·학습 및 평가 활동 등). 둘째, 추출된 학습요소들을 일관성 있게 배열하여 성취기준 이수를 위한 전체적인 수업 전개 과정(예: ① 친구의 의미와 중요성 이해하기 → ② 친구 사이에 지켜야 할 예절의 유형 이해하기 → ③ 친구가 처한 입장을 이해하고 인정하면서 예의바르게 행동하기 → ④ 친구 사이에서 발생할 수 있는 갈등의 유형 이해하기 → ⑤ 친구 사이의 갈등 해결을 위해 경청하고 도덕적으로 대화하기)을 결정할 수 있다. 셋째, 성취기준에 포함되어 있는 내용요소와 기능을 빠짐없이 다룰 수 있다.

성취기준을 분석하여 교수·학습자료 설계의 목표가 설정되었다면, 이제 수업에 참여하는 학습자들의 특징을 분석해야 한다. 학습자 분석은 말 그대로 ① 성취기준과 관련된 학습자의 수준, ② 학습 동기와 학습 양식 등과 같은 학습자의 고유한 특징에 대한 분석, 다시 말해서 학습자들의 수준은 어느 정도이며 어떠한 방식으로 수업에 참여하고 싶어 하는지를 분석하여 교수 · 학습 자료의 설계에 반영하는 것을 의미한다.

수업 전 학생들의 도덕성 발달 수준을 확인하는 작업은 도덕 교과에서 지향하는 과정중심의 평가 혹은 통합적 평가(도덕성 발달 수준에 대한 진단, 수업이 진행되는 동안 변화되어 가는 과정 및 수업 후 변화된 결과를 일관성 있게 확인하는 것)를 가능하게 한다. 또한 학생들의 개인적 특징으로서 도덕 수업에 대한 흥미와 호기심, 목표의식, 자신감, 만족감 등이 어느 정도 되는지(학습 동기), 어떠한 지각적 형태(시각, 청각, 읽기와 쓰기, 운동감각)를 선호하며, 어떠한 방식(구체적인 내용을 정해진 순서에 따라, 추상적인 내용을 정해진 순서에 따라, 구체적인 내용을 자신이 원하는 순서에 따라, 추상적인 내용을 자신이 원하는 순서에 따라)으로 정보를 처리하고 싶어 하는지(학습 양식)를 확인하는 작업은 도덕 수업을 보다 매력적으로 만드는 데 기여한다.

하지만 처음부터 학습자 분석에 너무 많은 시간과 노력을 기울일 경우 교수 · 학습 자료 설계의 효율성이 떨어질 수 있다. 뿐만 아니라 30명 이상의 학생들이 함께 활동하는 학급 환경에서 학습자 개개인의 특징을 모두 분석하여 수업 설계에 반영하는 것은 매우 어려운 일이다. 따라서 학습자 분석은 수업 목표와 관련된 학습자들의 대략적인 수준(예: 평소 친구 사이의 갈등을 잘 다루지 못하며, 특히 상대방의 의견을 경청하지 않음 등)과 함께, 특정 학급의 일반적인 학습 태도(예: 1반은 혼자 학습하는 것보다는 모둠별로 함께 활동하는 것을 좋아하며 공유된 생각을 잘 발표함 등) 정도를 확인하는 것이 바람직하며, 수업 및 교수 · 학습 자료 설계 초기 단계에서는 효율적 설계를 위해 생략할 수도 있다(이인태, 이인재, 이철주, 2018: 40-41).

2) 개발 계획 수립

이 단계에서는 앞서 추출한 ① 학습요소를 수업 목표로 진술하고 이 목표를 달성하기 위한 최적의 교수 · 학습 모형 혹은 수업 전략을 탐색하는 작업을 진행한다. 그리고 선택한 교수 · 학습 모형 혹은 수업 전략을 활용하여 수업을 전개하는 과정 중 ② 교수 · 학습 자료가 투입되어야 할 결정적인 시기 및 교사의 수업 의도와 학습자를 위한 지원 방식을 고려하면서 적절한 기술적 개입 수준을 결정한다.

예컨대 만약 첫 번째 단계에서 단위 수업 시간에 다루어야 할 학습요소로 '친구

사이의 갈등 해결을 위해 경청하고 도덕적으로 대화하기'를 추출하였다면, 교사는 이 학습요소를 도덕 수업을 통해 적절히 다루기 위해 '친구의 의견을 경청하고 도덕적으로 대화하면서 일상생활에서 직면할 수 있는 친구 사이의 갈등을 올바르게 해결할 수 있다'의 형식으로 수업 목표를 진술할 수 있다.

수업 목표를 진술하였다면 이제 교사는 이 수업 목표를 달성하기 위한 최적의 교수·학습 모형을 선택해야 한다. 역할놀이 모형은 학생들이 실제로 있을 법한 상황에서 자신이 옳다고 생각하는 행동을 직접 해보고, 타인이 보이는 반응을 통해 자신이 행한 행동의 적절성을 평가하며, 다양한 역할을 번갈아가면서 채택해봄으로써 타인의 입장을 경험해보도록 하는 데 유리하다. 이러한 측면에서 교사는 위의 수업 목표를 달성하는 데 도움을 주는 최적화된 교수·학습 모형으로 역할놀이 모형을 결정할 수 있다.

또한 역할놀이 모형은 시연·토론 및 평가·재연이 가장 중요한 활동이다. 학생들은 이 과정을 통해 타인의 입장을 고려해가며 보다 바람직한 행동을 탐색해간다. 따라서 교사는 시연·토론 및 평가·재연의 각 단계를 보다 효과적·효율적·매력적으로 이끌어가기 위해 적절한 교수·학습 자료를 투입할 필요가 있다고 판단할 수 있다.

투입 시기가 판단되면 교사는 자신의 수업 의도, 학습자의 수준, 특징을 고려하면서 투입할 교수·학습 자료의 기술적 개입 수준을 결정해야 한다. 예컨대 갈등 상황을 해결하는 데 필요한 실행 기술(경청, 도덕적 대화하기 등)을 반복적으로 연습시키고자 하는 의도를 가지고 있는 교사는 다양한 갈등 상황이 적힌 여러 장의 미션 카드(텍스트 자료)를 교수·학습 자료로 활용할 수 있다. 또한 이전의 도덕 수업에서 역할놀이 모형을 적용해본 결과, 학생들이 자신의 생각과 감정을 청중 앞에서 표현하는 데 거부감을 보였다면, 교사는 참가자의 참여 수준과 청중들의 흥미를 높이기 위하여 역할놀이용 가면(조작 자료)을 교수·학습 자료로 활용 수도 있다. 혹은 포토툰(photo-toon)이나 역할극 동영상 제작 방식을 도입하여 역할놀이의 극적·매체적 효과를 높이고자 하는 교사는 스토리 보드(텍스트 자료)를 제작하고 촬영 기능을 지원하는 스마트 디바이스(저작 도구)를 준비하고자 할 것이다.

기술적 개입 수준을 결정할 때 주의해야 할 점은 테크놀로지나 매체 그 자체가 가진 매력과 첨단성에만 주목할 것이 아니라, 그것이 교수·학습과 평가 활동을 어

표 7-14 교수 · 학습 자료 개발을 위한 계획 수립

학습 요소	친구 사이의 갈등 해결을 위해 경청하고 도덕적으로 대화하기	수업 목표	친구의 의견을 경청하고 도덕적으로 대화하면서 일상생활에서 직면할 수 있는 친구 사이의 갈등을 올바르게 해결할 수 있다.
수업 방법	역할놀이 모형	투입 시기	역할놀이 모형의 시연과 재연 (내용 생성 중심 활동)
		자료 유형 (개입 수준)	수준 1) 미션카드 게임 수준 2) 역할놀이용 가면 수준 3) 스토리 보드 학습지 + 스마트폰 촬영 기능

떠한 방식으로 개선시킬 수 있는지에 우선적으로 관심을 두어야 한다는 것이다. 테크놀로지와 매체는 수업을 지원하는 수단일 뿐 목적이 될 수는 없다. 일반적으로 기술적 개입 수준이 올라갈수록 수업의 매력은 물론, 효과와 효율이 높아진다. 하지만 너무 높은 수준의 기술적 개입이 교수 · 학습 모형이 가진 고유의 목적을 훼손할 수 있거나 혹은 비록 수업의 목표 달성에 도움을 줄 수 있을지라도 수업 설계 및 실행의 효율성을 심각하게 해칠 가능성이 있다면, 그것을 수업에 활용할지에 대해 좀 더 고민해봐야만 한다(이인태, 이인재, 이철주, 2018: 42).

3) 교수 · 학습 자료 개발

마지막 단계는 '교수 · 학습 자료 개발'이다. 이 단계에서는 ① 일반적으로 사용되는 교수 · 학습 모형 및 수업 전략의 전개 과정이 교사의 수업 설계 의도와 학습자의 특징, 교수 · 학습 자료의 투입에 의해 재구성되어가는 방식을 기술하고, ② 수업의 각 단계별 세부 활동들을 상세하게 기술하며, 이를 ③ 교수 · 학습 자료로 구체화하는 단계이다.

아래의 〈표 7-15〉는 일반적인 역할놀이 모형의 전개 과정이 교사에 의해 재구성된 모습을 나타낸 것이다. 일반적으로 역할놀이 수업모형은 '역할놀이 준비'부터 '경험의 공유 및 일반화'까지 총 8단계로 진행된다. 하지만 아래의 수업 전개 과정에서는 학습자들 간의 상호작용(친구 간에 일어날 수 있는 갈등 상황 탐색, 상황에 적절한 행동의 시연, 동료 평가 및 조언)을 촉진시키고, 시연과 재연, 토론 및 평가의 단계를 보다 효율적으로 운영하기 위해 미션 카드를 활용한 '게임형 수업전략'을 도입함으로써 수업의 단계가 재조정되고 통합되었다.

또한 재구성된 역할놀이 수업을 어떻게 진행해야 하는지 상세하게 기술하였다(미션카드를 한 사람당 2장씩 만들기 → 잘 섞어서 가운데에 위치하기 → 순서를 정해 돌아가면서 뽑고, 미션을 수행하기 → 청중들은 수행한 결과를 보고 적절성 판단하기 → 적절하다고 판단되면 승리조건(예: 1점) 획득 → 승리 조건(예: 5점 획득하기 등)을 먼저 획득한 사람이 승리). 이렇게 상세하게 기술된 내용은 교수 · 학습 자료를 수업의 전개 과정 중 언제 투입해야 하는지, 그리고 어떠한 방식으로 활용해야 하는지 안내하는 매뉴얼로 기능한다.

표 7-15 수업 재구성 및 세부 활동 상세화

	단계	교수 · 학습 과정
① 수업의 전개과정 재구성 ↓	도입	**▶ 친구 간에 일어날 수 있는 전형적인 갈등 사례 보여주기** • 동영상을 보면서 왜 문제가 발생했는지 확인하기 • 친구 간의 갈등을 해결하기 위해서는 '경청'과 '도덕적 대화하기'가 기본임을 강조
	전개	**▶ 친구 간의 '갈등 상황을 탐색'하고 미션카드 만들기 ← ③ 교수 · 학습자료 구체화** • 친구 간에 갈등이 발생하는 다양한 상황 탐색하기 • 나누어준 게임 카드를 활용하여 갈등 해결을 위한 미션카드를 한 사람당 2장씩 만들기(예: 친구네 모둠이 우리 모둠과의 경기에서 패배하여 슬퍼할 때, 나는 어떻게 말하고 행동해야 할까요?) **▶ 갈등 해결 미션카드 게임을 하면서 '경청'과 '도덕적 대화하기' 연습하기** • 모둠원들이 만든 카드를 잘 섞어서 가운데 위치 ← **② 세부 활동 상세화** • 순서를 정해 돌아가면서 카드를 뽑고 카드에 적힌 미션을 수행 • 청중들은 첫 번째 참가자가 수행한 결과를 보고 적절성을 판단 • 적절하다고 판단되면 승리 조건 획득, 적절하지 못하다고 생각하면 그 이유를 설명 • 승리 조건을 먼저 획득한 사람이 승리 → 다른 모둠과 미션카드 교환하여 계속 진행
	정리	• 친구 간의 갈등을 올바르게 해결하고자 하는 자신의 의지와 태도 공언하기

수업 전개과정의 재구성과 세부 활동 상세화가 완료되었다면, 이제 아래의 〈그림 7-5〉와 같이 교수 · 학습 자료를 구체적으로 개발해야 한다.

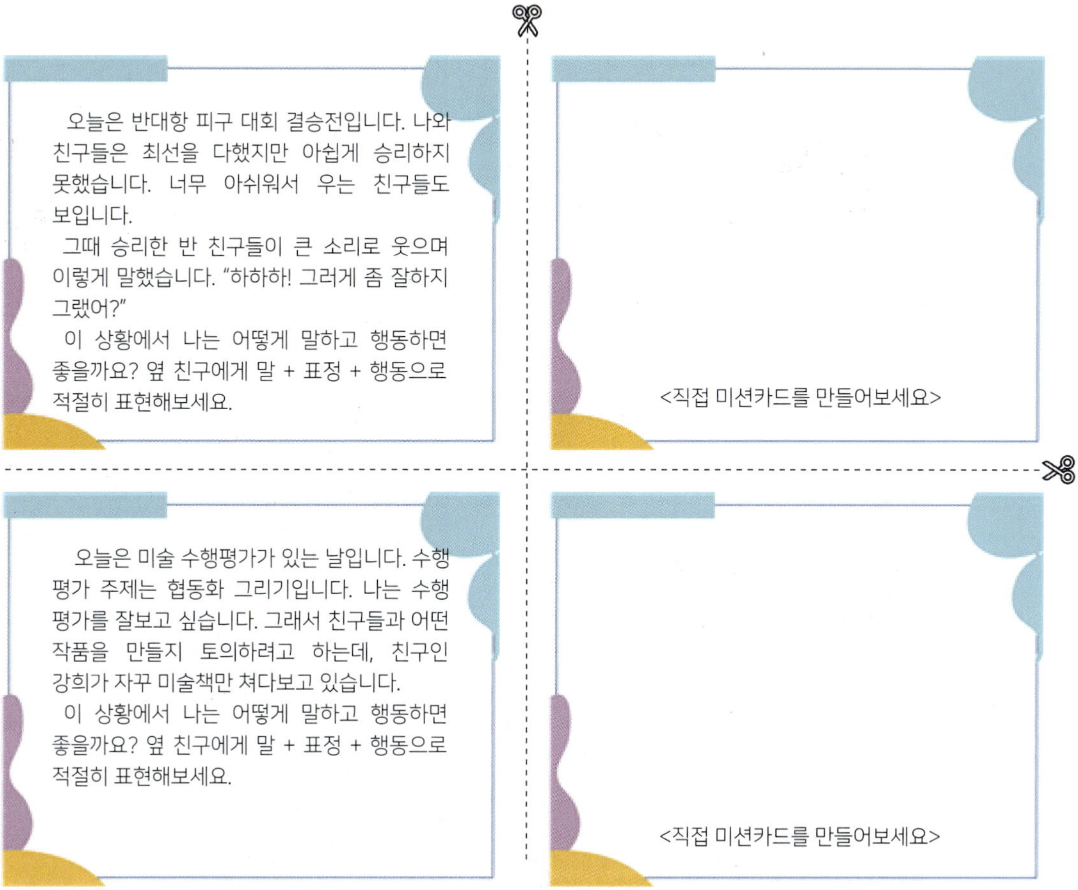

그림 7-5 **교수 · 학습 자료의 구체화 (역할놀이용 미션카드 게임)**

아래의 〈그림 7-6〉은 기술적 개입 수준에 따라 변화되는 역할놀이 수업의 실제 사례를 제시한 것이다. 두 번째 사례는 위에서 재구성한 도덕 수업의 실제 사례이고, 세 번째 사례는 조작 자료인 역할놀이용 가면을 활용한 사례이며, 네 번째 사례는 텍스트 자료인 스토리 보드와 저작 도구인 스마트폰 동영상 촬영 기능을 활용한 사례이다. 이처럼 교사가 교수 · 학습 자료를 설계할 때 도입하는 기술적 개입 수준은 도덕 수업의 양상을 크게 변화시킨다.

① 일반적인 역할놀이 수업 장면

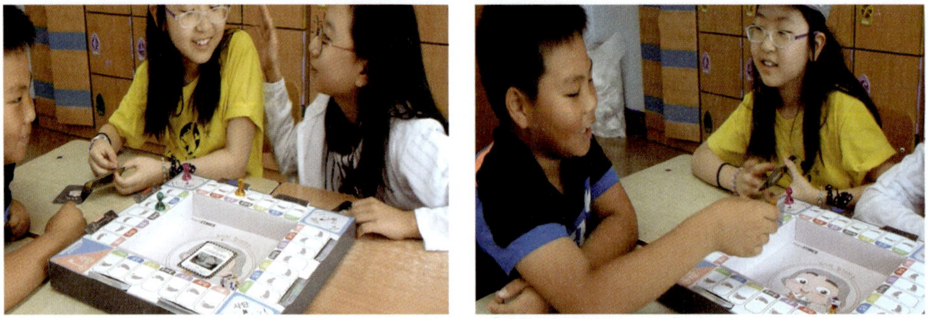

② 개입 수준 1: 미션카드 게임 제공 (텍스트 자료)

③ 개입 수준 2: 역할놀이용 가면 제공 (조작 자료)

③ 개입 수준 3: 스토리 보드 + 스마트폰 동영상 촬영 기능 (텍스트 자료 + 저작 도구)

그림 7-6 기술적 개입 수준에 따른 역할놀이 수업의 양상 변화

개발한 교수 · 학습 자료를 활용하여 수업을 진행한 후에는 교수 · 학습 자료의 ①효과성, ②효율성, ③매력성과 관련된 아래의 〈표 7-16〉과 같은 질문에 교사 스스로 상 · 중 · 하로 평가해보면서, 불필요한 기능들은 과감히 폐기하고 보완이 필요한 기능들은 수정하며 다음 수업을 위하여 반드시 필요한 기능들은 추가하는 작업을 실시한다.

만약 '중' 이하의 판정을 받은 질문이 있다면, 그 질문을 중심으로 원인을 분석하고 대안을 탐색하는 작업을 진행해야 한다. 그리고 차후에 개선된 교수 · 학습 자료를 적용하여 수업을 진행하고, 그 효과를 다시 검증하여 보다 완벽한 교수 · 학습 자료가 되도록 발전시켜야 한다(이인태, 박균열, 2019: 85-86). 교수 · 학습 자료를 반복적으로 적용해볼 때마다, 그 자료의 장점과 단점, 문제 요인과 개선 사항들은 계속 발견될 것이다. 발견된 사항들을 중심으로 지속적으로 개선하는 작업은 교수 · 학습 자료의 완성도를 높인다. 더 나아가 기 개발된 교수 · 학습 자료를 반복적으로 활용하는 작업은 유사한 목표와 성격의 수업을 준비할 때, 설계의 효율성을 높인다. 이러한 과정은 도덕과 교육의 효과를 높일 뿐만 아니라 수업 설계 전문가로서의 교사의 역량을 높일 수 있다.

표 7-16 교수 · 학습 자료 개선을 위한 핵심 질문들

결과	세부 내용
효과성	수업 목표 달성에 최적화된 교수학습모형 및 수업전략을 선택하였는가?
	선택된 교수학습모형 및 수업전략은 내용 요소와 기능을 획득할 수 있도록 적절하게 재구성되었는가?
	재구성된 교수학습모형 및 수업전략의 주요 활동을 구체적으로 지원하는가?
	이 교수 · 학습 자료가 활용된 수업은 그렇지 않은 유사한 목표와 성격의 수업에 비해 수업 목표의 달성 정도를 향상시키는가?
효율성	이 교수 · 학습 자료를 활용한다면, 적당한 시간과 노력을 들여 수업을 준비할 수 있겠는가?
	단위 수업 시간(40분, 45분, 50분) 동안에 활용하기 알맞은가?
	수업의 진행 과정을 매끄럽게 연결도록 지원하는가?
	유사한 목표와 성격의 수업에 반복적으로 활용할 수 있는가?
매력성	수업에 흥미를 느끼며 집중할 수 있도록 돕는가?
	수업의 내용을 학습자들의 삶과 연결시키도록 돕는가?
	배운 내용을 자신감 있게 수행해볼 수 있는 기회를 제공하는가?
	교사 및 다른 학습자들 간의 상호작용을 촉진시키는가?

참고문헌

나일주(2010),『교육공학 관련 이론』, 경기: 교육과학사.

노영란 외(2006), "도덕과 교수 · 학습을 위한 멀티미디어 자료의 개발, 선정 및 활용방안 연구",『초등도덕교육』 제24집, 한국초등도덕교육학회, 123-156.

박성익 외(2012),『교육공학의 원리와 적용』, 경기: 교육과학사.

박숙희 외(2002),『교수학습과 교육공학』, 서울: 학지사.

서강식(2001),『도덕과교육론』, 경기: 양서원.

유병열(2011),『도덕과교육론』, 경기: 양서원.

은정희 외(2001), "ICT를 활용한 초등 도덕과 교수학습 모형 개발에 관한 연구",『한국초등교육』 13권 2호, 서울교육대학교 초등국어교육연구소, 71-102.

이인태 · 박균열(2019), "도덕과 교육의 효과성 검증 방법에 대한 연구", 초등도덕교육』 제65집, 한국초등도덕교육학회, 59-91.

이인태 · 이인재 · 이철주(2018), "성취기준 분석을 기반으로 한 도덕과 교수 · 학습 및 평가의 설계",『도덕윤리과교육』 제59집, 한국도덕윤리과교육학회, 29-56.

임상수(2006), "도덕과 수업에서의 효율적인 예화제시방법 연구",『윤리교육연구』 제10집, 한국윤리교육학회, 67-94.

차우규(2012), "도덕 · 윤리과 교수학습 자료론",『도덕과교육학의 학문적 위상 정립과 새로운 지평 탐색』, 한국도덕윤리과교육학회, 441-466.

Dick, W. & Carey, L. C. & Carey, J. M.(2009), The Systematic Design of Instruction, Pearson Education. 김동식 외 역(2009),『체제적 교수설계』, 서울: 아카데미프레스.

제8장

도덕과 수행평가의 방법과 활용

제1절 서 론

진정한 의미에서의 평가는 교육의 결과(product)뿐만 아니라 과정(process)도 함께 중시해야 하고, 단편적인 영역에 대해 일회적으로 평가하기보다는 학생 개개인의 변화와 발달 과정을 종합적으로 평가하기 위해 전체적이면서도 지속적으로 이루어져야 한다. 또한 이러한 활동이 학생들의 성장을 촉진할 수 있어야 하며, 궁극적으로는 '인간다운 삶'을 영위할 수 있는 능력의 신장이라는 교육의 목적에 기여해야 한다.

이러한 교육 평가의 본질에 비추어 볼 때, 도덕적 판단 및 정의적 특성의 발달을 요체로 하는 도덕과의 경우, 독립교과로 개설된 이후 전통적인 평가 방식인 객관식 평가 외에 서술식 및 논술식 평가 등의 주관식 평가, 그리고 학생들의 토론과정과 발표 태도에 대한 관찰 평가, 연구 보고서 평가 등의 다양한 방법들을 사용해 왔다는 점은 긍정적인 측면에 해당된다. 하지만 이러한 교육적 노력에도 불구하고 도덕과 평가에 대해 절차나 방법이 개선되어야 한다는 주장은 여전히 제기되고 있다.

1990년대 말 이후 새로운 평가 방안으로 대두된 수행평가(performance assessment)는 이러한 우리의 도덕과 평가의 문제점 개선에 특히 풍부한 시사점을 제공하였다. 도덕과는 그 교육본질상 지행일치(知行一致)를 지향하고 도덕적 사고 능력 뿐만 아니라 정의적 특성의 발달을 모두 중시한다. 그렇기 때문에 도덕과 평가도 이러한 교육의 본질에 충실한 방향에서 이루어져야 한다. 따라서 단순히 교수-학습의 결과를 한두 번에 걸쳐 총괄적으로 평가한다거나, 학생의 학습 결과에 대한 '점수 매기기'나 '등수 정하기'식의 '양적 평가(quantitative evaluation)'에 치우친 평가에 그칠 것이 아니라, 교수-학습 과정의 질적인 측면을 평가하고 그 과정의 개선을 도움으로써 궁극적으로 교사 개개인의 자질을 향상시키고 학생 개개인의 교육적 성장을 돕기 위한 '질적 평가(qualitative assessment)' 지향의 수행평가 방식으로부터 많은 시사점을 얻을 수 있는 것이다.

이러한 맥락에서 2015년에 고시된 국가 교육과정에서는 교육과정의 중점 중 하나로서 '학습의 과정을 중시하는 평가를 강화하여 학생이 자신의 학습을 성찰하도록 하고, 평가 결과를 활용하여 교수-학습의 질을 개선(교육부, 2015: 3)'할 것을 제시하고 있다. 이는 이른바 '과정 중심 평가'라는 교육 정책의 일환으로 확산되고 있는데, 과정중심 평가란 '학습의 결과뿐만 아니라 학습의 과정을 평가하여 모든 학생이 교육 목표에 성공적으로 도달(교육부, 2015: 33)'하도록 하는 평가 방법을 의미한다. 과정 중심 평가는 학습 결과에 대한 평가 위주로 진행되어 온 전통적 학생 평가 패러다임이 '학습을 위한 평가(assessment for learning)', '학습으로서의 평가(assessment as learning)'로 변화해야 한다(Earl, 2003; 곽덕주 외, 2016: 178에서 재인용)는 주장과 맞닿아 있다.

이렇게 학습의 과정을 중시하는 과정 중심 평가의 도입 배경에는 학습의 결과뿐만 아니라 과정도 함께 중시하는 수행평가가 자리하고 있다. 사실 수행평가 역시 학습의 결과만을 평가하는 기존의 평가 방법에 대한 대안으로서 등장하게 되었지만, 수행평가는 학습 과제를 해결하는 과정과 결과를 모두 평가한다는 점에서 정확하게는 수행평가가 과정 중심 평가의 특성을 포함하고 있는 것으로 보아야 한다. 과정 중심 평가를 가장 잘 구현해 낼 수 있는 평가 방법 또한 수행평가인 것이다(한국교육과정평가원, 2017: 4). 이러한 수행평가와 과정 중심 평가의 관계를 그림으로 나타내면 다음과 같다(김정민, 2018: 847).

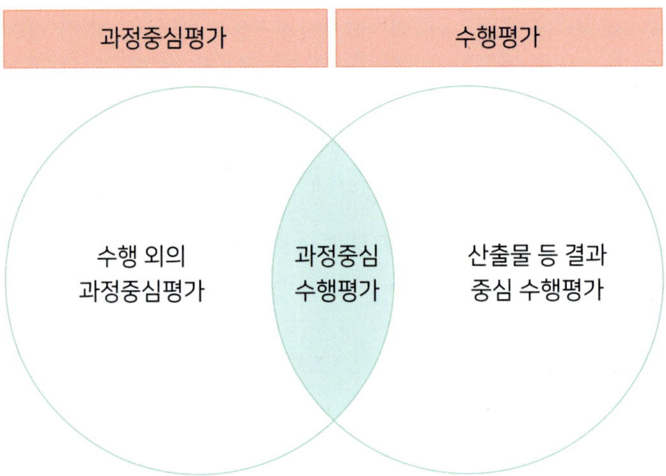

그림 8-1 과정 중심 평가와 수행평가의 관계

과정 중심 평가와 수행평가가 공유하고 있는 문제의식 및 목적은 '과정을 중시하는 수행평가'로 나아가야 함을 시사한다. 과정을 중시하는 수행평가는 과정 중심 평가와 수행평가 각각이 갖는 다음과 같은 특징의 통합을 추구한다(한국교육과정평가원, 2017: 4).

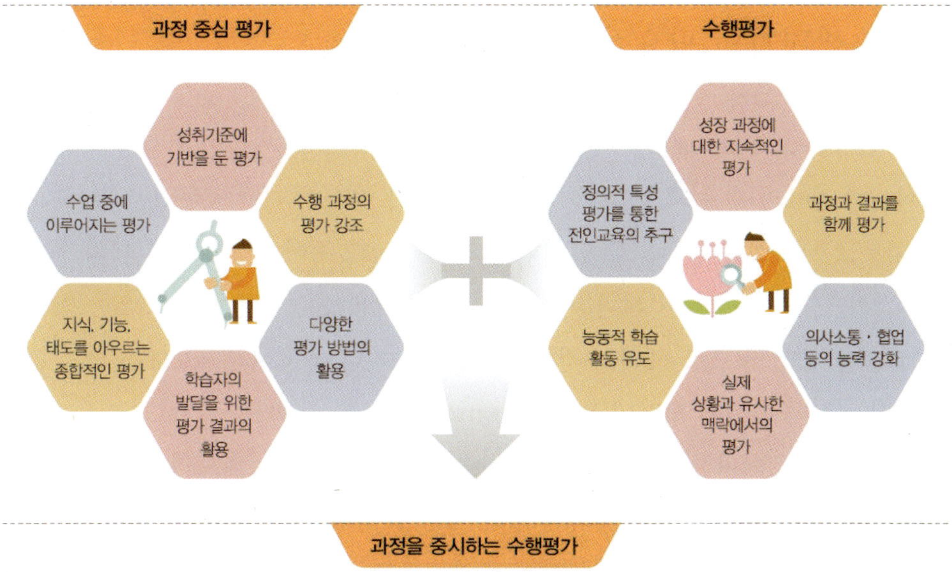

그림 8-2 과정 중심 평가와 수행평가의 관계

이렇게 볼 때, 학습의 결과뿐만 아니라 학습의 과정을 평가하는 수행평가는 과정 중심 평가에 해당하며, 과정 중심 수행평가는 수행 과정을 평가함으로써 학습의 결과뿐만 아니라 학습 과정에서 일어나는 학습자의 인지적 · 정의적 특성 및 역량, 지식 · 기능 · 태도의 발달을 도모한다는 점에서 '수행평가'와 '과정 중심 평가'가 공통으로 추구하는 방향인 것이다. 따라서 과정 중심 수행평가는 수행평가가 도입된 이유이자 본래 목적을 달성하기 위해서, 기존에 이루어지던 수행평가에서 학습자의 수행 과정에 대한 평가에 더 강조점을 둔 것으로 이해할 수 있다.

이 장에서는 결과에 중점을 둔 기존의 도덕과 평가가 지닌 문제점을 개선해 줄 수 있는 대안으로서 수행평가가 특히 도덕과에서 갖는 의미를 살펴보고, 학교 현장에서 적용하기에 적합성을 지닌 도덕과 수행 평가의 여러 가지 방법들을 제시하고자 한다.

제2절 수행평가의 필요성 및 의의

1. 수행평가의 필요성

화이트헤드(Whitehead)가 기술한 바와 같이, 무기력한 지식이란 학습자에 의해 지식이나 정보가 활용되고 검증되는 것이 아니라 단순히 기억되고 있는 것이며, 만약 외부로부터 실마리(예를 들어, 시험의 지시문 등)가 주어지지 않으면 거의 기억도 나지 않는 쓸모없는 것이 되어 버리고 있다. 지식이나 정보를 가지고 있는 학습자는 그것을 자기 것으로 하여 수정하거나 적용하거나 재구성하기보다는 남의 것을 단순히 저장하고 있는 모양이 된다(Brown & Palinscar, 1989: 393-451).

이와 같은 '무의미한 지식이나 정보의 습득'에 대한 화이트헤드의 경고와는 대조적으로, 전통적인 심리 측정학의 주류는 학습을 위계적으로 구성된 객관적이면서도 절대적인 지식의 기억 혹은 재생산의 과정으로 생각해왔기 때문에 지금까지 전 세계 대부분의 학교 교육 현장에서 가장 흔하게 사용되어 온 평가 방식은 선택형(객관식) 검사를 이용하는 것이었다. 이러한 선택형 검사에서 학생들은 학습의 주도자가 아니라 지식이나 정보를 수동적으로 받아들이거나 단순히 재생산하는 존재로 간주되어 왔다(국립교육평가원, 1996: 29). 그러나 최근의 학습 및 학습자관에 의하면, 교수-학습 활동의 주체는 개별 학생이 되며, 교사는 개별학생이 능동적으로 배우고자 하는 지식이나 정보에 대한 적절한 안내자 및 나름대로의 학습을 조장하기 위한 촉진자 역할을 하게 된다. 이러한 학습자관의 전환에 따라 기존의 교수-학습 방법 및 선택형 검사에 대한 의존 방식은 부적절하다는 비판을 받게 되었고, 새로운 가능성 및 대안이 모색되고 있다.

이와 같은 상황은 우리나라의 교육적 상황에도 그대로 적용된다. 사실상 이제까지 우리의 학교교육도 선택형 검사로 측정하기가 용이한 인지적 영역에만 평가의 초점을 둠으로써 문제 해결력, 비판력 등의 고차원적 사고 기능을 신장하기에 부적절했을 뿐만 아니라 정의적인 영역이나 행동적인 영역에 대한 평가를 소홀히 함에 따라, 학생 개개인의 전인적인 발달에 대한 평가가 미흡하게 되었다는 비판을 받고 있으며 새로운 평가 방안에 대한 체계적인 노력이 요청되고 있다.

여기서 노력의 방향성에 대한 논의는 적어도 다음과 같은 합의점에 도달할 수 있다. 즉 앞으로의 교육 평가는 전인교육을 촉진할 수 있고, 교사의 교수 방법을 개선하는 데 필요한 적절한 정보를 제공할 수 있으며, 학생 개개인의 강약점을 파악하여 수업이 진행되는 과정에서 교육적인 처방을 할 수 있고, 학생의 문제 해결력이나 비판력 등 고차적인 사고 기능을 신장시킬 수 있는 방향이어야 한다는 점이다. 이러한 요구에 부응하기 위한 평가 방식으로 최근에 많이 논의되고 있는 것이 질적 평가(qualitative assessment)이며, 이러한 질적 평가의 방법이나 절차를 가장 잘 드러내는 것이 바로 수행평가(performance assessment)이다. 질적 평가의 일반적 특징은 단편적인 영역에 대해 일회적으로 평가하지 않고 학생 개개인의 변화 · 발달 과정을 전체적으로 파악하기 위해서 통합적이면서도 지속적으로 평가하는 것이며, 궁극적으로는 교수-학습 과정을 개선하기 위한 것이다(백순근, 1997: 16).

2. 수행평가의 개념 및 의의

대안적 평가(alternative assessment), 참 평가(authentic assessment), 그리고 수행평가(performance assessment)는 평가의 개선을 위한 논의에서 두루 사용 된다(Marzano, Pickering, & McTighe, 1993: 13). 이러한 용어들은 때로는 같은 의미로 사용되지만 다른 뜻을 가지고 있다. 대안적 평가라는 용어는 대부분의 표준화된 평가들과 많은 현장 평가들을 특징짓는 선택형, 일회적 접근법과는 다른 유형의 평가에 두루 적용된다. 위긴스(Wiggins)에 의해 보급된 참 평가는 학생들을 학교 밖의 '실제 생활(real world)'에서 사용되는 것과 같은 방식으로 지식과 기술을 적용하는 데 참여시키는 것을 중시한다. 수행 평가는 참 평가와 대안적 평가의 많은 특성들을 포함하는 광의의 개념이다.

수행평가는 일반적으로 '교사와 학생이 학습 과제를 수행하는 과정이나 그 결과를 보고, 그 학생의 지식이나 기능이나 태도 등에 대해 전문적으로 판단하는 평가 방식', 즉 '학생 스스로가 자신의 지식이나 기능이나 태도를 나타낼 수 있도록 답을 작성(서술 혹은 구성)하거나, 발표하거나, 산출물을 만들거나, 행동으로 나타내도록 요구하는 평가 방식'이라고 정의할 수 있다(백순근, 2000: 48). 참고로, 여기서 말하는 '행동'이란 단순히 신체를 움직이는 것만을 의미하는 것이 아니라 자신의 지식이나 기능이나 태도 등을 드러내기 위해 말하거나, 듣거나, 읽거나, 쓰거나, 그리거나, 만들거나, 더 나아가서 그것을 계획하고 준비하는 과정까지도 포함하는 인간의 모든 활동을 의미한다.

수행평가는 학생들에게 그들이 이해한 것을 표현하고, 지식, 기술들, 그리고 마음의 습관(habits of mind)을 다양한 맥락에서 사려 깊게 적용할 기회를 주는 다양한 과제들(tasks) 및 상황들과 관련이 있다. 이러한 평가들은 흔히 장기간 지속적으로 이루어지고, 유형(有形)의 결과물이나 관찰 가능한 수행으로 귀착된다. 그것들은 자기평가(self-evaluation) 및 수정(revision)을 권장하고, 설정된 평가 기준에 근거한 향상(proficiency)의 정도를 나타내며, 채점 기준을 공개한다. 그것들은 때로는 협력 학습을 수반한다. 그러나 이러한 수행 평가의 강조는 전통적인 평가를 폐기해야 함을 의미하지는 않는다. 대신에, 어떤 교육적 결과물은 전통적인 방식으로는 적절하게 평가 될 수 없다는 신념을 반영한다.

일반적으로 교수-학습 평가에 있어서 수행평가를 도입하는 의의를 구체적으로 제시하면 다음과 같다(정창우, 1998: 450; 백순근, 2000: 63-66).

첫째, 학생이 인지적으로 하는 것도 중요하지만, 그들이 아는 것을 실제로 적용할 수 있는지 여부를 파악할 수 있도록 해준다. 인지적으로 아는 것과 실제로 적용하는 것이 구별되는 것을 강조하기 위해서 나이서(Neisser, 1976)는 지능을 학문적인 지능(academic intelligence)과 실천적인 지능(practical intelligence)으로 구분하기도 하였다.

둘째, 수행평가는 여러 측면의 지식이나 능력을 지속적으로 평가함과 아울러 교수 · 학습 활동을 개선할 수 있는 장점이 있다.

셋째, 학습자 개인에게 의미 있는 학습 활동이 이루어지도록 해준다.

넷째, 교수-학습 목표와 평가 내용을 보다 직접적으로 관련시킬 수 있다.

다섯째, 창의성이나 문제 해결력 등 고차적인 사고 기능에 대한 평가나 학습의 과정에 대한 평가를 하기에 적합한 기법이다.

여섯째, 수행평가는 학생 상호 간의 지나친 경쟁을 유도하는 것이 아니라 학생 상호 간의 협력을 유도할 수 있다. 수행평가는 개개인을 단위로 해서 평가하기도 하지만 집단(group)에 대한 평가도 중시하기 때문이다.

일곱째, 수행평가는 학생들의 인지적 영역뿐만 아니라 학생 개개인의 행동 발달 상황이나 흥미, 태도 등 정의적 영역, 그리고 체격이나 체력 등 신체적인 영역에 대한 종합적이고 전인적인 평가를 가능하게 한다.

3. 도덕과 수행평가의 의의

어떻게 보면 도덕과 교육의 개혁을 실제적으로 주도할 수 있는 것이 평가방식의 혁신이라고 볼 수 있다. 이러한 도덕과 평가방식에서 혁신의 방향성은 최근 활발히 논의되는 수행평가의 도입 · 활용으로 연결되고 있다. 이러한 맥락에서 도덕과에서 수행평가가 지니고 있는 의의와 중요성을 고찰하면 다음과 같다.

첫째, 수행평가는 '전인교육'이라는 교육의 본질에 충실해야 한다는 인식을 바탕으로 기존 평가가 갖고 있는 문제점을 해결하려는 시도를 하기 때문에 인지 · 정의 · 행동적 영역에서 인지적 영역의 일부 지적 요소만을 평가해 온 도덕과 평가의 현실을 개선하는 데 기여할 수 있다. 박도순(2000: 181)에 따르면 '전인'이란 지적인 동시에 사회적이며 도덕적인 인간, 즉 지 · 정 · 의가 완전히 조화된 인격자를 의미하며, '전인'을 평가하는 것이 교육의 본질평가에 접근하는 것이다. 그러므로 '전인'에 대한 평가를 중시하는 수행평가는 지금까지 인지적 영역의 일부 지적 요소를 중심으로 평가가 이루어져 온 도덕과 평가의 문제점을 개선하기 위해 구체적인 아이디어를 제공한다. 즉 도덕과 평가에서 인지적 · 정의적 · 행동적 영역을 통합적으로 평가할 수 있는 방법을 우리에게 알려주고 있다.

또한 '전인'은 인지적 · 정의적 · 행동적 영역이 잘 조화된 전체로서 '인격적 통합'을 의미하기 때문에, 도덕과에서 환원주의 평가의 한계를 극복하는 데에도 기여할 수 있다. 도덕적 인간에 대한 환원주의적 입장은 도덕적 지식과 행동을 구분하고 그 각각을 다시 세분화하여 각각에 알맞은 평가방식을 사용해야 한다는 것으로 블룸(Bloom, B. S.)과 메이거(Mager, R. F.)의 아이디어에 토대를 둔 것이다(서강식, 1999: 406). 하지만 도덕성의 인지적 · 정의적 · 행동적 영역의 요소들은 떼어 놓을 수 없는 요소임에도 불구하고 각각의 영역을 별개의 평가 방법과 준거에 의해 평가한다고 하면, 통합된 전체로서의 도덕성이나 인격의 의미와는 상당한 거리가 있는 그 무엇을 평가할 가능성이 항상 존재한다. 그러므로 인지적 · 정의적 · 행동적 영역이 잘 조화된 전체로서 '인격적 통합'에 대한 평가를 강조하는 수행평가는 도덕과에서 환원주의 평가의 한계를 극복할 수 있게 해 준다.

둘째, 도덕성 및 인격의 발달이라는 도덕과 교육의 본질을 구현하기 위해서는 가정과 사회의 공조관계 형성이 중요한데, 수행평가는 도덕과 교육에 대한 학부모들의 관심과 참여를 드높여 줄 수 있다. 예를 들어, 포트폴리오 평가를 통해 도덕과 교사는 학부모들을 도덕과 평가 과정에 관여하게 할 수 있다. 또한 수행평가의 결과는 추상적인 백분율의 수치에서 탈피하여 학부모들에게 개별 아동의 도덕적 진보와 전망에 대한 구체적인 정보를 제공해 줄 수 있기 때문에, 도덕교육자로서의 학부모들이 지니고 있는 에너지와 역량을 보다 잘 활용할 수 있는 기회를 제공해 준다.

셋째, 수행평가는 시험(test)인 동시에 활동(activities)이 될 수 있으므로 도덕과 교수 · 학습방법의 쇄신에 크게 기여할 수 있다(추병완 외, 2005: 258-259). 일례로 가치명료화 수업 모형을 적용한 도덕과 수업에서 우리가 학생들에게 가치지(value sheet)를 기입해 보게 하는 것은 하나의 교수-학습 과정에서 이루어지는 활동인 동시에 시험이 될 수 있는 것이다. 우리는 가치지 기입을 통해 학생들이 자신의 가치를 명료화해 보는 경험을 제공할 수 있으며, 동시에 그러한 학생들의 수행을 평가할 수도 있는 것이다. 따라서 수행평가는 도덕과 교수 · 학습과정을 쇄신하고 학생들의 학습에 대한 보다 직접적인 평가의 기회를 제공할 수 있는 것이다. 이렇듯 수행평가가 활동인 동시에 시험이 될 수 있다는 사실은, 이상적인 수행평가 방안은 가장 훌륭한 교수방법이 될 수 있을 뿐만 아니라 평가활동이 학습 과정 속에 깊이 뿌리내리고(embedded) 있다는 사실을 보여준다. 따라서 종전의 도덕과 교수 · 학습과 평가 방법에서 발견되는 학습 활동과 평가 활동의 심각한 분절을 극복할 수 있게 해 준다. 이와 관련하여 최근 교육정책 중 하나로서 강조되고 있는 과정 중심 평가는 '교수-학습의 과정에서 시행되는 평가(한국교육과정평가원, 2017: 4)'로서, 과정 중심 수행평가는 학습 과정을 통해 평가가 이루어질 수 있는, 즉 학습 과정과 평가 과정의 합치를 지향하고 있다.

넷째, 수행평가는 도덕과 평가 방식의 다양화에 기여할 수 있다(추병완 외, 2005: 258). 그 동안 우리는 교육과정에서는 다양한 평가방법의 활용을 제시하면서도 실제 교육현장에서는 지필평가나 아주 간단한 형식의 실기평가에만 의존하는 경향을 보여 왔다. 관찰, 보고서, 포트폴리오, 토론 및 토의 평가, 자기평가, 논술 등의 다양한 수행평가 방법들은 도덕과 평가방식의 다양성을 제고하는 데 크게 기여할 수 있다.

제3절 도덕과 수행평가의 여러 가지 방법

도덕과에서 흔히 사용되는 수행평가 방법으로는 서술형 검사 및 논술형 검사, 구술시험, 토론법, 면접법, 관찰법, 연구보고서법, 포트폴리오(portfolio)법 등이 있다. 이러한 평가 방법들은 수행평가의 본질(예: 학생 개개인의 성장 · 발달을 돕기 위하여 교수 · 학습 활동을 개선하고 지도 · 조언하기 위한 평가 활동)을 구현하기 위한 도구에 해당한다.

1. 서술형 및 논술형 검사

서술형 평가 혹은 논술형 평가란 영어의 에세이 테스트(essay test)를 번역한 것으로, 흔히 '주관식 평가'라고 하기도 한다. 이 평가 방식은 학생으로 하여금 출제자가 제시한 답을 '선택'하도록 하는 평가 방식이 아니라 학생이 답이라고 생각하는 지식이나 의견 등을 직접 '서술'하도록 하는 평가 방식이다. 서술형 및 논술형 평가의 가장 큰 특징은, 학생의 생각이나 의견을 직접 서술하도록 하기 때문에 학생의 창의성, 문제 해결력, 비판적 사고력, 정보 수집력 및 분석력 등 고등 사고기능을 쉽게 평가할 수 있다는 것이다(백순근, 2000: 69).

평가 방식을 세밀하게 분류할 때는 서술형 평가와 논술형 평가를 서로 구별하기도 한다. 즉, 논술형 평가도 일종의 서술형 평가이기는 하지만, 개인 나름의 생각이나 주장을 창의적이고 논리적이면서도 설득력 있게 조직하여 작성해야 함을 강조한다는 점에서 일반 서술형 평가와 구별되기도 한다. 서술형 및 논술형 문항 제작시에는 막연히 아무 것이나 써도 된다는 식의 문제를 제시하기보다는, 가급적 무엇을 쓸 것인지 방향과 표적을 명확히 하고 문항을 구조화시켜 제시하는 것이 바람직하다.

도덕과에서 서술형 및 논술형 평가의 활용상 의의는 무엇보다 도덕적 추론 및 실천적 지혜와 같은 도덕적 사고 능력에 대한 평가, 입장채택 및 공감을 바탕으로 한 도덕적 민감성에 대한 평가, 확언 및 다짐을 통한 도덕적 실천의지의 정도를 측정할 수 있다는 데 있다. 하지만 도덕과 교사가 서술형 및 논술형 평가 문항을 제작하는 기술이 부족하거나 채점의 객관성과 신뢰성을 확보하기 위한 노력을 소홀히 하거나 혹은 도덕과에서 추구하는 교육적 본질에 대한 고려 없이 논리적 사고와 비판적 사고, 작문 능력만을 중요한 평가 관점으로 고려한다면 서술형 및 논술형 평가는 더 이상 도덕과 평가를 위한 유용한 수단으로 활용될 수 없다.

한편, 채점의 객관성과 신뢰성을 확보하기 위해서는 미리 채점 기준을 세워놓고 모범답안을 작성하여 채점에 임하는 것이 좋으며, 채점시의 편견이나 착오를 최대한 예방하기 위해 가급적이면 여럿이 공동으로 채점하여 평균을 내는 방법을 사용하는 것도 고려해 볼 필요가 있다(유병열, 2003: 488).

〈서술형 평가문항의 예〉

※ 다문화 사회에서 필요한 시민적 덕목이 무엇인지 밝히고, 덕목의 의미를 중심으로 그 이유를 서술하시오.

세계화 시대가 도래하면서 대한민국 역시 다문화 사회로 진입하게 되었다. 이에 따라 우리나라는 이제 더 이상 단일민족 국가로서의 정체성에 머무르기 보다는 다양한 인종, 민족, 종교, 문화적 배경을 가진 사람들과 어울려 살아가게 되었다. 이러한 다문화 사회의 시민으로서 갖추어야 할 덕목 중 가장 중요한 것은 무엇일까?

표 8-1 서술형 평가 루브릭

성취수준		
평가기준	1. 다문화 사회의 특징을 제시하였는가? 2. 다문화 사회의 시민에게 필요한 덕목이 무엇인지 제시하였는가? 3. 제시한 시민적 덕목의 의미를 정확하게 설명하였는가? 4. 해당 덕목이 필요한 이유를 구체적으로 설명하였는가? 5. 자신의 주장을 정당화하는 근거가 논리적이고 체계적인가?	
A	위의 평가요소 모두를 만족하는 경우	20
B	위의 평가요소 중 4가지를 만족하는 경우	17
C	위의 평가요소 중 3가지를 만족하는 경우	14
D	위의 평가요소 중 2가지를 만족하는 경우	11
E	위의 평가요소 중 1가지를 만족하는 경우	8
F	위의 평가요소를 모두 만족하지 않는 경우	5
G	본인의 의사에 의한 수행평가 미응시자	2

〈논술형 평가문항의 예〉

※ '노키즈존(No Kids Zone)'과 관련한 도덕적 가치로는 무엇이 있는지 제시 및 설명하고, 노키즈존에 대한 자신의 입장과 그 근거를 제시하시오.

최근 음식점, 카페, 영화관 등에서 영유아 및 어린이의 출입을 금지하는 이른바 '노키즈존(No Kids Zone)'이 확산되고 있다. 소란이나 갈등을 피하기 위하여 어린 아이를 동반한 손님을 받지 않는 곳이 점차 늘어나고 있는 것이다. 노키즈존은 조용하고 안락한 공간에 대한 '권리'를 지키는 방법이라는 주장과, 어린 아이 및 그들의 부모에 대한 비합리적 차별이라는 주장이 대립하고 있다. 우리는 노키즈존을 어떻게 바라보아야 할까?

표 8-2 논술형 평가 루브릭

성취수준		
평가기준	1. 노키즈존이 발생하게 된 원인과 배경을 제시하였는가? 2. 노키즈존이 보호할 수 있는 도덕적 가치를 제시하고 설명하였는가? 3. 노키즈존이 침해할 수 있는 도덕적 가치를 제시하고 설명하였는가? 4. 노키즈존에 대한 자신의 주장과 근거를 체계적으로 제시하였는가? 5. 노키즈존을 보완할 수 있는 대안을 제시하였는가?	
A	위의 평가요소 모두를 만족하는 경우	20
B	위의 평가요소 중 4가지를 만족하는 경우	17
C	위의 평가요소 중 3가지를 만족하는 경우	14
D	위의 평가요소 중 2가지를 만족하는 경우	11
E	위의 평가요소 중 1가지를 만족하는 경우	8
F	위의 평가요소를 모두 만족하지 않는 경우	5
G	본인의 의사에 의한 수행평가 미응시자	2

2. 토론법

토론법은 교수・학습 활동과 평가 활동이 동시에 일어나는 대표적인 평가 방법이다. 도덕과에서 다루는 주제나 개인적, 사회적으로 관심 있는 주제를 중심으로 각자의 의견을 제시하고 논의하는 과정에서 내용의 충실성과 사고의 논리성, 다른 의견에 대한 태도 등을 여러 관점으로 평가하는 방법이다(남명숙・김성숙・지은림, 2000: 62). 개인별 찬・반토론을 벌이거나 소집단으로 나누어 서로의 의견을 교환하고 반박하는 과정에서 토론 내용에 대한 평가 뿐 아니라 각 개인의 지도력, 수용력, 사회성, 논리력, 비판적 사고력 등 지적 능력과 정의적 태도를 동시에 파악할 수 있는 장점이 있는 반면, 학생수가 많을 경우 개별 학생들이 충분히 발언할 기회를 갖지 못하는 단점도 있다. 찬 · 반 토론법을 시행할 때도 구술시험과 비슷하게 〈표 8-3〉과 같은 평가 기준표를 이용하여 특정 학생의 준비성, 충실성, 논리성, 대립 · 반대 의견에 대한 태도, 참여도 등을 평가할 수 있다.

표 8-3 콘스탄츠 딜레마 토론법(KMDD)에 대한 평가 루브릭

성취수준		
평가기준	1. 도덕적 딜레마에 대한 자신의 입장과 근거를 분명하게 제시하는가? 2. 자신의 주장을 정당화하기 위한 근거가 논리적이고 체계적인가? 3. 상대방의 근거를 활용하여 더 높은 수준의 추론을 지향하는가? 4. 콘스탄츠 딜레마 토론의 규칙과 절차를 잘 준수하는가? 5. 자신과 반대되는 입장에 대한 의견을 수용하고 경청하는가?	
A	위의 평가요소 모두를 만족하는 경우	20
B	위의 평가요소 중 4가지를 만족하는 경우	17
C	위의 평가요소 중 3가지를 만족하는 경우	14
D	위의 평가요소 중 2가지를 만족하는 경우	11
E	위의 평가요소 중 1가지를 만족하는 경우	8
F	위의 평가요소를 모두 만족하지 않는 경우	5
G	본인의 의사에 의한 수행평가 미응시자	2

3. 관찰법

관찰법은 어떤 평가 목적에 따라 평가 대상이 되는 사람이나 현상을 주의 깊게 그리고 가능한 한 정확하게 지각하고 기록하는 방법을 말한다. 다시 말해, 관찰법은 교사가 일정한 평가 목적을 가지고 학생들의 행동을 주의 깊게 관찰하고, 그 관찰한 사실의 구체적인 기록을 근거로 학생의 도덕적 성장과 변화 정도를 평가하는 방법이라고 할 수 있다(유병열, 2003: 511).

이 방법은 관찰한 바를 어떻게 기록하고 정리하느냐에 따라 보통 자유기록, 체크리스트, 평정척도법으로 구분할 수 있다(정세구, 1988: 125). 자유기록은 학생들의 태도와 행위에 관한 사례를 될 수 있는 대로 상세하게 기록하는 것이다. 구체적으로는 일화기록표를 만들어서 한 학생 혹은 분단수준에서라도 학생들의 태도나 행동 속에서 나타나는 바람직함이나 합리성에 대한 기록을 남기는 것이다. 체크리스트는 관찰하려는 태도나 행동의 단위를 미리 상세히 분류하고 그러한 태도나 행동이 나타날 때 체크하거나 빈도로 표시하게 하는 방법이다. 관찰평정척도법은 관찰하고자 하는 도덕 행동을 일정한 기준에 의해 평정 단계 척도로 설정해 놓고 관찰결과 드러난 도덕 행동을 이 단계에 따라 평정하는 기법을 말한다. 이러한 관찰평정척도법을 도덕과 수행평가에 활용하기 위한 평가 기준표를 하나의 예로 제시하면 다음과 같다.

표 8-4 관찰평정척도법을 위한 평가 기준표

평가요소		점수				
		매우 그렇다 ↔ 전혀 아니다				
도덕적 민감성	주어진 문제 상황이 도덕적 문제 사태임을 인식한다.	2	1.5	1	0.5	0
도덕적 판단	문제 상황을 정확하게 이해하고, 무엇이 도덕적으로 옳은지 판단한다.	2	1.5	1	0.5	0
도덕적 초점	다양한 가치 중 도덕적 가치를 가장 우선적으로 고려한다.	2	1.5	1	0.5	0
도덕적 행동	도덕적 가치를 실천하기 위한 방법을 정확하게 안다.	2	1.5	1	0.5	0
교사 총평						

4. 연구 보고서법

연구 보고서법이란 일명 프로젝트(project)법이라고도 하며, 도덕 과목과 관련 있거나 범교과적인 연구 주제 중에서 학생의 능력이나 흥미에 적합한 주제를 선택하여, 그 주제에 대해서 자기 나름대로 자료를 수집하고 분석 · 종합하여 연구 보고서를 작성 · 제출하도록 하여 평가하는 방법을 말한다(백순근, 2000: 108). 이 때 연구의 주제는 학생들의 관심사와 흥미를 고려하여 개인적으로 수행하거나 소집단을 구성하여 진행될 수 있다. 학생들은 연구를 수행하고 보고서를 작성하는 과정에서 연구하는 방법, 각종 정보를 수집하는 방법, 다양한 자료를 종합하고 분석하는 방법, 보고서 작성법 등을 익히게 될 것이며, 연구 보고서 발표회나 학생들 간 연구 보고서의 상호 교환을 통해서도 많은 것을 배우게 될 것이다(차우규, 2015: 488). 특히 도덕과에서는 도덕적 문제 사태를 해결하기 위한 협력적으로 숙고하고, 공유된 이해를 바탕으로 공동의 과제를 해결하는 과정에 참여할 수 있는 기회를 제공함으로써, 개인의 합리적 판단 능력을 신장할 수 있을 뿐만 아니라, 타인과 의사소통 및 협동하는 능력을 신장할 수 있다는 점에서 유의미하다. 이러한 연구 보고서법을 적용할 수 있는 평가 문항의 예는 다음과 같다.

〈평가문항의 예〉

※ 오늘날 발생하고 있는 환경 문제의 사례 하나를 선정하여 그와 관련한 구체적 내용을 조사해 보고, 해당 환경 문제를 해결하기 위해 앞으로 해야 할 노력에 대한 연구 보고서를 작성하여 제출하시오.

표 8-5 연구보고서 평가 루브릭

성취수준		
평가기준	1. 선정한 환경 문제가 적절하고 참신한가? 2. 선정한 유형의 환경문제의 사례를 구체적으로 조사하여 정리하였는가? 3. 환경 문제의 해결을 위해 필요한 노력을 구체적으로 제시하였는가? 4. 체계적인 연구 보고서의 형태를 갖추고 있으며, 내용에 완결성이 있는가?	
A	위의 평가요소 모두를 만족하는 경우	20
B	위의 평가요소 중 3가지를 만족하는 경우	16
C	위의 평가요소 중 2가지를 만족하는 경우	12
D	위의 평가요소 중 1가지를 만족하는 경우	8
E	위의 평가요소를 모두 만족하지 않는 경우	4
F	본인의 의사에 의한 수행평가 미응시자	2

5. 포트폴리오법

포트폴리오(portfolio)법이란 보통 자신이 쓰거나 만든 작품을 누가적이면서도 체계적으로 모아 둔 개인별 작품집 혹은 서류철을 이용한 평가방법이다(백순근, 2000: 113). 포트폴리오를 통해 학생들은 자기 자신의 변화 과정을 알 수 있고, 자신의 강점이나 약점, 성실성 여부, 잠재 가능성 등을 스스로 인식할 수 있으며, 교사들은 학생들의 과거와 현재의 상태를 쉽게 파악할 수 있을 뿐만 아니라 앞으로의 발전 방향에 대해 쉽게 조언할 수 있다. 이 평가 방법은 단편적인 영역에 대해 일회적으로 평가하지 않고 학생 개개인의 변화와 발달 과정을 종합적으로 평가하기 위해 전체적이면서도 지속적인 평가를 강조하는 것으로, 수행평가의 대표적 방법 중의 하나로 널리 적용되고 있다.

특히 도덕성의 발달은 일회적인 경험이나 단기간의 훈련을 통해 가능한 것이 아니라 오랜 세월 동안의 '위대한 것에 대한 습관적인 대면'이나 '지속적인 자기성찰 및 반성' 등을 통해 가능하다는 점에서 볼 때, 도덕과 평가에서 포트폴리오는 다른 어떤 평가도구보다 도덕교육적 목적을 위해 유용하게 활용될 수 있는 평가 도구이다.

〈평가문항의 예〉

※ 수업 시간에 배운 평화적 갈등 해결 방법을 활용하여, 한 학기동안 실천 일지를 기록해봅시다.

표 8-6 포트폴리오 평가 루브릭

성취수준		
평가기준	1. 다양한 갈등 상황에서 자신이 실천한 평화적 갈등 해결 방법을 구체적으로 제시하고 있는가? 2. 제시된 평화적 갈등 해결 방법이 창의적이고 참신한가? 3. 평화적 갈등 해결의 필요성과 중요성을 인식하였는가? 4. 평화적 갈등 해결의 도덕적 가치와 의미를 발견하였는가? 5. 실천 일지를 꾸준하고 성실하게 작성하였는가?	
A	위의 평가요소 모두를 만족하는 경우	20
B	위의 평가요소 중 4가지를 만족하는 경우	17

C	위의 평가요소 중 3가지를 만족하는 경우	14
D	위의 평가요소 중 2가지를 만족하는 경우	11
E	위의 평가요소 중 1가지를 만족하는 경우	8
F	위의 평가요소를 모두 만족하지 않는 경우	5
G	본인의 의사에 의한 수행평가 미응시자	2

6. 프로젝트법

프로젝트법은 학습자가 자신의 흥미와 관심사에 따라 스스로 문제를 설정하고 그에 대한 조사 및 탐구를 실행하는 프로젝트 학습 과정에서 학습자들의 수행 과정과 수행 결과를 평가하는 방법이다. 프로젝트 학습 결과를 평가하기 위해서는 앞서 살펴본 토의 · 토론, 관찰, 연구보고서, 포트폴리오 등의 방법을 교수 · 학습의 과정과 목적에 따라 다양하게 활용할 수 있다. 때때로 연구 보고서법이 '프로젝트법'으로 칭해지기도 하지만 프로젝트법은 프로젝트 학습의 결과를 제시할 때 '연구 보고서'의 형태로 국한하지 않는다는 점에서, 프로젝트법이 연구 보고서법보다 결과 제시의 형태가 자유롭고 다양하다는 사실을 알 수 있다. 프로젝트법은 최근 강조되고 있는 과정 중심 평가가 가장 잘 적용될 수 있는 수행평가 방법에 해당한다. 프로젝트법에 대한 평가 루브릭을 제시하면 다음과 같다.

〈평가문항의 예〉

※ 오늘날 지구 공동체에서 발생하고 있는 도덕 문제 중 하나를 골라, 그것을 해결하기 위한 방법을 제시해봅시다.

표 8-7 프로젝트법 평가 루브릭

성취수준	
평가기준	1. 지구 공동체에서 발생하고 있는 도덕 문제를 적절하게 설정하였는가? 2. 지구 공동체의 도덕 문제를 정확하게 설명하였는가? 3. 지구 공동체의 도덕 문제를 해결하기 위한 방법이 구체적인가? 4. 지구 공동체의 도덕 문제를 해결하기 위한 방법이 참신하고 실현 가능한가? 5. 완성도 있는 프로젝트 결과를 제시하였는가?

A	위의 평가요소 모두를 만족하는 경우	20
B	위의 평가요소 중 4가지를 만족하는 경우	17
C	위의 평가요소 중 3가지를 만족하는 경우	14
D	위의 평가요소 중 2가지를 만족하는 경우	11
E	위의 평가요소 중 1가지를 만족하는 경우	8
F	위의 평가요소를 모두 만족하지 않는 경우	5
G	본인의 의사에 의한 수행평가 미응시자	2

제4절 결 론

교수 · 학습의 질을 개선하고 학생들의 다양한 개성을 존중하며, 창의성과 문제해결력 등 고등사고능력을 신장시키고, 나아가 학생 개개인의 전인적인 성장 · 발달을 돕기 위해서는 수행평가와 같은 질적 평가를 교육현장에 적극적으로 도입해야 한다는 주장은 이제 지극히 당연하게 여겨지고 있다. 대부분의 사람들이 수행평가의 철학적인 근거와 본래적 의미에 동의하고 있으며, 학생 개개인의 성장 · 발달과 단위 학교의 교수 · 학습 활동 개선의 관점에서 수행평가의 필요성에 대해 대체로 공감하고 있다.

그러나 이와 같은 수행평가의 필요성에 대한 공통된 인식에도 불구하고, 많은 교육 주체들은 교육부에서 하나의 정책으로 추진하고 있는 수행평가의 확대 실시 방안에 대해 비판적인 목소리를 높이기도 한다. 학생들을 평가함에 있어서 수행평가 기법들은 선택형 검사에 비해서 실시하기가 어려울 뿐만 아니라 인적 · 물적 자원이 많이 소요되고 많은 교수 · 학습 목표를 포괄하여 평가하기 어렵다든가, 수행평가의 실행 및 그 결과의 타당성, 신뢰성, 비교가능성, 공정성 등을 확보하기가 어렵다는 지적이 그러한 예에 해당한다. 그러므로 수행평가를 확대 실시하는 것은 매우 바람직한 일이기는 하지만, 주변의 여건이나 교과목의 특성을 고려하여 적절한 범위 안에서 시행해야 할 것이다.

도덕과의 경우 수행평가가 몇 가지 활용상의 제약이나 문제점을 지닌다는 이유로 활용하기를 주저한다면, 얻는 것보다 잃는 것이 훨씬 많게 된다. 다행스럽게도 도덕과 교사들 중에는 수행평가의 중요성에 대한 확신을 갖고 여러 가지 어려운 환경을 극복해 나가는 열정적인 교사들이 다른 교과에 비해 훨씬 많은 것으로 보인다. 앞으로 이러한 교사들이 학생들의 도덕적 성장과 교수 · 학습의 개선을 위해 수행평가를 적극적으로 활용할 수 있도록 돕기 위해, 교과 전문가들은 앞으로 도덕과의 특성을 제대로 반영하면서, 동시에 수업과 평가를 연계하기 위해 실제 수업 과정에서 평가할 수 있는 다양한 수행 평가 도구들을 지속적으로 개발하여 현장에 보급해 줄 수 있어야 할 것이다.

참고문헌

곽덕주, 강대중, 박현정, 소경희, 이선영, 정동욱, 조영환(2016),『미래교육, 교사가 디자인하다』, 파주: 교육과학사.

교육부(2015), 초 · 중등학교 교육과정 총론.

국립교육평가원(1996),『수행평가의 이론과 실제』, 서울: 대한 교과서 주식회사.

김정민(2018), "과정 중심 평가의 개념과 교육적 의의 탐색",『학습자중심교과교육연구』, 18(20), 839-859.

박도순(2000), "수행평가 정책의 방향",『한국 교육평가의 쟁점과 대안』, 서울: 교육과학사.

백순근(1997), 수행평가의 이론적 기초,『수행평가의 이론과 실제』, 서울: 한국교육평가연구회.

백순근(2000),『수행평가의 원리』, 서울: 교육과학사.

서강식(1999),『초등 도덕과 교육과정 및 평가』, 서울: 양서원.

설양환(2019), "초등학생을 위한 프로젝트학습 지도안 모형 개발", 교육논총, 56(1), 100-114.

유병열(2003),『도덕과 교육론』, 서울: 양서원.

유영식(2017),『과정 중심 평가』, 서울: 테크빌교육.

정창우(1998), "도덕과 수행평가의 원리와 실제",「도덕윤리과교육」제9호, 한국도덕윤리과교육학회.

차우규(2015), "도덕과 교육에서 프로젝트 평가의 적용 방안", 한국초등도덕교육학회 하계학술발표논문집, 483-491.

추병완(2005), "도덕과 수업과 평가",『윤리학과 도덕교육2』, 서울: 인간사랑.

한국교육과정평가원(2017), "과정을 중시하는 수행평가, 이렇게 해요!", 현장과 소통하는 KICE 연구 · 정책브리프, 5호.

한국교육과정평가원(2019), "수업과 연계한 과정 중심 평가, 어떻게 할까요?", 현장과 소통하는 KICE 연구 · 정책브리프, 14호.

Brown, A. & Palinscar, A.(1989), "Guided cooperative learning and individual knowledge acquisition", In L. resnick(ed.), *Knowledge, learning, and instruction: Essays in honor of Robert Glaser*, Hilsdale, NJ: Erlbaum, 1989.

Marzano, R., Pickering, D., & McTighe,(1993), *Assessing student outcomes: Performance assessment using the dimensions of learning model*, Alexandria: Association for Supervision and Curriculum Development.

제9장

도덕과 논술 지도 및 평가의 기초*

| 제1절 | 도덕과에서 논술 활용의 목적

| 제2절 | 도덕과 논술의 내용 및 지도 방향

| 제3절 | 도덕과 논술의 교수 · 학습 방법

*본 장은 "정창우(2007). 『윤리와 논술 Ⅰ』. 서울: 도서출판 울력. pp. 11-84"를 이 책의 성격에 맞게 수정 · 보완한 것임을 밝혀 둔다.

제1절 도덕과에서 논술 활용의 목적

김영정(2006)은 논술을 "비판적 읽기와 창의적 문제 해결하기를 기반으로 한 논리적 글쓰기"로 정의하였으며, 박구용(2006)은 "비판적이고 통합적인 생각을 기반으로 의견이 다른 사람과 토론하듯 근거를 제시하며 자기주장을 펼치는 논리적 글쓰기"라고 규정한 바 있다. 한편, 성백영(2007)은 논술을 "한 개인이 지닌 지력의 총합"으로 규정하였다. 즉 그에 따르면 논술이란 '아는 힘(제시문의 분석 능력, 공통 주제 파악 능력, 주제에 대한 다른 관점 파악 능력, 자료 해석 능력, 요약 능력, 사회 · 철학적 지식, 수리 · 과학적 지식), 생각하는 힘(비판 또는 반박 능력, 창의적 문제해결 능력, 정보 종합 능력, 수리 · 과학적 지식을 제시문의 현상과 연결하는 능력), 표현하는 힘(문장 쓰기, 단락쓰기, 개요작성, 논리적 표현 능력)'을 종합하여 일정한 채점기준에 따라 주어진 조건에 맞추어 문제에 답하는 논리적인 글쓰기인 것이다. 이러한 개념 정의를 통해 볼 때, 비판적 · 창의적인 읽기 능력, 창의적 문제 해결 능력, 논리적 표현 능력이 논술의 핵심에 놓여 있다고 볼 수 있다.

하지만 도덕과 논술은 이와 같은 사고력 및 표현력의 향상뿐만 아니라, 학생 자신의 가치관, 인생관, 세계관, 윤리관 등이 정당한지를 스스로 평가해보고, 머리가 유연해지면서 가슴도 뜨거워지는 기회를 제공함으로써 궁극적으로 도덕적 인간이자 윤리적 시민이 되는 데 기여할 수 있어야 한다. 즉 도덕과 논술은 제시문의 분석 능력, 지식의 양과 구조화 능력, 비판적 사고 능력, 표현 능력 등 기술적인 측면의 향상보다는 도덕적 삶의 철학 및 신념을 제대로 형성해 나갈 수 있도록 도와야 하고, 또한 이러한 것이 제대로 형성되고 있는지를 가늠할 수 있는 유용한 평가도구이어야 한다.

이와 같이 도덕과에서 논술에 대한 기본 관점은 교과의 성격과 목표를 구현할 수 있는 하나의 유용한 수단으로 활용할 수 있다는 측면에서 정립되어야 한다. 도덕과 교육과정 하에서 이루어지는 어떠한 세부적 교육활동도 교과교육적 본령에서 벗어나서는 안 되기 때문이다. 그러므로 논술 자체가 목적이 되고 도덕과가 종속적 위치에 놓이거나, 논리적 엄밀성과 기능적인 창의성만을 높이려고 하는 것은 도덕과 교육에서 지향하는 논술 활용의 방향으로 부적합하다. 이러한 관점을 견지하면서 도덕과 논술 활용의 목적을 보다 구체적으로 설정해 보면, 다음과 같다.

- 도덕과 논술은 단순히 교과서 내용과 관련된 배경 지식을 학생들이 얼마나 제대로 습득하였는가가 아니라, 교과서에서 다루는 탄생, 죽음, 사랑, 헌신, 봉사, 자유, 정의, 진, 선, 미 등 삶에서 중요한 윤리적 주제 및 가치에 대해 근본적인 물음을 제기하고 자기 가치관을 바탕으로 삶의 현실에 대한 나름의 인식을 갖도록 도울 수 있어야 한다. 이러한 논술을 통해 학생들은 삶에서 중요한 윤리적 주제에 대한 자신의 윤리적 기준 및 관점이 정당한지를 스스로 평가할 수 있는 기회를 갖게 된다.
- 도덕과 논술에서는 윤리적 쟁점 내지는 이슈(issues)에 대한 논의에 학생들이 참여할 수 있도록 문제의식을 심어주고, 자기 나름의 언어로 그 문제에 대한 관점과 의견을 정립할 수 있도록 도와주어야 한다. 이런 과정을 통해서 학생들은 윤리적 쟁점에 대한 이해를 심화할 수 있고 사고를 정교화할 수 있게 된다.
- 도덕과 논술에서는 머리가 유연해 지는 훈련뿐만 아니라 가슴도 뜨거워지는 훈련을 중시해야 한다. 논술교육에서 강조하는 사고력이라는 말은 자칫 '건조하고 삭막하며 차가운 이성'만을 훈련시키는 과정으로 인식될 수 있다. 하지만 합리적이고 논리적이며 비판적인 사람이 타인의 감정에 대한 이해, 타인의 고통에 대한 이해에 있어서는 무능력할 수 있으며 '사고력이 반드시 실천력을 좌우하는 것이 아니다'는 점을 인식해야 한다. 또한, 좋은 도덕과 논술을 위해서는 모든 감성을 억제함으로써 오류의 위험을 줄일 수 있다고 흔히 간주되고 있지만, 실제로는 이성과 감성이 서로 밀접하게 관련되어 있다는 생각도 간과해서는 안 된다. 사실 증오, 두려움, 수치심, 사랑, 우정, 공감, 배려감 등은 우리를 맹목적으로 만들 수 있지만, 이미 포유류의 세계와 특히 인간세계에서 지식의 발달은 감성의 발달과 결코 분리될 수 없다는 것 또한 명백한 사실이다(에드가 모랭, 2006). 감성은 잘못하면 이성을 질식시킬 수도 있지만, 지식의 내용을 풍성하게 해 줄 수도 있는 것이다. 그러므로 도덕과 논술에서는 사고력과 같은 이성뿐만 아니라 온전하게 느낄 수 있는 정서적 특성의 중요성도 동시에 고려해야 하며, 이를 통해 학생들의 통합적 도덕성 발달을 촉진시킬

수 있어야 한다.

- 도덕과 논술은 적극적인 자기이해(인식)와 자기성찰을 통해 도덕적 정체성을 형성해 나가도록 도울 수 있어야 한다.[1] 말과는 달리 글은 자신의 삶을 비판적으로 점검할 수 기회를 제공할 수 있다. 비판적인 자기점검을 하게 되면 자신에 대한 자기중심적 사고에서 벗어날 수 있기 때문에, 자신의 자기중심주의를 인식하고 판단하는 것이 가능해 진다. 따라서 도덕과 논술에서는 타인과의 관계 속에서 발생하는 다양한 도덕적 이야기(moral stories) 내지는 도덕적 서사(moral narratives)를 논술의 형식에 맞게 서술하면서 자기 자신의 삶을 도덕적인 관점에서 직접적으로 점검할 수 있도록 해 주어야 한다. 또한 다른 사람의 판단, 정서 상태, 그리고 행동을 그 사람 혹은 자기 자신의 도덕적 기준에 근거하여 평가해봄으로써 간접적으로 자신을 윤리적으로 반성할 수 있도록 해 주어야 한다. 이를 통해 도덕과 논술은 청소년들의 도덕적 정체성 정립에 기여할 수 있어야 한다.
- 도덕과 논술은 학생들이 가진 국가 · 민족 · 지역 · 성 · 피부색 · 종교 · 종(species) 등에 대한 고정관념이나 편견, 편향성(특히 확증편향)을 극복하고, 인류 및 생태 공동체에 대한 할 수 있도록 도와줄 수 있어야 한다. 이러한 고정관념이나 편견은 도덕적 민감성을 둔감하게 만들고 객관적이고 공정한 도덕 판단을 방해함으로써 결국 도덕적 행동으로 나아가는 데 심각한 실패요인으로 작용할 수 있다. 도덕과 논술은 발산적 사고와 창의적 사고, 그리고 자기평가적 사고를 통해 학습자가 가진 고정관념과 편견을 극복할 수 있도록 해야 한다. 더 나아가 도덕과 논술은 인류 및 생태 공동체에 대한 관심과 책임감을 함양하는 데에도 기여해야 한다.

이러한 관점에서 도덕과에서 논술을 의미 있게 활용한다면, 도덕적 삶을 위해 필요한 윤리적 기준 및 관점 정립, 인지와 정의(특히 공감)의 통합적 도덕성 발달, 도덕적 서사를 바탕으로 한 도덕적 정체성 형성, 타인을 배려하고 역지사지(易地思之)

1) 이와 유사한 맥락에서 이영경(2007)은 "성찰은 삶을 가치적 측면에서 묻고, 의미를 각성해 나가는 과정이므로 학생들은 이를 통해서 자아와 삶에 대해 이해하고, 바람직한 가치를 선택할 수 있다."고 강조하고 있다.

할 줄 아는 마음 함양, 비판적, 성찰적 사고를 바탕으로 편향성, 독단, 독선을 경계하는 민주시민으로서의 자질 향상, 그리고 인류 및 생태 공동체에 대한 책임감을 함양하는 데 기여할 수 있을 것이다.

제2절 도덕과 논술의 내용 및 지도 방향

중학교 「도덕」 및 고등학교 선택과목(「윤리와 사상」, 「생활과 윤리」)에서 논술을 활용하기에 적합한 주제들을 선별해 보면 아래와 같다. 논술 활용은 여러 주제를 다루면서 자주 실시하는 것보다는 소수의 제한된 주제를 다루더라도 깊이 있게 사고할 수 있는 기회를 갖도록 하는 것이 효율적이다. 즉 '폭 또는 범위'보다는 '깊이'에 치중하라는 것이다.

- 서양윤리일반
  - 도덕의 근거는 무엇이며, 왜 우리는 도덕적이어야 하는가?
  - 윤리는 절대적인가 상대적인가?
  - 욕망은 나쁜 것인가?
  - 이성인가 경험인가?
  - 행복을 가져오지 않더라도 도덕적 의무에 충실해야 하는가?
  - 좋은 삶이란 무엇인가?
  - 현실인가 이상인가?

- 생명윤리
  - 안락사는 허용되어야 하는가?
  - 인간배아복제는 허용되어야 하는가?
  - 사형제도는 유지되어야 하는가?
  - 임신중절은 허용되어야 하는가?
  - 인간과 동물은 똑같이 존엄한 존재인가?

- 환경윤리
  - 환경문제해결을 위한 대안, 인간중심주의인가, 생태중심주의인가?
  - 기후변화의 시대, 우리가 할 일은 무엇인가?
  - 자연은 도덕적 의무의 대상이 될 수 있는가?

- 인간은 만물의 영장인가?
- 미래 세대의 권리를 어느 정도 인정할 것인가?
- 환경비용을 누가 부담할 것인가?

• 정보통신윤리
- 정보화는 누구에게 이익이 되는가?
- 정보사회는 감시 받고 통제 받는 사회인가?
- 정보의 바다인가, 쓰레기의 바다인가?
- 저작권, 보호해야 하나, 공유해야 하나?

• 문화와 윤리
- 세계화 시대, 문화적 다양성은 어디까지 존중되어야 하는가?
- 대중문화는 저급하고 고급문화는 고상한가?
- 누가 윤리적인 소비자인가?
- 예술에 대한 가치 기준은 절대적인가?
- 청소년 문화를 어떻게 바라봐야 하는가?
- 예술과 외설을 구분하는 기준은 무엇인가?
- 예술과 도덕의 관계는 필연적인가?

• 인간 존엄성과 인권
- 많은 공적 자본을 투입하여 소수자의 편익을 도모하는 것은 역차별인가?
- 정부가 평화적 시위를 부정하는 것은 공권력 남용과 인권침해인가?
- 학생의 인권이 우선인가, 교사의 교권이 우선인가?
- 피해자의 인권이 더 중요한가, 범죄자(가해자)의 인권이 더 중요한가?
- 대중의 알 권리가 우선인가, 사생활을 보호받을 권리가 우선인가?
- 진정한 성평등이란 무엇인가?
- 정당화 가능한 역차별 사례에는 어떤 것이 있는가?
- 자유는 어디까지 허용되는가?
- 관용에는 한계가 없는가?

- 사회정의와 윤리
  - 정의로운 분배란 무엇인가?
  - 공정한 경쟁이 이뤄지려면 어떻게 해야 하는가?
  - 성장인가 분배인가?
  - 사회부패, 왜 문제이고 해결책은 무엇인가?
  - 반인륜 범죄에 대한 공소시효 제도는 정당한가?

- 국가와 윤리
  - 좋은 인간과 좋은 시민의 관계는 무엇인가?
  - 국가의 개입은 어디까지 허용되어야 하는가?
  - 시민불복종이 정당화 될 수 있는 범위는 어디까지인가?
  - 국제 관계에서 윤리적 원칙이 적용될 수 있는가?
  - 민주주의는 발전할 것인가?
  - 민족주의는 개인의 양심적, 도덕적 판단기준을 흐리게 하는가?

- 통일과 공동체윤리
  - 6 · 25가 오늘날 우리에게 주는 의미는 무엇일까?
  - 남북통일을 위해 필요한 도덕 · 윤리적 가치는 무엇인가?
  - 통일은 왜 해야만 하는 것인가?
  - 민족주의와 탈민족주의의 관점에서 각각 주장하는 통일의 당위성은 무엇인가?
  - 독일 통일 사례가 남북통일 대비에 주는 시사점은 무엇인가?
  - 통일한국의 바람직한 국가상은 무엇인가?
  - 재외동포의 의미와 그들에 대한 바람직한 우리의 자세는 무엇인가?

- 사회사상일반
  - 유토피아, 이상사회를 위한 나침반인가, 사회주의에 대한 유혹인가?
  - 자유주의와 민주주의는 함께 갈 수 있는가?
  - 보수와 진보 간 갈등 해결을 위한 해법은 무엇인가?

- 토지, 공적 재산인가, 사유재산인가?
- 시민의 정치 참여, 민주주의 발전의 디딤돌인가, 걸림돌인가?

• 동양 · 한국윤리일반

- 인위인가, 자연인가? - 공자와 노자
- 본성은 타고난 것인가, 학습되는 것인가? - 맹자와 고자
- 인간의 본성은 선한가, 악한가? - 맹자와 순자
- 덕에 의한 정치냐, 힘에 의한 정치냐? - 맹자와 한비자
- 인간과 동물은 같은가, 다른가? - 인물성동이논쟁
- 경전인가, 참선인가? - 의천과 지눌
- 현실인가, 해탈인가? - 정도전과 기화
- 수구냐, 개화냐? - 위정척사와 개화사상

• 지구공동체 윤리

- 세계시민으로서의 정체성과 국가 정체성은 조화 가능한가?
- 애국심과 세계시민성은 양립 가능한가?
- 세계화 시대에 민족주의의 문제점은 무엇인가?
- 약소국의 입장에서 볼 때 세계화의 문제점은 무엇인가?
- 정의로운 전쟁은 성립 가능한가?
- 인권문제, 전쟁 및 테러 문제, 기후변화 및 환경문제 등 글로벌 차원의 도덕 문제에 어떻게 대처해야 하는가?

한편, 아래의 〈표 9-1〉에 제시한 논술 테마와 핵심 논점은 송기호(2007)에 의해 개발된 것이다. 이 표는 윤리 수업의 실제 현장에서 구체적으로 적용될 수 있는 논술형 과제들의 내용을 「윤리와 사상」 교과서에서 발췌하여 각 논술 테마에 대한 핵심적인 주장들을 논점 형태로 제시한 것이다.

표 9-1 『윤리와 사상』 교과서 속의 논술 주제와 논점들(송기호, 2007)

논술 테마	핵심 요약(논점)
인간에게 윤리적 삶의 필요성	자유의지, 사회성, 이중성
삶의 질을 평가하는 기준은 무엇인가?	웰빙, 주관적 지표, 행복
가치 있는 삶의 조건들은 무엇인가?	이타주의, 자기만족 등
양심적 병역거부 공방에 대한 자신의 입장 정당화	찬성론 - 양심, 윤리(생명존중) 반대론 - 형평성, 종교의 자유
사형제도 존속, 폐지 공방에 대한 자신의 입장 정당화	존속론 - 질서유지 폐지론 - 인권존중
역사 속에서 나타난 동·서양의 이상사회를 비교하시오.	동양 - 대동사회, 소국과민 서양 - 유토피아
개인주의와 집단주의의 차이점 비교	개인주의 - 합리성, 효율성 집단주의 - 공동체, 교육 중시
동서양의 직업윤리를 비교 설명하시오.	동양 - 신유교윤리 서양 - 직업소명설
관념론과 유물론의 차이점을 비교 서술하시오.	관념론 - 정신 유물론 - 물질
사회 운동이 갖추어야 할 조건을 설명하시오.	이념과 목표, 지속성, 사회변화
사회주의와 자유주의는 역사 속에서 진보적인가 보수적 인가?	사회주의 (근대초기-급진, 현재-보수) 자유주의 (근대초기-급진, 현재-보수)
역사 속에서 나타난 이상사회가 추구했던 목표의식 서술하시오.	진보, 자유와 평등, 분배정의 등
단군의 건국 이야기와 최치원의 난랑비 서문, 원효의 화쟁 사상 속에 나타난 공통 정신은?	조화 정신
위의 조화 정신을 계승하여 현대 사회의 문제점을 해결하는 데 기여할 수 있는 방안은?	집단 이기주의, 진보와 보수 간의 갈등, 세대간, 지역 간 갈등 해소
퇴계와 율곡 사상의 차이점 비교 서술	퇴계 - 이기호발, 율곡 - 이통기국
실학적 관점에서 본 성리학에 대한 문제의식은?	공리공론, 실학은 유용성 중시
공자의 정명사상과 칼뱅의 직업소명설의 공통점은?	직업윤리로서 자신의 직분에 충실
장자의 제물론(호접지몽 제시문) 속의 근본정신을 토대로 현대 사회에 어떻게 기여할 수 있는가?	차별과 대립을 극복하면 모든 만물은 평등(물아일체)
도가의 무위 사상을 토대로 현대 사회에 대한 문제의식은?	인위적인 사회 제도, 문명, 과학기술 등
인간 본성은 과연 이기적인가?	성선설, 성악설, 성무선악설

선과 악은 과연 공존할 수 있는 것인가?	이중성, 성무선악설
주자 성리학과 양명학의 차이점은?	성리학 - 지식의 습득과 수양 강조 양명학 - 선천적인 본래성 강조
전습록에 나타난 양명학의 핵심적인 문제의식을 성리학과 비교하시오.	성리학 - 성즉리설 양명학 - 심즉리설 (마음 중심)
플라톤의 4주덕을 현대의 직업윤리 관점에서 설명	직분에 충실
동서양의 자연관을 비교하고 오늘날 환경 문제를 해결할 수 있는 대안을 제시하시오.	동양 - 자연에 순응 서양 - 정복 지향적 인간관, 자연과의 조화를 강조할 때 환경문제 해결
베이컨의 우상을 토대로 사물에 대한 올바른 인식에 도달하는 방식을 제시하시오.	경험(관찰과 실험)에 의한 진리 인식
데카르트와 베이컨의 자연에 대한 관점은 왜 환경 문제를 초래했는가?	자연을 지배와 정복의 대상으로 이해
서양의 근대 경험론과 합리론의 차이점 비교	경험론 - 경험 중시 합리론 - 이성 중시
현대사회 속에서 불안과 죽음의 문제를 극복하기 위한 대안을 제시하시오.	실존주의
세계 윤리의 근본정신은 전 지구적 차원에서 오늘날 어떻게 기여할 수 있는가?	인간 중심주의에서 세계의 모든 존재를 고려하는 전체론적 윤리로
세계 윤리의 기본 정신을 요약하시오.	생명 존중, 공정한 경제 질서의 실천
신자유주의의 특징을 토대로 그 문제점을 보완할 수 있는 방안에 관하여 논하시오.	신자유주의 - 경제 성장, 복지감축 보완 방안 - 경제적 형평성, 분배 정의 실현
정보화 시대의 이상적 민주주의를 실현할 수 있는 구체적인 실현 방안은?	팝옵티콘과 아고라 사례 제시
자유와 평등은 과연 양립할 수 있는 것인가?	자유와 평등의 상호 조화
현대 사회 속에서 페미니즘이 갖는 의미는?	양성평등
이상적인 사회와 관련하여 공자의 대동 사회와 모어의 유토피아에 나타난 근본정신을 현대 사회에 적용할 수 있는 방안에 대하여 논하시오.	복지사회 - 실업의 해소, 빈부 격차 해소 등
롤즈 정의론의 두 가지 원칙을 서술하고 두 번째 원칙을 실현할 수 있는 사회적 방안을 논하시오.	평등한 자유의 극대화 차등의 원칙 - 기회 균등의 원칙(특별소비세 등)
니부어의 사회 윤리를 바탕으로 사회문제를 해결할 수 있는 방안을 논하시오.	사회 정책이나 제도의 개선이 선행

제3절 도덕과 논술의 교수·학습 방법

논술 활용 수업이 수업만으로 그치거나 수업 없이 평가만 시행된다면, 도덕과 교육에서 기대하는 목표를 달성하는 데 명확한 한계가 있다. 도덕과에서의 논술은 학생들의 윤리적 사고 능력을 보다 객관적인 방식으로 측정하여 일종의 평정자료로 활용할 수 있을 뿐만 아니라, 보다 바람직하게는 교수 · 학습활동의 일환으로 적용하여 이를 통해 학생들 스스로 자신의 삶을 윤리적으로 성찰해 보고 자신의 삶의 철학을 정립해 보는 소중한 기회를 제공하는 데 의미를 두어야 한다. 실제로 오늘날 우리 사회의 도덕적 · 정신적 위기는 우리 학생들로 하여금 실제 현상이나 현실에서 발생하는 사회 · 도덕적 문제를 윤리적으로 사고 및 성찰하고 서술할 수 있는 능력을 필요로 하며, 아울러 다양한 윤리적 문제나 현상을 알고 있는 지식으로 설명해보는 일상적 훈련이 도덕과 교육과정 및 실제 수업에 포함될 것을 요청하고 있다.

그러므로 논술은 수업과 평가가 연계된 형태로 진행되는 것이 보다 바람직하다. 하지만 모든 수업을 논술이나 논술과 연계된 토론 수업형태로 진행할 수는 없기 때문에, 학년 초에 연간 학습계획을 체계적으로 수립하여 적용해야 한다. 이 때 특히 비교적 채점 기간의 여유가 없고 총괄 평가적 성격을 갖는 정기고사보다는 수업과 연계된 수행평가적 논술을 주로 활용할 필요가 있다. 여기서는 도덕과 논술지도와 연계 가능한 다양한 수업기법들을 소개하고자 한다.

1. 가설적 가치선택: 만약 나라면 어떻게 할까?

"만약 ______라면 여러분은 어떻게 하겠습니까?"라는 질문은 인성(도덕성) 발달 및 사고력 발달에 매우 효과적이라는 사실이 실증적 연구결과를 통해 밝혀진 바 있고, 논술로 나아가기 전에 도덕적 상상력을 최대한 발휘하게 하고 나름대로의 도덕적 기준을 세우거나 도덕적 입장채택을 하도록 돕는 데 매우 유용한 수단이 될 수 있다.

- 만약 누군가 여러분을 신체적인(혹은 종교적인) 문제로 비방한다면 어떻게 하겠습니까?
- 모든 사람들이 항상 거짓말을 한다면 무슨 일이 생길까요?
- 만약 혜경이의 속마음을 다른 사람들(혜경이 부모님, 친구, 선생님 등)이 알게 된다면, 그 사람들은 어떻게 생각할까요?
- 어려운 일을 쉽게 할 수 있는 편법을 알게 되었다면 어떻게 하겠습니까?

이러한 가설적인 선택 질문들은 일반적으로 활발한 많은 토론을 이끌어 낸다. "여러분은 어떻게 행동하겠습니까?"라는 질문 외에도 "여러분은 어떻게 행동해야 합니까?"라는 질문을 활용할 수 있다. 이러한 질문에 대한 탐구를 통해 학생들은 논술로 나아가기 위한 충분한 준비를 하게 된다. 즉 논술 문항에서 제시된 도덕적 문제에 직면하여 보다 깊이 있는 사고로 나아가기 위한 도덕적 이해를 갖게 된다. 이러한 도덕적 이해는 단순하고 편협한 관점에 근거한 것이 아니라 보편화 가능한 도덕원리에 기초한 것으로 보아도 된다.

2. 마인드 맵

마인드 맵은 어떤 중요한 주제나 개념 혹은 이미지를 연상 작용에 의해 나무 가지가 뻗어 나가듯이 생각해 보도록 하는 그래픽 기법이다. 이 방법은 주어진 주제, 개념, 혹은 이미지에 대한 자신의 마인드를 그림, 기호, 낱말, 숫자, 색깔, 부호, 도표 등을 사용하여 지도처럼 그리게 된다. 이러한 마인드 맵은 브레인스토밍의 과정을 거치게 되므로 도덕적 상상력 및 사고력의 향상을 촉진할 수 있다. 또한 일반적이고 포괄적인 개념 수준으로부터 보다 구체적인 개념 수준으로 진행되는 위계 구조(hierarchical structure)는 도덕적 지식을 논리적으로 조직할 수 있는 능력을 향상시킬 수 있으며, 도덕적 지식과 학생들의 실제 삶을 연결하는 역할을 제공할 수 있다는 장점이다.

논술에서 마인드 맵이 갖는 장점은 논술로 나아가기 전에 다듬어지지 않았거나 흩어져 있는(혹은 구조화되지 않은) 지식과 관점을 논리적이고 체계적으로 정립하는 데 매우 효과적인 수단이 될 수 있다는 점이다.

〈마인드 맵핑을 위해 사용되는 주요 용어들〉

- 중심 이미지(마인드 맵의 '주제'에 해당): 주제를 이미지화한 것으로 가운데 그린 그림
- 주가지(큰 가지): 중심 이미지의 하위 개념으로 책의 큰 제목과 유사
- 부가지(작은 가지): 주가지의 하위 개념으로 작은 제목과 유사
- 세부가지(더 작은 가지): 부가지의 하위 개념으로 부가지의 내용에 속하거나 관련된 내용

마인드 맵은 대체로 백지를 가로로 놓고 작성한다. 종이의 가운데에 마인드 맵의 주제에 해당하는 중심 이미지를 나타내고, 가지가 뻗어나가듯이 보다 구체적이고 세부적인 개념 수준으로 작성해 나간다.

3. 도덕적 딜레마 토론

도덕적 딜레마 토론은 도덕 추론 과정을 연구한 콜버그와 그의 동료들이 도입한 방법이다. 일반 교실에서 학생들은 다양한 도덕적 추론 단계를 보이므로, 학생들이 도덕적 딜레마를 중심으로 토론하도록 함으로써 상위의 도덕 추론 단계로 나아가게 할 수 있다. 주지하다시피, 도덕적 딜레마의 대표적인 유형은 가상적 딜레마로서 콜버그와 그의 동료들이 대부분의 연구에서 이를 사용하였다.

하지만 도덕적 딜레마 토론 주제가 가상적일 필요는 없다. 지금도 아프리카나 남미의 부모들은 굶어 죽어가는 아이들을 먹이기 위해 유엔 구호품을 훔칠 수 있는

것이다. 이러한 행동이 도덕적으로 정당화될 수 있는가? 역사는 토론에 알맞은 도덕 딜레마들을 제공해 준다. 북군이 연방 제도를 보전하고 노예들을 해방시키기 위해 수백만의 사람들을 희생시킨 남북전쟁을 일으킨 것은 옳습니까? 미국이 히로시마와 나가사키에 원자폭탄을 투하한 것은 옳았습니까?

문학 작품 역시 끝없는 도덕적 딜레마들을 제공한다. 여우가 토끼를 속인 것이 옳았습니까? 왕이 가장 공정한 해결 방법을 떠올렸나요? 원로원들이 시저 왕을 살해한 것이 정당화될 수 있나요? 죄수들이 그들의 군주를 죽일 권리를 가졌나요? 여주인공이 남편을 홀로 남겨둔 것이 옳았습니까? 과학과 건강에 관한 도덕적 딜레마들도 마찬가지로 상당히 많다. 예컨대, 건강 보험급여, 안락사, 생 의학 연구, 동물실험, 대마초의 합법화, 임신 중절 등을 들 수 있다.

도덕적 딜레마 토론의 가장 적합한 주제는 쉽게 답을 내리기 어려운 것이다. 이런 딜레마들을 통해 다양한 추론 수준과 더불어 광범위한 도덕적 논증을 이끌어 낼 수 있다. 토론을 진행하는데 있어서 중요한 점은 초점이 도덕적 추론에 있다는 점을 인식하는 것이다. 이러한 인식은 교사가 학생들의 개인적인 의견이나 지적인 논증으로부터 도덕적 추론을 구별해낼 수 있을 때 가능하다. 교사가 토론에서 강조하고 하는 것은 학생의 추론이다. "민희, 그래서 너는 법을 어기는 것이 항상 나쁘다고 생각하니? 왜 항상 나쁘다고 생각하니?", "혜민, 너는 인정받기 위해서는 어떤 일도 하겠다는 거니? 나쁜 일도 하겠니?" 이와 같은 질문들을 통하여 교사는 학생들로 하여금 자신의 관점에 깔려 있는 도덕적 근거를 검토하고, 이를 언어로 표현하도록 유도할 수 있다. 학생들은 다른 학생의 추론 내용을 들으면서 자신의 도덕적 추론을 상위 단계로 발달시킬 수 있다.

이러한 도덕적 딜레마 토론수업이 논술과 연계될 때 갖는 장점은 논술 문항에 관련된 학생들의 사고를 확장하고 비판적 시야를 넓힐 수 있으며 보다 높은 도덕적 추론을 통해 논술문을 작성할 수 있도록 돕는다는 점이다.

4. NIE 활동

신문에는 매일 다양한 분야의 새로운 정보가 실리므로 이를 활용하면 유익하고 실용적인 학습이 가능하다는 게 교육 전문가들의 일반적인 견해이다. 신문이 '살아 있는 교과서'로 불리는 이유도 바로 이 때문이다. NIE는 이러한 신문의 특성을 교육에 반영해 지적 성장을 꾀하고 학습효과를 높이는 교육 방법을 통틀어 일컫는다.[2)] 크게 보자면, 신문의 구성요소인 기사를 활용하는 방법, 사진을 활용하는 방법, 시사만화를 활용하는 방법, 광고를 활용하는 방법과 신문의 형식 자체를 활용하는 방법 등이 있다. 학습자의 지적 수준이나 학습목표에 따라 다르지만 여기서 가장 주된 방법은 정보가 가장 많이 들어있는 기사를 활용하는 것이다.

이러한 NIE 활용수업이 논술과 연계될 때 갖는 장점은 논술 문항과 관련된 기사와 사설 혹은 칼럼을 검토할 수 있는 기회를 미리 가짐으로써 정확한 사실을 확인할 수 있고, 균형을 잃고 편향된 관점을 극복할 수 있으며, 자신의 주장에 필요한 타당하고 풍부한 근거들을 수집할 수 있다는 점이다.

5. 미디어 활용

고도의 정보화 시대를 살아가는 우리 학생들은 각종 미디어, 특히 텔레비전과 인터넷, 유튜브, 활자화된 미디어를 통해 최근의 지역, 국가, 글로벌 수준의 도덕적 문제를 접하고 있다. 이러한 미디어를 활용한 수업이 논술과 연계될 때 갖는 장점은 논술 문항과 관련된 도덕적인 문제 상황이나 주제에 대해 보다 심층적으로 이해하고, 이에 대해 보다 균형 잡힌 관점을 취하도록 해주며, 논술문제에서 제시된 이슈나 주제에 대한 방관자가 아니라 능동적인 참여자가 될 수 있도록 이끌어 준다는 점이다.

미디어 활용의 예 논술 문제와 관련된 최근의 도덕적 사건이나 이슈에 대한 분석의 기회를 가져보자. 4인 1개조를 구성하여 학교, 지역, 국가, 국제 뉴스를 다루는 "뉴스데스크" 활동을 진행해 보자. 각 그룹마다 4개의 책상을 붙여서 학교, 지역, 국가, 국제 사회의 차원에서 논술 문제와 관련된 도덕적 사건이나 이슈를 선정하고 보도 자

2) 보다 자세한 내용은 정창우 외(2007), pp. 200-220 참고 바람.

료를 준비해 보자. 그리고 뉴스를 진행할 1명의 앵커를 선정하여 뉴스 보도를 진행한 후, 전체 학급 토론을 통해 각 그룹에서 보도된 뉴스 내용의 부정확성 혹은 누락 여부 등을 확인하고 중요한 도덕적 이슈 및 사건에 대해 토론 기회를 가져 보자. 뉴스 진행을 흥미롭게 하기 위해 각 그룹마다 1명의 날씨 리포트가 도덕적 용어를 사용해 가면서 날씨를 보도할 수도 있다.

6. 연속선 전략

가치와 도덕성에 관련된 많은 입장들을 한 연속선상에 나열할 수 있다. 학생들로 하여금 다양한 입장을 한 연속선에 표시하도록 하는 일은 비판적 사고를 기르는 데 매우 효과적이며 도덕성 발달을 촉진시키는 가장 좋은 방법 중 하나이다.

논술 문항에 관한 주제를 놓고, 칠판에 한 선을 그은 다음, 아래의 보기들과 같이 선의 양극단에 대비되는 입장을 지정한다. 학생들 스스로 자신의 견해를 말해도 좋고, 그 이전에 교사가 관련된 문제를 이해시키기 위하여 설명을 덧붙여도 된다.

• 초등학교 수준:

1. 애완동물의 생명은 얼마나 중요합니까?

매우 중요하다 ---전혀 중요하지 않다

2. 자신보다 더 작거나 약한 아이들을 괴롭히는 큰 아이들을 어떻게 생각합니까?

전혀 좋아하지 않는다 -- 매우 좋다

• 중학교 수준:

3. 학교에서 열심히 하는 것이 여러분의 미래에 얼마나 중요하다고 생각합니까?

전혀 중요하지 않다 ---매우 중요하다

4. 여러분은 어떤 사람이라고 생각합니까?

다른 사람을 전혀 의식하지 않는다 ------------------ 다른 사람을 매우 의식한다

• 고등학교, 성인 수준:

5. 여러분은 가난한 나라에 대해 얼마나 신경을 쓰고 있습니까?

전혀 신경 쓰지 않는다 ------------------------------------- 매우 신경 쓰고 있다

6. 여러분이 법을 만들 수 있다면, 낙태에 관해 어떤 법을 만들겠습니까?

절대적으로 금지한다 ------------------------------------- 상황에 따라 가능하다

학생들에게 개별적으로 연속선을 만들게 하고 자신들의 위치를 선택하도록 요구한다. 학생들이 자신의 노트에 한 선을 긋고 자신의 위치를 나타내는 선상에 이름의 첫 글자를 기입하도록 한다. 그 다음 교사가 호명하는 학생이 앞에 나와 칠판의 연속선에 자신의 이름을 적도록 지도한다. 물론 학생들에게 이런 활동을 하지 않을 수 있는 권한도 부여한다. 만약 학생들이 연속선의 한 쪽 끝에 몰린다면, 반대 입장을 가진 학생들이 있는지 물어 본다. 그 다음 자신의 위치를 정한 이유를 발표하도록 한다. 토론의 마지막 부분에서는 지금까지 제시된 다른 학생들의 설명을 고려하여 자신의 입장을 바꾼 학생이 있는지 물어본다.

계속적으로 학생들이 한 쪽에 몰린다면, 이는 선택이 명백하다는 증거이다. 좋은 사고와 토론을 이끌어 내는 훌륭한 토론 주제는 일반적으로 학생들로 하여금 연속선의 중간으로부터 양쪽으로 골고루 분포하도록 하는 것이다. 이러한 연속선 전략이 논술과 연계될 경우 갖는 장점은 도덕적 문제해결이 요구되는 논술문항에서 자신의 입장채택을 용이하게 하고, 다른 입장이나 관점에 대한 풍부한 이해를 통해 심층적인 논의를 전개할 수 있도록 촉진제 역할을 할 수 있다는 점이다.

제4절 도덕과 논술문 작성 및 평가관점

1. 개요 작성

논술에서 주어진 제시문을 통하여 완성된 논술문을 작성하기 위해서는 우선 자신이 구상하는 전체적인 글의 줄거리를 논리적으로 구성해 볼 필요가 있다. 건축에서도 외형적인 구조물의 골격을 구성하는 기초 공사가 필요한 것처럼, 논술에서도 자신이 전개하고자 하는 글의 체계적인 구성도를 그려보는 것은 성공적인 논술문을 결정하는 중요한 요소이다(송기호, 2007).

이러한 개요 작성을 할 때 고려해야 할 점을 논술문 작성의 순서에 따라 대략 4가지 정도로 제시하면 다음과 같다.

첫째, 논제 및 제시문 분석을 통하여 논점을 정확하게 파악하는 단계로서 논술문 작성에 있어 가장 기본이 되는 것이다. 논제 및 제시문에 대한 신속하고 정확한 독해능력과 핵심을 파악하는 능력은 중·고등학교나 대학에서 강조되는 지적 능력 및 기능의 일반적 요목 중 가장 기본이 되는 것이 이해력에 관련된 것이다.

둘째, 글의 도입부는 문제의 주제가 왜 흥미 있는 주제가 될 수 있는지에 대하여 설득을 할 수 있어야 한다(박효종, 2007). 물론 거기엔 본인의 체험적인 에피소드가 중요할 수 있고 혹은 어떤 위대한 사람들의 명언구절이나 철학사상을 인용해 보는 것도 의미 있을 수 있으며, 혹은 최근에 관심을 끈 사건들이나 추세를 지적하면서 주제를 이끌어 나갈 수도 있다. 여기서 중요한 것은 그 내용이 장황하기보다는 간략하고 간명해야 한다는 점이다. 그렇지 않으면 "배보다 배꼽이 더 큰 상황"처럼 '생뚱맞은' 글이 될 수도 있다.

셋째, 본론에 해당되는 부분에서는 자신의 주장을 강화하기 위하여 타인을 합리적으로 설득하는 데 필요한 논증 및 논거를 제시해야 한다. 여기서 자신의 주장을 매력적인 것으로 만들려면, 자기 자신의 의견과는 반대되는 의견이나 소견을 다룰 필요가 있다는 것이다. 적과 싸웠을 때 승리가 빛나는 것이지, 싸우지 않고 자기 자신의 진지만 지키는 것은 별로 중요한 의미를 갖지 못한다. 따라서 자신의 주장을 내세울 때는 항상 반론이나 비판적 의견들에 대해서 유의하고 그 논리에 대하여 정

통해야 한다. 반론이나 비판적 의견에 대해서 정통하지 못한 채 자신의 주장만을 고집하면 그것은 구호를 반복해서 제창하는 것처럼, 별로 설득력을 갖지 못한다(박효종, 2007).

끝으로, 자신의 주장을 인상적으로 마무리할 수 있어야 한다. 자신의 주장을 마무리하려면, 자신이 힘 있게 주장한 것의 내용을 간략하게 요약할 수 있어야 한다. 이 때 요약은 한두 마디로 충분하다. 그리고 여력이 있으면 다른 보다 넓은 주제와의 연관성도 언급할 수 있고 또 자신이 한 주장의 제약점이나 혹은 앞으로의 과제에 대해서도 언급할 수 있을 것이다.

2. 논술 사례: 도덕적 인간

제시문 (가)와 (나)는 하나의 공통된 주제와 관련된 글이다. 그 주제를 말하고, 제시문에서와 같은 행동 특성을 가진 사람들이 우리 사회에서 다수를 차지할 경우 예상되는 문제점을 지적한 후, 이러한 상태에 도달하지 않기 위해 개인적 차원에서 노력해야 할 점을 논술하시오.

(가) 스코틀랜드의 소설가 스티븐슨(Stevenson, R. L.)이 쓴 괴기 소설의 주인공은 지킬 박사이다. 『지킬 박사와 하이드 씨의 괴기한 사건』이라는 정식 제목을 줄여서 『지킬 박사와 하이드(Jekyll and Hyde)』라 말하며 이중인격을 다룬 소설이다. 이 소설에서 지킬 박사는 선량한 신사이지만, 선과 악을 분리시켜 인격을 변화시키는 약을 발명하여 자기가 그 약을 먹고 하이드라는 전혀 별개의 악인으로 변하여 흉포성을 발휘한다. 그러나 점차 악이 선을 이겨서 약을 먹지 않아도 하이드로 변신하여 끝내는 지킬 박사의 모습으로 영원히 돌아갈 수 없게 된다. 마침내 하이드는 살인까지 저지르게 되고 결국 자살을 하고 만다.

(나) 우리는 자기와 가깝거나 친한 사람들에게는 도덕적이고 예의바르다. 그러나 자기와 거리가 먼 낯선 사람들에게는 무례하고 부도덕적인 경우가 많다. 복잡한 지하철이나 버스 정류장이야말로 낯선 사람들이 이합집산을 하는 대표적인 장소이다. 그러나 그 곳에서는 최소한의 예의인 줄서기조차 잘 이루어지지 않는다. 서로를 밀치고 당기는 마치 약육강식의 전쟁터를 방불케 한다. 지하철에서도 옆자리에 앉은 사람이 나와는 아무런 상관없는 사람이라고 생각하고 함부로 행동하다가, 우연히 상대방이 학교 선배라는 사실을 알게 되면 갑자기 태도를 바꾸어 예의바른 사람인 것처럼 그 때까지의 무례에 대해 용서를 청한다.

<table>
<tr><td colspan="2">논제분석</td><td>본 문항은 어떤 기준이나 준거에 의해 '도덕적 인간'이란 어떤 존재인가를 규정해 보고, 소설 속 주인공과 일부 현대인의 삶의 모습을 이러한 기준에 비추어 성찰해 보도록 하는 데 목적이 있다. 이를 위해 지킬 박사의 이중인격과 일부 현대인의 이중적 삶의 태도를 도덕적 인간에 대한 판단 기준에 근거하여 성찰하고, 이중적 태도를 가진 사람들이 우리 사회에서 다수를 차지하게 되었을 때 발생할 수 있는 문제점을 윤리적인 관점에서 구체적으로 상상해 보며, 이러한 문제를 예방하기 위해 노력해야 할 방향을 설정해 볼 것을 요구하고 있다.</td></tr>
<tr><td colspan="2">제시문 분석</td><td>(가)『지킬 박사와 하이드』라는 소설에 나타난 '비도덕적 인간'의 특성
(나) 나와 전혀 관계가 없는 사람들만 모인 공간에 가서는 전혀 다른 사람인 것처럼 함부로 행동하는 사례</td></tr>
<tr><td rowspan="5">구성</td><td>서론</td><td>도덕적인 사람이란 어떤 존재인가에 대한 물음을 제기하면서, 이에 대한 답변은 결코 쉽지 않지만 도덕적 일관성의 관점에 대한 고려가 우선적으로 필요함을 제시</td></tr>
<tr><td rowspan="3">본론</td><td>제시문 (가)와 (나)의 공통된 주장은 도덕적 일관성이 결여된 사람의 심리적 · 행동적 특성을 보여주는 것.</td></tr>
<tr><td>도덕적 일관성이 결여된 사람들이 우리 사회의 다수를 차지하게 된다면, 도덕적 자아를 상실하고 오로지 순간적인 쾌락이나 개인적 편의주의에만 빠져서 타인에 대한 배려를 하지 않게 되기 때문에 우리 사회는 매우 삭막하고 질서가 없는 매우 혼란스러운 상황에 빠지게 될 것임.</td></tr>
<tr><td>이러한 상황을 예방하기 위해서는 자기 자신의 삶을 도덕적으로 일관되게 살아갈 있도록 해 주는 내적 기준을 세우고, 여러 가지의 유혹에 굴복하지 않으면서 자신의 기준을 지켜내도록 노력할 필요가 있음.</td></tr>
<tr><td>결론</td><td>나 자신의 삶을 윤리적으로 성찰해 볼 수 있는 계기가 되었음.</td></tr>
</table>

〈예시 답안〉

도덕적인 사람인가 아닌가를 판단할 수 있는 준거는 무엇인가? 이 물음에 대해 답하기 위해 고대부터 오늘날에 이르기까지 끊임없는 윤리학적 탐구가 진행되어 왔지만, 아직도 그 물음에 대한 합의된 답변은 얻어내지 못했다. 하지만 도덕적 가치를 다른 가치보다 우위에 두면서 일관되게 살아가느냐의 여부가 도덕적인 사람인지의 여부를 판단할 수 있는 중요한 준거 중의 하나라는 점에 대해 이견을 가진 사람은 아마도 없을 것이다. 이 점은 제시문 (가)와 (나)에서 공통적으로 강조하고 있는 메시지이기도 하다.

제시문 (가)의『지킬 박사와 하이드』라는 소설에서 주인공은 선량한 신사 지킬 박사로도 흉악한 악인 하이드로도 행동할 수 있다. 처음에는 약에 의존해서 선과 악을 넘나들지만, 시간이 지나면서 악이 선을 이겨서 약이 없이도 하이드로 변신하고 결국에는 자신의 본모습인 지킬 박사로 돌아올 수도 없게 된다. 하이드는 살인을 저지른 후 스스로 자살하는 것으로 최후를 맞이한다. 지킬 박사와 하이드의 모습은 제시문 (나)에서의 우리 모습과 흡사해 보인다. 우리는 나를 실제로 아는 사람들에게는 좋은 관계를 유지하기 위해서 선량한 신사 지킬 박사처럼 예의바르게 행동하지만, 나와 전혀 관계가 없는 사람들만 모인 공간에 가서는 하이드의 모습으로 전혀 다른 사람인 것처럼 함부로 행동하기도 한다. 다른 사람에 대한 배려 없이 나의 이익, 오직 나만을 생각해서 행동하는 경우도 있다.

지킬 박사와 하이드의 사례를 교훈 삼아 제시문 (나)와 같은 태도를 지닌 사람이 많아질 경우의 모습을 상상해보자. A상황에서는 윤리적인 기준에 따라서, B상황에서는 쾌락을 기준으로 모든 사람들이 모두 자신만의 상대적인 기준에 따라 행동한다면, 그 사회는 질서가 없는 매우 혼란스러운 상황에 빠지게 될 것이다. 또한, 선(善)으로부터 얻는 기쁨보다는 악(惡)으로부터 얻는 쾌락이 순간적으로는 더 크기 때문에 사람들은 순간적으로 선보다 악을 선택하는 경우가 많고, 악에 더욱 익숙해져서 그것이 악인지도 모를 정도로 무뎌지기 쉽다. 하이드로 변한 지킬 박사가 자신의 본모습을 잃듯이, 악으로 가득 차게 되면 우리의 본 모습인 선으로 돌아오지 못하게 될 수도 있다. 즉, 우리의 자아를 상실하고 오로지 순간적인 쾌락에만 빠져서 살인과 같은 돌이킬 수 없는 잘못을 저지르고 결국 파멸에 이르게 될 지도 모른다.

이러한 상황을 예방하기 위해서는 자기 자신의 삶을 도덕적으로 일관되게 살아갈 있도록 해 주는 내적 기준을 세우고, 여러 가지의 유혹에 굴복하지 않으면서 자신의 기준을 지켜내도록 노력할 필요가 있다. 이 기준은 상황에 따라서 쉽게 바뀌어서는 안 된다. 지킬 박사가 하이드로 변하지 못하게 자신을 규제를 해 줄 수 있는 보편화 가능한 내적 기준이 있었다면, 그리고 다른 유혹에 저항할 수 있는 실행력이 있었다면, 그와 같이 자신의 이익과 쾌락만을 기준으로 행동하지도 않았을 것이고 선과 악을 넘나들며 비일관된 삶을 살지도 않았을 것이다. 결론적으로 제시문 (가)와 (나)에 나타난 비도덕적인 모습을 통해 과연 나 자신의 삶에는 도덕적 이상이나 내적 기준이 제대로 설정되어 있는지, 이를 일상적인 삶에서 일관되게 실천하고 있는지 점검할 수 있는 기회를 갖게 되었다.

3. 도덕과 논술 문제의 유형 및 평가 관점

아래에 제시된 도덕과 논술 문제의 몇 가지 유형들은 단독으로 제시되기보다, 다른 유형들과 결합된 형태로 제시되는 경우가 대부분이다.

① 논지 파악 및 이해력을 파악하기 위한 문제

중 · 고등학교나 대학에서 강조되는 지적 능력 및 기능의 일반적 요목 중 가장 기본이 되는 것이 이해력이라고 할 수 있을 것이다. 즉 학생들이 의사전달을 받게 되면 전달되는 내용을 알게 되고, 또 거기에 포함된 자료나 아이디어를 이용할 수 있어야 한다고 생각되는 것이다. 여기서는 어떤 자료를 원래와는 다른 언어, 용어 및 다른 형태의 자료로 바꾸어 놓을 수 있는 능력이 강조된다.

실제 논술에서는 대체로 제시문에 대한 신속하고 정확한 독해능력과 핵심을 파악하는 능력을 평가하기 위해서 요약형 및 주제 파악형 문제를 출제한다. 제시문을 요약하거나 저자의 주장에서 가장 중요한 골자를 제시할 때 유의할 점은 우선 제시문에 들어 있는 중요한 대목이나 문장을 그대로 인용하기보다는 창조적으로 혹은 자신의 말로 표현할 수 있어야 한다는 것이다. 또한 요약이나 주제 제시는 긴 글을 읽고 저자가 말하고자하는 핵심을 찾아 간략하게 정리하는 것이므로 그 글에 대한 자신의 감상이나 주관적 견해를 서술해서는 안 된다.

• 요약형

[논제 1] 아래 제시문들은 갈등과 법 또는 규칙에 대한 다양한 관점을 보여주고 있다. <u>제시문 (라)를 요약</u>하고, 제시문 (가)의 아버지가 바라보는 '법'의 관점과 제시문 (나)에 나타난 법의 관점을 갈등의 해결이라는 측면에서 비교 분석해 보세요.

• 주제 파악형

[논제 1] 다음 네 개의 제시문은 하나의 공통된 주제와 관련된 글이다. <u>그 주제를 말하고</u>, 제시문 간의 연관 관계를 설명하시오. 그리고 그 주제에 관한 자

신의 생각을 논술하시오.

[논제 2] 제시문 (가)와 (나)의 핵심적 주장은 무엇이며, 공통점은 무엇인지를 300자 내외로 기술하시오.

▶ **요약형 및 주제 파악형에 대한 평가 관점**

- 핵심적인 개념(Key words)에 대한 이해력
- 제시문 저자의 의도에 대한 이해력
- 올바른 자료 해석 능력
- 이해력의 정확성과 포괄성
- 요점을 자신의 말로 바꾸어 표현할 수 있는 능력

② 비교 분석 능력을 평가하기 위한 문제

이해력보다 약간 높은 수준에 있는 기능이 분석력이다. 이해력에서는 자료의 의미나 뜻하는 바를 파악하는 데 강조점이 두어지지만, 분석력은 어떤 특정한 기준에 따라 자료를 그 구성부분으로 나누고 부분 간의 관계와 그것이 조직되어 있는 방법을 발견하는 것을 중시한다.

실제 논술에서는 대체로 각 제시문에 다르게 제시되고 있는 개념, 상황, 조건, 원인 등을 비교함으로써 제시문에 나타난 문제 상황을 정확하게 이해하고 분석하고 파악하는 능력을 평가하려는 목적으로 이런 유형의 문제를 출제한다.

[논제 1] 제시문 〈가〉와 〈나〉, 〈나〉와 〈다〉를 각각 비교 분석하고 그것을 토대로 〈라〉에서 공공이익이 가장 커질 수 있는 방안에 대한 자신의 견해를 논술하시오.

[논제 2] 다음 제시문은 '권위'와 관련된 것들이다. 각 제시문을 분석하고 현대 사회에서 권위의 모습에 대해 논술하시오.

[논제 3] 〈문제 1〉 〈제시문 1〉의 '그'와 〈제시문 2〉의 '자라'가 취한 행동의 공통점

과 차이점을 300자 내외로 기술하시오.

[논제 4] 게임과 폭력의 상호연관성을 정확하게 파악하기 위한 방안을 제시하시오.

▶ **분석형에 대한 평가 관점**

- 사실적 진술과 규범적 진술을 구별하는 능력
- 결론과 그 결론을 지지하는 설명을 구별하는 능력
- 사실과 가설을 구별하는 능력
- 관계있는 자료와 관계없는 자료를 분간해 내는 능력
- 한 아이디어가 다른 아이디어와 어떻게 관련되어 있는가를 발견하는 능력
- 인과 관계와 다른 연결 관계를 구별하는 능력
- 주장에서 논리적 오류를 발견해 내는 능력
- 제시문에 있는 개념 간의 상호관계를 이해하는 능력
- 올바른 자료 해석 능력 및 사고의 정확성과 포괄성

③ 종합 능력을 평가하기 위한 문제

종합이라 하면 여러 개의 요소나 부분을 전체로서의 하나가 되도록 묶는 것을 의미하기도 하고, 또한 다양한 사실들에 대한 일반화 혹은 공통성을 찾아내는 작업으로 규정되기도 한다. 또한 이것은 어떤 전체성을 갖는 하나의 새로운 구조나 형태가 되도록 여러 가지 요소나 부분들을 결합하는 과정이라고 볼 수도 있다.

종합력은 지적 영역에 있어서 학습자에게 창의적 행동을 가장 분명하게 제공하는 요목이다. 즉 종합 과정에서 학생들은 여러 가지 자료에서 요소를 끄집어내어 이전에는 분명히 없었던 어떤 조직이나 형태를 이루도록 그것들을 종합하지 않으면 안 되고, 이러한 노력의 결과 학생들은 한 개의 작품 혹은 어떤 결과를 창출하게 된다. 그 작품은 처음 시작할 때의 단순한 자료 그대로가 아니라 그 이상의 어떤 것으로서 몇 가지 새로운 의미를 포함한 것이어야 한다.

[논제 1] 제시문 〈가〉와 〈나〉에 반영되어 있는 도덕적 지향성이 각각 무엇인지 제시하고, 이 두 가지 지향성의 통합적 관점에 근거하여 〈다〉의 윤리적 문제에 대한 해결책을 제시하시오.

▶ **종합형에 대한 평가 관점**

- 종합의 대상에 대한 정확한 이해력
- 삶의 상황이나 윤리적 문제에 적용될 수 있는 새로운 원리 혹은 이론을 형성하는 능력
- 새로운 관점을 포함한 창의적 종합 능력

④ 논리적 비판 능력을 평가하기 위한 문제

논리적 비판능력은 특정한 사실이나 행동, 견해를 논리적으로 비판하는 능력을 의미한다. 여기에는 찬반 논의형과 반론 제시형이 포함될 수 있다. 찬반 논의형은 다시 ① 같은 문제에 대해 서로 상충되고 반대되는 두 가지의 견해를 보여준 후 찬성이나 반대를 선택하는 유형과 ② 문제에 대해 한 가지 견해를 제시하고 이에 대해 찬성 · 반대를 선택하거나 자기만의 새로운 견해를 제시하는 유형이 포함된다. 반론 제시형은 특정 제시문의 논지를 바탕으로 다른 제시문을 비판하는 형태를 의미한다.

논리적 비판능력의 핵심은 근거제시 능력이며, 이 때 반론과 비판의 근거를 제시문에서 찾아내는 것이 아니라 제시문 밖에서 찾아내어 서술하는 것이 중요하다. 우선 찬반 논의형 논술의 특징은 자기주장에 앞서 상대 주장에 대한 근거를 비판해야 한다는 점이다. 이 때 비판을 위한 비판이 아니라 상대방이 제시한 근거 중에서 논리적이지 않고 타당성이 없는 근거를 찾아내어 상대 주장이 잘못된 것임을 밝히는 것이다. 따라서 비판할 때는 이 근거가 왜 잘못된 것인지를 분명하게 밝혀 주어야 한다. 상대 근거에 대한 비판을 바탕으로 나의 주장에 대한 근거를 제시한다. 상대 근거에 대하여 자기가 비판한 내용을 극복할 수 있는 자기주장을 나타내고 이에 논리적이고 타당한 근거를 제시하는 것이다.

[논제 1] 제시문 〈가〉와 〈나〉는 안락사에 대한 상반된 견해를 보여주고 있다. 두 가지 관점 중에 하나를 선택한 후, 반대적 입장을 비판하고 이에 대한 근거를 제시하시오.

한편, 반론제시형은 주로 특정 제시문의 관점이나 견해를 다른 제시문의 관점이나 견해를 활용하여 비판하라는 요구 사항이 제시된다.

[논제 1] 위 제시문들은 인간과 환경의 관계에 관한 것이다. 제시문 (다)의 요지를 밝히고, 제시문 (다)의 관점에서 제시문 (나)와 (바)의 견해에 대해 각각 반론을 제기하고, 이에 관한 자신의 입장을 논술하시오.

[논제 2] 제시문 (다)의 관점에서 제시문 (가)와 (나)의 입장을 500자 내외로 비판하시오.

[논제 3] 다산 정약용이 제시한 관점을 적용하여 인종주의자의 주장을 반박하고, 인권주의자가 〈표 2〉를 통하여 주장하고자 하는 바가 무엇인지 논술하시오.

▶ **비판형에 대한 평가 관점**

- 지문에 대한 정확한 이해를 바탕으로 한 비판 능력
- 제시문에 언급되지 않은 사례를 통한 비판과 반론의 근거제시 능력
- 문항자료의 정확한 분석을 통한 지문 주장에 대한 비판능력
- 특정한 주장의 한계와 오류를 논리적이고 구체적인 근거를 통해 비판할 수 있는 능력

⑤ 자기 및 타인평가, 문제해결 능력을 평가하기 위한 문제

자기 및 타인평가, 문제해결 능력이란 어떤 목적으로 문제 상황, 아이디어, 방법, 요소, 태도 등에 관해 가치 판단을 내리는 것이라고 정의할 수 있다. 이러한 능력은 블룸의 교육목표분류학에서 평가력에 해당되는 것이며, 지식, 이해력, 적용력, 분석력, 종합력 등의 모든 다른 사고수준을 포함하는 복잡한 과정으로서 매우 높은 단계에 속하는 것이다. 자기 자신에 대한 평가, 타인의 관점 및 태도에 대한 평가, 딜레마 상황에서의 문제 해결을 위해서는 자연스럽게 고도의 사고기능이 요구될 뿐만 아니라, 문제 상황을 타인의 관점에서 바라보거나 이해하고, 자신에 대한 반

성 및 성찰을 진지하게 시도하며, 배려 · 책임 · 사랑 등의 덕목이나 인간존엄성 혹은 정의 등의 도덕원리에 기초하여 도덕적 실천을 다짐한다는 점에서 정의적(情意的)이고 실천지향적인 면이 강조될 수도 있다.

• 문제해결형

[논제 1] 여러분이 만약 제시문 (가)에서와 같은 도덕적 갈등 상황에 처하게 된다면 어떻게 할 것인지 논술하시오.

[논제 2] (가)의 글과 대비하여 글(나), (다), (라)에서 생명이 경시되는 문제점의 현상과 원인을 제시한 후 글(마)를 읽고 이에 대한 해결책을 논술하시오.

[논제 3] 제시문 (다)를 참고해 당시 조선 사회가 당면한 윤리적 문제에 대한 대책을 마련하라.

[논제 4] 제시문 (가)와 (나)에는 고민하는 인간의 모습이 나타나 있다. 학생이 제시문 (가)와 (나) 중 한 상황에서 제시문 (다)와 같은 선택을 해야 한다고 할 때, 그 선택은 어떤 것인지를 구체적으로 밝히고 그렇게 선택한 이유를 논술하시오.

• 평가형

[논제 1] 제시문 (가), (나), (다)를 참조하여 과학 기술에 대한 자신의 입장을 400자 내외로 논술하시오.

[논제 2] 〈제시문 2〉의 관점에서 〈제시문 1〉의 '그'의 태도를 평가하고, 두 제시문에 대한 자기 견해를 400자 내외로 논술하시오.

[논제 3] (가)와 (나)를 토대로, (다)의 카피라이트와 카피레프트에 대한 자신의 입장을 밝히고 그 입장을 정당화하시오.

[논제 4] 제시문 (나) (다) 중 어떤 방식이 바람직하며 그 이유를 밝혀라.

• 윤리적 성찰형

윤리적 성찰형은 '직접적 자기반성형'과 '간접적 반성형'으로 구분될 수 있다. 직접적 자기반성형은 자신의 도덕적 이야기 내지는 도덕적 서사를 중심으로 서술하는 것으로서 자기 자신의 삶을 도덕적인 관점에서 점검하기 위한 가장 직접적인 방법이고, 학생들의 동기만 제대로 부여한다면 그들의 도덕적 성장을 위해 매우 효과적일 수 있다. 하지만 우리 인간은 본성상 자기방어적인 특성이 있기 때문에 간혹 비밀이 보장될 수 없는 직접적인 자기반성에 대해 거부감을 갖거나 소극적인 태도를 갖는 경향이 있다. 또한 평가(성적)와 연계된 논술에서는 자신의 허심탄회한 반성 내지는 정직하고 진지한 고백보다는 문제에서 요구하는 형태로 답안을 작성함으로써 오히려 이중의식 또는 허위의식을 조장할 수도 있다. 이와 더불어 채점기준의 설정이 어려우며, 현행 입시제도와 긴밀히 연결될 수 없다는 문제도 지적될 수 있다.

그러므로 직접적 자기반성형과 더불어 간접적 반성형을 효과적으로 활용할 필요가 있다. 간접적 반성형 활용의 필요성은 콜버그가 학생들로 하여금 그들이 속해 있는 현재 단계보다 한 단계 높은 단계의 추론을 할 수 있도록 하기 위해 가상적인 딜레마를 선호했던 이유를 잘 생각해 보면 그 필요성을 쉽게 짐작할 수 있다. 즉 가상적 딜레마가 학생들 자신의 삶과는 직접적인 관련이 없기 때문에 객관적이고 초연한 입장에서 자유로운 논의를 할 수 있다는 장점이 있는 것과 마찬가지로, 간접적 반성형은 다른 사람의 판단, 정서 상태, 그리고 행동을 자기 자신의 도덕적 기준에 근거하여 평가함으로써 간접적인 형태로 자신을 반성할 수 있게 된다. 이러한 간접적 반성형은 학생들의 직접적인 자기관여가 적기 때문에 적극적인 참여가 이루어질 수 있다는 점과 채점기준의 설정이 용이하다는 장점을 지닌다. 하지만 자신의 도덕적 이야기 내지는 도덕적 서사를 직접적으로 끌어내는 데에는 명확히 한계가 있다. 간접적 반성형은 타인의 판단, 정서, 행동을 평가한다는 측면에서 보자면 바로 앞서 제시한 '평가형'과 보다 긴밀히 연결될 수 있고, 타인의 입장에서 도덕적 문제를 해결해야 한다면 '문제해결형'에 가까울 수 있다.

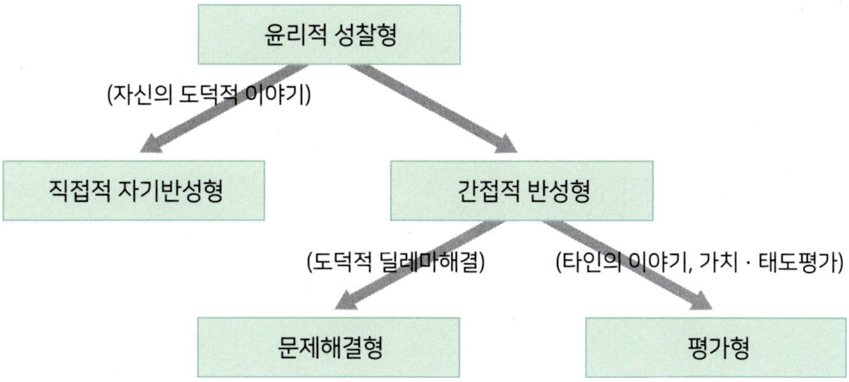

직접적 자기반성형의 사례를 제시해 보면 아래와 같다.

[논제 1] 제시문 (가)와 (나)에 나타난 '행복'에 대한 관점을 바탕으로 행복과 덕의 관계를 구체적으로 밝히고, 이러한 기준에 비추어 자신의 삶을 윤리적으로 성찰하라.

[논제 2] 다음 두 개의 제시문은 하나의 공통된 주제와 관련된 글이다. 그 주제를 말하고, 그 주제와 관련하여 우리가 갖추어야 할 행동 원칙을 설정한 후, 이러한 원칙에 비추어 사이버 공간에서 자신의 모습을 윤리적으로 성찰하라.

▶ 윤리적 성찰형에 대한 평가 관점

- 도덕적 문제를 해결할 수 있는 지식의 활용 능력
- 창의적인 문제 해결 능력
- 어떤 상황을 도덕적 사태로 지각 · 해석할 수 있는 능력
- 어떤 행동이 타인 및 공동체에 미칠 영향이나 결과를 미리 헤아릴 수 있는 능력
- 도덕적인 선택 상황에서 어떻게 행동하는 것이 가장 합당한 것인가를 판단하는 능력
- 도덕적 가치와 원리에 근거하여 추론할 수 있는 능력
- 도덕적 가치를 다른 가치들보다 더 우위에 두려는 동기
- 실천의 장애요인을 극복할 수 있는 인내심, 용기, 확신 등의 품성

※ 이제까지 제시된 도덕 · 윤리과 논술의 유형은 블룸이 제시한 '사고의 복합성 수준'과 정확하게 일치하지는 않지만, 긴밀하게 연관되어 있다.

사고의 복합성 수준	각 수준별로 요구되는 학생들의 사고능력 (논제의 예)	학습활동	주요용어
지식 (기억하기)	정보를 기억하거나 회상할 수 있으며 사실, 용어, 절차, 원리 등을 인지할 수 있음 (롤스의 정의의 원칙 두 가지를 설명하시오)	반복 암기	정의하라 묘사하라 확인하라
이해 (이해하기)	읽거나 들은 내용을 번역하거나 달리 말함으로써 표현형식을 바꿀 수 있음 (원초적 입장을 여러분 자신의 말로 설명해 보시오)	설명 예증	요약하라 부연하라 달리 말하라
적용 (전이하기)	이미 배운 정보를 배울 당시와는 다른 맥락에서 응용할 수 있음 (제시문 (가), (나), (다) 중 롤스의 정의론적 관점에서 해외 원조 여부를 고민하고 있는 것을 고른 후 그 이유에 대해 설명하시오)	실습 전이	적용하라 활용하라 응용하라
분석 (관련짓기)	어떤 문제를 구성하는 부분들로 나눌 수 있고 부분들 사이의 관련을 도출해 낼 수 있음 (정의에 대한 자유지상주의적 관점과 롤스의 정의론의 차이점을 분석하시오)	연역 귀납	관련지어라 구별하라 식별하라
종합 (창조하기)	부분들을 결합하여 독특하거나 새로운 문제해결방안을 형성할 수 있음 (노직과 롤스의 정의론을 종합적으로 고려하면서 주어진 문제 상황에 대한 해결책을 제시하시오)	확산 일반화	공식화하라 구성하라 산출하라
평가 (판단하기)	주어진 기준에 따라 어떤 방법, 아이디어, 사람 또는 산출물의 가치를 결정할 수 있음 (롤스의 정의론에 대해 여러분의 입장을 제시하시오)	식별 추론	평가하라 결정하라 정당화하라

참고문헌

김영정(2006),『사고와 논술-고등학교 기초 상(교사용).
박구용(2006), "무엇이 논술이며, 왜 논술인가",『중등 우리교육』, 2006년 11월호.
박효종(2007), "윤리와 논술 I",『도덕 · 윤리과 연수교재』, 서울대학교 사범대학 윤리교육과.
성백영(2007), "논술수업의 실제",『2007년 제1기 논술교육 역량강화를 위한 중등교사 연수』, 서울대학교 중등교육연수원.
송기호(2007), "고등학교 윤리 교과서를 활용한 통합논술 지도방안 연구",『윤리교육연구』, 제12집.
에드가 모랭, 고영림 역(2006),『미래의 교육에 반드시 필요한 7가지 원칙』, 당대.
이영경(2007), "중등학교 도덕교육에서 바람직한 논술교육의 방향",『윤리교육연구』, 제12집.
정창우(2007),『윤리와 논술 I』, 서울: 도서출판 울력.

제10장

도덕과 논술형 평가 문항의 개발 및 활용*

| 제1절 | 서 론
| 제2절 | 기존 도덕과 논술형 평가의 특징 분석
| 제3절 | 도덕과 논술형 평가 문항 개발의 방향과 원리
| 제4절 | 결 론

*본 장은 김혜진 · 이혜진(2024), "도덕과 논술형 평가의 방향과 과제", 『도덕윤리과 교육』, 한국도덕윤리과교육학회, 제83호, pp. 27-55 내용을 수정 · 보완한 것임을 밝혀 둔다.

제1절 서 론

2022 개정 교육과정 총론에서는 '교육과정 구성의 중점'으로 "교과 교육에서 깊이 있는 학습을 통해 역량을 함양할 수 있도록 교과 간 연계와 통합, 학생의 삶과 연계된 학습, 학습에 대한 성찰 강화와 다양한 학생 참여형 수업을 활성화하고, 문제 해결 및 사고의 과정을 중시하는 평가를 통해 학습의 질을 개선함"을 제시하고 있다. 특히 '학교 교육과정 설계와 운영' 중 '평가'부분에서 학습의 결과뿐만 아니라 학습의 과정을 확인하여, 학습자의 성공적인 학습과 사고 능력 함양 지원, 학생의 인지적 · 정의적 측면에 대한 균형 있는 평가가 이루어져야 함을 강조하며, "수행평가를 내실화하고 서술형과 논술형 평가의 비중을 확대한다"라고 명시하고 있다(교육부, 2022a: 3-15). 이러한 총론의 변화 방향에 따라 도덕과 교육과정의 '평가 방향과 방법'에서도 ① 성취기준을 평가의 준거로 설정하며, 도덕과의 목표 핵심 아이디어, 지식 · 이해, 과정 · 기능, 가치 · 태도에서 지향하는 바를 종합적으로 평가, ② 단편적 지식 중심의 평가 지양, 도덕적 지식과 실천의 요소들을 통합적으로 평가하되 도덕적 지식과 이해, 도덕적 사고 및 정서 기능, 도덕적 가치 태도의 내면화 정도를 다양한 평가 방법 활용하여 평가, ③ 평가의 과정 및 결과를 평가, 논술 평가를 통해 문제 상황을 도덕 문제로 인식하고 분석하는 능력, 자신의 도덕적 판단을 정당화하고 합리적인 해결 방안을 도출할 수 있는 도덕적 사고 능력, 자신의 도덕적 주장을 합리적으로 표현할 수 있는 도덕적 글쓰기 능력 등을 평가한다고 제시하고 있다(교육부, 2022b: 173-177).

교육부가 최근 발표한 '2028 대학입시 개편안'에서도 현재 내신평가 방식이 미래사회와 맞지 않고, 세계적인 추세에 역행하는 방식이라 지적하며, 학교 내신에서 주제 글쓰기, 보고서 평가와 같은 논 · 서술형 평가를 지향해야 함을 제안한다(교육부, 2023: 1-4). 이러한 논 · 서술형 평가에 대한 확대 방향은 시 · 도 교육청 단위에서도 확인할 수 있는데, '한국형 바칼로레아(KB) 기반 조성, 서울형 독서 · 토론 수업'(서울시 교육청, 2024: 10), '역량 함양 교육과정 운영 중 하나로 IB 프로그램 운영'(경기도 교육청, 2024: 11)[1) 등을 2024년 교육 방향 및 계획으로 제시하고 있다.

1) 경기도교육연구원(2022), "경기도교육청 IB 프로그램 도입 방향"(현안보고 2022-16), 경기도교육

국제 바칼로레아(IB: International Baccalaureate) 교육은 스위스 제네바 국제학교에서 시작된 프로그램으로 맥락에 기반한 학습과 그러한 학습이 학습자의 삶, 그리고 경험한 세계와 관련이 있을 때 가장 잘 배울 수 있음을 강조한다. 이러한 교육의 방향에 따라 평가 역시 수업과 평가를 일체화하여, 평가와 학습 과정이 분리되지 않는 과정화된 평가의 성격을 가져야 한다. 이는 평가 방식에 있어서도 절대평가 방식을 통해 성적을 산출하며, 타당성과 신뢰성을 확보한 체계적인 정성평가를 실시해야 함을 의미한다(조현영, 2023: 15-58).

시 · 도 교육청 단위에서의 IB 제도의 도입은 2022 개정 교육과정의 방향에 발맞춘 시도라 볼 수 있으며, 앞으로 학교 교육을 통해 교과 지식 차원에서의 단편적인 평가 방식을 벗어나 결과뿐만 아니라 수업 과정에서의 평가를 중시하며, 다양한 방식으로 학생들을 평가하고자 하는 시도로 해석할 수 있다. 이러한 평가 방향의 변화에 따라 서 · 논술형 평가는 앞으로 점차 확대되고 강조될 것이라 예상된다. 2022 개정 교육과정 개편의 방향, 2028 대학입시 체제의 개편, 시 · 도 교육청 단위에서 제시하는 교육의 방향 모두 서 · 논술형 평가의 확대와 필요성을 강조하고 있기 때문이다.

이러한 평가 방향의 변화에 맞추어 도덕과에서도 논술형 문항 개발과 평가에 대한 새로운 방향과 기준이 필요하다. 도덕과 교육과정에서 논술형 평가에 대한 내용은 7차 교육과정에서부터 '논술식 평가'로 명시되었고, 2007 개정 교육과정에 들어와 교수 · 학습 활동 및 수행평가를 위해 논술법과 논술형 평가에 대한 구체적인 지침을 각각 안내하고 있다. 이후 개정된 도덕과 교육과정에서도 교수 · 학습 및 평가 부분에서 '논술 학습, 서술형, 논술형 평가' 등으로 명시하여, 논술형 평가를 지속적으로 다루어 왔다. 이 장에서는 서 · 논술형 평가가 강조되는 시점에서 2022 개정 도덕과 교육과정에 따른 도덕과 논술형 평가 문항 개발의 기준을 제안해 보다 내실 있는 도덕과 논술형 평가에 대비하고자 한다. 또한 학생들의 다양성과 창의성, 비판적 사고력을 길러주기 위한 도덕과 논술형 평가의 방향과 과제에 대해 제시하고자 한다.

연구원. 경기도교육청(2022), "2023학년도 경기미래교육 운영 계획", 경기도교육청. 호양선, 손민호(2023), "경기도교육청의 IB 도입 현황 및 과제 탐색",『학습자중심교과교육연구』, 23(20), 353-365.

제2절 기존 도덕과 논술형 평가의 특징 분석

여기서는 선행 연구를 중심으로 기존 도덕과에서 실시해 온 논술형 평가의 특징을 분석해 보고자 한다. 분석 대상은 ① 도덕과 교육과정(7차~2015 개정 교육과정), ② 도덕과 논술형 평가에 대해 다룬 선행 연구물 중 논문 20편[2]과 교육청 및 평가원 자료집을 중심[3]으로 삼았으며, 직접 도덕과의 논술형 평가에 대해 언급된 내용을 중심으로 분석하였다.

1. 도덕과 교육과정상 논술형 평가의 특징

도덕과 교육과정에서 논술에 대한 언급은 '논술'이라는 단어가 직접 등장하는 부분을 중심으로 정리하였다. 주로 도덕과 교육과정의 교수 · 학습 방법과 평가 부분에서 제시되어 있었으며, 구체적인 내용은 아래와 같다.

표 10-1 기존 도덕과 교육과정에서 논술 관련 내용

교육과정	항목	내용
7차	『윤리와 사상』 평가	객관식 위주의 평가 방식을 가급적 지양하고, 논술식 평가와 … 이하 생략(교육부, 1997: 55).
2007 개정	『도덕』 교수 · 학습 방법	도덕과 수업에서는 교육 내용에 알맞게 강의법, 문답법, 토의 · 토론법, 논술법 등 다양한 방법들을 활용하도록 한다(교육인적자원부, 2007: 16).
	『도덕』 평가	도덕과 평가는 … (중략) … 구술 · 논술 평가, 포트폴리오(portfolio), 토론 및 발표에 대한 평가, 학생 상호 평가 등 다양한 평가 방법을 활용하여 도덕성의 다양한 측면이 종합적으로 평가되도록 한다. 특히, 도덕과의 논술형 평가에 대한 구체적인 계획의 수립과 실천방안을 마련하여, 이를 적극 활용하도록 한다(교육인적자원부, 2007: 17).

2) 검색일 기준: 2023년 1월 31일.
3) 교육청과 평가원 사이트에서 서 · 논술형 평가로 검색(검색일 기준: 2023년 1월 31일)하여 공개된 자료를 중심으로 분석하였다.

2009 개정	『도덕』 교수 · 학습 방법	학생들의 발달 특성 … (중략) … 고려하여 강의, 토론, 논술 … (중략) … 등 다양한 방법을 적용한다(교육과학기술부, 2012: 28).
	『도덕』 평가	다양한 평가 방법과 기법 및 도구를 적절히 활용하여 객관적이고도 신뢰성 있는 평가를 실시한다. … (중략) … 구술 · 논술 평가, 포트폴리오, 토론 및 발표에 대한 평가, 상호 평가 등 다양한 방법을 활용하여 도덕성을 종합적으로 평가하도록 한다. 도덕과 평가에서 활용하는 선택형 문항, 서술형 및 논술형 문항을 제작할 때에는 수업 목표와 평가 목표의 일치, 학습 내용과 문항 내용의 일치, 학습 내용과 문항 내용의 초점 일치, 교육 내용의 중요도와 문항 수준의 일치를 확인하도록 한다(교육과학기술부, 2012: 30).
	『생활과 윤리』 평가	논술형 평가의 경우에는 현대 사회에서의 도덕적 쟁점들에 대한 학생들의 문제해결력, 비판력, 조직력, 정보 수집 및 분석력, 창의력 등 도덕적 고등 사고 기능을 평가하도록 한다. 특히, 논술형 평가는 학생들이 특정 주제, 쟁점, 문제에 대해 자신의 주장을 명료화하고, 그 근거를 제시하며, 근거들 간의 관계를 설명하고, 반대 주장과 논거를 평가하며 … 이하 생략(교육과학기술부, 2012: 45).
2015 개정	『도덕』 교수 · 학습 방법	학습 내용에 따라 개념학습, 주제학습, 탐구학습, 토론학습, 논술학습 … (중략) … 등 다양한 참여 활동을 연계하여 지도한다(교육부, 2015: 26-27).
	『도덕』 평가	도덕과 교사는 교수 · 학습 방법과 평가를 포괄하는 다양한 수행평가 방법을 활용해야 한다. 선택형과 서술형, 논술형을 포함한 지필 평가 … (중략) … 포트폴리오 등 다양한 방법을 활용하여 도덕성과 인성을 종합적으로 평가하도록 한다(교육부, 2015: 29).
	『생활과 윤리』 평가	논술 평가의 경우 현대 사회의 도덕적 쟁점들에 대한 학생들의 분석력, 비판력, 조직력, 문제해결력, 창의력 등 도덕적 고등 사고 기능을 평가하도록 한다(교육부, 2015: 48).

도덕과 교수 · 학습 방법 및 평가 영역에서 '논술' 도입의 배경은 '학생평가 개선 정책'에 따른 서 · 논술형 평가와 관련되어 있다. 도덕과 교육과정에서 '논술'에 대한 내용은 7차 교육과정부터 등장한다. 이는 1999년 수행평가 도입에 따른 것으로 '학생이 스스로 답을 구성하는 것'을 목적으로 지필평가 외에 다양한 평가 방법을 제시한 것이라 볼 수 있다. 이후 논술형 평가는 『중등학교 학사 관리 선진화 방안』(2011)이 발표되면서 2009 개정 교육과정에 따른 평가 방법의 질적 개선을 위해, 서 · 논술형 평가의 확대와 수업과 연계한 수행평가의 정착이 강조되었다. 이 점은 2009 개정 도덕과 교육과정에도 반영되어 '수업목표와 평가목표의 일치', '학습 내

용과 문항 내용의 일치', '교육 내용의 중요도와 문항 수준의 일치' 등이 명시적으로 강조되었다. 이러한 흐름은 2015 개정 교육과정에 들어와 '과정 중심 평가'라는 용어가 사용되면서, 시 · 도 교육청별로 객관식 시험을 축소하고, 서 · 논술형 평가를 다양한 방식으로 개발 보급하여, 이전 교육과정보다 더욱 확대 · 강조하는 방향으로 진행되었다(박혜영 외, 2019: 25).

종합하자면, 도덕과 교육과정에 제시된 논술형 평가의 특징은 다음과 같다. 첫째, 도덕과 교육과정상의 논술형 평가는 교육 내용에 알맞은 교수 · 학습 방법이자 다양한 평가 방법 중 하나로 제시되고 있다. 둘째, 도덕과에서 추구하는 논술형 평가는 도덕성의 인지 · 정의 · 행동 차원에서 종합적으로 평가하기 위한 방안으로 강조되고 있다. 셋째, 도덕과의 논술형 평가는 학생들의 삶에서 발생하는 도덕적 문제나 쟁점 사항들에 대해 학생들 스스로 문제해결력, 분석력, 비판력, 창의력 등을 갖추었는지 평가할 것을 강조해왔다.

2. 도덕과 논술형 평가에 대한 선행 연구의 특징

도덕과 논술형 평가에 대한 분석은 학술논문, 시도 교육청 및 한국교육과정평가원 자료집을 중심으로 실행되었으며, 도덕과 논술형 평가와 관련한 선행 연구의 특징을 분석하기 위해 ① 연구의 목적이 무엇이고, ② 도덕과에서의 논술형 평가를 어떻게 정의하고 있는가를 중심으로 살펴보았다. 학술논문의 경우, 2007년 11편, 2008년 4편, 2009년 3편, 2017년 1편, 2022년 1편으로, 총 20편이었으며 주로 2007년부터 2009년 사이에 연구가 집중되었음을 확인할 수 있었다.

표 10-2 도덕과 논술교육 및 평가에 대한 선행 연구

연구자	논문명	주제
박찬석 (2007)	중등 도덕과 교육에서의 논술 교육 연구	통합 논술의 추세에 따라 도덕과 교육의 대응이 필요. 분석 평가형, 찬반 논의형, 해결책 제시형 사례 등을 제시하며, 도덕과 교육에서의 논술교육에 대한 방향 제시

이진희 (2007)	도덕과 교육에서의 통합 논술 지도에 관한 연구 -토론을 통한 논술 게임 수업 모형-	통합 논술 실시에 따른 효과적인 수업 모형으로 토론을 통한 논술 게임 수업 모형 활용 방안 제시
이영경 (2007)	중등학교 도덕교육에서 바람직한 논술교육의 방향	도덕교육에서 나아가야 할 논술교육의 방향을 ① 실제적 삶에서 고려될 수 있는 가치적 문제와 그 해결 문제를 성찰하는 것, ② 도덕적 실천의 문제가 중심 테제로 분명히 제시할 것으로 강조하며, 독서토론과 현장 체험식 수업을 통해 문제 해결적으로 논술에 접근할 것을 제안
최정근 (2007)	초등 도덕과 수업에서의 논술 지도 방안: 초등 4학년 도덕과를 중심으로	도덕성의 인지 · 정의 · 행동적 측면에 대한 세 가지 모두를 아우르며, 도덕성을 함양할 수 있는 방법으로 독서 토론 논술을 제안
조석영 (2007)	통합 논술교육의 도덕교육에의 적용 방안 연구	통합 논술교육 방법을 수업에 적용 및 분석한 결과 논술교육은 학생들이 도덕적 문제를 인식, 도덕적 추론 과정을 통한 대안 모색을 하는데 효과적인 수업 방법임을 확인
서은숙 (2007)	도덕 · 윤리과에서 논술교육의 필요성과 방향	기존 도덕과 논술교육의 실태 및 문제점을 분석하고 논술교육은 가치의 문제를 다루는 것이기에 윤리적 글쓰기가 되어야 함을 제안, 또한 논술교육의 필요성, 목표, 주제, 구성 및 지도 방법 및 평가 기준을 제시
송기호 (2007a)	윤리교과의 핵심개념을 활용한 '논술형 수업모형'연구	탐구공동체 수업에 근거하여 그룹별 소집단 학습을 통해 토론과 논술을 연계한 수업인 논술형 학습 모형 제안
송기호 (2007b)	고등학교 윤리 교과서를 활용한 통합논술 지도방안 연구	통합 논술교육을 윤리 교과서 안에서 어떻게 활용할 수 있는지에 대한 통합 논술 지도 방안 제안
손철성 (2007)	논술을 위한 토론 수업의 운영 방안 -도덕 · 윤리 교과 수업을 중심으로-	다원화된 정보화 사회에서 요구되는 비판적 사고력과 의사소통능력을 향상 시키는데 도움을 줄 수 있는 논술과 토론 수업의 효과적인 운영 방안 제안
임근용 (2007)	논술형 수행평가를 통해서 본 전통윤리 교과서의 문제점과 수업 개선 방향	전통윤리 교과서가 가지고 있는 문제점을 논술형 수행평가를 통해 진단하고 개선점 제안
이지명 (2007)	'도덕적 사고하기'를 통한 논술 지도 전략	논술 지도 전략으로 도덕적 사고하기를 중심으로 제안
박찬석 (2008)	새 교육과정에서의 초등 도덕과 교육과 논술	초등 3학년부터 6학년까지 도덕과 내용과 논술 적용 관련 내용을 제안
문종길 (2008)	도덕교과를 활용한 논술교육의 타당성	윤리 교과의 내용이 논증 능력을 기르는 도구로 활용될 수 있는지를 검토하고 적용 가능성에 대해 논의

이재훈 (2008)	논술교육의 기초로서의 비판적 사고	논술교육의 기초라 할 수 있는 비판적 사고에 대한 정의, 사고의 대상, 방법, 창의적 사고에 대해 논의
선혜영 (2008)	도덕과 논술지도법	교사가 논술 지도시에 효과적인 논술교육을 위해 지녀야 하는 기법들을 제안
장승희 (2009)	철학과 토론에 기초한 초등학교 도덕교육에서의 논술수업 방안	초등학교 도덕교육에서 논술교육의 방향과 내용 및 방법을 철학적 내용과 토론 방법을 중심으로 제안
도홍찬 (2009)	삶을 조형하는 도덕과 논술교육의 방향 탐색	도덕과 논술교육의 목적이 삶의 성찰과 변화, 맥락성 고려, 대화를 바탕으로 삼아야 함을 제안
김국현 (2009)	도덕과 논술의 교수 · 학습 방법과 평가 방안	2007 개정 도덕과 교육과정에 따라 학교 도덕과 교육에서 효과적으로 논술교육을 실행할 수 있는 방안을 논술 교수 · 학습 방법의 기본 원리, 지도 방법, 논술 평가의 유형, 논술 문항 제작, 도덕과 논술의 평가 기준으로 제안
주재우 (2017)	고전 속 도덕적 딜레마를 활용한 논술교육 연구 -국어 교과와 도덕 교과의 통합의 한 방향-	고전 속에 등장하는 도덕적 딜레마들을 제시하여, 논술교육에 활용하는 방안을 제안
이혜진 (2022)	건설적 논쟁을 활용한 도덕과 논술 수업 개선 방안 연구	도덕과의 효과적인 논술교육을 위한 방안으로 건설적 논쟁이론 제시하고, 이를 활용한 수업 방안 제안

분석 결과, 우선 도덕과 논술형 평가에 대한 선행 논문은 앞서 밝힌 바와 같이 2007-2009년 사이에 집중되어 연구되었음을 확인하였다. 이 기간 동안 실행된 선행 연구의 연구 목적은 대부분 '도덕과 논술교육의 방향'(박찬석, 2007; 이영경, 2007; 조석영, 2007; 서은숙, 2007; 박찬석, 2008)과 토론, 글쓰기, 고전 활용, 건설적 논쟁 활용 등 '논술교육을 위한 교수 · 학습 방법'(이진희, 2007; 최정근, 2007; 송기호, 2007a; 송기호, 2007b; 손철성, 2007; 임근용, 2007; 이지명, 2007; 문종길, 2008; 이재훈, 2008; 선혜영, 2008)에 집중되어 있었다. 특히 도덕과에서 논술교육의 필요성 및 방향에 대한 연구가 주를 이루고 있었는데, 이는 '2008년 대학입시의 논술 비중 강화'와 '통합 논술로의 변화'에 대한 도덕과 차원에서의 대응적 성격을 갖고, 수행평가 도입 이후 수업과 연계하여 논술형 평가를 보다 내실 있게 운영하기 위한 방향을 탐색한 것이라 볼 수 있다(박찬석, 2007: 263; 서은숙, 2007: 126-127; 송기호, 2007b: 270; 박혜영 외, 2019: 25).

다음으로, 도덕과 논술형 평가와 관련한 연구에서는 논술교육을 통해 대체로 '비판적 · 구성적 · 창의적 · 논리적 사고'를 길러주어야 하고, 논술을 통해 자신의 생각을 논리적으로 잘 정리하여, '실제적인 삶 속에서 만나게 되는 문제들을 어떻게 해결해 나가는지 그 과정'을 중요하게 생각해야 한다고 주장함을 알 수 있었다(박찬석, 2008: 52-53; 이진희, 2007: 282-286; 주재우, 2017: 221; 이재훈, 2008: 5-6; 장승희, 2009: 255). 또한 도덕과에서의 논술교육과 이에 대한 평가의 방향은 도덕적 상황에 대한 인식, 비도덕적인 상황에 대한 이해와 판단, 윤리적 반성 및 성찰의 과정 그리고 행동 실천과 습관 가능성 등의 요소를 갖추어야 하고, 학생들의 통합적인 도덕성 발달과 도덕적 자아 형성의 반성적인 경로와 수단으로서 기능해야 하며, 바람직한 가치관 형성을 측정할 수 있어야 한다는 점이 강조됨을 확인할 수 있었다(서은숙, 2007: 141; 김국현, 2009: 99; 송기호, 2007b: 275).

이처럼 현재까지 이루어진 도덕과에서의 논술형 평가에 대한 선행 연구들은 통합논술이 등장한 시기인 2007-2009년도에 집중되어 연구되었고, 통합 논술 운영에 따라 도덕과에서의 논술교육과 평가가 어떠한 방향으로 나아가는 것이 바람직한 것인가에 초점이 맞추어져 있었다는 것을 확인할 수 있었다. 몇 편의 연구에서는 도덕과에서의 내실 있는 논술교육과 평가를 위해 교수 · 학습 방법을 제시하였지만, 앞서 밝힌 바와 같이 논술형 평가를 위해 다양한 방법을 제안하는 연구는 많지 않았다. 또한 2015 개정 교육과정 이후에는 단 2편의 선행 연구만 확인되어, 최근 도덕과에서의 논술형 평가에 대한 연구가 제대로 이루어지지 않고 있음을 알 수 있었다. 이는 최근 들어 두 차례 교육과정의 변화가 있었음에도 불구하고, 이에 맞게 논술형 평가의 기준과 방향을 설정하기 위한 연구들이 다양하게 다루어지지 못했음을 확인할 수 있는 부분이다.

한편, 도덕과 논술형 평가에 관한 교육청 및 한국교육과정평가원[4] 차원의 선행

4) 교육청 및 평가원 참고 자료
경기도교육청(2012), 『2012 평가혁신 중학교 논술형 평가 예시자료』, 경기도교육청.
경기도교육청(2013a), 『2013 중등 서술형 · 논술형 평가 예시 자료(도덕)』, 경기도교육청.
경기도교육청(2013b), 『2013 중등 서술형 · 논술형 평가 예시 자료(윤리)』, 경기도교육청.
경기도교육청(2022), 『2022 성장중심평가를 위한 논술형 평가 길라잡이』, 경기도교육청.
경기도교육청(2023), 『2023 학생의 사고력과 창의성을 키우는 중등논술형 평가 길라잡이』, 경기도교육청.
서울특별시교육청(2020), 『2020 고등학교 교육과정-수업-평가-기록과 서 · 논술형 평가문항』, 서울특별시교육청.
한국교육과정평가원(2021), 『중 · 고등학교 도덕 · 윤리과 서 · 논술형 평가도구 자료집』, 한국교육과정평가원.

연구에 대한 분석 결과는 다음과 같다. 여기서는 도덕과 논술형 평가에 대한 정의와 도덕과 논술형 평가를 위한 자료집 구성의 특징 등을 중심으로 살펴보았다.

표 10-3 논술형 평가에 대한 교육청 및 평가원 자료집 내용

자료집 이름	내용	
2012 평가혁신 중학교 논술형 평가 예시자료 (윤리) (경기도)	도덕과 논술형 평가 정의	도덕과 논술형 평가는 올바른 가치관 형성 및 통합적 문제 해결 능력을 기를 수 있는 기회를 주는 데 목적이 있음
	평가절차	평가목적확인 → 교육과정분석 → 필수학습 요소 추출 → 평가 요소 선정 → 문제장면 설정 → 목표이원분류표의 작성 → 문항 초안 작성 → 문항 검토 → 문항 수정 · 보완 → 최종문항 완성
	고려사항	인지 · 정의 · 행동적 측면에 대한 통합적 평가 성취기준형으로 제시된 필수학습 요소를 평가 요소로 선정 문제해결력, 종합력 등 고등 사고력 측정
	평가문항분류	-
	채점기준	채점의 체계성과 효율성 높임 채점의 일관성과 신뢰성 확보
	평가예시 특징	평가내용, 성취기준, 예시답안(배점, 채점기준), 유의사항으로 구성
2013 중등 서술형 · 논술형 평가 예시자료 (도덕) (경기도)	도덕과 논술형 평가 정의	자기의 의견, 주장을 논리적으로 기술하는 평가
	평가절차	교육과정 및 평가 목표 분석 → 필수학습요소 및 평가요소추출 → 문제장면구성 → 이원목적분류표 작성 → 문항초안 및 채점기준표 작성 → 문항 검토 조언 → 문항 수정 및 보완 → 최종 문항 완성
	고려사항	도덕적 문제해결력, 비판력 등 고등 사고 능력을 키워 줄 수 있는 문항 인지적, 정의적, 행동적 영역을 통합적으로 평가, 평가의 객관성 갖추어야 함
	평가문항분류	반응허용정도(응답제한형, 응답자유형), 자료제시여부(단독과제형, 자료제시형),평가내용(범교과형, 특정교과형)
	채점기준	교육목표가 평가목표로 반영 평가 계획에 따른 채점 기준표 사전 제작 평가 문항이 제시하는 평가 목표를 학생들이 달성하였는지 여부를 판단

한국교육과정평가원(2023),『서 · 논술형 평가도구 자료집』, 한국교육과정평가원.

	평가예시 특징	성취기준과 성취수준 상중하로 나누어 제시, 예시답안(기본답안, 인정범위), 채점기준(채점영역, 배점, 배점에 따른 채점기준 제시)
2013 중등 서술형 · 논술형 평가 예시자료 (윤리) (경기도)	도덕과 논술형 평가 정의	윤리교과에서의 서술형 · 논술형 평가에서는 도덕적 사고력과 판단력을 바탕으로 다양한 도덕 문제를 합리적으로 해결하는 데에 필요한 내용을 평가
	평가절차	2013 중등 서술형 · 논술형 평가 예시자료(도덕)와 동일
	고려사항	인지적, 정의적, 행동적 측면에 대한 통합적 평가 도덕적 개념 및 원리의 이해, 문제 파악 및 인식, 탐구 설계 및 수행, 자료 분석 및 해석, 결론 도출 및 평가, 가치 판단 및 의사 결정 등의 요소를 고려하여 평가 단편적인 지식이나 정보, 기본 개념이나 원리의 기억 여부를 측정하는 문항이 아니라 문제 해결력, 비판력, 조직력, 정보 수집 및 분석력 등 도덕적 고등 사고력을 측정하는 문항
	평가문항분류	2013 중등 서술형 · 논술형 평가 예시자료(도덕)와 동일
	채점기준	2013 중등 서술형 · 논술형 평가 예시자료(도덕)와 동일
	평가예시 특징	2013 중등 서술형 · 논술형 평가 예시자료(도덕)와 동일
2020 고등학교 교육과정-수업-평가 기록과 서 · 논술형 평가문항 (서울)	논술형 평가 절차와 평가 예시	논술형 평가를 위한 평가절차: 성취기준분석 · 평가요소 추출 → 교수 · 학습계획 → 평가계획 → 평가문항개발) 평가예시: 지식 · 기능 · 태도의 항목으로 평가요소를 정하고, 평가 방법 및 문항의 유형을 결정
2021 중 · 고등학교 도덕 · 윤리과 서 · 논술형 평가도구 자료집 (한국교육과정평가원)	서 · 논술형 평가 도구 개발 절차	성취기준분석, 평가요소선정 → 출제계획수립 → 평가 문항(과제)-채점기준개발 → 평가시행 → 채점 및 결과분석 → 피드백 제공, 평가 결과 활용
	수업과 연계한 서 · 논술형 평가	수업과 평가의 연계를 통한 일관성을 강화하여 단원 선정에서부터 교수학습과 평가가 유기적으로 구성되도록 함 2015 개정 교육과정의 성취기준을 토대로 평가 요소를 도출하고 이로부터 서 · 논술형 평가 문항과 채점 기준표 작성
	평가예시특징	교육과정 성취기준 분석 및 평가요소 선정 → 평가 문항 출제 계획 수립(평가 요소를 고려하여 문항의 내용 계획하기, 문항의 구조 계획) → 평가 문항 및 채점 기준 초안 개발 → 평가 문항 및 채점 기준 검토 → 평가 문항 및 채점 기준 수정 → 채점 및 피드백

2022 성장중심평가를 위한 논술형 평가 길라잡이 (경기도)	도덕과 논술형 평가 정의	논술형 평가는 각 교과의 교육과정과 성취기준을 바탕으로 학생의 지식과 기능, 문제해결, 비판적 사고, 창의적 사고 등의 고차원적 사고, 정의적 태도 역량을 평가하여 학생의 성장을 돕는 평가, 원리가 적용되고, 논리나 사고가 확장되거나 지식의 재구성이 이루어지면 논술형 평가라고 볼 수 있음, 논술형 평가는 학생들에게 자신의 삶의 문제를 고민해가는 과정에서 학생들은 성장해 가고 삶을 풍부하게 만들 수 있을 것, 성장중심평가를 위한 논술형 평가 강조
	평가절차	수업연계형 과정 중심 논술형 평가
	고려사항	-
	평가문항분류	단독과제형(무엇에 대해 어떻게 응답해야 하는지 분명하게 알 수 있도록 발문 작성), 조건이 포함된 문항, 자료 제시형(발문과 제시자료가 명확하게 구분되도록 문항 구성 요소를 체계적으로 배치
	채점기준	부분점수별 예시답안을 구체적이고 상세하게 작성, 평가목표, 채점항목, 배점별 항목을 명시적 언어로 작성, 채점 기준이 중요하지 않은 부분을 강조해서는 안 됨, 부분 점수와 배점은 타당성 있고 적절하게 설정해야 함
	평가예시 특징	평가요소, 정답, 인정답안, 배점(부분점수)
2023 학생의 사고력과 창의성을 키우는 중등 논술형 평가 길라잡이 (경기도)	도덕과 논술형 평가 정의	논술형 평가는 학생들의 지식에 대한 심층적 이해와 탐구, 분석과 판단 등의 사고 과정을 학생 자신의 언어로 논리적으로 기술하도록 하는 평가 논술형 평가의 목적은 학생들의 분석적 이해력, 비판적 사고력, 창의적 문제해결력을 신장시키고 학생 삶의 실질적인 성장을 돕는 데 있음 논술형 문항 평가는 학습자가 배운 내용을 어떻게 얼마나 어떤 방식으로 이해하고 있는지를 확인할 수 있을 뿐만 아니라 답에 도달하는 과정과 결과를 평가할 수 있음 공동체 역량과 문제해결 역량을 기를 수 있음
	평가절차	평가계획 수립 → 평가도구 개발 → 평가시행 및 채점 → 결과 산출 및 성적부여 → 피드백 제공 → 평가 과정에 대한 교사 자체 평가 교육과정 및 수업과 평가 간의 연계를 강화하는 것이 필요함을 강조
	고려사항	-
	평가문항분류	제한형 논술, 확장형 논술

	채점기준	성취기준 및 평가 기준 확인하기, 평가 요소를 선정하여 평가할 항목 정하기
	평가예시 특징	학교급, 수업주제, 평가기준(성취기준에 근거) 평가 요소, 수업 의도, 평가 의도
2023 서 · 논술형 평가도구 자료집 도덕, 윤리 (한국교육과정 평가원)	수업과 연계한 서 · 논술형 평가	수업과 평가의 연계를 통한 일관성을 강화하여 단원 선정에서부터 교수학습과 평가가 유기적으로 구성되도록 함 2015 개정 교육과정의 성취기준을 토대로 평가 요소를 도출하고 이로부터 서 · 논술형 평가 문항과 채점 기준표 작성
	채점기준	논술형 문항에서 분석적 채점기준과 총체적 채점 기준 모두 제시, 필요에 따라 선택적으로 채점 기준을 적용, 두 채점 기준의 비교를 통해 채점 기준 작성 방법을 알 수 있도록 함
	평가예시 특징	학교급, 성취기준에 따른 평가기준, 교과역량, 출제의도, 평가영역과 역량, 평가요소, 교수 · 학습 활동 및 평가 계획, 평가문항, 채점기준, 예시 답안, 평가에 따른 피드백

분석 결과, 교육청 및 평가원에서 연구한 논술형 평가 자료집은 대체로 ① 도덕과 논술형 평가 정의, ② 평가절차, ③ 평가시 고려사항, ④ 평가문항 분류, ⑤ 채점기준, ⑥ 평가예시 등의 항목으로 구성되어 있음을 알 수 있었다. 다음으로, 교육과정에서 강조하는 교육의 방향에 근거한 내용을 반영하여 논술형 평가에 담아내고 있음을 확인할 수 있었다. 이는 '성장중심평가', '사고력과 창의성', '과정과 결과 평가', '공동체 역량과 문제해결 역량', '수업과 평가의 연계 강화' 등의 내용에서 확인할 수 있다. 또한, 도덕과 논술형 평가에서 중요하게 다루어야 할 내용으로 ① 도덕적 문제해결력, 인지 · 정의 · 행동 세 가지 영역의 통합적 평가, ② 분석적 이해력, 비판적 사고력, 창의적 문제해결력 등과 같은 도덕적 고등 사고력 향상을 위한 평가, ③ 학생의 성장과 과정을 중시하는 평가를 강조하고 있음을 알 수 있었다.

제3절 도덕과 논술형 평가 문항 개발의 방향과 원리

앞에서는 도덕과 교육과정뿐만 아니라, 도덕과 논술형 평가에 대해 다룬 학술논문, 교육청 및 평가원 자료집을 분석하여 도덕과 논술형 평가의 특징을 살펴보았다. 그 결과 도덕과 논술형 평가는 다양한 수행평가 방법들 중 하나로 활용되었고 교육과정의 목적과 방향에 맞추어 운영되었다는 점, 도덕성의 인지 · 정의 · 행동 영역의 통합적인 평가와 도덕적 문제해결력, 분석적 이해력, 비판적 사고력 등과 같은 도덕적 고등 사고력 평가를 기준으로 삼았다는 점, 그리고 학생의 성장과 과정 평가를 강조하였다는 점을 확인할 수 있었다.

이를 통해 여기서는 다음과 같은 세 가지 기준을 바탕으로 도덕과 논술형 평가 문항이 개발되어야 함을 제시하고자 한다. 첫째, 학생들의 도덕성을 인지 · 정의 · 행동 차원에서 종합적으로 평가할 수 있는 문항으로 구성해야 한다. 둘째, 학생들의 삶에서 발생하는 도덕적 문제나 쟁점 사항들에 대한 학생의 문제해결력, 분석력, 창의력 등과 같은 고등사고 능력을 평가해야 한다. 셋째, 학생의 성장 및 과정을 평가할 수 있는 과정 중심 평가여야 한다. 지금부터는 이 세 가지 개발 기준을 바탕으로 2022 개정 교육과정의 교육 목표와 방향에 근거한 도덕과 논술형 평가의 방향과 기준을 제시하고, 내실 있는 도덕과 논술형 평가를 위한 문항 개발 원리를 안내하고자 한다.

1. 2022 개정 도덕과 교육과정에 따른 논술형 평가 문항 개발의 방향

2022 개정 총론에서는 교수 · 학습의 측면에서 깊이 있는 학습을 위해 단편적 지식의 암기를 지양하고 각 교과목의 핵심 아이디어를 중심으로 내용 체계의 세 범주인 지식 · 이해, 과정 · 기능, 가치 · 태도의 내용 요소를 유기적으로 연계하며, 학생의 발달 단계에 따라 학습 경험의 폭과 깊이를 확장할 수 있도록 수업을 설계할 것을 안내하고 있다. 이는 학생들로 하여금 높은 수준의 사고와 과정을 통해 지식

을 적용, 확장, 실천하는 것을 가능하게 하는 데 도움이 됨을 밝히고 있다. 또한 삶과 연계한 의미 있는 학습을 설계할 것을 강조하며, 삶과 연계된 학습은 학생이 학습한 내용을 실제적 맥락에 적용하고 활용할 수 있게 해야 함을 제시하고 있다. 그리고 이러한 교수·학습의 방향에 따라 학생들의 평가는 학습의 향상과 성장을 지원하는 평가로 '학습의 과정을 중시하는 평가'와 수행평가를 내실화하는 방안으로 '서술형과 논술형 평가의 비중 확대'를 제시하고 있다(교육부, 2022d: 48-63).

이러한 총론의 개정 방향에 따라 도덕과 교육과정에서도 4개 각 영역별로 핵심 아이디어와 내용 체계의 세 범주인 지식·이해, 과정·기능, 가치·태도를 제시하였다. 더 구체적으로 말하자면, 도덕과의 핵심 아이디어는 각 영역별로 구현하고자 하는 도덕적 지식과 실천의 연계 과정에 근거하여 제시되었고, 내용 체계의 세 범주에 제시된 내용 요소와 각 성취기준을 통합하는 역할을 담당한다. 다음으로 내용 체계의 세 범주 중 지식·이해 범주에서는 학생의 도덕 발달 수준에 부합하는 도덕적 지식과 실천의 연계 과정을 촉진하는 데 중점을 두고, 과정·기능 범주에서는 탐구와 성찰의 과정을 구체화하여 포함하는 것에, 가치·태도 범주는 일상의 실천을 중심으로 도덕 수업에서 배운 내용을 일상 속 실천에 옮기고자 하는 태도와 더불어, 실천 자체를 수업 상황 속 탐구와 성찰의 대상으로 삼는 가치 탐구 및 수양(修養)의 과정에 중점을 두고 있다(교육부, 2022c: 3-4). 다음은 2022 개정 도덕과 교육과정의 평가 부분에서 '논술형 평가'와 관련한 내용이다.

표 10-4 2022 개정 도덕과 교육과정에서 논술형 평가 관련 내용

교육과정	항목	내용
2022 개정	『도덕』 교수·학습 방법	학습 내용, 학생의 발달 수준, 삶의 맥락 등을 종합적으로 고려하여 개념학습, 주제학습, 탐구학습, 토의·토론학습, 논술학습, 협동학습, 역할놀이학습, 프로젝트학습, 봉사학습, 사회정서학습, 내러티브학습 등 다양한 교수·학습 모형 및 방법을 활용할 수 있다(교육부, 2022c: 20).
	『도덕』 평가	선택형, 서술형, 논술형을 포함하는 지필평가와 프로젝트 평가, 포트폴리오 평가, 관찰 평가, 구술 평가 등 다양한 수행평가 방법을 활용하여 학생에게 일어난 변화와 성장을 평가한다. 논술 평가를 통해 문제 상황을 도덕 문제로 인식하고 분석하는 능력, 자신의 도덕적 판단을 정당화하고 합리적인 해결 방안을 도출할 수 있는 도덕적 사고 능력, 자신의 도덕적 주장을 합리적으로 표현할 수 있는 도덕적 글쓰기 능력 등을 평가한다(교육부, 2022c: 22).

	『윤리와 사상』 평가	성취기준에 제시된 지식 · 이해, 과정 · 기능, 가치 · 태도를 준거로 활용함으로써 평가의 타당성과 객관성을 확보한다. 선택형 · 서술형 · 논술형을 포함한 지필평가, 자기 보고, 구술 평가, 토론과정 및 발표에 대한 관찰 평가, 학생 상호 평가, 면접법, 포트폴리오, 프로젝트 평가를 포함한 수행평가 등 다양한 평가 방법을 적용하여 평가할 수 있다. 윤리사상과 사회사상의 학습 내용을 학습자의 실제 삶에서 일어나는 문제에 적용하는 능력을 윤리적 논쟁형, 윤리적 분석평가형, 윤리적 문제 해결형, 윤리적 설명형 · 비판형 등의 '윤리 논술'을 활용하여 평가할 수 있다(교육부, 2022c: 58).
	『인문학과 윤리』 평가	성취기준을 실질적인 평가의 준거로 활용하여 상호 주관성을 확보하고, 서술형과 논술형, 구술 · 논술 평가, 토론 및 협동학습 과정에 대한 관찰 평가, 상호 평가, 면접법, 프로젝트 학습을 통한 보고서 평가, 실천일지 및 체크리스트를 포함한 포트폴리오 평가 등 다양한 방식의 평가를 실시한다(교육부, 2022c: 72).
	『윤리문제 탐구』 평가	논술 평가는 특정 윤리문제와 쟁점에 대해 자신의 주장을 명료화하고, 근거를 통해 정당화하며, 반대 주장과 논거를 평가하며, 최종 결론을 논리적으로 도출하는지 등에 중점을 둔다(교육부, 2022c: 87).

이전부터 결과뿐만 아니라 과정을 중시하는 수행평가의 방법으로 강조되어 온 논술형 평가는, 위의 내용을 통해 알 수 있듯이, 2022 개정 교육과정에서도 강조되고 있다. 먼저 『도덕』에서는 논술 평가를 통해 길러질 수 있는 학생들의 역량을 중심으로 평가의 방향이 제시되었고, 『윤리와 사상』에서는 교과를 통해 평가할 수 있는 '윤리 논술'의 유형들이 구체적으로 안내되었다. 또한 『인문학과 윤리』에서는 평가 방식 중 하나로 논술 평가를 언급하고 있다. 앞서 논의한 바와 같이, 2022 개정 교육과정 총론에서 강조하는 수행평가의 내실화 방안으로 서 · 논술형 평가 비중의 확대(교육부, 2022a: 12)에 따라 도덕과 교육과정에서도 '학생에게 일어난 변화와 성장을 평가', '학생의 삶과 관계된 문제 해결 능력을 평가'와 같이 과정으로의 평가와 학생의 삶과 연계하는 논술 평가를 강조하고 있음을 확인할 수 있다. 따라서 도덕과의 논술형 평가는 이러한 개정의 방향과 목표에 맞추어 구성되어야 한다. 특히 2022 개정 도덕과 교육과정에서 제시하고 있는 핵심 아이디어, 지식 · 이해, 과정 · 기능, 가치 · 태도의 세 범주에 따라 도덕과 논술의 내용 구성과 이에 대한 문항 유형과 평가에 대한 기준이 마련되어야 한다.

2. 도덕과 논술형 평가 문항 개발의 원리

앞서 살펴본 논술교육과 평가의 방향을 맞추면서 2022 개정 도덕과 교육과정의 특징을 반영하기 위해 도덕과 논술형 평가 문항 개발에서 고려할 점은 다음과 같다. 첫째, 도덕과 논술 평가는 도덕 교과의 목표가 반영되고 내용 체계 및 성취기준에 근거하여 설계된 교수 · 학습의 내용에 근거하여 평가항목을 설정해야 한다. 둘째, 2022 개정 교육과정에서 강조하는 삶과의 연계성 지향, 미래사회가 요구하는 핵심역량 함양을 위해 고차적 사고력을 교육하고 평가하는 교육 활동이 진행되어야 한다. 셋째, 학생들의 실질적인 성장을 돕기 위해 수업과 평가의 연계 차원에서 논술형 평가를 제시할 필요가 있다. 이를 구현하기 위해 도덕과 논술형 평가 문항 개발의 원리를 다음 세 가지로 제시해보고자 한다.

1) 내용 체계 및 성취기준에 근거한 평가항목 설정

논술형 평가에서 가장 염두에 두어야 할 부분은 교육과정의 내용 체계에 근거한 객관적인 평가 요소에 따른 공정한 평가 기준 마련이다. 특히 도덕과 교육의 목표를 담은 평가 요소 및 기준을 선정하기 위해서 교육과정에서 제시되어 있는 성취기준을 활용하는 과정이 필요하다. 그 이유는 성취기준은 영역별 내용 요소인 지식 · 이해, 과정 · 기능, 가치 · 태도를 학습한 결과 학생이 궁극적으로 할 수 있거나 할 수 있기를 기대하는 도달점이기 때문이다(교육부, 2022c: 2). 따라서 도덕과 논술형 평가 요소를 선정하기 위해서는 내용 체계의 세 가지 요소와 성취기준 분석 및 활용이 요구된다. 즉 교육과정의 성취기준을 적합한 평가 준거로 재구성함에 따라 학생 입장에서는 무엇을 배울 수 있는지, 교사 입장에서는 무엇을 가르치고 평가할 수 있는지 보다 구체적으로 안내할 수 있다(김현수 외, 2016: 14). 다음 〈표 10-5〉는 2022 개정 도덕과 교육과정의 내용 체계 및 성취기준을 활용해 중학교 도덕과 논술형 평가 요소를 도출하고 논술형 평가 문제의 예시를 제시한 것이다.

표 10-5 중학교 도덕의 핵심 아이디어와 성취기준에 따른 논술형 평가 요소

핵심 아이디어		자연에 대한 윤리적 책임은 자연의 본래 가치에 관한 이해를 높여 생태 전환을 이끈다.
범주	지식 · 이해	자연을 어떻게 바라보며 관계를 맺어야 할까?
	과정 · 기능	인간과 자연의 관계에 대한 여러 입장을 비교 · 평가하고, 환경 위기에 대한 윤리적 책임 도출하기
	가치 · 태도	자연과 공존하는 태도

⇩

성취기준 분석			논술형 평가 문제 예시
성취기준	범주	논술형 평가 요소	
[9도04-02] 자연에 대한 동양과 서양의 주요 입장들을 토대로 인간과 자연의 바람직한 관계를 도출하고, 환경 위기에 대한 윤리적 책임을 구체화하여 실천할 수 있다.	지식 · 이해	자연에 대한 동양과 서양의 주요 입장 이해하기	- 장자의 자연관 설명하기 - 슈바이처의 생명 외경 사상 설명하기
	과정 · 기능	인간과 자연의 바람직한 관계를 도출하기 환경 위기에 대한 윤리적 책임을 구체화하기	- 인간과 자연에 대한 여러 입장 비교하며 바람직한 관계 도출하기 - 환경 위기에 대한 윤리적 책임 방안 제시하기
	가치 · 태도	환경 위기에 대한 윤리적 책임을 실천하기	- 자기 삶의 방식 성찰하기 - 일상생활에서 실천 가능한 방법 모색하기

위에서 살펴볼 수 있듯이 핵심 아이디어와 연계한 성취기준 분석은 논술형 평가 요소와 구체적인 논술형 문제 구성을 위한 토대가 된다. ⟨표 10-5⟩는 중학교 도덕 '자연과의 관계'에서 제시된 핵심 아이디어, 지식 · 이해, 과정 · 기능, 가치 · 태도의 세 범주에 해당하는 성취기준을 분석해 논술형 평가 항목을 예상한 것이다. 가령"자연에 대한 윤리적 책임은 자연의 본래 가치에 관한 이해를 높여 생태 전환을 이끈다."를 학습한 결과 학생들이 궁극적으로 할 수 있기를 기대하는 도달점으로써 성취기준은 "[9도04-02] 자연에 대한 동양과 서양의 주요 입장들을 토대로 인간과 자연의 바람직한 관계를 도출하고, 환경 위기에 대한 윤리적 책임을 구체화하여 실천할 수 있다."이다. 교육과정에서는 핵심 아이디어의 세 가지 범주만을 명시하고 있지만, 성취기준 역시 위 ⟨표 10-5⟩와 같이 세 가지 범주 차원으로 분류가 가능하

다. 이를 자세히 설명하자면, 핵심 아이디어의 지식 · 이해인 '자연을 어떻게 바라봐야 할까?'는 성취기준 [9도04-02]에서 '자연에 대한 동양과 서양의 주요 입장'으로 반영되고 있으며 이는 논술형 평가 요소로서 '자연에 대한 동양과 서양의 주요 입장 이해하기'로 구체화 될 수 있다. 또한 핵심 아이디어의 과정 · 기능으로 제시된 '인간과 자연의 관계에 대한 여러 입장을 비교 · 평가하고, 환경 위기에 대한 윤리적 책임 도출하기'는 성취기준 [9도04-02]에서 ' 인간과 자연의 바람직한 관계를 도출하고 환경 위기에 대한 윤리적 책임 구체화'로 반영되었음을 알 수 있다. 이 부분을 논술형 평가 요소로 활용하자면 '인간과 자연의 바람직한 관계 도출하기', '환경 위기에 대한 윤리적 책임을 구체화하기'로 구상할 수 있다. 마지막으로 핵심 아이디어의 가치 · 태도인 '자연과 공존하는 태도'는 성취기준 [9도04-02]에서 '윤리적 책임을 실천할 수 있다'로 반영되어 있어 논술형 평가 요소로 '환경 위기에 대한 윤리적 책임을 실천하기'로 구체화할 수 있다.

이와 같이 성취기준을 재구성해 도출한 평가 요소는 논술형 평가 기준을 단계적으로 설정하기 위한 사전 단계가 된다. 이때 평가 기준은 학생들이 평가 활동을 통해 어느 정도 수준에 도달했는지를 판단하기 위한 실질적 기준으로 학생이 성취하기를 기대하는 지식 · 기능 · 태도의 도달 정도에 따라 3~5단계로 수준별로 구분해 진술할 수 있다(김현수 외, 2016: 15). 이때 평가 요소와 성취 수준별 평가 기준을 바탕으로 논술형 평가 채점기준을 설정하기 위해 주로 루브릭(Rubric)을 사용한다. 루브릭은 수행과제에 대한 학생들의 구체적인 성취수준이 어느 정도여야 하는지에 대한 기대사항을 설명해 놓은 채점 도구이다(최경애, 2019: 15). 교사가 정한 과제에 반드시 포함되어야 하는 평가 요소와 성취행동을 수준별 평정척도의 수에 따라 급간으로 나누는 것은 학생들에게 자신의 성취수준이 어디에 해당하는지를 구체적인 피드백을 제공하는 역할을 한다. 루브릭의 기본적인 형태인 격자 모양의 표(최경애, 2019: 20)에 내용 체계 범주인 지식 · 이해, 과정 · 기능, 가치 · 태도를 넣어 재구성하면 다음과 같다. 평가 요소는 위 〈표 10-5〉를 참고하였다.

표 10-6 2022 개정 교육과정 내용체계표를 반영한 루브릭의 채점표 예시

	평정 수준 평가 요소	A	B	C
지식 · 이해	자연에 대한 동양과 서양의 주요 입장 이해하기			
과정 · 기능	인간과 자연의 바람직한 관계를 도출하기			
	환경 위기에 대한 윤리적 책임을 구체화하기			
가치 · 태도	환경 위기에 대한 윤리적 책임을 실천하기			

위에서 제시한 논술형 평가 기준으로써 평가 요소와 평정 수준의 설정은 평가의 타당도와 신뢰도를 높이는 중요한 역할을 하게 된다. 그뿐만 아니라 〈표 6〉은 논술형 평가 요소를 성취기준의 지식 · 이해, 과정 · 기능, 가치 · 태도 범주로 나눠 제시함으로써 논술 활동을 통해 궁극적으로 이해하고 알아야 할 지식과 교과의 고유한 탐구과정을 명료화하고 학생이 기를 수 있는 가치와 태도를 균형적으로 설정한다. 이를 통해 논술형 평가가 인지적 · 정의적 · 행동적 측면에 대한 도덕성을 종합적으로 평가하는 방안으로 활용될 수 있음을 알 수 있다.

2) 고차적 사고력 증진을 위한 평가 문항 구성

2022 개정 교육과정에서는 깊이 있는 학습을 통해 학생들이 역량을 키울 수 있도록 학생의 삶과 연계한 학습과 학습에 대한 성찰 등을 강조하고 있다(교육부, 2022a: 5). 2022 개정 도덕과 교육과정에서는 도덕 교과의 목표를 "도덕성 함양을 통한 도덕적인 인간의 지향", "도덕적인 인간이 함께 살아가야 하는 사회를 보다 정의로운 사회로 만들고자 하는 지향" 그리고 "교사와 학생이 도덕 수업을 통해 사회적 차원의 도덕 현상에 대한 탐구와 자기 내면의 도덕성에 관한 성찰, 일상의 실천이라는 세 요소로 구성되는 도덕적 지식과 실천의 연계 과정을 공유함으로써 일상 속 실천과 성찰의 연결고리를 확보"하는 것으로 제시하고 있다(교육부, 2022c: 5-6). 따라서

도덕과 논술형 문항은 학생들의 삶과 연계한 실생활 문제를 연계해 제시하고, 주어진 문제를 해결하기 위해 도덕적 가치와 이론을 적용하고 비판하는 탐구과정을 제공해야 한다. 또한 탐구한 내용을 통해 실천 가능한 도덕적 해결 방안을 구성하고 자신의 삶을 돌아보고 성찰하는 과정을 제공할 필요가 있다. 다시 말해서 학생들의 삶과 밀접한 윤리적 문제들을 학생들이 도덕적인 관점에서 분석하고 일상생활에서 실현 가능한 구체적인 해결 방안을 도출함으로써 정보 수집 및 분석력, 비판적 사고력, 창의적 문제해결력 등 학생들의 고차적 사고력을 신장시켜야 한다. 이를 반영해 고차적 사고력 증진을 위한 평가 문항을 '사례 적용형, 문제 해결형, 자기 삶 성찰형'으로 유형화할 수 있다.

먼저 **'사례 적용형'**은 학생들이 학습한 도덕적 개념과 도덕 이론, 원리를 토대로 자료로 제시된 사례에 적용해 논술하는 형태이다. 학생들에게 제공되는 사례는 교사가 적절한 신문 기사나 문학 작품, 드라마, 가상적 딜레마 상황 등으로 재구성해 제공할 수 있다. 이때 학생들은 사회적 차원의 도덕 현상과 실생활의 사례를 통해 새로운 상황과 맥락을 접하고 수업에서 배운 이론과 개념을 적용해봄으로써 심층적인 이해가 가능하고 높은 수준의 사고력을 기를 수 있다.

다음으로 **'문제 해결형'**은 학생들이 자신들의 삶에서 경험하거나 실생활에서 발생하고 있는 사회 문제들을 도덕적 관점에서 분석하고 창의적이고 합리적인 해결 방안을 도출하는 논술 유형이다. 예를 들어 이웃 간의 갈등이나 문제를 해결하기 위한 방안으로 구체적인 뉴스 사례를 제공하고 갈등이나 문제해결을 위한 시설물 개선과 홍보 자료 제작 등과 같은 디자인 구현 방안을 작성하게 하는 논술형 문항을 제작할 수 있다(경기도교육청, 2020: 76). 이와 같은 문제해결형은 구성원의 협력을 통해 창의적으로 접근할 수 있기 때문에 논술형 평가 전에 토론 활동을 진행하면 좋다.

마지막으로 **'자기 삶 성찰형'**은 도덕적 가치와 의미를 탐구한 결과를 토대로 자기 내면의 도덕성과 자기 삶의 경험에 대한 성찰을 반영한 논술이다. 성찰은 지금까지 무엇을 이해했고 어떻게 살아왔는지 돌아볼 수 있고, 학습 내용이 일상생활에 어떤 의미가 있는지 스스로 생각해볼 수 있는 기회를 제공한다. 특히 이러한 논술형 평가는 윤리적 문제에 대해 자신의 경험을 투영하고 내면의 도덕성을 성찰하게 함으로써 도덕적 동기를 촉진할 수 있다. 예를 들어 딥페이크(Deepfake) 기술 변화로

벌어지는 문제에 관한 해결 방안을 탐구한 뒤 의식(특히 시민의식) 차원의 해결책과 제도적 차원의 해결책 중 자신이 더 옹호하는 관점은 무엇인지 자신이 일상생활 속에서 겪은 경험을 근거로 설명하도록 조건을 제시한다(한국교육과정평가원, 2021: 144). 이를 통해 학생들은 신문에 실린 사회 문제를 우리의 일상생활 속 경험과 연계해 되돌아보는 기회를 갖는다. 앞서 살펴본 논술형 평가 유형의 예시를 앞서 개발된 논술형 문항에서 찾아보면 다음과 같다.

표 10-7 고차적 사고력 증진을 위한 논술형 평가 유형

유형	예시
사례 적용형	(가) 을의 입장에서 (나)의 A에게 해줄 수 있는 조언을 〈조건〉에 맞게 논술하시오(한국교육과정평가원, 2023: 64). 〈조건〉 • 조언의 내용에는 밑줄 친 ㉠에 대한 해결책을 포함할 것 • 을의 세계관으로써 '제물(齊物)'의 의미를 반드시 활용할 것
문제 해결형	(가)의 갑, 을의 입장에서 신문기사 (나)에 나타난 윤리적 문제의 해결 방안을 〈조건〉에 맞게 논술하시오(한국교육과정평가원, 2021: 144). 〈조건〉 • 갑이 강조한 '경(敬)'을 활용하여 개인적 수양의 차원에서 해결 방안을 제시할 것 • 을이 강조한 '경장(更張)'을 활용하여 사회 제도적 차원에서 해결 방안을 구체적으로 제시할 것
자기 삶 성찰형	(가)와 (나)에 나타난 환경 문제의 근본적 원인을 〈조건〉에 맞게 논술하시오(경기도교육청, 2020: 82). 〈조건〉 • 인간의 삶의 방식과 자연관에 초점을 맞추어 서술할 것 • (가)와 (나)에서 나타나는 환경문제의 원인이 되는 자신의 삶의 방식을 1가지 이상 포함할 것

위 〈표 10-7〉을 통해 알 수 있듯이, 도덕과 논술형 평가는 도덕적 가치와 이론을 토대로 새로운 사례에 적용함에 따라 도덕 이론에 대한 보다 깊이 있는 이해를 가능하게 하고, 일상 속 도덕적 문제에 대한 탐구과정을 통해 문제해결력, 비판력, 정

보 수집 및 분석력 등과 같은 고등 사고 능력을 함양한다. 또한 도덕과 논술형 평가는 학생들이 경험하는 생활 세계와 실생활을 성찰함에 따라 학생들로 하여금 도덕적 가치를 내면화하고 자연스럽게 일상 속 실천으로 이어지게 해준다.

3) 학생의 실질적인 성장을 위한 수업과 논술형 평가 연계

도덕과 논술형 평가는 교과 내용의 이론이나 개념을 단순히 설명하거나 기술하는 형식으로 그치기보다 교과 내용을 바탕으로 새로운 문제를 발견하거나 이를 해결하기 위해 자신의 생각을 논리적으로 펼치는 능동적 활동이다. 그뿐만 아니라 논술형 평가는 도덕적 탐구를 바탕으로 새로운 사례에 적용하고 자신의 삶을 성찰하도록 함에 따라 지식과 이해를 넘어 적용, 분석, 비판, 종합, 평가 등과 같은 고차적 사고력 측정에 필요한 교육 활동이다. 따라서 논술형 평가는 학생들의 실질적인 성장을 돕고 미래 사회에 대응할 수 있는 역량을 키우는 데 도움이 된다.

다만 논술형 평가에 대한 학생들의 곤란도를 낮추기 위해 토론 수업이나 탐구 수업과 연계해 논술형 평가를 진행할 필요가 있다. 예를 들어 도가(道家) 사상을 일상생활 속 사례에 적용하는 논술형 문항을 작성하기 전에 모둠별 탐구 수업을 통해 일상생활 속에서 도가 사상을 적용할 수 있는 사례를 찾는 활동을 먼저 수행할 수 있다. 또한 환경 문제에 대한 근본적 원인을 알아보기 위해 환경 관련 책을 읽고 모둠별 토론을 진행할 수도 있다. 이와 같이 토론 수업이나 탐구 수업을 진행하고 이와 관련된 논술형 평가를 진행한다면, 학생들은 좀 더 수월하게 참여할 수 있고 교사는 학생들의 성장과 발달을 수업과 연계해 평가할 수 있다. 이와 같은 과정을 구상하면 다음 〈표 10-8〉과 같다.

표 10-8 수업과 평가를 연계한 교수 · 학습 활동 및 평가 계획

차시	학습 요소	교수 · 학습 방법	수행 과제	평가 방법
1~2	• 장자의 사상 이해하기 • 일상생활 속에서 도가 사상 적용하기	• 강의 • 모둠 탐구학습	일상생활에 도가 사상을 적용해 비판할 수 있는 사례 찾기	형성평가 동료평가
▼				
3~4	• 환경 위기에 대한 윤리적 책임의 중요성 토론하기 • 토론 결과 발표하기	• 토의 · 토론학습	환경 위기에 대한 윤리적 책임 방안 조사하기	자기평가 동료평가
▼				
5	• 환경 위기 원인과 해결 방안 성찰하기	• 개별 학습	환경 위기 극복을 위한 일상 속 실천 가능한 방법 모색하기	논술형 평가

환경 위기와 같은 윤리적 문제에 관한 해결 방안을 모색하는 논술형 평가는 자신의 주장을 근거와 함께 정당화하고 반대 주장과 논거를 평가하는 가운데 최종 결론을 논리적으로 도출하는 글쓰기 과정이 요구된다. 이를 수업과 연계한다면 사전에 환경 위기와 관련해 모둠별 도덕적 탐구 활동이나 토의 · 토론 활동을 진행할 수 있다. 이로써 학생들은 환경 위기 문제에 대한 다양한 아이디어를 얻을 수 있고, 도덕적 판단 및 추론의 과정을 배우는 것은 물론 모둠별 협력을 통해 환경 문제에 대한 창의적인 해결 방안까지도 모색할 수 있다. 이와 같은 수업 활동은 학생들이 환경 위기 극복을 위한 일상 속 실천 가능 방법을 모색하는 논술형 평가를 수행하는 데 실질적인 도움을 줄 수 있다. 또한 논술형 평가를 위해 수업의 방식을 도덕적 탐구 수업이나 토의 · 토론 수업 등을 진행함으로써 학생 주도 수업 방식의 변화도 이끌어 낼 수 있다. 결국 수업과 평가의 연계는 교사가 학습의 과정을 교실에서 관찰하고 학생에게 구체적으로 피드백을 할 수 있어 학생들의 실질적인 성장을 돕는다.

제4절 결 론

지금까지 서 · 논술형 평가의 확대 및 강화 추세, 그리고 2022 개정 도덕과 교육과정의 교육 목표와 방향에 맞추어 '도덕과 논술형 평가의 방향과 과제'를 탐색하였다. 이를 위해 기존 도덕과 논술형 평가의 특징을 도덕과 교육과정(7차~2015 개정), 선행 학술논문, 시도 교육청 및 한국교육과정평가원 자료집을 중심으로 분석하였다. 그 결과, 기존 도덕과 교육과정의 논술형 평가는 ① 교육 내용에 적합한 교수 · 학습 방법이자 다양한 수행평가 중 하나의 방법으로, ② 도덕성의 인지 · 정의 · 행동 차원을 종합적으로 평가하는 평가 도구로, ③ 학생들이 삶 속에서 만날 수 있는 도덕 문제에 대해 스스로 문제해결력, 분석력, 비판력, 창의력 등을 갖추었는지에 대한 평가를 목적으로 강조해 왔음을 알 수 있었다. 다음으로, 도덕과 논술형 평가에 대한 학술논문은 통합 논술이 등장한 시기(2007~2009)에 주로 집중되었고, 통합 논술의 운영 방향에 따라 도덕과 논술교육이 어떠한 방향을 설정하고, 어떠한 교수 · 학습 방법을 활용해야 하는가에 대한 연구들이 주를 이루고 있었다. 끝으로, 교육청 및 평가원 자료집에 실린 논술형 평가 연구는 교육과정 개정 시기마다 강조하는 교육의 방향에 맞춘 내용으로 구성되어 있음을 알 수 있었다. 주로 논술형 평가에서 중요하게 다루어야 할 내용으로 도덕적 문제해결력, 도덕성의 통합적 평가, 분석적 이해력, 비판적 사고력, 창의적 문제해결력 등의 고등 사고력을 강조하며, 학생의 성장과 과정을 중시하는 평가를 강조하고 있었다.

이러한 분석 결과를 바탕으로 이 글에서는 도덕과 논술형 평가 문항 개발의 방향과 그 원리를 제안하였다. 먼저 도덕과 논술형 평가 문항의 개발 방향은 2022 개정 교육과정에서 강조하고 있는 내용을 중심으로 '학생에게 일어난 변화와 성장을 평가', '학생의 삶과 관계된 문제 해결 능력 평가', '핵심 아이디어, 지식 · 이해, 과정 · 기능, 가치 · 태도 세 범주에 따른 논술 문항 제작 및 평가'를 제시하였다. 이와 더불어 도덕과 논술형 평가 문항 개발의 원리를 ① 내용 체계 및 성취기준에 근거한 평가항목 설정, ② 고차적 사고력 증진을 위한 평가 문항 구성, ③ 학생의 실질적인 성장을 위한 수업과 논술형 평가 연계 등으로 제안하였다. 이러한 노력은 도덕과 논술형 평가가 학생의 삶과 연계되고 학생의 변화와 성장 과정을 평가하기 위함이다.

참고문헌

경기도교육청(2012),『2012 평가혁신 중학교 논술형 평가 예시자료』, 경기도교육청.

경기도교육청(2013a),『2013 중등 서술형 · 논술형 평가 예시 자료(도덕)』, 경기도교육청.

경기도교육청(2013b),『2013 중등 서술형 · 논술형 평가 예시 자료(윤리)』, 경기도교육청.

경기도교육청(2022),『2022 성장중심평가를 위한 논술형 평가 길라잡이』, 경기도교육청.

경기도교육연구원(2022), "경기도교육청 IB 프로그램 도입 방향"(현안보고 2022-16), 경기도교육연구원.

경기도교육청(2023),『2023 학생의 사고력과 창의성을 키우는 중등논술형 평가 길라잡이』, 경기도교육청.

경기도교육청(2024),『2024 경기교육 기본계획』, 경기도교육청.

교육부(1997),『도덕과 교육과정』, 교육부 고시 제1997-15호 [별책 6].

교육부(2015),『도덕과 교육과정』, 교육부 고시 제1024-74호 [별책 6].

교육부(2021),『포용과 성장의 고교교육 구현을 위한 고교학점제 종합 추진계획』, 교육부.

교육부(2022a),『초 · 중등학교 교육과정 총론』, 교육부 고시 제2022-33호 [별책 1].

교육부(2022b),『중학교 교육과정』, 교육부 고시 제2022-22호 [별책 3].

교육부(2022c),『도덕과 교육과정』, 교육부 고시 제2022-33호 [별책 6].

교육부(2022d),『2022 개정 교육과정 총론 해설』, 교육부 고시 제2022-33호.

교육부(2023), "미래 사회를 대비하는 2028 대학입시제도 개편 시안", 교육부.

교육인적자원부(2007),『중학교 교육과정』, 교육인적자원부 고시 제2007-79호 [별책 3].

김국현(2009), "도덕과 논술의 교수 · 학습 방법과 평가 방안",『교육과정평가연구』, 12(2), 99-123.

김현수 · 윤현진 · 김상범 · 신호재 · 이현석(2016),『2015 개정 교육과정에 따른 초 · 중학교 도덕과 평가기준 개발 연구』, 한국교육과정평가원 연구보고 CRC 2016-2-3.

도홍찬(2009), "삶을 조형하는 도덕과 논술교육의 방향 탐색",『윤리연구』, 72(1), 273-298.

문종길(2008), "도덕교과를 활용한 논술교육의 타당성",『도덕윤리과교육』, 27, 249-276.

박찬석(2007), "중등 도덕과 교육에서의 논술교육 연구",『도덕윤리과교육』, 25, 263-284.

박찬석(2008), "새 교육과정에서의 초등 도덕과 교육과 논술",『초등도덕교육』, 26, 39-60.

박혜영 외(2019),『수업-평가 연계 강화를 통한 서 · 논술형 평가 내실화 방안』, 한국교육과정평가원.

서울특별시교육청(2020),『2020 고등학교 교육과정-수업-평가-기록과 서 · 논술형 평가문항』, 서울특별시교육청.

서울특별시교육청(2024),『2024 서울교육 주요업무』, 서울특별시교육청.

서은숙(2007), "도덕 · 윤리과에서 논술교육의 필요성과 방향",『윤리연구』, 65(1), 125-154.

선혜영(2008), "도덕과 논술지도법", 『윤리철학교육』, 10, 39-59.

손철성(2007), "논술을 위한 토론 수업의 운영 방안-도덕 · 윤리 교과 수업을 중심으로-", 『윤리교육연구』, 13, 241-260.

송기호(2007a), "윤리교과의 핵심개념을 활용한 '논술형 수업모형'연구", 『도덕윤리과교육』, 25, 229-262.

송기호(2007b), "고등학교 윤리 교과서를 활용한 통합 논술 지도방안 연구, 『윤리교육연구』, 12, 269-292.

이영경(2007), "중등학교 도덕교육에서 바람직한 논술교육의 방향", 『윤리교육연구』, 12, 201-216.

이지명(2007), "'도덕적 사고하기'를 통한 논술 지도 전략", 『윤리연구』, 64, 279-303.

이진희(2007), "도덕과 교육에서의 통합 논술 지도에 관한 연구-토론을 통한 논술 게임 수업 모형-", 『초등도덕교육』, 24, 283-311.

이재훈(2008), "논술교육의 기초로서의 비판적 사고", 『초등도덕교육』, 27, 5-24.

이혜진(2022), "건설적 논쟁을 활용한 도덕과 논술 수업 개선 방안 연구", 『한국도덕윤리과교육학회 학술대회 자료집』, 2022.8, 441-487.

임근용(2007), "논술형 수행평가를 통해서 본 전통윤리 교과서의 문제점과 수업 개선 방향", 『교육연구』, 42, 39-59.

장승희(2009), "철학과 토론에 기초한 초등학교 도덕교육에서의 논술수업방안", 『윤리연구』, 72(1), 247-272.

조석영(2007), "통합 논술교육의 도덕교육에의 적용 방안 연구", 『윤리연구』, 67(1), 109-126.

조현영(2023), 『IB로 그래는 미래교육』, 학지사.

주재우(2017), "고전 속 도덕적 딜레마를 활용한 논술교육 연구-국어 교과와 도덕 교과의 통합의 한 방향-", 『국어교육연구』, 40, 241-274.

최경애(2019), 『평가 루브릭의 개발과 활용』, 교육과학사.

최정근(2007), "초등 도덕과 수업에서의 논술 지도 방안: 초등 4학년 도덕과를 중심으로", 『초등도덕교육』, 25, 241-274.

한국교육과정평가원(2021), 『중 · 고등학교 도덕 · 윤리과 서 · 논술형 평가도구 자료집』, 한국교육과정평가원.

한국교육과정평가원(2022), 『고교학점제 도입에 따른 성취평가제 개선 방안』, 한국교육과정평가원.

한국교육과정평가원(2023), 『서 · 논술형 평가도구 자료집』, 한국교육과정평가원.

호양선, 손민호(2023), "경기도교육청의 IB 도입 현황 및 과제 탐색", 『학습자중심교과교육연구』, 23(20), 353-365.

저자 소개

정창우는 서울대학교 사범대학 윤리교육과 교수이다. 한국도덕윤리과교육학회 회장, 서울대학교 인성교육연구센터장, 국가 인성교육진흥위원회 위원, 국회인성교육실천포럼 자문위원 등을 역임했다. 중학교 『도덕 1, 2』, 고등학교 『통합사회 1, 2』, 『윤리와 사상』, 『현대사회와 윤리(생활과 윤리)』 과목의 교과용 도서 개발 책임을 맡고 있다. 주요 저서로는 『변혁적 도덕역량 증진을 위한 도덕교육론』, 『토론의 미학』(공저), 『도덕교육의 새로운 해법』, 『21세기 인성교육 프레임』, 『인성교육의 이해와 실천』, 『도덕교육 연구 및 실천의 방향과 과제』, 『교사, 인성교육을 생각하다』(공저), 『도덕과 교육의 이론과 쟁점』, 『도덕과 교수 · 학습 방법 및 평가』(공저), 『윤리와 논술 I』, 『Teacher Effectiveness』(공저), 『Critical Perspectives on Values Education in Asia』(공저) 등이 있고, 주요 역서로는 『도덕 발달과 실재』(공역), 『논쟁 수업으로 시작하는 민주시민교육』(공역), 『도덕 발달의 이론과 적용』, 『도덕철학과 도덕교육』, 『도덕심리학과 도덕교육』, 『도덕적 민주적 역량, 어떻게 기를 것인가』(공역), 『도덕 · 가치교육을 위한 100가지 방법』(공역), 『무엇을 위해 살 것인가』(공역), 『정의와 배려』(공역), 『실패하는 학교』(공역), 『다문화주의 윤리학』(공역) 등이 있다.

김혜진은 인천대학교 윤리학과를 졸업하고, 서울대학교에서 교육학 박사학위를 취득하였다. 현재는 인천대학교 윤리교육과 교수로 재직 중이다. 학문적 관심 분야는 도덕교육과 도덕심리학이다. 교육부 『2015 개정 교육과정 교수 · 학습 자료 고등학교 생활과 윤리, 윤리와 사상, 고전과 윤리』, 『2015 개정 교육과정 범교과 학습 주제 교수학습 자료 인성교육』 개발 연구에 공동연구원으로 참여하였으며, 주요 논문으로는 「회복탄력성 프로그램의 중학교 자유학기 적용 사례연구」, 「도덕과 논술형 평가의 방향과 과제」 등이 있다.

김하연은 한국교원대학교 윤리교육과를 졸업하고 서울대학교 윤리교육과에서 교육학 석사 및 박사학위를 취득하였다. 현재는 춘천교육대학교 윤리교육과 교수로 재직하고 있다. 학문적 관심 분야는 도덕교육, 도덕심리학, 인성교육이다. 역서(공역)로는 『시민성, 시민적 우정과 의무』, 『신경과학과 교육』, 『평화교육』이 있고, 저서(공저)로는 『세계의 시민교육』, 『디지털 시민성 핸드북』이 있으며, 그밖에 2009 개정 교육과정에 따른 고등학교 교과서 『인문학적 상상여행』과 『인문학적 감성과 도덕적 상상력』을 집필하였다. 대표 논문으로 「교사의 인성교육 전문성 측정 도구 개발」, 「교사의 인성교육 전문성 특성의 잠재프로파일 분석」, 「예비초등교사의 교직 적 · 인성 질적 평가도구 개발」, 「긍정심리학의 최적 발달 이론에 대한 고찰: 목적의 기능을 중심으로」 등이 있다.

이인태는 경인교육대학교 초등교육과를 졸업하고, 서울대학교에서 교육학 박사학위를 취득하였으며, 현재는 공주교육대학교 윤리교육과 교수로 근무하고 있다. 학문적 관심 분야는 도덕심리학, 도덕성 측정, 도덕교육 등이다. 교육부의『2015 개정 교육과정 초등학교 5~6학년군 '도덕' 교과서 집필』,『2009 개정 교육과정 초등학교 5~6학년군 '도덕' 교과서 집필』,『2015 개정 교육과정 초등학교 5~6학년군 '도덕' 교수 · 학습 자료 개발』,『2015 개정 교육과정 초등학교 3~4학년군 '도덕' 교수 · 학습 자료 개발』, 한국교육과정평가원의『2015 개정 교육과정에 따른 초 · 중학교 도덕과 평가기준 개발』 등에 공동 연구원으로 참여하였다. 주요 논문으로는「도덕적 공동체 의식에 대한 심리적 접근으로서 사회 정체성에 대한 연구」,「윤리적 성찰로서 윤리적 사후가정의 효과에 대한 연구」,「도덕적 사고 능력 향상을 위한 교수 · 학습방법 및 평가 도구로서 KMDD와 MCT의 활용 가능성에 대한 연구」 등이 있다.

오유진은 서울대학교 윤리교육과를 졸업하고 서울대학교 윤리교육과에서 교육학 석사학위를 취득하였으며 박사과정을 수료하였다. 서울 미래학교, 창덕여자중학교의 도덕 교사를 거쳐 현재는 미국 생활로 인해 휴직 중이다. 학문적 관심 분야는 도덕교육, 도덕심리학, 도덕철학 등이다. EBS 중학 프리미엄 강사로 활동하였으며, 저서로는『춘천교육대학교 핵심 역량 측정 도구』가 있다. 논문으로는「역량기반 교육과정으로서 2015 개정 도덕과 교육과정 내용체계 검토 및 제언」,「'살아있음의 도덕교육' 실천을 위한 도덕 교사의 역할」 등이 있다.

이혜진은 성균관대학교 교육학과를 졸업하고 서울대학교 윤리교육과에서 교육학 석사 및 박사학위를 취득하였다. 현재는 동탄국제고등학교에 재직 중이다. 학문적 관심 분야는 도덕교육, 도덕심리학, 시민교육, 인성교육이다. 2022 개정 도덕과 교육과정에 따른 중학교 도덕, 고등학교 현대사회와 윤리를 집필하였으며, 한국교육과정평가원『서 · 논술형 평가도구 자료집』 개발 연구에 공동연구원으로 참여하였다. 주요 논문으로는「인성함양을 위한 고전 읽기 활동 운영 방안」,「도덕과를 통한 다문화 교육과정 설계방안」 등이 있다.

(2판)
도덕과 교재 연구 및 지도법

2020년 2월 28일 1판 1쇄 발행
2022년 7월 25일 1판 2쇄 발행
2025년 2월 20일 2판 1쇄 인쇄
2025년 2월 25일 2판 1쇄 발행

저　자 • 정창우 · 김혜진 · 김하연 · 이인태 · 오유진 · 이혜진
발행자 • 한정주
발행처 • 교육과학사

경기도 파주시 광인사길 71
전화 • 031)955-6956~8 / 팩스 031)955-6037
Home-page • http://www.kyoyookbook.co.kr
E-mail • kyoyookbook@daum.net
등록 • 1970년 5월 18일 제2-73호

정가 26,000원

ISBN 978-89-254-2005-9

낙장 · 파본은 교환해 드립니다.
Printed in Korea.
저자와의 협의하에 인지를 생략합니다.